王中江著作系列

第1卷

简帛时代
与早期中国思想世界
（上）

王中江 著

图书在版编目(CIP)数据

简帛时代与早期中国思想世界：上下/王中江著. — 北京：商务印书馆，2024（2025.7重印）
（王中江著作系列；第1—2卷）
ISBN 978-7-100-22460-4

Ⅰ.①简… Ⅱ.①王… Ⅲ.①简（考古）—研究—中国 ②帛书—研究—中国 ③思想史—研究—中国—古代 Ⅳ.①K877.54 ②K877.94 ③B215

中国国家版本馆 CIP 数据核字（2023）第117039号

权利保留，侵权必究。

王中江著作系列（第1—2卷）
简帛时代与早期中国思想世界
（上下册）
王中江 著

商务印书馆出版
（北京王府井大街36号 邮政编码100710）
商务印书馆发行
北京虎彩文化传播有限公司印刷
ISBN 978-7-100-22460-4

| 2024年9月第1版 | 开本710×1000 1/16 |
| 2025年7月北京第3次印刷 | 印张48½ |

定价：280.00元

总　序

想在这个世界上留下一点什么的人们，会将他们所认定的事情作为重要之事来对待。以学术为志业的人们，想在不同领域中成为一位真正的学者，同样也会将自己所从事的学术之业视为重要之事，这也意味着他喜欢这种事务，乐在其中。这没有设定他应该和必须达到何种程度。不管我们的愿望和期望是高是低，我们获得的结果都是一个自然的过程，时间和积累是这一个过程的主要见证者。瞬间超越很动听，但只有在一个临界点的意义上这句话才是一个真理。怀特海说的"瞬间没有超越"，关注的是过程，这很符合他过程哲学的特性。中国哲人在这方面的智慧是"大器晚成"和"美成在久"，晚和久的时间性都是自我实现的关键要素。

世界上确实有一些天才，在同样的环境和同样的心力之下，他们也许容易早成。历史上中国魏晋时代的王弼早逝，但此时他已成为两部伟大经典——《周易》和《老子》——著名的注释家，由此他也成就了自己的哲学家身份。世界上可能没有比他更早成的哲学家了。晚清带着圣人情结的康有为，属于天才式人物，他对自己的学问、学说有一种唯我独尊的自负，称"吾学三十岁已成，此后不复有进，亦不必求进"。他的弟子梁启超以对比的方式说他的老师太有成见，他自己则是太无成见。他不断变化，总是"不惜以今日之我，难昔日之我"。他所说的"难"，如果不是否定式的今是昨非，而是不断扩大自己的学术天地和升华自己的学术境界，那么每个人的学术就只有延长线，没有终止符，这正合乎俗语学无止境一词的意义。

没有人会否定世界广大无限，学问广大无限，新知广大无限；没有人会不赞成庄子说的"计人之所知，不若其所不知"。这也是为什么苏格拉底将追求智慧看成是"认识自己的无知"，为什么老子说"知不知，尚矣"，为什么学问家们、思想家们和科学家们，总是对知识、学问和思想保持着开放性，为什么波普尔为自己的自传加了一个"无尽的探索"（*Unended Quest: An Intellectual Autobiography*）的主标题，为什么一般情况下越有学问的人越谦虚，越有自信的人越会不自伐、不自是和不自彰。学术和科学的精神就是人类要在一切事物面前保持谦卑。大器早成或晚成没有固定的时间点，甚至就像庄子说的成与不成都不好确定。只是在一个十分相对的意义上，我们才可以说，有的人早成，有的人晚成。大多数人不太早，也不太晚。我的偏见是，人学到什么时候，他就老到什么时候。相比于学问的无限性，我们在知识和学问世界中的所得十分有限。人的自信也就来源于这十分有限的东西。

对于做任何值得自己做的事的人来说，他躲进的不是什么象牙塔，他坐的也不是什么冷板凳。动辄指责别人不到什么地方去的人肯定会批评老子说的"不出户，知天下；不窥牖，见天道。其出弥远，其知弥少"，但《老子》第四十一章就同时也对这种人做了回应："下士闻道，大笑之。不笑不足以为道。"在学术探索过程中，人们何时留出点时间，想想自己都做了什么、留下了什么，若不是一个严肃的安排，往往带有随机性。有的人很年轻时，就开始为自己写自述。如流亡日本时的康有为四十岁就为自己写了《我史》，后来的胡适也有《四十自述》。如果有人能计算出准确时间，为自己写"我的前半生"，他写得越晚，就越需要拉长他生命的长度。说到这里，我想谈一点有关自己的小故事。虽已年过数十载，我仍不想用什么篇幅为自己写一个自述。为这一著作系列的出版写一个总序，也不是一个合适的地方。直到出版社催促我时，我才意识到总要说点什么，但说什么令我犹豫。

我们这一代人很可能就像殷海光说的那样先天不良、后天不足。我和20世纪50年代来到这个世上的人们一样,出生于"跃进"时期,生活在大锅饭、人不容易活下来的灾害严重的时期,成长在动乱无法在学校安静学习的时期。幸运的是,因改革开放新时期的到来,我们这一代人也终于有了通过考试进入大学之门的机会,这是改变我们这一代人生不逢时命运的最大契机,我也有机会从村里到了城里。我曾自号汝州山人、山顶洞人,准确说是山下洞人。经历了高中毕业担任公办代课老师后,我于1979年考上了郑州大学。入学时我进入的是政治系,一年后哲学系成立,又到了哲学系。学士学位论文写的是有关王阳明哲学的评价问题,指导老师是冯憬远先生。我于1983年入北大哲学系读中国哲学的硕士研究生,导师是楼宇烈先生,硕士论文的主题是考察金岳霖知识论中的"意念论"(ideational theory)。1986年,我开始在北大哲学系攻读博士学位,也算是当时较早的博士研究生,导师为张岱年先生。中间有幸到东京大学游学一年多,指导老师是户川芳郎先生。在日本的这一经历,也为我留下了师生之谊和同窗之谊,每当想起沟口雄三、池田知久、土田健次郎、菅野博史、坂元弘子、小岛毅、村田雄二郎、马渊昌也、中条道昭、久保田、高柳信夫、李良、陈力卫等先生和同仁时,总会在脑海里浮现一些难忘的故事。特别是和马渊昌也同仁同甘共苦,忧乐共鸣。

从1989年在北大博士毕业到现在,我从事中国哲学这一领域的研究工作已有三十多年了。三十多年对我们有限的生命来说算是很长了,但面对学术的无限性来说又太短,我所做的工作还太少。我也有了不知老之将至的感觉,不时说现在的自己是忘年忘月忘日。晚年的孔子对他的一生有一个在世界上可称得上是最小的自传:"十有五志于学,三十而立,四十而不惑,五十而知天命,六十而耳顺,七十而从心所欲,不逾矩。"从孔子的自传来看,他对自己的人生很满足啊。他没有为他仕途上的挫折而郁郁寡欢。如果他看到了司马迁对他的赞美,他也会深感欣慰吧！（"天下君王至于贤人众矣，当时则荣，没则已焉。孔子布衣，传十余世，学者宗之。自天子王侯，中国言'六艺'者折中于夫子，可谓至圣矣！"）

现在不时有人评论说，孔子很不幸，他是一位失败者。我很不赞成这种评论。如若孔子在仕途上很得志，那么我们今天面对的孔子就有可能完全是另一番景象了。同样，当时庄子如果接受楚国的盛情去楚国担任令尹，那他能不能留下《庄子》这部不朽的伟大著作就会成为一个疑问。老子的一个智慧之言说："物或损之而益，或益之而损。"失之东隅、收之桑榆的形象化说法，可以抽象表达为"得到的是失去的补偿"。什么都想要的人，是要把整个世界都变成他自己的，这是权力垄断者的绝对特权。这种人不喜欢开放和价值多元的社会。但具有包容心的人，都希望生活在一个开放和价值多元化的社会中。在这种社会中，人能够自由、自主地去选择某种东西，去做自己想要做的事情，他也乐意接受他选择的结果。套用孔子的人生自传，我调侃自己说，截止到目前，我的人生历程是：十五未志于学，三十未立，四十而惑，五十不知天命，六十耳不顺。由此类推，七十很可能是从心所欲就逾矩，但我乐意接受一个这样的自己。把我没有进入仕途视为最大遗憾，决非仅是家乡人才有的看法，但我从来不这样想，也从来没有这种奢侈的愿望。我没有问过父母的想法，我只知道，他们从来没有给我说我应该走另外的路。我的爱人苑淑娅一直默肯我的选择，一直帮助我，这是我人生快慰的主要来源之一。

对于中国哲学这一领域的探索，我主要在两个方向上展开。一个是早期中国哲学，更具体说是作为中国哲学源头的东周子学，这又多集中于儒家、道家和出土文献的哲学思想上；一个是作为中国哲学新近流变的近代哲学。在这两条战线上，我主要围绕很远的中国过去和很近的中国近代展开讨论，尝试追问和探寻近代中国的困境所在和突围之道，尝试解释和揭示早期中国哲学的突破、内在精神和气质。不管这种求解和给出的答案是否或多大程度上接近于我的期望。

历史有重要转变的时刻。在这种时刻，社会有巨大的变迁，伴随着混乱和失序，新的各种可能性和新颖性不断展开。人们常说殷周之变和唐宋之变。但两周（从西周到东周）之变、成周秦汉之变（从东周到秦汉）、清季民国之变（从清末到民国）等，也都是中国历史上的特殊时刻。清季民国之变是从旧文明帝国向新文明民族国家转变的时期，是引入世界新文明和建立充满活力的新秩序的时期。但在最实质的转变上，这一过程困难重重。

近代中国哲学同近代中国社会政治革新有着强烈的互动关系。新的学术体制建立，按照学术自身的要求而走向思想的学院化、体系化，在一些人物上表现出来，就有了清末知识人和行动者严复、康有为、章太炎、孙中山等，有了新文化运动知识人胡适、陈独秀、梁漱溟、李大钊等，后来又有了学院派哲学家张东荪、熊十力、冯友兰、金岳霖、唐君毅和张岱年等。对严复、金岳霖两位哲学家的专门考察，我先后著有《严复与福泽谕吉——中日启蒙思想比较》（河南大学出版社1991年修订版，中国人民大学出版社2020年版）、《理性与浪漫》（河南人民出版社1993年版）、《金岳霖学术思想评传》（合著。北京图书馆出版社1998年版）、《严复》（东大图书股份有限公司1997年版）等。此外，我还专门考察了自称为"五四之子"的殷海光，著有《万山不许一溪奔——殷海光评传》（水牛图书出版事业有限公司1997年版；大陆版题名为《炼狱——殷海光评传》，群言出版社2003年版），收入这一著作系列中的有《世界巨变：严复的角色》（题名略改）、《严复与福泽谕吉启蒙思想比较》（题名略改）和《理性与浪漫——金岳霖的生活和哲学》。另收入的还有《从古典到现代：观念和人物》，这是过去和新近一些论题和人物思想的讨论。

近代中国巨变在一些观念上表现出来，就是古典的人文和文化普遍主义思维方式在很大程度上被引向了力量上的自强主义思维方式。

新的进化主义世界观扮演了既解释中国近代危机又提供变革动力和方向的双重角色。在学院派和体系化的思想中，中国主要是从英美的经验主义、新实在论和逻辑分析主义，还有英美法的生命主义中发展出近代中国思想，而不像日本那样主要是摄取德国哲学并发展出近代日本哲学，这形成了一种对照；中国近代之后难以建立新的政治权威而产生许多混乱，日本近代重建了政治权威而又走向绝对主义，这又适成一种对照。近代中国思想中对民主、自由、平等、公理等观念的热衷，同近代中国政治权威的建立难以融合。30 年代民主与独裁的争论，就反映了这种冲突。

近代中国思想整体上是在固有思想和西方思想及日本媒介等关系中展开的，它把处理过去与现在关系的古今模式转变为中西模式、新旧模式或传统与现代模式，把处理内部自我与外部他者关系的夷夏模式转变为中国与世界模式，或者通过展现自身固有思想和智慧的独特性，或者通过使西方思想和智慧融会到自身之中，以使自己获得思想上的新生。由此来看，所谓现代中国意识危机、所谓西化主义对文化保守主义、所谓启蒙与救亡的双重变奏等概括，所看到的不过是近代中国思想中的表象而不是实质。对近代中国转变的研究，我以主题和专题先后展开著有《进化主义在中国》（首都师范大学出版社 2002 年版；增订版题为《进化主义在中国的兴起——一个新的全能式世界观》，中国人民大学出版社 2010 年版）、《近代中国思维方式演变的趋势》（四川人民出版社 2008 年版；中国人民大学出版社 2018 年增订版）、《自然和人：近代中国两个观念的谱系探微》（商务印书馆 2018 年版）等。在这几部著作中，我致力于探讨近代中国建立的新的进化主义世界观、新的自强主义思维方式，致力于揭示近代中国思想如何既内在于古代思想而又有超越古代思想的一些新的特性。

殷周之变是政治反抗和文武革命的结果。两周之变虽非易朝换代，虽因周名，但其实则为日新。这是西周天子体系动摇和瓦解的过程，是诸侯列国力政兴起和强大的过程；是西周封建制、采邑制、世袭制、身份等级制衰落的过程，是郡县制、官僚制和身份平等制萌生和强化的过程；是井田制、公田制萎缩的过程，是授田制和私田制扩大的过程；是士者失官、官学式微、礼崩乐坏的过程，是士人大流动、私学子学隆盛和文化繁荣的过程。东周子学革命，是"三代"文明、文化和思想长期积累的结果。东周是中国历史上最有创造性的时代，它造就了各种哲学，造就了中国哲学之后的源头活水。真正认识东周哲学和思想的内在性，比我们想象的要困难得多，这也是产生不准确判断和误读的原因之一。

澄清早期中国哲学文本、准确揭示其内在性意蕴的渴求，因新出土简帛的大量发现和新方法、新视角的引入而被增强。在东周子学的探索方向上，我对贯通性的论题有所考察，重点是道家、黄老学及其相关的出土文献研究，是儒家及其相关的出土文献的研究。有关这方面的著作有《道家形而上学》（上海文艺出版社 2001 年版）、《简帛文明与古代思想世界》（北京大学出版社 2011 年版。2015 年中华书局出版的《出土文献与道家新知》和 2020 年孔学堂书局出版的《出土文献与早期儒家的美德伦理学》则是其分编本）、《儒家的精神之道和社会角色》（中华书局 2015 年版）、《道家学说的观念史研究》（中华书局 2015 年版；其中收入《道家形而上学》列为"上编"）、《根源、制度和秩序》（中国人民大学出版社 2018 年版）、《宇宙、天下和自我：早期中国的世界观》（中国人民大学出版社 2023 年版）等。收入这一著作系列的有《简帛时代与早期中国思想世界》（分上下两卷；题名略变）、《根源、制度和秩序：从老子到黄老学》、《道家形而上学及其展开》（题名略变）和《儒家的精神之道和社会角色》。

单就出土简帛而言，我展开了四个方面的研究，一是根据郭店楚简《太一生水》、上博简《恒先》和《凡物流形》等文献，认识和把握周秦宇宙生成模式的丰富性以及所构想的宇宙生成各层次的内涵；二是从上博简《鲁邦大旱》《鬼神之明》和《三德》等资料出发，揭示随着周秦时代人文意识、人事作用的扩大，此前的宗教信仰和祭祀礼仪如何在被弱化的同时又以不同面貌表现出来的复杂情形；三是从马王堆帛书《黄帝四经》、睡虎地秦简《为吏之道》、郭店楚简《唐虞之道》、上博简《从政》等文献出发，探讨在周秦时代和社会历史条件下思想家提出的治理国家和天下的公共理性、规范的多种形态；四是从郭店简《性自命出》《五行》《穷达以时》等资料出发，考察周秦时代的思想家通过"内外""身心""天人"等关系建立德性伦理的过程和方式。在这四个方面的研究中，我主要运用把新出土资料与传世文献结合起来的方法，以确定这些文献在周秦思想史中的恰当位置并克服以往根据通行本进行研究存在的局限，努力究明出土资料为中国古代思想世界带来的变化，关注这些新的思想资源对当代中国和世界的意义。

战国竹简文献除了像《周易》《老子》等有传世本外，大多数是千古未知的佚文。像《黄帝四经》《五行》，即使有相应的记载，但它们的真面目过去一直是个谜。它们的重见天日，完全称得上是奇迹。子学传世文献与佚文之间的关系，也许可用早期中国哲学、思想的干流和支流关系来解释。流传下来的一般来说是重要的，没有被流传下来的也许不都那么重要。《论语》《墨子》《孟子》《老子》《庄子》《荀子》等代表的是早期中国哲学和思想的主流，而战国简多为佚文，不管多么重要，相对来说它代表的或许是早期中国哲学和思想的支流。从战国简帛中，我发现中国思想在源头上就与西洋思想形成了鲜明的对比。如战国简进一步证明中国形而上学和宇宙观既是存在论又是生成论，而不同于西洋的构成论和本质主义。战国出土资料中没有明显的逻辑方面的思想史资料，与此也是一致的。中国的生育式宇宙观，能够促使东方建立一种新的生态形而上学。把战国出土资料中的身心、性情、天人、禅让、穷达等一系列论题同古希腊思想关注的数、灵魂、理念、第一因等论题相比，都能看出两者的差异，这就要求研究者更加注意中国思想与西洋思想之间的差异性。

对于截止到目前我所做的工作，如果问自己是否满意，那很难简单用是或否来回答。坦率地说，自己也不是评定自己的合适人选。如果允许我说一句，那可以这样说：既满意，又不满意。在学术上，我还算专心和专一；所做的一些研究，可能也有学术上的贡献和意义；但我的生活习惯有些从心所欲，工作时间也不好用严格的时段来计算，这可能是所做工作没有达到我所期望的程度的主要原因。现在的时间被分割得更厉害，不时繁忙得真可以说是无所事事。历史上确实有一些全身心投入、专注于哲学志业的人。康德的生活和工作方式大家知道。现代中国的一些哲学家们，都有自己比较严格的生活方式和工作方式，比如冯友兰先生、金岳霖先生和张岱年先生。他们能够排除外部的干扰，又能够严格约束自己。想想自己还期望对中国哲学做出某种整体性的刻画，还期望在哲学上提出自己的某种见解，而目前所做的工作还不到一半，真是任重而道远，虽然这只是对自己设定的目标。为此，特别需要凝神做减法，但在目前的情况下，做减法越来越难，这竟成了考验我们的意志是否坚定的试金石。

在学术追求和探讨的历程中，我要特别感谢张岱年先生，在我开始从事哲学事务的工作之后，他也一直关心和帮助我。我要特别感谢陈鼓应先生，在我的学术之路上，他一直厚爱我。一些师长如冯友兰、朱伯崑、汤一介、许抗生、杜维明、安乐哲、许全兴、余敦康、蒙培元、李学勤、卢中锋、耿云志、姜广辉、孙长江、刘鹗培等先生，也使我多受教益。从事学术活动，我从不感到孤独和寂寞。回想一件事，在没有来北京工作之前，我不时从郑州到北京参加学术活动，多承友人王博同仁的盛情款待，我们一起讨论学术，有时是同陈鼓应先生一起。至今还记得很清楚，有一天下午，我和同仁王博坐在北大图书馆南门外的长椅上。当时那里是绿茵茵的草地，夕阳之下，我们谈论哲学，谈论我在《道家文化研究》上刊出的《存在自然论》，他给予鼓励并说我适合谈谈哲学。这是我引以为珍贵的一个鼓励。遗憾的是，在这个路线上，我步履缓慢，也因此让厚爱我的余敦康先生不满。最近几年，围绕"关系""关联"和"普遍相关性"等关键词我开始了建立"关系世界观"的尝试，陆续发表了部分论文，也受到同仁王博、郑开的关心。但进展依然有些缓慢。原因之一是在中国，立一家之言意义上的"做哲学"只是一个业余，我的哲学专门和方向是"中国"哲学，是中国固有用语中的诸子学、玄学、义理学，现在完全可以叫作道术学、明道学或明哲学。不管有没有翻译和借用源于西方的"哲学"一词对研究中国诸子学无关紧要，因为多少世纪以来中国古典学术中一直有这方面的"实有"和"实在"（人物、文本、经典和学说）。

列入这一著作系列之中的著作，此前曾在不同出版社出版，大都有后记。这些后记记载了这些著作的一些相关事项。现在将这些著作汇合起来作为系列出版，我不再为每部著作新写后记，而是保留原版的后记并略作改动。

我希望这一著作系列的出版，能够成为中国学术从革命年代的荒芜到新时期恢复和重建的一个小小的印证。破坏一个世界非常容易，建设一个世界十分艰难，如果是对人类文明的真正建设。四十年来中国学术的重建来之不易，中国学术的自立、独立和创发来之不易。我们必须珍惜和捍卫学术这项志业的纯朴性、纯洁性和纯真性。

人们从事的各项事务伴随着人与人之间情感的音符，也因这种情感而变得愉悦和美妙。这一著作系列的出版，留下了一些重要的记忆和情谊，令人感怀和感铭。我要感谢商务印书馆执行董事顾青和总编辑陈小文，感谢他们将这一著作系列列入出版计划，我要感谢友人黄藤先生、朱陈松先生和荀君厉先生的帮助，感谢李婷婷、冷雪涵、董学美、李南男、赵星宇和于娜等各位同仁为这一著作系列的编辑和出版付出的辛劳，感谢叶树勋、吕存凯、常达、李秋红、高源、冯莉、张翊轩、孙雨东、汪柔竹、张可佳、马克和程鹏源等后学助力这一著作系列的校对。

最后，庄子的智慧"来世不可待，往世不可追"，令人闲适有所损，孔子的智慧"往者不可谏，来者犹可追"，令人精进有所益。

目 录

导论 简帛时代与古代思想世界新知 ⋯⋯⋯⋯⋯⋯⋯ 1
  一 简帛时代和简帛文明 ⋯⋯⋯⋯⋯⋯⋯⋯⋯⋯⋯ 2
  二 简帛文本与思想史文本新知 ⋯⋯⋯⋯⋯⋯⋯⋯ 17
  三 古代哲学和思想记忆的复活 ⋯⋯⋯⋯⋯⋯⋯⋯ 26

第一编 简帛文本与古代宇宙生成论

第一章 《太一生水》的宇宙生成模式和天道观 ⋯⋯⋯⋯ 41
  一 宇宙原初统一体:"太一"与"一" ⋯⋯⋯⋯⋯⋯ 43
  二 "主辅"生成机能:从"水"到"天"和"地" ⋯⋯⋯ 57
  三 "相辅"生成机能:从"神明"到"岁" ⋯⋯⋯⋯⋯ 63
  四 作为原理的"太一"和"天道观" ⋯⋯⋯⋯⋯⋯⋯ 68

第二章 《恒先》的宇宙观及人间观的构造 ⋯⋯⋯⋯⋯ 73
  一 "恒先":宇宙的"原初"及其"状态" ⋯⋯⋯⋯⋯ 74
  二 从"域"到"气":宇宙的演化和天地的生成 ⋯⋯ 82
  三 "始"和"往":"万物"的生成、存在和活动 ⋯⋯ 90
  四 "天下之事"与人间行为的尺度 ⋯⋯⋯⋯⋯⋯⋯ 97
  结语 ⋯⋯⋯⋯⋯⋯⋯⋯⋯⋯⋯⋯⋯⋯⋯⋯⋯⋯⋯⋯ 102

第三章 《凡物流形》"一"的思想构造及其位置 ········· 105

引言 "一"与《凡物流形》和黄老学 ················· 105
一 作为生成者的"一"与不同的宇宙生成模式 ········· 109
二 "一"与"万物"存在和活动的根据 ················· 114
三 "一"与"圣人"和政治原理 ······················· 120
四 "一"与"心灵"修炼和"贵一" ······················ 128
结语 ··· 133

第二编 从"三代宗教"到东周时代的信仰

第四章 "灾害"与"政事"和"祭祀"

——从《鲁邦大旱》看孔子的刑德观和祭祀观 ········· 139
一 "灾害"与"政事" ··································· 139
二 "御灾"与孔子的"刑德观" ······················· 149
三 "御灾"与孔子的"祭祀观" ······················· 163

第五章 《鬼神之明》与东周的"多元鬼神观" ········· 180

一 "有鬼""无鬼"之辨别与《鬼神之明》 ··············· 180
二 《鬼神之明》与"鬼神"的"善恶赏罚" ··············· 187
三 《鬼神之明》与"鬼神"之"力"及其限制 ············· 197
余论 ··· 203

第六章 《三德》的自然理法和神意论

——以"天常""天礼"和"天神"为中心的考察 ········· 206
一 "天常":自然理法和"天时" ····················· 208
二 "天礼":行为规范和禁忌 ······················· 219
三 "天神":宗教神意论 ··························· 224

第三编　心性、美德和境遇

第七章　《性自命出》的人性模式及人道观

  ——"性""情""心"和"道"等概念释义……234
  一　人性"有善有恶"与《性自命出》……235
  二　作为"情感"之"情"的形态……240
  三　"心"的不同层面及其关系……253
  四　"道"和"礼""乐"……261

第八章　"身心合一"之"仁"与儒家德性伦理

  ——郭店竹简"㤈"字及儒家仁爱思想的构成……272
  一　"身心合一"之"仁"与"同情心"……273
  二　"身体"与"事亲"之"仁"……283
  三　"推己及人"与"爱民""爱人"之"仁"……292
  四　"万物一体"之"仁"与"推人及物"……298
  余论……304

第九章　《穷达以时》与孔门的境遇观和道德自主论……308

  一　《穷达以时》与传世文献记载的异同……309
  二　《穷达以时》与孔门的"境遇观"……319
  三　道德"自主性"和"自我反思"……331

第十章　简帛《五行》篇的"悳"观念……340

  一　"悳":"悳行"与内心"养成"……341
  二　"悳"与"和"及"乐"……351
  三　"悳"与"天道"和"天"……362

第十一章　早期儒家的"慎独论"与"为己之学"及"公共关怀" … 368

  一　作为内在道德本性的"独" … 369
  二　"慎"与"慎独"的层次 … 386
  三　"道德安身主义":"慎独论"与"为己之学" … 396
  四　"公共关怀":"慎独论"与"内圣外王" … 406

导论
简帛时代与古代思想世界新知

中国古代学术在20世纪发生了两种巨大的转变,一是由于同西方学术在空间上的接触和受其影响,古代学问走上了学科化和专门化之路,造就出了现代性的学术形态,如考古、历史、文学、哲学、宗教等等;二是因在地下空间中发现了大量的文物和文献而产生了新的古代学问,其中最有代表性的是20世纪初开始并很快兴起的甲骨学、敦煌学和70年代以后走向规模化的简帛学。随着湖南长沙马王堆汉墓帛书、河北定州八角廊汉简、山东临沂银雀山汉简、湖北荆门郭店楚简和上海博物馆藏楚简等的陆续发现和公布,①"简帛学"已成为中国古代学术研究中最有潜质和活力的一门学问。这里所说的"简帛"是包括了竹简、木牍和帛书在内的整个出土古籍。海内外学术界分别从不同的角度对出土简帛古书给中国考古学、历史学、文字学、文献学以及学术史、思想史和哲学史带来的广泛和深远影响,进行了探讨,② 尽管

---

① "岳麓书院藏秦简""清华藏战国简""北大藏汉简"等都正在整理之中。我们有理由推测,地下可能还隐藏着许多不为我们所知的简帛文本。

② 有关这方面请参阅李学勤的《简帛佚籍与学术史》(江西教育出版社2001年版)、裘锡圭的《中国出土古文献十讲》(复旦大学出版社2004年版)、〔日〕池田知久的《池田知久简帛研究论集》(曹峰译,中华书局2006年版)、李零的《简帛古书与学术源流》(生活·读书·新知三联书店2008年版)等。

在如何具体评估这些影响方面我们的看法有所不同，但我们可以肯定的是，出土简帛确实为古代中国学术和学问的研究带来了强烈的刺激和巨大的活力，具体到古代中国哲学和思想研究领域同样如此。在许多方面，死而复生的简帛古书促成了古代中国哲学和思想世界的复活。①我们这里的讨论，首先是提出"简帛文明"概念，从一些方面看看它为我们重新认识古代中国文明带来了什么；在此基础上，我们概括性地讨论一下简帛古书为古代哲学和思想史料、为古代哲学和思想世界带来了哪些变化和新知。

一　简帛时代和简帛文明

我们曾根据考古发现的大量青铜器物和它们在社会生活的重要性，把长达一千五百年左右的早期中国历史时代（从殷周之际到秦汉之际）称为"青铜时代"。如张光直这样界定说：

> 我们所谓中国青铜时代，是指青铜器在考古记录中有显著的重要性的时期而言的。辨识那"显著的重要性"的根据，是我们所发现器物的种类和数量，使我们对青铜器的制作和使用在中国人的生活里占有中心地位这件事实，不容置疑。②

张光直指出，"青铜时代"虽然是人类早期文明发展中都经历的一个阶

---

① 这是出乎古人意料的，对于那些遵循儒家教诲为尽孝心而精心安排了陪葬品并希望亲人永远入土为安的人来说，就更是如此。"复活"既意味着被埋藏在地下的简帛的重见天日和死而复生，也意味着一个新的思想世界的重现。

② 张光直：《中国青铜时代》，生活·读书·新知三联书店1999年版，第1页。郭沫若和张光直都把中国从殷周之际到周秦之际的一千五百年称为"青铜时代"，认为其兴盛的时期是在西周。郭沫若具体把它分为四个时期。参阅郭沫若的《青铜时代》，见《中国古代社会研究（外二种）》上，河北教育出版社2000年版，第583—585页。

段，但中国青铜时代的青铜数量、种类和重要性在世界上都是独一无二的，"青铜器既是中国文明的象征，又是产生这种象征的因素"。①

不过，现在我们则要使用一个"简帛时代"的概念，这一概念比青铜时代的时间跨度更大。竹简作为书写材料开始使用，上限至少在殷商，直到纸成为主要书写材料之前；它被广泛使用的下限要到魏晋时代。我所谓的简帛文明同简帛时代是一个一而二、二而一的概念。我想用它来指称古代中国以竹简、木牍和缣帛等为书写材料而保存和传承下来的丰富多彩的古代文明，指称由简帛所承载的大量文本和历史记忆所构成的文明。事实上，考古发现的许多实物和遗址都承载着古代中国文明的不同知识和信息，为我们认识古代中国文明提供了大量新的依据。这就是为什么我们常把考古发现的一些实物或遗址冠以某某文化或某某文明。比较起来，"简帛文明"是一个更加广泛和综合的文明概念，它的时间跨度很长，上可追溯到夏代至少是殷商，下则持续到东汉和晋，其兴盛于周和西汉，它比"青铜时代"的上限更早，下限更晚；它是中国古代文明创造性时代的写照，它承载的历史、知识和思想信息比任何其他载体都要大，它奠定了后来中国整个历史的基础。因此我们把"简帛"所代表的古代文明称为"简帛文明"就不足为奇了。

把简帛作为书写材料，这本身就是一项卓越的发明，因此，"简帛文明"首先是一种有关"简帛技艺"的文明。在纸被发明和成为主要书写材料之前，中国人发明和使用的书写材料主要是竹简、木牍、缣帛。只是，我们至今还无法确认何时、何人发明了"简帛"作为书写材料。迄今考古发现的最早"简帛"都属于战国时代，但我们显然不能说，只是到了战国中国人才发明了"简帛"。根据甲骨文和早期文献记载，我们知道，竹简作为书写材料的历史是很悠久的。甲骨文中

---

① 张光直:《中国青铜时代·二版序》。

的"册"字,写法是四竖笔(或三竖笔),它们代表一根根的简,中间的一横笔代表将其连缀的编绳。《说文解字》注解"册"字说:"象其札,一长一短,中有二编之形。"又说:"古文册从竹。"①《尚书·周书·多士》记载:"惟尔知,惟殷先人,有册有典,殷革夏命。"按照这一记载,殷人不仅已有"简册",而且还有不同于"简册"的"典"。"典"字的构形也同"竹简"有关。《说文》解释"典"说:"五帝之书也,从册,在丌上,尊阁之也。"《墨子》中有不少地方都说,古人"书之于策""书之竹帛""书于竹帛""书其事于竹帛",我们看几个例子:

> 古者圣王既审尚贤,欲以为政,故书之竹帛,琢之槃盂,传以遗后世子孙。(《尚贤下》)
>
> 何知先圣六王之亲行之也?子墨子曰:"吾非与之并世同时,亲闻其声,见其色也,以其所书于竹帛,镂于金石,琢于槃盂,传遗后世子孙者知之。"(《兼爱下》)
>
> 古者圣王必以鬼神为有,其务鬼神厚矣。又恐后世子孙不能知也,故书之竹帛,传遗后世子孙。咸恐其腐蠹绝灭,后世子孙不得而记,故琢之盘盂,镂之金石,以重之。有恐后世子孙不能敬莙以取羊。故先王之书,圣人之言,一尺之帛,一篇之书,语数鬼神之有也,重有重之,此其故何?则圣王务之。(《明鬼下》)

根据"册"字的起源和记载,我们可以说,竹简作为书写材料被使用至少在商代就开始了,但其具体发明过程,我们已无从得知。作

---

① 有关"简册"的起源,参阅张政烺的《中国古代的书籍》,见《张政烺文史论集》,中华书局2004年版,第521—526页。

为已经成熟的技艺，制作竹简的过程和方法，一是根据需要选取大小合适的竹子；① 二是根据所需尺寸把砍伐来的长竹截为短筒，再破筒为竹片；三是对截取好的竹简进行"杀青"（即"烘干"）；四是分青面（"篾青"）和黄面（"篾黄"；一般在黄面上书写），用绳（麻线、青丝或皮子）编连成册（简册）。根据简的长度，编绳有两道、三道甚至四道、五道不等。② 王充《论衡·量知》篇记载简牍的制作方法说：

> 夫竹生于山，木长于林，未知所入。截竹为简，破以为牒，加笔墨之迹，乃成文字，大者为经，小者为传记。断木为椠，析之为板，力加刮削，乃成奏牍。

竹简"形制"的区别主要在于长短，汉人记载有二尺四寸（约56厘米）、一尺二寸（约28厘米）、八寸（约19厘米）等规格，分别用于书写经、传、记等不同体裁的文本。王充《论衡》对此有较多记载：

> 古今不知，称师如何！彼人曰："二尺四寸，圣人文语，朝夕讲习，义类所及，故可务知。汉事未载于经，名为尺籍短书，比于小道，其能知，非儒者之贵也。"儒生不能都晓古今，欲各别说其经，经事义类，乃以不知为贵也。（《谢短篇》）
>
> 唐、虞、夏、殷同载在二尺四寸，儒者（推）〔抽〕读，朝夕讲习，不见汉书，谓汉劣不若，亦观猎不见渔，游齐、楚不愿宋、

---

① 南方多产竹，竹子不是珍贵的材料。但竹子的种类很多，竹子又有大小，哪一种、多大的竹子适合制作竹简，也应是考虑的因素之一。

② 有关这一方面，参阅林剑鸣编译的《简牍概述》，陕西人民出版社1984年版，第35—46页；李零的《简帛古书与学术源流》，第125—143页。

鲁也。(《宣汉篇》)

张政烺指出,郑玄《注论语序》所说"六经"的形制与《论衡》所记一致;又指出汉代的国家官文书,如律令之类,都是二尺四寸。①《盐铁论·诏圣》记载说:"二尺四寸之律,古今一也。"整体而言,汉代的竹简形制比较规范和统一,律令和经典之书,一般都是二尺四寸。如甘肃武威磨咀子汉墓出土的《仪礼》简牍,甲本木牍长 55.5—56 厘米,丙本竹简长 56.5 厘米,基本合乎汉代二尺四寸的一般标准。从出土的战国竹简来看,竹简的长短还没有这么统一和规范。如郭店简《老子》甲组简长 32.3 厘米,乙组简长 30.6 厘米,丙组简长 26.5 厘米,《太一生水》简长同《老子》丙组,《缁衣》简长 32.5 厘米,《鲁穆公问子思》简长 26.4 厘米,各有不等;上博简第三册中的《周易》,完整的简长 44 厘米左右,《仲弓》整简 47 厘米左右,《恒先》39.4 厘米,《彭祖》完简长约 53 厘米,也是各有不等。在简册上进行书写(也有先在单简上书写然后编连成册的),需要的是笔、墨,还有辅助性的刀,以刮削错误。特别是,简帛文明同笔和墨的历史分不开,它包括了笔和墨的文明。考古发现的最早的笔,出土于信阳长台关和长沙左家公山战国墓中。②

"简帛材料"是书写的载体,而文字则是"书写"的基础,因此,"简帛文明"反映了中国古文字演进和变迁的历史。生活、交流和记载的需要促使人类创造了文字,现在已知的中国古文字主要是甲骨文,但不能简单说中国最早发明的文字就是甲骨文。战国时代有两个著名的传说,一个传说是上古用"结绳"的方法来记事,后来变成了"书契";一个传说是仓颉最早发明了文字。《老子》第八十章有"使民复

---

① 参阅张政烺的《中国古代的书籍》,见《张政烺文史论集》,第 523 页。
② 参阅李学勤的《东周与秦代文明》,上海人民出版社 2007 年版,第 283 页。

结绳而用之"的说法。《周易·系辞传下》记载说："上古结绳而治，后世圣人易之以书契。""结绳"一般被看成是中国先人记事的最原始办法，而"书契"则被认为是刻写的文字，即所谓"设文字"。《尚书序》说："古者伏牺氏之王天下也，始画八卦，造书契，以代结绳之政，由是文籍生焉。"根据考古发现，在陕西半坡村遗址和陕西临潼遗址出土的彩陶上，有类似文字的简单刻画符号，[①] 这也许是中国文字的最早形态。陕西半坡村遗址和陕西临潼遗址属于仰韶文化，距今已有四五千年的历史。19世纪末以来，随着甲骨文和金文的大量发现，系统研究商周文字的两门新学问建立了起来；20世纪70年代以来，由于大量"简帛古书"特别是战国简帛古书的出土，又为我们研究秦汉和东周文字提供了丰富而重要的素材。相对于汉代隶书的"今文"，相对于作为文字统一过程中的秦文，六国的"古文"呈现出多样的形态，这也是秦帝国要求统一六国"文字"的大背景。但要认识六国的"古文"，单靠这个时代的青铜铭文局限性很大。新出土的战国竹简，为改变"古文"研究的薄弱状况提供了重要的契机和条件，虽然它主要是楚国文字。通过传世本与战国简本比较可知，简帛古文通假字较多，而今本多被改成了正字。"简帛古文字"，已成为中国古文字研究的一个新领域。如果说通过甲骨文、金文、古玺印文，我们认识了商周文字的基本形态，那么通过战国竹简我们则可以更多地认识东周"古文字"的形态。

　　如果说文字的创造起源于记录和记载的需要，那么书写则是不断运用文字进行记载和创作的过程。在"简帛文明"中，我们既能看到古代中国的书写过程，也能看到书籍和经典的形成过程。"书"的本义是"著""记""写"。这是动词意义上的"书"，如《说文》解"书"

[①] 参阅中国社会科学院考古研究所编著《新中国的考古发现和研究》，方志出版社2007年版，第64页。

为"箸",《广雅·释言》释"书"为"记"。《释名·释书契》也说："书,庶也。纪庶物也。亦言著也。著之简纸,永不灭也。"《墨子》中说的"书之于策""书之竹帛"等,其"书"皆是作为动词使用的书写和书记。在"三代","书写"带有垄断性,它是同"史官"制度紧密结合在一起的。以简帛为材料的书写和记录是由"史"这一官职专门担任的,早期历史记载和著录的主要内容是帝王的言行。中国古代"史官"分工细致而又严格,说明从历史的早期中国就十分重视历史记载。《说文》解释"史"说:"记事者也,从又持中。中,正也。"段玉裁注"记事",引《礼记·玉藻》说的"动则左史书之,言则右史书之",说"不云记言者,以记事包之也";注"从又持中。中,正也",说"君举必书,良史书法不隐"。把"持中"的"中"解释为"简册",也有一定的道理,因为记载是记之于"简册"。甲骨文中有"作册""史"字,王国维指出,"作册"与"内史"是相同的官职,也称作"作册内史"。①《周礼·天官冢宰》有"史掌官书以赞治"的说法;《周礼·春官宗伯》也有外史"掌三皇五帝之书"的记载。《礼记·玉藻》记载"史"的分工说:"动则左史书之,言则右史书之。"②具有记载和著录资格的是"史官",他们专门担当着记言记事的职责,《左传·襄公十四年》记载:

  史为书,瞽为诗,工诵箴谏,大夫规诲,士传言,庶人谤,商旅于市,百工献艺。

《国语·楚语上》记载楚国左史倚相往见申公子亹说的话:

---

① 参阅王国维的《释史》,见《观堂集林》一,中华书局1959年版,第272—273页。

② 《左传·庄公二十三年》记载说的"君举必书",其记载者就是"史官"。

> 在舆有旅贲之规,位宁有官师之典,倚几有诵训之谏,居寝有亵御之箴,临事有瞽史之导,宴居有师工之诵。史不失书,矇不失诵,以训御之,于是乎作《懿》戒以自儆也。

根据其中说到的"史为书""史不失书"可知,"书写""守书",是"史"的职责。王国维说:"掌文书者亦皆谓之史,则史之职专以藏书、读书、作书为事。"①张亚初和刘雨根据研究认为,史官是古代统治者的书记之官,是不可离的左右手。不但西周王室有不少史官,就是诸侯和其他奴隶主贵族,也都拥有自己的史官。②

从"书"的书写、记载、记录引申出名词性的"书",即"文籍""书籍"。《说文解字·叙》区分"文""字""书"说:"依类象形,故谓之文。其后形声相益,即谓之字","著于竹帛谓之书"。这里的"书"是名词,是指书写而成的书籍。"书"是中国先人为保存文明和历史记忆而创造出来的。人类不仅努力创造了文明、知识,而且想办法把它保存下来。早期的口传是重要的,但口传有极大的局限性。教育是另一种有效保存和传承文明的方式,但个体的生命总是有限的。如果说"历史"的最基本功能是保持"记忆"的话,③那么简帛就是中国古人发明的保存、传承历史记忆的最好方式。④甲骨文不

---

① 王国维:《释史》,见《观堂集林》一,第269页。
② 有关古代"史官"的职责,参阅张亚初、刘雨的《西周金文官制研究》,中华书局1986年版,第28页。
③ 历史的基本目标之一是保存记忆,克服遗忘。有关"历史记忆"问题,请参阅贝克尔(Carl Becker)的《人人都是他自己的历史学家》,见何兆武主编的《历史理论与史学理论——近现代西方史学著作选》,商务印书馆1999年版,第564—584页。
④ 哲学家金岳霖为了说明教育的内在价值曾这样设想,假定考虑教育完全停止一百年,我们将返回到亚当和夏娃的时代,一百年后诞生的孩子将不知道任何历史、任何科学,不知道祖先传给我们的任何累积的知识,总该花上三四千年达到人类知识的现在阶段。参阅金岳霖的《当代中国的教育——在美国芝加哥大学"中国问题座谈会"上的讲演》,见《金岳霖集》,中国社会科学出版社2000年版,第391页。

是古书，金文也不是古书，最早的"古书"主要是简牍和帛书。根据上面所说，作为"书籍"的"典"和"册"至少在商代已经有了。张政烺根据甲骨文和金文中的"册"字和从"册"的"典"字以及《尚书·周书·多士》记载的"惟殷先人，有册有典"，推测书籍的出现可能更早：

> 如果从文献资料看，连夏代似乎也有典册，这有待于将来地下考古的发现。有人根据《多士》的"惟"字，以为只有殷代有典册，夏代没有，这种考证方法是有问题的。可惜简册不似甲骨，在黄河流域它不易保存下来。现在只能见到战国和秦汉的简册，这就是中国最早的书。①

从这种意义上说，"简帛文明"是指通过"书籍"保存历史的文明。《左传·昭公十二年》记载楚左史倚相"能读《三坟》《五典》《八索》《九丘》"。按照《尚书序》的说法，这些都是"上世帝王遗书"，其中的"坟"和"典"，经过孔子的加工变成了《书》的组成部分。《书》，直接以"书"作为书名，其所谓"书"是指"书籍"。其中的《虞书》《夏书》《商书》和《周书》等，也要在这种意义上来理解。

在上古书籍非常少而且主要是关涉政教的情况下，只要是"书""简册"，应当都是比较贵重的，但"典"则更为重要。把书籍、书册中的一部分突出加以强调的意识，应该是书籍到了一定数量之后的事，"典"的名称就是适应这种需要产生的。《说文》解释"典"为"五帝之书"，这同《尚书序》把少昊、颛顼、高辛、唐、虞之书称为"五典"一致。"典"在形制上大于一般的书，是特殊的简册，主要记载帝

---

① 张政烺：《中国古代的书籍》，见《张政烺文史论集》，第522页。

王之言行,并引申为"常"和"法"。周景王谈到晋国使臣籍谈的祖先说:

> "夫有勋而不废,有绩而载,奉之以土田,抚之以彝器,旌之以车服,明之以文章,子孙不忘,所谓福也。福祚之不登,叔父焉在?且昔而高祖孙伯黡司晋之典籍,以为大政,故曰籍氏。及辛有之二子董之晋,于是乎有董史。女,司典之后也,何故忘之?"籍谈不能对。宾出,王曰:"籍父其无后乎!数典而忘其祖。"(《左传·昭公十五年》)

这里的"典"是指"典籍"。《左传·昭公二十六年》所说的"奉周之典籍以奔楚",《孟子》中所说的"宗庙之典籍",其"典"都是指珍贵性和权威性的著作。

已发现的简帛古籍数量巨大,涉及的内容广泛。如果把这些简帛都集中到一起,我们就能想象一个古代的简帛图书馆。这种图书馆,在东周的洛阳就存在过。《庄子·天道》记载说:

> 孔子西藏书于周室,子路谋曰:"由闻周之征藏史有老聃者,免而归居,夫子欲藏书,则试往因焉。"孔子曰:"善。"往见老聃,而老聃不许,于是繙十二经以说。

"简帛古籍"不仅数量大,而且分布很广。[①]李零具体列出了它的分布

---

① 大家一般都认为简帛在地下能够长期保存需要适宜的地理和气候条件,要么地下非常干燥,要么是非常湿润,这就是南方特别是湖北和湖南或者是西北的简帛、木牍能够保存下来的原因;而北方的地理和气候条件干燥不如西北,湿润又不如南方,故简帛不易保存。但这似乎并不能完全说明问题,河北定州、山东临沂照样有竹书出土,这里的地理和气候条件,显然是属于北方的。

地域，有现在的北京、河北、内蒙古、陕西、甘肃、青海、新疆、山东、江苏、安徽、江西、河南、湖北、湖南、广西、四川等，数量的分布不均衡，山东、河北、青海、甘肃、河南、安徽、湖北、湖南等地居多。①撇开中古汉、晋、北周和近世宋发现的战国及汉代多少不一的竹书不说，从19世纪开始到20世纪，中国各地发现了大量的简帛古书。特别是从70年代以来，大量的简帛古书重见天日，其中最负盛名的见下。

20 世纪 70 年代以来主要出土简帛古书一览表

先后顺序	出土地和简名	出土年和来源	数量	主要内容和篇目
1	山东临沂银雀山汉简	1972年出土	竹简共有4974枚	主要有《孙子兵法》、佚文四篇（《吴问》《黄帝伐赤帝》《四变》《地形二》）、《孙膑兵法》《尉缭子》《守法守令十三篇》《六韬》《晏子》《地典》《唐勒》等古书。
2	甘肃居延汉简	1972年至1974年出土	简牍共有2万枚	内容主要有公文、档案、历谱、药方等。

---

① 参阅李零的《简帛古书与学术源流》，第101—124页。

续表

先后顺序	出土地和简名	出土年和来源	数量	主要内容和篇目
3	河北定州八角廊汉简	1973年出土	共有简1000多枚	主要有《论语》《儒家者言》《哀公问五义》《保傅传》《太公》《文子》《六安王朝五凤二年正月起居记》《日书》等古书。
4	湖南长沙马王堆汉墓帛书	1973年出土	共有29件，12万多字	主要有《老子》甲本及卷后四种佚书（《五行》《九主》《明君》《德圣》）、《老子》乙本及卷前四种佚书（《经法》《十六经》《称》《道原》）、《周易》（《六十四卦》）及卷后佚书五种（《二三子问》《易之义》《要》《昭力》《缪和》）、《系辞》《春秋事语》《战国纵横家书》《刑德》《五星占》《相马经》《五十二病方》及卷前四种佚书（《足臂十一脉灸经》《阴阳十一脉灸经》《脉经》《阴阳脉死候》）、《导引图》及卷前两种佚书、《长沙国南部地形图》《驻军图》等古书。
5	湖北云梦县睡虎地秦简	1975年出土	共有竹简1155枚；另有残片80片	主要有《编年纪》《语书》《秦律十八种》《效律》《秦律杂抄》《封诊式》《为吏之道》《日书》（甲种）、《日书》（乙种）等。

续表

先后顺序	出土地和简名	出土年和来源	数量	主要内容和篇目
6	安徽阜阳双古堆汉简	1977年出土	有十多种古籍残片	主要有《苍颉篇》《爱历篇》《诗经》《周易》《吕氏春秋》《庄子》等古书残片。
7	湖北随州擂鼓墩曾侯乙墓竹简	1978年出土	出土竹简240枚,有字简215枚	简文内容主要是有关葬仪的车、马以及配套的车马器、兵器、甲胄等物的数量及相关情况。
8	青海大通汉简	1978年出土	出土木简400枚,残断严重	内容主要是有关军事方面的。
9	湖北江陵张家山汉简	1983年至1984年出土	共有简1236枚(不含残片)	主要有《二年律令》《奏谳书》《脉书》《算数书》《盖庐》《引书》、历谱、遣策等古书。
10	甘肃敦煌汉简	1990年至1992年出土	共有木牍25000余枚	内容有汉代诏书、律令、料品、檄文、簿籍、爰书、劾状、符、传、历谱、术数、医书、相马经等方面。
11	湖北江陵王家台秦简	1993年出土	共有简800余枚	主要有《日书》《效律》《易占》等古书。

续表

先后顺序	出土地和简名	出土年和来源	数量	主要内容和篇目
12	湖北荆门郭店楚简	1993年出土	竹简804枚，有字简730枚	主要有《老子》（甲、乙、丙三组），丙本所附《太一生水》《缁衣》《五行》《成之闻之》《尊德义》《性自命出》《六德》《鲁穆公问子思》《穷达以时》《唐虞之道》《忠信之道》《语丛》（一、二、三、四）等古书。
13	上海博物馆藏战国楚竹书	1994年从香港购入	共有竹简1200余枚	有《孔子诗论》《缁衣》《性情论》《民之父母》《子羔》《鲁邦大旱》《从政》（甲篇、乙篇）《昔者君老》《容成氏》《周易》《恒先》《仲弓》《彭祖》《采风曲目》《逸诗》《昭王毁室》《昭王与龚之脾》《柬大王泊旱》《内礼》《相邦之道》《曹沫之阵》《竞建内之》《鲍叔牙与隰朋之谏》《季庚子问于孔子》《姑成家父》《君子为礼》《弟子问》《三德》《鬼神之明·融师有成氏》《孔子见季桓子》《庄王既成·申公臣灵王》《平王问郑寿》《平王与王子木》《慎子曰恭俭》《用曰》《天子建州》《武王践阼》《郑子家丧》《君人者何必安哉》《凡物流形》《吴命》等古书。

续表

先后顺序	出土地和简名	出土年和来源	数量	主要内容和篇目
14	长沙走马楼三国吴简	1996年出土	约10万枚,有木简、竹简、木牍、封检、签牌	内容有券书、官府文书、长沙郡所属户籍、名刺、信函、账簿等,是研究三国特别是吴国的重要史料。
15	岳麓书院藏秦简	2007年从香港购入	共有简2174余枚	主要有《质日》《为吏治官及黔首》《占梦书》《数书》《奏谳书》《律令杂抄》等古书。
16	清华大学藏战国简	2008年从香港购入	共有简2388枚(包括少数残简)	已整理出的有《尹至》《尹诰》《程寤》《保训》《耆夜》《金縢》《皇门》《祭公》和《楚居》等。
17	北京大学藏汉简	2009年接受海外捐赠	共有简3300多枚	主要有《老子》《仓颉篇》《赵正(政)书》《日书》《周训》《妄稽》等20多种古书,还有记载180多个医方的古医书,内容涉及哲学、史学、文学、文字学和医学等学科。

二 简帛文本与思想史文本新知

在"三代"统一的政治共同体中,简帛书写和记录由制度化的史官担任,自由的私人著述("立言")不可能成为个人的志业。"简帛古书"整体上是"国家性的",学问自然主要是"官学"。但是,从春秋中期以后,社会政治结构发生剧烈变化,封建贵族世袭制被动摇,政治统一共同体走向解体。作为低级贵族的"士",也开始丧失其固定的身份和爵禄,正如《孟子》所记载的:"士无世官,官事无摄。"(《告子下》)"士人"失去贵族的身份和官职,一方面是他们身份和地位的失落,但另一方面也是他们重新塑造自身的一种机会。如果说体制、有组织和具有强烈的社会认同,对知识阶层是一种麻醉剂的话,那么摆脱体制、组织和控制,越出已有的秩序和认同,可以说是知识阶层获得活力和创新的机会。① 时代已经变迁,"士"获得了新的土壤。他们开始了曼海姆所说的自由流动,也可以说成为了顾炎武所说的一百多年变化中产生出来的"士无定主"的"游士"。② 他们超出了已往被限制的专职,角色变得多样化,"君子不器"成为新的理想,何去何从都在他们的选择之中。从知识社会学的立场观察,诸子之学的兴起是与那个时代的社会政治生活相联系的,用司马迁的话说是"此务为治

---

① 从这种意义上说,现代知识分子就是不幸的,他们正处在曼海姆所说的体制和组织的控制之中:"那些大规模的、稳固的组织通常能够向新来者灌输某种思想来同化他们,并瓦解他们不满和创新的愿望。正是在这个意义上说,大规模的组织是造成智力枯竭的一个因素。""社会认同的明显缺乏正是知识分子特有的机会。他尽可以加入到党派中,但却要带着他特有的观点,保持着构成了其才能的流动性和独立性。官僚机器善于产生出它们所需要的相似性和一致性,但要想长久地存在下去它们也必须使用批判的判断,而这是一个受到控制的头脑所不可能产生的。"〔德〕曼海姆:《知识阶层:它过去和现在的角色》,载《社会学与社会调查》1992年第1期和《国外社会学》1992年第4期)

② 顾炎武:《日知录集释》卷十三《周末风俗》,黄汝成集释,上海古籍出版社1985年版,第1006页。

者也",用《七略》的话说是"皆起于王道既微,诸侯力政,时君世主,好恶殊方,是以九家之术蜂出并作,各引一端,崇其所善,以此驰说,取合诸侯",用《淮南子》的话说是"起于救世之弊,应时而兴"。作为一个广阔的背景和空间,变动不安的春秋和战国时代为诸子学提供了巨大的课题和活动舞台,而诸子则以各种不同的方式来回答时代提出的问题并试图引导那个时代。

垄断性的统一世界观、知识观和价值观一旦解体,智力和精神就会自由奔放,勇敢地去重新审视曾经被给定的"真理",信心十足地去寻求世界的全新解释。活泼的精神意识到了开放的自我和开放的世界,自我和世界又在精神的创造中获得永恒。智慧的竞争表现为学说的争鸣,使人信服不是靠权威和地位,而是凭借逻辑的力量和真理的魅力。自信和自尊使诸子相信他们为世界提供了最高的智慧和学说,正如章学诚所说:"诸子之奋起,由于道术既裂,而各以聪明才力之所偏,每有得于大道之一端,而遂欲以之易天下。"[1] "子学"的兴起,开创了通过"著书立说"追求不朽和永恒的传统。《左传·襄公二十四年》和《国语·晋语八》都记载有通过"立言"可以获得"不朽"的说法。春秋战国时期,士阶层纷纷"立说""立言""放论"和"横议",都是有意识选择的结果。作为游士的诸子,都程度不同的有从事政治的经历(曾担任过不同的官职),他们大都与那个时代的诸侯当政者有过一些接触,并希望获得重要的职务以推行自己的理想,但这条路布满了荆棘。孔子是最典型的代表,他在政治上接连受挫,促使他退而从事教育和文化的创造工作。孔子谦虚地自称"述而不作",但恰恰是他成了儒家学派的创始人,并受到了他的弟子和后学的广泛赞誉。老子从周史官的地位退出后,用最精练的语言构造了一种最精湛和最深刻的学说,成为道家学派的创始人。出身工匠的墨子,曾做过宋国的大夫,

---

[1] 章学诚著,叶瑛校注:《文史通义校注》上,中华书局1985年版,第171页。

他提倡一种清苦主义和兼相爱、交相利的哲学,他赢得了众多富有战斗和牺牲精神的信徒,"列道而议,分徒而讼"。还有孟子、庄子、荀子和韩非等,都是那个时代伟大的著述者,他们通过自己的言论,赢得了不朽。以个人性"立言"和"立说"为特征的"子学",奠定了整个中国历史、思想和智慧的基础,成为以后中国文明的源头活水。

东周时代的"子学"虽然非常兴盛,但根据迄今所看到的文献,当时还没有司马谈和司马迁父子所说"儒家""道家"等六种学派("六家")的名称,也没有《汉书·艺文志》记载的九种流派或十种学派的划分。"六家"和"九流十家"的划分及其称谓都是汉代的产物,这是一个事实。但这并不意味着汉代人不能对东周子学作出划分和概括。随着战国之后不同学派的兴盛和竞争,一方面产生了概括众多学派的"百家"概念,另一方面也产生了评骘他家、标榜自家的思想倾向。《庄子·秋水》篇贬低公孙龙,说他能言善辩,"困百家之知,穷众口之辩",但他又自愧不如庄子;《庄子·天下》篇指出"天下之治方术者多矣,皆以其有为不可加矣",说邹鲁之士、缙绅先生对于《诗》《书》《礼》《乐》《易》《春秋》"多能明之",但对于众多的方术和学派,《天下》篇的作者又站在"道术"的立场上,悲叹天下"道德不一"和"道术分裂":

> 天下大乱,贤圣不明,道德不一,天下多得一察焉以自好。譬如耳目鼻口,皆有所明,不能相通。犹百家众技也,皆有所长,时有所用。虽然,不该不遍,一曲之士也。判天地之美,析万物之理,察古人之全,寡能备于天地之美,称神明之容。是故内圣外王之道,暗而不明,郁而不发,天下之人各为其所欲焉,以自为方。悲夫!百家往而不反,必不合矣!后世之学者,不幸不见天地之纯,古人之大体。道术将为天下裂。

《庄子·天下》篇的立场，主要是表彰道家，特别是以庄子之学为最。在《荀子》中，我们多次看到了"百家"概念，这说明荀子已明确意识到了当时思想流派的多样性和歧义性，说"百家之说，不及后王，则不听也"（《荀子·儒效》），说"今诸侯异政，百家异说，则必或是或非，或治或乱"（《荀子·解蔽》），说"是故邪说不能乱，百家无所窜"（《荀子·正名》）。荀子更是以儒者的立场评述和批评其他派别，以建立儒家的权威：

> 凡成相，辨法方，至治之极复后王。慎、墨、季、惠，百家之说，诚不详。治复一，修之吉，君子执之心如结。（《荀子·成相》）

《荀子》的《非十二子》和《解蔽》更对诸子进行了严厉的批评。韩非站在法家立场批评儒、墨自不待言。虽然战国时代已有"百家"的概念，不同学派也欲对当时的学术和思想从自家出发作出总结，但他们没有提出概括各家的术语，用得最多的是直呼其名（如《庄子·天下》），再就是以"子"相称（如《荀子·非十二子》），还有"儒者""墨者"之称。

对复杂多样的事物进行分类和概括，是人类把握和理解事物的重要方式之一。为了从整体上认识和把握东周诸子之学，司马谈作出了"六家"之划分，《汉书·艺文志·诸子略》又进一步提出了"九流十家"之分。《七略》的整体分类，也许有不尽恰当之处，我们可以通过研究，对它们作出调整，但我们不能因这种分类和概括有某种局限性就从整体上否认它，就像我们不能因《说文解字》的缺点而整体上否认它那样。

我们从前面的列举可知，出土简帛文献涉及的学术门类非常广泛。但其中有关哲学史和思想史的文本则是非常耀眼的一部分，其意义和价值不可限量，在史料上称得上是一次"哥白尼式革命"。下面我们来看看新出土简帛古书在"六艺"和"子学"中的分布（见下表），有的文献的归属有待进一步研究。由于"六艺"及其解释同儒家的关系最为密切，我们姑且把它们同儒家放在一起。

简帛中的思想史文本一览表

"六艺"和儒家类	（1）甘肃武威汉简（1959年出土）中的《仪礼》。简分甲乙丙三本，甲本木简398枚，包括《士相见》《服传》（单传）、《特牲》《少牢》《有司》《燕礼》《泰射》7篇。乙本木简37枚，仅《服传》一篇（单传）。丙本竹简34枚，仅《丧服》一篇（单经）。抄写年代约西汉晚期，下限为成帝河平年间。 （2）山东临沂银雀山汉简（1972年出土）中的《晏子》，共十六章，散见于传本八篇之中，其中第十、第十一两章传本分别又析为两章。 （3）河北定州八角廊（1972年出土）汉简中的《论语》《儒家者言》《哀公问五义》《保傅传》等。 （4）湖南长沙马王堆汉墓帛书（1973年出土）中的《周易》的《六十四卦》及卷后佚书《二三子问》,《系辞》和卷后佚书《易之义》《要》《昭力》《缪和》（后三种为原题);《春秋事语》;《五行》《德圣》。 （5）湖北云梦县睡虎地云梦秦简（1975年出土）《为吏之道》。 （6）安徽阜阳双古堆汉简（1977年出土),《诗经》170余片，《周易》近600片。 （7）江陵王家台秦简（1993年出土）的《易占》，大部分同前人称引的《归藏》吻合。

续表

"六艺"和儒家类	（8）湖北荆门郭店楚简（1993年出土）中的《缁衣》《鲁穆公问子思》《穷达以时》《五行》《唐虞之道》《忠信之道》《成之闻之》《尊德义》《性自命出》《六德》和《语丛》（一、二、三、四）等。 （9）上海博物馆藏战国楚竹书（1994年购入）中的《孔子诗论》《缁衣》《性情论》（以上见第一册）；《民之父母》《子羔》《鲁邦大旱》《从政》《容成氏》（以上见第二册）；《周易》《仲弓》（以上见第三册）；《竞建内之》《季庚子问于孔子》《君子为礼》《弟子问》《三德》（以上见第五册）；《竞公瘧》《孔子见季桓子》（以上见第六册）；《武王践阼》（以上见第七册）等等。
道家和黄老学类	（1）湖南长沙马王堆汉墓帛书：《老子》甲本及卷后佚书四种（《五行》《九主》《明君》《德圣》）；《老子》乙本及卷前佚书四种（《经法》《十六经》《称》《道原》）。 （2）山东临沂银雀山汉简（1972年出土）《守法守令十三篇》《太公》《六韬》。 （3）安徽阜阳双古堆汉简（1977年出土）《吕氏春秋》残简、《庄子》残简。 （4）湖北荆门郭店楚简中的《老子》（甲、乙、丙三组），丙本所附的《太一生水》。 （5）上海博物馆藏楚竹书《恒先》《彭祖》（以上见第三册）；《慎子曰恭俭》（以上见第六册）；《凡物流形》（以上见第七册）。 （6）北京大学藏汉简中的《老子》等。
墨家类	（1）河南信阳长台关（1957年出土）的《申徒狄》（书名依李零先生所定）。

续表

墨家类	（2）银雀山汉简中的《守法》与《墨子》的《备城门》《号令》等篇相似。 （3）上海博物馆藏楚竹书《鬼神之明》。
法家	湖北云梦县睡虎地秦简（1975年出土）中的《语书》。
阴阳家	（1）长沙子弹库楚帛书（1942或1943年被盗出）。 （2）马王堆汉墓帛书（1973年出土）中的《刑德》（甲乙丙）。 （3）江陵汉墓简牍（1983年出土）中的《盖庐》。 （4）山东临沂银雀山汉简（1972年出土）中的《地典》《曹氏阴阳》《阴阳散》等。
纵横家类	马王堆帛书《战国纵横家书》。
兵家	山东临沂银雀山汉简（1972年出土）中的《孙子兵法》；《孙子佚文》四篇：《吴问》《黄帝伐赤帝》《四变》《地形二》；《孙膑兵法》《尉缭子》《兵令》；《六韬》。

在新发现的简帛"六艺"和"子学"古书中，我们可以看出几个特点：一是简帛"六艺"古书较少，其中主要有《周易》（有帛书本和上博简本，还有残缺的《归藏》），此外还有《诗》和《仪礼》等；二是在子学中，涉及的主要是《论语》和《老子》，特别是《老子》的不同版本最为引人注目，此外还有《庄子》中《盗跖》的残简；其他子学重要人物孟子、荀子、墨子、韩非的简帛古书都未见；三是儒、道两家简帛古书数量较大，这说明东周时代儒道两家的思想谱系比较广泛；四是兵家古书也较多。

按照子学古书是否著录和传世，我们把出土的简帛"子学"文本分为三种类型：

第一种类型是"未录未传的佚籍"。这一类主要有定州简本《儒家者言》（传世的《家语》与此有类似的内容）；马王堆汉墓帛书《九主》《明君》《德圣》《刑德》《二三子问》《易之义》《要》《昭力》《缪和》；郭店楚简《鲁穆公问子思》《穷达以时》《唐虞之道》《忠信之道》《成之闻之》《尊德义》《性自命出》（又见上博简，题为《性情论》）、《六德》和《语丛》（一、二、三、四）①、《太一生水》；上博馆藏战国楚竹书《孔子诗论》《民之父母》（内容见于《礼记·孔子闲居》《孔子家语·论礼》，但又与之有所不同）、《子羔》《鲁邦大旱》《从政》《容成氏》《仲弓》《竞建内之》《季庚子问于孔子》《君子为礼》《弟子问》《三德》《内礼》《相邦之道》《恒先》《彭祖》《凡物流形》《鬼神之明》《慎子曰恭俭》；睡虎地秦简《为吏之道》《语书》；江陵张家山汉简《盖庐》等。

  第二种类型是"录而未传的佚籍"。这一类的主要有王家台秦墓残简《归藏》；马王堆帛书《五行》（又见郭店简，但没有"说"）、《黄帝四经》（也题为《黄帝书》等）；银雀山汉简《孙膑兵法》等。

  第三种类型是"录而传世的不同版本"，这一类的主要有郭店简本《缁衣》（又见上博简）；银雀山汉简《晏子》《孙子兵法》《尉缭子》《六韬》等；郭店楚简《老子》；汉代帛书甲乙本《老子》；西汉简本《老子》；定州八角廊汉简《论语》和《文子》；上博馆藏战国楚竹书《周易》；马王堆帛书《周易》和《系辞》；武威汉简《仪礼》；张家山汉简《盗跖》等。

  这三类文本都使我们对古代"子学"史料有了新的认识，向我们展现出了古代"子学"古书的新世界。由于它们的类型不同，它们的意义和价值又各不相同。就第一种类型来说，它们为我们提供的是千古"全然未知"的简帛子学古书，大大丰富了古代哲学和思想史料。这类子学古书的重见天日使我们知道，东周"子学"古书的数量比我们已知的要多。如帛书和竹简《五行》的发现，不仅使我们知道还有

---

① 以上儒家类文本，同载录的《子思子》可能有关，但属于广义的孔门后学文献。

《五行》篇，而且让我们知道了《荀子》批评"思孟"的"五行"究竟是指什么。就第二种类型来说，它们的发现有两个最重要的意义，一是证实了古代有关这些古书"记载"的真实性，使历史上否定这些"记载"的各种论证不攻自破。最明显的例子，如否定《史记》和《汉书·艺文志》著录的吴孙武的《孙子兵法》。钱穆断言："则《孙子》十三篇，洵非春秋时书。其人则自齐之孙膑而误。详《考辨第八十五》。"但更详的考辨离事实更远："又孙膑之称，以其膑脚而无名，则武殆即膑名耳。……或曰吴，或曰齐，世遂莫能辨，而史公亦误分以为二人也。"① 二是这类简帛古书同样给我们提供哲学史和思想史研究的"新史料"，在这一点它同第一类文献具有同样的意义。区别是第一类是未录未传，这一类是录而未传的。就第三种类型来说，它提供了不同于传世子学著作的新版本，使我们看到了这些著作的部分最新、最早的版本，它们的重要意义和价值，一是使我们看到了这些文本的演变过程，如上博本《周易》、帛书本《周易》，如简本《老子》（甲乙丙）、帛本《老子》（甲乙）、西汉简《老子》；二是否定了一些文本的"晚出说"，如《老子》被推定到秦汉；三是帮助我们重新认识和审视过去被判定的"伪书"，不能简单用后人"伪作"加以否定，如出土的竹简本《文子》《晏子》《尉缭子》《六韬》《归藏》《缁衣》等，它们或同传世本内容有重合，或基本一致，或者原本就是东周时期的古文本。②

---

① 钱穆：《先秦诸子系年（外一种）》，河北教育出版社 2002 年版，第 43、296—297 页。武内义雄否定历史上的记载说："今之《孙子》，不是出于吴孙子，而是出于齐孙子之想象"，"今之《孙子》十三篇，是魏武帝抄录本，从《齐孙子》即孙膑书中拔萃而成者也。"（武内义雄：《孙子十三篇考》，载江侠庵编译的《先秦经籍考》中册，上海商务印书馆 1931 年版，第 376—378 页）

② 有关这一方面，参阅李学勤的《简帛佚籍与学术史》，第 8—14 页；参阅裘锡圭的《中国出土简帛古籍在文献学上的重要意义》，见《中国出土古文献十讲》，第 86—91 页。

三 古代哲学和思想记忆的复活

新出土文本给古代哲学和思想记忆带来的复活,给我们展现出的哲学和思想新世界是广泛和深远的,我们从以下若干方面分别来看一看。

第一是宇宙生成论模式的新知。20 世纪 70 年代以来新出土的简帛子学佚籍,以马王堆帛书、郭店楚简和上博简为代表。这三方面的简帛文献主要属于儒家、道家(包括黄老学)。在这两方面的佚籍中,我们可以看出,儒家不太关心形而上学领域,它对作为天地万物根源的宇宙生成问题没有表现出浓厚的兴趣,这确实是早期老庄道家体系同早期孔孟荀儒家学说的一个很大不同。在新出土文献中,马王堆帛书中的《黄帝四经》有《道原》篇,郭店简有《太一生水》篇,上博简有《恒先》和《凡物流形》篇,这四篇都是千古以来未知的古代哲学佚籍,学术界倾向于认定它们是道家或黄老学的作品,而且又都是有关形而上学方面的。这四篇佚籍分别表现了道家形而上学的两种不同形态。这两种形态一种是本体论,一种是宇宙生成论。《道原》属于前者,《太一生水》《恒先》和《凡物流形》则属于后者。本体论集中探讨万物统一的本性和最高根据,宇宙生成论主要探讨宇宙和万物是如何产生和演变的。如同《庄子·大宗师》对"道"作为万物统一的本性和根据描述的那样,《道原》也主要是以道作为万物的本体和根据来说明道的。事实上,这是道家形而上学演变和发展的一个基本形态,《文子·道原》篇的"道"、《淮南子·原道训》的"道",都主要是本体论意义上的"道"。老子对"道"的描述和说明,有一部分是属于本体论的内容。《黄帝四经·道原》篇的发现,丰富和扩大了道家本体论的内涵,特别是其中将"一"同"道"明确结合起来,说"一者其号也",以"一"来论道,直接将道看成是万物统一的本性。

不同于《黄帝四经·道原》篇的本体论,《太一生水》《恒先》和《凡物流形》代表的是宇宙生成论。正如张岱年先生所恰当指出的那样,老子的形而上学既是本体论,也是宇宙生成论。这两者在老子那里是彼此相联又能够区别的二重性构造。一般认为,在中国古代哲学中,汉代形而上学的主要形态是"宇宙生成论",而魏晋玄学和宋明理学则主要是本体论。以往我们对先秦道家宇宙生成论的理解,主要限于老子的说法,即《老子》四十二章所说的"道生一,一生二,二生三,三生万物",这一模式非常简单而又模糊。《庄子》形而上学具有浓厚的气化论特色,但它缺乏宇宙生成论模式。《恒先》和《太一生水》的发现,使我们知道道家的宇宙生成论在老子之后是如何发展的。正如我们所看到的那样,在《恒先》《太一生水》和《凡物流形》的宇宙生成模式中,"道"都没有被作为最高的核心范畴,《恒先》的核心范畴是"恒先"、《太一生水》的核心范畴是"太一"、《凡物流形》的核心范围是"一",三者都用各自的核心范畴,描述了宇宙生成和演化出万物的具体过程。在《恒先》那里,这一过程是"恒先"→"域"→"气"→"有"→"始"→"往"。根据《恒先》的其他说法,通过仔细地考察,我们大致能够理解它所说的各个阶段具体是指什么(参阅有关这一问题的详细讨论)。但在《太一生水》那里,宇宙生成和演化的过程则被描述为"太一"↔水(太一)↔天↔地→神明→阴阳→四时→沧热→燥湿→岁。这一模式的复杂性在于,从前一开端产生出的后一阶段,在它再产生后一阶段时,它需要再反过来同作为开端的前一阶段发生作用,这种情形《太一生水》称为"反辅";从"天地"开始,演化表现为两种相反因素的相互作用或者多种因素(如"四时")的相互作用,《太一生水》称为"复相辅"。在《凡物流形》中则是"一生两,两生叁,叁生母,母成结"。《恒先》《太一生水》和《凡物流形》等构造宇宙生成模式使用的观念,程度不同地都受到了老子的影响,但它们又使用了新的范畴,各自又都有其核心范畴,其模式本身与老子的模式也明显不同。在它们那里,宇宙生成的过程细化了。《恒先》《太一生水》和《凡物流形》的发现,说明在老子之后,宇宙生成问题仍然是道家哲学的核心问题之一,而且所构造的宇宙生成模式将道家的形而上学推进到一个新的阶段。

第二是儒家经典文明早成的新知。古代不同地域的伟大文明有一个共同的特征,就是建立经典并通过经典来引导人类的精神生活和创造文明,在这一方面儒家所代表的文化传统是非常突出的。按照《史记》的记载,儒家的"六经"——《诗》《书》《礼》《乐》《易》《春秋》)等,基本上都是通过孔子之手而删削、整理、编纂而定型的。①实际上,儒家信奉的"六经",特别是《书》《易》《诗》《礼》等,此前已经有很长时间的变迁、积累、学习和传播过程。按照《国语·楚语上》的记载,楚庄王曾就教育太子箴之事咨询过申叔时(申公),申叔时提出的教育内容,其中有"教之《春秋》""教之《诗》""教之《礼》"和"教之《乐》",说"教之《春秋》,而为之耸善而抑恶焉,以戒劝其心""教之《诗》,而为之导广显德,以耀明其志""教之《礼》,使知上下之则""教之《乐》,以疏其秽而镇其浮"。庄王在位时间是从公元前 613 年至公元前 591 年,太子箴共王公元前 590 年即位,孔子在四十年之后的公元前 551 年诞生,这说明在孔子之前,《春秋》《诗》《礼》和《乐》,都是教育的基本典籍,经过孔子的"传述"工作,"六经"开始成为儒家的经典和象征。孔子作为通常所说的中国第一个创办私人教育的教育家,以"以《诗》《书》《礼》《乐》教"而拥

---

① 《史记》记载说:"孔子不仕,退而修《诗》《书》《礼》《乐》,弟子弥众,至自远方,莫不受业焉。""自天子王侯,中国言六艺者折中于夫子,可谓至圣矣!"(《孔子世家》)"夫周室衰而《关雎》作,幽厉微而礼乐坏,诸侯恣行,政由强国。故孔子闵王路废而邪道兴,于是论次《诗》《书》,修起礼乐。适齐闻《韶》,三月不知肉味。自卫返鲁,然后乐正,《雅》《颂》各得其所。"(《儒林列传》)

有的大量弟子,其中"身通六艺者七十有二人",①儒家早期的子书中充满着"《诗》云""《书》曰"之固定引用模式,孔子晚年也喜好《易》,与"易传"具有密切的关系。②《左传·僖公二十七年》记载了《诗》《书》之教,而且开始概括每部经典所代表的意义:

> 说《礼》《乐》而敦《诗》《书》。《诗》《书》,义之府也;《礼》《乐》,德之则也;德、义,利之本也。

根据《礼记·经解》,儒家"六经"的具体所指已经明确,而且每部经典的意义都得到了归结,与"经"相对的经典的解释方式("解")也出现了:

> 孔子曰:入其国,其教可知也。其为人也,温柔敦厚,《诗》教也;疏通知远,《书》教也;广博易良,《乐》教也;絜静精微,《易》教也;恭俭庄敬,《礼》教也;属辞比事,《春秋》教也。……其为人也,温柔敦厚而不愚,则深于《诗》者也;疏通知远而不诬,则深于《书》者也;广博易良而不奢,则深于《乐》者也;絜静精微而不贼,则深于《易》者也;恭俭庄敬而不烦,则深于《礼》者也;属辞比事而不乱,则深于《春秋》者也。

《庄子·天道》记载,孔子往见老子求"西藏于周室",其中说到的"十二经",其具体所指不明,但应该包括有"六经"。"六经"之名在

---

① 参见《史记·孔子世家》。
② 《史记》记载:"太史公曰:盖孔子晚而喜《易》。《易》之为术,幽明远矣,非通人达才孰能注意焉!"(《田敬仲完世家》)"孔子晚而喜《易》,序《彖》《系》《象》《说卦》《文言》。读《易》,韦编三绝,曰:'假我数年,若是,我于《易》则彬彬矣。'"(《孔子世家》)

战国时已经确立,《庄子·天运》篇记载说:

> 孔子谓老聃曰:"丘治《诗》《书》《礼》《乐》《易》《春秋》六经,自以为久矣,孰知其故矣,以奸者七十二君,论先王之道而明周、召之迹,一君无所钩用。甚矣夫,人之难说也,道之难明邪!"老子曰:"幸矣,子之不遇治世之君!夫六经,先王之陈迹也,岂其所以迹哉!今子之所言,犹迹也。夫迹,履之所出,而迹岂履哉!"

这一对话故事不好说一定有还是没有,但其中说到的"六经"不能说没有。《庄子·天下》篇也记载了这六部经典,并很独到地概括了每一"经"的意旨:

> 其在于《诗》《书》《礼》《乐》者,邹鲁之士、缙绅先生多能明之。《诗》以道志,《书》以道事,《礼》以道行,《乐》以道和,《易》以道阴阳,《春秋》以道名分。其数散于天下而设于中国者,百家之学时或称而道之。

《庄子·天下》概括的是六部经的各自意义,据此可以推测第一句列举的"经",在《乐》后面还当有《易》和《春秋》。

但是,近一个世纪以来,海内外的中国学研究,怀疑、不承认儒家"六经"及解释学在先秦已经产生,将儒家"六经"的定型及其经典解释学推移到汉代,抽空了早期儒家学说和思想的经典基础和"传述"传统。新出土文献证明,这种"晚出说"是不能成立的。郭店楚简儒家文献《性自命出》,列举了四部经典,并对其特征作了归纳:"《诗》《书》《礼》《乐》,其始出皆生于人。《诗》有为为之也;《书》有为言之也;《礼》《乐》有为举之也。""有为为之"和"有为言之"的说法,已见之于《礼记·檀弓上》("然则夫子有为言之也")和《礼记·曾子问》("昔者鲁公伯禽有为为之也"),正如裘锡圭所正确地指出的那样,《性自命出》的"有为",同《礼记》两篇用的"有为"意思一致,"为"读去声,"有为"是说"有特定目的"或有特别的用意。① 《性自命出》说四种经典都是为了特定目的而创作,《诗》是"有为为之",《书》是"有为言之",《礼》《乐》是"有为举之"。在郭店竹简《语丛(一)》中,我们也看到了它对"六经"意旨的概括:"《易》,所以会天道人道也。《诗》,所以会古今之志也者。《春秋》,所以会古今之事也。《礼》,交之行述也。《乐》,或生或教者也。[《书》,□□□]者也。郭店竹简《六德》中有"观诸《诗》《书》则亦在矣,观诸《礼》《乐》则亦在矣,观诸《易》《春秋》则亦在矣"的说法;郭店简《缁衣》中已经以"《诗》云"的句式大量引用《诗》,以之作为其言论和思想的根据。这说明儒家的六部经典,当时已经编定并被广泛学习、阅读和传诵,并对其各部经典的义旨、特质进行解释和阐述。上博简《易》的发现,证明了《易》在当时已经定型并作为经典流传。马王堆帛书《二三子问》《易之义》特别是《要》,证明了孔子晚年喜爱并研究《易》的真实性。② 孔子对《易》的浓厚兴趣,不在筮占本身,而是通过筮占和卦爻辞推阐德义。③《易》本是占筮之书,它以占卦的方式预测人类行为的吉凶,但春秋时期强调吉凶由人说,也就是说吉凶不是来自外在的客观命运,最终是由人的德性

---

① 裘锡圭:《中国出土古文献十讲》,第263—264页。彭林将《礼记》和《性自命出》中的"有为"看成与道家的"无为"相对,认为"为"是作为,恐不合其文意。参阅彭林的《论有为与无为——从郭店楚简看儒道性情同异》,载《光明日报》2002年4月9日。
② 《要》篇载:"夫子老而好易,居则在席,行则在囊。"(见《道家文化研究》第三辑,上海古籍出版社1993年版,第434页)
③ 《要》篇载:"子赣曰:'夫子亦信其筮乎?'子曰:'吾百占而七十当,唯周梁山之占也,亦必从其多者而已矣。子曰:'《易》,我后其祝卜矣,我观其德义耳也。'"

和德行来决定。①孔子不重"占筮"预测吉凶而重视其德义,扩展了这一传统,②这正是《荀子·大略》篇所说的"善为《易》者不占"的意义。这促使我们重新看待作为解释《易》的"易传"("十翼"),同孔子和孔门后学的密切关系。③

第三是"孔门后学"思想谱系的确认及其思想的多元性新知。海内外汉学研究不仅认为儒家"六经"晚出,而且也认为儒家孔门后学的传世文献晚出。研究孔子的思想往往只能限于《论语》,孔门后学的思想和学说也因传世文献不被承认而无法确认,特别是包含了孔子和孔子后学的《礼记》被看成是汉以后的作品。《史记》记载:"故《书传》、《礼记》自孔氏。""子思作《中庸》。"(《孔子世家》)《汉书·艺文志》记载:《礼记》为"七十子后学者所记。""《记》百三十一篇,七十子后学者所记也"。又记载,武帝时鲁共王从孔子住宅中发现了许多古文经籍,其中有《礼记》。《汉书·景十三王传》记载,河间献王好古,从民间搜集了许多先秦古文之书,其中也有《礼记》:"河间献王德以孝景前二年立,修学好古,实事求是。从民得善书,必为好写与之,留其真,加金帛赐以招之。繇是四方道术之人不远千里,或有先祖旧书,多奉以奏献王者,故得书多,与汉朝等。……献王所得书皆古文先秦旧书,《周官》《尚书》《礼》《礼记》《孟子》《老子》之属,皆经传说记,七十子之徒所论。其学举六艺,立《毛氏诗》《左氏春秋》博士。修礼乐,被服儒术,造次必于儒者。山东诸儒多从而游。"根据以上所说,《礼记》原是记载孔子和他的弟子甚至再传弟子主要传述礼及其思想的"记说",今传世本四十九篇《礼记》则是原古文《礼

---

① 参阅朱伯崑的《易学哲学史》上册,北京大学出版社1986年版,第26—31页。
② 《论语·子路》载:"子曰:'南人有言曰:"人而无恒,不可以作巫医。"善夫!''不恒其德,或承之羞。'子曰:'不占而已矣。'"
③ 有关新出土文献与重新看待"六经"问题,请参阅〔日〕浅野裕一的《古代思想史と郭店楚简》,汲古书院2005年版,第4—6页。

记》的选编本，其中具有重要哲学思想的《乐记》《中庸》和《大学》等篇，相传都出自孔子弟子，但也被看成是秦汉之后的文献。河北定州竹简、郭店竹简和上博简的发现，使我们看到了其与传世文献类似的，有《缁衣》《哀公问五义》《内礼》等，更使我们看到了许多孔门后学的佚籍，如《五行》《性自命出》《穷达以时》《唐虞之道》《六德》《尊德义》等等。这使我们认识到孔门后学的思想不仅有一个谱系，而且其谱系比传世文献所能看到的要大，也使我们能够更进一步证明传世文献《礼记》等的早出，并证明孔子后学的文献实际上比传世的要多。荀子批评的子思和孟子的《五行》，过去多不被相信实有其书，帛书和郭店本《五行》的发现，证明了《五行》确实存在。郭店竹简和上博简中的大量儒家文献，尽管具体归属还存在着许多分歧，但大家承认它们大都是孔门后学的作品。根据这些新出土文献，再结合传世文献，孔门后学的复杂性、多样性和多元性，就向我们展现了出来。其中重要的谱系之一，是有关"思孟学派"的谱系。《五行》《鲁穆公问子思》等佚籍的发现，子思在孔门后学的重要性以及从子思到孟子思想演变的轨迹变得清晰起来。这一谱系的一个重要特征，是将儒家礼的规范性道德学，转变为内在自我的"心性"道德学。孔子很少涉及人的内在自我和心灵世界的问题，但是从子思到孟子，"心性"的问题在儒家那里开始主题化。《五行》的"经"明显将"行"分为内与外，并提出了"慎独"问题；"说"则将"慎独"转变为人的心灵凝神状态和内在操守问题。在转向人的内在自我问题上，郭店简《性自命出》（又出现在上博简中，名为《性情论》）是这方面更典型的佚籍。其作者大家有不同的推测，公孙尼子是其中之一。《礼记·乐记》曾被认为是公孙尼子的作品，比较《乐记》和《性自命出》，两者在"性"和"情"的说法上确实有一些可比性。按照王充《论衡·本性》篇的记载，世硕、宓子贱、漆雕开、公孙尼子等都讨论过人的性情问题，他们的基本观点是认为人性有善有恶，可以称为"性二元论"。不管

《性自命出》的具体归属如何，它的发现证明了在孔子之后和孟子之前的孔门后学，人的心性和性情问题已经受到了关注。道德不仅是外在规范对人的约束，同时也是人的内在自觉及其人性的表现。这样，在荀子和孟子之前，先秦儒家的人性论就有了新的出发点。总之，在郭店简和上博简中，我们看到了孔门后学谱系和思想的复杂多样，子思学派或更广的"思孟学派"只是其中之一。

第四是东周宗教信仰和神意论新知。春秋战国子学的兴起，被称为中国的"轴心时代"。东周中国哲学和思想以原创性和多元性的突破，而成为中国哲学后来的源头活水，也成为世界文明的重要源头之一。一般认为，中国思想从"三代"到东周子学的转变，是从"宗教"到"哲学"的转变，或者更具体地说是从三代"天意论"或"神意论"，转变为注重人的主体性、人自身的价值和作用的人文主义和立足于自然本身、不借助于超自然力量解释宇宙和万物的自然主义。

从大的趋势和局面来说，这种化约是可以成立的。特别是，道家哲学以及儒家哲学从孟子到荀子的转变，确实建立起了天道自然观、人文自然和人心主体性的哲学形态。在庄子式的自然主义和荀子式的自然主义中，"天"的"神性""神意性"都被剥离掉了，成了纯粹性的自然理性、价值和客观物理自然。但是，我们需要看到的是，"三代"宗教信仰，在东周子学的突破中并没有完全消解，它自身也经过转化而在东周子学中继续有所表现。墨子的"天志"和"鬼神"世界观是一个典型的个案。可以说，在东周人文和自然理性的主色调上，我们看到了另一番情景，这是绝对性的"天志"和"鬼神"的色彩。单就墨子的天志和鬼神来看，东周子学就不是单一的自然主义天道观。《论语》和《礼记》向我们表明，孔子和后学实际上并没有割断与古代宗教和鬼神信仰传统的联系。孔子并不否定天、天命和鬼神的存在，他说的"敬鬼神而远之"并不是说"疏远鬼神"，准确地说是"尊敬鬼神而不亵渎。"如果我们将"绝地天通"与此联系起来来看，就比较容易理解这句话。"绝地天通"并非是否定"天神"或疏远"天神",而是严肃"神人"之间的界限,以免"民神杂糅,不可方物""夫人作享,家为巫史",恢复宗教秩序和神权的垄断,使"民神异业,敬而不渎"。"敬鬼神而远之"可以说就是"敬而不渎"的意思。《礼记·表记》记载"三代"的宗教传统说:"夏道尊命,事鬼敬神而远之……殷人尊神,率民以事神,先鬼而后礼……周人尊礼尚施,事鬼敬神而远之。"这说明"三代"对待鬼神的方式有差别,但不能说那个时代轻视和疏远鬼神。据此来看,孔子说的"务民之义,敬鬼神而远之,可谓知矣"(《论语·雍也》),并非像一般所说的那样,是孔子重视人事、疏远和轻视鬼神。为了说明孔子远离"鬼神",《论语·述而》记载的"子不语怪,力,乱,神"常常被作为根据之一,"神"即鬼神。然而事实上,孔子决非不谈论鬼神。"子不语怪力乱神"这句话,《论语集解》引王肃注,以"怪""力""乱""神"分开句读,说:

怪,怪异也。力,谓若奡荡舟,乌获举千钧之属。乱,谓臣弑君、子弑父。神,谓鬼神之事。或无益于教化,或所不忍言。

我们现在一般是接受王肃的句读和解释。但《论语集解》正义,还引用了李充不同的"怪力""乱神"的句读和解释:

力不由理,斯怪力也。神不由正,斯乱神也。怪力,乱神,有与于邪,无益于教,故不言也。

结合孔子的鬼神观,李充的句读和解释应该合乎孔子的意思。也就是说,孔子并不轻视鬼神,也非不语鬼神。在上博简《鲁邦大旱》中,孔子为鲁哀公提出的"御灾"方法,一是正"刑德",一是祭祀山川。在这一方面,孔子是继承了三代的"大传统"。上博简《三德》,更充分地表现了宗教信仰和神意论，它使用了"天""天神""皇天""上帝""天礼""天命""鬼神""天灾""上天"和"祭祀"等宗教符号，其中还出现了作为"灾异论"先声的"天"降"灾"和降"异"的说法。我们认为它是儒家的佚籍，反映了东周时代的儒家宗教天神观。

第五是黄老学公共理性和秦国儒家政治伦理新知。在先秦道家哲学谱系中，我们了解比较多的是从老子到庄子的思想演变，而且往往用庄子的个人主义和政治不合作主义来看待早期道家，这不仅淡化了老子哲学强烈的治国性及无为而治的政治智慧，而且也掩盖了这一政治方向在后来的重要演变——"黄老学"形态。由于传世文献像《管子》《慎子》等得不到足够的重视，有的黄老学著作已经佚失，我们无法把握老子之后以道家为主并融合了法家、儒家等的黄老学形态。马王堆帛书《黄帝四经》（也称为《黄帝书》）的发现，一下子就打破了黄老学的沉闷状态。根据《黄帝四经》，我们可以看出老子的政治哲学是如何被黄老学接受和转变的。"自然无为"是老子的最高政治原理，这一原理的基本思想是统治者控制和限制权力的使用，反对干涉主义，保持清静无为的状态，让百姓能够自行其是，自然而然。但老子的这种"自然无为治道"是高度抽象的，缺乏可操作性。因为他没有提出制度上的保证，也没有思考制度与人性的关系。黄老学将法家的"法制"理念纳入到老子的治道中，并将法制建立在以道为中心的自然法的基础上，使法制获得了超越的普遍和统一的根据。通过统一的和普遍的"法制"建立，就为统治者的"无为"提供了客观上的保证。统治者之所以能够"无为"，是因为有统一和普遍的法制作为衡量人的标准并保证政治和国家的秩序。而"法制"之所以能够成为衡量人的行为的标准，是因为它是合乎人的自然和性情的。人的性情是趋利避害，好生恶死，而法制正是以惩罚和奖赏为特征的。正是由于人是趋利和好生的，所以法律的奖赏就是有效的；正是由于人是避害和恶死的，所以法律的惩罚就是有效的。这样，统治者遵循百姓的"自然",就变成了法律因循人的性情。从此出发,我们就容易理解黄老学为何重视法制,为何重视"静因之道"和"因循"了。这是老子之后道家政治哲学的一个重大转化,也是黄老学为什么主要是政治哲学的原因。在我们的一般意识中,秦国是一个单纯的法律主义国家,特别是由于秦始皇时代臭名昭著的"焚书坑儒"事件,秦国一直是作为儒家的敌视者被看待的。在新出土的睡虎地秦简中,秦国的法律和文件占据了绝大部分,这确实说明在秦国官吏的政治生活中法律的重要性,但是,这并不是秦国政治生活中唯一的东西,睡虎地秦简《为吏之道》为我们提供了政治伦理如何在秦国表现的证据。《为吏之道》是秦国从政者和官吏的一篇箴言和软性规范,其中虽然融合了道家、法家和墨家的思想因素,但它的主要成分是儒家,整体上是一种儒家式的政治伦理。我们从一些方面,比较细致地说明了这一点;同时我们也从整体上探讨了这样一个问题,即在秦始皇接受李斯文化专制主义政策之前,秦国实际上吸引了众多的知识分子,例如吕不韦的大量文人和宾客,正是由此使秦国能够吸取和授受许多子学的内容,其中包括儒家的文化。

实际上,新出土文献给中国哲学和思想带来的新知,比我们以上谈到的要多,我们的研究主要提出了一些方面。通过新的发现和进一步的研究,我们的视野还会不断扩大。

第一编
简帛文本与古代宇宙生成论

第一章

《太一生水》的宇宙生成模式和天道观

在人类早期思想中，有关宇宙创生的模式，大致上有三种：一是"神话式"的，[①]它想象了某些英雄式人物创造了宇宙和天地万物；二是"宗教式"的，它相信至高无上的神创生了宇宙和世界；三是"哲学式"的，它认为宇宙和世界是本原性的实体产生出来的。这三种不同的宇宙创生论和思维方式，程度不同地存在于中国早期的思想传统和想象中，但要具体确定它们各自诞生的时空坐标是非常困难的，在传世的比周秦子学文献更早的文献（如《书》《诗》《国语》《左传》等）中，还看不到说明宇宙和世界创生"具体过程"的模式，所能看到的不过是"天生民而立之君""天生烝民，有物有则""天生五材"等一对一的生与被生的生成关系。相比于宇宙创生的意识来，用超越的"神意"和"天道"来解释宇宙万物、自然和社会秩序的意识要强烈得多。过去我们看到的解释宇宙起源和创生过程的最初模式，是众所周知的《老子》中的"道生一，一生二，二生三，三生万物"这一非常

---

① 参阅〔美〕艾兰《龟之谜——商代神话、祭祀、艺术和宇宙观研究》，四川人民出版社1992年版。一般认为中国的"神话式思维"比较缺少，那些著名的神话都是出现在一些较晚的文献中。但根据湖南长沙子弹库发现的战国楚帛书，神话"创世说"并不那么晚才出现。

简明的模式。《太一生水》这一新出土的楚简文献,①使我们看到了一个新的宇宙生成模式。由于它同简本《老子》三组同出于地下,特别是在形制上与丙组完全一样,就引出了它的成文与竹简《老子》的成书有没有时间先后的问题。如果说竹简《老子》是最早的老子版本或者是形成过程中的最初的《老子》,那么《太一生水》的年代就只有要么与竹简《老子》同时、要么早于竹简《老子》两种可能。在这两种可能中,无法说《太一生水》受到了竹简《老子》的影响(认为《太一生水》也是老子的作品,更不会发生这样的问题),反而还有竹简《老子》受到《太一生水》影响的可能,况且竹简本《老子》中没有"道生一,一生二,二生三,三生万物"的说法。我们不认为竹简本《老子》是《老子》的原本,重复章是一个最有说服力的内证。我们推测,竹简《老子》当是原本五千言《老子》的"部陪本"。②根据周秦子学广泛引用《老子》的例证,它应该有更早的起源,《太一生水》当是受了它的影响而产生的,但它的宇宙创生模式在时间上又与《老子》的宇宙观距离最近,并且又有明显的自身的特色和构造,比如"道"的观念在它那里的地位显然不如在《老子》那里突出,它还没有《老子》那种非常重要的"德"观念以及比较重要的"气"观念。可能是由于缺残的关系,《太一生水》是不完整的,但它已清楚地显示出解释宇宙起源和创生的主题,这与大概处在同一时期的《恒先》类似。围绕《太一生水》,海内外学术界已进行了许多探讨,③本章尝试在已有研究

---

① 本文对《太一生水》的讨论主要以《郭店楚墓竹简》的释文为基础,并参照李零的校读(见《郭店楚简校读记》,北京大学出版社 2002 年版)。

② 有关这一问题,学界有复杂的讨论,主要的说法还有"摘抄本"。但我认为这种可能性很小。参阅笔者的《郭店竹简〈老子〉略说》(见《中国哲学》第二十辑,辽宁教育出版社版 1999 年版)。

③ 可列举的研究成果主要有:李学勤的《荆门郭店楚简所见关尹遗说》(载《中国哲学》第二十辑"郭店楚简研究")、邢文的《论郭店〈老子〉与今本〈老子〉不属一系——楚简〈太一生水〉及其意义》(载同上)、李学勤的《太一生水的数术(转下页)

的基础上,进一步深化和扩展对它的认识和理解。

一 宇宙原初统一体:"太一"与"一"

只要认为宇宙或世界是创生的,那就同时承认了宇宙或世界是有开端和起源的。这与过去那种认为宇宙在时间和空间上是"无限"的(无始无终、无边无缘)观念不协调,但与现代天文学和物理学的宇宙观却是合拍的。按照《尸子》《墨经》和《淮南子·齐俗训》的说法,时间即"宙"是包括了古往今来(还应该有未来)所有时间的总称,但它们没有断言时间是"无限的";不同的是,《庄子·庚桑楚》和张衡《灵宪》则相信"时间"是无限的(即"无始无终")。中国古代的宇宙观一般来说是"生成论",它不仅设定了宇宙的"开端",而且也设定了宇宙生成的过程;宇宙产生以后它在时间上极其久远,在

(接上页)解释》(载《道家文化研究》第十七辑"郭店楚简"专号,生活·读书·新知三联书店 1999 年版)、庞朴的《一种有机的宇宙生成图式——介绍楚简〈太一生水〉》(载同上)、许抗生的《初读〈太一生水〉》(载同上)、李零的《读郭店楚简〈太一生水〉》(载同一)、贺碧来的《论〈太一生水〉》(载同上)、〔比〕戴卡琳的《〈太一生水〉初探》(载同上)、强昱的《〈太一生水〉与古代的太一观》(载同上)、赵建伟的《郭店楚墓竹简〈太一生水〉疏证》(载同上)、陈鼓应的《〈太一生水〉与〈性自命出〉发微》(载同上)、庞朴的《"太一生水"说》(载《中国哲学》第二十一辑,辽宁教育出版社 2000 年版)、叶海烟的《〈太一生水〉与庄子的宇宙观》(载同上)、邢文的《〈太一生水〉与〈淮南子〉:〈乾凿度〉再认识》(载同上)、〔美〕艾兰的《太一·水·郭店〈老子〉》(载《郭店楚简国际学术研讨会论文集》,湖北人民出版社 2000 年版)、熊铁基的《对"神明"的历史考察——兼论〈太一生水〉的道家性质》(载同上)、彭浩的《一种新的宇宙生成理论——读〈太一生水〉》(载同上)、陈松长的《〈太一生水〉考论》(载同上)、张思齐的《太一生水与道教玄武神格》(载同上)、颜世安的《道与自然知识——谈〈太一生水〉在道家思想史上的地位》(载同上)、裘锡圭的《〈太一生水〉"名字"章解释——兼论〈太一生水〉的分章问题》(见裘锡圭的《中国出土古文献十讲》)、陈伟的《〈太一生水〉校读并论与〈老子〉的关系》(载《古文字研究》第二十二辑,中华书局 2000 年版)、王博的《〈太一生水〉研究》(载《中国哲学与易学——朱伯崑先生八十寿庆纪念文集》,北京大学出版社 2004 年版)等。

空间上非常广大。它虽然没有明确说宇宙是有终结的，但只要有开始，那就意味着宇宙的生命不管多么长久最后一定是会终结的。有趣的是，中国的宇宙论者一般关注的是宇宙的生成和过程，而不去考虑宇宙的最终归宿问题，他们不是宇宙的"末世论者"，更不是终结论者。人们提出的宇宙问题集中在它是否有开始，它从什么时候开始，它又是如何开始的。

同样，《太一生水》也没有追问宇宙和世界的终结，它说明的只是宇宙的创生和起源，这就是"太一"。"太一"是《太一生水》宇宙创生模式的起点，一种观点认为它是"太一神"，也就是说它是类似于神灵性的"造物主"。在"太一"观念的演化中，确实产生了作为"神"的意义层面。归纳起来，"太一"观念主要有作为哲学上的终极性根源、宗教上的神和天文学上的星名等意义。[①]问题是这三种意义不可能同时产生，应该有一个大致上的先后关系。李学勤先生较早注意到《庄子·天下》篇中概括老子和关尹子思想所说的"建之以常无有，主之以太一"与《太一生水》的关联，他推测《太一生水》有可能是关尹一派的遗说。[②]我们倾向于认为《太一生水》中的"太一"，更有可能是"星宫"和"天神"意义上"太一"的思想背景。"大"通"太"。"大"字，《说文》说"象人形"，甲骨文中的"大"字，据说像人正立之形，本义为大人，引申为与"小"相对的"大"之称，有程度深和范围广之义。[③]"一"即甲骨文中一、二、三、四数字上的"一"。根据早期汉语词汇形成的特点，"太一"应该是在"大"和"一"都已经出现的基础上在"一"前面加上一个修饰性的"大"字而形成的，不能

---

① 有关此，请参阅《辞源》对"太一"的解释；参阅李零的《读郭店楚简〈太一生水〉》。

② 参阅李学勤的《荆门郭店楚简所见关尹遗说》。

③ 参阅徐中舒主编的《甲骨文字典》，四川辞书出版社1989年版，第1139—1141页。

设想先有"太一"然后分化出"大"和"一"。《说文》解释"一"说：

> 惟初太始，道立于一，造分天地，化成万物。

这里所说的"一"，已经是高度哲学化之后的"一"。作为最小整数的数字性"一"，为什么会引申出"终极性"的最大的"一"，我们推测可能由于它是一切数之始进而是事物数量之始的缘故。"号物之数谓之万"指事物数量很多，"一物"则是"物之数量"的少，这就形成了"一"与"多"的关系。由于"万"的"多"是从"少"的"一"积累起来的，没有"一"的"少"就没有"万"的"多"，于是数量上最少的"一"，反过来反而成为"多"的"万"的基础和根源。王弼《老子》二十二章、三十九章注分别说："一，少之极也。""一，数之始而物之极也。"《棋经·论局篇》的说法亦可作为一解："夫万物之数，从一而起。……一者，生数之主，据其极而运四方也。"

从普通数字的"一"走向哲学上的"一"自然是一个过程。"一"从作为相对于"多"的数之"始"中，被引申出了"一样""一致""同样"等"同一"的意思。《左传》记载尧驾崩后，"天下如一，同心戴舜，以为天子"，其"如一"的"一"，即"一致"和"同样"。《国语·齐语》说的"制地、分民如一"和《晋语》说的"民生于三，事之如一"中"如一"的"一"，均为此意。《周易·系辞传》记载孔子的话说："天下何思何虑？天下同归而殊途，一致而百虑。""同归"和"一致"相对于"殊途"和"百虑"的"多"。"同"和"一"有"共同"和"同样"之义。孔子的学问无疑是广博的，但他向他的弟子传授学问之道，一再强调他的学问之道是用"一"来贯穿的（"一以贯之"），这是说他的广博学问中贯穿着统一性的东西。孔子的"一以贯之"的"一"，曾子解释为"忠恕"。果真如此的话，孔子的学问就是用"忠恕"来贯穿的。张岱年先生指出孔子的"一以贯之"，相对于多学而识而言,是指用一个总原则把"多学而识"的内容贯通起来。①不管孔子的"一"具体是指什么,既然它被用于"贯通""众多",它就包含有抽象的、一般的"根本性"和"统一性"意识。

明确地使"一"成为一个哲学观念是从老子开始的。按照张岱年先生的看法,老子为"一"赋予了宇宙论和"统一性"即"自我同一"的意义。②老子的"一"的宇宙论意义,从传世本《老子》四十二章的"道生一,一生二"的"一"、十四章的"混而为一"和三十九章的"天得一以清"可以看出。但这三处的"一"与"道"有不同的关系。按照"道生一"的说法,"一"是隶属于"道"的,比"道"低一层;③但"混而为一"的"一"、"天得一"的"一",应该是指"道",是道的"别名"。《老子》十四章的这段话说:

> 视之不见,名曰夷;听之不闻,名曰希;搏之不得,名曰微。此三者不可致诘,故混而为一。其上不皦,其下不昧。绳绳不可名,复归于无物。是谓无状之状,无物之象,是谓惚恍。迎之不见其首,随之不见其后。执古之道,以御今之有。

傅奕本和帛书本《老子》,在"混而为一"之后有"一者"两字,下文又是解释"一"的,并且还出现了"道",因此,可以肯定,这里的"一"是作为"道"来使用的。在张岱年先生看来,《老子》第十章的"载营魄抱一",二十二章的"是以圣人抱一为天下式"中的"抱一"之"一",第三十九章中的"昔之得一者:天得一以清,地得一以宁,神得一以灵,谷得一以盈,万物得一以生,侯得一以为天下贞"

---

① 参阅张岱年《中国古典哲学概念范畴要论》,中国社会科学出版社1989年版,第55页。
② 参阅张岱年《中国古典哲学概念范畴要论》,第55—57页。
③ 王弼"以无为道",又"以一为无",在他那里,"一"亦即是"道"。

中的"得一"之"一",都是指事物保持自身"统一性"的"自我同一",他认为这是老子"一"的另外一种意义。①但老子的"抱一"的"一",也可以解释为"道",一般也这样解释。"抱一"和"得一",即"抱道"和"得道"。这样,"得一"和"抱一"的"一",就不能限于"事物自身"保持"统一性"和"自我同一"来看,它应该是指事物的"根源"和普遍的"统一性",即事物都从"一"那里获得了自己的本性并与"一"保持"统一"或者说"统一"于"一"。

《太一生水》的"太一",应该是在《老子》的"一"影响下产生的。②没有老子首先为"一"赋予根源性和统一性的宇宙观和世界观意义,就难以有《太一生水》的"太一"的"一"。"太一"是合成词,但"太"与"一"不是并列关系,"太"也不是"一"的因,它是修饰和形容"一"的。"太一"的意思是"至一",或者是"至高无上的一"。老子之后,"一"本身也在进一步"哲学化",而且它与"太一"并没有根本上的不同,可以说是"名异"而"意"多有所合。③我们习惯上说的希腊哲学家普罗提诺的"太一",实际上就是一般所说的"one"(希腊语hen)。(有关哲学上"太一"与"一"的关系,后再述)。研究者已经指出,"太一"相当于老子的"道"在宇宙生成中的地位,"太一"的"太"也与老子的"大"有关系。"太"字古通"大",《骈雅训纂五》"释名称"释"大"说:"古人太字多不加点,如大极、大初、大素、大室、大庙、大学之类。后人加点,以别大小之大,遂分而为二矣。""太"亦通"泰",《正字通》解释说:"《说文》

---

① 参阅张岱年《中国古典哲学概念范畴要论》,第56页。
② 史华慈曾推测说:"'太一'这个名词似乎导源于道家具有神秘意味的'一'。"(〔美〕史华慈:《古代中国的思想世界》,程钢译,江苏人民出版社2004年版,第385页)
③ 张岱年对《庄子·天下》篇中的"主之以太一"的"太一"有一个解释,认为"太"即"道","一"即"道生一"的"一"(参阅张岱年《中国哲学大纲》,中国社会科学出版社1982年版,第17、29页),可备一说。

泰，古文作㚓，篆作㚒，省作太"，"并与'大'同。范晔撰《后汉书》，避家讳改从太。《集韵》㚓或作'太''大''泰'，音义通，非太与大小之大别也。""太""大"和"泰"古音义相通，《庄子》中"泰初有无"的"泰"即"太"。但在意义的起源上，"太"是从"大"而来。老子称域中有"四大"，说"道大，天大，地大，王亦大"，用"大"来描述"道""天""地""王"等范围和程度的深广；老子还多用"大"来称道一些超越者的"超凡性"，如"大道""大象""大器""大智"等，特别是他用"大"来描述"道"，说"吾不知其名，字之曰道，强为之名曰大。"（《老子》第二十五章）在老子那里，不管是正面事物的超凡性，还是反面事物的程度高，老子都用"大"来说明。"大"就是事物达到最高的限度，这也正符合"大"字的造字本义。

"大"通"太"，所谓"太"就是说程度和范围极高，它的字形和意思都源于"大"。老子对"大"字情有独钟，他广泛地使用"大"来说明事物正反两方面的最大范围和极高程度，可能对《太一生水》产生影响，促使"大"与"一"的结合。这种结合在《庄子·徐无鬼》中看得非常清楚：

> 知大一，知大阴，知大目，知大均，知大方，知大信，知大定，至矣！大一通之，大阴解之，大目视之，大均缘之，大方体之，大信稽之，大定持之。

这里的"大一"的"大"读如字，与后面其他一连串的与"大"组合的词一样，但"大"与"太"相通。《庄子·天下》记载的"至大无外，谓之大一"，即为一证。成玄英注解说："囊括无外，谓之大也。"在解释《庄子·天下》的"太一"时，成玄英疏亦说："太者，广大之名，一以不二为称。言大道旷荡，无不制围，括囊万有，通而为一，故谓之太一也。"孙希旦解释《礼记·礼运》"大一"的"大"说：

大者，极至之名，一者，不贰之意。大一者，上天之载，纯一不贰，而为理之至极也。①

顾炎武称"太一之名，不知始于何时"。② 由于顾炎武所说的"太一"主要是指"神名"和"星名"，"不知起于何时"，当亦是指此。顾颉刚先生指出，在战国之前还没有见到"太一"的名称，哲学上和天神上这两种意义上的"太一"，孰早孰晚"很难确定"。③ 照钱宝琮先生的说法，"太一"原为哲学概念，作为星名的北极星意义上的"太一"崇拜，是到汉代才出现的。④ 我们也倾向于认为哲学上的"太一"是首先出现的，其他意义上的"太一"是一种借用和转用。更具体地说，如果《太一生水》的"太一"是从老子的"一"和"大"中衍化出来的，那么"太一"这一术语应该是"始于"《太一生水》。《礼记》《庄子》《楚辞》《文子》《鹖冠子》《吕氏春秋》等文献中都使用了"太一"。但《礼记》《庄子》《文子》和《吕氏春秋》中的"太一"是哲学上的；《楚辞》和《鹖冠子》的"太一"则是指"太一神"。《庄子·天下》篇称老子和关尹子"主之以太一"，关尹子又是老子的弟子，因此其所说的"太一"，就要早于《礼记》《庄子》，它很可能就保存并体现在《太一生水》之中。

在《太一生水》中，可以肯定的是，"太一"是宇宙创生的起点和根源。但《太一生水》没有对"太一"作出描述。老子和其他的宇宙创生模式，都对所设想的宇宙起点和原初状态给予了说明。如老子称"道"是"惚兮恍兮，其中有象""其中有物""其中有精，其精甚真，

---

① 孙希旦：《礼记集解》中，中华书局1989年版，第616页。
② 顾炎武著，黄汝成集释：《日知录集释》（中）卷三十《太一》，第2244页。顾炎武所说的"太一"主要是"星宫"意义上的"太一"，他没有注意哲学上的"太一"。按照我们的看法，"星宫"意义上的"太一"，是哲学意义上"太一"的一种转用。
③ 见《顾颉刚古史论文集》第三册，中华书局1996年版，第55—57页。
④ 参阅钱宝琮《太一考》，载《燕京学报》第12期。

其中有信"。《淮南子·诠言训》描述"太一"说：

> 洞同天地，浑沌为朴，未造而成物，谓之太一。

据此来说，"太一"的状态，没有天地之分，混沌一片，质朴而未造出物。《淮南子》的"太一"也是"一"，"一"相对于"多"，"多"出于"一"，但由于"活动不同"，"多"成了各所不同的事物和现象：

> 同出于一，所为各异，有鸟、有鱼、有兽，谓之分物。方以类别，物以群分，性命不同，皆形于有。隔而不通，分而为万物，莫能及宗，故动而谓之生，死而谓之穷。皆为物矣，非不物而物者也，物物者亡乎万物之中。稽古太初，人生于无，形于有，有形而制于物。能反其所生，故未有形，谓之真人。真人者，未始分于太一者也。

这段话中的"一""太初"和"太一"，其义相同。对儒家来说，"礼"绝不只是人间造出来的一种礼节和仪式，它具有超越性的根源，一般认为它是来自"天"。《礼记·礼运》不仅认为"礼"本于"天"，而且认为"礼"又本于比"天"更根本的终极性"太一"：

> 是故夫礼必本于大一，分而为天地，转而为阴阳，变而为四时，列而为鬼神，其降曰命，其官于天也。夫礼必本于天，动而之地，列而之事，变而从时，协于分艺。

从"太一"分而为"天地"、转化为"阴阳"、变为"四时"到"鬼神"和"命"来看，它无疑是终极性的根源，但《礼运》也没有解释"太一"是什么样的状态和情形。孔颖达《礼记正义》有一个解释:"必本于大一者,谓天地未分混沌之元气也。"在道家形而上学的演变中,以宇宙的原初状态和根源为"混沌之气"为一重要立场,说"太一"是"混沌之元气",则带有汉人"元气论"的特色。《礼运》的"太一"能否说是"混沌之元气"我们姑且不管,问题是《太一生水》的"太一"与气是否有关系。一般认为老子的"道生一"的"一"是一种"气",老子也说过"万物负阴而抱阳,冲气以为和",这说明老子的宇宙观模式中是有"气"的位置的。在《恒先》的宇宙创生模式中,"气"也是重要的一环;《庄子》的宇宙观更表现为"气化论"。与这些不同的是,《太一生水》没有涉及到"气"。从道家甚至是整个中国形而上学来看,这是"非主流性"的。也许是一种替代,《太一生水》选择了"水",别出心裁地以"水"为宇宙创生过程中的重要环节(有关"水"的问题,后面详述)。与《礼运》的思维方式如出一辙,《吕氏春秋·大乐》追溯音乐的起源,一直逆溯到"太一":"(音)乐之所由来者远矣,生于度量,本于太一。"这里的"太一"同样是宇宙的终极性根源,它创生了宇宙、天地和万物:

太一出两仪,两仪出阴阳。阴阳变化,一上一下,合而成章。浑浑沌沌,离则复合,合则复离,是谓天常。天地车轮,终则复始,极则复反,莫不咸当。日月星辰,或疾或徐,日月不同,以尽其行。四时代兴,或暑或寒,或短或长,或柔或刚。万物所出,造于太一,化于阴阳。萌芽始震,凝漯以形。形体有处,莫不有声。声出于和,和出于适。

《吕氏春秋》的这一"太一"创生模式,可以说是《系辞传》"太极生两仪,两仪生四象"模式的一种改造和修正形态。这个模式中没有"气"的位置,也不能说"太一"的本性是"气"。这与《太一生水》有共同之处。但《吕氏春秋》以"道"为"太一"。这一思想仍出自

《大乐》篇：

> 道也者，视之不见，听之不闻，不可为状。有知不见之见、不闻之闻、无状之状者，则几于知之矣。道也者，至精也，不可为形，不可为名，强为之〔名〕，谓之太一。

《文子》和与之有承继关系的《淮南子》，① 亦是在"道"和"太一"之间设想了彼此互相界定的关系。《文子·下德》说：

> 帝者体太一，王者法阴阳，霸者则四时，君者用六律。体太一者，明于天地之情，通于道德之伦，聪明照于日月，精神通于万物，动静调于阴阳，喜怒和于四时，覆露皆道，溥洽而无私，蚑飞蠕动，莫不仰德而生，德流方外，名声传乎后世。

根据下文所说，"体太一"的"太一"，即是《文子》所说的"道"。《淮南子·本经训》因袭了《文子》的这段话，又增加了一些文字，但其"太一"与《文子》类似，对应的是"道"：

> 晚世学者，不知道之所一体，德之所总要，取成之迹，相与危坐而说之，鼓歌而舞之，故博学多闻，而不免于惑。《诗》云："不敢暴虎，不敢冯河。人知其一，莫知其他。"此之谓也。帝者体太一，王者法阴阳，霸者则四时，君者用六律。秉太一者，牢笼天地，弹压山川，含吐阴阳，伸曳四时，纪纲八极，经纬六合，覆露照导，普汜无私；蠉飞蠕动，莫不仰德而生。

---

① 过去一般认为是《文子》承袭《淮南子》，根据新出土的《文子》残简，可证《淮南子》承袭《文子》。

这一点从《淮南子·要略》对《原道》思想核心的概括中可以看得更清：

> 《原道》者，卢牟六合，混沌万物，象太一之容，测窈冥之深，以翔虚无之轸，託小以苞大，守约以治广，使人知先后之祸福，动静之利害。诚通其志，浩然可以大观矣。

据此，我们也许可以说《太一生水》的"太一"类似于老子的"道"或者道家一般意义的"道"。不过，在《太一生水》中，没有直接的文字根据可以说"太一"相当于"道"，"道"字显然没有在《老子》那里那么突出和重要。

这是一个争议性很大的问题，裘锡圭先生和李零先生分别代表了两种不同的意见。《太一生水》说到"道"的地方共有三处。一是"天道贵弱"的"道"；二是"道亦其字也"的"道"；三是"以道从事者必托其名"的"道"。孤立地看这三处的"道"，可以说是类似于老子的"道"，也可以从相当于"太一"的意义上理解。但在《太一生水》的语境中，这三处的"道"是否类似于老子的"道"，是否可以在相当于"太一"的意义上来看，需要仔细考察。根据李零调整后的《太一生水》，这三处的"道"是在讨论"天"和"地"时提出的。《太一生水》说：

> 下，土也，而谓之地。上，气也，而谓之天。道亦其字也，青昏其名。以道从事者，必托其名，故事成而身长。

关键是"道亦其字也，请问其名"这句话中的两个"其"字应如何理解，究竟指代的是什么。裘先生认为是指代"太一"，说的是"道"与"太一"的关系；李零先生认为两者指代的都是"天地"，说的是"道"

与"天地"的关系。裘先生和李先生分歧的核心,在于"普遍的道"为什么限于"天地"。在《老子》那里,"字之曰道"的"之"字没有疑问指的是天地万物的"终极性根源"("天地母"),《老子》说:

> 有物混成,先天地生。寂兮寥兮,独立而不改,周行而不殆,可以为天地母。吾不知其名,字之曰道。(第二十五章)

由于《太一生水》的"道亦其字也"的"其"字,没有这种直接对应关系,根据上下文说是指"天地"不是不可以。但形而上学的"道"字绝不限于只是"天地"的字,正如"天道"不能仅理解为"天之道"那样,李零先生意识到了"道"字的广义性,也意识到了"亦"字难解。"青昏其名"整理者读为"请问其名",李零先生指出下文没有答案,比较可疑。夏德安教授曾向李零先生指出"青昏其名"的"青昏",是指"天地"的名,李零先生接受了这个说法仍作"青昏"。① "青"亦可读为"清",即老子"天得一以清"之"清"。"昏"意"昏暗"和暗昧,"清昏"是描述"天地"的状态和性质的。令人不解的是,《老子》中的"道"已经是一个十分抽象、非常普遍和绝对性的概念,按说《太一生水》应该在相当于"太一"的层次上说"道",为什么它反而说"道"是"天地"的字,这降低了"道"的层次。我们可以提供的解释是,《太一生水》的主题是宇宙创生过程,它的概念是"太一",它的宇宙创生模式比老子的具体,层次亦多。"天地"在宇宙创生模式中,一般是最重要的层次,它与万物和人的关系最为密切。《太一生水》专门讨论"天地",也是类似的考虑,将"道"特别与天地联系起来,是强调"天地"在宇宙创生过程和活动中的重要。但"道"字不能限于只是"天地"的字,它也是宇宙和万物的整个的

---

① 参阅李零《郭店楚简校读记》,第39页。

字,实际上,《太一生水》已经为我们提供了这方面的重要信息,它不是说"道其字也",而是说"道亦其字也",这个"亦"就表明,"道"也是"天地"的字,言外之意是,"道"不只是"天地"的字,它还是其他事物的"字",可以说是所有事物的"字"。《庄子·知北游》记载说:

东郭子问于庄子曰:"所谓道,恶乎在?"庄子曰:"无所不在。"

万物分有了"道","道"无所不在,"道"可以是任何事物的"字",自然不限于"天地"。

"太一"术语出现之后,"太一"与"一"共同作为形而上学概念而存在和被使用,更证明"太一"与"一"的转化和互通关系。不过,"一"比"太一"的使用更为普遍,《庄子》《管子》《孟子》《黄帝四经》《荀子》《吕氏春秋》《淮南子》等,都有很多"一"的用例,"一"的意义也比"太一"广。"太一"更侧重于宇宙生成根源的意义,指原初状态的混沌性的"统一体","一"在具有类似意义的同时,往往又是作为万物的"统一性"原理来使用的,它既是自然秩序和万物的统一性,如《庄子》说:"故万物一也。"更是社会政治生活中统治秩序的"统一性"。孟子告诉梁襄王天下能够"定于一":

孟子见梁襄王。出,语人曰:"望之不似人君,就之而不见所畏焉。卒然问曰:'天下恶乎定?'吾对曰:'定于一。''孰能一之?'对曰:'不嗜杀人者能一之。'"(《孟子·梁惠王上》)

《孟子·离娄下》亦记载说:

地之相去也,千有余里;世之相后也,千有余岁。得志行乎中国，若合符节。先圣后圣，其揆一也。

《庄子·天下》说：

圣有所生，王有所成，皆原于一。

《孟子·梁惠王上》以"一"为统治的最高原理，是道家的一个通念，这方面的例子很多，如《管子·内业》说：

一物能化谓之神，一事能变谓之智。化不易气，变不易智，惟执一之君子能为此乎。执一不失，能君万物。君子使物，不为物使，得一之理。

《文子·下德》说："故圣王执一，以理物之情性。夫一者，至贵无适于天下。圣王托于无适，故为天下命。"《庄子·天地》："天地虽大，其化均也；万物虽多，其治一也。……《记》曰：'通于一而万事毕，无心得而鬼神服。'"这是"太一"与"一"有很大不同的地方。在"太一"的用例中，没有或者至少这一层面的意思是不明显的。不过，在几点上，"太一"与"一"是具有共同性的，一是均有宇宙起源和创生过程的原点和根源的意义。《庄子·天地》说："泰初有无，无有无名。一之所起，有一而未形。"二是"太一"和"一"都有被作为"道"来使用的情形，"一"更是如此。"道无形无声，故圣人强为之形，以一字为名，天地之道。"（《文子·精诚》）三是"太一"和"一"都有被体认和境界的意义。《庄子·庚桑楚》说："卫生之经，能抱一乎？"《吕氏春秋·勿躬》："是故圣王之德，融乎若月之始出，极烛六合而无所穷屈；昭乎若日之光，变化万物而无所不行。神合乎太一，生无所屈，而意不可障；精通乎鬼神，深微玄妙，而莫见其形。"《庄子·在宥》说:"我守其一以处其和。"

二 "主辅"生成机能:从"水"到"天"和"地"

在一般所说的"五行"即金木水火土等五种元素和机能的构成中,"水"只是其中之一,它的特性被认为是"润下"。有关"水"作为文化和哲学符号的意义,艾兰先生做过研究。①《太一生水》的出现,促使我们再次关注"水"在哲学上的演变。孔子、老子和孟子都赞美水的品德。老子对"水"的德性和能力的说明,是与他的整个哲学的"贵柔"和"尚弱"性格结合在一起的。在老子看来,"水"是最接近于"道"的本质的("几于道"),表面上平静的水一旦集中起来而发挥出的威力,没有什么东西是它所不能攻克的。水总是处于卑下的地位,它对万物都有利而从不争夺什么。我们知道,整个生命现象和存在都离不开水,"水"是生命之源,它促成和孕育所有的生命。但在老子看来,"水"对万物都是有益的,不只是生命。老子不是隐隐约约地暗示,而是清楚地告诉我们,"水"是有滋养力而不占有的高尚性。只是,老子的宇宙创生过程中,一般来说是"气"居于中心的层次上,"水"既不像希腊泰勒斯所说的那样是万物的起点,也不处在任何一个阶段上,它本身仍是被创生出来的卓越的万物之一。

与此不同,在《太一生水》的宇宙创生模式中,"水"被认为是处于终极性的"太一"和"天"之间的一个有"辅助性"创生能力的存在。这是从"五行"之中将"水"独立出来并为之赋予"独立的"创生能力,同时也把老子思想中的"水"提高到了宇宙创生过程的阶段上。研究者们大都倾向于认为,《太一生水》对"水"的转用,受到

---

① 参阅〔美〕艾兰《水之道与德之端——中国早期思想的本喻》,张海晏译,上海人民出版社2002年版。

了老子有关"水论"的启示,这种可能性是不能排除的。老子的"水论",能够激发我们对"水"的更高层次的想象,况且"水"在我们的生活中像"气"一样重要。在解释泰勒斯为什么以水为万物的基质上,亚里士多德的说法一直是受到重视的。黑格尔引用说:"亚里士多德曾提出一个推测:'泰勒斯之所以产生这种思想,也许是因为他看到一切的养料都是湿润的,而温度本身也由这种(湿润的)东西生成,生物皆借湿润以维持其生存。但是为一切事物所从出的那种东西,就是一切事物的原则。因为这个缘故,同时也因为一切种子都具有湿润的本性,而水又是一切湿润物的本源,所以他得到了这种思想。'"① 在泰勒斯那里,"水"是基质和第一因,它作为"一"与产生出的万物"多"构成了"一"与"多"的关系。《太一生水》的"水"不是最终的基质,它是"天"的原因,又与"天"一起发挥作用成为"地"的原因。

在早期中国哲学中,赋予"水"以生成论意义的还有《管子》的《水地》篇。《水地》篇提出"水"和"地"都是万物的本原,具有一般所说的二元论的特色:"水者何也?万物之本原也,诸生之宗室也。"又说:"地者,万物之本原,诸生之根菀也。"《水地》所说的本原不是最高的本原,如它说"水"是"产于金石":"集于天地,而藏于万物,产于金石,集于诸生,故曰水神。"这里,《水地》篇说到了"天",说"水"集中在天地中。《水地》篇又说"水"是"地之血气"。由此可知,在《水地》篇中,"水"是天地之间的存在,而不是超出天地之外的更高的存在。在天地之间,"水"对于"万物"具有根本性的意义,不仅人是水的产物,而且万物皆依赖于水而生("万物莫不以生")。至此,《水地》没有再追问也没有回答宇宙和天地的根源,它还算不上一个宇宙论的模式。《水地》篇主要是讨论"水性"和"水德"的,从

---

① 〔德〕黑格尔:《哲学史讲演录》第一卷,贺麟、王太庆译,商务印书馆1959年版,第182—183页。

中可以看到它受到了《老子》的影响。如《老子》说：水"处众人之所恶，故几于道",《水地》亦说："人皆赴高，己独赴下，卑也。卑也者，道之室，王者之器也，而水以为都居。"《老子》说"水善利万物";《水地》亦说"万物莫不以生"。黄钊先生疑《水地》篇中"齐晋之水"的"齐"为"叁"(三)。"三家分晋"始于公元前376年，因此《水地》篇作品不得晚于公元前376年。许抗生先生根据《史记·晋世家》，认为在晋幽公时（前437—前420年）即有"三晋"之称。《水地》提到"越之水"，说明当时越国尚未灭。越国灭于公元前355年。因此，《水地》篇创作时间的上限应该更早，《太一生水》应作于战国中期偏晚。① 但《太一生水》的这个时间指的是墓葬时间，不能说是它的实际创作时间。因此，还很难肯定地说，《水地》一定比《太一生水》早。大体上可以说，二者都受到了《老子》"水论"的影响，《水地》以"水"为天地之中"万物"所依存者，《太一生水》则将"水"提到高于"天地"和天地所赖以产生的基本条件。

在《太一生水》的宇宙创生模式中，首先是"太一"创生了"水"。按说接下来，就应该是"水"又创生"一种存在"，就像《老子》所说的"一生二"或者其他模式那样，前后的因果关系是生成和被生成的直接关系，但《太一生水》的说法实际上不是这样。在它那里，"水"是辅助性的作用力，它没有独立的创生能力，《太一生水》说："水反辅太一，是以成天。天反辅太一，是以成地。""水"不是直接创生"天"，它是反过来去辅助"太一"成就"天"的。庞朴先生非常重视《太一生水》的"反辅"概念，他说：

　　反辅之说，是这个宇宙论的最大特色。……现在我们有幸看

---

① 参阅许抗生《初读〈太一生水〉》，见《道家文化研究》第十七辑"郭店楚简"专号，第309页。

到的这篇《太一生水》，敢于提出宇宙本元在创生世界时受到所生物的反辅，承认作用的同时有反作用发生，在理论上，无疑是一种最为彻底的运动观，是视宇宙为有机体的可贵思想。①

照庞朴先生的说法，"反辅"概念包含有宇宙创生过程中的作用与反作用和宇宙有机体的重要思想。"反辅"概念不见于周秦子学其他典籍，它可能是《太一生水》独创的一个术语。"反"通"返"，它是《老子》所强调的一个有关运动的重要术语，它的一个主要意思是事物返回自身的运动，这是"道"的根本法则（"反者道之动"），这个意义上的"反"与《老子》的另一个术语"复"类似，注重的是事物的"复归"，它有别于近代产生的线性时间观和由此产生的进步观。"辅"的本义是为了强化车辐的承载力而在轮子外加的两条直木，引申为"辅助"和"协助"。"太一"是最大的创生者，它直接产生了"水"，但它既没有赋予"水"以直接的创生能力，也没有使"水"偏离自己和异化自己，"水"又返回到"太一"，辅助"太一"创生出"天"。从"天"开始，宇宙创生和演化的过程是"成"。"成"要说明的是宇宙演化中不同力量相互起作用的"促成"和"成为"特征。"太一"与"水"的关系确实微妙，"水"辅助"太一"促成"天"出现后，"水"就退出了宇宙演化过程，"天"不是反过来辅助"水"促成地，而是越过"水"反过来辅助"太一"促成"地"。据此来说，"天"和"地"从根本上说，都是由"太一"创生的，《太一生水》说："天地者，太一之所生也。"在此，"水"的作用看不到了。但《太一生水》又说："是故太一藏于水，行于时。"这说明"太一"又没有离开"水"，"水"还是它的藏身之地。生成了"水"的"太一"为什么又藏于"水"，这是一个不容易

---

① 庞朴：《一种有机的宇宙生成图式——介绍楚简〈太一生水〉》，见《道家文化研究》第十七辑"郭店楚简"专号，第303页。

回答的问题。

在中国宇宙创生模式和自然哲学中,"天"和"地"是两种最有力的"中介"和作用力。"天"作为宗教信仰的符号,作为广义的自然也包括了"大地",但在宇宙创生过程中,在自然运行机制中,两者一般都是共时的,而且共同产生作用。如:

天地相合,以降甘露。(《老子》三十二章)

天地虽大,其化均也。(《庄子·天地》)

则天地固有常矣,日月固有明矣,星辰固有列矣,禽兽固有群矣,树木固有立矣。(《庄子·天道》)

天地者,万物之父母也。合则成体,散则成始。形精不亏,是谓能移。(《庄子·达生》)

天地者,生之始也。(《荀子·王制》)

天地以合,日月以明,四时以序,星辰以行,江河以流,万物以昌。(《荀子·礼论》)

天地合而万物生,阴阳接而变化起。(《荀子·礼论》)

但按照《太一生水》的宇宙创生模式,"天"和"地"是"先后"生成的,先有"天",后有"地",即先是"水"反作用于"太一"产生出"天","天"再反作用于"太一"产生出"地"。与此类似,《淮南子·天文训》有"天先成而地后定"的说法,它还解释其中的原因说:"气有涯垠,清阳者薄靡而为天,重浊者凝滞而为地。清妙之合专易,重浊之凝竭难"。从"水"到"天"再到"地","太一"完成了创生"天地"的过程。在创生"天地"之后,《太一生水》就以相对并立的方式来说明"天地"了,如它说:"天地名字并立"。这当然只能是"天"和"地"产生之后的现象。"天地"在《太一生水》中的地位仍然是突出的,《太一生水》专门对"天地"的自然形态作出了具体的说明。需要注意的有几点,一是它认为"天"和"地"处于不同的"空间"位置上,即"天"在"上","地"在"下",这是中国"时空观"对"天地"的一般意识。二是它认为"天地"的质料不同,"地"的质料是"土","天"的质料是"气"。"气"轻盈、"土"沉重。这很符合人们对"天"和"地"两种自然现象的直观,也是天之所以在上、地之所以在下的原因。《列子·天瑞》说:"天,积气耳,亡处亡气","地,积块耳,亡处亡块。"这里所说的"块",当从"土块"来理解。《太一生水》以"天"为"气",以"地"为"土",这与《恒先》的说法明显不同。在《恒先》那里,"天"和"地"都是由气构成的,[①]差别是构成"天"的是"清气",构成"地"的是"浊气",这也是汉代"天地观"(如《淮南子》所说)的常态。从这种意义上说,《太一生水》的宇宙观则更质朴和更直观。三是认为"天地"皆有"不足"。《太一生水》说:"〔天不足〕于西北……地不足于东南"。认为"天地"在空间上有不同自然形态的这种看法,现在我们能从《史记》和《淮南子·天文训》中找到类似记载。《史记·日者列传》记载说:"天不足西北,星辰西北移;地不足东南,以海为池。"这是司马季主批评宋忠和贾谊对卜者的质疑而说的话。其中的"星辰西北移"和"以海为池",既可以说是"天不足西北"和"地不足东南"的结果,也可以反过来说是原因。《淮南子》是以"神话方式"告诉我们"天地"的这种自然形态的:"昔者共工与颛顼争为帝,怒而触不周之山。天柱折,地维绝。天倾西北,故日月星辰移焉;地不满东南,故水潦尘埃归焉。"[②]

---

① 《礼记·乐记》有:"地气上齐,天气下降,阴阳相摩,天地相荡,鼓之以雷霆,奋之以风雨,动之以四时,暖之以日月,而百化兴焉。"

② 《列子·汤问》在追问宇宙的无限性时,也说到了"天地"的这种自然形态:"故大小相含,无穷极也。含万物者亦如含天地;含万物也故不穷,含天地也故无极。朕亦焉知天地之表不有大天地者乎?亦吾所不知也。然则天地亦物也。物有不足,故昔者女娲氏炼五色石以补其阙;断鳌之足以立四极。其后共工氏与颛顼争为帝,怒而触不周之山,折天柱,绝地维。故天倾西北,日月星辰就焉;地不满东南,故百川水潦归焉。"

《淮南子》对"天地"出现的这种自然状态提供的解释,当然也是神话的。《太一生水》的说法,有什么依据,我们不得而知,可能仍然是出于对"天地"的一种"直观性"的观察。

《太一生水》有一个说法,理解起来有一定的困难,这就是"天地名字并立,故过其方,不思相尚"。①"天地名字"所指为何;"过其方"和"不思相尚"是什么意思,它与"天地名字并立"和下文的"天地"的"倾陷"是什么关系。"名"与"字"相对,姜声灿与李零都认为"土"和"气"分别是"地"和"天"的"名","地"和"天"则是它们的"字"。②"方"有处所和方位的意思,亦有"宜"和"义"的意思,裘锡圭训为"正",③可取;"过"可以理解为"超出"。"不思相尚"的"思"和"尚",刘信芳分别训为"使"和"当",④裘锡圭从之。整句话的意思也许是说,天和地各有其名、字,相对而立,所以两者都越出了自己的正处,没有使自己同自己的地位相一致。下文所说的"天不足于西北,地不足于东南",就是对其"不使相当"的具体描述。有关这一点,我们留待后面探讨《太一生水》的"天道观"时再考察。

三 "相辅"生成机能:从"神明"到"岁"

"天地"创生之后,《太一生水》的创生模式就发生了一个变化,这个变化就是"创生"的机制和机能从"反辅"变为"复相辅"。从

---

① 参阅王博《〈太一生水〉研究》,载《中国哲学与易学——朱伯崑先生八十寿庆纪念文集》,第281页。
② 参阅〔日〕池田知久监修《郭店楚简之研究》一,大东文化大学大学院事务室1999年版,第53—61页;李零的《郭店楚简校读记》,第38页。
③ 参阅裘锡圭《〈太一生水〉"名字"章解释——兼论〈太一生水〉的分章问题》,见裘锡圭《中国出土古文献十讲》,第252页。
④ 参阅刘信芳《楚帛书论纲》,载《华学》第二辑,中山大学出版社1996年版;《〈太一生水〉与〈曾子天圆〉的宇宙论问题》,见刘信芳《出土简帛宗教神话文献研究》,安徽大学出版社2014年版。

产生作用的方式上看,"反辅"是一种"主导者"和"辅助者"的关系,而"复相辅"则是两种"并行的力量"来回相互辅助的关系。这种关系首先是从"天地"开始的。"太一"创生"天地"的过程有先后之分,但天地创生之后,二者就成为既并行相对又彼此相联的一对统一体。"天地"通过循环的相互辅助、相互作用的机制就促成了一对新的统一体"神明"的一起出现,"神明"通过同样的机制就促成了"阴阳"的一起出现。这里引起争议的一个问题,是《太一生水》所说的"神明"究竟是指什么。大家都肯定"神明"分别是指"神"与"明",它是两种事物,就像"阴阳"一样。"神"和"明"的所指,一是认为指"日"和"月",这由王博先生提出并论证。① 二是主要从变化的神妙、天地精神等侧面来解释。王博先生的说法,看起来有一定的说服力,李零先生有一个积极的回应,说将《太一生水》的"神明"解释为"日月"是一个合乎情理的想法。但李零先生同时指出"神明"术语更多的是一种泛指,与所说的"神灵"差不多。② 与此不同,庞朴认为"神明"是"天地"的"功能"。③ 与此类似,郭沂认为"神明"属于"天地",只不过,他以"神"为"天神",以"明"为"地祇"。④ 但是,他们没有利用传世文献为"神明"隶属于"天地"作出论证。

在周秦时期,"神明"这一概念确实有不同的意思,有的指人的高明智慧和精神境界,如《国语·楚语上》记载说:"若武丁之神明也,其圣之睿广也,其智之不疚也,犹自谓未乂,故三年默以思道。"⑤

----

① 参阅王博《〈太一生水〉研究》,载《中国哲学与易学——朱伯崑先生八十寿庆纪念文集》,第273—276页。
② 参阅李零《郭店楚简校读记》,第36—38页。
③ 参阅庞朴《"太一生水"说》,见《中国哲学》第二十一辑,第195页。
④ 参阅郭沂《郭店竹简与先秦学术思想》,上海教育出版社2001年版,第138页。
⑤ 《韩非子·内储说上》中的用法也是此意:"周主曰:'吾知吏之不事事也。求簪,三日不得,吾令人求之,不移日而得之。'于是吏皆耸惧,以为君神明(转下页)

其"神明"指的是武丁的智慧和精神境界。有的指"鬼神"之特性，如《墨子》记载说："公孟子谓子墨子曰：'有义不义，无祥不祥。'子墨子曰：'古圣王皆以鬼神为神明，而为祸福，执有祥不祥，是以政治而国安也。自桀纣以下，皆以鬼神为不神明，不能为祸辐，执无祥不祥，是以政乱而国危也。'"但很难说有明确指"日"和"月"的。《系辞上》说："法象莫大乎天地，变通莫大乎四时，县象著明莫大乎日月。"又说："日月相推而明生焉。"这两例也只是说"日月"之"明"，而没有说日月"神明"。实际上，在早期文献中，一般都是说"日月"之"明"，而没有说"日月"之"神明"。如《庄子·田子方》说："若天之自高，地之自厚，日月之自明，夫何修焉！"《荀子·礼论》的说法与此类似，也只是从"明"上说"日月"："天地以合，日月以明；四时以序，星辰以行；江河以流，万物以昌；好恶以节，喜怒以当；以为下则顺，以为上则明；万物变而不乱，贰之则丧也。"

《太一生水》的"神明"，不是指人的超凡智慧和精神境界，也不是指"鬼神"的德性，这是可以肯定的，但是不是指"日月"和"天地精神"则需要进一步考察。我们认为，《太一生水》的"神明"很难说是指"日"和"月"之特性，更有可能是指"天地"的特质。如《礼记·表记》的一个例子明确以"神明"为"天地"所有："昔三代明王皆事天地之神明，无非卜筮之用。"这不是孤证，《礼记》中还有两个例子也是这种用法：

> 礼乐偩天地之情，达神明之德，降兴上下之神，而凝是精粗之体，领父子君臣之节。（《乐记》）

（接上页）也。"《韩非子·喻老》说："空窍者，神明之户牖也。耳目竭于声色，精神竭于外貌，故中无主。中无主，则祸福虽如丘山，无从识之。故曰：'不出于户，可以知天下；不窥于牖，可以知天道。'此言神明之不离其实也。"

孔子曰:"天地不合,万物不生。大昏,万世之嗣也,君何谓已重焉!"孔子遂言曰:"内以治宗庙之礼,足以配天地之神明;出以治直言之礼,足以立上下之敬。"(《哀公问》)

《周易·系辞下》说:"以体天地之撰,以通神明之德。"又说"仰则观象于天,俯则观法于地,以通神明之德,以类万物之情。"两处的"神明"都与"天地"相对应。《说卦》说:"幽赞于神明而生蓍"。荀爽注说:"神者在天,明者在地。神以夜光,明以昼照。"说"神者在天,明者在地",分明是说"神明"分属于"天地"。①

《文子·精诚》中"神明"的一个例子,不容易判断是何者的"神明",因为它说到了天地、日月、列星等:"天致其高,地致其厚,日月照,列星朗,阴阳和,非有为焉,正其道而物自然。阴阳四时,非生万物也;雨露时降,非养草木也。神明接,阴阳和,万物生矣。"但《文子·精诚》另一段话所说的"神明",可以看出是属于"天":"天设日月,列星辰,张四时,调阴阳,日以暴之,夜以息之,风以干之,雨露以濡之。其生物也,莫见其所养而万物长;其杀物也,莫见其所丧而万物亡,此谓神明。"《文子·九守》中所说的"神明"是属于"天地":"天地未形,窈窈冥冥,浑而为一,寂然清澄,重浊为地,精微为天,离而为四时,分而为阴阳,精气为人,粗气为虫,刚柔相成,万物乃生。……天静以清,地定以宁,万物逆之者死,顺之者生;故静漠者,神明之宅;虚无者,道之所居。"这种用法在《庄子》中也能看到,如《庄子·天下》说的"配神明,醇天地",《庄子·天道》说的"天尊地卑,神明之位也",《天下》篇说的"备于天地之美,称神明之容"皆是以"天地"与"神明"并举。既然天地与神明并举,

---

① 扬雄明确认为天地是"神明"。《法言·问神》记载:"或问'神'。曰:'心。''请问之。'曰:'潜天而天,潜地而地。天地,神明而不测者也。'"

"神"当是指"天"之神妙性,"明"指"地"之"显明性"。现在的问题是,《太一生水》的"神"与"明"是分开的两种东西,如果说"神明"属于"天地",是否可以说"神"属于"天"、"明"属于"地"?答案恐怕是否定的,如同"阴阳""四时""冷热"和"湿燥"一同属于"天地"那样,"神明"也是"天地"的共同性质。"神"是指天地的灵妙本性,"明"是指天地显示出的秩序。

说"神明"不是指"日月"还因为"神明"显然不是"实体",它与《太一生水》中的"阴阳""四时""冷热""湿燥"和"岁"是一样的。"四时""冷热""湿燥"和"岁",都不是"实体性"的事物,而是指事物的秩序和性质。"四时"和"岁"是历数的秩序,"冷热"和"湿燥"是两种相反的"性质"和"机能"。《太一生水》中的"神明"和"阴阳"同样是非实体性的东西。许抗生先生将"神明"解释为"精气"及其作用,由"精气"产生出"阴"和"阳"二气,这是把"神明"实体化了。在"神明"的用例中,还看不到以"神明"为"精气"的例子。作为非实体性的东西,"神明"与"四时""岁"等是类似的。关键是"阴阳"是否是"气"实体。在周秦子学中,"阴阳"有用作"阴气"和"阳气"的例子,也有用作事物正反两方面相互作用的力量的例子,张岱年先生称之为"两种性质"。[①] 从统一的角度看,从"神明"到"岁","天地复相辅"创生的东西,大概都不是实体性的,而是天地之中的性质和关系。"天地"是两种实体性的东西,《太一生水》说"天"是由气构成的,"地"是由土构成的,它们需要创生的是决定事物秩序和交互起作用的变化和法则。作为非实体性的天地所包含的属性,"神明"可以解释为天地所具有的奇妙的变化及其秩序,或者说它是"天地"的"法度"。《黄帝四经·名理》对"神明"的解释,对此是一个很好的说明:"道者,神明之原也。神明者,处于度之内而

---

① 参阅张岱年《中国古典哲学概念范畴要论》,第83—86页。

见于度之外者也。处于度之［内］者，不言而信。见于度之外者，言而不可易也。处于度之内者，静而不可移也。见于度之外者，动而不可化也。静而不移，动而不化，故曰神。神明者，见知之稽也。"在《管子》看来，"阴阳"是"天地"的"大理"，"四时"是"阴阳"的"大经"。"大理"和"大经"说的是事物变化的法则和常则，《太一生水》的"神明"也可以这样理解。在"神明"的相互作用下，产生了"阴阳"两种作用力；阴阳的相互作用产生了"四时"的秩序。一般来说，"四时"秩序出现，"岁"自然就相继出现。但《太一生水》没有直接从"四时"演变到"岁"，中间还有"四时"的相互作用产生"冷热"，"冷热"的相互作用产生"湿燥"这两个阶段，"岁"是在"湿燥"的相互作用下产生的。《太一生水》认为从"四时"到"岁"还有"冷热"和"湿燥"的过程，这说明在它那里，"岁"不是"四时"的简单机械性时节的相加，它还需要借助复杂的"中介"来实现它的"秩序"。庞朴先生对"岁"提出了一个颇有启发性的见解，他说"岁"在古代意味着农事收成、意味着农功。① 从自然秩序来看，"岁"大概意味着风调雨顺的周期，意味着"四季"各自功能的正常交替和变化。用《韩诗外传》的话说就是："天不变经，地不易形，日月昭明，列宿有常；天施地化，阴阳和合；动以雷电，润以风雨，节以山川，均其寒暑，万民育生，各得其所，而制国用。"

四　作为原理的"太一"和"天道观"

宇宙观的内容一部分是有关宇宙生成及其过程的，一部分是有关宇宙运行、法则和秩序的。对希腊自然哲学家来说，宇宙不仅是生成

---

① 参阅庞朴《一种有机的宇宙生成图式——介绍楚简〈太一生水〉》，见《道家文化研究》第十七辑"郭店楚简"专号，第304页。

的，而且也是合乎目的的和谐运动。道家的宇宙观一般也包括宇宙的生成和宇宙的秩序两部分内容，前者是说明和解释宇宙如何起源和诞生，后者是说明宇宙的运行秩序和原理。如老子的"道"，同时就包含这两方面的内容，它是宇宙创生的根源和原动力，也是宇宙秩序和万物统一的原理，这也是老子所说的不限于"天之道"的"天道"的意义。同样，《太一生水》既有宇宙生成模式，还包含着有关宇宙法则、原理及天道观的内容。

在《太一生水》中，宇宙的法则和原理也是"太一"。有关这一方面，《太一生水》说："是故太一藏于水，行于时。周而又始，以己为万物母；一缺一盈，以己为万物经。此天之所不能杀，地之所不能厘，阴阳之所不能成。""太一""行于时"说明"太一"并不超越于时间之外，它是在时间中运行的。李学勤先生用"太一行九宫"的数术解释"行于时"，这当然是以"太一"为星辰之神为前提的，但正如我们上面讨论的，《太一生水》的"太一"，是对宇宙本原的理性化抽象（它类似于老子以理性抽象出的自然之"道"那样），不能从具体的天文数术和天神去加以解释。作为宇宙运行法则的"太一"，就是《太一生水》所说的"周而又始"和"一缺一盈"。《老子》的"道"是"周行而不殆"，《太一生水》说"太一"的运行是"周而又始"。"周行"和"周而又始"，都是说宇宙的运动方式是"循环"往复的。这种循环往复可以从两个意义上来说，一是"太一"从开始创生宇宙到宇宙最终灭亡，这是一个循环过程。我们可能在神话和宗教中遇到过不同的宇宙生灭的循环论，这可以称为宇宙的"大循环"。二是说宇宙中的"万物"都是按照"太一"的循环法则循环重复的。正如《吕氏春秋·大乐》所说："阴阳变化，一上一下，合而成章。浑浑沌沌，离则复合，合则复离，是谓天常。天地车轮，终则复始，极则复反，莫不咸当。"《太一生水》大概没有宇宙大循环论的思想，"太一"的循环往复法则，应是指宇宙万物的运动所遵循的法则，这也是《太一生水》的"太一"作为万物之根源("母")的意义。在《太一生水》那里,"太一"还有一个"一缺一盈"的法则。"缺"是不足,"盈"是充满,"一缺一盈"是说事物成长过程中"不足"和"充满"之间的相互作用和转化。对《太一生水》来说,事物从产生、不足到成熟和完成,都是一个不断转化和循环的过程。《易传》有"一阴一阳之谓道"的说法,在构成上,《太一生水》的"一缺一盈"与《易传》的"一阴一阳"类似。只是,在中国自然哲学中,"阴阳"被抽象化为表示相反而又相成的一对普遍概念,"缺盈"还没有达到这种抽象化。在老子看来,事物一旦变化到强盛状态就会发生转化,事物要保持自己的恒久性,就要容纳不足和缺陷,如同《老子》所说的"大成若缺"那样。单从"太一"的"一缺一盈"法则来看,还不能说《太一生水》有"守缺避盈"的倾向,它是把"缺盈"一同看成是万物变化的常道("经")。

不过,作为"天道观",《太一生水》明确提出了"天道贵弱"的说法。这一说法引人注目,它是《太一生水》与《老子》思想存在密切联系的一个有力证明。在强弱、刚柔、先后等一系列相反关系中,"贵弱""尚柔"和"取后"等,构成了《老子》思想的鲜明特征。《老子》三十四章说:"大道氾兮,其可左右。万物恃之以生而不辞,功成不名有,衣养万物而不为主。常无欲,可名于小;万物归焉而不为主,可名为大。以其终不自为大,故能成其大。"在《老子》那里,以"贵弱""尚柔"和"取后"等所表现出的"谦虚"和"谦让"精神,既是思维方式和价值观,也是天道的自然法则。《太一生水》认为"天道"偏向"弱",即偏向"谦虚"和"谦让",首先是以此为自然法则。"天道贵弱",它就会抑制"刚强",消减盛大的事物以补助弱小者:"削成者以益生者,伐于强,责于[刚]"。赵建伟从"盛"和"弱小"理解"成"和"生"是恰当的。"责于"后缺一字不成句,赵建伟补为

"盈",①亦可补为"刚"。老子有"柔弱胜刚强"之说。"柔弱"与"刚强"相对为文,这也正符合"天道贵弱"的主旨。上面谈到《太一生水》有关"天地"自然形态的描述,这就是"天不足于西北"和"地不足于东南"的说法,但本是在上的天的倾陷（不足）,在"下"的"地"就显示出"高"和"强"的优势;本是在下的地的倾陷（不足）,在上的"天"就显示出另一种优势。《太一生水》说:"天不足于西北,其下高以强;地不足于东南,其上［□以□］。"文中所缺另两字,李零先生推测为"空而旷"的意思,赵建伟先生推测为"厚"而"广",但亦可补为"大"而"刚"。这样,与"地"相对于"天"的"高以强"类似,"天"相对于"地"就具有了"大以刚"的优势。这与《太一生水》"天道贵弱"和"伐于强,责于［刚］"的主张,应该是不矛盾的。由于"天"与"地"各自的"不足",才使对方具有了优势,而不是每一方自行片面地追求其"强大"和"刚强"。《太一生水》说:"［不足于上］者,有余于下;不足于下者,有余于上。""天"的"不足"使地"有余","地"的"不足"使"天""有余",这同样是说"天地"彼此因一方的"不足"而使另一方"有余"。"不足"和"有余"关系,类似于事物的"得失"关系,事物有所失,就有所得,有所得,就有所失,"得失"是互补的。《老子》有"天之道,损有余而补不足"的说法,自然的法则是保持事物之间的平衡和均匀,不使一种事物充足到"多余"而使其他事物缺少到"不足"。由此来看《太一生水》的"天地并立",这是一种有关天地互补和平衡的主张,"天地"的各自"不足",是它们能够平衡和互补的前提,这与"天道贵弱"的法则是吻合的。

在《老子》那里,"道"是人类行动的最高指导者,遵循道和合

---

① 参阅赵建伟《郭店楚墓竹简〈太一生水〉疏证》,载《道家文化研究》第十七辑"郭店楚简"专号,第388页。

乎道而行动是人类的最好选择。对《太一生水》来说，按照"道"而行动也是事业成功的保证："以道从事者，必托其名，故事成而身长。圣人之从事也，亦托其名，故功成而身不伤。""以道从事"就是遵循道而活动。"必托其名"一般解释为一定要依托或依靠道的"名"，裘锡圭先生认为应是"寄托道于非其本名之名"，这两个解释差异很大。裘先生的看法强调的是，人要勉强给"道"找到一个非本然性的"名"的寄托，说的仍然是有关"道"与"名"关系的问题；但人寄托于"道"之名，则是说人要合乎"道"之名而行动，说的是人与道之名的关系。在《老子》看来，"道"是"无名"的，如说"道常无名""道隐无名"，给它一个字号，称为"道"，《太一生水》也以字号称"道"（如说"道亦其字也"），但作为字号的"道"，仍然是"名"，仍然是以"名"来指称其"实"。只是，它不是一般和普通的"名"，它是"无名"之"名"。一般来说，在《老子》和《庄子》中，"名"作为"朴"的反面，作为"实"之"宾"，往往是受到质疑和限制的，《太一生水》提出人从事"道"，要合乎"道"之"名"，以"道"为旗号，哪怕是圣人也是如此，这与道家的倾向不合，但吻合于儒家的思想。这可能反映了《太一生水》与《老子》和《庄子》在如何对待"名"上的差异。《太一生水》的立场也接近于《黄帝四经》。《黄帝四经》强调"循名"和"守名"，认为"执道者"需要掌握"名理"："天下有事，必审其名。……审察名理冬（终）始，是胃（谓）厩（究）理。唯公无私，见知不惑，乃知奋起。故执道者之观于天下也，见正道循理，能与（举）曲直，能与（举）冬（终）始，故能循名厩（究）理。"（《名理》）人的行动只要"循名"，事情就容易成功。《姓争》说："居则有法，动作循名，其事若易成。"结合《黄帝四经》的主张，《太一生水》的"托名"，更准确地说应是依据和遵循"道"的名号，按照道的原则行事。

第二章
《恒先》的宇宙观及人间观的构造

从马王堆帛书《黄帝四经·道原》，到郭店楚简的《太一生水》，再到上博楚竹书《恒先》，周秦道家宇宙观、自然观的丰富性和不同形态，可谓得到了前所未有的展现。由于老子弟子及其传世文献很难被确认，在老子和庄子之间，①道家哲学的谱系就像断层那样无法连接起来。根据《太一生水》和《恒先》的大致断代，这两篇出土文献所呈现的道家哲学也许就处在老子与庄子之间，从而能够弥补这中间即使不能说阙如也是比较模糊的状态。虽然篇幅有限但都十分珍贵的《太一生水》和《恒先》，主要内容均是有关宇宙生成论的，但两者所提出的宇宙生成论各具特色，并且与作为其共同思想背景的老子的宇宙观相比，可以说皆是自出机杼，使我们有幸看到从老子到庄子道家宇宙观演变的情况。"道"是老子宇宙观的核心概念，但在《太一生水》和《恒先》的宇宙观中都不是。即使"太一"和"恒先"与老子的"道"可以进行类比，从形式上看，《太一生水》和《恒先》也都不是以"道"而是分别以"太一"和"恒先"作为各自宇宙生成的根源，特别是像《恒先》，整理者释出的、在"天道既载"中所见唯一的

---

① 参阅李学勤《孔孟之间与老庄之间》，见王中江主编《中国哲学的转化与范式——纪念张岱年先生九十五诞辰暨中国文化综合创新学术研讨会文集》，中州古籍出版社2006年版，第494—495页。

"道"字，又被怀疑是"地"字。①《黄帝四经·十六经·观》有"天道已既，地物乃备"的说法，"既载"与"已既"也许意近，"天道"恐不宜改为"天地"。以"天道"而论，这亦是《恒先》中唯一出现的一个"道"字。这一现象值得注意：为什么《恒先》回避"道"？为什么在《太一生水》中"道"也没有"明确"扮演宇宙生成根源的角色？这与《庄子》《管子》《黄帝四经》《文子》和《淮南子》等都以"道"为宇宙生成的根源或哲学的最基本概念形成了显著的对比。有关《恒先》的研究和讨论已经很多了，这些讨论在成为我们考察起点的同时，也留下了不少疑点和难点，其整体性的思想内容、学说需要作进一步的认识和揭示，以充分把握所展现出的道家形而上学和天人关系的新面貌。②

一 "恒先"：宇宙的"原初"及其"状态"

作为我们探讨《恒先》宇宙观的基础，先来完整地看一下这部分

---

① 参阅李零《恒先》释文注释，见马承源主编《上海博物馆藏战国楚竹书（三）》，上海古籍出版社2003年版，第296页；庞朴《〈恒先〉试读》，见梁涛主编《中国思想史前沿——经典·诠释·方法》，陕西师范大学出版社2008年版，第153页。

② 有关《恒先》特别是宇宙观方面已经有不少研究，请参阅李学勤《楚简〈恒先〉首章释义》，《中国哲学史》2004年第3期；廖名春《上博藏楚竹书〈恒先〉新释》（同上）；李锐《"气是自生"：〈恒先〉独特的宇宙论》（同上）；陈丽桂《上博简（三）：〈恒先〉的义理与结构》，见简帛研究网，2004年12月19日；丁原植《〈恒先〉与古典哲学的始源问题》，见《新出土文献与先秦思想重构》，书房出版公司2007年版；林义正《论〈恒先〉的宇宙思维——基于内观功夫的另一个诠释》（"出土简帛文献与古代学术国际研讨会"论文集，政治大学2005年12月）；丁四新《楚简〈恒先〉章句释义》，见丁四新主编《楚地简帛思想研究（二）》，湖北教育出版社2005年版；陈静《〈淮南子〉宇宙生成论的理论前史——〈恒先〉解读》,《自由与秩序的困惑——〈淮南子〉研究》，云南大学出版社2004年版；〔日〕浅野裕一《〈恒先〉の道家特色》，见〔日〕浅野裕一编《竹简が语る古代中国思想——上博楚简研究——》，汲古书院2005年版；〔日〕竹田健二《〈恒先〉における气の思想》（同上）；曹峰《〈恒先〉政治哲学研究》，见曹峰《上博楚简思想研究》，万卷楼图书股份有限公司2006年版等。

的主要内容:①

> 恒先无有,朴、静、虚。朴,大朴;静,大静;虚,大虚。自厌不自忍,或(域)作。有或(域)焉有气,有气焉有有,有有焉有始,有始焉有往者。未有天地,未(简1)有作、行、出、生,虚静为一,若寂寂梦梦,静同而未或明,未或滋生。②气是自生,恒莫生气。气是自生、自作。恒气之(简2)生,不独有与也。或(域),恒焉。生或(域)者同焉。昏昏不宁,求其所生。异生异,畏生畏,韦生韦,非生非,哀生哀。求欲自复,复,(简3)生之生行。浊气生地,清气生天。气信神哉,云云相生。信盈天地,同出而异生,因生其所欲。察察天地,纷纷而(简4)多采。物先者有善,有治无乱;有人焉有不善,乱出于人。先有中,焉有外。先有小,焉有大。先有柔,焉(简8)有刚。先有圆,焉有方。先有晦,焉有明。先有短,焉有长。天道既载,唯一以犹一,唯复以犹复。恒气之生,因(简9)复其所欲。明明天行,唯复以不废,知几而亡思不天。③有出于或(域),生出于有,音

---

① 有关《恒先》的编连和释读,我们依据李零的《恒先》释文及注释(见马承源主编《上海博物馆藏战国楚竹书(三)》),并主要参考庞朴《〈恒先〉试读》、曹峰《〈恒先〉的编连与分章》(见《上博楚简思想研究》)。《恒先》佚文共由十三支简构成,根据李零的释文,其中第1、2、3、4简;第5、6、7简;第8、9简;第10、11、12、13简,分别相连,比较清楚,不能分开,关键是第4简应同第几简编连。庞朴提出了同第8简编连的方案(自然也要附带第9简),从文字和思想两方面看,这是比较恰当和合理的一个方案。按照这一方案,后面的第5简(附带第6、7简)与第9简相连、第7简与第10简(附带第11、12、13简)相连的次序,可以说是顺理成章。

② 此句原读为"未有天地,未有作行,出生虚静,为一若寂,梦梦静同,而未或明,未或滋生",今据曹峰说校改。参阅曹峰《〈恒先〉的编连与分章》,见《上博楚简思想研究》,第114页。

③ 此句原释文为"知既而荒思不殄",义颇为费解,据李锐说和曹峰说校改。参阅李锐《〈恒先〉浅释》,简帛研究网,2004年4月23日;曹峰《〈恒先〉释义四题》,《上博楚简思想研究》,第160—167页。

出于生,言出于音,名出于(简5)言,事出于名。或(域)非或(域),无谓或(域)。有非有,无谓有。生非生,无谓生。音非音,无谓音。言非言,无谓言。名非(简6)名,无谓名。事非事,无谓事。

《恒先》宇宙观的最基本概念是"恒先",研究者一般将之看成是"道",① 但正如我们上面所指出的那样,《恒先》恐怕是有意识地回避"道"而另立一新名来指称宇宙的根源。《黄帝四经·道原》使用的是"恒无",但在《道原》篇中,"道"则是根本性概念,这与《恒先》不同。如果以"恒先"为"道"反而遮蔽了《恒先》宇宙观的个性。对于"恒先"的"恒",裘锡圭先生提出质疑,认为当读为"极",并从多方面作了论证。② 他提出的论证主要有:"亟"可读为"亟","亟"通"极"。楚简用字,"亟"大都可读为"极"。《说文》训"极"为"栋"。"栋"即房屋的脊檩。"引申之义,凡至高至远皆谓之极。"(段注)又引申为"中"和"法度"等义。另外,"亟先"是指宇宙的最初和一切的开始,读为"极先"比"恒先"合理得多。"亟气"同样。《黄帝四经·道原》中"恒无之初"的"无"既然可以读为"先",其"恒先"当然也应读为"极先"。帛书《易传》中的"易有大恒"而不是"太极",当是误抄所致,本应作"太极"之"极"。总之,从文字上说,"亟"可读"亟","亟"确实也通"极"。同时,"亟先"又指宇宙的最初,读为"极先"在文意上颇为顺畅。

---

① 如李零《恒先》释文注释,见马承源主编《上海博物馆藏战国楚竹书(三)》,第288页。
② 裘锡圭:《是"恒先"还是"极先"?》,见《裘锡圭学术文集》第五卷,复旦大学出版社2012年版,第326—337页。从文字和文意两方面论证了为何"恒先"应读为"极先"。读裘先生论文,虽在一些方面颇受启发,但仍觉得不必读为"极先",希望有机会专门讨论。

但笔者观点有所不同：第一，"亘"作为"恒"，更是先秦哲学中的常用字，帛书《老子》和竹简《老子》多读为"恒"，通行本《老子》用"常"，乃是避汉文帝（刘恒）讳而改。"亘"作为"恒"，亦是《黄帝四经》的重要概念。相比之下，"亘"读为"极"的例子则比较少。说帛书《易传》"易有大恒"的"恒"是误抄并无根据，饶宗颐先生等亦肯定原是"恒"字而非"极"字误写。①第二，《黄帝四经·道原》"恒无之初"的"无"，不用循"亘先"之例而读为"先"。读为"无"在文意上非常恰当，正好体现了道家宇宙本原之"无名""无形"的特质。正如《道原》所说："故无有形，大迥无名"。第三，《道原》在"恒无之初，迥同太虚"文句之后，又有"虚同为一，恒一而止"之文。其"恒一"，类如"恒道""恒德"之"恒"，如果也依照"极先"，读为"极一"是不类的，意思似乎也不通。《亘先》中的"亘气"当读为"恒气"，意即"恒常之气"。在《恒先》的宇宙模式中，它不是宇宙最初的东西，因此不宜读为"极气"。"无忤亘"之"亘"读为"恒"，意思是不违背"常"，也很通顺。第四，"恒"的基本意思是"久"和"常"。《易·恒·彖》说：

> 恒，久也。……久于其道也。天地之道恒久而不已也。利有攸往，终则有始也。日月得天而能久照，四时变化而能久成，圣人久于其道而天下化成。观其所恒，而天地万物之情可见矣。

其所说"恒"，即是"恒久""恒常"。"恒"和"先"都是时间概念，"恒先"之"先"不是一般的"先"，而是"久远之先""原先"，是宇宙的最开端和最初。庞朴先生释为"极先"，说"恒先"是"绝对

---

① 参阅饶宗颐《帛书〈系辞传〉"大恒"说》，见《道家文化研究》第三辑，上海古籍出版社1993年版，第6—19页。有关"恒"，另参阅〔日〕中嶋隆藏《关于先秦时代"恒"的思想》，"儒学全球论坛（2005）"论文集，山东大学2005年9月，第89—92页。

的先",最初的最初,类似于屈原《天问》所谓的"遂古之初",① 这也是立足于"时间"上的"原点"解释"恒先"的。指称宇宙最初和原初的"恒先",同《太一生水》的"太一",《黄帝四经·道原》所说的"恒无之初"和《庄子·天地》所说的"泰初"等是类似的。宇宙在时间上的"原初",同时又是宇宙在"状态"上的"无有"("无形""无名")。

按照构成论的立场,万物是由最基本的元素构成的,这种元素也是万物的终极性原因和原理。但按照生成论的立场,万物是由宇宙的根源演化和产生出来的。在中国哲学中,这种根源往往被归结为"道"或"气"("精气""元气")。既然宇宙是生成的,那就意味着既要有"生生者""生成者",又要有"所生生者""所生成者",就像《列子·天瑞》所说的那样:

> 有生不生,有化不化。不生者能生生,不化者能化化。生者不能不生,化者不能不化。故常生常化。

能够"生成"和"生生"的,在《恒先》那里是根源性的"自本自根"的"恒态"或"常态"。相对于被演化和产生出来的一切来说,"生生者"和"生成者"在时间上是"最先的",是"原初"。人类出于对自身的好奇,从而追问自身的来源;出于对自然的好奇,从而追问万物的起源,这是人类特有的两种强烈的"根源意识"和"归属感"。② 人类的根源意识和归属感,在宗教上表现为祖先崇拜、神的信仰;在哲学上表现为各种各样的"本体论"和"本根论"。正如列奥·施特劳斯(Leo Strauss)所说:

---

① 庞朴:《〈恒先〉试读》,第21页。
② 与此相对的则是人类把自身与万物、把自我与社会区分开的"自我意识",它表现为"人物之辨""人禽之辨"和"群己之辨"。

哲学对初始事物的寻求不仅假定了初始事物的存在，而且还假定了初始事物是始终如一的，而始终如一、不会损毁的事物比之并非始终如一的事物，是更加真实的存在。这些假定来自这一基本前提：凡事皆有因，或者说"最初，混沌生成了"（亦即初始事物乃是无中生有的）的说法乃是无稽之谈。①

我们很容易想到屈原的《天问》，在《天问》中，屈原对自然和人类的始源、对自然的奥秘有一连串的追问，如"遂古之初，谁传道之""阴阳三合，何本何化"等等。《列子·汤问》记载商汤寻问夏革古初是否有物，夏革以反问的方式回答说：

殷汤问于夏革曰："古初有物乎？"夏革曰："古初无物，今恶得物？后之人将谓今之无物可乎？"

《庄子·齐物论》通过不断地逆向追溯寻找宇宙的开始：

有始也者，有未始有始也者，有未始有夫未始有始也者；有有也者，有无也者，有未始有无也者，有未始有夫未始有无也者。

《恒先》相信宇宙的始源和根源是"恒先"，这与老子视之为"道"、《太一生水》视之为"太一"、《庄子》视之为"泰初"、《列子》视之为"太易"（其所说的"太初"和"太始"都处在"太易"之后）等的提法，可以说具有类似性。

如果恒先指的是宇宙的原初、原先，那么就需要阐明它是一种怎样的原先和原初。《恒先》告诉我们说它是"无有"，是"朴""静"和

---

① 〔美〕列奥·施特劳斯：《自然权利与历史》，彭刚译，生活·读书·新知三联书店2003年版，第90页。

"虚"。从字面上看,"无有"就是"没有有",也就是说它是"无"。按照道家形而上学的"有无之辨","有"一般是指"有形",即各种各样、千姿百态的各种具体事物,也可以说是"器";"无"一般是指"无形",即未经分化的"无象""无名"的原始状态和混沌。①《恒先》认为宇宙的原初状态是"无",其"无"应该就是指无形、无象、无名之"无",而不能理解为"绝对的"一无所有的"无",因为这样的"无"无法生出"有形""有名"的"有"。王弼"以无为本"的"无",当然也不是这种意义上的"无"。作为宇宙始源的老子的"道",相对于"形器"之物,也是无形、无象和无名的"无",而不是绝对的"无"。老子说"道"是"物",这种"物"也有"象"(不同于一般"象"的"大象"),而且它的"象"还非常真实。《庄子·天地》说:"泰初有无,无有无名。""泰初"所有的"无",就是没有形、没有名的"无",这与《恒先》说"原初"为"无有"是一致的,只是表述方式不同罢了。《庄子·至乐》有"察其始而本无生,非徒无生也,而本无形"的说法,这里所说的"始"即指"始源"和"原初";"本无形"是说原初状态没有"形"和"象"。《恒先》认为"原初"状态是实在的"无",同时又是"朴""静"和"虚",但它们不是一般的有形事物的"朴""静"和"虚",《恒先》称之为"太朴""太静"和"太虚"。文字上争议比较大的是这里的"朴"字,李零先生释读为"质",但他根据文意怀疑是"朴"字。② 李学勤先生释为"全",这样就不是"大朴"而是"大全"了。③"大全"出自《庄子·田子方》,其中有"吾不知天地之大全"之语。这里的"大全"不是用来说明宇宙原初状态的,

---

① 有关道家形而上学的特征和"有无之辨",参阅王中江的《道家形而上学》,上海文化出版社2001年版,第131—168页。
② 参阅李零《恒先》释文注释,见马承源主编《上海博物馆藏战国楚竹书(三)》,第288页。
③ 李学勤:《楚简〈恒先〉首章释义》,第81页。

而是说明"天地"之广大和天地的包罗万象。《庄子·达生》有"天地之大,万物之多"的说法,《中庸》亦说:"天地之大也,人犹有所憾。"古人一般认为"天地"是有形中最大者,"大全"是人们用来说明宇宙和天地包罗万物的。我们认为释为"朴"和"太朴"最为恰当。释文中的"静"也有不同的释读,李学勤说是"清",廖名春说读"太静"不如读"太清"。① 但我们认为读"太静"更为恰当。"朴""静"和"虚",是老子(比起"清"来更多使用的是"静")也是后来道家哲学的重要概念。在老子那里,"朴""静"和"虚",既是"道"的状态和属性,也是"道"的境界和完美性表现,具体的有形事物都要效法"道"的朴、静和虚。"道"的"朴""静"和"虚",当然是最高程度上的"朴""静"和"虚",但老子没有"太朴""太静"和"太虚"的说法。为了明确说明原初状态的"朴""静"和"虚"的最高程度,《恒先》发明了"太朴""太静"和"太虚"三语。如果"太"可以解释为"至高无上"的"至",那么"太朴""太静"和"太虚",即是"至朴""至静"和"至虚"。这与《恒先》下文对宇宙原初状态的说明是一致的:"未有天地,未有作、行、出、生,虚静为一,若寂寂梦梦,静同而未或明,未或滋生。"这更具体地说明了宇宙原初状态是一种不变、不动、不明的"恒常状态",它体现了道家学派对宇宙原初状态的一般看法。有关宇宙的原初状态,《文子·道原》有这样的描述:

> 有物混成,先天地生,惟象无形,窈窈冥冥,寂寥淡漠,不闻其声。

比较起来,《恒先》的描述更接近于《黄帝四经·道原》的说法:

---

① 李学勤:《楚简〈恒先〉首章释义》,第81页。廖名春:《上博藏楚竹书〈恒先〉新释》,第83—84页。

週同太虚。虚同为一，恒一而止。湿湿梦梦，未有明晦。神微周盈，精静不熙。①

既然"恒先"是自本自根的宇宙的原初状态，它自然就是"自足的"，《恒先》称之为"自厌"。但它不会停留在这种状态中，它既然是根源和始源，它就要"生"和"育"，《恒先》称为"不自忍"。"不自忍"，李零推测说是不压抑自己，不拒绝施化。老子赞成和欣赏万物出自"自己"的行为，如"自然""自化""自均""自正""自宾""自知""自胜""自朴"和"自富"等，认为根源性的东西产生万物之后不控制和干涉万物，即"生而不有，为而不恃，长而不宰"（《老子》第五十一章），即"不自是""不自见""不自伐""不自矜""不自生"和"不自贵"等。老子的"道"带有强烈的"尚柔""尚弱""尚静""尚朴""尚虚""尚无为"和"尚不争"性格。在《恒先》中不仅有以"自×"构成的术语，如"自为""自作""自生"和"自复"等，还有以"不自×"的词汇，除了"不自忍"外，还有"不自若"。"不自忍"和"不自若"，是《恒先》通过否定而加以肯定的活动方式。忍耐、抑制和克制，是儒家一般所主张的，道家一般主张万物任其自然，不加控制和约束。"恒先"作为宇宙原初的"常态"，它本身既是"自足的"，同时又是"任其自然的"（"不自忍"）。

二 从"域"到"气"：宇宙的演化和天地的生成

一般而论，道家的形而上学既是本体论，也是宇宙生成论，两者是合为一体的，只是在不同的人物那里各有所侧重罢了。老子一方面

---

① 张衡的说法也可以比较。《灵宪》说："太素之前，幽清玄静，寂寞冥默，不可为象，厥中惟虚，厥外惟无。如是者永久焉，斯谓溟涬，盖乃道之根也。"见范晔撰，李贤等注《后汉书·天文上》刘昭补，中华书局1965年版，第3215页。

将道作为生成宇宙万物的总根源,另一方面又认为道是万物的总根据和总原理,是万物的终极性本质。比较道家的形而上学,可以看出,《黄帝四经》的《道原》、《管子》的《心术》上下、《庄子》的《大宗师》、《文子》的《道原》和明显受此影响的《淮南子》的《原道》,其所提出的"道论",都侧重于以"道"为"万物"的根据和原理,万物都依赖于"道"并通过"道"而获得本性和合理性。以《黄帝四经·道原》的"道"为例,显然它主要不是指生成宇宙万物的根源及其过程,而是指万物的根据和本质:

古未有以,万物莫以。古(故)无有刑(形),太迥无名。天弗能复(覆),地弗能载。小以成小,大以成大。盈四海之内,又包其外。在阴不腐,在阳不焦。一度不变,能适规(蚑)侥(蟯)。鸟得而蜚(飞),鱼得而流(游),兽得而走。万物得之以生,百事得之以成。人皆以之,莫知其名。人皆用之,莫见其刑(形)。一者其号也,虚其舍也,无为其素也,和其用也。是故上道高而不可察也,深而不可则(测)也。显明弗能为名,广大弗能为刑(形),独立不偶,万物莫之能令。天地阴阳,[四]时日月,星辰云气,规(蚑)行侥(蟯)重(动),戴根之徒,皆取生,道弗为益少;皆反焉,道弗为益多。坚强而不撌,柔弱而不可化。精微之所不能至,稽极之所不能过。①

---

① 在这一点上,《庄子·大宗师》的说法也非常典型:"夫道,有情有信,无为无形;可传而不可受,可得而不可见;自本自根,未有天地,自古以固存;神鬼神帝,生天生地;在太极之先而不为高,在六极之下而不为深,先天地生而不为久,长于上古而不为老。豨韦氏得之,以挈天地;伏戏氏得之,以袭气母;维斗得之,终古不忒;日月得之,终古不息;堪坏得之,以袭昆仑;冯夷得之,以游大川;肩吾得之,以处大山;黄帝得之,以登云天;颛顼得之,以处玄宫;禺强得之,立乎北极;西王母得之,坐乎少广,莫知其始,莫知其终;彭祖得之,上及有虞,下及五伯;傅说得之,以相武丁,奄有天下,乘东维、骑箕尾,而比于列星。"

这里从各种角度说明的是"道"作为本体的终极本质和无限性,是万物如何都得益于道而存在和生存,而没有说"道"是如何生成宇宙万物的。与之形成对照的是,《恒先》《太一生水》《列子·天瑞》《淮南子》的《精神训》和《天文训》,张衡的《灵宪》等篇籍,它们对宇宙和自然奥秘的追问和探究,皆是侧重于揭示宇宙万物是如何产生和生成的。

整体上说,《恒先》的形而上学是一种宇宙生成论而不是本体论。但它的生成论,与《老子》和《太一生水》等的生成论相比也有差别。老子说明了从"道"到"万物"层层相生的连续"生成"过程:"道生一,一生二,二生三,三生万物"(《老子》第四十二章);《太一生水》说明了从"太一"到"岁"的更多层次的生成过程。宇宙生成过程中的"生",《太一生水》又称之为"反辅""复相辅"。① 按照《恒先》的宇宙生成模式,从宇宙原初常态开始,依次出现的过程是"或"→"气"→"有"→"始"→"往"。《恒先》说:

> 或作。有或焉有气,有气焉有有,有有焉有始,有始焉有往者。

《恒先》所描述的宇宙从"无"到"有"的过程,没有直接说是"生"的过程,看起来是一个"演变""演化"而依次"出现"的过程。在这五个层次的演生过程中,比较难解的是"或"这一层次。"或"的所指是什么,李零先生推测说:"从文义看,似是一种介于纯无(道)和实

---

① 《列子·天瑞》以"太易"为始说明了宇宙化变和生成的过程:"有太易,有太初,有太始,有太素。太易者,未见气也;太初者,气之始也;太始者,形之始也;太素者,质之始也。气形质具而未相离,故曰浑沦。浑沦者,言万物相浑沦而未相离也。视之不见,听之不闻,循之不得,故曰易也。易无形埒,易变而为一,一变而为七,七变而为九。九变者,究也,乃复变而为一。一者,形变之始也。清轻者上为天,浊重者下为地,冲和气者为人;故天地含精,万物化生。"

有（气、有）的'有'（'或'可训有），或潜在的分化趋势（'或'有或然之义）。"①恒先不是纯无，当然也不能说是与"实有"（气）相对。"或"是处在原初无形的常态和同样是无形的气之间的一种存在，这种存在应该就是"空间"。"或"原是指武装守卫的领土。蔡枢衡指出，"域"古作"或"，土旁是后来加的。《说文解字》解"或"，称"从口，戈以守其一。一，地也"，说明"或"是武装守卫的领域。由于后出现了城墙，"或"加上口，成为国字。②庞朴先生理解为"某个区域"③，当指初意。通行本《老子》说"域中有四大"，但郭店竹简本和帛本《老子》皆是"国中有四大"，可知"域"原是"国"。李学勤先生依据《淮南子·天文训》和《老子》中所说的"域"，认为"或"相当于"宇宙"。④但直观上看，"或"只相当于"宇"。《墨经》的说法是一个很好的证明，相对于"久"是"弥异时"（《经上》），"宇"则是"弥异所"（《经上》）。⑤照《淮南子·天文训》的说法，"道"始于"虚霩"（"霩"通"廓"，"虚廓"即"空虚"），"虚霩"产生出"宇宙"，"宇宙"又产生出"气"。今人难以想象的是，"虚霩"能够产生时间和空间，空间和时间还能产生出"气"。传统宇宙观一般认为时间和空间是物质存在的形式，它们本身不是实体性的东西。如果将"时空"看成是非实在性的东西，或者像康德所说的那样，"时空"是人为"自然立法"的主观性"直观形式"，就无法理解"时空"能够创造出事物。但新物理学则告诉我们，"空间"是在宇宙爆炸中从最简单的"原初"状态或奇点中产生出来的。不仅空间，时间也是在大爆炸中产生出来

---

① 参阅李零《恒先》释文注释，见马承源主编《上海博物馆藏战国楚竹书（三）》，第288页。
② 参阅蔡枢衡《中国刑法史》，广西人民出版社1983年版，第7页。
③ 参见庞朴《〈恒先〉试读》，第21页。
④ 参见李学勤《楚简〈恒先〉首章释义》，第81—82页。
⑤ 有关"域"与"宇"的关系，请参阅谭戒甫《墨辩发微》，中华书局1964年版，第227—229页。

的。① 由此来说，《恒先》提出"域"的创生不仅能够理解，而且也令人惊讶。按照时空不可分的思想，《恒先》主张"空间"的诞生，在理论上"时间"也应该随之诞生。只是，《恒先》没有明确提出，而《淮南子》则明确提出了"宇"和"宙"的同时诞生。

作为"空间"的"宇"和作为"时间"的"宙"，在中国哲学家看来都是实在的。"宇"包括了所有的场所，自然也包括了所有场所的所有事物。这都需要在宇宙演化和生成的过程中来展开和实现，王弼解释老子的"域"时说的"无称不可得而名"的"域"，则是其中之一层。在《恒先》中，"域"被看成是"恒"。在从"恒先"到"域"的这一过程中，"域"是出自"恒先"，是从"恒先"演化出来的，即所谓"自厌不自忍，或（域）作。"但《恒先》强调"域"是"自生"，说"生或者同焉"，与"气"是"自生"一样。按照道家的自然主义，《恒先》的"自生"，一可以理解为宇宙的演化和生成都是内在于自身的终极性原因，而不是取决于所谓"神意"的力量；二可以理解为宇宙演化和生成过程的每一个层次，既受到相互关系的影响和作用（正如"恒气之生，不独有与也"这一说法那样），但主要又是通过"自身"的内在冲动实现的。《恒先》说："昏昏不宁，求其所生。"宇宙蒙蒙昧昧，不息地演变和化生，都是出于自身的生存冲动，这种冲动在《恒先》那里也是"欲求"："因生其所欲"。由此来看，《恒先》的"宇宙生成论"，又是一种"自生论"。这可以说是《恒先》宇宙观构造的特点之一，它与宇宙活动中事物的相互影响和作用并不冲突，同时又揭示了宇宙演化和生成过程的"内在性"和"自身性"，即宇宙的生成不需要上帝推动，它自己就能推动自己。继"气"之后而出现的宇宙演化层次，还有"有""始"和"往"。"气""域"和"恒先"都是

---

① 参阅〔英〕保罗·戴维斯《上帝与新物理学》，徐培译，湖南科学技术出版社1995年版，第10—26、59—60页。

"无形"的"虚无",这里的"有"应是相对于"虚无无形"的"有形"之"有"。但它具体所指是什么,还没有得到解释,我们猜测它应是指"天地"。在《恒先》那里,"天地"是由"气"产生的,而"天地"又是"有形"之最大者。《庄子·至乐》说:

　　杂乎芒芴之间,变而有气,气变而有形,形变而有生。

"形"是"无形"的气化生出来的,其"形"即是指"天地"。《列子·天瑞》说:

　　一者,形变之始也。清轻者上为天,浊重者下为地,冲和气者为人;故天地含精,万物化生。

因此,《恒先》所说的"有",应是指"有形的天地"之"有"。
　　这里有必要具体关注一下"气"产生"天地"的问题。《老子》的"道生一,一生二,二生三"的"一""二"和"三",一般解释为不同的"气"。老子又有"万物负阴而抱阳,冲气以为和"(《老子》第四十二章)的说法。其"阴"其"阳",也可以说是"阴气"和"阳气"。用"气"及"气"之"阴阳"解释自然现象和事物变化,当然不始于老子。《左传·昭公元年》中有"六气之说"("六气曰阴、阳、风、雨、晦、明也"),"阴阳"为其中的二气;《国语·周语上》所说的"天地之气"则将"气"限定在"阴阳"二气上,伯阳父正是用"天地之气"即阴阳之气的失序解释西周时"三川"发生的大地震。《恒先》没有分"气"为"阴"和"阳",但明确分"气"为"清"和"浊",这一点应该特别关注。如果《列子·天瑞》篇是先秦作品,那么可以说传世的先秦文献中已经有分"气"为"清"和"浊"的二分法,《天瑞》篇说:"清轻者上为天,浊重者下为地。"又说"精神者,天之分,骨骸者，地之分。属天清而散，属地浊而聚。"① 如果《列子·天瑞》篇是晚出，那么分"气"为"清"与"浊"的二分法，则是始于《恒先》。在周秦哲学中，分"气"为"阴"和"阳"并以此来说明天地自然及其现象变化是基本的方式。《庄子》中的例子颇有代表性。如《大宗师》说的"阴阳之气有沴"，《秋水》说的"自以比形于天地，而受气于阴阳"，《则阳》说的"阴阳者，气之大者也"等就如此。汉代的"气"，多称为"元气"。其"元气论"一方面接受了先秦"气"分"阴阳"的观念，另一方面又往往分"气"为"清"和"浊"，相信飘浮在上的"天"是由轻盈的"清气"产生的，承载万物的在下的"地"是由沉重的"浊气"产生的。这从《淮南子·天文训》的"清阳者薄靡而为天，重浊者凝滞而为地"和张衡《灵宪》的"于是元气剖判，刚柔始分，清浊异位"等说法中，② 可以清楚地看出来。《说文》释地说："元气初分，轻清阳为天，重浊阴为地，万物所陈列也。"实际上，这里用气之"清浊"说明"天地"的产生。③ 分"气"为"清"和"浊"并以此来解释天地的产生，在汉代是很通行的做法。但先秦一般不分"气"为"清"和"浊"，《恒先》有这种分法，说明"气"的"清浊"二分法，在先秦已经出现。"清"和"浊"，原本指"水质"的状况，水纯洁为"清"，水混杂为"浊"。后"清浊"被引用到音乐中，有了分"音"为"清"和"浊"的做法。《老子》第十五章的"混兮其若浊。孰能浊以静之徐清"，说的依然是"水"之"清浊"。《老子》第三十九章还有"天得一以清，地得一以宁"的说法，其"清"亦非说"气清"。儒家将"清浊"引用到人事和政治上，以善恶和好坏论"清浊"，如《孟子·离娄上》说：

---

① "天清"之"清"和"地浊"之"浊"，自然是与"气之清浊"分不开的。
② 范晔撰，李贤等注：《后汉书·天文上》刘昭注，第3215页。
③ 许慎：《说文解字》，中华书局1963年版，第286页。

有孺子歌曰:"沧浪之水清兮,可以濯我缨;沧浪之水浊兮,可以濯我足。"孔子曰:"小子听之:清斯濯缨;浊斯濯足矣。自取之也。"夫人必自侮,然后人侮之;家必自毁,而后人毁之;国必自伐,而后人伐之。①

大概是凭借天在上、地在下和天虚、地实及天分散和地凝聚的直感,《恒先》的作者分"气"为"清"和"浊",这当是第一次认为"气"有"清浊"两种不同性质,也应该是首次提出"天"和"地"分别由"清气"和"浊气"生成:"浊气生地,清气生天"。在《老子》"道生一,一生二,二生三,三生万物"的模式,看不出"天地"是处在哪一个阶段上。《老子》第六章说:"谷神不死,是谓玄牝。玄牝之门,是谓天地根。"第二十五章也说:"有物混成,先天地生。寂兮寥兮,独立而不改,周行而不殆,可以为天地母。"据此,"天地"似乎又是"道"直接所生,并在宇宙中具有特殊的地位,是"域"中"四大"之"两大"。但老子的宇宙生成模式,并没有直接显示"天地"这一个层次。不同于此,在《太一生水》和《恒先》的宇宙模式中,都有"天地"这一层次,当然两者的说法也不尽相同。《太一生水》是"太一"通过"水"先演化出"天",然后再通过"天"演化出"地",而《恒先》则是以"气"的"清气"和"浊气"同时产生出了"有形"的"天地"之"有"。宇宙从"恒先"经过"域"演化至"有"即"天地",继之就是"始"即"万物"的产生。这也许就是《恒先》所说的"有出于或(域),生出于有"的意思,② 只是这里省去了"有"与"域"之间的"气"。

---

① 《荀子·解蔽》说:"故人心譬如槃水,正错而勿动,则湛浊在下而清明在上,则足以见须眉而察理矣。微风过之,湛浊动乎下,清明乱于上,则不可以得大形之正也。"《君道》篇亦说:"原清则流清,原浊则流浊。""清浊"从水质状况演变为一种评价人的模式和政治伦理。

② 《恒先》的"生",李零读为"性",研究者大都接受这一释读,但也许本就读"生"。

三 "始"和"往":"万物"的生成、存在和活动

以"有形"的"天地"之"有"来看《恒先》宇宙生成模式中相继出现的"始"和"往","始"恐怕是指各种具体的事物产生之"始","往"应该是指"万物"循环往复地运动和变化。"始"和"往"所指为何,亦是《恒先》的一个疑难问题,这里我们尝试提出恰当的解释。《荀子》的《王制》篇有"天地者,生之始也"、《劝学》篇有"物类之起,必有所始"等说法。《老子》第一章说的"无名天地之始,有名万物之母",以"天地"与"万物"相对,以"无"与"有"相对。按通行本《老子》第四十章所说的"天下万物生于有,有生于无","无"比"有"更根本,"无"产生了"有"。① 与此结合起来看,"无名天地之始"的"无",比"天地"更根本,它是"天地"的始源;"有名万物之母"的"有",应该是指"天地",它是产生万物的"母体"。中国哲学中的宇宙生成论,一般认为"天地"是"万物"的"生成者","万物"又生存于天地之间。在《周易·系辞传下》看来,"天地"的本性就是"化生万物"("天地之大德曰生")。《周易·序卦》说:"有天地,然后万物生焉。"《荀子·富国》也说:"夫天地之生万物也。"天地之所以能够产生万物,是因为天地为两种能够发生互相交感作用的巨大力量。《周易》的《咸》和《归妹》两卦的《象传》说:"天地感而万物化生";"天地不交而万物不兴"。在《庄子》看来,天地都是以"无为"发挥作用的,两者相合自然就会产生万物。《至乐》篇说:

---

① 但在简本《老子》中,这句话是:"天下万物生于有,生于无"。据此,"无"与"有"就是一种并列关系。但在《老子》那里,"有无"究竟是一种"对等关系",还是"先后关系",尚难以断言。如果按照王弼的理解和解释,老子的"无"是比"有"更根本的。

> 天无为以之清，地无为以之宁。故两无为相合，万物皆化。①

据此，我们就容易理解《恒先》说的"生出于有"了，此"有"即我们反复强调的"天地"之"有"，此"生"则是天地所生的"万物之生"，即"万物之始"。"气"充塞在天地之间，"天地"生"万物"，实际上就是天地之"气"的作用。《恒先》说：

> 气信神哉，云云相生。信盈天地，同出而异生，因生其所欲。察察天地，纷纷而多采。

意思是说"气"非常神妙，在神妙之气的作用和活动下，众多的事物都产生了。万物都出自天地之中充塞的气但又各不相同，这是因为它们各自都有成就自己的欲望。在显明昭著的天地之中，呈现出丰富多彩、千姿百态的多样性。

但在《恒先》那里，万物的诞生并不意味着所有不同种类特别是个·体都是一起诞生的。种类可以增加也可以减少，个体更是生生灭灭、变化和循环不已。这既是"始"的过程，也是"往"的过程。按照《创世纪》，上帝创造万物是分天进行的，同样，在《恒先》那里，"自然"的生成和演化也是循序渐进的，它不是一次性完成造化的。《恒先》宇宙演化和生成的另一个模式说：

---

① 类似的例子，在其他文献中也能看到。如《越绝书·外传枕中》记载范蠡的话说："道生气，气生阴，阴生阳，阳生天地。天地立，然后有寒暑、燥湿、日月、星辰、四时，而万物备。"《列子·天瑞》说："故天地含精，万物化生。"《论衡·物势》说："然则人生于天地也，犹鱼之于渊，虮虱之于人也。因气而生，种类相产，万物生天地之间，皆一实也。""天地合气，物偶自生矣。"《论衡·非韩》说："人君治一国，犹天地生万物。"

> 有出于或（域），生出于有，音出于生，言出于音，名出于言，事出于名。①

上面谈到，这里的"域"即"恒先"之后和"气"之前这两者之间的"域作"的"域"，"有"则是"气"之后和"始"之前这两者层次之间的"有"，即"天地"之"有"。这里的"生出于有"的"生"，是指"生命"之"生"（不读"性"，虽然"生"和"性"本相通）。"天地"造化万物，"生命"只是其中之一。从"生"以下到"名"和"事"，《恒先》所说的"出于"关系，只是万物相生关系中的一个"系列"。《恒先》特别列出这一系列，也许是因为生命、人、语言是自然演化中最奇妙的部分。有别于这种系列性的演生模式，《恒先》还有"两两"相对的生成观：

> 先有中，焉有外。先有小，焉有大。先有柔，焉有刚。先有圆，焉有方。先有晦，焉有明。先有短，焉有长。

根据事物之间平面的、横向的关系，或者是根据辩证法，像中与外、小与大、柔与刚、圆与方、晦与明、短与长等等关系，都是彼此相对、彼此依赖和互相转化的关系，很难说何者先何者后、何者生何者被生。如在老子那里，类似的这种关系则是一种互相依存和互相转化的关系。《老子》第二章说："有无相生，难易相成，长短相形，高下相倾，音声相和，前后相随。"当然，在彼此相对的一些关系中，老子有偏重一方并相信通过立足于一方就能够获得另一方的倾向，就像《老子》第

---

① 从构造上看，《鹖冠子·环流》说的"有一而有气，有气而有意，有意而有图，有图而有名，有名而有形，有形而有事，有事而有约"，与《恒先》所说的"有或焉有气，有气焉有有，有有焉有始，有始焉有往者"类似；从意思上说，它与《恒先》的"有出于或（域），生出于有，音出于生，言出于音，名出于言，事出于名"接近。

二十二章所说的"曲则全,枉则直,洼则盈,敝则新,少则得"那样。这类例子很多,这是老子逆向思维方式的特征。《恒先》根据什么认为"中外""小大"等这些相对关系是在时间之流中生出和被生出的,一时还难以说清。从直观上看,相对于"中""小""柔""圆""晦"和"短"来说,"外""大""刚""方""明"和"长",都是显著的,也更能显出"势力"来,从老子偏重一方和《老子》第六十四章的"合抱之木,生于毫末;九层之台,起于累土;千里之行,始于足下"这种"渐进积累"逻辑来说,显著的、强大的要通过微小的、不显著的不断积累才能生成和出现。

万物都有自己的本性和特质,这是万物彼此区别和不同的根据,也是事物"多样性"的表现。因此,事物之间的相生关系,就如同是"异生异,鬼生鬼,韦生韦,非生非,哀生哀"那样,是"以类相生"的,是一种"A 生 A"的构造,但这里的每一个"A"项是指什么,还没有恰当的解释。李零先生将各个"A"项统一理解为人的不同情感和情绪:翼、畏、悻、悲、哀。研究者或按照李零先生的解释继续考释,或提出其他的说法,[①]但似乎都令人费解。在人的感情上,我们可以说喜怒哀乐是相互转化的,如"乐极生悲",但通常的思维不会说乐生乐、哀生哀、悲生悲。我们推测这些"项",有可能是不同的植物。事物的产生和变化,一是相互转化,从甲变成乙。如"五行"的相生,"有无相生"等;二是"同类相生","以类相生"。不同于《庄子》的转化和变化论,《恒先》强调的是事物的"以类相生"。《国语·晋语》说:"如草木之产也,各以其物。"这里的"物"意为"类"。《荀子·劝学》说:

---

① 参阅赵建功《〈恒先〉意解》,《华中科技大学学报》(社会科学版)2006 年第 2 期。

>草木畴生，禽兽群焉，物各从其类也。①

《礼记·乐记》亦说：

>而万物之理，各以其类相动也。

又俗语有"种瓜得瓜，种豆得豆"的说法。另外，从文字上说，其中的"冀""畏""韦"和"非"分别通"蕢""葨""苇"和"菲"。"蕢"，《说文》解为"芋"，"从艸，冀声"。"芋"即大麻雌株。"葨"，《玉篇》解释为一种草，《广韵》解释为"山草"亦即"茜草"。"苇"，即芦苇，大葭。"菲"，《说文》解为"芴"。"芴"一是指菜名蕙菜；二是指土瓜。"哀"字从"衣"。"衣"与"殷"相通，此字可能是从草字头从"殷"的字，《集韵》此字释作"菜名"。基于以上讨论，将"五项"所指统一解释为植物也许是一个恰当的猜测。这样，《恒先》A生A的那些具体生成关系，就是"蕢生蕢""葨生葨""苇生苇""菲生菲"和"蔽生蔽"的关系。《恒先》强调的是"同类相生"。每一种植物都有自己的本性，一种植物生出的自然是这种植物。照《恒先》所说的"求欲自复，复生之生行"来看，一种生物重新生出这种生物，都是内在于生物自身的"再生"本能。这一方面说明，生物是在循环和重复中保证自身的传衍；另一方面说明，生物是朝着一种方向在进化。如果一种事物生出的不是这种事物，就是违背事物本性的"怪异"，用现代术语说就是"异化"。这正与《恒先》所说的"或（域）非或（域），无谓或（域）；有非有，无谓有；生非生，无谓生；音非音，无谓音；言非言，无谓言"一致。从传统逻辑来说，A是A，A不

---

① 儒家还有"以类相感"的思想。《周易·文言》载："子曰：同声相应，同气相求。水流湿，火就燥，云从龙，风从虎，圣人作而万物睹。本乎天者亲上，本乎地者亲下，则各从其类也。"

能是非A。《恒先》的表述形式是，如果A是非A，则A不能称为A。反言之，如果A是A，则A可以称为A，这是合乎传统逻辑的。从事物的本性来看，如果一种事物没有合乎它的本性，或它并非是那种事物，就不能说它是那种事物。根据亚里士多德的观点，事物的自然，就是事物的本性，也是事物自身发展的目的，每一种事物都追求自己的本性，即合乎目的的变化。① 在黑格尔来看，一个最好的事物就是那个事物与它的概念规定相符合：

> 譬如我们常说到一个真朋友。所谓一个真朋友，就是指一个朋友的言行态度能够符合友谊的概念。同样，我们也常说一件真的艺术品。在这个意义下，不真即可说是相当于不好，或自己不符合自己本身。一个不好的政府即是不真的政府，一般说来，不好与不真皆由于一个对象的规定或概念与其实际存在之间发生了矛盾。②

黑格尔类似于柏拉图，相信理念和绝对观念是最完美的，现实的有限的存在都无法达到完美而不免毁灭，虽然黑格尔说过："凡是合乎理性的东西都是现实的，凡是现实的东西都是合乎理性的。"③ 从名实关系说，如果所称的一种事物，实际上并非那种事物，就不能说它是那种事物。《恒先》所说的"或（域）非或（域），无谓或（域）；有非

---

① 黑格尔指出："亚里士多德的主要思想是：他把自然理解为生命，把某物的自然（或本性）理解为这样一种东西，其自身即是目的，是与自身的统一，是它自己的活动性的原理，不转化为别物，而是按照它自己特有的内容，规定变化以适合它自己，并在变化中保持自己；在这里他是注意那存在于事物本身里面的内在目的性，并把必然性视为这种目的性的一种外在的条件。"（〔德〕黑格尔：《哲学史讲演录》第二卷，贺麟、王太庆译，商务印书馆1960年版，第309—310页）

② 〔德〕黑格尔：《小逻辑》，贺麟译，商务印书馆1980年版，第86页。

③ 同上书，第43页。

有，无谓有；生非生，无谓生；音非音，无谓音；言非言，无谓言"，主要是说明"名与实""理想与现实"之间的关系，强调事物都是按照自身的本性而存在和活动的。但从具体的"生成"意义上看，事物的本性（如一物的种子的本性）在展开其自身的生长活动中，如果要以符合自身本性的方式展开，它就需要相应的生长条件。它的生长条件越好，就越能够朝着最好的状态生长和生存，或者说是实现理想的生存。

前面说过，《恒先》的宇宙生成和演化整体模式中的"往"，主要是指天地产生万物之后万物生存和活动的层次。在复杂的生生不息、变动不居的天地中，除了事物的"同类相生"这种"往"之外，还普遍存在着事物之间相互转化的"往"。老子称为"反（返）"，说"反"是"道"的运动的表现。老子也用"复"来说明事物的活动和变化。"复"和"返"是两个可以互相界定的词汇，它是向着实现事物本性的变化，并最终是向着体现出终极性"道"的本性的变化。《老子》第十六章说："致虚极，守静笃，万物并作，吾以观复。夫物芸芸，各复归其根。归根曰静，是谓复命。""兆于变化"的庄子，以"气化"展开其活动和变化的思想，他说的"万物皆种也，以不同形相禅，始卒若环，莫得其伦，是谓天均"（《庄子·寓言》）和"万物以形相生"（《庄子·知北游》）的转化思想，胡适说是一种进化论，①但更确切地说它是一种循环相生论。《庄子·至乐》所说的"种有几"而发生的"生"，都是一物向另一物转化之"生"，它不是保持自身统一性的"生"，而是从自身的统一性向另一物的"统一性"转变的生，而且整体上是"万物皆出于几，皆入于几"的循环之生。像老子那样，庄子加深了"复归"的思想，坚持"无以人灭天，无以故灭命"（《庄

---

① 胡适说《庄子》的"万物皆种也，以不同形相禅"，"这十一个字竟是一篇'物种由来'。"见胡适《中国哲学史大纲（上）》，收入《胡适学术文集·中国哲学史（上）》，中华书局1991年版，第178页。

子·秋水》），相信只有通过向"原初社会"形态的复归才能抑制和摆脱人类的退化和异化。概括起来，老子和庄子的"往复""反复"思想，包括着两个方面：一是万物之间的相互转化，个体的生生死死；一是事物的变化是"复回"其本性的运动，是"反本归真"的过程，用亚里士多德的话说就是"合目的性"的生成。"往"在《恒先》那里，也被称为"复"，合起来就是"往复"。《恒先》说：

> 天道既载，唯一以犹一，唯复以犹复。恒气之生，因复其所欲。明明天行，唯复以不废，知几而亡思不天。

"天道既载"的"道"字，庞朴先生疑为"地"，但他没有提出根据。[①]《黄帝四经》有"天地已成"和"天地已定"的说法，"载"即"成"。《恒先》的"天道既载"的"道"当应是"地"。天地已经生成和形成，唯有"一"和"复"仍必然起作用。"一"可以理解为事物的"统一性"和共同本质。"复"即上面所说的事物保持自身和复归本性的活动，"复"永恒地伴随着天地自然的运行（"天行"）。

四 "天下之事"与人间行为的尺度

《恒先》的后半部分，主要是有关社会人事的内容：

> 恙（详）宜（义）、利巧[②]，采物出于作，作焉有事；不作无事。举天［下］之事，自作为事，庸以不可更也。凡（简7）言名先者有疑，荒言之后者校比焉。举天下之名，虚树，习以不可

---

① 庞朴：《〈恒先〉试读》，第22页。
② "详义利巧"的"巧"，原释文作"主"，据董珊说校改为"巧"。参阅董珊《楚简〈恒先〉"祥宜利巧"解释》，见《简帛文献考释论丛》，上海古籍出版社2014年版。

改也。举天下之作强者，果天下（简10）之大作，其冥蒙不自若，①作，庸有果与不果，两者不废。举天下之为也，无夜（舍）也，无与也，而能自为也。（简11）举天下之生，同也，其事无不复。[举]天下之作也，无忤恒②，无非其所。举天下之作也，无不得其恒而果述（遂）。庸或（简12）得之，庸或失之。举天下之名，无有废者。与（举）天下之明王、明君、明士，庸有求而不虑。（简13）

在《恒先》有限的篇幅中，连续使用的"举天下之……"这种句式引人注目，它占据了整篇相当的字数，庞朴先生利用这个句式，对竹简作了有说服力的补正。③由这一句式构成的这段话，对理解《恒先》的人间观非常重要。从人类是自然的一部分来说，"人间观"当然也是自然观中的一部分，但站在把人与自然相对的立场上，人间观就要关注人是如何既与自然统一又与自然相别的。道家特别是老子和庄子都有"贵自然"和"贵无为"的倾向，要求人与大朴和纯真的天、道合而为一，拒绝人为的干涉和强制，消解礼乐、文饰和名教所造成的形式化和躯壳化。《恒先》如何呢？它是否也有这方面的倾向呢？这可从以下几个方面来说。如果我们的理解不错的话，《恒先》没有庄子那种激烈拒斥"名"的做法，甚至于为"名"寻求正当性，相信"名"是不可废除的，这是它同老子特别是同庄子不同的地方。《恒先》谈论"名"，除了"举天下之……"句式说的"举天下之名，虚树，习以不可改也"和"举天下之名，无有废者"外，还有"凡言名先者有疑，

---

① "冥蒙"取廖名春说。"冥蒙"，即蒙昧，"自若"的"若"为"如"。参阅廖名春《上博藏楚竹书〈恒先〉新释》，第90—91页。

② "无忤恒"之"忤"，原释文为"许"，意颇难解，据丁四新说校改为"忤"。参阅丁四新《楚简〈恒先〉章句释义》，第129页。

③ 参阅庞朴《〈恒先〉试读》，第22—23页。

荒言之后者校比焉""名出于言,事出于名""言非言,无谓言。名非名,无谓名"。①这些说法一起构成了《恒先》的"名言观",其所显示出的意义主要有:第一,"名"是从"言说"中产生的,这是"名"的来源;第二,人间事务是以"名"提出的,或按名而行事,类似"事出有名","名"使行动正当化;第三,"名"不合乎"名",就不能称为"名",这是说"名"要符合名的内涵和规定;第四,"名"一旦形成,它就保持了下来,即使是抽象的没有具体事物的"虚名",人们习惯了(俗成)也难以改变,这是说"名"的稳定性。可以看出,《恒先》原则上没有否定名及其作用,这在黄老学的"形名观"中可以看得更清。

《恒先》具有从百姓的"自然"出发让百姓"自为"的政治理性,这与老子主张"自为""自化""自然""自均"的思想是一致的。②《恒先》说:

举天下之为也,无夜(舍)也,无与也,而能自为也。

这是说,明王对于天下的"行为"要"无夜(舍)""无与",即"不施""不与",让百姓能够"自行其是"("自为")。《黄帝四经·道法》说:"凡事无小大,物自为舍。"《恒先》也不反对"事",但他所说的"事"与百姓"自为"的"为"一样,是"自作"之"事",这是恒常之道不可变更的"事",所以说"举天[下]之事,自作为事,庸以不可更也。"明王遵循百姓的"自为"和"自作",就能够"强",就是天下的"大作"。《恒先》说:

---

① 其中的"凡言名先者有疑,荒言之后者校比焉"一句,从释文到断句和解释,说法都颇不同。究竟如何解释,待考。不过看上去,它也不否定言和名。

② 有关这一点,曹峰有专门的探讨。参阅曹峰《〈恒先〉政治哲学研究》,第123—148页。

> 举天下之作，强者果天下之大作，其冥蒙不自若。

这句话大概是说，真正的强者就有真正的大作，但他却似愚而不自以为了不起。《老子》第三十章说：

> 善有果而已，不敢以取强。果而勿矜，果而勿伐，果而勿骄。果而不得已，果而勿强。

这里讲的是无奈的战争。以"强弱""输赢"而论的战争，在老子看来，只要有一个最好的结果即可，决不能徒"逞强"。但在通常情况下，老子主张以合理的方式获得"强"并以合理的方式守其强，即"不自见""不自是""不自伐""不自为大""不自贵""不自矜"和"不自生"，亦即"生而不有，为而不恃，功成而弗居"。(《老子》第二章)《恒先》肯定"强"是"大作"，其所说的"冥蒙不自若"，当是以谦虚的姿态处其"强"和"大作"。在《恒先》看来，合理的、正当的"作"和"为"，是遵守法则和常道的行动：

> [举]天下之作也，无忤(忓)恒，无非其所。

"无忤恒"意思是"不违背恒常之道"。老子有"不失其所者久"(《老子》第三十三章)的说法，"不失其所"就是不要失去所据以存在的东西。否则，行为的结果就变得不确定了。这正与《恒先》所说的"举天下之作也，无不得其恒而果述(遂)"和"知几而亡思不天"的思想相一致。在《恒先》看来，天下之作能够成功的，都是遵循了"恒"而实现的。但在实际上，不是人人都能够遵循"恒"，有的人能"得之"，有的人则"失之"，这与"作，庸有果与不果，两者不废"的意思一致。

遵循"恒",也就是面对万物时,要排除主观性的前识。整理者李零释文作"凡多采物先者有善,有治无乱。有人焉有不善,乱出于人"的地方,廖名春重断为:"凡多彩物,先者有善有治,无乱。"① 庞朴先生将第4简同第8简相连,断句为:"察察天地,纷纷而多采。物先者有善,有治无乱。有人,焉有不善,乱出于人。"② 庞朴先生的编连和断句可取。也许有人会说,《恒先》中的"采物",当视为一个固定名词。"纷纷而多采"应与后面的"物"字连读。不过,将"采"与"物"分开读,也很通顺,而且古文献中确也有"采"单独使用的例子。《左传·昭公二十五年》有"六采"之语。"采"意为"彩色","六采"即六种颜色。"纷纷而多采"就天地之间的万物而言,说的是万物的多种多样。《韩非子·扬权》说:"故圣人执一以静,使名自命,令事自命,令事自定。不见其采,下故素正。""采"与"素"相对,"采"即文采。另外,后面的"物"字与"先"连读,于义为长,形成了"物先"与"有人"的相对关系。但庞朴对"物先"的解释比较勉强,说它是指万物之先,先于物者。这个时候有善无恶、有治无乱,但有人以后乃有不善。③ 从"万物之先""无人"同"万物之后""有人"的对比来论善恶,即使从庄子的"原始主义"立场看也是激进的。《恒先》的"物先"与"有人"、"有善"与"有不善"、"有治"与"乱"是一一相对的关系。在这种相对关系中,"物先"与"有人"是相对的两种不同的"因",有"物先"的因,则有"有善""有治"的"果";有"有人"的因,则有"有不善"和"乱"的果。从老子和黄老学的"自然无为""因循"观念出发也许能够恰当地解释这段话。如《管子·心

---

① 参阅廖名春《上博藏楚竹书〈恒先〉新释》,第88页。
② 参阅庞朴《〈恒先〉试读》,第22页。曹峰则将第10简同第8简编连,成为"天下多采物,先者有善,有治,无乱……"。参阅曹峰《上博楚简思想研究》,第120页。
③ 庞朴:《〈恒先〉试读》,第22页。

术上》说的"毋先物动,以观其则。动则失位,静乃自得。道不远而难极也""其应物也若偶之""舍己而以物为法",《白心》说的"静身以待之,物至而名自治之"等,都是强调"以物为先";《韩非子·解老》亦说:"先物行先理动之谓前识。前识者,无缘而妄意度也。"① 据此来看,"物先"当是"以物为先",即遵循客观的秩序和法则,避免主观性的先入为主的判断和行为,反过来说就是"不为物先"("不在物先")。"有人"就是有人的主观性,即先入为主,不按照客观法则而行动。"物先"与"有人"是政治治乱、好坏的分水岭,英明的君主能够按照自然的法则行动,避免主观性的"智虑"。这同上面讨论到的《恒先》的"无忤(忏)恒""知几"主张也是一致的。在老子的政治思想中,"有为"与"无为"是一反一正的两种对立的政治行为,老子反对统治者一系列的干涉性行为("有为"),主张合乎百姓要求的"无为"。如《老子》第五十三章批评统治者的奢华风气时说:"朝甚除,田甚芜,仓甚虚;服文采,带利剑,厌饮食,财货有余;是谓盗夸。非道也哉!"《恒先》提出相对的"作"与"不作"、"有事"与"无事",也是反对"有为",主张"无为",具体所指是对"恙(祥)宜(义)""利巧"和"采物"的"有为"与"无为"。《恒先》最后的结论是,坚持"无事""无作"的"明王""明君"和"明士",都能够实现其治国的愿望。

结 语

从宇宙的生成和演变,到万物的出现和活动,再到人间社会的秩序,在非常有限的篇幅中,《恒先》为我们构建了一个宏大的宇宙观和人间观。整体上说,这一宇宙观和人间观具有道家的属性和特

---

① 类似的意思,也见之于《淮南子·原道训》:"所谓无为者,不先物为也。"

质，因此研究者比较一致地将之归属于道家学派。问题是它在早期道家思想生成、演变和谱系中所处的位置。本文开头我们谈到这一文献是处在老子和庄子之间，并认为正是它和《太一生水》的一起发现，使我们得以认识老子和庄子之间道家宇宙观的形态，摆脱了这一阶段上道家哲学模糊不明的状况。必须承认，这是一个初步的推测。李学勤先生提供的说明很简略，在此我们也不拟展开讨论。我们推测《恒先》在《老子》之后，一是基于老子为道家学派创立者这一传统立场，二是基于《老子》（郭店简本《老子》尚非《老子》原本）的早出。《恒先》没有使用《老子》的两个主要概念"道"和"德"，但它沿用了《老子》中的其他一些重要观念，如"恒"（简本和帛本）、"朴""静""虚""气""域""一""复""自生""名"等，这是它承继《老子》的方面；同时，《恒先》又扩展了老子的思想，提出和使用了一些新的概念，如"恒先""太朴""太静""太虚""天行""浊气""清气""恒气""自作""自为"等，但这些概念又是在《老子》思想概念基础上提出的。"朴""静""虚"都是从《老子》开始被哲理化的，《恒先》使之与"太"字结合提出的"太朴""太静"和"太虚"等合成词自然在后；通行本《老子》用"常"字，但帛本和简本则用"恒"字。《老子》第四章和第二十五章描述"道"是"象帝之先""先天地生"，都使用了"久远"意义上的"先"，《恒先》使用了《老子》的"恒"，又将《老子》单独使用的"恒"与单独使用的"先"结合起来，构造了"恒先"一语，用以表示宇宙的起点和原初状态，这也能证明《恒先》是在《老子》之后出现的。至于作者具体是谁，很难判定。李学勤先生根据《庄子·天下》概括关尹、老聃之学是"建之以常无有，主之以太一"，推测为"关尹一系的遗说"。传说中老子的弟子也是不少的（如关尹子、文子、亢仓子、列子、杨朱）等，《恒先》是老子哪位弟子或再传弟子所作，目前尚难作出准确的判断，但说它在《老子》之后应该可信。庄子的生卒年大约在公元前360年至公元前 280 年之间（钱穆《先秦诸子系年》说是公元前 365 年至公元前 290 年）。学界一般将上博简的时间也推定在战国中期偏晚，据此上博简的上下限与庄子的生卒年大约在一个时段中。考虑到《恒先》的实际抄写时间一般都早于陪葬时间，也考虑到庄子思想的形成需要一定的时间，《恒先》应早于《庄子》（特别是其所代表的庄子思想）。《恒先》强调事物的确定性，提出了"异生异……"和"有非有，无谓有……"等论式；庄子推演"气化"和转化，将事物及其关系完全相对化（"齐物"），与当时名家惠施的思想相呼应，这可以说是《恒先》思想的反命题。庄子关注的是个人精神和心灵的超越，《恒先》关注的是社会的治理，并将老子的"无为"与"自为"结合起来，但还没有与"法"结合。黄老学发挥了《恒先》的"自为"，并又与"法"结合起来。从这种意义上说，《恒先》又处在《老子》和黄老学之间（《庄子》中也有黄老学的成分）。总之，《恒先》的出现应该是较早的，它和《太一生水》代表了道家哲学在老子之后演变的一个重要阶段。由于两者主要都是探讨宇宙是如何生成和起源的，因此我们甚至可以将两者所处的时段称为"宇宙生成论时期"，将其所建立的哲学称为"宇宙生成论哲学"。

第三章

《凡物流形》"一"的思想构造及其位置①

引言 "一"与《凡物流形》和黄老学

在新出土文献中,《凡物流形》是继《黄帝四经·道原》《太一生水》《恒先》之后又一篇思想性比较强的重要佚文,无异于一篇形而上学之作。其中的"一"这一概念起着枢纽的作用。在这篇佚文中,"道"字包括"天道"在内仅三见,相比之下,"一"字非常显眼,前后凡十九见(其中两例是以合成词"一言"使用)。虽然其中说的"执道"和"执一",就像在其他文献中所看到的那样,是可以互换使用的近义词。但在《凡物流形》中,很显然,"道"已退居到次要的位置上,"一"则是首要的概念。因此,为了充分地把握《凡物流形》的思想形态,对其中所见的"一"这一概念展开专门的研究是非常必要的。

在诸子学中,如果说不同的核心术语对于不同的学派来说具有标志性或分水岭的意义,那么"一"就是能够把道家更具体地说是黄老学同其他学派划分开的一个标志性概念。②职是之故,要究明《凡物流

---

① 承蒙谷中信一的雅意,笔者在 2010 年 7 月的日本"出土資料と漢字文化研究會例會"上报告了此文(现作了压缩),并由曹峰教授翻译,谨致谢忱!

② 道家以"道德者"而知名,但仅就道和德之名而言,无法把道家与儒家区分开,而"一"不管是直观形式还是实质,作为最高的概念,它直接就是道家(转下页)

形》中的"一",又需要把它放在道家特别是黄老学的整体中来观察。①事实上,正是黄老学把一个常识性的在《庄子·天下》篇中也有这种用例("其数一二三四是也")的普通数字的"一",变成了一个非同寻常的抽象度极高的形而上学概念。许慎的《说文解字》注释的第一个字是"一",他解释"一"说的"惟初太始,道立于一,造分天地,化成万物",显然不是"一"的本义。"一"的本义是数目,是《尹文子》佚文中说的"凡数十、百、千、万、亿,亿、万、千、百、十,皆起于一"(《太平御览》卷七百五十)的作为"数之始"的"数目"。许慎解释的"一",是形而上学意义上的"一",是经历了复杂思想变迁和演变之后的"一"。从传世文献看,这是在《老子》《庄子》《管子》《韩非子》《吕氏春秋》《文子》《鹖冠子》《淮南子》等著作中经历过的"一";从新出土文献看,这是在《黄帝四经》(尤其是其中的《十六经·成法》《道原》两篇)、《太一生水》《恒先》,还有就是这里要讨论的《凡物流形》等古书中展现出的"一"。

从思想形态说,黄老学的"一",既是"道"的代名词,又同"道"并列,并把宇宙、自然和人类高度贯通起来,独自支撑起了形而上学的大厦。人类直观上面对的世界是无限多样的事物。在自然领域中,它表现为无限的物理客体、个体和现象;在社会领域中,它则表现为无数的有意识的个人和无数的事务和活动。人类理性早就在追问造就世界多样性、杂多性的根源和统一本质。在古希腊,柏拉图把"形式"或"理念"看成是事物的共同本性,它是"多"上之"一";

(接上页)的标志性概念(当然,这不是说儒家完全没有"一"的思想)。在道家谱系中,"一"的思想主要又是黄老学的产物,因此,我们更多地把它放在黄老学整体中来考察。

① 有关黄老学的一般情况,参阅吴光《黄老之学通论》,浙江人民出版社1985年版;白奚《稷下学研究——中国古代的思想自由与百家争鸣》,生活·读书·新知三联书店1998年版。

普罗提诺把万物背后的绝对的第一本原称为"太一"。①在先秦,黄老学把万物的本原及其统一的本质称为"道",也称为"一"或"太一"。从新出土文献也可以看出,儒家不太关心这方面的追问及其回答。当黄老学用"一"(或"太一")解释世界万物的本质和统一性时,比之于"道"来,最高的"惟一"的"一",因其原本的数字之"一"的意义,直观上它就能同自然万物的"多"和人间百姓的"多"以特殊的"数量关系"对应起来;而"一"的原本的"数之始"的意义,一转就获得了"万物之始"的内涵。万物的"多",用天、地、人"三材"的框架说,就是天覆盖的一切,地承载的一切和人参与的一切。在黄老学中,"一"被设定为"惟一"的最高生成者和普遍本性,而与之相对应的宇宙中的具体事物则被看成是"多"。换言之,相对于宇宙中"万物的多","一"则是万物的"生成者"和"统一者";相对于社会中"百姓的多","一"则通过"圣人"("余一人")这一政治化身扮演统治和统一的角色。因此,黄老学思索和解决的思想主题可以概括为"一多关系"问题。按照黄老学中"一"与"多"关系的基本思想结构,我们搜集其用例,下面列出属于"一"的系列的要素和与之相对应的属于"多"的系列的要素:

"一"与"多"对照表

宇　宙	
一	多
太一、道、恒先、恒一、泰初、无、无有、无形、无名、无象、大象、根、	有、形、象、有形、有名、有象、物、万、万物、形名、万殊、万异、千生、

---

① 参阅〔古罗马〕普罗提诺的《论自然、凝思和太一:〈九章集〉选译本》,石敏敏译,中国社会科学出版社2004年版。当然,普罗提诺对"太一"的具体规定,柏拉图作为"理念"的"一",同道家的"一"是很不相同的。如前者有很强的宗教色彩,后者同"多"之间的关系比较对立。

续表

宇宙	
一	多
本、要、常、宗、主、简、易、齐一、同一、一气、母	百物、群生、子、众异、众妙、殊形、殊能、时、古、今、名、性、情、化、变化、各异、杂、众末、繁、烦惑、险难

社会	
一	多
大、贵、高、上、圣人、王、君、侯王、孤、寡、不谷、吾、执一、抱一、用一、得一、守一、治一、贵一、复一、抱道、执度、知一、无为、无欲、无事、清、虚、静、因、循、法度、正、公正、专心、一心、一言、一意、希言、寡言、总、不多	小、下、贱、天下、民、万民、万事、百事、百姓、众、众人、群臣、百言、千言、万言、奇、自然、化、自化、自事、自命、自定、自清、正理、自富、自朴、自宾、自生、自均、自壮、自试、自成、自施、自正、自作、自喜

现在笔者立足于已有的研究,① 充分依据《凡物流形》中"一"的材料,结合黄老学"一"的思想史,从整体到局部、从局部到整体这种双向移动的视角,具体考察一下《凡物流形》中所见的"一"如何

---

① 有关释文、编连和注释,参阅马承源主编的《上海博物馆藏战国楚竹书(七)》(上海古籍出版社 2008 年版,以下简称"上博七释文"),复旦大学出土文献与古文字研究中心研究生读书会的《〈上博(七)·凡物流形〉重编释文》(见刘钊主编《出土文献与古文字研究》第三辑,复旦大学出版社 2010 年版)、李锐的《〈凡物流形〉释文新编(稿)》(见孔子 2000 网,2008 年 12 月 31 日)、顾史考的《上博七〈凡物流形〉简序与韵读小补》(见武汉大学简帛网,2009 年 2 月 23 日)、王中江的《〈凡物流形〉重编新知》(见附录四)、〔日〕谷中信一的《〈凡物流形〉(甲本)译注》(见出土資料と漢字文化研究會编的《出土文獻と秦楚文化》第 5 號,2010 年 3 月)等。有关思想方面的研究,参阅浅野裕一的《〈凡物流形〉的结构新解》(简帛研究网,2009 年 2 月 2 日)、曹峰的《上博楚简〈凡物流形〉的文本结构与思想特征》(载《清华大学学报》(哲学社会科学版)2010 年第 1 期)、王中江的《〈凡物流形〉的"贵君"、"贵心"和"贵一"》(载同上)等。

被设定为万物的生成者,如何被设定为万物存在、活动的基础和内在根据,如何被设定为圣人的治道和如何被设定为"人心"修炼的目标和状态这四个方面的构造,并通过这种考察看看它在黄老学中的位置及其相互关系。

一 作为生成者的"一"与不同的宇宙生成模式

在《凡物流形》中,"一"的第一个构造是,它被设定为宇宙生成的本原和万物的创生者。它是如何做的呢?一般来说,黄老学的这类设定都是在宇宙生成模式中表现出来的。如,在传世文献《老子》《庄子》《文子》《列子》和《淮南子》中,在新出土简帛文献郭店楚简《太一生水》、上博简《恒先》中,我们都看到了"一"是如何在宇宙生成模式中被设定的情形,《凡物流形》是一个新的例子。只是,黄老学的宇宙生成模式各不相同,分别设定的"一"自然也有差别。《凡物流形》的宇宙生成模式,集中体现在文本中的这段话上:"闻之曰:一生两,两生叁,叁生母,母成结。"《凡物流形》中的"一",首先就是在"一生两,两生叁,叁生母,母成结"这一生成模式中被设定的。从"一生二"来说,这一生成模式中的"一",是处在整个生成过程的起点和始初,因此,它是被设定为宇宙的生成者和万物的创生者。从这种意义上说,《凡物流形》中的"一",同《老子》第四十二章中说的"道生一,一生二"中的"一"是不同的。在《老子》"道生一,一生二,二生三,三生万物"的模式中,"道"被设定为生成的本原,而"一"则是被道生出的次一级的东西。也就是说,《老子》中的"道"与"一"不在一个层面上。通行本《老子》第十章"载营魄抱一"和第二十二章"是以圣人抱一为天下式"这两个"抱一"的"一",第十四章"视之不见,名曰夷;听之不闻,名曰希;搏之不得,名曰微。此三者不可致诘,故混而为一"中"混而为一"的"一",第三十九章的"昔之得一者：天得一以清，地得一以宁，神得一以灵，谷得一以盈，万物得一以生，侯王得一以为天下正"中"得一"的"一"，是《老子》中除了"道生一"的"一"之外"一"的其他所有用例。古代和现代的一些注释者，认为"得一"和第二十二章的"抱一"的"一"，是指"道"；"混而为一"的"一"，是指混合"一体"；第十章的"抱一"的"一"，是指魂和魄合而为一。① 许抗生指出，《老子》中的"一"有三种意义：一是指道；二是指道所产生的最原初的统一物；三是指身。② 但老子的"一"也许可以概括为两种意义，"一"是指"道"，亦即"道"的代名词；二是指"道"产生的最初统一体，即"道生一"的"一"。这种意义上的"一"，在《庄子·天地》篇中我们也能看到："泰初有无，无有无名。一之所起，有一而未形。物得以生谓之德。"在《庄子》的这一生成模式中，生成的根源是"泰初"，它的性质是"无"，既没有"有"，也没有"名"。"一"处在"道"和"泰初"之下的层次上，而不是同"道"和"泰初"异名同谓，这是《老子》和《庄子》中这两个生成模式中的"一"。

与此有所不同，《凡物流形》中的"一"也是"道"，道也是"一"，没有其他不同的用法。在黄老学中，"道"与"一"一般是可以互换、互用的形而上学最高概念。在它们被笼统地使用的时候，可以说"一"即"道"，"道"即"一"。在有的情况下，"一"被看成是解释"道"的最高谓词，如《黄帝四经·十六经·成法》说："一者，道其本也"。又如，《韩非子·扬权》以"一"来表示"道"的"独一无二"之意："道不同于万物，德不同于阴阳，衡不同于轻重，绳不同于

---

① 参阅陈鼓应《老子今注今译》，商务印书馆2003年版，第221、161、127、109页。

② 许抗生：《帛书老子注译与研究》（增订本），浙江人民出版社1985年版，第9页。蒋锡昌认为"混而为一"的"一"即指"道"。参阅蒋锡昌《老子校诂》，成都古籍书店1988年版，第78页。

出入,和不同于燥湿,君不同于群臣。——凡此六者,道之出也。道无双,故曰一。"但更多的情况是,黄老学是以"一"为"道",或者以"一"为"道"的"称号""名字",或者把"一"视为"道"本身。前者如《黄帝四经·道原》说的"一者其号也,虚其舍也,无为其素也,和其用也"。又如,《文子·精诚》说:"道无形无声,故圣人强为之形,以一字为名。"这两个例子是以"一"为"道"的"号"和"名"。后者如《太一生水》的"太一"。又如《黄帝四经·道原》中说的"一":"恒先之初,迥同太虚。虚同为一,恒一而止。"《吕氏春秋·大乐》和《淮南子·诠言训》中所描述的"太一"与此类似:"道也者,至精也,不可为形,不可为名,强为之〔名〕,谓之太一。""洞同天地,浑沌为朴,未造而成物,谓之太一。"为"一"加上修饰性的词"太",意在强调它的"至高无上性"。《凡物流形》同《太一生水》《黄帝四经》《文子》中的"一"和"太一"是一致的。由于"一"更容易表现宇宙开始的原初"未分化"的"统一状态",又由于"一"以"惟一"更容易同"万物"之多的数量性对应起来,因此,"一"本身不仅成了"道"的名称,而且又成了"道"本身。在《凡物流形》中,"一"也就是"道",虽然它主要是用"一"来建立形而上学。把《凡物流形》中"一"和"道"的关系放在生成模式中来看,《凡物流形》直接是以"一"为生成的始点,其他如《文子·九守》说的"浑而为一"、《吕氏春秋·大乐》说的"太一出两仪"、《太一生水》说的"太一生水"、《黄帝四经·道原》说的"虚同为一"等,都是以"一""太一"为创生的起点。

　　人类的好奇心之一是根源意识,这种根源意识表现在社会的起源上,就是设想人类的原始状态(或"自然状态"),表现在宇宙的起源上,就是设想宇宙的原始状态。在黄老学中,我们都能看到这两种根源意识。这里我们关心的是黄老学特别是《凡物流形》中说的"一"的状态究竟是什么样的状态。在黄老学中,这种状态在不同文献中有不同的描述。《老子》描述的"道"的原初状态是："道冲而用之或不盈。渊兮似万物之宗"，"湛兮似或存。吾不知谁之子，象帝之先。"（第四章）"道之为物，惟恍惟惚。惚兮恍兮，其中有象；恍兮惚兮，其中有物；窈兮冥兮，其中有精；其精甚真，其中有信。"（第二十一章）《恒先》描述的"原初"的状态是："恒先无有，朴、静、虚。朴，大朴；静，大静；虚，大虚。"在《凡物流形》的生成模式中，"一"作为生成起点，自然是原初状态。但《凡物流形》对其"原初状态"的"一"没有任何描述，这是可以肯定的。

在黄老学中，由"一"展开的生成过程，整体上是"由混到分""由简到繁""由少到多"的过程，这容易使我们联想到斯宾塞的宇宙进化论。① 就《凡物流形》以"一"为初始状态和生成起点而设定的创生过程来说，它是非常特别的，但这一生成模式中的宇宙也是一个由"一"到"多"的过程。我们先看一下这个模式本身的特别性。整理者虽然对"闻之曰：一生两，两生叁，叁生母，母成结"这几句话的释文有疑问，但他也联想到《凡物流形》中的这几句话同通行本《老子》第四十二章说的"道生一，一生二，二生三，三生万物"有类似之处，如都是三字一句；另外，主要都是一层生出另一层（X生Y）。确实，在已有的生成模式中，还没有一个模式同《老子》的这一模式如此类似，这是大家从直观上可以看出的。

但《凡物流形》的模式跟《老子》的模式又有很大的差别，除了两者所设定的生成起点和生成者不同外，其他主要是，在《老子》中，生成模式的末端是"三生万物"，而《凡物流形》则是"叁生母，母成结"。在其中间阶段，《老子》的"一生二"的"二"和"二生三"的"三"，同《凡物流形》的"两"和"叁"所指是否一样，还不好论定。一般把《老子》生成模式中的"二"和"三"分别解释为

---

① 有关这一问题，参阅〔英〕皮特·J·鲍勒《进化思想史》，田洺译，江西教育出版社1999年版，第302页。

分化之后的"阴阳二气"和阴阳相结合而形成的"和气"。这种"和气"最后产生了万物。按《淮南子·天文训》说的"道（曰规）始于一，一而不生，故分而为阴阳，阴阳合和而万物生。故曰：一生二，二生三，三生万物"，"二"是指"阴阳二气"，"三"是指"和气"。① 在《列子·天瑞》篇中的"太易→太初→太始→太素"（"太易者，未见气也；太初者，气之始也；太始者，形之始也；太素者，质之始也"）四阶段生成模式中，"一"则是"形变之始"："一者，形变之始也。清轻者上为天，浊重者下为地，冲和气者为人，故天地含精，万物化生。"在《凡物流形》中，"气"这个术语只出现一次，即"五气并至"的"气"。问题是"五气"指的是什么。《左传·昭公元年》记载有医和的"六气说"。"六气"即"阴、阳、风、雨、晦、明"。《释名》说："五行者，五气也"。曹锦炎认为《凡物流形》的"五气"即"五行之气"。如果真是这样，"五行之气"与一般所说的"阴阳之气"不同。《凡物流形》也有"阴阳"的概念，说"阴阳之序，奚得而固？"不管是"气"，还是"阴阳"，《凡物流形》都没有将它们同万物的生成直接联系起来，因此，它说的"两"和"叁"究竟是不是"阴阳二气"和"和气"，还是一个问题。从道家生成论的大传统来说，也许仍可以用不同的"气"来加以解释，即"两"是"一"生出的"阴阳二气"，"叁"是"两"生出的"和气"。接下来的问题是，"叁"产生出来的"母"和"母"成就的"结"又是什么。"母"是道家宇宙生成论中的一个比喻性用语，它从人类生育之母亲设想宇宙和万物的生育也有其母，即根源。《凡物流形》的"母"处在生成的第三层次上，不是老子所说的"道"为"天地母"的"母"和《太一生水》以"太一""[为]万物母"的"母"，而是产生万物的中间环节，也许可以理解为"天地"。在道家生成模式中，"天地"是生成万

---

① 《文子·九守》虽然也有解释，但并没有具体的对应关系。

物过程中的"有形"之大者,两者有时也被认为是"万物之母",如《庄子·达生》就有"天地者,万物之父母也"的说法。《凡物流形》没有直接说"天地"是万物之母,但也强调了"天地"的特殊地位。"母"成就的是最后的"结"。在黄老学中,"一"创生过程最后阶段设定的多是产生出"万物"。如《老子》设定的由道开始的创生的最后阶段是"三生万物"。又如,《吕氏春秋·大乐》模式中说的"万物所出,造于太一":"太一出两仪,两仪出阴阳。阴阳变化,一上一下,合而成章。……万物所出,造于太一,化于阴阳。"《淮南子》生成模式的最后一个阶段也是产生出"万物",只是开始阶段不是"一"而是"道":"道始于虚霩,虚霩生宇宙,宇宙生气。气有涯垠,清阳者薄靡而为天,重浊者凝滞而为地。清妙之合专易,重浊之凝竭难,故天先成而地后定。天地之袭精为阴阳,阴阳之专精为四时,四时之散精为万物。"(《天文训》)"道者,一立而万物生矣。"(《原道训》)《凡物流形》没有说"一"最后生出的是"万物",而是说成"结"。"结"的本义是"缔结"。秦桦林引《鹖冠子·泰录》所说的"故神明锢结其纮,类类生成,用一不穷",认为"结"有凝聚、聚合的意思。① 如果是"凝聚"的意思,那就同"散为多"相反。《凡物流形》生成论第四个阶段的"母成结"的"结",当是万物的生成,即所说的"品物流形"。"结"有"成""完成"的意思。《左传·襄公十二年》说:"使阴里结之"。由"天地之母"成就的"结",可以解释为万物的产生。

二 "一"与"万物"存在和活动的根据

《凡物流形》中"一"的第二个构造是,它被设定为万物存在、

---

① 参阅秦桦林《〈凡物流形〉第二十一简试解》,复旦大学古文字网,2009年1月9日。

活动的基础和根据。如同上述,黄老学生成论中的"道""一""太一""恒先",作为万物生成的本原,它们所产生出来的东西是"多",即自然界的物理客体——"万物"。生成者的"一"与被生成者的"多",在黄老学中,常常被看成是无形与有形、无象与有象、无名与有名、不可感与可感等关系。《列子·天瑞》和《庄子·在宥》篇中还有"生生者"与"生者"、"形形者"与"形者"、"物物者"与"物"的说法。有形、有象、有名、可感的东西,作为物或万物,都是以个体和现象而存在的。在《凡物流形》中,跟"一"相对的"万物"之"多",是具体的形形色色的各种事物。这篇佚文的上半部分,是对自然界中有形的个体和自然现象的许多追问,看上去有点像屈原的《天问》。但从整篇佚文来看,它又不同于《天问》。因为《天问》是一问到底,而《凡物流形》的后一小半部分则不再是提问而变成了以"闻之曰"进行阐述。前后两部分所论及的内容可以概括为能生的"一"与所生的"多"的关系,后一部分的阐述是对前半部分所提整个问题的回答。有关能生的"一",上面我们已经讨论了,现在我们就来考察《凡物流形》中由"一"生出的"物"和"自然"都是些什么东西,它又是如何用"一"去解释这些自然及其现象原因的。

《凡物流形》中所说的自然事物的"多",是在追问"自然"的原因("为什么")中表现出来的。它提出了一连串的问题,有四十多个,但都没有"直接"作出回答。追问什么样的"自然",这本身说明了《凡物流形》的作者对"自然"的观察、兴趣和思考。①《凡物流形》追问的自然事物之多,在抽象概念上表现为"物"和"百物"。"物"作为自然界中所有东西的统称,《凡物流形》称之为"百物",古代哲学

---

① 原整理者认为《庄子·天运》篇中有类似于《凡物流形》对自然的追问内容。参阅上博七释文,第 222 页。曹峰指出,《逸周书·周祝解》中的一段话同《凡物流形》的上半部分的部分内容类似。参阅曹峰《从〈逸周书·周祝解〉看〈凡物流形〉的思想结构》,见曹峰《楚地出土文献与先秦思想研究》,书房出版有限公司 2010 年版。

多称之为"万物",又称之为"品物""庶物"。"物"一般是以"形"和"体"来存在和变化的。在《凡物流形》中,"形"与"体"的所指各有侧重,"形"主要指品物初生的样子;"体"则主要指品物长成的样子:"凡物流形,奚得而成?流形成体,奚得而不死?""流"的原意是水行进。《凡物流形》的"流形",是说物的化生和各具形质,同《易·乾·象》说的"品物流形"和《诗经·大雅·行苇》说的"方苞方体"类似。"成体"是说各种形质的成熟。在物、形和体之下,《凡物流形》追问的具体自然之物,可分为两方面:一方面是"天地"自然;另一方面是属于天地之中的其他物的"自然"。如同上述,古代哲学中的"天地",是万物中最显著和最具有影响力的存在,有时它们也被看成是"生成者"而具有某种根源性的意义。《凡物流形》的"天地"就有这方面的意义:"天地立终立始,天降五度。"天地所确立的"终和始",应该是指天地间事物的终和始。《凡物流形》又说,"五度"是上天降临下来的,再加上"顺天之道"的说法,可知在《凡物流形》中,"天"比"地"又更有"根本性"。《凡物流形》对"天地"的追问有两个问题,一是天地为什么高远("天孰高,地孰远");二是"天地"是谁造就的("孰为天,孰为地")。《凡物流形》进一步又追问"是什么(谁)造就了天和地"。由此可知,《凡物流形》在认为天地具有"某种"根本性的同时,又认为还有比天地更根本产生天地的"根源者"。《凡物流形》追问的"天地"之中的"自然",又可分天上的和地上的两类。属于天上的,有日月、雷电、风雨等;属于地上的有水火、草木、禽兽、土、民人、百姓、鬼神等。除了鬼神,这些都是人们意识中的常识性自然。自然事物是变化的事物,是以不同形态和现象来表现的事物。《凡物流形》对于自然事物、现象和变化原因的追问,有的是单纯地追问,如问草木为什么能生、禽兽为什么能鸣、土为什么能平、水为什么能清、民人为什么有生死、为什么有风雨雷电等,太阳刚出来时为什么大而不热,到中天时为什么变小了("日之始出,何故大而不炎?其入中,奚故小焉?"),这些自然现象是人们熟悉的,往往被看成是不言自明的。《凡物流形》上半部分对一些自然事物和现象原因的追问,用我们现在的学术分类,也许是属于物理学的问题。但在古代哲学中,哲学与物理学没有严格的界限。

一般来说,我们对很多自然现象往往只知道它们是什么,而不知道它们为什么是那样,古人更是这样。因而《凡物流形》对各种自然事物和现象充满了好奇并追问它们的原因。道家哲学对宇宙和自然的解释都是整体性的,它不仅解释了万物的起源,而且解释了万物为什么是那样。《淮南子·诠言训》对万物同出于"太一"并表现为鸟、鱼、兽等不同的自然有一个具体的说明:"洞同天地,浑沌为朴,未造而成物,谓之太一。同出于一,所为各异,有鸟、有鱼、有兽,谓之分物。方以类别,物以群分,性命不同,皆形于有。隔而不通,分而为万物,莫能及宗,故动而谓之生,死而谓之穷。皆为物矣,非不物而物物者也,物物者亡乎万物之中。"《淮南子·诠言训》对自然事物存在和活动根据的解释是整体性的。实际上,这是黄老学形而上学的一个基本向度。黄老学一般是从"道"和"一"为万物的存在和活动寻找根据。如《老子》第三十九章用"一"解释天、地、神、谷和侯王何以是清、宁、灵、生和正:"昔之得一者:天得一以清,地得一以宁,神得一以灵,谷得一以盈,侯王得一以为天下正。"在黄老学文献中,我们看到不少"得""得之"的用语,这是黄老学用来揭示"万物"之所以如此存在和活动的一个基本方式。①《黄帝四经·道原》看起来是描述道的,但同时又是为万物之多何以如此寻找根据:"一度不变,能适蚑蛲。鸟得而飞,鱼得而游,兽得而走,万物得之以生,百事得之以成。人皆以之,莫知其名。人皆用之,莫见其形。"《庄

---

① 王弼注释《老子》第三十九章的"得一"说:"一,数之始而物之极也。各是一物之生,所以为主也。物皆各得此一以成。"

子·渔父》以事物分别"得之"解释"道"的根本作用:"且道者,万物之所由也。庶物失之者死,得之者生。为事逆之则败,顺之则成。"《韩非子·解老》也以"得之"来揭示"道"的普遍作用:"天得之以高,地得之以藏,维斗得之以成其威,日月得之以恒其光,五常得之以常其位,列星得之以端其行,四时得之以御其变气,轩辕得之以擅四方,赤松得之与天地统,圣人得之以成文章。……万物得之以死,得之以生;万事得之以败,得之以成。道譬诸若水,溺者多饮之即死,渴者适饮之即生;譬之若剑戟,愚人以行忿则祸生,圣人以诛暴则福成。故得之以死,得之以生,得之以败,得之以成。"比较起来,《凡物流形》把"一"作为"万物"的根据有两种方式,一是总体上认为有"一",就会有天下的一切;没有"一"就没有天下的一切:"是故有一,天下无不有;无一,天下亦无一有。"二是具体上认为草木之生命和禽兽之鸣叫都是从"一"得到的作用:"草木得之以生,禽兽得之以鸣。"这一解释,正好同《凡物流形》上半部分中追问的"草木奚得而生?禽兽奚得而鸣"相对应。由此来说,《凡物流形》对其他自然现象原因的一些追问,都可以用"一"解释,如人的生死循环追问:"流形成体,奚失而死?又得而成,未知左右之情"。"左右之情"的"左右",原整理者曹锦炎认为"左右"是指方位,即左面和右面。①廖名春等解释为"主导""控制",②曹峰认为是指"两种情况"。③由于问的是成体的东西失去了什么而死,为什么"又得以成",所以解释为"主导""造就"也许更为恰当。"情"的意思是"实"。《庄子·秋水》说的"是未明天地之理、万物之情者也"、马王堆帛书《十问》说的"尔察天地之情",其中的"情"字皆是这种用法。

"一"(或"道")为什么能够成为万物存在、活动的基础和根据,

---

① 参阅上博七释文,第228页。
② 廖名春:《〈凡物流形〉校读零札(一)》,孔子2000网,2008年12月31日。
③ 曹峰:《〈凡物流形〉中的"左右之情"》,简帛研究网,2009年1月4日。

简单说是它的超越本性和无限力量。黄老学常常用无形、无象、无声、无味,不可感、不可触等词汇去描述它,这方面的例子很多,如《老子》第十四章说的"视之不见,名曰夷;听之不闻,名曰希;搏之不得,名曰微。……迎之不见其首,随之不见其后",《管子·内业》说的"道也者,口之所不能言也,目之所不能视也,耳之所不能听也",《文子·道原》说的"无形者,一之谓也。一者,无心合于天下也。布德不溉,用之不勤,视之不见,听之不闻"等等。《凡物流形》中的"一",同以上黄老学对"道"和"一"的描述有一个很大的不同,这就是它虽被设定为超越和绝对的存在,但又被看成是人能够直接体验和接触的东西:"是故一,咀之有味,嗅[之有臭],鼓之有声,近之可见,操之可操,握之则失,败之则槁,贼之则灭。"《凡物流形》对于"一"的这种描述非常独特,黄老学大传统一般不这样描述。《庄子·知北游》记载东郭子请教庄子"道"在什么地方的问题,庄子回答说"无所不在"。在庄子看来,"道"存在于"蝼蚁""稊稗"之中,连"瓦甓""屎溺"中也有道。东郭子想象的"道"是像具体的"物"那样存在,但庄子所说的"道"不是具体的物而是构成"物"的"本质"。"本质"存在于一切物中而又不是任何"一具体的物":"物物者与物无际,而物有际者,所谓物际者也。不际之际,际之不际者也。"因此,庄子说"道无所不在",意思是"道"在具体事物之中,具体事物都有道的本质。从这种意义上说,认识道就是认识具体的物,但道本身仍然不是直接可感知的。《凡物流形》以"一"为万物的创生者和万物的本质,而又说它可感知,这也许是以形象的比喻来表示"一"和"道"虽然玄妙但又非常可亲、可近,有点类似于《韩非子·解老》的说法:"道者……以为近乎,游于四极;以为远乎,常在吾侧;以为暗乎,其光昭昭;以为明乎,其物冥冥。而功成天地,和化雷霆,宇内之物,恃之以成。"但从理论上说,《凡物流形》的描述方式同黄老学的整体倾向有所不同。黄老学的整体倾向是通过对"可感知"的一系列"否定"来说明"一"和"道"。

三 "一"与"圣人"和政治原理

在《凡物流形》中,"一"的第三个构造是,它在"圣王一人"与"百姓之多"(或"一君"与"万民")的相对关系中被设定为"圣王"要掌握的政治原理——"治道"。《凡物流形》中的"一",作为生成万物之多的本原、作为万物之多存在和活动的根据是如何被设定的,我们上面已经讨论了。现在我们就来讨论《凡物流形》中的"一",是如何被设定为"圣人"的政治原理。从黄老学的整体来看,人间的构造、秩序和活动同宇宙的构造、秩序和活动是高度统一和协同的。政治原理的"一"是自然原理"一"的延长线,人间法是"道法"的延长线。如老子的形而上学之"道"及其活动方式"无为",同时也是治国之道;如黄老学把人间法、成文法看成是道产生的。只是,"一"在人间社会如何起作用不同于自然领域。在自然领域中,"一"以本身的内在力量生成和成就万物之多;在社会领域中,"一"则是通过最高人格——"圣人"来统御"百姓"之"多"。《凡物流形》也以"一"为政治原理,这是它同黄老学的共同性,但在具体设定上,《凡物流形》又有自己的个性。如在《凡物流形》中,"一"同"法度""无为""虚静"等概念还没有结合。

撇开激进的"无君论"或无政府主义,古代中国的政治原理一般都设定了治理者和被治理者及其各自的属性(如在孟子那里,治理者是劳心者,被治理者是劳力者)。黄老学一般以圣人(侯王、君王)为治理者,以百姓和民众为被治理者。从形式上看,这同儒家没有什么不一样。但黄老学的特别之处在于,它是通过把"圣人"(或"君王""明君")与"百姓"的关系抽象化为"一"与"多"的关系来建立政治秩序。①黄老学思索的是，君王（或圣人）"一人"凭借什么才能最有效地去治理"众多"的百姓。如《黄帝四经·十六经·成法》依托黄帝问他的大臣力黑"唯余一人"有什么"成法可以正民"，力黑的回答是，"一"就是这样的"成法"；在简本《文子》中，平王问"［王者］几道乎？"，文子的回答是"王者［一道］"。黄老学的整体主张是，"君王"是人间社会的"一"，他要去治理无数的百姓之多，他必须掌握的法宝就是"一"，黄老学一般称为"执一""守一""得一""抱一"。换言之，在黄老学那里，人间社会中的"一"是同"君王"结合在一起的，是专属于君王的"所有"。同样，黄老学的中"道"主要也是政治领袖——"圣人"（或"圣王""明王"）而不是一般人所要掌握的原理。黄老学把"道""一"特别是"一"看成是"圣人"和"君王"要掌握的政治原理，反过来说，就是要把"圣王"变成"一"的化身。在儒家那里，圣王是道德的典范，但在黄老学那里，"圣人"则变成了"执一"的榜样。

《凡物流形》中的情况如何呢？《凡物流形》中有这样一个字——"戠"。这个字，原整理者读为"识"，我倾向于读为"执"，杨泽生对读为"执"提出了具体的论证。②在郭店竹简本《老子》中，"执""守"和"识"三个字写法不同。在《凡物流形》中，"戠"这个字的写法，同郭店简的"执"字写法也有区别。在道家特别是黄老学文本中，"执道""执一"是习惯性用语，个别用为"得一""守一"等，被认为是政治领袖统治的最高原则（掌握、运用"道"和"一"）。在《凡物流形》中，有"执一""执道""得一"和"有一""无一"等

---

① 在《老子》三十九章可以看到，"侯王"以"孤、寡、谷"来自称。
② 笔者在附录四《〈凡物流形〉重编新知》的"释文"中读为"执"，没有具体说明。参阅杨泽生《说〈凡物流形〉从"少"的两个字》，武汉大学简帛网，2009年3月7日。

说法，①但谁是这种行为的发出者，文中没有"直接说"。根据文本中的材料来看，掌握和运用"道""一"的并不是一般的人，而是指政治人物——"圣人"和"君王"。这些材料有三条，第一条是文中说的"执道，所以修身而治邦家"。这里将"执道"与"治邦家"相提并论。"执道"最终是为了"治邦家"，这说明掌握和运用"道"的是"治邦家"的政治人物；第二条是文中说的"执道，坐不下席"，这是同下文的"是故圣人居其所"相呼应的；第三条是文中说的"心之所贵，唯一"，指的是"君"。据此三条，可以肯定《凡物流形》的"执一""守一"的政治主体，确实是指统治者"一人"的"圣人"或"君王"。

"执一"的是"圣人"，反过来说，"圣人"要"执"的"一"具体又是指什么呢？在黄老学中，圣王所执的"一"，既是彼此一致的一些观念，如"无为""清静""无欲""因循""一言""一名""一心""一意"等；又是硬性的统一法律规范或法度。在黄老学的演变中，道家的"一"与法家的"法"结合起来之后，"一"又成了"法度"的代名词。在《老子》中，我们看不到"抱一""执一"同"法"的关系，但在黄老学中，圣人"执一"被具体化为"执一法"。如《黄帝四经·十六经·成法》说："吾闻天下成法，故曰不多，一言而止。循名复一，民无乱纪"。《鹖冠子》中有更直截了当的说法："守一道制万物者，法也。"（《度万》）"一为之法，以成其业，故莫不道。一之法立，而万物皆来属。"（《环流》）将抽象的"一"变成"一言"再变成"一法"，将圣人"执一"变成制订、掌握和运用统一的法律，这是黄老学转化《老子》哲学最突出的表现之一。如《尹文子·大道上》说："定此名分，则万事不乱也。故人以度审长短，以量受多少，以衡平轻重，以律均清浊，以名稽虚实，以法定治乱，以简治烦惑，以易御险难。以

---

① 谷中信一对道家和《凡物流形》"执一"的用法，作了富有启发的讨论，参阅谷中信一《上博竹简再探——楚地出土文献所见"执一"思想》，见《先秦秦汉思想史研究》，孙佩霞译，上海古籍出版社2015年版。

万事皆归于一，百度皆准于法。归一者，简之至；准法者，易之极。"可以肯定，在黄老学那里，圣人"执一""守一"，一个具体所指是掌握硬性的统一法度。而圣人其他的"执一"，是掌握彼此一致的"无为""清静""无欲""因循""一言""一名""一心""一意"等理念，这都是"执一"。这些"执一"同"执法度"之"一"是不矛盾的。如"执无为"同时也"执法度"。君主能够实践"无为"，是因为有统一的适合百姓的法度在发挥着最有效的作用；反过来说，因为有统一的法度在起作用，所以君主就要实行"无为"。但在《凡物流形》中，"无为""清静""无欲""因循""一心""一意"等概念都没有出现，也没有谈到"法"。据此可以说，《凡物流形》使用黄老学的政治概念非常少，特别是像"无为""虚静""无欲""法度"等这些重要的概念。虽然如此，我们不能说它的"一"纯粹是空洞的符号。

《凡物流形》的"一"具体是指"一言"和"寡言"。"一言"当然也是黄老学的政治概念之一。孔子说的"一言"，意思是"一句话"。如"一言以蔽之"(《论语·为政》)、"一言而兴邦"(《论语·子路》)等。"一言"不多，但重要的"一言"就有根本性。老子主张无为的政治，相应地要求"行不言之教"，认为"多言数穷"和"希言自然"，他虽然没有使用"一言"，但同"一言"之旨相合。在《黄帝四经》和《管子》中，明显有以"一言"为"一"的用法："吾闻天下成法，故曰不多，一言而止。循名复一，民无乱纪。……夫百言有本，千言有要，万[言]有总。"(《黄帝四经·十六经·成法》)"执一不失，能君万物。君子使物，不为物使。得一之理，治心在于中，治言出于口，治事加于人，然则天下治矣。一言得而天下服，一言定而天下听，公之谓也。"(《管子·内业》)在黄老学中，"一言"就是"少言""希言"和"寡言"。在《凡物流形》我们也看到了以"一言"和"寡言"为"一"的用法："闻之曰：一言而终不穷，一言而有众，一言而万民之利，一言而为天地稽。""能寡言乎，能一乎，夫此之谓小成。"比较一下，前者同《管子》说的"一言得而天下服，一言定而天下听"类似；后者同《黄帝四经·名刑》说的"能一乎？能止乎？能毋有己，能自择而尊理乎"也有可比性。

"执一"的圣人"一人"相对的是"多"，这里的"多"在《凡物流形》中也有专门的所指，这就是"百姓""众"或者是"万民"。如其中说的"一言而万民之利"，"一言"是属于"君王的"，由此而带来的"之利"则是属于"万民的"；其中说的"百姓之所贵，唯君"，很明显，"多"的"百姓"相对的是"一君"。《凡物流形》还有"能执一，则百物不失"的说法，这里的"多"又变成了跟百姓之多有关的"百物"之多。此外，《凡物流形》中的"多"，还被说成是"众""天下"和"天地"。百姓、万民的"多"，首先是数量上的"多"，黄老学用来规定自然领域中"多"的词汇（见前表），在一定程度上也可以用来规定"百姓"和"万民"的"多"。其中的万物、百物、殊形、殊能、时、古今、情、变化都是如此。指称"百姓"的"多"，还有"天下""百事""万言"等。在这一方面，《凡物流形》用到的词汇更少，只有"天地""百物""天下""邦家""四海""千里"等，这些都是指要治理的"百姓"的"多"。

统治者面对的从来就是无数人的无数行为。在黄老学看来，相对于百姓的"多"，君王只能用"一"来治理，因为只有"一"才能够将复杂政治经验世界的一切都纳入到秩序之中而无所遗漏。至此，"一"的政治原理，完整地说就是"以一治多"的原理，这是贯穿在黄老学政治思想中的"一贯之道"。这就是为什么司马迁把道家的思想概括为"指约而易操，事少而功多"（《史记·太史公自序》）、为什么说道家"知秉要执本"（《汉书·艺文志·诸子略》）。① 这方面的例子很多，《黄

---

① 王弼把《老子》"抱一"的思想运用在《周易》的注释中，提出了"夫众不能治众，治众者，至寡者也……故众之所以得咸存者，主必致一也"（《周易略例·明象》）的主张。

帝四经·十六经·成法》的用例很典型："夫唯一不失，一以趋化，少以知多。……彼必正人也，乃能操正以正奇，握一以知多，除民之所害，而持民之所宜。抱凡守一，与天地同极，乃可以知天地之祸福。"同样，《黄帝四经·道原》的用例也非常典型："夫为一而不化：得道之本，握少以知多；得事之要，操正以正奇。前知太古，后［能］精明。抱道执度，天下可一也。"在《凡物流形》中，我们看到说法是："是故有一，天下无不有；无一，天下亦无一有"，"闻之曰：能执一，则百物不失；如不能执一，则百物具失。"这一说法显然也属于"以一治多"的原理。

为什么黄老学热衷于"以一知多""以一治多"的政治原理，简单说是因为他们相信"一"对"天下"和"百姓"是普遍适用的。黄老学声称，圣王只要拥有了普遍的"一"，他足不出户，就能够贯通天地，就能够决断千里之外、四海之中一切事务。《黄帝四经·十六经·成法》以黄帝和力黑对话的口吻，对此有一个具体的说明："昔天地既成，正若有名，合若有形，［乃］以守一名。上拙之天，下施之四海。吾闻天下成法，故曰不多，一言而止。循名复一，民无乱纪。……昔者皇天使凤下道，一言而止。五帝用之，以枙天地，［以］揆四海，以怀下民，以正一世之士。……［凡有］所失，莫能守一。一之解，察于天地；一之理，施于四海。"类似的表述又见于《管子·心术下》："是故圣人一言解之，上察于天，下察于地。"《淮南子·原道训》的说法，更是同《成法》如出一辙："是故一之理，施四海；一之解，际天地。"马王堆汉墓帛书整理小组指出，《管子·心术下》和《黄帝四经·成法》之"察"字似当读为"际"。际，至也，接也。①《凡物流形》相信"道"和"一"是"普遍的"，它的说法，同

---

① 马王堆汉墓帛书整理小组编：《马王堆汉墓帛书（壹）》，文物出版社1974年版，第72页。

以上的说法非常类似，其中一个说法是："[一]得而解之，上宾于天，下播于渊。坐而思之，谋于千里；起而用之，陈于四海。"另一个说法是："得一[而]图之，如并天下而助之；得一而思之，若并天下而治之。[此]一以为天地稽。"基于"一"的普遍适用性，黄老学进而认为圣人掌握了"一"，他就会具有超凡的认知力和洞察力。这方面的用法，《凡物流形》有三个例子，第一个例子是："无[目]而知名，无耳而闻声。"第二个例子是："闻之曰：执道，坐不下席。端冕，箸不与事，之〈先〉知四海，至听千里，达见百里。是故圣人处于其所，邦家之危安存亡，贼盗之作，可之〈先〉知。"第三个例子是："握之不盈握，敷之无所容，大之以知天下，小之以治邦。"其中第二个用例的"箸不与事"的"箸"，如何读是一个难点，大家有不同的讨论。它承上文的"端冕"，作为统治者形象的"端冕"，同所说的"垂拱""恭（拱）己正南面"类似，是"清静无为"之意。① 从这个角度看，可读"箸"为"舒"。"舒"有"安闲"之意。"舒不与事"，也许是说君主清静，不谋划具体事宜。究竟如何，尚待进一步讨论。圣人之所以能够不出门就能知、听、观遥远之处，是因为他掌握的"道"是普遍的。

进一步的问题是，"一"为什么是普遍适用的，"一"的普遍性来自哪里？这取决于"一"（或"道"）的本性以及它同万物的关系。在黄老学中，"一"创生"多"的"万物"，就是让"万物"分别获得其"得"（或"德"）。从万物各有"一"的共同之"德"来说，万物得到的都是"一"。"一"对于万物之所以是普遍适用的，就是因"一"的统一性实际上内在于"万物"之中。反过来说，就是"万物"中有共同性和一致性。《庄子·天下》篇认为彭蒙、田骈、慎到的思想倾向

---

① 有关这一方面请参阅笔者的《老子治道历史探源——以"垂拱之治"与"无为而治"的关联为中心》，载《中国哲学史》2002年第3期。

是"齐万物以为首",《吕氏春秋·不二》概括田骈的思想是"贵齐"。"齐万物"即"一同"万物,说的是万物具有"统一性",可以被"整齐划一"。万物既有"类"的不同,也有"个体"上的差异。黄老学的"齐一"不是抹去万物形态和现象上的差异,宁可说它恰恰是在万物的"不一"中,在万物的"千差万别"中,发现事物具有"齐一性"和"统一性",发现事物都可以通过"一"来衡量和规范。根据《吕氏春秋·不二》说的"夫能齐万不同,愚智工拙,皆尽力竭能,如出乎一穴者,其唯圣人矣乎",作为"齐一"前提的,正是"愚智工拙"等"万不同"。黄老学没有改变"万物不同"的愿望,不期望愚蠢者变得有智慧,况且万物的不同又是不可改变的。但它们有"齐一性",如它们都是按照自己的性情和能力去活动,这"如出乎一穴"。万物都按照自己的性情和能力而活动的这种"统一"即是"一",① 其中最重要的就是人的"趋利避害"的共同"人情",如《管子·形势解》说:"民之情,莫不欲生而恶死,莫不欲利而恶害。"《慎子·内篇》用更一般的"自为"概念揭示说:"人莫不自为也,化而使之为我,则莫可得而用矣。是故先王见不受禄者不臣,禄不厚者不与入难。人不得其所以自为也,则上不取用焉。故用人之自为,不用人之为我,则莫不可得而用矣,此之谓因。"

由于每一个人具有的这种"性情"是其他人都具有的,是天下人都具有的,因此认识了一个人的情性,就等于说是认识了天下人的共同性情。于是,在黄老学中就产生了这样一种逻辑,即从"多"中的"一个"个体去推知天下所有的个体,从自身和近处的事物去推知他者和远处事物的。由此来看《老子》第四十七章说的圣人"不出户,知天下;不窥牖,见天道……是以圣人不行而知,不见而名,不

---

① 《淮南子·齐俗训》的"齐民之俗"(即"民情")和"齐万物",可以说是对彭蒙、田骈和慎到"齐万物"思想的发挥。

为而成",也许就迎刃而解了。《老子道德经河上公章句》注释"不出户,知天下"说:"圣人不出户以知天下者,以己身知人身,以己家知人家,所以见天下也。"王弼《老子道德经注》从"事有宗而物有主"、从"殊途同归""百虑一致"的角度来解释。至于为什么在家里就能掌握万物、天下的"宗主""同归"和"一致",王弼这里没有说,不过在注释第五十四章"吾何以知天下然哉?以此"时,王弼则指明了这一点:"言吾何以得知天下乎?察己以知之,不求于外也。所谓不出户以知天下者也。"①《淮南子·主术训》说:"而君人者不下庙堂之上,而知四海之外者,因物以识物,因人以知人也。故积力之所举,则无不胜也;众智之所为,则无不成也。"这样的逻辑,在《凡物流形》中,我们也可以看到:"如欲执一,仰而视之,俯而察之。毋远求,度于身稽之。""毋远求,度于身稽之",就是首先从"自身"来寻找尺度,知道了自身的尺度,也就知道了他者乃至天下的尺度。由此,"一与多"的逻辑就变成了"万物之一"与"万物之多"的逻辑。

四 "一"与"心灵"修炼和"贵一"

《凡物流形》中"一"的第四个构造是,它被设定为圣王修炼"心灵"的目标和"专一"的对象。在这种意义上说,圣王如何通过"一"去建立社会政治秩序,就变成了圣王修炼心灵"专一"并把"一"内化到"心灵"中的问题。《凡物流形》有一句引人注目的说法:"百姓之所贵,唯君;君之所贵,唯心;心之所贵,唯一。"《凡物流形》的

---

① 《韩诗外传·卷三》解释《老子》"不出户,知天下;不窥牖,见天道"说:"昔者不出户而知天下,不窥牖而见天道,非目能视乎千里之前,非耳能闻乎千里之外,以己之度度之也,以己之情量之也。己恶饥寒焉,则知天下之欲衣食也;己恶劳苦焉,则知天下之欲安佚也;己恶衰乏焉,则知天下之欲富足也。知此三者,圣王之所以不降席而匡天下。故君子之道,忠恕而已矣。"

"百姓之所贵，唯君"这种说法，不见于其他已知文献。这个说法的意思是，"百姓"所推重的只是"君主"，我们简称为"贵君说"。仅就这个论断以及它使用的"唯"字来看，它使百姓所尊贵的对象限于"君主"，有把君主的意义绝对化的嫌疑，但实际上并非如此。从《凡物流形》在其他地方所说的君主"一言而万民之利"的"利民"和君主以"一""近之施人"的"惠民"来看，应该说，它没有把"君王"目的化，君王从事政治是为了公众的利益。为此，君主及其权威是需要的，"贵君"当在这种意义上去理解。在《凡物流形》中，我们还看到这样的说法："吾欲得百姓之和，吾奚事之？"这里的"吾"字，同《老子》中的一些用法相同，是以统治者"圣王"和"君王"的角度而自称的"吾"。《凡物流形》的作者是以"治者"的立场自设问题，说我要得到百姓的拥护，我首先应该去事奉百姓。但为了真正能够做到事奉百姓，君主应该怎么去做呢？《凡物流形》提出的主张是"贵心"。

　　一般而论，统治就是履行政治决断的一系列客观上的政治行动。然而，《凡物流形》没说君主要去直接从事什么外显的政治实践（像儒家的惠民的"仁政"等），而是主张君主首先唯一要关注的是自己的"内心"。"心"是指人自身内在的精神活动和意识，是相对于外部客体（被统治者）的主体（统治者）性东西。认为统治者首先唯一要关注的是统治者自身的主体，这又将统治的中心从外在的客观行为转移到了内在主体上。就此而言，统治者如何统治的问题，《凡物流形》的第一个回答是关注自己的内心。为什么作为政治人格的君主首先要关注的是自己的内心呢？《凡物流形》的回答是："心不胜心，大乱乃作。"按照这个说法，君主如果不能用"心"去约束、控制自己的"心"，就会产生严重的政治后果——"大乱"。《尸子·贵言》说："然则令于天下而行，禁焉而止者，心也。故曰：心者，身之君也。天子以天下受令于心，心不当则天下祸。"这是对《凡物流形》"心不胜心"

的一个很好的注解。"心不胜心"的两个"心"字,意思不同。① 在东周子学中,"心"主要是在四种意义上被使用的:一是指不同于五官的一种能思虑的器官;二是指人认知性的思维活动和意识;三是指后天理性的、合理的或非理性、不合理的意识和意志;四是指先天具有的善良的道德本性。《凡物流形》的第一个"心"字,是指理性的、合理的意识和意志;与之不同,第二个"心"字,是指非理性、不合理的意识和意志。《管子·心术上》说的通过心术而形成的"无为而制窍"的"心",是指具有指导性的"正心"。但感官和外物能够"乱心",使心不得安宁,如《管子·内业》篇说的"其所以失之,必以忧乐喜怒欲利"的"心",则是指不合理的"心"。

在《凡物流形》中,"心不胜心"导致的是"大乱"。依此推论,"心如能胜心",即能走向"大治"。但《凡物流形》没有这样说,它把以一种心战胜另一种心称为"少彻":"心如能胜心,是谓少彻。"用"一种心"战胜"另一种心",就是用合理的心去战胜不合理的心。子夏用喜好道德价值的正义之心,战胜喜好富贵的荣华之心这一故事,能很恰当地说明《凡物流形》的"心胜心"的意思。子夏战胜自我产生的变化是身体上的发福("肥"),《凡物流形》认为心灵转化达到的境界是"少彻"。它进一步追问和解释说:"奚谓少彻?人白为识。奚以知其白,终身自若。""少"原整理者读为"小",其实可直接读为"少"。在《庄子》中,"彻"意为通达、灵通、悟。《外物》篇说:"目彻为明,耳彻为聪,鼻彻为颤,口彻为甘,心彻为知,知彻为德。"依上例,"小成"的"小",也当读为"少成"。这两个"少"字意思应当一致。②

---

① 相比之下,《五行》篇"经"和"说"的"心",只是指能对其他感官起主导作用("君")的道德之"心"。

② 《凡物流形》中从"少"的这两字究竟如何读,参阅曹峰《〈凡物流形〉"心不胜心"章疏证》(见曹峰《楚地出土文献与先秦思想研究》)、杨泽生《说〈凡物流形〉从"少"的两个字》。

"少"有"要"的意思,《荀子·修身》说:"少而理曰治。"据此,"少彻"就可解释为"要彻",即对根本、简要的彻悟,这个根本就是"一"。《尸子·分》说:"明王之治民也,事少而功立,身逸而国治,言寡而令行。事少而功多,守要也;身逸而国治,用贤也;言寡而令行,正名也。"

在《管子》看来,圣王统治所需要的好的心灵状态是"专一"状态。《管子·内业》和《管子·心术下》有"能抟乎,能一乎"和"能专乎,能一乎"的说法。这里的"能抟(古'专'字)"、"能一"和"能专",强调的都是圣王"心灵"的专一和专注。《凡物流形》提出的说法是"终身自若"。"彻悟"的直接境界是保持"心灵的纯洁",《凡物流形》称为"白"。但这种纯洁不是一时性的,而是要"终身自若"。《管子·白心》篇说的"白",作为动词,也是说让心灵达到纯洁和洁白境界,它同《心术上》说的"洁其宫"意思一致。《管子》四篇特别注重心对感官的约束和主导作用:"无以物乱官,毋以官乱心,此之谓内德。是故意气定,然后反正。"(《心术下》)"心无他图,正心在中,万物得度。"(《内业》)《管子·内业》认为,通过"心"的修炼而达到的超越性境界是:"能去忧乐喜怒欲利,心乃反济。彼心之情,利安以宁,勿烦勿乱,和乃自成","心能执静,道将自定。"现在我们知道了为什么道家会有"使人精神专一"(《史记·论六家要旨》)的作用,为什么在道家那里作为统治者的君主首先要关注自己的"内心"了。《管子》四篇、《凡物流形》都是把宁静和纯洁的心境看成是政治的出发点。如果说好的动机是产生好的效果的前提,那么君主纯洁和高尚的心志,就会产生出好的政治行动。儒家的政治人格是"内圣外王",在这一点上,《管子》和《凡物流形》与儒家具有类似的思维方式。在《管子》四篇的作者看来,君主只要"心正""心安""心治",国家和天下自然就能安定和太平。如《心术下》说:"心安,是国安也;心治,是国治也。治也者心也,安也者心也。治心在于中,治言出于口,治事加于民,故功作而民从,则百姓治矣。"①《内业》说:"气意得而天下服,心意定而天下听。"

政治统治最终要落实在政治实践上,指导君主政治实践的是政治的根本原理和方法。说一个人心灵纯洁和宁静,不是说他心灵一片空白和无所事事,它只是意味着心灵能够排除不合理的东西对它的干扰和影响,而只保持合理的东西,类似于荀子说的"虚一而静"。对于统治者来说,原理和原则性的东西就是走向好的统治必须掌握和运用的根本性的东西。在《凡物流形》,它不是儒家式的政治性伦理,而是至高无上的统一性的"一"。君主的心灵要"专一"和"专注",但专一和专注的究竟是什么。人们从事的事务不同,专一的具体对象自然也不同。通常作为人生重要目标的"专一",是指对一项技艺的坚持苦练和对一项事业的不懈追求。金岳霖说:"理性意味着运用充分的工具去达到预期的目的,而避免与此目的无关的其他任何事情。如果一个人是理性的,那么他就会做某些事情,而不做其他的事情。"②《凡物流形》和《管子》四篇"专注""专心"的对象,不是技艺,也不是一项一般性的具体事业。《庄子》中记载了不少心灵专注于一技一艺的故事,以此隐喻对"道"的把握("由技入道")。在《管子》四篇那里,君主专注的是"道"和"一"。君主保持纯洁的心灵,同时就是让"道"和"一"与自己合而为一。确实,在《凡物流形》那里,"心"唯一要关注的东西对象则是"一"。《凡物流形》说:"心之所贵,唯一。"这个"一"就是上面讨论的作为最高政治原理的"一",是在黄老学中说法有别但其旨趣一致的"一",是"法律"的"一",具体到《凡物流形》就是"一言"的"一"。这同《凡物流形》说的"能寡言乎,能一乎,

---

① 《管子·内业》篇也说:"我心治,官乃治;我心安,官乃安。治之者心也,安之者心也。"

② 金岳霖:《道、自然与人》,生活·读书·新知三联书店2005年版,第121页。

夫此之谓少成"是一致的。《凡物流形》说的"能寡言乎，能一乎"，是建立在内心专一之上的对"一"的专注，即"贵一"。所贵的"一"具体是指"寡言"和"一言"。

心灵"贵一"是把"心灵"固定在"一"上面，这就把政治主体——圣王客观化了，从而使得圣王的统治具有"统一"的、稳定的客观标准和尺度。儒家主张通过理想人格的魅力、贤智和才识来进行统治，这在黄老学看来是靠不住的，因为圣王的能力是有限的，最有效的原则是以客观化的"道""一"和"法"来统治。从这种意义上说，黄老学是不接受儒家的"心治""人治"和"贤智"之治的。黄老学批评说："君舍法以心裁轻重，则同功殊赏，同罪殊罚矣，怨之所由生也。"(《慎子》)《尹文子·大道下》区分"圣法"与"圣人之治"说："圣人者，自己出也；圣法者，自理出也。理出于己，己非理也。己能出理，理非己也。故圣人之治，独治者也；圣法之治，则无不治矣。"① 这一区分清楚地说明，黄老学不把有效的治理寄托在道德化的"圣人"人格上，而是求助于"非人格化"的"圣法"(制度)。

《管子》和《凡物流形》注重"心"的"专一"状态，广义上说这仍然是政治之"心术"。只是，黄老学的这种"心术"是修炼心灵专注于"一"，把"心灵"固定在客观性的"一"上，通过"一"把圣王的心灵"客观化"，从而把统治引向实际上的客观性。

结　语

以上是笔者在黄老学"一"的思想史整体视野之下对《凡物流形》

---

① 按照《庄子·天下》篇对宋钘、尹文思想的记载，尹文的思想主要属于墨家学派，但也具有黄老学的思想因素。

"一"的思想构造展开的探讨。在这篇只有八百多字的佚文中,①我们看到了《凡物流形》把宇宙、自然和社会贯通起来的"一"这一中心概念究竟是一个什么样的基本构造和形态,也看到了这一构造是如何既处在黄老学"一"的思想史脉络和义理之中又表现出自身的特色和个性的。不同形态的形而上学,一般都尝试用最高的概念(预设)和根本的原理去解释世界及其现象。黄老学作为一种形而上学,它的基本思想形态是用"一"(或者"道""太一")这一最高的概念和原理去解释和把握世界。由于"一"原本具有数字之始的意义,当黄老学把它作为世界"惟一"的本原的时候,类似于始数之"一"对于其他"所有的数"的关系,"本原之一"同"世界之多"或"万物之多"的关系,就变成了形式上直观、实质上又极其抽象的绝对的"一"同无限的"多"相对的"一多关系"。"一多关系"既是黄老学把握整个世界的方式,又是把握世界的产物。

笔者曾以"一"这一概念为主要根据判断《凡物流形》这篇佚文为黄老学文献。通过以上四个方面对《凡物流形》"一"的思想构造的层层探讨,我们就在更具体的意义上求证了为什么用"一"就能判断《凡物流形》是黄老学文献。无疑,《凡物流形》既没有提到老子,也没有依托黄帝。如果以言必称"黄老"作为判断黄老学形式上的标准,那么《凡物流形》同这一标准显然是不合的。但如果我们把思想的实质作为判断黄老学的根本标准,那么《凡物流形》同这一标准则是高度吻合的。黄老学的实质意义是以老子道家哲学为基础,主要融合法家思想,又吸取了儒家、名家和阴阳家思想的一个非常复杂的思想形态,正如《论六家要旨》说的"其为术也,因阴阳之大顺,采儒墨之善,撮名法之要"那样。

---

① 据原整理者的说明,这篇佚文的甲本完整,略有残损的缺字可据乙本补充,全篇文字包括合文和重文(不计缺文)共计 846 字。参阅上博七释文。如果把多余一支简(第 27 支简)中的 24 字去掉,全篇则有 822 字。

第三章 《凡物流形》"一"的思想构造及其位置

但非常困难的是,如果把黄老学看成是《老子》之后道家思想演变的一个重要分支(不同于列子、杨朱、庄子这一系的道家分支),那么在这一分支的谱系中,《凡物流形》大致处在一个什么时空位置中。黄老学从战国开始兴起、发展,并在汉初又获得了政治上指导思想的资格。如果从公元前390年左右的战国中期开始算起到公元前140年的汉武帝元年止,这一过程也经历了两百多年。上博简缺乏考古报告,马承源根据文字(楚国文字)特征,根据竹简样品的测量,根据中国科学院上海原子核研究所用超灵敏小型回旋加速器质谱仪的测定(竹简距今时间为 2257 ± 65 年),① 推断上博简是楚国迁郢(公元前278年)以前贵族墓中的随葬物。② 据此推断,《凡物流形》年代的下限应不晚于公元前278年,但具体它是在此前的什么时期,就很难判断了。齐威王(公元前356—公元前320年)和齐宣王(前319—前301年)时代(前后半个多世纪)是黄老学发展的一个重要时期。按照司马迁《史记·孟子荀卿列传》的记载,"皆学黄老道德之术,因发明序其指意"的慎到、环渊、田骈、接子等,都是稷下先生。《庄子·天下》篇把彭蒙、田骈和慎到列为一派,说田骈学于彭蒙。《史记·老子韩非列传》还记载申不害是"学本于黄老而主刑名"。按照张岱年的《哲人生卒年简表》,③ 他们的大约生卒年是:

申不害(约公元前401—公元前337年)

环　渊(约公元前390—约公元前300年)

彭　蒙(约公元前382—约公元前300年)

田　骈(约公元前370—约公元前290年)

---

① 参阅朱渊清《马承源先生谈上博简》,见朱渊清、廖名春编《上博馆藏战国楚竹书研究》,上海书店出版社2002年版,第3页。

② 参阅马承源《前言:战国楚竹书的发现保护和整理》,见马承源主编《上海博物馆藏战国楚竹书(一)》,上海古籍出版社2001年版,第2页。

③ 参阅张岱年《中国哲学大纲》,第28页。

慎　到（约公元前 370—约公元前 290 年）

特别是后四位，他们的活动期同齐威、齐宣时代是非常相近的。《凡物流形》的撰写和流传肯定有一个过程，如果进一步推断的话，它的产生时代或者就在齐威、齐宣时代，或者更早，但早到什么时候，就很难作出具体判断了。

第二编
从"三代宗教"到东周时代的信仰

第四章

"灾害"与"政事"和"祭祀"

——从《鲁邦大旱》看孔子的刑德观和祭祀观

新出土文献《鲁邦大旱》在思想上引起争议的主要问题,广而言之是孔子对作为"礼"的重要组成部分的"祭祀"这一"三代"大传统究竟采取什么立场,狭而言之是孔子主张不主张祭祀山川。争议的产生同此篇文献的残缺和释文有一定的关系。依据大家对此文疑难文字的研究成果,结合传世文献,此文的不完整,虽然使我们无法窥知它的整个面貌,但还是能够让我们看出孔子同鲁哀公和他的弟子子贡谈话的大体内容和思想的基本脉络。本文关注的问题是,在《鲁邦大旱》中,孔子处理灾害与政治和祭祀关系的"确切方式"是什么以及它的特别之处。我们将从"灾害"与"政事"、"灾害"与"刑德"和"灾害"与"祭祀"三个层面展开这一讨论,以最大限度地释放出《鲁邦大旱》所包含的有关孔子思想的丰富信息。

一 "灾害"与"政事"

《鲁邦大旱》属于《上海博物馆藏战国楚竹书(二)》公布的文献,[①]它与同册的《子羔》《从政》《昔者君老》和《容成氏》一样,都

---

① 马承源主编:《上海博物馆藏战国楚竹书(二)》,上海古籍出版社2002年版。

是不见于传世文献的一篇佚文。这篇文献有所残缺（也许不多）而不完整，所存长短简共六支，计208字。为了便于讨论，根据马承源先生的释文和大家的研究，现将校订之后的《鲁邦大旱》录之如下：

鲁邦大旱，哀公谓孔子："子不为我图之？"孔子答曰："邦大旱，毋乃失诸刑与德乎？唯（简1）……"〔公问曰〕①："……之何哉？"孔子曰："庶民知说之事鬼也，②不知刑与德。如毋爱珪璧币帛于山川，③正刑与（简2）〔德〕……"④出遇子贡，曰："赐，尔闻巷路之言，毋乃谓丘之答非与？"子贡曰："否也。吾子若重名其与？若夫正刑与德，⑤以事上天，此是哉！若夫毋爱圭璧（简3）币帛于山川，毋乃不可。夫山，石以为肤，木以为民，如天不雨，石将焦，木将死，其欲雨，或甚于我，⑥或必待吾祭乎？⑦夫川，水以为肤，鱼（简4）以为民，如天不雨，水将涸，鱼将死，其欲雨，或甚于我，或必待吾祭乎？"孔子曰："于乎（简5）！……公岂不饱粱食肉哉也！无如庶民何（简6）？"

---

① 后当是哀公问孔子的话，可补"哀公曰"。由于前哀公已出现，并据哀公与孔子问答的其他记载，此处补"公问曰"亦可。

② "鬼"原释文为"视"，且"事"与"视"断开，据陈伟说隶为"鬼"，并连读。参见陈氏的《读〈鲁邦大旱〉札记》，见朱渊清、廖名春编《上海博物馆藏战国楚竹书研究（续编）》，上海书店出版社2004年版。

③ "爱"原释文为"薆"，据刘乐贤说读为"爱"，参见刘乐贤《上博简〈鲁邦大旱〉简论》，载《文物》2003年第5期。

④ "德"据刘乐贤说补。参见刘乐贤《上博简〈鲁邦大旱〉简论》。

⑤ "若"原释文为"如"，据刘乐贤说读为"若"。参阅刘乐贤《上博简〈鲁邦大旱〉简论》。

⑥ "雨"与"或"原连读，据原释文下例及前后关系，以句读开为宜。"或"读为"又"。

⑦ "待"原释文为"恃"，据刘乐贤说（参见刘乐贤《读上博简〈民之父母〉等三篇札记》，简帛研究网，2003年1月10日）和陈伟说（参见陈伟《读〈鲁邦大旱〉札记》）读为"待"。"吾"原释文为"乎"，据陈伟说读为"吾"（见同上文）。读"乎"于义亦通。"祭"原释文为"名"，据陈剑说读为"祭"。见刘乐贤文《上博简〈鲁邦大旱〉简论》注⑨。

第四章 "灾害"与"政事"和"祭祀"——从《鲁邦大旱》看孔子的刑德观和祭祀观 | 141

此篇文献所记内容的具体背景,是鲁国发生了严重旱灾,鲁哀公向孔子询问对策。马承源先生指出,这次旱灾发生在鲁哀公十五年。① 但杨朝明和曹峰先生都对此提出了疑问。② 我们认为,马承源所说可信。《左传·哀公十五年》记载:"秋八月,大雩。"据此可知,鲁国此次旱灾是发生在这一年的秋天。由于无传,我们无以得知旱灾和祭祀的更多情况。鲁哀公在位时间是从公元前494年开始到公元前468年结束,共二十七年。根据《左传》记载,在这期间,鲁国发生地震一次(三年)、火灾一次(四年)、虫灾两次(十二年、十三年各一次);发生旱灾只有一次,即鲁哀公十五年的这一次。孔子周游列国十四年后于鲁哀公十一年(公元前484年)返鲁。孔子返鲁后,没有获得政治上的实际权力,但受到了鲁哀公的礼遇,同鲁哀公有较多来往,哀公就政事、礼乐等不少问题请教孔子。《鲁邦大旱》所记,是鲁哀公直接就干旱之事咨询孔子御灾之法,其干旱即是鲁哀公十五年的这一次。我们不宜置直接材料于不顾,而作其他没有根据之推测。在同孔子的来往中,鲁哀公类似于以孔子为政治顾问,③ 与之建立了一定的情谊。④ 公元前479年(鲁哀公十六年),孔子逝世时,鲁哀公还写一诔文追悼孔子。《左传·哀公十六年》记载:"旻天不吊,不憗遗一老,俾屏余一

---

① 参见马承源整理的《鲁邦大旱》,马承源主编《上海博物馆藏战国楚竹书(二)》,第203页。

② 杨朝明推测应是在鲁哀公十一年和十六年这六年之间(参阅杨朝明《上海博物馆竹书〈鲁邦大旱〉管见》,见《儒家文献与早期儒学研究》,齐鲁书社2002年版,第250—251页);曹峰将之与齐国发生的一次旱灾和晏婴的反应联系起来,而作其他种种推测(参阅曹峰《〈鲁邦大旱〉思想研究》,见《上博楚简思想研究》,第96—97页)。

③ 《左传·哀公十一年》记载:季氏以田赋事询问孔子,说"子为国老,待子而行。"

④ 见《论语》《礼记》《孔子家语》《大戴礼记》和《荀子》。其中《孔子家语》有《哀公问政》、《礼记》有《哀公问》、《荀子》有《哀公》。附带说明一下,《孔子家语》曾被认为是伪书,不被作为研究孔子的基本文献。1973年河北定州八角廊汉墓、1977年安徽阜阳双古堆汉墓先后出土了与《孔子家语》有关的简牍,再加之《孔子家语》内容又多见于《礼记》《荀子》等书中,《孔子家语》作为孔子的弟子编的另一个孔子言行录是可信的。

人以在位，茕茕余在疚。呜呼哀哉！尼父，无自律。"①但子贡出于鲁哀公没有重用孔子而对鲁哀公表示了不满，他批评鲁哀公失礼："子贡曰：'君其不没于鲁乎！夫子之言曰："礼失则昏，名失则愆。"失志为昏，失所为愆。生不能用，死而诔之，非礼也；称一人，非名也。君两失之。'"

《鲁邦大旱》是围绕孔子为鲁哀公提出的御灾对策以及子贡对此的看法这两层展开的。孔子为鲁哀公提出的御灾对策，一同祭祀有关；一同"刑德"有关。孔子向哀公提出建议后，征求子贡的看法，子贡对此发表了自己的意见。因此，要确定子贡的真实看法是什么，首先就要弄清楚孔子提出的御灾对策的确切内容是什么。其中，大家对孔子提出的"正刑与德"这一御灾建议，基本上没有分歧（问题在于如何理解孔子所说的"正刑与德"），分歧集中在孔子对祭祀山川究竟持什么立场。为了解决这一问题，我们首先要弄清楚的是，孔子是否认为旱灾的发生同"政事"有关系。如果孔子将旱灾纯粹看成是自然的原因，除非他像荀子（还有汉代的王充）所说的那样，只是为了尊重百姓的习俗而主张祭祀，否则他就不可能主张祭祀山川。但实际情况是，孔子将旱灾的产生同"政事"联系了起来，他并非只是因为从俗而才有祭祀山川的主张。从《鲁邦大旱》中可以看出，孔子提出"正刑与德"，正是建立在他认为鲁国旱灾的发生同"政事"上的"过错"或"失误"有关这一立场之上：

邦大旱，毋乃失诸刑与德乎？

"毋乃"意为"莫非""岂非"。为了不直接批评鲁哀公，孔子以反问口气婉转地指出鲁国产生大旱的原因是"失诸刑与德"。这样的思考方

---

① 《孔子家语·终纪解》所记内容与此基本一致。

第四章 "灾害"与"政事"和"祭祀"——从《鲁邦大旱》看孔子的刑德观和祭祀观 | 143

式,对孔子和他的时代来说都不偶然,而是"一般性"的。

早期中国哲学就相信宇宙是一个高度和谐和统一的整体体系,相信天地人、万物之间彼此互联、互动、共生、共存,任何一个环节和链条不正常,就会引起其他环节的错乱,甚至是连锁性的反应。对中国哲学来说,万物相互感应,天人相互感应,人间秩序与自然秩序息息相联,人的行动都参与到天地之化育之中。这就产生了一种思维方式,即自然现象和秩序是否正常,不仅从自然中寻找解释和说明,更从人事和政事中寻找原因。从泛神论或泛灵论来看,宇宙中充满着各种神灵,事物和现象都不可脱离开神灵的影响,有目的、有意识的人与神灵之间也存在着千丝万缕的关联,彼此有着复杂的契约和承诺。对于任何一个农业社会来说,风调雨顺都是人们最大的期盼。但中国哲人相信,风调雨顺是自然应有的秩序和状态,人间的时令必然适应于日月星辰等自然天体运行的顺序、时态和节奏。如《礼记·礼运》说:

> 故圣王所以顺,山者不使居川,不使渚者居中原,而弗敝也;用水、火、金、木,饮食必时;合男女,颁爵位,必当年德,用民必顺。故无水、旱、昆虫之灾,民无凶、饥、妖孽之疾。故天不爱其道,地不爱其宝,人不爱其情。故天降膏露,地出醴泉,山出器车,河出马图,凤凰麒麟皆在郊棷,龟、龙在宫沼,其余鸟兽之卵胎,皆可俯而窥也。则是无故,先王能修礼以达义,体信以达顺,故此顺之实也。

因此,当灾害出现时,一般的做法首先是寻找灾害发生的原因,然后在此基础上提出对策。整体上,为灾害寻找原因和说明的方式一般有两种:一是立足于"自然"的活动本身;二是立足于

"超自然"的活动。① 在早期哲学中,从自然本身寻找自然灾害的原因虽然不是"主流的",但也是存在的。如较早的伯阳父用"阴阳"失衡解释西周末年发生在西部地区的那次强烈地震。较后的荀子认为出现不常见、不正常的自然现象,都是天地、阴阳"变化"的结果:

> 星队木鸣,国人皆恐。曰:是何也?曰:无何也,是天地之变,阴阳之化,物之罕至者也。怪之可也,而畏之非也。夫日月之有蚀,风雨之不时,怪星之党见,是无世而不常有之。上明而政平,则是虽并世起,无伤也。上暗而政险,则是虽无一至者,无益也。夫星之队,木之鸣,是天地之变,阴阳之化,物之罕至者也。怪之可也,而畏之非也。(《荀子·天论》)②

但在早期哲学中,解释灾害的原因更多的是将之归于超自然的上帝、上天和各种神灵的意志,如《尚书·洪范》载:

> 曰休征:曰肃,时雨若;曰乂,时旸若;曰晢,时燠若;曰谋,时寒若;曰圣,时风若。曰咎征:曰狂,恒雨若;曰僭,恒旸若;曰豫,恒燠若;曰急,恒寒若;曰蒙,恒风若。曰王省惟岁,卿士惟月,师尹惟日。岁月日时无易,百谷用成,乂用明,俊民用章,家用平康。日月岁时既易,百谷用不成,乂用昏不明,俊民用微,家用不宁。庶民惟星,星有好风,星有好雨。日月之

---

① 王充按灾害产生的原因,将灾害分成"政治之灾"与"无妄之灾"。参阅王充《论衡·明雩篇》。

② 荀子相信万物的秩序和变化,都是自然的奇妙变化的结果:"列星随旋,日月递照,四时代御,阴阳大化,风雨博施。万物各得其和以生,各得其养以成,不见其事而见其功,夫是之谓神。皆知其所以成,莫知其无形,夫是之谓天功。唯圣人为不求知天。"(《荀子·天论》)

行，则有冬有夏；月之从星，则以风雨。

由于中国古人还相信世界中存在着邪恶的鬼怪之力，所以有时又将灾害归之于它们的作用，如造成旱灾的旱魃。

对灾害原因有两种解释，第一种主要是自然本身的作用，但人类的活动如果违背了自然的节奏和秩序，也会促成自然灾害的发生，就像我们今天破坏了生态平衡而造成的自然灾害那样。如《礼记·月令》记载说：

> 仲春行秋令，则其国大水，寒气总至，寇戎来征。行冬令，则阳气不胜，麦乃不熟，民多相掠。行夏令，则国乃大旱，暖气早来，虫螟为害。
>
> 孟秋行冬令，则阴气大胜，介虫败谷，戎兵乃来。行春令，则其国乃旱，阳气复还，五谷无实。行夏令，则国多火灾，寒热不节，民多疟疾。
>
> 仲秋行春令，则秋雨不降，草木生荣，国乃有恐。行夏令，则其国乃旱，蛰虫不藏，五谷复生。行冬令，则风灾数起，收雷先行，草木蚤死。
>
> 仲冬行夏令，则其国乃旱，氛雾冥冥，雷乃发声。行秋令，则天时雨汁，瓜瓠不成，国有大兵。行春令，则蝗虫为败，水泉咸竭，民多疥疠。

又如，医和用人的活动不合自然秩序解释人的疾病：

> 天有六气，降生五味，发为五色，征为五声。淫生六疾。六气曰阴、阳、风、雨、晦、明也，分为四时，序为五节，过则为灾，阴淫寒疾，阳淫热疾，风淫末疾，雨淫腹疾，晦淫惑疾，明

淫心疾。女，阳物而晦时，淫则生内热惑蛊之疾。今君不节、不时，能无及此乎？

第二种超自然的原因造成的灾害，往往被看成是神灵对人类的不好行为作出的惩罚性措施（在汉代被董仲舒体系化）。当然人类的好行为，也会赢得上天的奖赏。中国早期所谓的"吉凶由人"，是说人有什么样的行为，上天就会有什么反应（降吉降凶）。换言之，即上天施与给人的吉祥和凶害，是由人的行为好坏决定的。因此，人要避凶得吉，就要从事好的行为。不然，天就要降灾降异。在上博简《三德》中，我们看到了将"灾"和"异"并列的天降灾、降异的说法。

旱灾是更常见的自然灾害之一，它直接威胁到农业生产和收成，对人们的生活影响之大可想而知。古代对"旱灾"产生原因的说明，也不外乎以上所说的自然、超自然和人事三个方面。认为"旱灾"是自然变化引起的例子，如《左传·昭公二十四年》记载：

> 夏，五月乙未朔，日有食之。梓慎曰："将水。"昭子曰："旱也。日过分而阳犹不克，克必甚，能无旱乎？阳不克莫，将积聚也。"

《论衡·明雩篇》记载：

> 范蠡、计然曰："太岁在子，水毁，金穰，木饥，火旱。"

又如，《吕氏春秋·情欲》说：

> 秋早寒则冬必暖矣，春多雨则夏必旱矣，天地不能两，而况于人类乎？人与天地也同，万物之形虽异，其情一体也。

第四章 "灾害"与"政事"和"祭祀"——从《鲁邦大旱》看孔子的刑德观和祭祀观

用超自然力量解释旱灾一般有"旱魃说"。① 相对于掌管雨水的雨师("雨神屏翳")来说，旱魃一般被认为是专门制造旱灾的邪恶鬼怪。《诗·大雅·云汉》称："旱既大甚，涤涤山川。旱魃为虐，如惔如焚。"引起旱灾的人事和政事原因，既有不合"时令"的活动，也有当政者的失政。在《鲁邦大旱》中，孔子认为鲁国发生大旱是由于"失诸刑与德"，这显然是用人事和政事解释旱灾的发生。孔子这种将旱灾直接归之于人事和政事的做法，还见之于《左传·哀公十二年》的记载。此年夏正十月，鲁国发生了蝗虫灾害，季孙向孔子询问为什么此时还会发生这种灾害，孔子认为这是"司历"的"过错"。

> 冬，十二月，螽，季孙问诸仲尼。仲尼曰："丘闻之：火伏而后蛰者毕。今火犹西流，司历过也。"

《孔子家语·辨物》省去了"冬，十二月，螽"，但记载季孙与孔子的问答更详，可断定他们谈论的是这次虫灾：

> 季康子问于孔子曰："今周十二月，夏之十月，而犹有螽，何也？"孔子对曰："丘闻之，火伏而后蛰者毕。今火犹西流，司历过也。"季康子曰："所失者几月也？"孔子曰："于夏十月，火既没矣。今火见，再失闰也。"

"螽"，即今蝗虫之灾。《谷梁传·僖公十五年》说："螽，虫灾也。"此种灾害，《春秋》经传多有记载，其中两次发生在鲁哀公时。照杨伯峻先生的解释，螽灾发生，其时多在秋八月或九月，最迟在冬十月（文

---

① 《说文》解释说："魃，旱鬼也。从鬼，犮声。"旱魃也称女魃，传说是黄帝之女，僵尸之祖，所过之处赤地千里。《山海经·大荒北经》载："有人衣青衣，名曰黄帝女魃。"

公八年），没有发生在冬十二月的。此次和明年发生的蝗灾都在"冬十二月"，即今农历十月，当时发生蝗灾，实为罕见。季孙不解，特意请教孔子。① 孔子的解释是，作为星宿大火星，夏正十月即已不见于天空，此时寒冷，昆虫已经蛰伏。但大火星仍出现在西方天空，这是主管历法官员的失职。"司历之过"，"过"在哪里，是弄错了历法，还是其他行为上的过错，这是一个问题。不管如何，孔子是将这一灾害看成是人为造成的。孔子在陈国时，鲁国司铎发生火灾并殃及宗庙。孔子得知后，断定所殃及到的宗庙是桓、僖之庙。后经告知，确如孔子所言，陈侯对孔子的预知十分惊讶，他感叹说："吾乃今知圣人之可贵。"桓公、僖公的宗庙之所以发生火灾，在孔子看来，是因为"礼，祖有功而宗有德，故不毁其庙焉。今桓、僖之亲尽矣，又功德不足以存其庙。而鲁不毁，是以天灾加之。"（《孔子家语·辩物》）以上都是孔子将灾害归之于"人事"的例子。

用"失诸刑与德"具体解释旱灾的例子，在孔子那里大概只有这一例。然而用人事的原因说明灾害，在孔子那里并不少见。这说明孔子同"三代"和春秋时期相信人事与超自然力量之间相互影响的思维方式仍然保持了统一性。认为"人事"如何，就会引起"超自然力"如何反应，或认为超自然力如何又会引起人事如何，这是中国古代宗教思维的一个典型特征。《左传·庄公十一年》记载：

> 秋，宋大水。公使吊焉，曰："天作淫雨，害于粢盛，若之何不吊？"对曰："孤实不敬，天降之灾，又以为君忧，拜命之辱。"臧文仲曰："宋其兴乎！禹、汤罪己，其兴也悖焉；桀、纣罪人，其亡也忽焉。且列国有凶，称孤，礼也。言惧而名礼，其庶乎！"既而闻之曰："公子御说之辞也。"臧孙达曰："是宜为君，有

---

① 参阅杨伯峻的《春秋左传注》第四册，中华书局1981年版，第1673页。

恤民之心。"

孔子得知后,也发表了一个评论。《韩诗外传》卷三记载:

> 孔子闻之,曰:"宋国其庶几矣。"弟子曰:"何谓?"孔子曰:"昔桀、纣不任其过,其亡也忽焉;成汤、文王知任其过,其兴也勃焉。过而改之,是不过也。"宋人闻之,乃夙兴夜寐,吊死问疾,勠力宇内,三岁,年丰政平。乡使宋人不闻孔子之言,则年谷未丰,而国家未宁。《诗》曰:"弗时仔肩,示我显德行。"①

"天降灾"反过来成为促使人事和政事改变的原因,这是以"天"来影响人事和政事。这种思维,竟使楚庄王在没有遇到妖孽时感到不安:"楚庄王见天不见妖,而地不出孽,则祷于山川曰:'天其忘予欤?'此能求过于天,必不逆谏矣。安不忘危,故能终而成霸功焉。"(《说苑·君道》)由此可以推测,当时人们是多么关注"超自然现象"与"人事"之间的冷暖关系。

二 "御灾"与孔子的"刑德观"

孔子既然认为鲁国发生的旱灾与政事有关,那么当鲁哀公问他如

---

① 又如《左传·庄公三十二年》记载:"秋,七月,有神降于莘。惠王问诸内史过曰:'是何故也?'对曰:'国之将兴,明神降之,监其德也;将亡,神又降之,观其恶也。故有得神以兴,亦有以亡,虞、夏、商、周皆有之。'王曰:'若之何?'对曰:'以其物享焉。其至之日,亦其物也。'王从之。内史过往,闻虢请命,反曰:'虢必亡矣。虐而听于神。'神居莘六月,虢公使祝应、宗区、史嚚享焉。神赐之土田。史嚚曰:'虢其亡乎!吾闻之:国将兴,听于民;将亡,听于神。神,聪明正直而壹者也,依人而行。虢多凉德,其何土之得?'"

何应对时,① 作为重要对策之一,他建议鲁哀公修明政事——即"正刑与德",可以说是顺理成章。原简"政刑与"文字后竹简残缺,马承源以"政刑"为名词,解之为"社会治理之政",并援引《左传·隐公十一年》的记载以明之。② 刘乐贤据第一简失诸"刑与德"之例,推测"与"字后当补"德"字,读"政"为"正"。此说可从。下文孔子应会就如何"正刑与德"作出具体说明,无奈竹简残缺,无法知悉。因此,如何准确地理解孔子所说的"正刑与德"的含义,就成为问题的关键。马承源指出:"刑与德在上古以为是治国的根本,但历史条件不同,其涵义性质也不同。"他举出了两个文献,一个出自《韩非子·二柄》:

> 明主之所导制其臣者,二柄而已矣。二柄者,刑德也。何谓刑德?曰:杀戮之谓刑,庆赏之谓德。为人臣者畏诛罚而利庆赏,故人主自用其刑德,则群臣畏其威而归其利矣。

另一个出自刘向《说苑·政理》:

> 治国有二机,刑德是也;王者尚其德而布其刑,霸者刑德并凑,强国先其刑而后德。夫刑德者,化之所由兴也。德者,养善而进阙者也;刑者,惩恶而禁后者也;故德化之崇者至于赏,刑罚之甚者至于诛;夫诛赏者,所以别贤不肖而列有功与无功也。故诛赏不可以缪,诛赏缪则善恶乱矣。夫有功而不赏,则善不劝;有过而不诛,则恶不惧。善不劝,恶不惧,而能以行化乎天下者,未尝闻也。《书》曰:"毕力赏罚。"此之谓也。

---

① 鲁哀公的问语残缺,"之何哉","之"前可补"如",即"如之何哉"。
② 其文为:"郑庄公失政刑矣。政以治民,刑以正邪。既无德政,又无威刑,是以及邪。"

但马承源未说明《鲁邦大旱》的"刑与德"同这两个文献的用法相比,其"涵义性质"有什么不同。廖名春很干脆地认为,简文"刑与德"极其类似于《韩非子》中用"杀戮"与"庆赏"控制臣僚的"二柄说",并说这是孔子规劝鲁哀公收回政治权力、还政于己。① 杨朝明持相反意见,认为不能将儒家的"刑德"等同于韩非子的"刑德"。② 曹峰认为儒家的"刑德"有前后变化的情形,不能将竹简的"刑德"类比为韩非的"刑德";竹简的"刑德"同孔子的"刑德观"有一定差距。他还怀疑竹简所记是否为孔子的真实言论。③

孔子以"刑与德"并举且提出"正刑与德"的说法,《鲁邦大旱》可能是首例。《韩非子》和《黄帝四经》多以"刑"与"德"并列,并以之为统治的两个原则,这是黄老学和法家的特征之一。《黄帝四经·十六经·观》说:

不靡不黑,而正之以刑与德。春夏为德,秋冬为刑。先德后刑以养生。姓生已定,而敌者生争,不谌不定。凡谌之极,在刑与德。刑德皇皇,日月相望,以明其当,而盈□无匡。

《十六经·姓争》说:

刑德相养,逆顺若成。刑晦而德明,刑阴而德阳,刑微而德章。其明者以为法,而微道是刑。明明至微,时反以为机。

---

① 参阅廖名春《上海简〈鲁邦大旱〉札记》,见中国博士后科学基金会编《2000年中国博士后学术大会论文集·农林与西部发展分册》,科学出版社2001年版,第623—624页。
② 参阅杨朝明《上博竹书〈鲁邦大旱〉管见》,载《东岳论丛》2002年第5期。
③ 参阅曹峰《〈鲁邦大旱〉思想研究》,《上博楚简思想研究》,第102—105、97页。

这里有非常类似于孔子所说的"正刑与德"的"正之以刑与德"之语。《韩非子·二柄》中的"刑德",是明君作为驾驭和控制大臣的两种方法,它与黄老学的作为广义的统治术的"刑德"又有所不同。单从用语上看,看不出《鲁邦大旱》的"刑与德"与韩非子和《黄帝四经》的差别,这就容易产生将之同《韩非子》或者黄老学简单类比的倾向。但究其实质,将《鲁邦大旱》的"刑德"类比为韩非(哪怕是黄老学)的"刑德",殊不可取。这涉及儒家与法家和黄老学的基本差别问题。《说苑·政理》以"刑德"为治国的"二机",有融合儒、法、黄老的情形,但主要立场还是倾向于儒家,因为它有"王者尚其德而布其刑,霸者刑德并凑,强国先其刑而后德"的区分,并在前面引用了孔子回答季孙之问的一段话且有说明:

> 季孙问于孔子曰:"如杀无道,以就有道,何如?"孔子曰:"子为政,焉用杀,子欲善而民善矣。君子之德,风也;小人之德,草也;草上之风必偃。"言明其化而已矣。

这一对话原载于《论语·颜渊》。从孔子的回答看,他显然是强调"德化"。由于季孙只是提出了"刑杀",所以孔子就用"德化"来代替"刑杀"。

"德刑"并举、并用,不是黄老学和法家的发明。"三代"和春秋时期的政论,就以德义与刑罚为统治的两个面向。《周书》就以"德罚"并举提出了"明德慎罚"的说法。《左传·成公二年》引用了此语并作了解释:

> 楚之讨陈夏氏也,庄王欲纳夏姬。申公巫臣曰:"不可。君召诸侯,以讨罪也;今纳夏姬,贪其色也。贪色为淫,淫为大罚。《周书》曰:'明德慎罚',文王所以造周也。明德,务崇之之谓也;

第四章 "灾害"与"政事"和"祭祀"——从《鲁邦大旱》看孔子的刑德观和祭祀观 | 153

慎罚，务去之之谓也。若兴诸侯，以取大罚，非慎之也。君其图之！"王乃止。①

以下几个例子均出自《左传》，它们都是主张"刑罚"和"德化"并用，特别是后两个例子，更是直接以"德刑"并举而言：

郑伯使卒出豭，行出犬鸡，以诅射颖考叔者。君子谓郑庄公："失政刑矣。政以治民，刑以正邪。既无德政，又无威刑，是以及邪。邪而诅之，将何益矣！"（《左传·隐公十一年》）

臣闻：乱在外为奸，在内为宄。御奸以德，御宄以刑。不施而杀，不可谓德；臣逼而不讨，不可谓刑。德、刑不立，奸、宄并至，臣请行。（《左传·成公十七年》）②

德刑、政事、典礼，不易，不可敌也，不为是征……德立、刑行，政成、事时，典从、礼顺，若之何敌之？（《左传·宣公十二年》）

整体上说，"德""刑"兼用是"二代"和东周的大传统。《周礼·天官冢宰》所说的小宰"以官府之六职辨邦治"，其中既有"以和邦国，以谐万民，以事鬼神"的"礼职"，也有"以诘邦国，以纠万民，以除盗贼"的"刑职"。如果说周公是以"敬德""明德"和"保民"为中心的话，那么，春秋时期的政治改革家们则扩大了"刑罚"的作用。子产铸刑鼎，是加强法律统治的改革行为，而叔向的批评则

---

① 《左传·成公十六年》中记载有"德以施惠，刑以正邪，详以事神，义以建利，礼以顺时，信以守物"的说法。
② 这段话为《国语·晋语六》所引，文字有所不同："臣闻之，乱在内为宄，在外为奸。御宄以德，御奸以刑。今治政而内乱，不可谓德。除鲠而避强，不可谓刑。德刑不立，奸宄并至，臣脆弱，不能忍俟也。"

代表着西周传统的"德礼本位"。① 有趣的是,在子产心目中,理想的治道仍是"有德者"的"以宽服民"。但由于"行宽"要求比较高,实行起来不容易,他逝世前特意就如何处理好"宽猛"关系留言给子大叔。但继承子产执政的子大叔,没有理解子产临终前对他说的一番话,"不忍心"实行"猛"的一面,结果造成了郑国的多盗,最后他只好采取猛烈的惩罚措施以止盗(类似现在所说的"严打")。《左传·昭公二十年》记载:

> 郑子产有疾,谓子大叔曰:"我死,子必为政。唯有德者能以宽服民,其次莫如猛。夫火烈,民望而畏之,故鲜死焉;水懦弱,民狎而玩之,则多死焉,故宽难。"疾数月而卒。大叔为政,不忍猛而宽。郑国多盗,取人于萑苻之泽。大叔悔之,曰:"吾早从夫子,不及此。"兴徒兵以攻萑苻之盗,尽杀之,盗少止。

子产是受到孔子高度称赞的春秋人物之一,子产去世后孔子评论说他是"古之遗爱":"及子产卒,仲尼闻之,出涕曰:'古之遗爱也。'"(《左传·昭公二十年》)对于子产的"宽猛"并用的为政之道,

---

① 《左传·昭公六年》记载:"三月,郑人铸刑书。叔向使诒子产书曰:'始吾有虞于子,今则已矣。昔先王议事以制,不为刑辟,惧民之有争心也。犹不可禁御,是故闲之以义,纠之以政,行之以礼,守之以信,奉之以仁;制为禄位,以劝其从;严断刑罚,以威其淫。惧其未也,故诲之以忠,耸之以行,教之以务,使之以和,临之以敬,莅之以强,断之以刚;犹求圣哲之上、明察之官、忠信之长、慈惠之师,民于是乎可任使也,而不生祸乱。民知有辟,则不忌於上。……夏有乱政,而作禹刑;商有乱政,而作汤刑;周有乱政,而作九刑。三辟之兴,皆叔世也。今吾子相郑国,作封洫,立谤政,制参辟,铸刑书,将以靖民,不亦难乎?'"子产对这一批评又复书曰:"若吾子之言——侨不才,不能及子孙,吾以救世也。既不承命,敢忘大惠!"公元前513年,晋国也作了鼎刑,把范宣子的刑书铸在铁制的鼎上。对此,孔子则从打破尊卑界限上批评说:"晋其亡乎,失其度矣。……今弃是度也而为刑鼎。民在鼎矣,何以尊贵?贵何业之守?贵贱无序,何以为国。"(《左传·昭公二十九年》)

第四章 "灾害"与"政事"和"祭祀"——从《鲁邦大旱》看孔子的刑德观和祭祀观

孔子给予了肯定:

> 仲尼曰:"善哉!政宽则民慢,慢则纠之以猛。猛则民残,残则施之以宽。宽以济猛,猛以济宽,政是以和。《诗》曰:'民亦劳止,汔可小康;惠此中国,以绥四方',施之以宽也。'毋从诡随,以谨无良;式遏寇虐,惨不畏明',纠之以猛也。'柔远能迩,以定我王',平之以和也。又曰:'不竞不絿,不刚不柔,布政优优,百禄是遒',和之至也。"(《左传·昭公二十年》)

"宽猛"即"德刑"的具体运用。孔子从子产的说法中引出的著名论断——"宽猛相济",这是他主张德刑兼用的一个例子。如果把"德刑"看成是广义的道德与法律,那么任何一个社会共同体都需要这两者。儒家当然不会否认"刑罚"的作用,在观念上表现出德礼与政(政令和政策)刑或礼乐与刑政并用的二重构造。如《礼记·乐记》说:

> 故礼以道其志,乐以和其声,政以一其行,刑以防其奸。礼、乐、刑、政,其极一也,所以同民心而出治道也。
>
> 礼节民心,乐和民声,政以行之,刑以防之。礼、乐、刑、政,四达而不悖,则王道备矣。

郭店简《六德》说:

> 作礼乐,制刑法,教此民尔,使之有向也,非圣智者莫之能也。

但总体上说,"德刑"("礼乐刑政")在孔子那里是有主次之分的,即一般所说的"德主刑辅"。以礼乐教化和德化去统治是儒家的根本政治信条。儒家的"德化"之"德",首先是对统治者的要求,这与孔子以"政"为"正"、以"为政"为"正己"是一致的,可以说是"道德师范"政治学。正是在"尚德"和"尚礼"的意义上,孔子将"道之以德,齐之以礼",同"道之以政,齐之以刑"(《论语·为政》)区分开。①《孔子家语·执辔》记载,闵子骞要担任费地的行政官("费宰"),向孔子请教"为政"之道,孔子教导他说要"以德以法",不能"弃其德法,专用刑辟","无德法而用刑,民必流,国必亡"。郭店楚简《成之闻之》说:"是故威服刑罚之屡行也,由上之弗身也。昔者君子有言曰:战与刑,人君之坠德也。"仲弓曾听到一个说法,"至刑无所用政,至政无所用刑。至刑无所用政,桀纣之世是也;至政无所用刑,成康之世是也。"仲弓问孔子这一说法是否可信,孔子回答说:"圣人之治化也,必刑政相参焉。太上以德教民,而以礼齐之。其次以政言导民,以刑禁之,刑不刑也。化之弗变,导之弗从,伤义以败俗,于是乎用刑矣。"(《孔子家语·刑政》)在"刑政相参"这一大前提下,孔子认为德礼之治是首要的。孔子担任鲁国大司寇时,拘留了一对家庭诉讼的父子,不久在这个孩子父亲的请求下,孔子赦免了他们。季孙对孔子赦免他们大惑不解,因为孔子曾告诉他,治理国家必须先强调孝。季孙是想通过这一案例(惩罚这一不孝之子)引导人们行孝道。冉有告诉了季孙的看法,孔子深为叹息地表达了他对"上下""教刑"关系的看法:

---

① 《论语·为政》记载:"子曰:'道之以政,齐之以刑,民免而无耻;道之以德,齐之以礼,有耻且格。'"郭店竹简本《缁衣》记载与之有所不同:"子曰:'长民者教之以德,齐之以礼,则民有劝心;教之以政,齐之以刑,则民有免心。故慈以爱之,则民有亲;信以结之,则民不倍;恭以莅之,则民有逊心。《诗》云:吾大夫恭且俭,靡人不敛。《吕刑》云:非用臸,制以刑,惟作五虐之刑曰法。'"通行本《礼记·缁衣》的记载与竹简本略有不同:"子曰:夫民,教之以德,齐之以礼,则民有格心;教之以政,齐之以刑,则民有遁心。故君民者,子以爱之,则民亲之;信以结之,则民不倍;恭以莅之,则民有孙心。《甫刑》曰:'苗民匪用命,制以刑,惟作五虐之刑曰法。'是以民有恶德,而遂绝其世也。"

第四章 "灾害"与"政事"和"祭祀"——从《鲁邦大旱》看孔子的刑德观和祭祀观 | 157

孔子喟然叹曰:"呜呼!上失其道而杀其下,非理也。不教以孝而听其狱,是杀不辜。三军大败,不可斩也;狱犴不治,不可刑也。何者?上教之不行,罪不在民故也。夫慢令谨诛,贼也;征敛无时,暴也;不试责成,虐也。政无此三者,然后刑可即也。《书》云:'义刑义杀,勿庸以即汝心,惟曰未有慎事。'言必教而后刑也。陈道德以先服之,而犹不可,尚贤以劝之;又不可,即废之;又不可,而后以威惮之。若是三年,而百姓正矣。其有邪民不从化者,然后待之以刑,则民咸知罪矣。《诗》云:'天子是毗,俾民不迷。'是以威厉而不试,刑错而不用。今世则不然,乱其教,繁其刑,使民迷惑而陷焉,又从而制之,故刑弥繁而盗不胜也。"(《孔子家语·始诛》)①

孔子首先是检讨为政者的责任。在他看来,在上者与在下者是一种责任连带关系,正是在上者的失职引起了在下者的违法。只有在为政者充分履行了其职责("上教")之后而仍有犯罪者才可以施诸刑罚("言必教而后刑")。用孔子的说法,就是在统治者没有"慢令谨诛""征敛无时""不试责成"这三种政治过错后,才可运用刑罚。这段话最为典型地反映了孔子"德化本位"的政治理念。子路曾经问孔子到卫国去从事政治,首先要做的是什么,孔子回答说是"正名"。其中孔子以

---

① 《荀子·宥坐》篇的记载意思与此一致,文字有异:"孔子慨然叹曰:'呜呼!上失之,下杀之,其可乎?不教其民而听其狱,杀不辜也。三军大败,不可斩也;狱犴不治,不可刑也,罪不在民故也。嫚令谨诛,贼也。今生也有时,敛也无时,暴也;不教而责成功,虐也。已此三者,然后刑可即也。《书》曰:"义刑义杀,勿庸以即,予维曰未有顺事。"言先教也。故先王既陈之以道,上先服之;若不可,尚贤以綦之;若不可,废不能以单之;綦三年而百姓往矣。邪民不从,然后俟之以刑,则民知罪矣。《诗》曰:"尹氏大师,维周之氐;秉国之均,四方是维;天子是庳,卑民不迷。"是以威厉而不试,刑错而不用,此之谓也。'"

"礼乐"秩序作为"刑罚"正当的保证。①《鲁邦大旱》中孔子所说的"正刑与德",同他所说的"宽猛相济""刑政相参"类似,一方面反映了孔子在"德刑"上两者不废其一的全面性立场;在此基础上,另一方面他应该仍是以"德化"为主而辅之以"刑"。我们不宜只从《鲁邦大旱》"正刑与德"的说法中,推测孔子在"德刑"关系上是不分秋色、一视同仁;更不宜因为"刑"字在前就得出孔子优先考虑"刑"的结论。对孔子来说,"刑罚"是不可或缺的,但必须是教化优先。只有在教化失效之后才可施诸刑罚,以对付少数顽固不化分子。因为刑罚不是目的,它是德化的补充手段,它的行使包含着"寓教于刑"的目的,它通过促使人产生耻辱之心而从善,最终使刑罚的使用降到最低点乃至于不用刑。这与法家商鞅的逻辑相反,商鞅相信通过严刑使人惧怕,以使人不触刑而产生德。冉有请教孔子远古三皇五帝是否真的不用"五刑",孔子没有直接回答他的问题,而是向他说明了设防的真正目的和如何使人民避免无故而"陷刑":

> 孔子曰:"圣人之设防,贵其不犯也。制五刑而不用,所以为至治也。凡民之为奸邪、窃盗、靡法、妄行者,生于不足。不足生于无度。无度则小者偷盗,大者侈靡,各不知节。是以上有制度,则民知所止。民知所止则不犯,故虽有奸邪、贼盗、靡法、妄行之狱,而无陷刑之民。……不豫塞其源,而辄绳之以刑,是谓为民设阱而陷之也。刑罚之源,生于嗜欲不节。夫礼度者,所以御民之嗜欲而明好恶。顺天之道,礼度既陈,五教毕修,而民犹或未化,尚必明其法典,以申固之。"(《孔子家语·五刑解》)

---

① 《论语·子路》记载:"子路曰:'卫君待子而为政,子将奚先?'子曰:'必也正名乎!'子路曰:'有是哉?子之迂也!奚其正?'子曰:'野哉,由也!君子于其所不知,盖阙如也。名不正,则言不顺;言不顺,则事不成;事不成,则礼乐不兴;礼乐不兴,则刑罚不中;刑罚不中,则民无所措手足。'"

第四章 "灾害"与"政事"和"祭祀"——从《鲁邦大旱》看孔子的刑德观和祭祀观

《汉书·刑法志》记载：

> 孔子曰："如有王者，必世而后仁；善人为国百年，可以胜残去杀矣。"

现在的问题是"正刑与德"的具体所指有可能是什么，这是研究《鲁邦大旱》没有受到注意的一个层面。孔子说的"正刑与德"与"失诸刑与德"一正一反，失误的就是要端正的，要端正的就是失误的，两者可以相互说明。以上的讨论，实际上已经涉及了这方面的问题。在简文中，我们只能看到残留的"于乎（简5）！……公岂不饱粱食肉哉也！无如庶民何（简6）"等文字。孔子意识到鲁哀公不会听从他提出的修明政德的建议，他可能是当着子贡的面批评鲁哀公依然会"饱粱食肉"而不会去多关心"庶民"的生活。从怀疑鲁哀公会继续"饱粱食肉"，孔子可能要求鲁哀公限制消费和紧缩开支。齐景公时，齐国曾发生一次旱灾，当时孔子正在齐国，齐景公咨询孔子如何应对旱灾，孔子给他提出的建议就包含有降低消费等方面的内容。《孔子家语·曲礼子贡问》记载：

> 孔子在齐，齐大旱，春饥。景公问于孔子曰："如之何？"孔子曰："凶年则乘驽马，力役不兴，驰道不修，祈以币玉，祭事不悬，祀以下牲。此则贤君自贬以救民之礼也。"

《礼记·杂记下》记载的"孔子曰：凶年则乘驽马，祀以下牲"，当是出自《孔子家语》，它指出了君主在生活、祭祀方面所需要的自我约束和限制。《礼记·曲礼下》有一个记载表明，在岁灾之年从君主到士大夫都要限制自己的生活：

> 岁凶，年谷不登，君膳不祭肺，马不食谷，驰道不除，祭事不县；大夫不食粱，士饮酒不乐。

在孔子那里，"失诸刑与德"也就是广义的政治不善，它可以是简本《缁衣》记载的"政之不行，教之不成也，则刑罚不足耻，而爵不足劝也"，①也可以是《孔子家语·始诛》记载的"今世则不然，乱其教，繁其刑，使民迷惑而陷焉，又从而制之，故刑弥繁而盗不胜也"。与之相应，"正诸刑与德"，自然也是一个广义的如何为政的理念。孔子在宋国时，宋君向他咨询为政之道，他提出了一连串问题，孔子感叹说，有许多执政者向他咨询政事，但没有谁像宋君那样详细和仔细的，孔子以"闻之"的方式说出了"善政"包括的许多方面：

> 丘闻之：邻国相亲，则长有国；君惠臣忠，则列都得之；不杀无辜，无释罪人，则民不惑；士益之禄，则皆竭力；尊天敬鬼，则日月当时；崇道贵德，则圣人自来；任能黜否，则官府治理。(《孔子家语·贤君》)

这里与"刑"有直接关系的是要求刑罚"清明"。

孔子是谴责滥用刑罚的，他一直在规劝统治者要坚持礼的秩序和慎用刑罚。郭店简本《缁衣》说："政之不行，教之不成也，则刑罚不足耻，而爵不足劝也，故上不可以亵刑而轻爵。《康诰》云：'敬明乃罚。'《吕刑》云：'播刑之迪。'"② 这是一个古老的思想。《尚书·大禹谟》记载：

---

① 传世《礼记·缁衣》所记意思一致，文字略异："子曰：政之不行也，教之不成也，爵禄不足劝也，刑罚不足耻也。"

② 传世《礼记·缁衣》的文字是："故上不可以亵刑而轻爵。《康诰》曰：'敬明乃罚。'《甫刑》曰：'播刑之不迪。'"

第四章 "灾害"与"政事"和"祭祀"——从《鲁邦大旱》看孔子的刑德观和祭祀观

> 帝曰:"皋陶!惟兹臣庶,罔或干予正,汝作士,明于五刑,以弼五教。期于予治,刑期于无刑,民协于中。时乃功,懋哉!"皋陶曰:"帝德罔愆。临下以简,御众以宽;罚弗及嗣,赏延于世;宥过无大,刑故无小;罪疑惟轻,功疑惟重;与其杀不辜,宁失不经。好生之德,洽于民心,兹用不犯于有司。"

《大禹谟》整体上是伪古文,但是其中有的说法则见于《左传·襄公二十六年》,这是楚公孙归生(即子声,子朝之子)阐述"慎刑明罚"思想而引用的:

> 归生闻之:善为国者,赏不僭而刑不滥。赏僭,则惧及淫人;刑滥,则惧及善人。若不幸而过,宁僭,无滥。与其失善,宁其利淫。无善人,则国从之。《诗》曰:"人之云亡,邦国殄瘁",无善人之谓也。故《夏书》曰:"与其杀不辜,宁失不经",惧失善也。《商颂》有之曰:"不僭不滥,不敢怠皇。命于下国,封建厥福",此汤所以获天福也。古之治民者,劝赏而畏刑,恤民不倦。赏以春夏,刑以秋冬。是以将赏为之加膳,加膳则饫赐,此以知其劝赏也;将刑为之不举,不举则彻乐,此以知其畏刑也。夙兴夜寐,朝夕临政,此以知其恤民也。三者礼之大节也,有礼无败。

《论语·尧曰》记载,子张向孔子请教一个人如何做才可以从事政治,孔子告诉他,尊重五种"美德"("尊五美"),摒除四种"不良行为"("屏四恶")。五种美德是"君子惠而不费;劳而不怨;欲而不贪;泰而不骄;威而不猛",这正是孔子要修明的"政、德"。但子张仍不太理解,孔子又向他一一作了解释。[①] 四种不良行为是"不教而杀

---

① 《论语·尧曰》:"子张曰:'何谓惠而不费?'子曰:'因民之所利而利之,斯不亦惠而不费乎?择可劳而劳之,又谁怨!欲仁而得仁,又焉贪!君子无众寡,(转下页)

谓之虐；不戒视成谓之暴；慢令致期谓之贼；犹之与人也，出纳之吝，谓之有司"。上博竹简《从政》反对的四种不良政治行为有三种与此相同：

> 毋{暴}，毋{虐}，毋（贼），毋（贪）。不（修）不{戒}，（谓）之必（成）则{暴}；不教而杀则{虐}；命（无）时，事必（有）{期}则（贼）；利（枉）事则（贪）。①

《从政》多用"闻之曰"，其说法也许就是出自孔子。前面说到的《孔子家语·始诛》中孔子向冉有谈到的三种"恶政"（即"夫慢令谨诛，贼也；征敛无时，暴也；不试责成，虐也"），有两种也与此相同。孔子批评和谴责的这些不良政治行为，可以帮助我们理解简文《鲁邦大旱》中他说的"失诸刑与德"。又如，鲁哀公咨询孔子为政之道，孔子回答说从事政治的急迫任务，是让百姓富裕和长寿，鲁哀公又问具体如何做。孔子回答说：

> 省力役，薄赋敛，则民富矣；敦礼教，远罪疾，则民寿矣。

前者是说减轻庶民的劳役和税收，后者是说通过德化以使庶民避免疾病和刑罚。这就是"正刑与德"。鲁哀公担心由此他的国家贫穷，但孔

（接上页）无小大，无敢慢，斯不亦泰而不骄乎！君子正其衣冠，尊其瞻视，俨然人望而畏之，斯不亦威而不猛乎！'"子贡反对严苛的"猛政"，强调教化优先：《新序》记载："臧孙行猛政，子贡非之曰：'夫政犹张琴瑟也，大弦急则小弦绝矣，是以位尊者德不可以薄，官大者治不可以小，地广者制不可以狭，民众者政不可以苛。独不闻子产相郑乎，其抡材推贤，抑恶而扬善。故有大略者，不问其所短；有德厚者，不非其小疵。其牧民之道，养之以仁，教之以礼，因其所欲而与之，从其所好而劝之，赏之疑者从重，罚之疑者从轻。'"（《艺文类聚》卷五十二引）

① 有关《从政》的释文校注，参阅附录三《〈从政〉重编校注》。

子引用《诗》回答说:"《诗》云:'恺悌君子,民之父母。'未有子富而父母贫者也。"①

三 "御灾"与孔子的"祭祀观"

孔子为鲁哀公提出的御灾对策,除了上面我们集中讨论的修明政事("正刑与德")这一重要方面外,再就是祭祀山川的宗教礼仪了。但在这一方面,研究者的分歧很大。分歧直接表现为对"悡"字的不同释读,由此引出了孔子究竟是否主张祭祀山川、孔子和他的弟子子贡到底是什么不同意见等问题。照马承源的释读,"悡"通"薆",义同"瘗",孔子说的"毋悡珪璧币帛于山川",意思自然是不要向山川瘗埋"珪璧币帛"等祭品,②换言之,就是孔子不主张鲁哀公举行祭祀山川的礼仪活动。与此相反,照刘乐贤的释读,以"悡"为"爱"(意为"吝惜"),"毋悡珪璧币帛于山川",意思则是不要吝惜祭品来祭祀山川。据此,孔子不仅建议鲁哀公"正刑与德",而且也建议他举行祭祀山川活动。释"悡"为"瘗"或"爱",也直接关系到如何理解子贡对孔子的建议而说出的"若夫毋悡圭璧币帛于山川,毋乃不可"这句话。据前者,只能说子贡是反对祭祀山川的,但据后者子贡是主张祭祀山川的。孔子到底是否主张祭祀山川,子贡究竟是什么态度,它不仅是如何理解《鲁邦大旱》的问题,而且也关涉到孔子对作为礼仪规

---

① 鲁哀公还向孔子咨询"大礼"是什么,孔子的解释不啻于在向他传授"大政"之道。鲁哀公问孔子为什么现在的君子做不到,孔子毫不忌讳地说:"今之君子,好利无厌,淫行不倦,荒怠慢游,固民是尽,以遂其心,以怨其政,以忤其众,以伐有道。求得当欲,不以其所;虐杀刑诛,不以其治。夫昔之用民者由前,今之用民者由后。是即今之君子莫能为礼也。"(《孔子家语·问礼》)

② 马承源举出《诗·大雅·云汉》"旱既大甚,蕴隆虫虫。不殄禋祀,自郊徂宫。上下奠瘗,靡神不宗"中"瘗"字的用法,说"不薆珪璧币帛于山川,即不进行大旱之祭"。参阅马承源主编的《上海博物馆藏战国楚竹书(二)》,第206页。

范重要构成部分的"祭祀"的整体看法和对超自然神灵的信仰问题,确实需要我们展开细致的讨论。

孔子询问子贡他向鲁哀公所提建议的看法,子贡的回答简文完整地保留了下来:

> 出遇子贡,曰:"赐,尔闻巷路之言,毋乃谓丘之答非与?"子贡曰:"否也。吾子若重名其与?若夫正刑与德,以事上天,此是哉!若夫毋爱圭璧(简3)币帛于山川,毋乃不可。夫山,石以为肤,木以为民,如天不雨,石将焦,木将死,其欲雨,或甚于我,或必待吾縈乎?夫川,水以为肤,鱼(简4)以为民,如天不雨,水将涸,鱼将死,其欲雨,或甚于我,或必待吾縈乎?"

原整理者将"子贡曰"到最后的"待乎名乎",都看成是子贡回答孔子说的话,大家一般也都接受。但俞志慧提出不同意见,认为从"夫山"到"待乎名乎"这一部分是孔子说的话,①广濑薰雄表示赞成,说古人对话中即使没有"某人曰",有时说话的主体也会发生变化,俞樾在《古书疑义举例》第二十条"两人之辞而省曰字例"中有介绍。②曹峰与他们又有不同,认为从"若夫"到"待乎名乎"都是孔子说的话。③

这种分割有几个问题,一是,前面已经有"子贡曰"再将其话分别归属,失于不慎;二是,仅就本篇文献用"曰"的体例看,"孔子曰"之后继而再出现孔子的话时用了"曰",省略了"孔子",这是古文献记载说话主体的常法。据此体例,"子贡曰"之后再出现孔子的

---

① 参阅俞志慧《〈上博馆藏战国楚竹书〉(二)二题》,见朱渊清、廖名春编《上海博物馆藏战国楚竹书研究(续编)》。
② 参阅〔日〕广濑薰雄《关于〈鲁邦大旱〉的几个问题》,载《武汉大学学报》(哲学社会科学版) 2004年第4期。
③ 参阅曹峰《〈鲁邦大旱〉思想研究》,见《上博楚简思想研究》,第91—92页。

话，至少应该用一个"曰"字以示区别，否则就不能说是孔子的话；三是，后面紧接着"乎"之后出现了"孔子曰"，这足以说明前面的话是子贡说的，而不可能是孔子说的。二、三两点说明，《鲁邦大旱》使用"曰"字非常规范和严谨。四是，子贡在《鲁邦大旱》中对待祭祀的立场，恰恰是否定的，那段话正是他反对祭祀的根据。子贡只是赞成孔子提出的"正刑与德"这一方面，并认为以此可以"事上天"。这同他说的"吾子若重命"一致。"重命"有不同解释，① 但与后面说的"事上天"的"天"联系起来，看成是"天命"，也许是适当的。

　　子贡对祭祀持反对态度比较符合传世文献对他的有关记载；同样，孔子肯定祭祀，这也同许多文献记载的孔子对神灵的信仰和对祭祀的重视是一致的。在孔子弟子中，子贡是能言善辩的人，也是在孔子面前往往敢直言不讳表达自己见解的人。他虽不时受到孔子的批评，但他同孔子的感情是非常深厚的。孔子去世前曾抒发悲伤的感叹，而应对的就是子贡。子贡急忙进入孔子的宅门，孔子问："赐！汝何来迟？"② 孔子去世后，"二三子三年丧毕，或留或去，惟子贡庐于墓六年"（《孔子家语·终纪解》），足见其对孔子的敬仰。子贡对祭祀是轻视的，一次他欲抽掉祭品中的牲羊而受到了孔子的批评。《论语·八佾》篇记载："子贡欲去告朔之饩羊。子曰：'赐也，尔爱其羊，我爱其礼。'"子贡曾参观看过一次蜡祭，③ 孔子问他是否从中感受到了乐趣，他说"未知其乐"。这见之于《孔子家语·观乡射》的记载：

---

① 参见李学勤《上博楚简〈鲁邦大旱〉解义》（载《孔子研究》2004年第1期）；刘信芳的《上博藏楚简〈鲁邦大旱〉"踵命"试解》（载《孔子研究》2005年第5期）。

② 这一事迹，《礼记·檀公上》亦有记载。

③ 古代阴历十二月合祭百神的一种祭祀。《礼记·郊特牲》记载："天子大蜡八。伊耆氏始为蜡。蜡也者，索也，岁十二月，合聚万物而索飨之也。蜡之祭也，主先啬而祭司啬也，祭百种以报啬也。飨农及邮表畷、禽兽，仁之至、义之尽也。古之君子，使之必报之。"

> 子贡观于蜡。孔子曰:"赐也,乐乎?"对曰:"一国之人皆若狂,赐未知其为乐也!"孔子曰:"百日之劳,一日之乐,一日之泽,非尔所知也。张而不弛,文武弗能;弛而不张,文武弗为。一张一弛,文武之道也。"

这说明子贡对于祭祀没有特别的宗教情怀。子贡对人死后是否为鬼,也抱有疑问,他问孔子人死后是否"有知"。孔子的回答是他自己死后去证实。《孔子家语·观思》记载:

> 子贡问于孔子曰:"死者有知乎?将无知乎?"子曰:"吾欲言死之有知,将恐孝子顺孙妨生以送死;吾欲言死之无知,将恐不孝之子弃其亲而不葬。赐欲知死者有知与无知,非今之急,后自知之。"①

根据这些来看,子贡不赞成祭祀山川是很自然的。他说的那段话,称得上是他一般倾向的表现。简文子贡两处说的"或必待乎名乎"的"或",读"又"。"禜"为《周礼·春官宗伯》记载的"六祈"向鬼神祷告的方式之一,是祭祀日月星辰和山川以禳除水旱风雨不时灾害的祭祀。《左传·昭公元年》记载:"山川之神,则水旱疠疫之灾,于是乎禜之;日月星辰之神,则雪霜风雨之不时,于是乎禜之。"但在子贡看来,山川之物是干旱的直接受害者,它们对雨水的渴望更甚于人,它们不可能等待人对山川的祭祀才降雨。马承源首先注意到子贡的那段话同晏婴类似说法之间的关系。《晏子春秋·内篇谏上第一·景公欲祠灵山河伯以祷雨晏子谏第十五》记载,齐国发生了持久的旱灾,景

---

① 《说苑·辨物》的记载文字略异:"子贡问孔子:'死人有知无知也?'孔子曰:'吾欲言死者有知也,恐孝子顺孙妨生以送死也;欲言无知,恐不孝子孙弃不葬也。赐欲知死人有知将无知也?死徐自知之,犹未晚也!'"

第四章 "灾害"与"政事"和"祭祀"——从《鲁邦大旱》看孔子的刑德观和祭祀观 | 167

公召见群臣寻求对策说:"天不雨久矣,民且有饥色。吾使人卜,云崇在高山广水。寡人欲少赋敛以祠灵山,可乎?"群臣无言以对,晏婴反对说:

> 不可。祠此无益也。夫灵山固以石为身,以草木为发。天久不雨,发将焦,身将热,彼独不欲雨乎?祠之无益。

景公又提出,他打算祭祀河伯这是否可行。晏子同样反对说:

> 不可。河伯以水为国,以鱼鳖为民。天久不雨,泉将下,百川竭,国将亡,民将灭矣,彼独不欲雨乎?祠之何益!

子贡不赞成孔子祭祀山川的那段话,同晏婴反对景公祭祀山川的话很相似,而且都是面对干旱主张不举行祭祀活动。子贡的说法,当是受了晏婴的影响。只是,晏婴反对景公祭祀山川,但他又建议景公采取"自我折磨"的方法以赢得神灵的同情:

> 景公曰:"今为之奈何?"晏子曰:"君诚避宫殿暴露,与灵山河伯共忧,其幸而雨乎!"于是景公出野居暴露,三日,天果大雨,民尽得种时。景公曰:"善哉!晏子之言,可无用乎?其维有德。"①

这说明晏婴具有"神人相感"的思想。"自损"以求雨的做法,已见于有关商汤的传说。商汤执政时,发生了长达五年(或说是七年)的连

---

① 刘向《说苑·辨物》完整地记载了这段话,有两处略异。《晏子春秋》第二句"不可"后有"祠此无益也";最后是"其惟右德"。

续旱灾。为了解除旱灾,商汤以类似于"苦肉计"的方法祈求降雨。《吕氏春秋·顺民》记载:

> 昔者汤克夏而正天下,天大旱,五年不收,汤乃以身祷于桑林,曰:"余一人有罪,无及万夫。万夫有罪,在余一人。无以一人之不敏,使上帝鬼神伤民之命。"于是翦其发,䥴其手,以身为牺牲,用祈福于上帝,民乃甚说,雨乃大至。则汤达乎鬼神之化、人事之传也。①

在世界土著人中,为了对付干旱也有以折磨身体为特征的祭祀。涂尔干说:

> 为了这个目的,土著人强迫自己遭受痛苦,有时会精疲力尽,好几天都不能外出打猎。这些仪轨也可以特别用来战胜干旱。因为雨水稀少会带来普遍的匮乏,为了挽回这种恶劣的局面,他们必须诉诸极端方法。其中,最常使用的方法就是把牙齿拔掉。比如说,在凯蒂什部落,人们会拔掉一个人的门牙,并把它悬挂在树上。在迪埃里部落,雨的观念与血是紧密联系在一起的,人们就把胸部和手臂的皮肤割开,让血流出来。②

---

① 有关这一传说,《荀子·大略》只是记载了祷文:"汤旱而祷曰:'政不节与?使民疾与?何以不雨至斯极也!宫室荣与?妇谒盛与?何以不雨至斯之极也!苞苴行与?谗夫兴与?何以不雨至斯极也!'"《说苑·君道》记载:"汤之时,大旱七年,雒坼川竭,煎沙烂石,于是使人持三足鼎祝山川,教之祝曰:政不节耶?使人疾耶?苞苴行耶?谗夫昌耶?宫室营耶?女谒盛耶?何不雨之极也,盖言未已而天大雨。故天之应人,如影之随形,响之效声者也。《诗》云:'上下奠瘗,靡神不宗。'言疾旱也。"

② 〔法〕爱弥尔·涂尔干:《宗教生活的基本形式》,渠东、汲喆译,上海人民出版社 1999 年版,第 530 页。

第四章 "灾害"与"政事"和"祭祀"——从《鲁邦大旱》看孔子的刑德观和祭祀观 | 169

子贡不赞成祭祀山川，同孔子主张祭祀山川一正一反。帛书《要》说："君子德行焉求福，故祭祀而寡也；仁义焉求吉，故卜筮而希也。"这是强调福吉主要取决于"德行"，而不取决于祭祀和卜筮。孔子从未在一般意义上反对过祭祀。《说苑·君道》记载的孔子称赞楚昭王不祭祀黄河神有特定的意义，不能作为孔子反对祭祀的例子：

> 楚昭王有疾，卜之曰："河为祟。"大夫请用三牲焉。王曰："止，古者先王割地制土，祭不过望；江、汉、睢、漳，楚之望也，祸福之至，不是过也。不谷虽不德，河非所获罪也。"遂不祭焉。仲尼闻之曰："昭王可谓知天道矣，其不失国，宜哉！"

孔子之所以称赞楚昭王，一是楚昭王强调了"德"；二是楚昭王懂得"非类不祭"（黄河不在楚国的祭祀范围之内）的祭祀规范。这两者都是孔子所注重的。《左传·僖公十年》有"臣闻之：'神不歆非类，民不祀非族'"的记载，孔子也说有"非其鬼而祭之，谄也"（《论语·为政》）的说法。在古代祭祀礼仪中，祭祀的对象和祭祀者是有所属关系的，这种关系一部分取决于权力的大小和等级，一部分取决于宗法和血缘。楚昭王不祭祀黄河之神，是因为黄河不在楚国的疆土之内，正如《礼记·王制上》所说："诸侯祭名山大川之在其地者"。"非其鬼而祭"和"神不歆非类"，是说不属于自己的祖先神和祖考不能祭之。

在古代祈雨的祭祀活动中，有一种焚烧神职人员以求降雨的方式。这种方式久远而流长，甲骨文中就有不少这方面的记载。[①] 在春秋时

---

① 有关这方面的情况，请参阅裘锡圭《说卜辞的焚巫尫与作土龙》，见《古文字论集》，中华书局1992年版，第216—224页；宋镇豪《夏商社会生活史》，中国社会科学出版社1994年版，第493—495页。

期,这种祭祀方式仍被主张,但也受到了开明人士的反对。鲁僖公二十一年,鲁国大旱,僖公考虑焚烧巫、尪而征求臧文仲的意见,但受到了臧文仲的反对:

> 夏,大旱。公欲焚巫、尪。臧文仲曰:"非旱备也。修城郭、贬食、省用、务穑、劝分,此其务也。巫、尪何为?天欲杀之,则如勿生;若能为旱,焚之滋甚。"公从之。是岁也,饥而不害。《左传·僖公二十一年》)

"巫"即女巫;"尪"是一种仰面朝天的病人。①焚烧巫、尪,是要他们承担干旱的责任。《礼记·檀弓下》记载,鲁穆公在鲁国干旱时也打算焚烧巫、尪以求雨,他征询以知礼著名的县子(名琐)的意见,县子也加以反对:

> 岁旱,穆公召县子而问然,曰:"天久不雨,吾欲暴尪而奚若?"曰:"天久不雨,而暴人之疾子,虐,毋乃不可与!""然则吾欲暴巫而奚若?"曰:"天则不雨,而望之愚妇人,于以求之,毋乃已疏乎!""徙市则奚若?"曰:"天子崩,巷市七日;诸侯薨,巷市三日。为之徙市,不亦可乎!"(《礼记·檀弓下》)

焚烧神职人员,在古代不限于旱灾,遇到其他灾祸,或以失职,或向神求媚而焚烧神职人员的也不乏其例。《左传·昭公二十年》记载,齐侯生疥疾,梁丘据和裔款都认为是"祝史之过",建议齐侯诛之,但受

---

① 杜预注说:"瘠病之人,其面向上,俗谓天哀其病,恐雨入其鼻,故为之旱,是以公欲焚之。"

第四章 "灾害"与"政事"和"祭祀"——从《鲁邦大旱》看孔子的刑德观和祭祀观

到了晏婴的反对。① 从以上例子来看，通过焚烧神职人员祭祀除灾的方法，在东周时代受到了士大夫的反对。但他们并不是一般地反对祭祀本身。孔子是一位人道主义者，他自己的马厩失火，他不问马匹伤亡情况而只问人员是否受伤，他还批评"始作俑者"。据此，他肯定也会反对焚烧神职人员来求雨的这种祭祀方式。②

在《鲁邦大旱》中，孔子说的"庶民知说之事鬼也"，被看成是他轻视或反对祭祀的根据之一。但是，孔子的这句话是相对于"正刑与德"而言，他向鲁哀公强调不仅要像庶民所知道的那样祭祀鬼神（"说之事鬼"），还需要"正刑与德"。仅就祭祀礼仪来说，孔子主张祭祀山川也不只是为了顺从"民意"，或者像荀子所说的那样仅仅是出于"从俗"的考虑。荀子是"无鬼神论者"，他确实是在"文化

---

① 《左传》记载："公曰：'据与款谓寡人能事鬼神，故欲诛于祝、史，子称是语，何故？'对曰：'若有德之君，外内不废，上下无怨，动无违事，其祝、史荐信，无愧心矣。是以鬼神用飨，国受其福，祝、史与焉。其所以蕃祉老寿者，为信君使也，其言忠信于鬼神。其适遇淫君，外内颇邪，上下怨疾，动作辟违，从欲厌私，高台深池，撞钟舞女。斩刈民力，输掠其聚，以成其违，不恤后人。暴虐淫从，肆行非度，无所还忌，不思谤讟，不惮鬼神。神怒民痛，无悛于心。其祝、史荐信，是言罪也；其盖失数美，是矫诬也。进退无辞，则虚以求媚。是以鬼神不飨其国以祸之，祝、史与焉。所以夭昏孤疾者，为暴君使也，其言僭嫚于鬼神。'"

② 有关这方面，还有其他合适的例子。刘向《新序·杂事二》记载："梁君出猎，见白雁群，梁君下车，彀弓欲射之。道有行者，梁君谓行者止，行者不止，白雁群骇。梁君怒，欲射行者。其御公孙袭下车抚矢曰：'君止。'梁君忿然作色而怒曰：'袭不与其君，而顾与他人，何也？'公孙袭对曰：'昔齐（当作"宋"）景公之时，天大旱三年，卜之曰："必以人祠，乃雨。"景公下堂顿首曰："凡吾所以求雨者，为吾民也。今必使吾以人祠乃且雨，寡人将自当之。"言未卒而天大雨方千里者，何也？为有德于天而惠于民也。今主君以白雁之故而欲射人，袭谓主君无异于虎狼。'梁君援其手与上车归，入庙门，呼万岁，曰：'幸哉！今日也！他人猎皆得禽兽，吾猎得善言而归。'"《说苑·君道》记载："楚昭王之时，有云如飞鸟，夹日而飞三日，昭王患之，使人乘驿，东而问诸太史州黎，州黎曰：'将虐于王身，以令尹、司马说焉则可。'令尹、司马闻之，宿斋沐浴，将自以身祷之焉。王曰：'止，楚国之有不谷也，由身之有匈胁也；其有令尹、司马也，由身之有股肱也。匈胁有疾，转之股肱，庸为去是人也？'"

象征"（"文之"）的意义上看待百姓的祈雨愿望和祈雨仪式的。① 但这种做法对墨子来说是分裂的。一位无鬼论者认为无鬼而又要学习祭祀，墨子批评他这"是犹无客而学客礼也，是犹无鱼而学鱼罟也"。孔子是在相信鬼神和神灵存在的前提下主张祭祀的。孔子不是无鬼神论者，他不仅信仰作为"一神"的"天"和"天命"，而且也信仰作为多神的祖先神和各种自然神灵。《中庸》记载了孔子所描述的鬼神的超验"德性"：

> 子曰："鬼神之为德，其盛矣乎！视之而弗见，听之而弗闻，体物而不可遗，使天下之人齐明盛服，以承祭祀。洋洋乎如在其上，如在其左右。《诗》曰：'神之格思，不可度思！矧可射思！'夫微之显，诚之不可掩如此夫。"

宰我不明白"鬼神"的"所谓"而向孔子请教，孔子作了更为具体的解释。《礼记·祭义》记载：

> 宰我曰："吾闻鬼神之名，不知其所谓。"子曰："气也者，神之盛也；魄也者，鬼之盛也。合鬼与神，教之至也。众生必死，死必归土，此之谓鬼。骨肉毙于下，阴为野土，其气发扬于上，为昭明，焄蒿凄怆，此百物之精也，神之著也。因物之精，制为之极，明命鬼神，以为黔首。则百众以畏，万民以服。"

对神灵的信仰和对神灵的祭祀，在孔子那里是完全统一的。这样的构

---

① 《荀子·天论》说："雩而雨，何也？曰：无何也，犹不雩而雨也。日月食而救之，天旱而雩，卜筮然后决大事，非以为得求也，以文之也。故君子以为文，而百姓以为神。以为文则吉，以为神则凶也。"

造在孔子的礼学中有充分的体现。

孔子礼学一方面主要是处理人与人、人与社会的关系（"五伦"），另一方面则主要是处理"人神关系"，这是礼的基本功能之一。孔子说："非礼则无以节事天地之神。"（《孔子家语·问礼》）所谓"节事"就是以祭祀的方式事奉"神灵"。《左传·成公十三年》记载的"国之大事，在祀与戎"①、《左传·文公二年》记载的"祀，国之大事也"和《论语》记载的"所重民：食、丧、祭"等说法，都点明了祭祀在古代国家生活中的地位。《管子·牧民》也把"明鬼神"看成是统治者顺民心的基本事务之一：

顺民之经，在明鬼神，祇山川，敬宗庙，恭祖旧。

在孔子看来，通过卜筮同神灵沟通是"三代"文明的共同特征：

子言之："昔三代明王，皆事天地之神明，无非卜筮之用，不敢以其私亵事上帝。是故不犯日月，不违卜筮。卜筮不相袭也。大事有时日，小事无时日，有筮。外事用刚日，内事用柔日，不违龟筮。"（《礼记·表记》）

与"卜筮"有别，作为礼仪的祭祀，则是事奉"神灵"更为普遍的方式。《尚书·尧典》有"肆类于上帝，禋于六宗，望于山川，遍于群

---

① 《左传·成公十三年》记载："刘子（即刘康公）曰：'吾闻之：民受天地之中以生，所谓命也。是以有动作礼义威仪之则，以定命也。能者养以之福，不能者败以取祸。是故君子勤礼，小人尽力。勤礼莫如致敬，尽力莫如敦笃。敬在养神，笃在守业。国之大事，在祀与戎。祀有执膰，戎有受脤，神之大节也。'"《左传·昭公元年》记载"神怒、民叛，何以能久？赵孟不复年矣。神怒，不歆其祀；民叛，不即其事。祀、事不从，又何以年？"

神"的记载，其"类""禋"和"望"等，都是祭祀之名。祭祀因对象、时间和祭品等的不同而种类繁多，程序复杂，要求严格。① 仅是天子和诸侯的宗庙之祭即因季节不同而名称各异：

> 天子、诸侯宗庙之祭：春曰礿，夏曰禘，秋曰尝，冬曰烝。天子祭天地，诸侯祭社稷，大夫祭五祀。天子祭天下名山大川：五岳视三公，四渎视诸侯。诸侯祭名山大川之在其地者。天子诸侯祭因国之在其地而无主后者。（《礼记·王制》）

《礼记·礼运》记载的祭祀对象，从帝、天和地到祖先神再到山川之神，非常广泛：

> 故先王患礼之不达于下也，故祭帝于郊，所以定天位也；祀社于国，所以列地利也，祖庙所以本仁也，山川所以傧鬼神也，五祀所以本事也。②

《周礼·春官宗伯》记载有六种向"鬼神"祷告恳求（"祈"）的名称："掌六祈以同鬼神示，一曰类，二曰造，三曰禬，四曰禜，五曰攻，六曰说"。《礼记·祭法》记载了祭祀的各种不同方式和方法：

---

① 《国语·楚语下》记载："夫神以精明临民者也，故求备物，不求丰大。是以先王之祀也，以一纯、二精、三牲、四时、五色、六律、七事、八种、九祭、十日、十二辰以致之；百姓、千品、万官、亿丑，兆民经入畡数以奉之，明德以昭之，和声以听之，以告遍至，则无不受休。毛以示物，血以告杀，接诚拔取以献具，为齐敬也。"

② 《周礼·春官宗伯》："大宗伯之职：掌建邦之天神、人鬼、地示之礼，以佐王建保邦国。以吉礼事邦国之鬼神示，以禋祀祀昊天上帝，以实柴祀日月星辰，以槱燎祀司中、司命、风师、雨师，以血祭祭社稷、五祀、五岳，以狸沈祭山林川泽，以副辜祭四方百物。"

第四章 "灾害"与"政事"和"祭祀"——从《鲁邦大旱》看孔子的刑德观和祭祀观

燔柴于泰坛，祭天也；瘗埋于泰折，祭地也；用骍犊。埋少牢于泰昭，祭时也；相近于坎坛，祭寒暑也。王宫，祭日也；夜明，祭月也；幽宗，祭星也；雩宗，祭水旱也；四坎坛，祭四时也。山林、川谷、丘陵，能出云，为风雨，见怪物，皆曰神。有天下者祭百神。诸侯在其地则祭之，亡其地则不祭。

在《周礼》记载的周代官职中，大宗伯专门掌管祭祀神灵的事务："大宗伯之职：掌建邦之天神、人鬼、地示之礼，以佐王建保邦国。"周代祭祀的主祭者有严格的分工，与神沟通的巫祝神职人员更是紧随君王以随时为之"释疑"。

故宗祝在庙，三公在朝，三老在学。王前巫而后史，卜筮瞽侑皆在左右，王中心无为也，以守至正。故礼行于郊，而百神受职焉；礼行于社，而百货可极焉；礼行于祖庙，而孝慈服焉；礼行于五祀，而正法则焉。故自郊社祖庙山川五祀，义之修而礼之藏也。(《礼记·礼运》)

按照《国语·楚语下》的记载，祭祀是不能停止的，它作为国家社会政治生活不可缺少的东西必须一直坚持奉行：

王曰："祀不可以已乎？"对曰："祀所以昭孝息民、抚国家、定百姓也，不可以已。夫民气纵则底，底则滞，滞久而不振，生乃不殖。其用不从，其生不殖，不可以封。是以古者先王日祭、月享、时类、岁祀。诸侯舍日，卿、大夫舍月，士、庶人舍时。天子遍祀群神品物，诸侯祀天地、三辰及其土之山川，卿、大夫祀其礼，士、庶人不过其祖。……天子亲春禘郊之盛，王后亲缫其服，自公以下至于庶人，其谁敢不齐肃恭敬致力于神！民所以摄固者也，若之何其舍之也！"

与旱灾有关的祭祀，称为"雩宗"。祈雨的祭祀仪式，是由司巫特别是其中的女巫担任的，《周礼·春官宗伯》记载说：

> 司巫：掌群巫之政令。若国大旱，则帅巫而舞雩。
> 女巫：掌岁时祓除、衅浴。旱暵则舞雩。

孔子能言"三代"之礼特别是周礼，对于礼具有丰富的知识，[①] 他还亲自主持过"尝祭"。《礼记·祭义》记载：

> 仲尼尝，奉荐而进，其亲也悫，其行趋趋以数。已祭，子赣问曰："子之言祭，济济漆漆然。今子之祭，无济济漆漆，何也？"子曰："济济者，容也远也；漆漆者，容也自反也。容以远，若容以自反也。夫何神明之及交，夫何济济漆漆之有乎？反馈，乐成，荐其荐俎，序其礼乐，备其百官，君子致其济济漆漆，夫何慌惚之有乎？夫言，岂一端而已？夫各有所当也。"

正如孔子对食品要求很严那样，孔子对祭品要求更严，以示对神灵的

[①] 《礼记·仲尼燕居》记载："仲尼燕居，子张、子贡、言游侍，纵言至于礼。子曰：'居！女三人者，吾语女礼，使女以礼周流无不遍也。'子贡越席而对曰：'敢问何如？'子曰：'敬而不中礼，谓之野；恭而不中礼，谓之给；勇而不中礼，谓之逆。'子曰：'给夺慈仁。'子曰：'师，尔过；而商也不及。子产犹众人之母也，能食之，不能教也。'子贡越席而对曰：'敢问将何以为此中者也？'子曰：'礼乎礼！夫礼所以制中也。'子贡退，言游进曰：'敢问礼也者，领恶而全好者与？'子曰：'然。''然则何如？'子曰：'郊社之义，所以仁鬼神也；尝禘之礼，所以仁昭穆也；馈奠之礼，所以仁死丧也；射乡之礼，所以仁乡党也；食飨之礼，所以仁宾客也。'子曰：'明乎郊社之义、尝禘之礼，治国其如指诸掌而已乎！'"

尊敬。《礼记·表记》记载说："子曰：牲牷，礼乐齐盛，是以无害乎鬼神，无怨乎百姓。"但在灾害之时，孔子则要求降低祭品的规格，以减少开支。

我们不能清楚地知道，孔子是否参加或主持过"舞雩"的祭祀活动。《论语·先进》和《颜渊》篇记载的"风乎舞雩，咏而归"和"樊迟从游于舞雩之下"，在王充看来，都是祈雨的活动。《论衡·明雩》篇说："夫雩，古而有之。故《礼》曰：'雩祭，祭水旱也。'故有雩礼，故孔子不讥，而仲舒申之。夫如是，雩祭，祀礼也。"在《鲁邦大旱》中，孔子没有建议鲁哀公举行"雩祭"，而只是建议他用"玉璧币帛"去祭祀山川。在古代宗教信仰中，一般相信山川能致雨水。如前引的《礼记·祭法》，其中就有"山林、川谷、丘陵，能出云，为风雨，见怪物，皆曰神"的说法。《说苑·辨物》解释说：

> 山川何以视子男也？能出物焉，能润泽物焉，能生云雨，为恩多。然品类以百数，故视子男也。《书》曰："禋于六宗，望秩于山川，遍于群神矣。"

孔子建议鲁哀公不要吝惜"圭璧币帛"祭祀山川以求致雨，说明他也相信山川与雨水的联系。玉璧、玉圭能够作为祭祀的祭品，被认为具有特别的能力。《国语·楚语下》记载："玉足以庇荫嘉谷，使无水旱之灾，则宝之。"但因祭祀对象不同，其使用的方法也不同。祭山川之神是将其埋在地下或沉入水中。《诗·大雅·云汉》说：

> 天降丧乱，饥馑荐臻，靡神不举，靡爱斯牲，圭璧既卒，宁莫我听，旱既大甚，蕴隆虫虫，不殄禋祀，自郊徂宫，上下奠瘗，靡神不宗。

对孔子来说，祭祀之礼庄严而肃穆，人必须以内心的虔诚和恭敬身临其中，要如同神就在身边那样，这就是孔子强调的"祭如在，祭神如神在"、"吾不与祭，如不祭"（《论语·八佾》）的真正意思。① 正如"未能事人，焉能事鬼"的说法，不是孔子否认鬼神存在和事奉鬼神那样，"务民之义，敬鬼神而远之"的说法，也不是孔子否认鬼神和否认祭祀。《论语·雍也》记载孔子说的"敬鬼神而远之"，同他在《礼记·表记》中说的"事鬼敬神而远之"，意思应当是一致的。关键是"远"字如何解释。今人往往将"远"解释为"疏远"和"轻视"，这恐怕是有问题的。②《论语集解》引包咸的解释，认为"远"是"不

---

① 廖名春说，孔子用"如"字，"说明孔子本来就不相信神的存在"（参见廖名春《试论楚简〈鲁邦大旱〉篇的内容与思想》，载《孔子研究》2004年第1期），这是一个很大的错觉。"如"的确切涵义是要以身临其境的虔诚心来祭祀，恰恰是反对没有虔诚心的形式主义应付。史华慈引用唐君毅的看法，对祭祀所保持的心灵状态的说明是恰当的："在人类领域，对于'礼'来说，如果参与者没有恰当的内心态度，就完全没有可能实现。它不仅是一种人民参与的'行为样式'，还必须代表一种有活力的关系。因而，'尊敬鬼神'的命令表示，对于它们的态度不只是一种表演。中国现代的儒学思想家唐君毅认为，孔子相信，以鬼神为导向的仪式必定包含某种与鬼神的交相沟通（感通），而不论鬼神被设想成什么样子；而且对孔子来说，在某种未加界定的意义上，鬼神已经存在，并参与了这场沟通。"（〔美〕史华慈：《古代中国的思想世界》，第119页）《礼记·祭统》说的"外则尽物，内则尽志，此祭之心也""敬尽然后可以事神明""齐者，精明之至也，然后可以交于神明也"等，都是强调在祭祀时人需要保持虔诚和恭敬之心，而不能是虚以应付的外在表演。廖还以《论语·述而》篇记载的"子不语怪力乱神"为依据，说"孔子不喜欢谈论鬼神"。"怪力乱神"一般分开句读。如《论语集解》引王肃注说："怪，怪异也。力，谓若奡荡舟，乌获举千钧之属。乱，谓臣弑君，子弑父。神，谓鬼神之事。或无益于教化，或所不忍言。"但李充则以"怪力"和"乱神"来句读，说："力不由理，斯怪力也。神不由正，斯乱神也。怪力，乱神，有与于邪，无益于教，故不言也。"这一句读应该更符合孔子的思想，因为仅就《论语》而论，就不能说孔子不喜欢谈论"鬼神"。如果结合《礼记》《孔子家语》等文献来看，更可看出孔子很喜欢谈论鬼神。孔子对怪异现象，也有解释，不能说不言。孔子也不是不言"力"，如说"射不主皮，为力不同科"（《论语·八佾》），"力不足者，中道而废"（《论语·雍也》）。孔子当然不会主张"乱"。如果是"乱臣""名不正"的乱，这正是他深恶痛绝的。但如果以"怪力"和"乱神"断句，就比较说得通。

② 如杨伯峻《论语译注》，据字面之意，将"远"解释为"疏远"，也产生了孔子不重视"鬼神"的错觉。

黩"（它本又作"不渎"）。疏解说"疏远"而不"亵渎"。如果从"绝地天通"和"民神不杂"的角度来看待"敬鬼神而远之"，就比较容易理解包咸所说的"远而不渎"。"远"不是轻视，而是严格"神人"之间的界限，同"神"保持应有的距离，既不亵渎鬼神，同时又尽"人事"，即尽人事以事奉鬼神。

整体而论，从《鲁邦大旱》来看孔子的刑德观和祭祀观，完全可以说，作为御灾的具体对策和为政之道，孔子不仅主张"为政以德"，也主张"为政以礼"，这两者在他那里是共存的。春秋以降，"吉凶由人""为政在德"的意识和观念也加强了，一些开明士大夫不再原封不动地照搬过去的祭祀方式和礼仪，如上面说的晏婴反对焚烧巫术之士，孔子甚至还反对人俑之殉葬。孔子的政治理念，也以德作为为政之本，他甚至有以下的说法："哀公问于孔子曰：'夫国家之存亡祸福，信有天命，非唯人也。'孔子对曰：'存亡祸福，皆己而已，天灾地妖，不能加也。'"（《孔子家语·五仪解》）但三代的祭祀礼仪传统在春秋时期仍然得到了保持和连续，孔子和他创立的儒家，就是这一传统的主要传承者。那种将"三代"到春秋战国思想上的变化，简单地看成是从宗教到哲学，从神本论到人文主义的转变的直线式历史推移的主张，是近代将复杂的历史变化化约为直线式历史进步的历史观的表现。但真实的历史不是这种"单一因素"和一条直线式的变化，它是交叉式、迂回式的变化。

第五章
《鬼神之明》与东周的"多元鬼神观"

相比于墨子以"明鬼"这一主题用许多篇幅构建绝对的鬼神信仰来说，上博楚简第五册中《鬼神之明》对鬼神之"有所明"与"有所不明"的言说则篇幅很小。虽然如此，但它却提出了一个既不同于墨子也有别于孔子的颇有特色的"鬼神观"。这一"鬼神观"在肯定"鬼神"存在的前提之下，揭示了"鬼神"在施行赏罚上的盲点和不一贯性，这是对孔子儒家和墨子信持鬼神能够普遍"福善祸淫"或者善恶因果报应通念的一个明显修正，称得上是存疑的"二重性"的鬼神观，从而为东周子学的"鬼神"观念增添了新的色彩，甚至可以说由于这种"鬼神观"的出现使东周的鬼神信仰呈现出了多样或多元性的局面。据此，我们可以进一步看出从"三代"宗教到东周宗教所发生的具体转化。在此，我们关注的是《鬼神之明》"鬼神观"的独特性以及它在东周鬼神信仰世界中的位置。

一 "有鬼""无鬼"之辨别与《鬼神之明》

上博楚简第五册的《鬼神之明》抄写在不足五支简上，从第五支简第十个字之后，抄写的是与此篇内容无关系的《融师有成氏》。根据曹锦炎先生的释文，①并参照已有的研究，校改后的《鬼神之明》（计197字，加上可补残文，共计211字）如下：

今夫鬼神有所明，有所不明，则以其赏善罚暴也。昔者尧舜禹汤，仁义圣智，天下法之。此以贵为天子，富有天下，长年有誉，②后世述之。则鬼神之赏，此明矣。及桀纣幽厉，焚圣人，杀谏者，③贼百姓，乱邦家。此以桀折于鬲山，而纣首于只社，身不没，为天下笑。则鬼［神之罚，此明］矣。及伍子胥者，天下之圣人也，鸱夷而死。荣夷公者，天下之乱人也，长年而没。如以此诘之，④则善者或不赏，而暴［者或不罚。故］吾因加鬼神不明，则必有故。其力能致焉而弗为乎？吾弗知也；意其力固不能致焉乎？⑤吾又弗知也。⑥此两者歧，吾故［曰：鬼神有］所明，有所不明。此之谓乎！

我们首先讨论此篇的"鬼神观"的特质，在此基础上最后附带说明一下此篇的学派归属问题。

保留下来的《墨子·明鬼》（下；上、中阙）的主题，是论证或证

---

① 曹锦炎的《鬼神之明》释文，见马承源主编《上海博物馆藏战国楚竹书（五）》，上海古籍出版社2005年版，第307页。
② "誉"，原释文为"举"，据廖名春说校改为"誉"。参阅廖名春《读〈上博五·鬼神之明〉篇札记》，孔子2000网，2006年2月19日。
③ "谏"，原释文为"訐"，据陈伟说校改为"谏"。参阅陈伟《鬼神之明》校读，见陈伟《新出楚简研读》，武汉大学出版社2010年版。
④ "如"，原释文为"汝"，据陈伟说校改为"如"。参阅同上文。
⑤ "固"，原释文为"古"，据陈伟说校改为"固"。参阅同上文。"意"通"抑"。《墨子》中也有用例。如《明鬼下》说："意不忠亲之利而害为孝子乎？"《非命下》说："不识昔也三代之圣善人与？意亡昔也三代之暴不肖人与？"《耕柱》说："子墨子曰：子之义将匿耶？意将以告人乎？"
⑥ "又"原释文为"或"，陈伟举例并说楚简中的"或"字多读为"又"。参阅同上文。《诗经·小雅·宾之初筵》载："既立之监，或佐之使。"其"或"即"又"。

明鬼神的存在及其绝对性权威。而上博简的《鬼神之明》则是直接以"鬼神存在"或"鬼神之有"为前提而论说"鬼神有所明""有所不明"的。这里的问题是,《鬼神之明》预定的"鬼神之有"这一前提同墨子的"鬼神观"进而同儒家乃至更早时期鬼神观传统之间的关系。

在墨子那里,鬼神的外延是很广的,包括了人神、自然神和天神等各种神灵。《墨子·明鬼下》记载:

> 子墨子曰:古之今之为鬼,非他也。有天鬼,亦有山水鬼神者,亦有人死而为鬼者。①

从《墨子·明鬼下》可以明显看出,它直接对准加以反驳的是"无鬼神论"的主张,其主张者被墨子称为"执无鬼者"。根据《墨子·明鬼下》和《公孟》等篇保留下来的无鬼论者的材料,"执无鬼者"完全否认鬼神的存在,认为世界上原本就没有鬼神之物("鬼神者,固无有")。②墨子的《明鬼下》篇没有说明"执无鬼者"具体是指何人,在《墨子》其他篇中也看不到其直接对应人。但墨子决不

---

① 子产还具体说明过伯有死后如何化而为鬼的问题。《左传·昭公七年》记载:"郑人相惊以伯有,曰:'伯有至矣!'则皆走,不知所往。……及子产适晋,赵景子问焉,曰:'伯有犹能为鬼乎?'子产曰:'能。人生始化曰魄,既生魄,阳曰魂。用物精多,则魂魄强,是以有精爽至于神明。匹夫匹妇强死,其魂魄犹能冯依于人,以为淫厉,况良霄,我先君穆公之胄,子良之孙,子耳之子,敝邑之卿,从政三世矣。郑虽无腆,抑谚曰'蕞尔国',而三世执其政柄,其用物也弘矣,其取精也多矣,其族又大,所冯厚矣,而强死,能为鬼,不亦宜乎!'"

② 《墨子·明鬼下》记载了"无鬼论者"的一些观点,今举几例:"今执无鬼者言曰:'亦孰为闻见鬼神有无之物哉!'";"今执无鬼者曰:'夫众人耳目之请,岂足以断疑哉!奈何吾欲为高君子于天下,而有复信众之耳目之请哉?'";"今执无鬼者之言曰:'先王之书,慎无一尺之帛,一篇之书,语数鬼神之有,重有重之,亦何书之有哉?'";"今执无鬼者曰:'意不忠亲之利,而害为孝子乎?'";"今执无鬼者言曰:'鬼神者固请无有,是以不共其酒醴粢盛牺牲之财。吾非乃今爱其酒醴粢盛牺牲之财乎?其所得者臣将何哉?'"。

是"假设"了一个不存在的论敌和他们的主张。从《明鬼》篇列举的材料看,"无鬼论"确实是墨子当时遇到的否认鬼神存在的主张。《墨子·公孟》记载,墨子当着儒者程子(有说他就是《墨子·三辩》中记载的程繁)的面,批评儒家的四种教义导致了天下的混乱,其中之一是说儒家"以天为不明,以鬼为不神"。程子不满意墨子对儒家的指责,他认为墨子的说法很过分,是在诋毁儒家。但墨子坚持说,正因为儒家有这四种教义,他才这样说,不能说是诋毁。一气之下,程子不辞而别。照墨子这里的说法,儒家只是"以鬼为不神",还不是否认鬼神的存在。但在儒者当中,否认鬼神存在的确有其人。他们来往于儒家和墨家之间,同墨子有争论,同墨子的弟子也有争论。其中之一是《墨子·公孟》篇记载的公孟子,他就明确否认鬼神的存在。公孟子一说是公明子(即《孟子》记载的公明仪或公明高),他是曾子的弟子。① 公孟子相信"天命",认为人的贫富寿夭,是天命赋予给人的既定的东西,既不可增加也不可减少;他又主张"君子必学"。墨子批评他说,教人学习而又相信人的天命,这两者之间是有矛盾的,犹如"命人葆而去元冠也,"那样。这位公孟子,应当就是墨子所说的"执无鬼者"之一。正是他说"无鬼神",却又提出君子必须学习"祭祀"。墨子批评他认为"无鬼神"而又要求人学习祭祀的知识和技能,这两者也是不能并立的:"执无鬼而学祭礼,是犹无客而学客礼也,是犹无鱼而学鱼罟也。"此外,还有生平事迹不详的儒者董无心,他大概也是否认有鬼神。《汉书·艺文志》著录《董子》一篇,并称"名无心,难墨子"。果如其言,他也是墨子《明鬼》篇中所说的"执无鬼者"之一。王充《论衡·福虚》篇记载说:

---

① 参阅孙诒让《墨子间诂》下册,中华书局1986年版,第411页。子夏的弟子也有游于墨子之门者。《墨子·耕柱》篇记载:"子夏之徒问于子墨子曰:'君子有斗乎?'子墨子曰:'君子无斗。'子夏之徒曰:'狗狶犹有斗,恶有士而无斗矣。'子墨子曰:'伤矣哉!言则称于汤文,行则譬于狗狶。伤矣哉!'"

> 儒家之徒董无心，墨家之役缠子，相见讲道。缠子称墨家佑鬼神，是引秦穆公有明德，上帝赐之十九年。董子难以尧、舜不赐年，桀、纣不夭死。①

缠子是墨家信徒，信仰鬼神。董子嘲讽他，说"子信鬼神，何异以踵解结，终无益也"，缠子不能回应。②墨子批评的"执无鬼者"，当还有他人。在墨子的弟子中，有人对"鬼神之明"持怀疑态度，但还没有看到有谁明显否定鬼神的存在。

墨子批评的"执无鬼者"，主要是来自儒家信徒。这些人士的这种主张对早期儒家来说也是相当激进和具有挑战性的。他们直接挑战的是墨子的"有鬼论"，但间接的也是对早期儒家宗教信仰的一种解构，是同儒家继承的"三代"宗教传统的断裂。"鬼神"信仰作为"三代"宗教信仰大传统的重要部分，它在漫长的演变中保持着连续性。《礼记·表记》记载：

> 子曰："夏道尊命，事鬼敬神而远之……殷人尊神，率民以事神，先鬼而后礼……周人尊礼尚施，事鬼敬神而远之，近人而忠焉。"

照孔子的说法，殷人是"尊神""事神"，带领民众广泛地事奉"鬼神"；而夏人和周人则是"敬事鬼神而远之"。《礼记·表记》又记载孔子的话，说"三代"明王都以卜筮事奉"天地之神明"和"上帝"：

---

① 北京大学历史系《论衡》注释小组：《论衡注释》第一册，中华书局1979年版，第345页。

② 《缠子佚文》，见孙诒让《墨子间诂》下册，第707页。文献记载，董无心自称："无心，鄙人也。罕得事君子，不识世情。"（同上）

> 子言之:"昔三代明王,皆事天地之神明,无非卜筮之用,不敢以其私亵事上帝。是故不犯日月,不违卜筮。卜筮不相袭也。大事有时日,小事无时日,有筮。外事用刚日,内事用柔日,不违龟筮。"

"天地之神明""上帝"同"鬼神"有界限,但又有交叉性,"鬼神"包括了"天地之神明"在内。一般来说,"上帝"是殷人的至上神,"天"是周人的至上神(周人同时还保留了殷人的"上帝"信仰),此外则是各种祖先神和自然神信仰。① 这种广大的信仰世界以及与之相应的一系列祭祀活动和宗教生活,由于西周晚期周朝统一政治秩序的瓦解和春秋诸侯国家"各自为政"而有所变化。春秋"礼崩乐坏"的一个表现,是周天子作为最高祭主地位名存实亡;诸侯国家为了谋取自身的发展和地位,又纷纷采取改革和务实的政治。这些都对宗教生活产生了不同的刺激作用,促使三代宗教信仰在东周朝着不同的方向分化。其主要倾向和趋势有三种,一种是对三代宗教进行温和的改革;一种是对三代宗教进行大力强化;一种是进行比较激进的颠覆。

春秋时代著名政治家子产、晏婴、叔兴、史嚚、司马子鱼等人,把政治的根本转移到了尽人事上,强调"吉凶由人""政惟在德"的人道观,突破了遇事都要祭祀的信仰方式,但他们又不否认鬼神的存在,还保持着对鬼神的基本信仰。孔子也是沿着这一方向改革三代宗教的。"未能事人,焉能事鬼",亦是强调"尽人事"。如果一个人连事奉人都做不到,何谈事奉鬼神。但孔子和他的那些主要弟子整体上仍是信仰鬼神的。强调人事的作用,进而完全用自然的原因解释自然现象,用社会的原因解释社会现象,就会促发激进的无神论者的出现。墨子所

---

① 有关三代宗教信仰和宗教生活,参阅余敦康《宗教·哲学·伦理》(中国社会科学出版社 2005 年版)、陈来《古代宗教与伦理——儒家思想的根源》(生活·读书·新知三联书店 1996 年版)。

说的"执无鬼者",就属于这些人,他们代表了东周时代解构"三代"鬼神信仰的立场。如果说西门豹是这一时代这一立场在行动上对无鬼神论的总结,那么荀子则是在理论上的总结。① 既不同于温和的宗教改革者儒家,也与激进的宗教解构者对立,墨子则代表了将"三代宗教"绝对化的立场。墨子对鬼神存在的论证方式,所依据的主要是"三代"的鬼神信仰传统,他试图在东周时代重建绝对的宗教信仰。墨子在一些根本问题上同儒家背道而驰,但在鬼神信仰问题上,它同孔子有共同的地方。

在东周这几种不同的宗教倾向中,《鬼神之明》大概是属于温和的改革派。从它直接预定了鬼神的存在来说,它居于从"三代"鬼神信仰大传统到东周又得以一定连续的小传统中。但它又对鬼神"赏善罚暴"的普遍性产生了怀疑。墨子将"鬼神"和"天志"绝对化表现在两个核心问题上,一是断定鬼神的绝对实有;二是断定鬼神赏善罚暴的普遍和必然(这一方面下面集中讨论)。"鬼神"是否存在同鬼神是否能够赏善罚暴是两个相互联系的问题,对鬼神赏善罚暴能力的质疑可以成为怀疑乃至否认鬼神存在的根据。实际上,无鬼论者否认鬼神的一个根据,正是认为鬼神不能赏善罚暴;同理,墨子断定鬼神实有所使用的论据之一,则是认为鬼神完全能够赏善罚暴。《鬼神之明》直接接受了鬼神之有的前提,而且它对鬼神赏善罚暴的怀疑,只是怀疑其"普遍性"和"必然性",因此它也没有走向"无鬼论"。从它相信鬼神之有来说,他同墨子和孔子的立场是一致的,而同"无鬼论"是不同的;但从它不承认鬼神赏善罚暴的普遍性和必然性来说,它又与墨子和孔子的立场有别。这是它修正"三代"和东周鬼神信仰的一个主要表现,也是我们下面要讨论的问题。

---

① 在《战国策》中我们很少看到像《左传》那样对鬼神和鬼神活动的记载了。顾炎武比较春秋与战国不同列举出的事项,其中之一是春秋、战国时祭祀。

二 《鬼神之明》与"鬼神"的"善恶赏罚"

墨子"明鬼"的另一个主题是证明鬼神能够"赏善罚暴",这是墨子一再宣称的"鬼神之明"的具体表现之所在。① 墨子的"鬼神赏罚论",贯穿着两个逻辑。一个逻辑是,鬼神之所以能够扮演奖赏人间公正和善良、惩罚邪恶和残暴的最高角色,是因为它作为人类之善和正义的化身,是绝对爱人和利人的。按照这一逻辑,只要是世间爱人、利人的人,就会受到鬼神的奖赏;反之就要受到鬼神的惩罚。《墨子·法仪》说:

> 昔之圣王禹汤文武,兼爱天下之百姓,率以尊天事鬼,其利人多,故天福之,使立为天子,天下诸侯,皆宾事之。暴王桀纣幽厉,兼恶天下之百姓,率以诟天侮鬼,其贼人多,故天祸之,使遂失其国家,身死为僇于天下,后世子孙毁之,至今不息。故为不善以得祸者,桀纣幽厉是也,爱人利人以得福者,禹汤文武是也。爱人利人以得福者有矣,恶人贼人以得祸者亦有矣。

在这里,墨子将鬼神施予给人的善恶赏罚具体化为赐给人以幸福或灾

---

① 就像在人间社会中有善人与恶人之分那样,中国古代鬼神信仰者也有在鬼神世界中区分"善鬼"与"恶鬼"的表现,其他文明地区有类似的情形。爱弥尔·涂尔干整体上将宗教和神灵信仰看成是社会和现实的反射,这种反射不仅促使人想象出理想的善神,也促使人想象出了各种邪恶的神。他说:"宗教首先是现实性的。所有肉体或道德上的丑恶现象,所有罪行或恶行,无不具有特定的神明。如偷盗之神,奸诈之神,欲望之神,战争之神,以及疾病和死亡之神,等等。即使对神性具有很高认识的基督教,也不得不在它的神话中允许邪恶的精灵占有一席之地。撒旦是基督教体系中不可或缺的部分,尽管它是不洁的,但也绝对不是凡俗的存在。反神也是神,尽管它们是卑下的和卑微的,但确实是神,它们也同样富有力量;它们甚至也是仪式的对象,至少是某些消极仪式的对象。"(〔法〕爱弥尔·涂尔干:《宗教生活的基本形式》,第554—555页)

祸。墨子鬼神"善恶赏罚论"的另一个逻辑是,鬼神对人间善恶的赏罚是"普遍的"和"必然的",用墨子的术语说是"凡"和"必"。《墨子·明鬼下》说:

> 故昔者殷王纣贵为天子,富有天下,有勇力之人费中、恶来、崇侯虎,指寡杀人,人民之众兆亿,侯盈厥泽陵,然不能以此圉鬼神之诛。此吾所谓鬼神之罚,不可为富贵众强、勇力强武、坚甲利兵者,此也。且《禽艾》之道之曰:"得玑无小,灭宗无大。"则此言鬼神之所赏,无小必赏之;鬼神之所罚,无大必罚之。①

墨子喜欢用"必"字来表示事物的性质或事物之间的关系"一定如何"或"必然如何"。鬼神"必"赏善罚暴,则是墨子所信奉的"必然"之一;"凡"是指称一类事物的整个外延,由它构成的判断逻辑上一般称为全称判断。作为墨子鬼神赏善罚恶论的"凡",是说"所有人的善"或"所有人的恶",都必然要受到鬼神的奖赏或惩罚。墨子以杜伯被周宣王杀害后化而为鬼而惩罚周宣王为例,证明鬼神惩罚的普遍性:

> 周宣王杀其臣杜伯而不辜,杜伯曰:"吾君杀我而不辜,若以死者为无知则止矣;若死而有知,不出三年,必使吾君知之。"其三年,周宣王合诸侯而田于圃,田车数百乘,从数千,人满野。日中,杜伯乘白马素车,朱衣冠,执朱弓,挟朱矢,追周宣王,射之车上,中心折脊,殪车中,伏弢而死。当是之时,周人从者

---

① 在墨子那里,这也是"天"的最高意志。《墨子·法仪》说:"今天下无大小国,皆天之邑也。人无幼长贵贱,皆天之臣也。此以莫不犓羊,豢犬猪,洁为酒醴粢盛,以敬事天,此不为兼而有之,兼而食之邪?天苟兼而有食之,夫奚说以不欲人之相爱相利也?故曰:'爱人利人者,天必福之;恶人贼人者,天必祸之。日杀不辜者,得不祥焉。'"

莫不见，远者莫不闻，著在周之《春秋》，为君者以教其臣，为父者以警其子，曰：戒之慎之！凡杀不辜者，其得不祥。鬼神之诛，若此之憯遫也！（《墨子·明鬼下》）

墨子论证鬼神英明和赏善罚暴所用的例证，都来自历史的传说和记载，其中一方面是大众的传闻；另一方面是"三代"圣王的事迹（将"三代"圣王和"三代"暴君看成是鬼神赏善罚暴的典型例证），这是墨子作为衡量是非标准的"三表法"中"有本之者"（亦即"有考之者"）和"有原之者"在论证"鬼神"中的运用。

墨子的这种"善恶赏罚论"，是一种既绝对又非常功利化的学说，以此来观察社会和个人的生活经验，很容易发现相反的情况和事例。① 墨子的弟子跌鼻、曹公子等，都是先接受了他的这种思想，之后又产生了怀疑。曹公子接受墨子的建议到宋国担任官职，三年之后当他再次见到墨子时，他向墨子抱怨他奉行了老师的学说而并未得到回报：

始吾游于子之门，短褐之衣，藜藿之羹，朝得之，则夕弗得，祭祀鬼神。今而以夫子之教，家厚于始也。有家厚，谨祭祀鬼神。然而人徒多死，六畜不蕃，身湛于病，吾未知夫子之道之可用也。（《墨子·鲁问》）

---

① 司马迁以伯夷、叔齐的命运怀疑福报论说。《史记·伯夷列传》质问说："或曰：'天道无亲，常与善人。'若伯夷、叔齐，可谓善人者非邪？积仁絜行如此而饿死！且七十子之徒，仲尼独荐颜渊为好学，然回也屡空，糟糠不厌，而卒蚤夭。天之报施善人，其何如哉？盗跖日杀不辜，肝人之肉，暴戾恣睢，聚党数千人，横行天下，竟以寿终。是遵何德哉？此其尤大彰明较著者也。若至近世，操行不轨，专犯忌讳，而终身逸乐，富厚累世不绝。或择地而蹈之，时然后出言，行不由径，非公正不发愤，而遇祸灾者，不可胜数也。余甚惑焉，倘所谓天道，是邪非邪？"

墨子当然不会承认他的学说会无效，他批评曹公子不能以自己微不足道的行动向对人要求很高的鬼神轻易期望福利：

> 不然！夫鬼神之所欲于人者多，欲人之处高爵禄则以让贤也，多财则以分贫也。夫鬼神岂唯攫季拑肺之为欲哉？今子处高爵禄而不以让贤，一不祥也；多财而不以分贫，二不祥也。今子事鬼神唯祭而已矣，而曰："病何自至哉？"是犹百门而闭一门焉，曰："盗何从入？"若是而求福于有怪之鬼，岂可哉？（《墨子·鲁问》）

人究竟做多少善事才能合乎神的期望，这是很难量化的。墨子的弟子认为他们从事的善行应该受到鬼神的奖赏，但墨子始终以他们做得不够作为根据批评他们对"鬼神之明"的怀疑。一位游学墨子门下的不知名者，以他追随墨子多年未获得福报而怀疑"鬼神之明"，但墨子假设了一个推论使之陷入了困境："将有厚罪者，何福之求？"跌鼻因墨子生病而怀疑"鬼神之明"。在跌鼻的心目中，他的老师是圣人，如果鬼神真的能够赏善罚暴，他的老师就不应该生病。墨子照样以他固有的逻辑来说服跌鼻。以上这些例子表明，墨子的鬼神赏善罚暴论，确实受到了他的弟子的怀疑，即使墨子总是能找到理由来弥合他的信念与现实之间的鸿沟。上文谈到的更激进的无鬼论者公孟子和董无心，则是直接否认墨子的鬼神赏善罚暴论。公孟子向墨子抛出了一个普遍性的论断："有义不义，无祥不祥。"然而，墨子反驳说：

> 古圣王皆以鬼神为神明，而为祸福。执有祥不祥，是以政治而国安也。自桀纣以下，皆以鬼神为不神明，不能为祸福，执无祥不祥，是以政乱而国危也。（《墨子·公孟》）

同墨子、怀疑论者甚至否定论者相比，《鬼神之明》对于鬼神赏罚提出了一种新颖的主张。从鬼神赏罚论题和思想元素看，《鬼神之明》与墨子有密切的关系。如，《鬼神之明》使用了墨子专用的"赏善罚暴"术语；作为赏罚的典型例证，它分别列举的也是尧舜禹汤与桀纣幽厉，他们是被墨子（也是被儒家）定型化了的善恶两极性人物。但《鬼神之明》对鬼神赏罚的看法，则与墨子明显不同，它是一种"二重化"的立场。按照这种立场，一方面鬼神能够起到"赏善罚暴"的作用；另一方面，鬼神又不能完全发挥这种作用。《鬼神之明》认为，尧舜禹汤等帝王以他们的"仁义圣智"等最高的善，赢得了鬼神"贵为天子，富有天下"最高程度的奖赏：

> 昔者尧舜禹汤，仁义圣智，天下法之。此以贵为天子，富有天下，长年有誉，后世述之。则鬼神之赏，此明矣。

与此相反，桀纣幽厉等暴君则由于他们的邪恶而受到了鬼神的严厉惩罚：

> 及桀纣幽厉，焚圣人，杀谏者，贼百姓，乱邦家。此以桀折于禹山，而纣首于只社，身不没，为天下笑。则鬼[神之罚，此明]矣。

这是《鬼神之明》所说的鬼神能够赏罚的根据。从这一方面来说，《鬼神之明》同墨子有相似之处。但《鬼神之明》又认为，鬼神不能完全做到赏善罚暴，它举出的例证是伍子胥和荣夷公。《鬼神之明》说：

> 及伍子胥者，天下之圣人也，鸱夷而死。荣夷公者，天下之乱人也，长年而没。如以此诘之，则善者或不赏，而暴[者或不罚]。

伍子胥作为春秋时期吴国的著名贤相，以忠诚正直受人尊敬；而荣夷公作为西周末期周厉王的嬖臣，他因和周厉王一样贪财好利而受到世人的鄙视。按照鬼神赏善罚暴论，伍子胥本应以福寿而终，但他却被吴王赐死，结局悲惨。①《鬼神之明》称伍子胥为"圣人"，这说明作者非常敬仰这位政治生涯不幸的人。《鬼神之明》称荣夷公为"乱人"，他本应受到鬼神的处罚，但他却以禄寿而终。伍子胥与荣夷公的情形，同鬼神赏善罚暴论是相左的。《鬼神之明》正是以此（"如以此诘之"）得出了人的善暴并非都受到鬼神赏罚的结论。在《鬼神之明》看来，鬼神的赏罚不是普遍的和必然的，而是偶然的和概然的。这是对墨子善恶赏罚普遍必然论的明显修正。从形式上看，《鬼神之明》对于鬼神赏善罚暴的主张，既不是否定论者的完全否定，也不是墨子式的绝对肯定，显示出折衷调和的色调，但实质上，它为鬼神信仰带来了一个独特的变化，即用"或"这一术语将鬼神善恶赏罚必然论变成了"偶然论"。

一般来说，善恶赏罚思想也为儒家所拥有。②孔子曾有这样的说法："为善者天报之以福，为不善者天报之以祸。"（《孔子家语·在厄》）这里还不能明显看出，孔子说的天的赏罚是不是必然的、普遍的。但在《中庸》中，我们看到了孔子的大德"必受"善报的思想：

---

① 《庄子·盗跖》以伍子胥等人为例，认为忠臣不足贵："世之所谓忠臣者，莫若王子比干、伍子胥。子胥沉江，比干剖心。此二者，世谓忠臣也，然卒为天下笑。自上观之，至于子胥、比干，皆不足贵也。"

② 走向自然天道观的老子，也保留有天佑正义的思想。如《老子》七十七章说："天之道，损有余而补不足。人之道，则不然，损不足以奉有余"；七十九章说："天道无亲，常与善人"。《说苑·敬慎》记载："老子曰：'得其所利，必虑其所害；乐其所成，必顾其所败。人为善者，天报以福；人为不善者，天报以祸也。故曰：祸兮福所倚，福兮祸所伏。戒之，慎之！'"祸兮福所倚，福兮祸所伏"当是源于老子的"祸兮福之所倚，福兮祸之所伏"。但其他话不见于《老子》，如果是老子佚文，那就更能说明老子还有"善恶赏罚论"思想。

子曰:"舜其大孝也与! 德为圣人,尊为天子,富有四海之内,宗庙飨之,子孙保之。"故大德必得其位,必得其禄,必得其名,必得其寿。故天之生物,必因其材而笃焉。故栽者培之,倾者覆之。《诗》曰:"嘉乐君子,宪宪令德。宜民宜人,受禄于天。保佑命之,自天申之。"故大德者必受命。

《周易·文言》有"积善之家,必有余庆;积不善之家,必有余殃"的说法,这明显是将上天的赏罚看成是必然的。① 孔子在周游列国过程中不断遇到挫折和厄运,使他的弟子们对孔子所执着的事业甚至对他们所信仰的上天产生了怀疑。如在陈蔡之地,他和他的弟子们被围困达七日之久。由于断绝了食物,不少跟随他的弟子都病倒了。虽然孔子"愈慷慨讲诵,弦歌不衰",能够对他的弟子产生某种鼓舞作用,但并不能完全解除他们的困惑。孔子召见子路询问说:"《诗》云:'匪兕匪虎,率彼旷野。'吾道非乎,奚为至此?"对于孔子的问题,子路提出了更多的疑问:

> 君子无所困。意者夫子未仁与? 人之弗吾信也。意者夫子未智与? 人之弗吾行也。且由也昔者闻诸夫子:"为善者天报之以福,为不善者天报之以祸。"今夫子积德怀义,行之久矣,奚居之穷也?(《孔子家语·在厄》)

子路的这些疑问,其中牵涉到了孔子的善恶报答论。孔子从两个方面

---

① 魏陈王曹植《相论》引荀子的话说:"荀子曰:'以为天不知人事耶,则周公有风雷之灾,宋景有三次之福;以为知人事乎,则楚昭有弗禜之应,邾文无延期之报。由是言之,则天道之与相占,可知而疑,不可得而无也。'"(《艺文类聚》卷七十五)如果这句话确实出自荀子,那么即使是主张"天人相分论"的他,也没有完全否认超自然的东西。

回答子路的问题，一是说善者"不必"受到报答；二是说一个人的遇不遇取决于"时机"。子路大概是将孔子曾经说的"为善者天报之以福，为不善者天报之以祸"当成一个必然的论题，但孔子向子路强调，善者并非必然赢得福报。他说：

> 由未之识也，吾语汝。汝以仁者为必信也，则伯夷、叔齐不饿死首阳；汝以智者为必用也，则王子比干不见剖心；汝以忠者为必报也，则关龙逢不见刑；汝以谏者为必听也，则伍子胥不见杀。(《孔子家语·在厄》)①

从孔子的这段话来看，他又不是主张赏罚必然论。与此联系起来，《鬼神之明》的赏罚"或然论"，也许就处在孔子这一说法的延长线上。

儒、墨的善恶赏罚或福报论，源于"三代"的宗教传统。《尚书·商书·伊训》有这样的说法："惟上帝不常，作善降之百祥，作不善降之百殃。"照孔安国《传》的解释，"上帝不常"是说"天之祸福惟善恶所在，不常在一家"。这是明显的善恶赏罚论。《尚书·商书》中《咸有一德》有"天佑德"和"依德而降灾祥"的说法：

> 非天私我有商，惟天佑于一德，非商求于下民，惟民归于一德。德惟一，动罔不吉；德二三，动罔不凶。惟吉凶不僭在人，惟天降灾祥在德。

这是依德论天的赏罚。《尚书·汤诰》有"天道福善祸淫，降灾于夏，以彰厥罪"的说法，《吕氏春秋》记载："《商箴》云：'天降灾布祥，

---

① 孔子同子路的问答，也在保留在《荀子·宥坐》中。由于伍子胥死于公元前484年，因此对话不可能全是出自孔子之口。

并有其职。'"只是，到了东周，墨子将这种立场绝对化，孔子将之灵活化。《鬼神之明》是直接将墨子立场相对化，并间接地修正了"三代"鬼神赏罚的传统。

善恶赏罚论或善恶因果报应论，大体上是人类的一种思维方式和价值观，它以不同形式存在于不同地域的文明和宗教传统中。这种思维方式和价值观，包含着相互联系的两个层面：一个层面是，人们相信，人的行为的好坏同结果的好坏应该是对应的。不仅人间政治、法律制度和道德规范是这种对应关系的维护者，而且超自然的神也是这种对应关系的监护者。正是基于人的合法和正当行为受到各种力量的保护，违法和非正当的行为受到谴责和惩治，人才得以预测自己行为的结果并为自己的目的进行选择和行动。就像人同法律和道德之间具有契约关系那样，宗教信仰论者相信，神与人之间也保持着互相默认的法规，神保证奖赏人的善行，惩罚人的恶行。人只能以善来赢得神灵的青睐，否则他就要受到神灵的严厉惩罚。如果人间正义得不到伸张、邪恶得不到惩罚，人们就会抱怨"天道不公"，希望上天显灵，以使善恶因果报应关系得到恢复。涂尔干从现实中为此寻找解释，他说：

> 之所以在绝大多数情况下，我们总能看到善良战胜邪恶，生命战胜死亡，光明战胜黑暗，那是因为现实即是如此。如果这两种对抗力量之间的关系倒转过来的话，那么生活就不可能延续下去了；而事实上，生活不但能够维持，而且还有所发展。①

另一个层面是，善恶因果报应关系反映了人类的相互交换和相互报答

---

① 〔法〕爱弥尔·涂尔干:《宗教生活的基本形式》，第555页。

意识。① 不管是经济领域中的利益交换，还是道德领域中的以德报德和互爱，乃至日常生活中的礼尚往来，都说明人类是以"对等性"相互交往的。神与人之间的对等性交往，则是其中之一。神需要人的善良和正义，人需要神的奖赏，彼此相互依赖并相互满足：

> "给我，我也给你；为我献身，我也为你献身；向我献祭，我也向你献祭。"在一本吠陀信仰表白书中，献祭者正是这样和神对话的。在这种取舍活动中，用一种平等的方式和相同的意义把神和人联系在一起的仅仅是一种共同的需要。因为，在这里正如人必须依赖于神一样，神也必须依赖于人。神存在于人的力量中。神真正的存在依赖于祭品。②

墨子和儒家的善恶因果报应，就体现了人类期望行动与结果对应、交往互惠的思维方式和价值观。但在现实中，行动与结果的不对称是很多的。善人无善果而恶人不遭报应的事屡见不鲜；有德者贫穷而无德者荣华富贵，也大有人在。这就难免引起人们对善恶因果报应论的怀疑。③ 但墨子用各种理由来化解理论与现实之间的矛盾，④

---

① 有关中国思想中的"报答""回报"问题，请参阅杨联陞《"报"作为中国社会关系基础的思想》，见〔美〕费正清编《中国的思想与制度》，郭晓兵、王琼等译，世界知识出版社2008年版。

② 〔德〕恩斯特·卡西尔：《神话思维》，黄龙保、周振选译，中国社会科学出版社1992年版，第245页。

③ 从批判的立场上王充指出了世人的这种通常看法："世谓受福佑者，既以为行善所致；又谓被祸害者，为恶所得。以为有沉恶伏过，天地罚之，鬼神报之。天地所罚，小大犹发；鬼神所报，远近犹至。"（北京大学历史系《论衡》注释小组：《论衡注释》第一册，第349页。）

④ 如鲁国的一位司祭者用一头小猪祭祀而向鬼神祈求百福。墨子听说后就批评说："是不可。今施人薄而望人厚，则人唯恐其有赐于己也。今以一豚祭，而求百福于鬼神，唯恐其以牛羊祀也。古者圣王事鬼神，祭而已矣。今以豚祭而求百福，则其富不如其贫也。"（《墨子·鲁问》）墨子在这里又以超功利的立场说，古圣王事鬼神，只（转下页）

孔子用"机遇"和"时运"来弥补理论上的缺陷和破绽,而《鬼神之明》则用"偶然论"来取代墨子的必然论,这是一种新型的"鬼神赏罚论"。

三 《鬼神之明》与"鬼神"之"力"及其限制

如果神灵只是正义和善的代表而缺乏力量和智慧,它就不足以赏善罚恶,这就可以理解为什么正义之神同时也是智慧和力量之神。人类意识到他们能力的弱小、孤立无助和无奈,期望延长和扩大他们的力量,就像通过工具扩大和延长自己的力量一样,"神"就是他们想象的超级力量。[①]人类希望借助于超自然和超人间的力量,解决他们遇到的自身难以解决的困难和挑战。在不同的宗教信仰中,一神论者的"神"是无所不能、无所不知的绝对智慧和力量;多神论者则以分工的形式使不同的神灵拥有某一方面的最高力量。只要人们要求"鬼神"扮演和履行善恶因果报应的角色,要使鬼神成为人类的护佑者,他们就必须赋予鬼神以超常的力量和智慧。对此,劳伦斯·汤普森(Lawrence Thompson)有一个恰当分析:

假如宇宙的终极实在不是神,中国人比任何其他民族的人们更不满足于哲学上的抽象物。在处理世间事务中,人们至少需要一种能够提供帮助的抽象,和一条能够通向救助的道路。老子、庄子或许能够面对人生沉浮坦然自若,就如同树叶在流水中随意漂浮,但对其他人来说,生活就是一场永不停息的角逐,对失败、

(接上页)是单纯从祭祀上敬鬼神而没有其他动机。但他批评曹公子向鬼神祈福只是停留在祭祀是不行的,他还需要其他的仁义的行为。

① 神总是被人想象得比人类自己伟大,他们将无法对付的邪恶者委之于神灵之手。

损失、疾病、死亡的恐惧都需要希望。这种希望只能来自比人类更强大的某种力量。按照中国人的世界观,在人世之上还有某种实体存在,那里可以找到人们欠缺的强大力量。正是在这种实体上,神以某种方式对象化了,这种情形和其他文化中所发生的没有什么两样,也就是说,神性的力量人格化了。①

在东周子学中,"鬼神"一般被想象为幽隐之物,它们存在并出入于万物的"幽冥"之中。如,《礼记·乐记》有"幽则有鬼神"的说法;《庄子·天运》也有"鬼神守其幽"之用例。鬼神是无所不在的,但又"幽隐"难测,这是它的奇妙特性和独特能力之所在。"鬼神"超出了人类观察和倾听的范围,人类只能通过人神共同默认和接受的方式得知鬼神的存在。《中庸》记载:

> 子曰:"鬼神之为德,其盛矣乎!视之而弗见,听之而弗闻,体物而不可遗。使天下之人齐明盛服,以承祭祀,洋洋乎如在其上,如在其左右。《诗》曰:'神之格思,不可度思!矧可射思!'夫微之显,诚之不可掩,如此夫。"

为了避免被发现和受到惩罚,从事恶行的人常以隐蔽的方式进行。但鬼神信仰论者认为,在鬼神面前,人没有任何秘密可言,他的所有行为都处在鬼神的监视之下。《墨子·明鬼下》说:

> 虽有深溪博林,幽涧毋人之所,施行不可以不董,见有鬼神视之。

---

① 引文出自〔美〕克里斯蒂安·乔基姆的《中国的宗教精神》,王平、张广保等译,中国华侨出版社1991年版,第161—162页。

由于鬼神的无所不视的能力，一个人的诡秘恶行即使能逃避人类的眼睛，也无法逃避鬼神的超级目光。《庄子·庚桑楚》说：

> 为不善乎显明之中者，人得而诛之；为不善乎幽间之中者，鬼得而诛之。

墨子毫不动摇地信奉鬼神赏善罚恶的因果必然论，是同他相信鬼神具有无限的智慧和力量分不开的。《墨子·明鬼下》说：

> 故鬼神之明，不可为幽间广泽，山林深谷，鬼神之明必知之。鬼神之罚，不可为富贵众强，勇力强武，坚甲利兵，鬼神之罚必胜之。若以为不然，昔者夏王桀，贵为天子，富有天下，上诟天侮鬼，下殃傲天下之万民，祥上帝伐元山帝行，故于此乎，天乃使汤至明罚焉。

"鬼神之明"是墨子鬼神论或"明鬼"篇的中心论题之一，它说的就是"鬼神"的超级能力问题。"明"的本义为光明，引申为高明、英明、神明，既指人特别是圣人的聪明，也指天地、自然变化的奇妙难测。"鬼神之明"的"明"当然不能用人的一般明察力来衡量，它是高超的"神明"，我们姑且用"英明""高明"或"明知"来释之。①巫马子是怀疑"鬼神之明"的，他向墨子提出鬼神与圣人何者更高明这一问题本身，就说明了他的这种倾向。墨子如何回答他可想而知。《墨子·耕柱》篇记载：

> 巫马子谓子墨子曰："鬼神孰与圣人明智？"子墨子曰："鬼神

---

① 《墨子》中也有"鬼神明知（智）"的用法。

之明智于圣人，犹聪耳明目之与聋瞽也。"

儒家相信圣人的高超智慧，他们一般不会设想鬼神比圣人高明。随巢子是墨子的弟子（见《汉书·艺文志》），在这一点上他接受了墨子的说法。越兰大概是一位儒家信徒，他直接断定鬼神的智慧比不上圣人。《随巢子佚文》说：

> 执无鬼者曰：越兰问随巢子曰："鬼神之智何如圣人？"曰："圣也"（诒让疑当作"贤于圣也"）。越兰曰："治乱由人，何谓鬼神邪？"随巢子曰："圣人生于天下，未有所资。鬼神为四时八节，以纪育人，乘云雨润泽，以繁长之，皆鬼神所能也，岂不谓贤于圣人。"①

前面谈到，墨子的弟子中也有人怀疑他的"鬼神赏罚论"。相信鬼神能够赏善罚恶，与相信鬼神英明是一个问题的两方面。墨子的弟子跌鼻、曹公子和不知名者等，都以信奉鬼神而没有得到相应的福报而怀疑鬼神的明智。但墨子以他的雄辩，坚持鬼神是英明的。他是否解除了弟子的疑问，我们不得而知。墨子的鬼神英明说同样受到了儒家信徒的质疑。巫马子、②公孟子（公明仪）和越兰等，不仅否认鬼神

---

① 孙诒让：《墨子间诂》下册，第702页。
② 巫马子被疑为是孔子的弟子巫马期，但《墨子》中记载的巫马子境界不高，不像《韩诗外传》记载的巫马期："子贱治单父，弹鸣琴，身不下堂，而单父治。巫马期以星出，以星入，日夜不处，以身亲之，而单父亦治。巫马期问于子贱，子贱曰：'我任人，子任力。任人者佚，任力者劳。'人谓子贱，则君子矣，佚四肢，全耳目，平心气，而百官理，任其数而已。巫马期则不然，乎然事惟，劳力教诏，虽治，犹未至也。《诗》曰：'子有衣裳，弗曳弗娄；子有车马，弗驰弗驱。'""子路与巫马期薪于韫丘之下，陈之富人有虞师氏者，脂车百乘，觞于韫丘之上。子路与巫马期曰：'使子无忘子之所知，亦无进子之所能，得此富，终身无复见夫子，子为之乎？'巫马期喟然仰天（转下页）

能够赏善罚暴，同时也否认"鬼神之明"。墨子相信鬼神英明能力与现实祸福之间一一对应关系的独断立场，是他的学说招致批评和质疑的主要原因。在普遍的应该与现实之间很容易找到反证。《鬼神之明》对"鬼神"英明和能力的怀疑，也是以现实中的反例为根据的，只是他的怀疑比较温和，不是完全否定"鬼神之明"。

曹锦炎将上博简有关鬼神的这一部分文献命名为《鬼神之明》，紧扣的就是墨子的"鬼神之明论"。"鬼神"的"明"与"不明"，大概是当时以墨子为代表的鬼神信仰者与否定论者和怀疑论者之间争论的问题之一。从《鬼神之明》的鬼神"有所明，有所不明"这一基本立论来看，它是处在"鬼神英明"与"鬼神不英明"这两种相反的立场之间。但他又不是"直接"从"鬼神英明"或"不英明"来讨论鬼神的能力的。因此，将这一文献定名为《鬼神之明》确实有丁四新所说的问题。① 不过，《鬼神之明》提出的问题和看法确实又同鬼神的英明和能力密切相联。《鬼神之明》中用"明"字有七处，其中"有所明，有所不明"的用例四处；"此明矣"的用例两处；"鬼神不明"的用例一处。"有所不明"的用法，不见于《墨子》和先秦其他文献，"有所明"大概亦仅见于《庄子·天下》："天下大乱，贤圣不明，道德不一。天下多得一察焉以自好。譬如耳目鼻口，皆有所明，不能相通。""有所明""有所不明"的"明"是动词，和"所"构成所字结构而具有了名词性。"鬼神有所明，有所不明"的意思是，鬼神"有英明的地方"，也"有不英明的地方"。《鬼神之明》旨在表明，鬼神并非总是英明的。具体言之，就是说鬼神在赏罚上存在着"盲点"，对人间有的善恶没有察觉和赏罚。"此明矣"的"明"，意为"明显"，它说的是鬼

（接上页）而叹，阒然投镰于地，曰：'吾尝闻之夫子，勇士不忘丧其元，志士仁人不忘在沟壑。子不知予与？试予与？意者、其志与？'子路心惭，故负薪先归。"

① 参阅丁四新《论楚简〈鬼神〉篇的鬼神观及其学派归属》，载郭齐勇主编《儒家文化研究》第一辑，生活·读书·新知三联书店2007年版，第400—408页。

神赏罚善恶之"明"("有所明")这一方面的"明显"。"不明"多见于《墨子》,在《墨子》中是指"不英明""不明智",相对于"鬼神的明智"或"英明"("鬼神之明")。但《鬼神之明》的"不明",只是用语和《墨子》一样,它不是对鬼神能力的一般判断,而是在鬼神"有所不明"的意义上说的,相对的是"鬼神有所明"。《鬼神之明》的问题是从墨子那里来的,它提出"鬼神有所不明"(或"鬼神不明")的新主张,也是对墨子鬼神绝对英明这种独断立场的一个明显修正。进一步,《鬼神之明》认为,"鬼神有所不明"必有其因("则必有故")。但原因总是不像结果那样容易直接看出来,在这一点上,《鬼神之明》的作者也显示出了他的明智。他推测说,"鬼神有所不明",或者可能是因为鬼神"力能致焉而弗为";或者可能是因为鬼神"力固不能致"。但究竟是哪一种原因,《鬼神之明》没有作出武断的结论,而是说"弗知":

[故]吾因加鬼神不明,则必有故。其力能致焉而弗为乎?吾弗知也;意其力固不能致焉乎?吾或(又)弗知也。

同墨子及其批评者多以"明"与"不明"说鬼神的能力有所不同,《鬼神之明》则主要从"力"上看待鬼神的赏罚能力。但《鬼神之明》所说的"力",又不是单纯的"力量",它是在正义和英明基础之上的能力和力量。"力"原象人筋之形,引申出筋力、力气。这一方面的例子,可举出《老子》三十三章的"胜人者有力"、《论语·八佾》的"射不主皮,为力不同科"、《孟子·公孙丑上》的"以力服人"、《荀子·王制》的"力不若牛"等。这些"力"字,皆是指人的体力、力气。力气的"力",相对于人的"智虑"和"心智",也相对于人的"德行""道德"。孟子的"以力服人"与"以德服人"之分(《孟子·公孙丑上》)、"劳力"与"劳心"之分(《孟子·滕文公上》)、荀子的"血气筋力"与"智虑取舍"(《荀子·正论》)之分,就是如此。"力"从"力气"又引申为一般的力量、实力、强力,被运用在政治上,就产生了以强力统治还是以德义统治两种不同的统治之道(即"力政"与"德政")。《墨子》中所用的"力"字,是多义的。有"力气"之"力",如《墨子·经上》说的"力,刑之所以奋也",① 《墨子·尚贤中》说的"竭四肢之力以任君之事"之"力",就属于这种意义。墨子的"力"还有"强力""实力"和"智力"的意思,如《墨子·明鬼下》有"诸侯力正"的说法,《墨子·尚同下》有"天子以其知力"的说法。信奉普遍之爱("兼爱")和反战("非攻")的墨子,不可能鼓吹单纯的力量和强力。"神道设教"的"神"首先是正义之神,然后才是力量之神。墨子以"明"论鬼神,这说明他关注的不是纯粹的神的"力量"和"强力",而是包括了鬼神明察、洞悉人间正邪、善恶等在内的能力和力量。《鬼神之明》是接着墨子鬼神之"明"说的,它从鬼神"有所明"与"有所不明",说到鬼神之"力",因此,其"力"自然也不是单纯的"力量"和"强力",而是指能否战胜邪恶、佑护善良的综合能力。

余 论

根据以上的讨论,最后附带说一下《鬼神之明》的学派归属问题。整理者曹锦炎认为,此篇是《墨子》佚文,记述墨子同他的弟子或他人的"对话",体裁是一种"对话体"。② 与此看法类似,浅野裕一将之定为"墨家"文献,更进而认为它是《明鬼》"上篇"或"中篇"的一

---

① 毕沅注说:"刑同形,言奋身是强力。"见孙诒让《墨子间诂》上册,第284页。
② 参阅曹锦炎整理的《鬼神之明》,见马承源主编《上海博物馆藏战国楚竹书(五)》,第307—308页。

部分。① 丁四新不同意曹锦炎的看法，认为它不可能是墨子及其弟子的作品。② 有一点非常清楚，《鬼神之明》的鬼神观与墨子不同，曹锦炎也指出了这一点。我们前面已经反复指出，墨子对"天志"和"鬼神"的信仰是绝对的，他没有任何的犹豫不决和动摇之处。墨子重建天志和鬼神信仰，直接受到的挑战是"无鬼论"和"鬼神不明论"，他在《明鬼》等其他地方，竭力论证和证明的就是鬼神的绝对实有、绝对英明和绝对权威。《鬼神之明》虽然不完全否定鬼神的实有和英明，但认为鬼神"有所不明"，显然将墨子的绝对鬼神论"相对化"了，自然同墨子之间形成了一道鸿沟。只是，由于《鬼神之明》的问题、背景和思想资源，看得出来都与《墨子》和墨家具有密切的关系，因此它应该是作为墨子鬼神学说的修正者和改革者而出现的，大体上可以算作是墨家的一个旁支或更疏离于墨子的"别墨"。墨子创立的墨家是战国时期最有影响力的学派之一，墨子的弟子和再传弟子众多。只是墨子后学的许多文献都失传了，无法窥其复杂的谱系和支流。在墨家中，墨子和巨子有很高的感召力和权威，墨子的学说自然会为许多弟子所接受和传承，但也不可能完全同墨子一致。《韩非子·显学》说墨子之后"墨离为三"，这三派取舍就各不相同（这三派在时间上距离墨子已经较远了），虽然他们都声称是"真墨"。在鬼神观上，墨子的弟子缠子和随巢子，虽然承继了其师的立场，但也有跌鼻、曹公子和长时间游学墨子门下的不知名者，怀疑其师的鬼神之明论，《鬼神之明》也许就是在这样的背景下出现的思想，作者很可能是墨子的再传弟子。这篇文献从立论到论证再到结论，既简明扼要又观点鲜明，后面自问自

---

① 参阅〔日〕浅野裕一《〈鬼神之明〉与〈墨子·明鬼〉》，见〔日〕浅野裕一《上博楚简与先秦思想》，万卷楼图书有限公司 2008 年版。

② 参阅丁四新《论楚简〈鬼神〉篇的鬼神观及其学派归属》，载郭齐勇主编的《儒家文化研究》第一辑，第 400—408 页。

答，最后以感叹结束，没有同墨子或其他人对话的迹象，看起来是完整的一篇，当是"广义墨家"的一篇佚文，很难说是现存《墨子》的佚文，更不可能是《明鬼》的一部分。

第六章

《三德》的自然理法和神意论

——以"天常""天礼"和"天神"为中心的考察

上博馆藏楚竹书第二册中的《鲁邦大旱》，再次引出了孔子对宗教祭祀究竟采取何种态度的问题，这个问题可以扩展为孔子到底信不信或在多大程度上相信超验性天命和神意的存在。需要提醒的是，如果从"三代"的宗教传统出发，或者相反，立足于与这个传统完全断裂的立场，来观察孔子是如何面对宗教的，那就容易作出不切实际的判断。① 春秋以降兴起的子学及其不同学派之间的竞争和交涉，既造就了哲学理性昂扬的趋势，亦使宗教得以转化并呈现出多元的局面。上博简第五册的《鬼神之明》和《三德》，② 是另外两篇有关宗教和超验力量言论的异常珍贵文献。《鬼神之明》恐怕不属于墨家的作品，③《三德》也许可以列到儒家的范畴中，④ 不管如何，因这些新文献使东周子

---

① 有关"三代"的宗教和哲学传统与东周子学的关系，请参阅〔美〕克里斯蒂安·乔基姆的《中国的宗教精神》、余敦康《宗教·哲学·伦理》。"三代"宗教与东周哲学，不能看成是单一性的和直线式的前后转变关系。

② 有关《三德》的编连和释文问题，参阅马承源主编的《上海博物馆藏战国楚竹书（五）》、陈剑《〈三德〉竹书编联的一处补正》（见陈剑《战国竹书论集》，上海古籍出版社2013年版）、曹峰《〈三德〉的编联与分章》（见《上博楚简思想研究》）等。

③ 整理者认为是《墨子》的佚文，但实际上它不能代表墨子的思想，更准确地说它与墨子有着冲突的一面。参阅本书有关《鬼神之明》讨论的章节。

④ 曹峰认为它与《黄帝四经》具有高度的契合性。参阅曹峰《〈三德〉与〈黄帝四经〉对比研究》，见《上博楚简思想研究》。但《三德》明显具有儒家的（转下页）

学显示出过去未曾看到的宗教新场景,确实令人有始料未及之感。《鬼神之明》对"鬼神"监护天下的能力一方面承认一方面怀疑的二重性,是与墨子无保留地深信"鬼神"在世间的赏罚能力有所不同的另一种"鬼神观"(不是与此对立的"无鬼论")。一般来说主要是融合了道、法、儒的黄老学,固然拥有天道和自然理性的观念,但并没有明显的以"上帝""天神"等为中心的宗教形态。《三德》在保持着儒家自然理性和天道观的同时,还特别为孔子之后的儒家增添了宗教的画面,许多宗教符号和观念都汇集于此,诸如"天""天神""皇天""上帝""天礼""天命""鬼神""天灾""上天"和"祭祀",等等;而且其中还出现了作为"灾异论"先声的"天"降"灾"和降"异"的说法。《三德》的神意论宗教意识关心的主要不是个人的自救和解脱,而是天下和国家的生存、秩序及安宁的整体前景,这是一个天道与人道彼此作用、天意与人意相互感通和共鸣的天上↔人间息息相关的连体、连动结构。这种既有区别又有密切关涉的综合体,是宗教的,同时又是政治的和道德的;是政治的和伦理的,同时也是宗教的;是"神道设教"和"神道设政",又是"祭政一致"和"神政一体"。从孔子到孟子特别是到荀子,越来越人文理性化和自然化的儒家,因《三德》又展现出了一套强性的"神意论"风貌,确实需要另眼相看。下面我们就来具体探讨一下《三德》的自然理性、天道观和与之并存的神意论,看看自然理性与宗教意识集于一身的二重构造。[1]

(接上页)倾向特别是儒家"礼"方面的特质,也很注重"农时"的观念。它没有明显融合道家什么东西,更没有融合法家的东西,因此,整体上它也许可以列为儒家。至于它与《黄帝四经》之间的类似性,是《三德》受了《黄帝四经》的影响,还是相反,这牵涉到这两个文献的先后关系问题,有待进一步考察。

[1] 有关《三德》思想方面的研究,还比较有限,其中有汤浅邦弘《上博楚简〈三德〉的天人相关思想》(载郭齐勇主编《儒家文化研究》第一辑);福田一也《上博简(五)〈三德〉篇中天的观念》(载同上)等。

一 "天常": 自然理法和"天时"

　　春秋之后同社会结构和政治生活发生的转变一起展开的思想、观念世界的变化，我们一般称为"自然天道观"和"人文主义理性"的兴起，它体现为冷静、客观地观察和认识"天"和"天道"，探求自然的法则和奥秘，积极主动地采取与此相适应的人事活动，即"推天道以明人事"和"尽人事以辅天道"。"明人事"和"尽人事"是以人的主动性和行动性为导向的实践理性，它的凸显说明人的主体性的增强和对外在既成现状依赖性的降低。按照这种立场，人类的处境主要是由人类自己的意志决定的，天命只是为人类的意志和行动提供背后的支持，人类的意愿是可以通过自己的努力实现的。从儒家的人文理性来说，"人"能够通过自身的努力完善自己，人的道德和德行必须通过自己来亲证，教化和学习是人自我完善的根本途径。在道家那里，老子最有力地促进了自然天道观的兴起，这种自然天道观经过庄子、黄老学而一步步扩大。但是，子学的"自然天道观"不是突发性的事件，不能想象一个"纯然"宗教性状态的"三代"，突然就完全变成了子学的自然天道观和人文理性；也不能想象一个纯然自然理性和人文理性的子学时代，它将"三代"的宗教世界一扫而空。我们容易把"初民文化"等同于"宗教文化"，这个错觉主要来自于"认识论"的观点，即宗教产生于人类认识的低下。这种看法的问题在于，宗教恰恰也是人类认识和智力发展之后的产物，在史前时期，在原始人那里，宗教意识也很低。没有认知能力或认知能力极低的动物，不可能有宗教。宗教意识成长的同时，初民的自然理性也在成长。马林诺夫斯基指出，初民能够区分自然原因与超自然原因，也知道工作与

第六章 《三德》的自然理法和神意论——以"天常""天礼"和"天神"为中心的考察 | 209

巫术的分工。①因此，我们不能把"三代宗教"到东周子学的兴起看成是"从宗教到哲学"这种单线的转变，即使这是一条主要的线索，那也不能排除它也存在着从"三代"哲学到东周子学、从"三代"宗教到东周宗教的两个方向的变化。从这种意义上说，《三德》的自然天道观，既是东周兴起的自然理性的一个表现，又是"三代"自然理性的继续演进（宗教意识同样，待后述），"天常"观念是一个很好的例子。

依据《左传·哀公六年》的记载，"天常"这一术语在《夏书》中就出现了，它是孔子评价楚昭王时引用的：

孔子曰："楚昭王知大道矣，其不失国也，宜哉！《夏书》曰：'惟彼陶唐，帅彼天常，有此冀方。今失其行，乱其纪纲，乃灭而亡。'又曰：'允出兹在兹。'由己率常，可矣。"②

《夏书》说"陶唐"时代的统治者，由于遵循"天常"而有了中国，当下的统治者（说是太康）由于违背天常而走向了灭亡。在孔子看来，只要遵循天常（"由己率常"），就可以安邦。孔子说楚昭王"知大道"，具体所指一是楚国出现了异常的"天象"，有人建议昭王举行"禳祭"，他拒绝了；二是他患了疾病，占卜师和大夫都建议他举行祭祀，他也拒绝了。而且，楚昭王的拒绝运用的是令人信服的理性。《左传·哀公六年》记载说：

---

① 参阅〔英〕马林诺夫斯基《巫术、科学、宗教与神话》，李安宅译，中国民间文艺出版社1986年版。
② 《左传·文公十八年》叙述上古帝王的不才之子，其中使用了"天常"一语："颛顼氏有不才子，不可教训，不知话言。告之则顽，舍之则嚚。傲很明德，以乱天常，天下之民谓之梼杌。"早期哲学中的"天常"，不完全是"自然性"的意义。郭店竹简《成之闻之》说的"天降大常，以理人伦。……是故小人乱天常以逆大道""以祀天常"，是将"天常"看成是"天降的"并作为祭祀的对象。

是岁也,有云如众赤鸟,夹日以飞三日。楚子使问诸周大史。周大史曰:"其当王身乎!若禜之,可移于令尹、司马。"王曰:"除腹心之疾,而置诸股肱,何益?不穀不有大过,天其夭诸?有罪受罚,又焉移之?"遂弗禜。初,昭王有疾,卜曰:"河为祟。"王弗祭。大夫请祭诸郊。王曰:"三代命祀,祭不越望。江、汉、睢、漳,楚之望也。祸福之至,不是过也。不穀虽不德,河非所获罪也。"遂弗祭。

孔子的评论是对楚昭王的祭祀理性和"明智"之举有感而发。楚昭王"尽人事以辅天道",可以说是彰显了人的"主体性"和"自主性"。

按照古代"三才"的说法,"天""地"和"人"三者都各自具有自己的本性和角色,其中"天"和"地"是相对于人的客体,而人则以自己的主体性"辅相天地"和"参天地之化育"。在"天覆地载"的整体观念之下,"天"常以"时节"、"地"常以"利财"体现自身的特性和功能;作为天地之间万物之灵的人,则常以知识和行动显示自己的优越性。正如《荀子·天论》所指出的:"天有其时,地有其财,人有其治,夫是之谓能参。"按照《三德》的说法,上天提供的是时节,大地提供的是材料,人民提供的是力气,即所谓"天供时,地供材,民供力"。这样的立论是站在治国的角度而言的,说的是君主如何合理地对待天时、地材和民力。在《三德》看来,明智的君王对"天时""地材"和"民力"是"无思"。"无思"直观上看是"无思虑""不谋求"。曹峰先生从黄老学"无为""无事"的意义上加以解释不能说没有道理。① 按照黄老学的观念,开明君王的"无思",就

---

① 参阅曹峰《〈三德〉释读十八则》,见《上博楚简思想研究》,第193—195页。这方面的例子确实不少,如《韩非子·解老》说:"所以贵无为无思为虚者,谓其意无所制也。"《韩非子·八说》载:"尽思虑,揣得失,智者之所难也。无思无虑,挈前言而责后功,愚者之所易也。明主虑愚者之所易,不责智者之所难。故智虑力劳(转下页)

是因循"天地人"的各自功能使其分别发挥其作用。但儒家也不能说没有这样的思想,孔子说:"天何言哉!四时行焉,百物生焉。天何言哉?"(《论语·阳货》)孔子的"无言"与《三德》的"无思"可以相互理解;《系辞传上》本身就有"无思""无虑"的说法:"易无思也,无为也,寂然不动,感而遂通天下之故。"孔子还有"无为而治"的思想,他还以舜为推行无为而治的典范:"无为而治者,其舜也与!夫何为哉?恭己正南面而已矣。"(《论语·卫灵公》)《三德》的"无思"与它所说的"知天足以顺时,知地足以固材,知人足以会亲。不修其成,而听其营。百事不遂,虑事不成"正好能够统一起来。郭店简《成之闻之》提出君子"祀天常"的要求,这似乎是为"天常"增加了"自然神"的意义,但这里的"祀"也许可以在遵循"自然理性"的意义来理解:

> 唯君子道可近求,而[不]可远措也。昔者君子有言曰"圣人天德"何?言慎求之于己,而可以至顺天常矣。《康诰》曰"不还大戛,文王作罚,刑兹无赦"何?此言也,言不逆大常者,文王之刑莫厚焉。是故君子慎六位以祀天常。

《管子·禁藏》有"顺天之时,约地之宜,忠人之和"的说法,强调统治者要以合理的方式处理好天地人的关系。《韩诗外传》卷一的说法与《三德》的说法也有类似之处:

> 上知天,能用其时;下知地,能用其财;中知人,能安乐之。是圣仁者也。上亦知天,能用其时;下知地,能用其财;中知人,

(接上页)不用而国治也。"《吕氏春秋·任数》亦载:"故至智弃智,至仁忘仁,至德不德,无言无思,静以待时,时至而应,心暇者胜。……故曰君道无知无为,而贤于有知有为,则得之矣。"

能使人肆之。是智仁者也。①

"知天""知地"和"知人",当然需要思考和思虑,这是认知问题,这说明《三德》同样要求把握"天地人"的本性,与荀子所说的"不求知天"有别。了解(知)天地人不是为了干预和改造天地人("不修其成"),而是为了"因循""遵循"天地自然和人的不同职分,即"顺时""固材"和"会亲",让天地人按照自身的特性显示自己("而听其营")。如果不能因循自然,相反就是《三德》所说的"百事不遂,虑事不成"。根据上下文,"百事"的"百"(音"陌"),意谓"励力",②"百事"即"力事",恰与"虑事"相对,体现了儒家"因时""因地"和"因人"的观念。"会亲"可以解释为"聚人",即得到民众的"亲近"。"顺时""固材"与"天供时"和"地供材"正相对应,也与"顺天之时,起地之[材]"一致,③但"会亲"的说法与"民力"略有差别,也与"□民之力"不直接对应。《黄帝四经》有"因民之力""尽民之力",《礼记》有"用民之力"等用法,据此,曹峰所补之后的缺字,可补以"因""用"或"尽"。

《三德》这种因循"自然"和"人"的理性,在《黄帝四经》中能够看到类似的说法。如《黄帝四经·经法·六分》篇以"天地人"为治国的大舞台,认为君王如果能够合理地并用三者,就会赢得天下:

> 王天下者之道,有天焉,有人焉,有地焉。三者参用之,[然后]而有天下矣。

---

① 《黄帝四经·十六经·前道》亦有"上知天时,下知地利,中知人事"的说法。
② 《左传·僖公二十八年》载:"距跃三百,曲踊三百。"其中的"百",杜预注说:"百犹励也。"孔颖达疏说:"言每跳皆勉力为之。"
③ 补"材",据曹峰说。参阅《上博楚简思想研究》,第222页。

《黄帝四经·十六经·前道》也主张知晓"天地人",要顺应"天地人"的本性而活动:

> 圣人举事也,合于天地,顺于民,祥于鬼神,使民同利,万夫赖之,所谓义也。……故王者不以幸治国,治国固有前道,上知天时,下知地利,中知人事。

对于那些命定论者来说,不仅一个人的命运是由不可知的必然性力量决定的,就是一个国家的存亡也是一种前定的不可改变的"命运"。依据这种立场,人事和人为的重要性就降低了,重要的是期待命运和偶然奇迹的降临。但《三德》和《黄帝四经》都没有这种命运决定论,二者都把治国寄托在认知、理性和人事的基础上。《黄帝四经》特别指明治国靠的不是偶然性的幸运或侥幸,靠的是事先掌握"前道"并加以实践。"前道"之"前",帛书整理者注为"先";又据孔颖达疏解《礼记·中庸》的"道前定则不穷"所说的"言欲行道之时,豫前谋定,则道无穷也","前道"可以说是"事先的方法"。《慎子·威德》很恰当地把"因循"自然与"尽人事"统一了起来:

> 天有明,不忧人之暗也;地有财,不忧人之贫也;圣人有德,不忧人之危也。天虽不忧人之暗,辟户牖必取己明焉,则天无事也;地虽不忧人之贫,伐木刈草必取己富焉,则地无事也;圣人虽不忧人之危,百姓准上而比于下,其必取己安焉,则圣人无事也。

总之,统治者因循"天地人",以理性来行事,"尽人事以辅天道",这是黄老学的重要观念,但同时也是儒家的观念。

君王因循和顺应"三才"之德不仅是合理的,而且这本身就是自然天道法则的内在要求。《三德》说:"敬天之砥,兴地之辠。恒道必平。天哉人哉，凭何亲哉，没其身哉。""敃"字，依陈剑说，通"圉"，"囿"，训为"禁"。《诗》有"敬天之怒，无敢戏豫；敬天之渝，无敢驰驱"的说法，这里的"敬"是敬畏上天的发怒和上天的灾变，"天"是人格神。《三德》这里的"敬天"是与"兴地"联系在一起的，它应该是遵循天道而行动的意思。《吕氏春秋·古乐》记载：

> 昔葛天氏之乐，三人操牛尾投足以歌八阕：一曰《载民》，二曰《玄鸟》，三曰《遂草木》，四曰《奋五谷》，五曰《敬天常》，六曰《建帝功》，七曰《依地德》，八曰《总万物之极》。

《三德》的"敬天之敃"与《吕氏春秋》说的"敬天常"当意近，这也与下文所说的"恒道"一致。

《三德》规劝人们不要违背自然理法（"天常"），违背自然理法就要受到惩罚："卉木须时而后奋。天恶如忻，平旦毋哭，晦毋歌，①弦、望斋宿，是谓顺天之常。敬者得之，怠者失之，是谓天常。""平旦"指天明的时候，此时不能哭泣；"晦"是天黑的时候，此时不能唱歌。"弦"和"望"，分别指月相的半月和满月，在这个时间中要斋戒而宿。在《三德》看来，这是自然的理法——"天常"；遵循不遵循有两种不同的结果，这也是"天常"。如果遵守这样的理法与"卉木须时而奋"相关，那么"敬者得之"和"怠者失之"的"之"，自然就是指"卉木"是否能够合时生长。②《三德》强调，君主的行为如果不合理，自

---

① "晦"原释文作"明"，读为"晦"，采用了晏昌贵的说法。参见晏昌贵《〈三德〉四札》（简帛研究网，2006年3月7日）。根据前后两句的构造，此句也许应当补一字。

② 福田一也从"阴阳"观念分析了"平旦"与"哭泣"、"晦"与"歌"的关系。他说："若以阴阳概念言之，则'晦'、'哭'当属阴，而'平旦'、'歌'属阳。因此，若在'平旦（阳）'时'哭（阴）'，或在'晦（阴）'时'歌（阳）'，则不适合时宜，不相对应，故在禁止之列。《三德》篇尽管不见'阴'、'阳'等词（应是不见'阴'——笔者），但下文'阳而幽，是谓大戚。幽而阳，是谓不祥'并举'幽'、'阳'等（转下页）

然就要受到天道的惩罚：

> 故常不利，邦失干常，小邦则划，大邦过伤。变常易礼，土地乃坼，民乃夭死。善哉善哉三善哉，唯福之基，过而改……

《三德》这里的说法与《黄帝四经》的说法非常接近。《黄帝四经·十六经·三禁》明确指出了"天地"禁止君主所从事的一些活动：

> 行非恒者，天禁之；爽事，地禁之；失令者，君禁之。三者既修，国家几矣。地之禁，不堕高，不增下；毋服川，毋逆土；毋逆土功，毋壅民明。进不氐，立不让，径遂凌节，是谓大凶。……天道寿寿，播于下土，施于九州。是故王公慎令，民知所由。天有恒日，民自则之，爽则损命，还自服之，天之道也。

不仅如此，《黄帝四经》更从一般的意义上指明遵循与违背自然理法的两种截然不同的结果：

> 顺天者昌，逆天者亡。毋逆天道，则不失所守。天地已成，黔首乃生。……静作得时，天地与之。静作失时，天地夺之。（《十六经·姓争》）

《三德》将那些应该遵循的和避免违背的天地自然理法，称为"恒道"和"天常"，同样，《黄帝四经》也使用了"天常""恒道"的术

（接上页）词。凡是与'幽'、'阳'之用不相适应的则称为'大戚'、'不祥'，应当予以忌讳。'平旦毋哭，晦毋歌'正基于这种阴阳思想，将天时所致昼夜时节变化视作规律，努力使人们的礼仪行为也与此相协调和适应。"〔日〕福田一也：《上博简（五）〈三德〉篇中天的观念》）

语:"不循天常,不节民力,周迁而无功""参之于天地之恒道"。(《经法·论约》)此外,《黄帝四经》还有"恒榦""恒常""理""法式"等用语,如说:"天有恒榦,地有恒常。"(《十六经·行守》)其他说法还有:

> 始于文而卒于武,天地之道也。四时有度,天地之理也。日月星辰有数,天地之纪也。三时成功,一时刑杀,天地之道也。四时时而定,不爽不忒,常有法式,[天地之理也]。(《经法·论约》)
>
> 天地有恒常,……天地之恒常,四时、晦明、生杀、柔刚。(《经法·道法》)

《黄帝四经》的这些用语与《三德》的"天常"和"恒道"一样,整体上也是在自然理法的意义上使用的。站在周秦子学的立场上看,《三德》和《黄帝四经》以"天常"和"天道"所表现出的自然理法思想,构成了那个时代自然天道观的重要一部分。

对于古代农业社会特别是像农本主义的中国来说,农民能够按照季节适时地从事农业生产是国家生活中的大事。相比于"祀"与"戎"("国之大事,在祀与戎")被认为是国家的重大事务来说,"农事"应该说更为重要。《逸周书·周书序》记载:

> 周公正三统之义,作《周月》;辩二十四气之应,以明天时,作《时训》。周公制十二月赋(布)政之法,作《月令》。

照此所说,《逸周书》中的《周月》《时训》和《月令》为周公所作,是周公确定了周的正朔以一月为岁首,并说明了一年十二个月的时节(二十四气)和物候(七十二候)以及每月要颁布的政令。不管实际上如何，有关农业生产的"时令"，在国家生活中非常重要的。① 但国家不时需要征调劳役，特别是战争还要征集很多兵士。这就产生了"农时"与"劳役"和"战事"之间的矛盾。明智君王的做法是，既限制征调劳役，又尽量避免兵事，以保证农业生产所需要的"农时"。②《黄帝四经·经法·君正》提出"节民力"之说：

> 人之本在地，地之本在宜，宜之生在时，时之用在民，民之用在力，力之用在节。知地宜，须时而树。节民力以使，则财生。

"宜之生在时"的"时"和"须时而树"的"时"，都是按照"时节"及时地安排农业生产活动。《三德》主张统治者要使百姓能够尽其所能从事农业生产："仰天事君，严恪必信。俯视□□，务农敬戒。毋不能而为之，毋能而易之。"阙文曹峰先生补为"地理"，可备一说。"仰天事君"是臣民对君上而言，"俯视地理，务农敬戒"是君上对臣民而言。③《三德》强调统治者不要使庶民从事他们所不能的事，不要变更他们能够做到的正业。这与它对统治者的另外告诫是一致的："毋作大事，毋劐（害）常"。这里所说的"大事"，是指很容易影响"农事"之"常"的战争、庞大的土木工程等"事项"，用《三德》的说法就是"土攻（功）""水事"和"兵事"等：

---

① 据此来说，《礼记》《吕氏春秋》和《淮南子》中的《月令》，当是出于《逸周书》。

② 如孔子说："道千乘之国，敬事而信，节用而爱人，使民以时。"（《论语·学而》）孟子强调："不违农时，谷不可胜食也；数罟不入洿池，鱼鳖不可胜食也；斧斤以时入山林，材木不可胜用也；谷与鱼鳖不可胜食，材木不可胜用，是使民养生丧死无憾也；养生丧死无憾，王道之始也。"《孟子·梁惠王上》）

③ 《左传·襄公二十一年》载："'敬共事君与二三子。生在敬戒，不在富也。'……君子曰：'善戒。《诗》曰：慎尔侯度，用戒不虞。'"《国语·楚语》亦载："明敬戒以导之事。"其中的"敬戒"与此类似。

> 夺民时以土攻，是谓稽，不绝忧恤，必丧其似（籽）；夺民时以水事，是谓洲，① 丧怠（以）係（继）乐，四方来嚣；夺民时以兵事，是〔谓厉，祸因胥岁，不举铚艾〕。

范常喜先生首先注意到《吕氏春秋·上农》的一段记载：

> 夺之以土功，是谓稽，不绝忧唯，必丧其籽；夺之以水事，是谓篝，丧以继乐，四邻来虐；夺之以兵事，是谓厉，祸因胥岁，不举铚艾。数夺民时，大饥乃来。

这段记载与《三德》的文字基本一致，可以帮助我们校对和理解《三德》。其中的"攻"通"功"。在《三德》看来，土木、水利等大型工程和战争都会"数夺民时"，势必给百姓造成饥馑的严重后果（"天饥必来"）。战争有时是不可避免的，土木和水利工程也有必要性，但《三德》禁止这些行为，特别是破坏性极大的战争是不被允许的。"天时"具体到农业活动就是"农时"。而"农时"根本上又是依据于"天时"，因此，违背"农时"也就是违背"天时"，《国语·越语下》说：

> 四封之内，百姓之事，时节三乐，不乱民功，不逆天时，五谷睦熟，民乃蕃滋，君臣上下，交得其志。

按照这种"自然观"，合乎天时，使人民能够正常地从事农业活动，结果就会有好的收成，人民就能繁衍，上下各得其所。否则，就要受到自然的惩罚，用《管子·权修》和《形势解》的说法，就是遭受"天刑"。说是受到自然的惩罚，但实际上又是人自己造成的，《左传》称

---

① 有关此字的训释，参阅曹峰《上博简思想研究》，第 182 页。

为"人妖"。庄公十四年记载：

> 妖由人兴也。人无衅焉，妖不自作。人弃常，则妖兴，故有妖。

荀子也是从违背"天行之常"来解释人间的祸害，认为这是"人妖"所致。《三德》没有"人妖"的说法，但它以是否遵循"天常"来说明人间利害的产生与此是一致的。

二 "天礼"：行为规范和禁忌

以"礼仪"（行为表现）、"礼制"（名物规定）和"礼义"（义理根据）为主要特性的周文化传统以及志于复兴这一传统的儒家，同以老子和庄子所代表的道家反其道而行之试图解构"礼文"而代之以"质朴之真"形成了鲜明的对比，在这两者之间，《三德》选取了"礼"的方向，这是它与老庄道家明显不同的方面。类似于"道德法"的"礼"，是以区别对待各种事物及其关系的行为规范来表现的。《礼记·曲礼上》有一个很好的说明："礼者，所以定亲疏，决嫌疑，别同异，明是非也。"儒家的"礼"不只是行为规范，它还被认为是建立在"自然秩序"基础之上的"自然法"，它源于"天经地义"之"节"。《左传·昭公二十五年》记载：

> 子大叔见赵简子，简子问揖让周旋之礼焉。对曰："是仪也，非礼也。"简子曰："敢问何谓礼？"对曰："吉也闻诸先大夫子产曰：夫礼，天之经也，地之义也，民之行也。天地之经，而民实则之。……礼，上下之纪、天地之经纬也，民之所以生也，是以先王尚之。"

据此，主张"天道远，人道迩"的子产，同时也主张人道之礼是根源于"天地之经纬"。主张"天人相分"的荀子也保留有"自然为人立礼"的看法。《荀子·礼论》称"礼有三本"，认为"天地"是生物之本，为"礼"要事奉"天地"。

有关"礼"的主张，引人注目的是，《三德》提出了"天礼"的说法。这种说法不见于儒家典籍，应该是《三德》自造的一个词语。从形式上看，它同"天常"是一样的构造，所指当是"天的礼法"，但其具体运用主要是从处理世俗事物之间的关系入手的。在《三德》中，"天礼"这一概念总共使用了两次，其中一次是就几种礼的具体规范而言的。《三德》说："齐齐节节，外内有辨，男女有节，是谓天礼。"儒家一般的说法是"男女有别"（还有"夫妇之别"），这里说"男女有节"，强调男女之间是有"礼节"的，要按照"礼"的规定交往。这是儒家传统伦理的一项重要内容。为什么要强调人际关系中"两性"之间的"有节"，不是我们这里的问题。一般性内外关系的"内"是指"内部"，"外"是指"外部"。儒家的"内外观"主要应用在三个方面，一是内心的"内"和外表的"外"。如《五行》所说的："形于内"与"形于外"的"内外关系"；《荀子·大略》所说的"文貌情用，相为内外表里。礼之中焉，能思索谓之能虑"的"内外"也是这种意思；再就是以"家庭"为"内"以"社会"为"外"的"内外"关系。《礼记·昏义》载：

> 古者，天子后立六官、三夫人、九嫔、二十七世妇、八十一御妻，以听天下之内治，以明章妇顺，故天下内和而家理。天子立六官、三公、九卿、二十七大夫、八十一元士，以听天下之外治，以明章天下之男教，故外和而国治。故曰：天子听男教，后听女顺；天子理阳道，后治阴德；天子听外治，后听内职。教顺

成俗,外内和顺,国家理治,此之谓盛德。①

据此来看,《三德》的"内外有辨",当是指人在家庭内的关系与在社会外的关系是有区别的,如亲疏和远近之别。"齐齐节节"不见于早期典籍。"齐齐"意指恭敬,《礼记·少仪》说的"祭祀之美,齐齐皇皇"和《祭义》说的"齐齐乎其敬也",其中的"齐齐"用法当是此义。"节节"可解为"礼节",亦可解为"节操","齐齐节节"合而言之,即"恭敬有礼(节)"或"恭敬而有节操"。《三德》这种积极性的礼规范,常见而普通,为什么要称为"天礼",它没有明说,也许作者认为它是来源于"天"的。

与从礼的正面规范说明"天礼"相比,《三德》更多地是从人的行为的"禁忌"来实践"天礼",这是《三德》中"天礼"出现的另一个场合:

高阳曰:"毋凶服以享祀,毋锦衣绞袒俫子,是谓忘神……"皇后曰:"立。毋为角言,毋为人倡。毋作大事,毋刈常。毋壅川,毋断洿,毋灭宗,毋虚床。毋□敌,毋变事。毋烦姑嫂,毋耻父兄。毋羞贫,毋笑刑。毋揣深,毋度山。毋逸其身,而多其言。居毋惰,作毋荒。善勿灭,不祥勿为。入墟毋乐,登丘毋歌。所以为天礼。"

依托高阳和皇后(黄帝)两位远古帝王的对话而提出的行为"禁忌",涉及的范围非常广泛。在《三德》看来,禁止这些行为的发生都是

---

① 《左传·襄公三十一年》记载的"君臣、上下、父子、兄弟、内外、大小皆有威仪也"中的"内外"、《韩非子·解老》中所说的"亲疏内外之分也"的"内外"、《荀子·天论》所说的"礼义不修,内外无别,男女淫乱,父子相疑,上下乖离,寇难并至,夫是之谓人妖"中的"内外",皆当是此类。

"天礼"所要求的。

儒家一般从允许和禁止两方面要求人们去实践礼,从肯定的方面说,就是鼓励人和允许人在从事各种活动时去做礼所要求的礼节。这是儒家之礼的主要部分。按照规范,人的行为和活动是被允许的,反过来说就是不被允许。因此,从否定的方面说,"礼"就是禁止人们不要从事各种不合乎礼的行为,如孔子说的"非礼勿视,非礼勿听,非礼勿言,非礼勿动"(《论语·颜渊》)就是如此。儒家的礼还有更硬性地禁止人们从事一些行为和活动的规范。从《三德》的整体来看,"礼"的正面规范比较少,它主要是禁止人们从事一些行为。如《三德》一方面消极地要求人们不要违背"礼",如说:

喜乐无期度,是谓大荒。……凡食饮无量计,是谓饕皇……衣服过制,失于美,是谓违章。

又说:

监川之都,罨岸之邑,百乘之家,十室之偖,官室污池,各慎其度,毋失其道。

按照礼的规范,人的情感(喜和乐)、饮食、服装、不同阶层的住宅、不同行政级别的城邑,都有"礼"所规定的标准和尺度,不合乎标准和尺度就是"失礼"。另一方面《三德》又提出了人的行为和活动的许多"禁忌",这从前面的话能清楚地看出来。其所规定的这些禁忌,可分为两大类:一类是抽象性和原则性的禁忌,如"毋作大事,毋劐(害)常"和"善勿灭,不祥勿为"。另一类则是非常具体的行为和活动的禁忌,两句话一组,涉及的活动对象和行为内容具有一定的相对性,主要是有关"个人"的禁忌,也有"公共领域"的禁忌。其中有的禁忌不好理解,如所说的"入墟毋乐,登丘毋歌",①这是在不同空间中的行为禁忌;而"平旦毋哭,晦毋歌"则是在不同时间内的禁忌。《三德》的行为禁忌还有其他的,如说"毋诟政卿于神次,毋享逸安。求利,残其亲,是谓罪。君无主臣,是谓危。邦家其坏。忧惧之闲,疏达之次,毋谓之不敢,毋谓之不然";又说"方营勿伐,将兴勿杀,将齐勿刿。……卑墙勿增,废人勿兴"。《黄帝四经·十六经·正乱》的行为的禁忌与《三德》有类似之处。《正乱》说:

> 上帝以禁。帝曰:毋乏吾禁,毋流吾醢,毋乱吾民,毋绝吾道。止禁,流醢,乱民,绝道,反义逆时,非而行之,过极失当,擅制更爽,心欲是行,其上帝未先而擅兴兵,视蚩尤共工。屈其脊,使甘其籥。不死不生,慭为地桯(楹)。帝曰:谨守吾正名,毋失吾恒刑,以示后人。②

从《三德》与《黄帝四经》两者的行为禁忌中,也可以推测其影响关系。

儒家"礼仪"规范是在不同事物之间主要通过差别的方式来处理彼此的关系,以建立和维持人与人、人与社会和人与自然的有条不紊的秩序。事物的关系不同,处理和对待的方式自然也不一样,如儒家通常所强调的君臣、父子、夫妇、兄弟、长幼、朋友等关系,都有不

---

① 有关"入墟毋乐,登丘毋歌"的具体所指,参阅林文华《〈上博五·三德〉"入虚毋乐,登丘毋歌,所以为天礼"考辨》,简帛研究网,2007年9月3日。
② 《黄帝四经·称》也举出一些禁忌和行为要求:"宫室过度,上帝所恶,为者弗居,虽居必路。减衣衾,薄棺椁,禁也,疾疫可;发泽,禁也,草丛可;残林,禁也,聚[□□];堕高增下,禁也,大水至可也。毋先天成,毋非时而荣。先天成则毁,非时而荣则不果。日为明,月为晦。昏而休,明而起。毋失天极,究数而止。强则令,弱则听,敌则循绳而争。行憎而索爱,父弗得子;行侮而索敬,君弗得臣。有宗将兴,如伐于□。有宗将坏,如伐于山。贞良而亡,先人余殃。"

同的"礼"的规范,分别规定了他们之间的界限和分位。作为禁忌性的"礼",它也是为事物确定界限和分位,但它是基于一些事物的不相容关系,要求人们把这些事物隔离开,使之不发生接触和传染。[①]具体说就是禁止人将某些行为和活动施加给某些"对象"和"事物"。以《三德》的"入墟毋乐,登丘毋歌"的禁忌为例,"谷地"("墟")与"乐"、"高丘"与"歌"被认为是不相容的,因此必须将音乐歌唱与虚谷和山丘隔离开。《三德》的禁忌是广泛的,这些禁忌不仅有宗教上和巫术上的,还有自然理法上的(主要属于"天常法")。禁忌越多,人们的行为和活动受到的限制自然就越多,但反过来说,禁忌又是人获得自我保护的一种方式,只要他避免触犯禁忌,他就可以预期他的行为和活动的结果而心安理得。

三 "天神":宗教神意论

与《三德》的自然理法、礼仪规范和禁忌交织在一起的,是它的宗教神意论和赏罚论。若习惯于非此即彼和"一以贯之"的思考方式,习惯于将自然和人文理性与宗教神性对立起来的模式,就不免对《三德》的混合型思维模式有不协调之感。但《三德》作为子学融合的产物,它在呈现出道家自然理性和儒家人文理性的同时,又加上并加重了孔子儒家的宗教神性论和神意论。在从三代"宗教神性"到春秋战国"哲学理性"这一趋向的演变过程中,《三德》的宗教神性向度,与

[①] 涂尔干把"禁忌"分为"宗教禁忌"与"巫术禁忌",两者的共同之处是:"它们都宣称某些事物是不相容的,对待这些具有此类性质的事物,我们必须采取隔离措施。"但两者之间又有很大的不同,"总之,宗教禁忌乃是绝对命令;而巫术禁忌只是行之有效的箴言,是保健和医疗禁忌的最初形式。"(〔法〕爱弥尔·涂尔干:《宗教生活的基本形式》,第396—397页)如果用"宗教禁忌"与"巫术禁忌"二分的观点看"三德"的"禁忌",它可能是一种混合体。

第六章 《三德》的自然理法和神意论——以"天常""天礼"和"天神"为中心的考察 | 225

荀子那种天人相分的单纯的自然主义形成了鲜明的对照。按照前面的讨论，《三德》包含着自然理性的层面，"天常"及其遵循"天常"而尽人事的思考，与荀子的"天行有常，不为尧存，不为桀亡"的"天常"及人事观，可以相互说明。但《三德》的宗教人格神和神意论，却是荀子所不主张的，在《黄帝四经》中也比较稀薄。

《三德》的宗教人格神观念，不仅有一般的"天""皇天""上帝""天命"和"鬼神"等符号，它还有不常见的"天神"符号。《周礼·春官宗伯》有"天神"一语的用例："大宗伯之职：掌建邦之天神、人鬼、地祇之礼。""天神"相对于"人鬼"和"地祇"，郑玄解释"天神"，说是"五帝"（祖先神）和"日月星辰"（自然神）。《礼记·郊特牲》也有"天神"的用例，它是相对于"人鬼"的：

> 天垂象，圣人则之。郊所以明天道也。帝牛不吉，以为稷牛。帝牛必在涤三月，稷牛唯具，所以别事天神与人鬼也。万物本乎天，人本乎祖，此所以配上帝也。郊之祭也，大报本反始也。

这里的"人鬼"与"天神"的意思与《周礼》的用法大体上是一致的。照《礼记》的用法，人源于"祖先"，"人鬼"即"祖先神"或"宗庙神"；万物本于天，"天神"指自然万物神。在城外南郊祭祀"天神"与祭祀"人鬼"是有区别的。由于"祖先"是人之本，因此要用始祖与"上帝"配祭，"上帝"即"天神"，祭祀"天神"即祭"上帝"。《国语》中有"度之天神"的说法，"天神"相对于更广意义上的"地物"和"民则"，指"道德性"的最高人格神。《国语·周语下》说：

> 度之天神，则非祥也。比之地物，则非义也。类之民则，则非仁也。方之时动，则非顺也。咨之前训，则非正也。观之《诗》《书》，与民之宪言，皆亡王之为也。上下议之，无所比度，王其

图之！夫事大不从象，小不从文。上非天刑，下非地德，中非民则，方非时动，而作之者，必不节矣。作又不节，害之道也。①

在《三德》中，"天神"出现一次，与"皇天""上帝"并列使用，可以说是异名同实，都是指人格性的最高神："天神之[□，□□□]，皇天将兴之。毋为伪诈，上帝将憎之。""皇天"将使之"兴起"和"上帝""憎恶"伪诈的情感，说明最高的人格神是以"道德"和"正义"监督人间事务的。前面讨论的"天礼"及其"禁忌"，在《三德》中，同时也是"天神"和"上帝"的意志：

喜乐无期度，是谓大荒，皇天弗谅，必复之以忧丧。凡食饮无量计，是谓饕皇，上帝弗谅，必复之以荒。上帝弗谅，以祀不享。邦四益，是谓方芋，虽盈必虚。官室过度，皇天之所恶，虽成弗居。衣服过制，失于美，是谓违章，上帝弗谅。鬼神禋祀，上帝乃饎，邦家……

照这里所说，"皇天"和"上帝"对于不合乎"礼度"的行为和方式，是不原谅和不宽恕的（"弗谅""所恶"），而且直接地施加惩罚（"复之以忧丧""复之以荒""虽成弗居"）。"惩罚"常常相对于"奖励"，对于合乎天礼的行为和活动，"皇天""上帝"总是乐意加以赞扬和奖赏。《三德》说："上帝喜之，乃无凶灾。"只是，《三德》更多的内容是有关"惩罚"方面的。《三德》的上帝赏罚论，是基于人间的"善恶"，即一般所说的"福善祸淫"（"天道赏善而罚淫"）。事实上，《三德》也有类似的说法："为善福乃来，为不善祸乃或之。""福

---

① 此外，在《逸周书》和《孔子家语》中，也有与"人鬼"相对的"天神"用例。如《孔子家语》说："所以别事天神与人鬼也"。

善祸淫"是儒家的信念,也是墨家的信念。如在追求人格理想、道德理想和政治理想过程中遇到严重挫折时,追随孔子的信徒们产生疑问和动摇,但孔子总是用他深信的冥冥正义神——"天"和"天命",来鼓励他的弟子们,为他们增加勇气、力量和信心。孔子坚信"天"总是站在他们一边的,总会支持他们的正义事业。

儒家坚持顺应民心、民愿的"民意论",认为统治者只有赢得了民心,才能平天下。"民意论"在《尚书》的《周书·泰誓》中是以"天"顺民意来表现的,这里有两句典型的话,一句是"天视自我民视,天听自我民听";另一句是"民之所欲,天必从之"。传世的《周书·泰誓》属梅赜《古文尚书》,但这两句话则原本于《尚书》。《左传》《国语》分别两次引用"民之所欲,天必从之",《孟子》引用过"天视自我民视,天听自我民听"。按照这两句话,"天"必然是顺从民众的愿望的,因为"天"同情、怜悯民众("天矜于民")。认为上天的所见所闻来自于民众的所见所闻,这同样说明上天体察民情,以民众的意愿为出发点。《三德》有"民之所喜,上帝是祐""民之所欲,鬼神是祐"的说法,其思想应该是源于《泰誓》的"民之所欲,天必从之",只是说法有所不同而已。《三德》说"上帝"保佑民众喜欢的东西,鬼神保佑民众的愿望,旨趣同《泰誓》是一致的,即人格神是民众愿望的保证者和监护者。在儒家的政治构造中,天子是人格神在人间的代理人,他代表天命担任治理国家和管理民众的职责。统治者是天之子,同时又是民之父母,是民众的直接监护人和民心的直接体现者,他的统治必须合乎民意,《大学》解释"民之父母"说:"《诗》云:'乐只君子,民之父母。'民之所好好之,民之所恶恶之,此之谓民之父母。"《泰誓》中的"天从民欲",在这里则是以"君从民之好恶"来表现的,这是儒家"德治论"的核心思想之一。依据这个核心思想,君主如果不能代表民意,民众就有权利反抗,甚至可以直接通过革命剥夺他的统治权。按照更古老的思想,君主作为天之子,如果不能代表天奉行天的正义原则而统治，违背天的意志和命令，他就要受到天的"惩罚"，被天剥夺他的统治权，但不是被天直接剥夺的，而是由新的天的使命接受者来完成这一天命的转移，比如"汤武革命"。

"惩罚"是要作恶的当事者痛苦地承担他们行为的后果，这是善良的人们所期望的，他们常常抱怨作恶者受不到应有的惩罚仍然在作威作福。但儒家坚信天命作为公正的裁判和执行者，它是一定要实施它的惩罚的。在通常情况下，"天"是通过比较温和的方式惩罚统治者的，如相对于鼓励性的"吉祥物"的出现，"天"会降下"灾害"和"怪异"以警告和惩罚统治者。[1]"灾异论"是汉代盛兴的观念形态，但它源于先秦的"灾异"意识，《三德》提供了一个有力的材料，也可以说它首次明确提出了"灾"和"异"之二分和相对的观念："忌而不忌，天乃降灾。已而不已，天乃降异。""灾"即灾害，"异"即怪异，《三德》没有说明"灾害"和"怪异"的具体不同，但可以肯定这是"天"降临到人间的对人的过失的两种不同的惩罚性方式。按照《三德》的说法，对于应该禁忌的事而不加禁忌，"天"就会降下灾害；对于应该停止的事而不停止的，"天"就会降下"怪异"。按照合理主义的宇宙观和自然观，宇宙和自然是以合理的秩序和正常的状态存在的，但实际上则有失序和异常状态的发生，如发生自然灾害，出现"怪异"的现象。《说文》释"怪"为"异"。"怪异""怪物""怪事"超出了通常知识和理解的范围，使人感到困惑和不安，因此，有人专门以此来制造混乱。孔子不语"怪力乱神"，说"素隐行怪，君子不为也"，但博学多识的他能够解释许多怪异现象，《国语·鲁语下》记载说：

---

[1] 《孟子·万章上》所说的："天不言，以行与事示之而已矣"，具体是指"天命"转移的情况，但抽象地看，"天"是以自己独特的方式对人间事务作出不同反应的。

第六章 《三德》的自然理法和神意论——以"天常""天礼"和"天神"为中心的考察 | 229

　　季恒子穿井，获如土缶，其中有羊焉。使问之仲尼曰："吾穿井而获狗，何也？"对曰："以丘之所闻，羊也。丘闻之：木石之怪曰夔、蝄蜽，水之怪曰龙、罔象，土之怪曰羵羊。"

我们前面谈到，对于自然灾害和怪异现象，一般有两种解释，一种是用"自然的方式"来解释，认为自然世界的失序、反常和怪异，主要是自然本身活动的结果，如，《左传·僖公十六年》记载：

　　十六年春，陨石于宋五，陨星也。六鹢退飞，过宋都，风也。周内史叔兴聘于宋，宋襄公问焉，曰："是何祥也？吉凶焉在？"对曰："今兹鲁多大丧，明年齐有乱，君将得诸侯而不终。"退而告人曰："君失问。是阴阳之事，非吉凶所生也。吉凶由人。吾不敢逆君故也。"

又如大家熟悉的《国语·周语上》记载伯阳父用阴阳失去平衡解释发生的大地震这一例子：

　　幽王二年，西周三川皆震。伯阳父曰："周将亡矣！夫天地之气，不失其序；若失其序，民乱之也。阳伏而不能出，阴迫而不能蒸，于是有地震。今三川实震，是阳失其所而镇阴也。阳失而在阴，川源必塞，源塞，国必亡。夫水土演而民用也。水土无所演，民乏财用，不亡何待？"

这次地震造成了严重的后果，迫使周平王东迁。很清楚，伯阳父不认为大地震是"天"为了惩罚人而生出的灾害。《荀子·天论》纯粹用天地阴阳的自然变化解释罕见的怪异现象更为典型：

> 星队木鸣，国人皆恐。曰：是何也？曰：无何也，是天地之变，阴阳之化，物之罕至者也。怪之可也，而畏之非也。夫日月之有蚀，风雨之不时，怪星之党见，是无世而不常有之。上明而政平，则是虽并世起，无伤也。上暗而政险，则是虽无一至者，无益也。夫星之队，木之鸣，是天地之变，阴阳之化，物之罕至者也。怪之可也，而畏之非也。①

在自然原因中，人事与自然之间的相互影响关系，也是被人们承认的。《左传·宣公十五年》说："天反时为灾，地反物为妖，民反德为乱，乱则妖灾生。""天"的运行不合时节，地生出怪物，都被说成是"民德之乱"的结果。《韩诗外传》卷七以引用"传"的口气说，善良的政治是顺应自然秩序，否则就会导致对自然的破坏，并引起灾害：

> 《传》曰：善为政者，循情性之宜，顺阴阳之序，通本末之理，合天人之际，如是则天地奉养，而生物丰美矣。不知为政者，使情厌性，使阴乘阳，使末逆本，使人诡天，气鞠而不信，郁而不宜，如是，则灾害生，怪异起，群生皆伤，而年谷不熟，是以其动伤德，其静无救，故缓者事之，急者弗知，日反理而欲以为治。《诗》曰："废为残贼，莫知其尤。"②

---

① 在荀子看来，事物现象之间并不存在超自然的因果关系。人不注意他的言行是因，招致祸辱是果。《荀子·劝学》说："物类之起，必有所始。荣辱之来，必象其德。肉腐出虫，鱼枯生蠹。怠慢忘身，祸灾乃作。强自取柱，柔自取束。邪秽在身，怨之所构。施薪若一，火就燥也。平地若一，水就湿也。草木畴生，禽兽群焉，物各从其类也。是故质的张而弓矢至焉，林木茂而斧斤至焉，树成荫而众鸟息焉，醯酸而蚋聚焉。故言有召祸也，行有招辱也，君子慎其所立乎！"

② 《韩诗外传》卷八还认为自然如果失序，则要追究主管天地事务的官员："司马主天，司空主土，司徒主人。故阴阳不和，四时不节，星辰失度，灾变异常，则责之司马。山陵崩竭，川谷不流，五谷不植，草木不茂，则责之司空。君臣不正，人道不和，国多盗贼，下怨其上，则责之司徒。故三公典其职，忧其分，举其辩，明其隐，此三公之任也。"

第六章 《三德》的自然理法和神意论——以"天常""天礼"和"天神"为中心的考察

与之不同，对"灾异"的另一种解释是"宗教神性"的，这种解释认为，自然的失序和怪异自然现象的出现，都是超越的神为了惩罚人特别是君主的过失和罪过降下的。《黄帝四经·称》说："宫室过度，上帝所恶，为者弗居，虽居必路。"上帝不仅憎恶不合乎礼度的宫室，而且还使之毁坏。《天德》中有意思与此完全一致的说法："宫室过度，皇天之所恶，虽成弗居。"《三德》明确提出"灾异说"，更将天神对人的惩罚具体化为"灾异"现象，相信对于人间的罪过，天会不断降下灾害，不断加以惩罚："天灾绳绳，弗灭不陨"。《三德》的这种信念也是对一般所说的"福善祸淫"如何"祸淫"的具体化。

第三编
心性、美德和境遇

第七章

《性自命出》的人性模式及人道观
—— "性""情""心"和"道"等概念释义

郭店楚简《性自命出》和与其基本类似的上博馆藏楚竹书《性情论》，①作为孔子之后、孟子和荀子之前迄今发现的儒家言说人性、人情和人心的典型作品，它们的发现和公布使我们第一次看到了儒家人性论和心灵哲学比较早的完整表现形态，这一点已为大家所承认。相比于后来出现的孟子的"性善论"和荀子的"性恶论"，如何辨别和界定《性自命出》的人性论特征及它们的关系才算恰当和准确，这是需要我们用力究明的问题。研究者提出的看法，主要有两种不同的倾向，一是认为《性自命出》的人性论，不是性善论，而是接近于"自然人性论"；②二是认为《性自命出》的人性论包含有"性善论"的东西，下

---

① 本文研究和引用《性自命出》的释文，主要是依据荆门市博物馆编的《郭店楚墓竹简》（文物出版社1998年版，第179—181页）和李零《郭店楚简校读记》（第105—108页），并参考了刘昕岚《郭店楚简〈性自命出〉篇笺释》（见武汉大学中国文化研究院编《郭店楚简国际学术研讨会论文集》，第330—354页）、陈伟《郭店简书〈性自命出〉校释》（见谢维扬、朱渊清主编《新出土文献与古代文明研究》，上海大学出版社2004年版，第191—202页）、李天虹《郭店竹简〈性自命出〉研究》（湖北教育出版社2003年版，第133—200页）等。另参照了上博简《性情论》释文（见马承源主编《上海博物馆藏战国楚竹书（一）》）。

② 陈来和梁涛主要持这种看法。参见陈来《荆门竹简之〈性自命出〉篇初探》（载《中国哲学》第二十辑"郭店楚简研究"）、梁涛《竹简〈性自命出〉与早期儒家心性论》（见庞朴主编《古墓新知》，台湾古籍出版有限公司2002年版）。

启了孟子的性善论,属于"思孟学派"的作品。① 我们认为,这两种不同的看法都不足以揭示《性自命出》人性论特质。《性自命出》的人性论,基本上是一种"性有善有不善"的二重性构造,它是孟、荀之前儒家人性论的一种形态。孟子的性善论与荀子的性恶论,也许就是分别引申其一方面而扩大之。在《性自命出》中,同"性"紧密相联的"情"和"心",同样也是二重性的,是善与不善的混合体。

一 人性"有善有恶"与《性自命出》

在《性自命出》的研究和比较中,大家一般都注意到了《孟子·告子上》和王充《论衡·本性》所谈到的儒家早期的不同人性论,但基本上都不认为《性自命出》的人性论模式是其中的一种。我们提出《性自命出》的人性论模式属于"性有善有不善论",是基于两点考虑:一,这种人性论模式,是早期儒家人性论中的重要一种;二,这种人性论整体上同其中的一种最为类似。除了告子主张"性无善无不善说"、孟子主张"性善论"和与之相反的荀子主张"性恶论"外,王充《论衡·本性》和《孟子·告子上》列举出的儒家早期人性模式还有三种:一种是"性有善有恶说",这是王充《论衡·本性》记载的:

> 周人世硕,以为人性有善有恶,举人之善性,养而致之则善长;性恶,养而致之则恶长。如此,则性各有阴阳,善恶在所养焉。故世子作《养书》一篇。宓子贱、漆雕开、公孙尼子之徒,

---

① 郭齐勇、欧阳祯人主要持此立场。参见郭齐勇《郭店儒家简与孟子心性论》(载《武汉大学学报》[哲学社会科学版]1999年第5期)、欧阳祯人《在摩荡中弘扬主体——郭店楚简〈性自命出〉认识论检析》(载武汉大学中国文化研究院编《郭店楚简国际学术研讨会论文集》)。

亦论情性，与世子相出入，皆言性有善有恶。

按照这一记载，"性有善有恶说"的主要代表是世硕（"以为人性有善有恶"），此外，还有宓子贱、漆雕开、公孙尼子等（"皆言性有善有恶"），王充说他们同世硕的看法有出入，但出入是什么，王充没有说明。值得注意的是，王充说他们也论"情性"，这意味着他们论述的主题不仅是"性"，还有"情"。第二种是"性可以为善，可以为不善"；第三种是"有性善，有性不善"。这两种都是《孟子·告子上》记载的，其具体内容和主张者都不详。这三种不同的人性论，前两种是就一个人本身来说性。第一种是说一个人的本性中，既有善的方面，也有恶的方面。从"性"本身"有善有恶"，可以推测人性的这两个方面是人生来就具有的先天不同倾向；第二种是说一个人的本性，既可以使之为善，也可以使之为恶。这意味着，人的先天本性没有善恶，"善恶"是人后天产生出来的两种不同可能。第三种是就"不同的"人说人性，即认为有的人生来性善，有的人生来性不善，这是从人性上将人划分为不同的类型。①

王充的《论衡·本性》篇，如同是古代儒家人性论史的一个纲要，它包括了当时还在流传的儒家文献中的主要人性论，其中孔门四位弟子世硕、宓子贱、漆雕开和公孙尼子提出和主张的"性有善有恶论"，则是最早的。按照《汉书·艺文志》的记载，孔子的这四位弟子都有著作问世，它们是《世子》（世硕）、《宓子》（宓子贱）、《漆雕子》（漆雕开）和《公孙尼子》，作为学问家的王充，他大概知道这些著作的内容，特别是世硕的《养书》（一篇），不然他无法说出他们的人性论模式，除非有其他文献记载或概括了他们的人性论模式。《汉

---

① 显然，《性自命出》的人性论不属于第三种，它没有人的人性不同的思想，也没有孔子对人所作的"上智与下愚""生知与学知"的区分。其次，它也不属于第二种，因为它不是从人性在后天如何表现来论善恶的。

第七章 《性自命出》的人性模式及人道观——"性""情""心"和"道"等概念释义 | 237

书·艺文志》著录孔子弟子的著作并不多,除了《子思子》和《曾子》外,其余就是以上所说的世硕、宓子贱、漆雕开和公孙尼子的著作。世硕、宓子贱、漆雕开和公孙尼子等都论及人的性情问题,这说明"性情"问题是孔子这几位弟子关心的论题。①《论衡·本性》篇的记载,应当将孔子弟子中主要的人性论者都包括进来了。这样《性自命出》的作者,就非常有可能在这四位之中。丁四新倾向于认为它的作者是其中的世硕,陈来则倾向于认为是公孙尼子。就目前来说,要确定作者究竟是其中的哪一位是很难的。《礼记·乐记》同《性自命出》确实有不少类似性。如果《礼记·乐记》是公孙尼子所作,那么《性自命出》出自公孙尼子的可能性就更大些,但不好说一定是,因为《乐记》中没有"性善不善"之说。所以,也不能排除《性自命出》同世硕、宓子贱和漆雕开的关系。不管如何,指认《性自命出》的作者是世硕、宓子贱、漆雕开和公孙尼子其中的任何一位,那么《性自命出》的人性论模式,相应的就是王充所记载的"性有善有恶论"。虽然宓子贱、漆雕开和公孙尼子的具体论述同世硕之间有"出入"。

《性自命出》人性论模式之所以是"性有善有恶论",主要取决于我们从中所能看到的内证。《性自命出》认为,人之哀乐之性是相近的("哀乐,其性相近也"),这种说法可能受到了孔子的"性相近"的影响。但《性自命出》还相信,天下之人的人性都是相同的,用他的说法是"四海之内,其性一也",这是在没有差别的意义上看待人性。孔子没有说明"性相近"之"性"的具体内涵,而《性自命出》对"性一"之"性"则从不同的侧面给予了界定。其一是认为性从人的先天之命中而来("性自命出"),而人的"命"又来自于"天"。这

---

① 他们的著作中理应有这方面的内容,可惜这些著作后来都失传了(《隋书·经籍志》所录残缺的《公孙尼子》,后也失传)。

类似于《中庸》所说的"天命之谓性";①其二是以"喜怒哀悲之气"为"性",这是从造就人的情感的材质和机能("气")说"性";其三是以"好恶"为"性",这是从人的不同的心理倾向论"性"。不管是所谓"喜怒哀悲之气",还是所谓"好恶",这些东西在先秦哲学中,既可以被称为"性",也可被称为"情"。②如黄老学和韩非子将人的"好恶"统一称为"情",而不是称为"性"。荀子在相对的意义上,对性情作了区分。《荀子·正名》说:

> 性之和所生,精合感应,不事而自然谓之性。性之好恶喜怒哀乐谓之情。
>
> 性者天之就也,情者性之质也。

荀子说"性",重在其生来自然而然、非人为的"自然";"情"是指性中所包含的好恶喜怒等内容,他也称为"质",杨倞解释为"质体"。在《性自命出》的性情结构中,"情"是从"性"产生出来的("情生于性";《语丛(二)》也有"情生于性"的说法),或者说"情"源于"性"("情出于性"),与荀子的"性情"有类似之处。

仅从"喜怒哀悲之气"和"好恶"来看,《性自命出》所说的

---

① 《左传·成公十三年》以"生"与"命"相对,其"生"所具有的东西可以理解为"性":"吾闻之,民受天地之中以生,所谓命也。是以有动作礼仪威仪之则,以定命也。能者养之以福,不能者败以取祸。"

② 朱伯崑曾解释荀子的性情论说:"关于性的内容,告子限于食色二欲。荀况则加以扩充,凡生理方面、心理方面的活动,都属于性的内容,其中包括感官的感受和'好恶喜怒哀乐'之情;还包括'饥而欲饱,寒而欲暖,劳而欲休'的欲望等等。但荀况认为,人性中支配人类生活的主要东西就是'好恶之情',即好利恶害之情,所以他经常'性情'连称。"(朱伯崑:《先秦伦理学概论》,北京大学出版社 1984 年版,第 108 页)陈来引用朱伯崑的看法来看待《性自命出》的性情,但对于《性自命出》来说,朱先生的说明只有部分的适用性。如在荀子那里,好恶的性情是好利恶害,但《性自命出》的好恶之情,不能归于此。

"性",也许就是没有道德价值的人生而具有的自然之性。一般来说,人的"自然之性"是相对于人后天产生的精神性和道德理性。卢梭式的自然主义美化人的自然天性,而荀子以天人相分为中心的自然主义则以自然之性为恶,以与之相分的"人为"的礼义为善。从人性是来自于先天的"自然"来说,孟子的"性善论"也是自然人性论,但他的"自然"是从道德化了的"天"而来的"自然",是类似于斯多葛主义的"理性自然"。比较起来,《性自命出》的"自然人性",则是复合的。它具有"善"的方面,也有"恶"的方面。最直接的根据是,《性自命出》明确说"善不善,性也"。"善不善"与"有善有恶"是一致的。此外,《性自命出》的"爱恶"之性,同样是有善、不善之分的。如它认为在"七种"爱("爱类七")中,唯有"性爱"是接近于仁的;在"三种"恶("恶类三")中,只有"恶不仁"是接近于义的。之所以我们认为《性自命出》属于思孟学派,或者认为它具有性善的思想,是孟子性善论形成的先在因素,就是以此为论据的。但《性自命出》对于"爱类七"和"恶类三",没有整体性说明,也不见之于传世文献,除了"性爱"和"恶不仁"外,其他"六种爱""两种恶"是什么我们不得而知。不过,既然认为有的"爱恶"是道德性的,那么可以推测,有的"爱恶"就不是道德性的,或者说是"恶"的。人性的"好恶"就像《乐记》所说那样,有"好恶无节于内,知诱于外"的情形,那么它本身的自然状态或表现,就会有"不善"的方面。《性自命出》一再强调"性"是随"外物"而活动的,并认为在客观情势的影响下,"善不善"的性就会表现出"所善所不善"的结果。《性自命出》有"未教而民恒,性善者也"的说法,孤立和直观地看,很容易说,《性自命出》也是主张"性善论"的,但如果同上面的内容结合起来讨论,这里的说法就应当理解为"民性"中有"善"的方面,而不能说民性全是善的。

世界不同地域和历史中的人性论模式,主要表现为"性善论"或

"性恶论",此外则是各种折衷性的说法,在这一方面中国传统中有许多表现。人既不是天使,也不是魔鬼;既是天使,又是魔鬼,这反映了人类对人性的复杂性情怀。《性自命出》既不是性善论,也不是性恶论,而是还不十分明朗的"善恶混论"。李学勤认为,《性自命出》简1至36的中心是论乐,简37至67的中心是论性情,不是一篇文字,可能是一书中的独立两篇。① 虽然这不一定意味着所说的"性情论"就不一致,但说两者不一致更容易成立。但正如李零所指出的那样,同书上博简《性情论》是连抄,分章而不分篇,因此郭店简的《性自命出》显然也不是独立的两篇。② 当然,包括李零在内,一些学者主张分上下篇。但如果根据上博简是连抄,只分章不分篇,那么即使郭店简是可以分篇的,我们也不要看重上下篇的界限。梁涛从上下篇之分出发,认为上篇所说之性是一种自然之性,下篇则主要是道德之性;与此相应,认为上篇之情是自然之情,下篇之情是道德之情,并认为荀子的性情论接近上篇,孟子的人性论接近下篇。③ 如果真是这样的话,就说明《性自命出》的作者,在前后体例高度一致(如通篇每一段句首都用"凡"字)的同一篇有限文字中,思想发生了实质性的变化。除非作者缺乏前后一贯的逻辑和理智,但这种可能性是很小的。

二 作为"情感"之"情"的形态

"情"是《性自命出》中同"性"紧密结合在一起的另一个核心概念,但其所指究竟是什么,研究者看法不一。一种看法是将《性自命

---

① 参见李学勤《郭店简与〈乐记〉》,载《中国哲学的诠释与发展——张岱年先生九十寿庆纪念论文集》,北京大学出版社1999年版,第23—24页。
② 参阅李零《郭店楚简校读记》,第116页。
③ 参阅梁涛《竹简〈性自命出〉与早期儒家心性论》,见庞朴主编《古墓新知》。

出》的"情"同其中的"性"统一起来，在认为"性"是自然人性的基础上，认为"情"则是"性"在外在对象作用下而表现出的喜怒哀乐等情感，陈来、梁涛、罗凤鸣（Susan Weld）等持这种看法。① 由于《性自命出》少有的为"情"给予了很高的肯定性评价，人们更具体地从"真情"、道德之情感上理解其"情"，李泽厚、刘乐贤、李天虹等，则如此观察。② 罗凤鸣、普鸣（Michael Puett）对《性自命出》之"情"的翻译和理解，与此类似。但与以上这两种基本看法不同的是，丁四新一再主张和强调不能将《性自命出》的"情"看成是"情感"，而只能看成是"质实""情实"。为此，他引先前以先秦的"情"为"情实"的主张者葛瑞汉（A. C. Graham）和陈汉森（C. Hansen）为同道，延伸和扩大了以"情"为"情实"的主张。③

如果不要以偏概全的话，先秦的"情"字就不能被狭隘化为"情实"。④ 丁四新虽然花费不少力气为他的立论提供了许多论证，但他以《性自命出》进而扩大到整个先秦的"情"都是"情实"和"质实"的主张是站不住脚的。这里涉及的一个问题是论证方法，即先秦的"情"有"情实""信实"的意义，不能进而推论说先秦的"情"就只能是"情实""信实"，正如我们说人有两脚不能说人就等于两脚。一个字从本义到引申义是变化和增加的结果，这正是语言丰富性的表现，更何

---

① 参阅陈来《荆门竹简之〈性自命出〉篇初探》，见《中国哲学》第二十辑"郭店楚简研究"。

② 李泽厚：《初读郭店竹简印象记要》，见《中国哲学》第二十一辑"郭店简与儒学研究"；刘乐贤：《〈性自命出〉与〈淮南子·缪称〉论"情"》，载《中国哲学史》2000年第4期。李天虹：《〈性自命出〉与传世先秦文献"情"字解诂》，载《中国哲学史》2001年第3期。

③ 参阅丁四新《论郭店楚简"情"的内涵》，载《现代哲学》2003年第4期；又参阅《"郭店竹简与思孟学派"座谈会》，见《中国思想史研究通讯》总第八辑2005年12月，第17、28页。

④ 有关"情"字的整体讨论，参阅余国藩《释情》，李奭学译，载《中国文哲研究通讯》第十一卷第三期，2001年。

况"情"字的构造,是一个形声字,它的本义并非是"实","实"只是引申义之一,怎么可能先秦的"情"就只能解释为"情实""质实"。同样,强调"情"要以"信"和"真实"来表现,不能以"伪"来表现,不能反过来说"情"本身就是"信实"。此外,如果以"情"的内涵为"情实",那么"情"的外延就不能是"喜怒哀乐"等情感,也就是说,只有以"情感"为"情"的内涵,才能说"喜怒哀乐"等为"情"的外延,因为"喜怒哀乐"等是"情感"的不同表现,而不是"实"的不同表现。"实"的外延要比"情感"的外延大得多。严格而论,"情实""信实"只是先秦之"情"字的一种用法,而且这种用法主要是用以"描述"对象(主词),而不是被描述的,或者说在文法上,它主要是用作谓词而不是用作主词。如《庄子》说的"夫道有情有信","情"是描述"道"的;《孟子》的"乃若其情,则可以为善""物之不齐,物之情也"的"情",是用来描述"性"和"物"的。但"情"用作"情感"就不一样了,它是先秦哲学特别是儒、道、法哲学中的一个重要术语(如在《礼记》《庄子》《管子》《荀子》《韩非子》等文献中),特别是《性自命出》的"情",它是被描述和被陈述的主词。说"情"要以"信"表现,不要以"伪"来表现,是对"情"的一种描述。总之,"情"用作"情实",只是先秦子学文献中的一种用法,它的另一种重要用法是用作"情感"。包括《性自命出》在内作为儒家一个重要概念而且同"性""心""欲"和"礼""乐""文"等联系在一起的"情",整体上都指向人的情感,这是可以肯定的。

问题的根本在于,作为情感的"情",它究竟是一些什么样的情感,这些"情感"同"道德"的关系是什么,它是善的还是恶的,它本身是否具有直接的道德价值,抑或是无善无恶的一种"中性"存在。这也是我们讨论《性自命出》之"情"需要弄清的问题。仅仅断定《性自命出》的"情"是指情感还远远不够,更进一步的问题是,它是无道德性的自然情感,还是具有道德性的情感,或者是两者都有。分歧和歧解主要就在这里。梁涛分《性自命出》为上下篇,认为上篇的"情"是指自然情感,下篇的"情"是道德情感,是想以此说明《性自命出》的"情"为什么有所不同。人们为《性自命出》的"情"感到兴奋的是,"情"受到了《性自命出》作者的赞美,它同汉代、宋明哲学家往往从消极意义上论情形成了反差。但如果说"情"是非道德的自然情感,那么它如何发展为道德性的善,而不是发展为恶,这就存在着对"情"的调节和合理运用问题。

如同我们讨论"性"时所说的那样,《性自命出》的"性",既不是孟子的"性善论",也不是荀子的"性恶论",而是"性有善有恶论"。重要的根据之一是上篇所说的"善不善,性也",根据之二是下篇说爱类七、恶类三,只是其中的"性爱"和"恶不仁"是"近仁""近义"的。据此,下篇说的"未教而民恒,性善者也",当是强调了人性中善的一面,并不是说人性整体上都是善的。同样,《性自命出》的"情",也不能说上篇是主张"自然情感",下篇是主张"道德情感",而是一种统一的人情论及其在不同层面上的展开。这种统一性的"情"首先表现在它是来源于性,用它的说法是"情生于性""情出于性"。这种说法也见之于《语丛(二)》:"情生于性"。"生"和"出"意近,说明"情"是从"性"生发出来的。这是《性自命出》对"情"的来源的一个统一说明,也是"情性"关系的一个分界。

在先秦思想中,"性情"连用的例子不少,两者并没有严格的界限,性即是情,情即是性;也常用"人情",其"人情"也就是"人性"。如《左传·昭公二十五年》记载子产的话说:

> 天地之经,而民实则之。则天之明,因地之性,生其六气,用其五行。气为五味,发为五色,章为五声。淫则昏乱,民失其

性……民有好恶、喜怒、哀乐，生于六气。①

这里所说的"好恶、喜怒、哀乐"是从"天地"的"明"和"气"产生出来的。根据其中说到的"民失其性"，其好恶、喜怒和哀乐也就是"民性"，当然也可以称为"民情"。《中庸》开篇言"性"，说"天命之谓性"，又说到"喜、怒、哀、乐之未发谓之中"，未说这是"情"，整篇也未用"情"字，故此喜怒哀乐之情，在《中庸》中也可以就是性。《礼记·乐记》既用性字，也用情字，似乎不注意两者的区分。如说"先王本之情性，稽之度数，制之礼义"；"夫民有血气心知之性，而无哀乐喜怒之常，应感起物而动"；"夫乐者乐也，人情之所不能免也"。不仅"性情"合用，而且心和情也一致："乐者，音之所由生也，其本在人心之感于物也"；"凡音者，生人心者也。情动于中，故形于声。"黄老学和韩非子大都用"人情"，其说的"人情"，实亦即"人性"。荀子有意识区分"性"和"情"，强调"性"是指非人为的先天的自然，而"情"是"性"之材料或内容，如说："性者，天之就也；情者，性之质也。"（《荀子·正名》）荀子又说的"性之好恶喜怒哀乐，谓之情"（《荀子·正名》）和"形具而神生，好恶喜怒哀乐臧焉，夫是之谓天情"（《荀子·天论》）等，使性和情的关系更加相对化了，但他仍是在不同的侧面上区分"性"与"情"。《逸周书》论民生而有好恶和情感，但它没有说这是性还是情，看起来，既可以说是性，也可以说是情。《逸周书·度训解》说："凡民生而有好有恶。小得其所好

---

① 这里再列举几个有关性、情和气统一的例子。《左传·昭公二十五年》说："民有好恶、喜怒、哀乐，生于六气，是故审则宜类，以制六志。哀有哭泣，乐有歌舞，喜有施舍，怒有战斗；喜生于好，怒生于恶。是故审行信令，祸福赏罚，以制死生。生，好物也；死，恶物也。好物，乐也；恶物，哀也。哀乐不失，乃能协于天地之性，是以长久。"《逸周书·官人解》说："民有五气，喜、怒、欲、惧、忧。……五气诚于中，发形于外，民情不可隐也。"《大戴礼记·文王官人》说："民有五性，喜、怒、欲、惧、忧也……五气诚于中，发形于外，民情不隐也。"

则喜,大得其所好则乐;小遭其所恶则忧,大遭其所恶则哀。凡民之所好恶,生物是好,死物是恶。"《逸周书·文酌解》也说:"民生而有欲、有恶、有乐、有哀、有德、有则。"《性自命出》大概是在荀子之前比较早有意识分界"性"和"情"的。

在《性自命出》中,"喜怒哀悲之气"和"好恶"都属于"性"。按照我们上面的讨论,这些东西也可以说是"情"。《左传·昭公二十五年》列出的人的情感是六种——"好、恶、喜、怒、哀、乐";《中庸》举出的有四种——"喜、怒、哀、乐";《礼记·礼运》加上"欲",将"乐"换成"惧",列出七种——"喜怒哀惧爱恶欲";《庄子》以"喜怒哀乐"四情并举;《荀子》以"好恶喜怒哀乐"六情并举。《性自命出》虽然提出"情生于性""情出于性"的论断,但它并没有直接明确"界定"从"性"中产生出来的"情"都包含了哪些东西,这说明《性自命出》不注意"情"的所指。既然所说的性包含着喜怒哀悲之气和爱恶,那么由此产生的情似乎也应该包含着喜怒哀悲和爱恶等方面,大家一般也是这么推论的。一般还认为,在《性自命出》中,"情"是"性"的外在表现,将性与情看成是静动、内(中)外、里表、未发已发等相对的关系。但我们要知道,这不是《性自命出》本身的分别。"性"本身有自己的内外,如说"及其见于外,则物取之也";同样,"情"也有自己的内外,如说:"凡声其出于情也信。"《国语·晋语五》记载:"夫貌,情之华也;言,貌之机也。身为情,成于中。言,身之文也。言文而发之,合而后行,离则有衅。"《中庸》以"情"("性")之"未发"为"中",以"发"而合乎节为"和"。《礼记·乐记》亦说:"情动于中,故形于声,声成文,谓之音。"汉代刘子政有性内情外、性阴情阳说。《论衡·本性》篇记载说:

刘子政曰:"性,生而然者也,在于身而不发。情,接于物而然者也,出形于外。形外则谓之阳,不发者则谓之阴。"夫子政之言,谓性在身而不发。情接于物,形出于外,故谓之阳;性不发,不与物接,故谓之阴。

《性自命出》谈到的"情",有乐、悲、哀、奋作等:

> 凡至乐必悲,哭亦悲,皆至其情也。
> 用情之至者,哀乐为甚。
> 人之悦然可与和安者,不有夫奋作之情则侮。

此外,《性自命出》还说到的"喜""愠""忧""怒"等,虽没有同"情"直接联系在一起,但它们显然也属于"情"的范畴:

> 喜斯陶,陶斯奋,奋斯咏,咏斯犹,犹斯舞。舞,喜之终也。
> 愠斯忧,忧斯戚,戚斯叹,叹斯辟,辟斯踊。踊,愠之终也。
> 喜欲智而亡末,乐欲亲而有志,忧欲俭而毋昏,怒欲盈而毋希。

因此,《性自命出》所涉及到的人的情感,除了喜、怒、哀、悲、爱、恶外,还有乐、忧、愠等。

先秦哲学谈论的人的情感是很广泛的,它既包括了人的精神性的情怀、情感,也包括了人的本能性的自然欲求,如食色等。《礼记·礼运》所说的七情,其中就有"欲"这一项。尤其是《礼记·礼运》还专门解释了人的欲和好恶:"饮食男女,人之大欲存焉;死亡贫苦,人之大恶存焉。故欲恶者,心之大端也。"只是在不同的学派和人物中,人们关注的方面不同。荀子人的人情论,总体上说也是很广的,总结起来是喜怒哀乐好恶"六情",其"情"当然有其精神性的一面,如《荀子·乐论》说:

> 且乐者，先王之所以饰喜也；军旅铁钺者，先王之所以饰怒也。先王喜怒皆得其齐焉。是故喜而天下和之，怒而暴乱畏之。

但荀子用"礼"来调节的"情"主要是有关人的自然欲求——"情欲"。这里说的"情欲"不是狭义性的两性之情，而是指人的所有感性欲求：

> 人之情，食欲有刍豢，衣欲有文绣，行欲有舆马，又欲夫余财蓄积之富也，然而穷年累世，不知不足，是人之情也。（《荀子·荣辱》）
>
> 性者，天之就也；情者，性之质也；欲者，情之应也。以所欲为可得而求之，情之所必不免也。（《荀子·正名》）

荀子认为人的情欲是无穷无尽的，批评尹文子的"情欲寡浅说"。《荀子·王霸》说："夫人之情，目欲綦色，耳欲綦声，口欲綦味，鼻欲綦臭，心欲綦佚。——此五綦者，人情之所必不免也。"黄老学所说的"人情"主要是趋利避害和好生恶死。在英语中，指称情欲和其他肉体方面的欲望的词汇是 concupiscence，而 eros 在柏拉图的意义上一般是指超越人的感性的纯粹审美意义上的情爱。英语中指称人的情感的词汇，一是 emotion，一是 feeling。这两个词都有受外部对象和环境的刺激而引起的从心理到表情的冲动和精神状态的含义。在西方哲学主流传统中，两者作为激情、情绪的同义语，被认为是理性的对立物。但在柏拉图看来，情感是处在欲望和理性两者之间一种的状态，它可以帮助理性控制情欲，也可以帮助情欲对抗理性。

《性自命出》所涉及到的"情"，不能说没有感情欲望的层面，如说："目之好色，耳之乐声，郁陶之气也，人不难为之死。""好色"可以是广义的对"美"的欣赏和爱，但确切的解释当是狭义的对"女色"的喜好。卫灵公和他的夫人南子招摇过市，陪同他们的孔子对此感叹说的"吾未见好德如好色者也"，其"好色"是说卫灵公"好女色"。《大学》有"好好色"一语，"好色"即"美色"。《孟子·梁惠王下》记载，齐宣王说他的缺点之一是"好色"，孟子没有直接批评他，而是规劝他不要只满足于自己的好色，要让天下之民众都能够满足这一基本需要，使"内无怨女，外无旷夫"。"好色"作为固定的用语，就是喜爱美色。《性自命出》的"好色"，也是这种意义，而且它还指出，人会为美声而死。但《性自命出》关注的不是人的"情欲"之情感，而是人的精神、价值和道德意义上的情感。

按照道德发展心理学的观点，情感有助于人的道德行为，有促使人们产生道德行为的作用，如愤怒推动人对抗非正义（"疾恶如仇"），同情心使人在别人遇到困难时伸出援助之手（"乐以助人"）。① 从《性自命出》的"情"本身而言，它像"性"一样是可塑的，它有指向不同方面的可能，既可以指向善，也可以指向不善，这也许就是它的"自然"。但它本身既不是善，也不是不善；反过来说，它既可以表现为善，也可以表现为不善。像荀子对人情作出的明确价值判断——"人情甚不美"，在先秦思想中是比较少见的，在汉代是比较普遍的。② 先秦的"人情论"，更多的是像《礼记》那样，不对情感本身进行价值判断，而是注重如何让它合乎礼义来表现。同样，《性自命出》也关注"情"如何合乎理性和道德来表现：

---

① 有关这一方面，请参阅〔美〕马克林、〔美〕诺尔士编的《道德发展心理学》，方能御译，台湾商务印书馆1993年版，第110—150页。

② 董仲舒以阴阳论情性，以性为阳，以情为阴，阳善阴恶，因此，性善情恶。《说文》解释性和情也受此影响，说"性"是"人之阴气，性善者也"；"情"是"人之阳气，有欲者也"。

> 始者近情，终者近义；知情者能出之，知义者能入之。

这两句话很重要，它说明了情感与道义之间的关系。"情"在一开始作为纯粹自然之情时，它就是"情"，但它通过义的引导最终走向了义。情感的这一转化过程和指向，需要理性的作用。情感没有理性的指导是盲目的，理性没有情感的支援，将是苍白无力的。一个人只有懂得了情感，他才能恰当地表现它，使情感合乎道义；同时也只有懂得了道义，他才能将道义内化到自身中，使"义"成为情感的引导者。《性自命出》又说：

> 理其情而出入之，然后复以教，教所以生德于中者也。
> 君子美其情。

这两句话的意思是，情感表现出来和内收起来（"出入"）需要理性（"理"）的指导，通过教化在情感中产生出道德价值；君子能够升华和美化自己的情感。这都说明情感要经过引导和塑造才能达到善。

有关情感与道、理和礼义的关系，后面将具体讨论。这里要强调的是，在《性自命出》中，情感本身不完全是现成的道德价值。但《性自命出》下面的一段话确实有以"情"本身为直接的道德价值的倾向，我们先看一下这段话：

> 凡人情为可悦也。苟以其情，虽过不恶；不以其情，虽难不贵。苟有其情，虽未之为，斯人信之矣。未言而信，有美情者也。

确实，这段话肯定了人的真实情感（"人情"）的可贵性。这里的"情"，不能解释为"情实"，它仍然是指人的情感，旨在强调人的"真情"。刘昕岚将这段话中的"情"字解释为"情实",①又将"情实"限定为"真挚诚实",使"情实"变成了"真诚之内心"和"诚"。"真心"与"真情"当然紧密相联,但如果说"心"与"情"仍然有别,那么"真心"与"真情"自然也有别。"真心"主要指人的真实想法、考虑和态度,而"真情"则主要是指人的真实情感和情怀。《淮南子·缪称训》说的"凡行戴情,虽过无怨;不戴其情,虽忠来恶",其中的"情",高诱注为"诚",即诚心诚意。这不能说是错,但不够准确。"戴"高诱注为"心所感",俞樾说"戴"当读为"载",俞说是。《淮南子·缪称训》这段话的前面有"情系于中,行形于外"的说法,后面又说:

> 同是声,而取信焉异,有诸情也。故心哀而歌不乐,心乐而哭不哀。夫子曰:弦则是也,其声非也。文者,所以接物也,情系于中而欲发外者也。以文灭情则失情,以情灭文则失文……含而弗吐,在情而不萌者,未之闻也。……子曰:钧之哭也……其哀则同,其所以哀则异。故哀乐之袭人情也深矣。……其载情一也,施人则异矣。……凡人情,说其所苦即乐,失其所乐则哀,故知生之乐,必知死之哀。

前说的"戴(载)情"与后所说的"情",都是指"内心的真实情感"。《性自命出》的人情论,不是特定说明治者与民众关系的,②而是泛说一个人有真情,就会赢得别人的信任。其中说的"未教而民恒""未赏而民劝""未刑而民畏"等则涉及到治者与民的关系,但又说的"贱而民

---

① 参阅刘昕岚《郭店楚简〈性自命出〉篇笺释》,见武汉大学中国文化研究院编《郭店楚简国际学术研讨会论文集》,第347页。
② 陈来此说,恐未详审。参阅陈来《荆门竹简之〈性自命出〉篇初探》,载《中国哲学》第二十辑"郭店楚简研究",第302页。

贵之,有德者也;贫而民聚焉,有道者也"等,并不是说治者与民的关系。①

《性自命出》称道人情(真情)"可悦",是同上文批评虚伪"可恶"相对应的。虚伪令人厌恶,是因为它缺乏真心、真情而又道貌岸然,这就是为什么人们宁可同真小人交往也不愿同伪君子打交道。《庄子·渔父》篇对真心、真情有一个很好的说明,这一说明能够帮助我们理解《性自命出》为什么"贵情":

> 真者,精诚之至也。不精不诚,不能动人。故强哭者,虽悲不哀;强怒者,虽严不威;强亲者,虽笑不和。真悲无声而哀,真怒未发而威,真亲未笑而和。真在内者,神动于外,是所以贵真也。其用于人理也,事亲则慈孝,事君则忠贞,饮酒则欢乐,处丧则悲哀。忠贞以功为主,饮酒以乐为主,处丧以哀为主,事亲以适为主。功成之美,无一其迹矣;事亲以适,不论所以矣;饮酒以乐,不选其具矣;处丧以哀,无问其礼矣。礼者,世俗之所为也;真者,所以受于天也,自然不可易也。故圣人法天贵真,不拘于俗。

儒家"尚礼"建立在"情"的基础之上,人的言行没有内心的情感(如悲哀)而只有外在"礼"的形式,那也是儒家所反对的。孔子甚至提出"无体之礼",注重情感的真实性。《性自命出》说"不以其情,虽难不贵",意思是说如果一个人的外在表现,不是发自内心的真情实感,即使是做得冠冕堂皇,十分周到,也不可贵。这同前文"虽能其事,不能其心,不贵"说的是类似的道理。道家主张返朴归真,

---

① 彭林对此段话中的"情""过"及其文意的理解和解释是确切的。但他整体上将此篇文献确定为子思学派的作品则未必。参阅彭林《始者近情,终者近义——子思学派对礼的理论诠释》,载《中国史研究》2001年第3期。

拒斥礼，其中一个说法是认为讲究"礼"的形式，容易走向虚伪。《韩非子·解老》提出了类似的主张：

> 礼为情貌者也，文为质饰者也。夫君子取情而去貌，好质而恶饰。夫恃貌而论情者，其情恶也；须饰而论质者，其质衰也。何以论之？和氏之璧，不饰以五采；隋侯之珠，不饰以银黄。其质至美，物不足以饰之。夫物之待饰而后行者，其质不美也。是以父子之间，其礼朴而不明，故曰礼薄也。凡物不并盛，阴阳是也；理相夺予，威德是也；实厚者貌薄，父子之礼是也。由是观之，礼繁者，实心衰也。

深恶痛绝虚伪与崇尚真情是一个问题的两面。但《性自命出》并没有将"情感"本身完全道德化。《性自命出》将"情"与道德价值"信"相提并论，说"信，情之方也"，强调只有"真情"才能产生真正信用。"苟以其情，虽过不恶"，这句话强调了以真情表现即使超过了度，也不能说是恶。如人对失去亲人表现出真实的悲哀之情，即使非常强烈以至于过分，但相对于"虚假"的悲哀，仍然是道德的。[①] 当然，按照儒家的情礼观，真实情感的表现也要适度，所谓"哀而不伤，乐而不淫"。但是，人的自然欲望方面的"真情"，表现得越充分就越

---

① 在这一点上，亚当·斯密有一个与此颇为契合的说明："有助于把社会上的人团结起来的内心感情的倾向，即仁爱、仁慈、天伦之情、友谊、尊敬的倾向，有时可能过分。然而，即使这种过分的感情，也会使得一个人为每一个人所喜欢。我们虽然责备这种过分的感情，但是，仍然同情地，甚至是亲切地看待它，而从来不会厌恶它。我们对它的感受更多的是遗憾而不是愤怒。在许多场合，纵容这种过分的感情，对直接产生这种感情的人本身来说，不仅是愉快的，而且是饶有兴味的。确实，在某些场合，尤其在这种过分的感情施加到卑劣的对象身上（这是常有的事）时，常常使产生这种感情的人感到十分真切和出自内心的苦恼。"（[英]亚当·斯密：《道德情操论》，蒋自强、钦北愚等译，商务印书馆1997年版，第315—316页）

可能不合乎道德，而道德恰恰就是为了节制这方面的"真情"而建立的规范，儒家的道德、礼乐和人文教化的出发点也在这里。

三 "心"的不同层面及其关系

《性自命出》的"心"是受到研究者关注的又一个重要概念。庞朴认为"心"是人身上的积极力量，是激活性的动力，但它还要受到教化的塑造；① 丁原植认为，"心"是介于"性"和"情"之间并对两者施予约制的主动性功能和自我操持；② 郭齐勇认为"心"有三种含义：血气情感性之心、道德意志之心和介于二者之间的思虑之心。③ 正如《性自命出》的"性"和"情"不能作出单一（尤其是像善或不善）的界定那样，其"心"也需要从多方面来思考。乍看上去，《性自命出》对"心"的说法，让人有莫衷一是之感，如说"心无定志"，又说"凡心有志也"。如果两者不是矛盾，其合理解释是什么？再如，它说"虽能其事，不能其心，不贵"，紧接着又说"求其心有伪也，弗得之也"。前者强调支配自己行为的本真之心，后者则又说"心"可以"有伪"，两者能够统一起来吗？《性自命出》最后提出"君子身以为主心"，这句话理解起来困难，首先是因为这一句式比较特别，其次说它是用身体上好的言行表现来端正心，这种说法是很少见的，因为"心"一般是主导身体的，包括身体上表现出来的言行。故陈伟将"主"解释为"守"，说这句话的意思是君子的肢体容貌围绕心来运行。④ 对理解

---

① 参阅庞朴《孔孟之间——郭店楚简中的儒家心性说》，见《中国哲学》第二十辑"郭店楚简研究"，第31—33页。

② 参阅丁原植《楚简儒家佚籍的性情说》，见谢维扬、朱渊清主编《新出土文献与古代文明研究》，第236—238页。

③ 参阅郭齐勇《郭店楚简〈性自命出〉的心术观》，载《安徽大学学报》（哲学社会科学版）2000年第5期。

④ 参阅陈伟《郭店简书〈性自命出〉校释》，见谢维扬、朱渊清主编《新出土文献与古代文明研究》，第200页。

"心"遇到的这些问题,都是需要进一步来思考的。

《性自命出》的"心"看上去确实有前后不一致之感,这种不一致也表现在"性"和"情"上面,用上下篇或者分别独立的篇章解释思想的差异、不同虽然比较方便,但上博简使这种看法很难成立,因此,我们必须从文献本身来考虑它的错综复杂性,在这一点上,郭齐勇的看法值得注意。只是,郭齐勇没有说明心的几种意义和层面是什么关系,它们是并行的还是有先后关系。《性自命出》的"心"同"性"和"情"是交织在一起的,"性"不是离开"心"的纯粹之"性","情"更不是离开"心"的纯然之"情",其"性"可以说是"心性",其"情"则可以说是"心情"。如说"哀、乐,其性相近也,是故其心不远"。在这里,人的哀乐情感、本性和心灵是密切联系在一起的。但"心"同"性"和"情"既然是并列性的存在,它就有其自身的特性,又是性和情不能取代的。

我们先注意一下《性自命出》的"心术"概念,这个概念在《礼记》《墨子》《管子》《庄子》和《荀子》中都有用例。"心术"概念的出现和使用说明古代哲学已经将"心"作为思考和掌握的复杂对象。其他事物作为心之思考和掌握的对象,都是作为心的他者而进入心中的,但人类对"心"的思考和掌握则是以"心"自身为自己的思考对象。"心"这个字的起源很早,它是一个象形字,中国古人依据心脏器官的形状造出了它,古人也相信人的知觉、意识和思考都是心的活动。[①]"心"一直是面对各种事物和对象进行认识和思考,心以自身为对象来思考和认识相对晚些。心首先是向外,然后才慢慢向内,开始关心它自己。"心术"这一概念的出现,表明古代"心"面向自己思考的意识走到了一个新的高度。如果《性自命出》确实是孔门后学的作

[①] 有关"心"这个字的起源和早期使用情况,参阅刘翔《中国传统价值观诠释学》,上海三联书店1996年版,第199—200页。

第七章 《性自命出》的人性模式及人道观——"性""情""心"和"道"等概念释义 | 255

品,那么它使用"心术"概念当是比较早的。《礼记·乐记》如果也是孔门后学的作品,那么这两处的"心术"概念应该都处在孔子后学这一阶段上。

　　《性自命出》与《礼记》对心的言说同《孟子》、《管子》"四篇"、《荀子》之中的"心论"有着明显的不同。池田知久以"心"的主体化为尺度,认为《孟子》所说的"心"是同耳、目、鼻、口等并列的而对其他感官没有主导性的"一官",虽然它区分了大体与小体、强调了良知、良能之心和"立乎其大"的重要性。但《管子》"四篇"特别是《荀子》,在承认心与其他感官各有其职分和功能的同时,又都认为"心"对其他感官具有主导性和支配性,确立了"主体性"的心。①由于池田知久将《五行》看成是孟子、荀子之后出现的作品,所以它之中的"心"能够支配其他感官的主体性思想,自然出现得就很晚了。但如果我们不接受这一设定,将《五行》看成是子思及其继承者的作品,那么其中的"心"的主体性思想就要早于《管子》"四篇"和《荀子》了。在《礼记》中,心同其他感官并列的意识大体上也有了:"使耳目鼻口心知百体,皆由顺正以行其义。"(《乐记》)"是故,先王之孝也,色不忘乎目,声不绝乎耳,心志嗜欲不忘乎心。"(《祭义》)郭店简《语丛(一)》也说:"容色,目司也。声,耳司也。嗅,鼻司也。味,口司也。气,容司也。志,心司。"但就《性自命出》来说,它虽然使用了"心术"概念,显示出以"心"为思考对象这一意识的扩大,但它没有将"心"作为人的器官之一同其他感官并列起来——分述其不同职能(整个文中有一处说的"目之好色,耳之乐声",不是同"心"对比而言的);也没有明确提出"心"支配其他"感官"的看法。

　　不过,"君子身以为主心"(上博简中没有此句)的说法,以"身

---

① 参阅〔日〕池田知久《马王堆汉墓帛书五行研究》,王启发译,线装书局、中国社会科学出版社2005年版,第112—118页。

心"相提并论确实提出了"身心"两者的关系问题。为了弄清这句话的真正意思,我们从两个角度来考察它。一个角度是它同上文的关系;一个角度是它本身的构造。这句话在郭店本中处于最后一简第 67 简上,同它编连到一起的简共五支,从第 62 简开始到第 66 简。由这七支简构成并同样以"凡"字起文的这一段话说:

> 凡忧患之事欲任,乐事欲后。身欲静而毋羡,虑欲渊而毋伪,行欲勇而必至,貌欲庄而毋伐,[心]欲柔齐而泊,喜欲智而亡末,乐欲怿而有志,忧欲俭而毋惛,怒欲盈而毋希,进欲逊而毋巧,退欲肃而毋轻,□欲皆度而毋伪。^①君子执志必有夫光光之心,出言必有夫柬柬之信。宾客之礼必有夫齐齐之容,祭祀之礼必有夫齐齐之敬,居丧必有夫恋恋之哀。君子身以为主心。^②

这段话的文字还有疑点和难点,但基本意思是清楚的,它是就人的行为、心理、情感、举止、礼仪等许多方面如何表现才算恰当和合理而提出的一系列要求。如果我们将这些要求的实践都看成是人的"身体性"的表现,那么这些身体性表现都需要通过人的有意识的心来引导和驾驭。人的言行无不体现着人的意识、意志和选择,身体的活

---

① 上下文皆是"……欲……而"的句式,此句如同"欲柔齐而泊"句不完整一样,也不完整,当补一字。
② 上博本《性情论》的这段话与郭店本相比在文句上有一些较大的出入:"凡身欲静而毋动,用心欲德而毋伪,虑欲渊而毋异,退欲肃而毋轻,[进]欲随而又有礼,言欲直而毋流,居处欲逸易而毋曼。君子执志必有夫注注之心,出言必有夫柬柬[之信],宾客之礼必有夫齐齐之容,祭祀之礼必有夫脐脐之敬,居丧必有夫恋恋之哀。"(此处释文参考了李零《上博楚简三篇校读记》,中国人民大学出版社 2007 年版)其中没有谈到情感表现上的理性化尺度,但对人的言行、身心和礼仪提出的要求大体一致。由于它没有"君子身以为主心"这句话,所以无法比较。

第七章 《性自命出》的人性模式及人道观——"性""情""心"和"道"等概念释义 | 257

动当然离不开心的活动。据此而言,"君子身以为主心",很难说是用身体性的表现去"端正"("主"也不是这种意思)自己的心,①相反而应该是用心去指导和统率自己的身体活动(言行),换言之也就是让心成为自己身体的主宰。这是儒家的一个基本立场,《礼记·缁衣》记载孔子话的说:"心庄则体舒,心肃则容敬。心好之,身必安之。"心对身的这种主导性意识,如果同《管子·心术上》说的"君之在国都也,若心之在身体也"、《荀子·解蔽》说的"心者,形之君也"和《淮南子·精神训》说的"心者,形之主也"结合起来看,就容易理解了。就"君子身以为主心"这句话的结构本身看,"身以为主心"即"以身为主心"。"主心"不是"主导心"而应是"主于心""为心所主导"。《左传·哀公二十六年》说的"四方以为主"和《庄子·天下》篇说的"请欲置之以为主",同"××以为主××"这种句型不一样。"君子身以为主心"说的是君子让身接受心的引导和主导,这是心的主体性的一种表现。②

"心"的主体性,在《性自命出》的"心物"关系和"心志"上,还有进一步的表现。在《性自命出》中,"性"的喜好和厌恶的对象是"物"。如说:"好恶,性也;所好所恶,物也。"从人对物而言,是"性"将物对象化而施加好恶;但对物而言,物本身有影响和刺激人性的作用:"喜怒哀悲之气,性也。及其见于外,则物取之也。""凡性为主,物取之也。""凡动性者,物也。"这同《礼记·乐记》的说法类

---

① 李零、刘昕岚、郭齐勇等均将"身以为主心"解释为"身主心"。参见李零《郭店楚简校读记》,第119页;刘昕岚《郭店楚简〈性自命出〉篇笺释》,见武汉大学中国文化研究院编《郭店楚简国际学术研讨会论文集》,第353—354页;郭齐勇《郭店楚简〈性自命出〉的心术观》。

② 英人傅兰雅所译美国人乌特·亨利(Henry Wood)的《治心免病法》(*Ideal Suggestion Through Mental Photography*),《序》中有关"身心"关系说的"心器身以行意,是以心为身主",也可帮助这里所说。此书由上海格致书堂发售,光绪二十二年(1896年)版。

似:"夫民有血气心知之性,而无哀乐喜怒之常,应感起物而动。""物"是什么,《性自命出》有一个专门的说明:"凡见者之谓物"。"见"是感官眼睛的功能,凡是能被目看到的有形有色的东西都是物。但"性"对"物"的好恶和物对性的感动和刺激,其具体的机制则是"心"的机能和活动。人性与外物的关系,从过程和发生的机制说,实是"心物关系"。《性自命出》说:

> 凡人虽有性,心无定志,待物而后作。
> 金石之有声[也,弗扣不鸣]。虽有性,心弗取不出。

第一句话是说,"心"没有固定的倾向和意向,它的倾向和意向是在遇到外物时才会表现出来;第二句话是说人的性情,如果没有心的意愿和作用就不会展现出来。从以上这种"性物关系"到"心物关系"可以知道,《性自命出》的"心"对"物"的反应,也像性对物的反应一样,是一种本能的感性反应(类似于《礼记》所说的"血气心知"),"心"对"物"缺少主导性,"心"的反应随"物"而起,也随"物"而终,基本是顺物。由于《性自命出》为纯朴之"心"和"心情"的真心实意的自然流露和表现赋予善的价值(如人失去亲人的悲哀),因此"心"对人物的这种反应本身虽然是自然的、感性的,但却是善的。《性自命出》说:

> 虽能其事,不能其心,不贵。求其心有伪也,弗得之矣。人之不能以伪也,可知也。

这正是《性自命出》人性论、人心论的复杂之处,也是为什么我们不能像荀子那样将他所说的自然人性、人情和人心一概视之恶的原因。

事情的另一面是,《性自命出》没有将心对物的自然反应都看成是好的而放任这种反应。事实上，儒家道德哲学要处理和解决的重要问题之一就是心如何不为物所左右而保持自主性，如何同身和物保持平衡及和谐的关系。因为在儒家看来，人一旦为物所控制和左右，就会引起争夺、冲突和混乱，丧失其人之所以为人的尊严和意义。《礼记·乐记》以合理的推论说明了这一道理：

> 人生而静，天之性也。感于物而动，性之欲也。物至知知，然后好恶形焉。好恶无节于内，知诱于外，不能反躬，天理灭矣。夫物之感人无穷，而人之好恶无节，则是物至而人化物也。人化物也者，灭天理而穷人欲者也。于是有悖逆诈伪之心，有淫泆作乱之事。是故，强者胁弱，众者暴寡，知者诈愚，勇者苦怯，疾病不养，老幼孤独不得其所，此大乱之道也。

《性自命出》承认人的错误行为有心的作用，"[不]过十举，其心必在焉"。孟子的"性善论"，在很大程度上也就是"心善论"，但在孟子的逻辑中，"心"又有失去"本心""放其心"的缺陷。荀子批评孟子性善论的理由之一是，既然人性会失去自己的善良本性，这本身就说明人性是不善的。孟子将失去本心归结为人后天的过错，又将收回本心寄托在人的后天努力上。这样来说，失去本心的是心，求其"放心"还需要心。《孟子·告子上》记载说："孔子曰：'操则存，舍则亡，出入无时，莫知其乡。'惟心之谓与！"在《性自命出》中，同"心无定志"相对的则是"心有志"。"心有志"是说他的言行是根据自己的意愿、意志的自主性选择，内心不赞成的东西就不允许接受。《性自命出》说："君子执志必有夫广广之心。"按"广广"的隶定，"广广之心"是言其志向的广大，同"执志"结合起来于义不顺。上博本《性情论》，这两个字被隶定为"注注"。"注"意思是"专注"，"注注之心"即专心无二，①这更合乎"执志"之意。原本无固定志愿、志向的心，为什么一转又成为有志的心，这是学习、教育和教化的作用。《性自命出》说：

> 牛生而长，雁生而伸，其性[使然，人]而学或使之也。
> 凡物无不异也者。刚之柱也，刚取之也；柔之约[也]，②柔取之也。四海之内，其性一也。其用心各异，教使然也。

从这两段话我们可以清楚地看出，《性自命出》将自然而然的"人性"、自然的"心"与通过教和学而建立的自主的心看成是两个世界。一个是自然的人性和心的世界；另一个是人为化之后"心"的世界，是人经过学习和教化过程培养起来的后天之德。这说明《性自命出》不只是鼓励人表现好的自然性的真心，它还要将人的不确定的"心"引到理性的天地。这里反映出孔子"性相近，习相远"的影响，也帮助我们更好地理解孔子的这句名言。自然人性的相近不值得夸耀，让人真正成为人的是他后天的学习而获得的优异性。学习和教化是孔子人文主义的法门，《性自命出》对习和教的目的阐述说：

> 有为也者之谓故。……习也者，有以习其性也。
> 教所以生德于中者也。

"无定志"的"心"容易受到环境和形势的影响，而将人引向善或恶（"所善所不善，势也"），但通过学习和教化而造就的道德志愿和志向则使人对环境保持独立性，自主地决定自己的道德选择和行为。这

---

① 见马承源主编《上海博物馆藏战国楚竹书（一）》，第260—261页。
② 根据上下文句式，此处当补一"也"字。

也许就是《黄帝四经·称》说的:"心之所欲则志归之,志之所欲则力归之。"在儒家那里,学习和教化是以其礼乐和人文理念展开的。《性自命出》的学习、教化以及作为要修炼的性、情和心又是如何同道、礼乐人文结合在一起的呢?下面我们就来讨论这一问题。

四 "道"和"礼""乐"

在早期儒家那里,"道"的概念确实不像在道家那里那么玄妙和超验,荀子干脆将道限定在人类的领域,认为道只是人道,只是同人相关的人为的礼乐人文。荀子说:"道者,非天之道,非地之道,人之所以道也。"(《荀子·儒效》)荀子以天人相分的逻辑,将人为的东西同自然的东西区分开,从而也使人道同天道之间不再具有价值上的内在联系。这是荀子不同于孔子和孟子的地方之一,因为在孔子和孟子那里,天命、天道同人道不管如何总还具有某种上下贯通的联系。在《性自命出》中,道的形而上意义也是微弱的,其中说的"道者,群物之道",这是对"道"的外延的一个说明。"群"即"众",群物也就是众物,类似于一般所说的万物。如果《性自命出》的道有统属万物的意义,那么它也算是很普遍了。但即使如此,仍然不能说《性自命出》关注形上的万物之道,这从它所说的"所为道者四,唯人道为可道也"可以看出。这句话很容易让我们联想到荀子上面的那句话。

荀子列举出了三种道——"天道""地道"和"人道",《性自命出》说有四种,但它只说出了其中的一种——人道,而没有说其他三种是什么。池田知久和赵建伟认为"道四术"是指"天道""地道""人道"和"鬼道";[①] 李零根据上下文,认为"道四术"分别是指

---

① 参阅〔日〕池田知久《郭店楚简〈性自命出〉篇中的"道之四术"》,见《池田知久简帛研究论集》,第283—286页;赵建伟《郭店竹简〈忠信之道〉、〈性自命出〉校释》,《中国哲学史》1999年第2期。

心术、诗、书和礼乐。①陈丽桂根据《礼记·王制》说的"乐正崇四术，立四教，顺先王《诗》《书》《礼》《乐》以造士。春秋教以《礼》《乐》，冬夏教以《诗》《书》"，认为"四术"是指《诗》《书》《礼》《乐》。②学者刘昕岚认为这四种道术，就是《尊德义》中说的"民之道""水之道""马之道"和"地之道"。③《尊德义》优先考虑的也是人道，说"莫不有道焉，人道为近。是以君子，人道之取先。""四种道"的说法罕见，不一定是《性自命出》所说。"所为道者四"同另一个地方所说的"道四术，唯人道为可道也"所指应该一样。④"道者四""道四术"究竟是指什么，尚需进一步考察。比较起来，也许李零的解释更为可取。他以"心术"为"人道"，由此不仅"唯人道为可道"容易理解，而且"其三术者，道之而已"也容易解释。在道之四术中，只有"心术"是可以用来指导的，其他三术诗、书、礼乐的学习和运用都要通过心术的引导。在儒家那里，人之道、人道所包括的内容是很多的，诗、书、礼乐也涵盖在人道之内。如果《性自命出》的人道果真是指心术，那么这就是一种特别的用法。《性自命出》将人道的意义缩小，同时也是将"道"的意义缩小。因为"道四术"或"道者四"是以"道"作为"人道"的总名。这更说明，天道、地道和鬼道或者其他的道都不是《性自命出》所关心的，它关心的只是人文之道。《性自命出》在几个地方都使用了"义道"，说"其先后之舍，

---

① 参阅李零《郭店楚简校读记》，第119页。
② 参阅陈丽桂《〈性情论〉说"道"》，见朱渊清、廖名春编《上博馆藏战国楚竹书研究》，第146—148页。
③ 参阅刘昕岚《郭店楚简〈性自命出〉篇笺释》，见武汉大学中国文化研究院编《郭店楚简国际学术研讨会论文集》，第335页。
④ "天道""地道""人道"和"鬼道"的较早出处，见之于《周易·谦卦彖传》，也见之于马王堆汉墓帛书《缪和》。《中庸》中有"君子之道四"的说法："君子之道四，丘未能一焉；所求乎子以事父，未能也；所求乎臣以事君，未能也；所求乎弟以事兄，未能也；所求乎朋友先施之，未能也。"但看来不是《性自命出》所说的"四道"。

第七章 《性自命出》的人性模式及人道观——"性""情""心"和"道"等概念释义

则义道也""其治,义道也""智类五,唯义道尊近忠"。按照用例,"义道"("正义之道")也是有关人道的。

正如我们以上所说,儒家的价值和理想一般是同天、天命、天道相贯通的。在《中庸》和《乐记》中,这也是可以看到的。《中庸》说:

> 诚者,天之道也;诚之者,人之道也。①

《礼记·乐记》说:

> 乐者,天地之和也;礼者,天地之序也。②

但在《性自命出》却没有人道、礼源于天或者反映天的秩序的类似说法。"道始于情"这一命题,不见于早期儒家传世文献,它是《性自命出》提出的一个道同人的情感紧密相联的一个非常诱人的论题。由于它使用了"道"这一更普遍的范畴,看到这个论题会让人感到道同人是如此亲近和亲密,加之它对"真情"的肯定,这促使我们进一步考察早期儒家之"道"同人情的真正关系。儒家之道同天、天命和天道的贯通,必须落实在人道上,如同孔子所说:

---

① 《孟子·离娄上》引用了《中庸》的这句话但略有改动:"是故,诚者,天之道也;思诚者,人之道也。"

② 这样的看法,在《左传·昭公二十五年》记载的子产阐述礼的一段话中就有了。子产将礼看成是天之经、地之义,认为人类遵循天地之性而创立了各种礼:"子大叔见赵简子,简子问揖让、周旋之礼焉。对曰:'是仪也,非礼也。'简子曰:'敢问何谓礼?'对曰:'吉也闻诸先大夫子产曰:夫礼,天之经也,地之义也,民之行也。天地之经,而民实则之。……'简子曰:'甚哉,礼之大也!'对曰:'礼,上下之纪、天地之经纬也,民之所以生也,是以先王尚之。故人之能自曲直以赴礼者,谓之成人。大,不亦宜乎!'"

> 子曰：道不远人。人之为道而远人，不可以为道。(《中庸》)

"道不远人"，在《性自命出》中则是"道"不离"情"。由于《性自命出》将"道"限于人道上，因此"道始于情"，也就是"人道始于情"，在更具体的意义上就是礼来源于情、礼依据人的情感创作出来（"礼作于情"）。将"礼"同"情"结合起来的思考方式，在郭店竹简中又见之于《语丛（一）》和《语丛（二）》。《语丛（一）》说：

> 礼因人之情而为之节文者也，善理而后乐生。

《语丛（二）》说：

> 情生于性，礼生于情。

在传世文献《礼记》中，我们能看到的类似说法是《坊记》中说的"礼者，因人之情而为之节文"和《礼运》中说的"礼义以为器，人情以为田"。"礼生于情"和"礼因人情"，并没有严格的不同。在修辞上，"生"或"出"比"因"更能显出礼的来源意义，但在基本思路上，都是要说明人类制作"礼"的根据和依据何在。[①] 从这些命题上，看不出儒家的礼同情之间有什么紧张关系，相反它给人的直感是融洽的。但儒家的"礼"常常受到道家一派的批评，说儒家的礼是反人情的，或者至少说是约束人情的。就《性自命出》而言，源于情的道和礼，是不能归之于反情论的。

前面谈到"情"的时候我们已经指出，《性自命出》这篇文献确实

[①] 司马迁指出，依据人的"性情"制作"礼乐"是三代以来的大传统。《史记·礼书》："太史公曰：观三代损益，乃知缘人情而制礼，依人性而作仪，其所由来尚矣。"

具有"贵真情"的倾向,"道始于情""礼生于情"不能不说也包含有这样的意思。由于"情"的多维性和多向性,逆情和顺情,反情和乐情的具体所指是很不相同的。从大的倾向说,对于人情,不同的哲学有不同的思考和处理方式。在两极性的禁止和放任之外,再就是折衷性的调适。不同宗教传统和哲学、伦理学中存在着禁欲主义和纵欲主义的对立。在早期中国哲学传统中,道家的自然主义就有庄子式的无情、顺情、杨朱式的纵情等形态。黄老学相信法律统治最有效,是基于法律合乎人情的好恶,可谓是"顺情派"。早期儒家对于人情,基本上是主张"调适论",它不完全是顺情,也不完全是逆情,而是既顺情又逆情,让情的表现合乎一定的度,按照中庸的标准即不过、无不及。即使是认为"人情不美"的《荀子》,也是强调以"礼"来调节情性,而不是主张压制性情,认为"礼"的基本意义在于"养",即使人的性情都得到基本的满足。《性自命出》认为道和礼产生于情,是根据人的性情而建立,同时它又肯定"真情",因此,"道"和"礼"既是顺情,又是节情。

这牵涉到儒家有关创立人文和人道的目的问题,《性自命出》使用"有为"一词来说明,认为《诗》《书》《礼》《乐》都是人"有为"的结果:

《诗》《书》《礼》《乐》,其始出皆生于人。《诗》,有为为之也;《书》,有为言之也;《礼》《乐》,有为举之也。

"有为"的用语,已见之《礼记》的《檀弓》和《曾子问》篇。一是有子使用的,说"丧欲速贫,死欲速朽"是"夫子有为言之也";二是孔子引用老子的话"吾闻诸老聃曰:昔者鲁公伯禽有为为之也",来回答子夏的问题"金革之事无辟也者,非与"。第一个用例的"有为",意思是"有所指的""为(向)谁说的"(即"为桓司马言之""为敬叔言之");第二个用例的意思是"有缘故的"(即伯禽丧毕为王事而征)。《性自命出》使用的"有为"更加抽象和一般化,意为"有目的""有意识""有缘由",它为"有为"下的定义说"有为也者之谓故"。《说文》解释"故"说:"使为之也。"段玉裁注说:"今俗云原故是也。凡为之必有使之者,使之而为之,则成故事矣。"《尚书·大禹谟》说:"刑故无小"。《注》说:故"有意为之也"。《礼记·檀弓下》记载子游之言:"礼有微情者,有以故兴物者"。孙希旦《礼记集解(上)》解释"故"说:"谓有为为之也。"①"故"和"有为"可以互相界定,说的是从事某一事情的动机和目的。②在儒家那里,"六经"分别蕴涵和体现着不同的主旨,前后一些说法都试图将每一部经典的意义符号化,③《性自命出》只列出了《诗》《书》《礼》《乐》,而且将《礼》《乐》连在一起而论,整体上它们都是人的目的和意图的产物:"《诗》《书》《礼》《乐》,其始出皆生于人"。分别言之,《诗》是有目的而抒发出来("为之")、《书》是有目的而见之于言论("言之"),《礼》《乐》则是有目的而表现出来或形于外("举之")。在《性自命出》中,作为儒家最高人格理想的"圣人"只出现过一次,他是以经典的创作者而出现的。"圣人"的"有为"是什么和如何创作经典,《性自命出》有如下的说明:

> 圣人比其类而论会之,观其先后而逆顺之,体其义而节度之,理其情而出入之,然后复以教。……礼作于情,或兴之也。当事因方而制之,其先后之序则义道也。又序为之节,则文也。致容貌所以文,节也。

---

① 孙希旦:《礼记集解》上,第271页。
② 有关"故"的复杂意义,参阅裘锡圭《由郭店简〈性自命出〉的'室性者故也'说到〈孟子〉的'天下之言性也'章》,见裘锡圭《中国出土古文献十讲》,第263—267页。
③ 有关这一点请参阅王中江《视域变化中的中国人文和思想世界》,中州古籍出版社2005年版,第42—45页。

据此可以看出，圣人创作人文、制作礼乐，是通过观察、比较、体会、条理有关人类和社会的各种关系而提出的，它表现为道德原则（义道），也表现为各种规范，目的是使人从内在的心灵到言行举止，都合乎人道和礼乐的标准，过一种有分辨力、有节操和文雅的生活。这就是圣人的"有为"。这种"有为"同人的性情关系，如同上述不可能是为单一的顺从或逆抑，而是既顺应又调节的双重机制。

在儒家那里，作为人道的礼乐，一方面是为了顺应、表现和满足人的情感，如《礼记·乐记》一再强调，音乐是人的情感所需要的，人情都有欣赏音乐的天然爱好："夫乐者乐也，人情之所不能免也。"《礼记·丧服四制》说："凡礼之大体，体天地，法四时，则阴阳，顺人情，故谓之礼。"即使批评儒家音乐的墨子，也不是说音乐不美，承认音乐有满足人的情感需要的功能，但在墨子看来，音乐是一种高级享受，特别是儒家的音乐，需要投入许多社会资源，不利于解决人们更加迫切的需要。在子学中，荀子可能是对墨子的"非乐"作出最仔细反批评的人，在《荀子·乐论》的开头，他基于对音乐功能的充分认识，说墨子"非乐"是扼杀不了音乐的：

> 夫乐者，乐也，人情之所必不免也。故人不能无乐，乐则必发于声音，形于动静。而人之道，声音动静，性术之变尽是矣。故人不能不乐，乐则不能无形，形而不为道，则不能无乱。先王恶其乱也，故制雅、颂之声以道之，使其声足以乐而不流，使其文足以辨而不諰，使其曲直、繁省、廉肉、节奏足以感动人之善心，使夫邪污之气无由得接焉。是先王立乐之方也，而墨子非之，奈何！①

---

① 荀子还批评了墨子的先王非乐的观点："墨子曰：'乐者，圣王之所非也，而儒者为之，过也。'君子以为不然。乐者，圣人之所乐也，而可以善民心，其感人深，其移风易俗，故先王导之以礼乐而民和睦。"（《荀子·乐论》）

古人区分"声"与"音"。"声"是普通的声音,"音"是音乐。《礼记·乐记》说:"人心之动,物使之然也。感于物而动,故形于声。声相应,故生变。变成方,谓之音。比音而乐之,及干戚羽旄,谓之乐。"又说:"情动于中,故形于声。声成文,谓之音。"《性自命出》用"声"既指一般的声音,又指音乐之音。从这一点看,它是同《乐记》不同的,这说明它对音乐的理解是不严格的。人们将它同《乐记》比较,甚至推测《乐记》的作者与《性自命出》的作者可能是同一人,其根据之一是《性自命出》关注音乐感染、陶冶人的性情的作用:

> 凡声,其出于情也信,然后其入拨人之心也厚。闻笑声,则鲜如也斯喜;闻歌谣,则陶如也斯奋;听琴瑟之声,则悸如也斯叹。观《赉》《武》,则齐如也斯作;观《韶》《夏》,则勉如也斯敛。咏思而动心,喟如也,其居次也久,其反善复始也慎,其出入也顺,始其德也。郑卫之乐,则非其声而从之也。凡古乐隆心,益乐隆指,① 皆教其人者也。《赉》《武》乐取,《韶》《夏》乐情。

在此,《性自命出》对音乐激发和感化人心和人的情感的作用的说明,一是从一般角度而论,一是从古典音乐即当时一般所说的作为古乐、正音、雅音的《赉》《武》和《韶》《夏》而论。《赉》《武》是歌颂武王克商的歌舞乐章《大武》的两部分,作为歌词保留在《诗经·周颂》之中,② 作为乐章春秋战国时代还保存着。《韶》《夏》分别为舜和禹时代的乐曲。按照《性自命出》的概括,《赉》《武》是娱悦人以正义战

---

① "隆心""隆指"原释文为"龙",李零读为"动",李学勤读为"和"。《性情论》释文濮茅左读为"隆"。读"隆"于义为长,今从之。

② 另,《诗经·周颂》中的《酌》《桓》《般》也被认为是《大武》乐歌的部分。其"酌"即"勺",《仪礼·燕礼》说:"若舞则《勺》。"郑注说:"《勺》,颂篇,告成《大武》之乐歌也,既合乡乐,万武而奏之,所以美王侯,劝有功也。"

第七章 《性自命出》的人性模式及人道观——"性""情""心"和"道"等概念释义 | 269

胜邪恶的激情;《韶》《夏》是娱悦人享受清明之世的情感。《性自命出》的乐教论引起分歧的一点是,它对"郑卫之音"是基本肯定还是否定,这涉及到了儒家对郑卫之音的一般立场。"郑卫之音"也称为"新乐",类似于通俗和流行音乐,在上层社会和王侯中也受到欢迎,这是春秋之后社会风尚变化在音乐上的反映。魏文侯深有体会地说明了欣赏古乐与欣赏郑卫新乐的明显不同感受。《礼记·乐记》记载说:

> 魏文侯问于子夏曰:"吾端冕而听古乐,则唯恐卧;听郑卫之音,则不知倦。敢问古乐之如彼何也?新乐之如此何也?"子夏对曰:"今夫古乐,进旅退旅,和正以广,弦匏笙簧,会守拊鼓,始奏以文,复乱以武,治乱以相,讯疾以雅。君子于是语,于是道古,修身及家,平均天下。此古乐之发也。今夫新乐,进俯退俯,奸声以滥,溺而不止,及优侏儒,獶杂子女,不知父子。乐终不可以语,不可以道古,此新乐之发也。今君之所问者乐也,所好者音也。夫乐者,与音相近而不同。"

子夏直言不讳地说魏文侯喜欢的是"溺音",文侯还问何以会产生"溺音"。①正如子夏所批评的那样,从孔子开始儒家就激烈地批评"郑声"。"郑卫之音"被认为是伤风败俗的靡靡之音和令人丧志的淫乐。②《性自命出》对"郑卫之声"是什么态度,具体表现在"郑卫之乐,则非其声而从之也。凡古乐隆心,益乐隆指,皆教其人者也"这两句话上。但对这两句话的解释有,一种解释是将这两句话分开,认为"非声

---

① "文侯曰:'敢问溺音何从出也?'子夏对曰:'郑音好滥淫志,宋音燕女溺志,卫音趋数烦志,齐音敖辟乔志,此四者皆淫于色而害于德,是以祭祀弗用也。'"(《礼记·乐记》)

② 如《礼记·乐记》说:"郑卫之音,乱世之音也,比于慢矣。"《荀子·乐论》亦说:"姚冶之容,郑卫之音,使人之心淫;绅、端、章甫,舞韶歌武,使人之心庄。故君子耳不听淫声,目不视邪色,口不出恶言,此三者,君子慎之。"

而从之"是对郑卫之乐的批评。后一句古乐和益乐,说的都是好的音乐对人的教化作用。这一解释的长处是它符合儒家乐教的大传统,但没有注意到"古乐"与"益乐"的不相对问题,因为"古乐"亦是"益乐"。另一种解释则认为这两句话是联系在一起的,认为与"古乐"相对的是"淫乐","益"即"溢",通"淫","指"通"嗜",据此来说,"淫乐"也有正面教化人的作用。① 这一解释的优点是化解了"古乐"与"益乐"不相类问题,问题是不符合儒家对"郑卫之音"的一贯批评。濮茅左在《性情论》释文中,读"益"为"溢",说"溢乐"也即"淫乐""新乐",认为"古乐隆心,溢乐隆指"意思是古乐能深入人心,溢乐则千夫所指,令人痛斥。此解也许比较可取,它既使古乐与溢乐相对,又符合儒家批评新乐的大传统。否则,我们就只能说,《性自命出》是既肯定古乐又认可新乐了。

我们说儒家的人道和礼乐教化,是基于人情和顺应人情,它要满足的人的情感需要,合乎人的好恶。正如《大学》所说:"民之所好好之,民之所恶恶之,此之谓民之父母。""好人之所恶,恶人之所好,是谓拂人之性,灾必逮夫身。"但同样不可忽视的是,儒家的礼乐教化又是调节情性,甚至是限制"人情"的过分表现,使性情表现得适度和适当。《管子·内业》有一个很好的说法:

> 凡人之生也,必以平正;所以失之,必以喜怒忧患,是故止怒莫若诗,去忧莫若乐,节乐莫若礼,守礼莫若敬,守敬莫若静,内静外敬,能反其性,性将大定。

儒家理想的文质、情文和情礼关系,是恰到好处的结合和平衡,文胜

---

① 王博持此说。参阅刘昕岚《郭店楚简〈性自命出〉篇笺释》,见武汉大学中国文化研究院编《郭店楚简国际学术研讨会论文集》,第339页。

质或质胜文，都是儒家所不欣赏的。《荀子·礼论》说：

> 礼者，以财物为用，以贵贱为文，以多少为异，以隆杀为要。文理繁，情用省，是礼之隆也。文理省，情用繁，是礼之杀也。文理、情用相为内外表里，并行而杂，是礼之中流也。

同样，《性自命出》也要求"理情"，说"当事因方而制之，其先后之序则义道也"。在所有的文明中，只要所谓"情"包含着人的情欲和欲望的方面，除了个别的纵欲主义者外，一般的立场都是主张调节和限制，在很大程度上，这正是道德和宗教的功能。

第八章

"身心合一"之"仁"与儒家德性伦理

——郭店竹简"㤅"字及儒家仁爱思想的构成

一般而言，儒家的"仁"说主要是发生在人与人之间一种高尚的情感和伦理道德价值。但"仁"作为一个语言符号最初创作出来的原型是什么，因新出土竹简资料，以往的解释和说明已不再是不证自明的了；如果以此为基础，之后"仁"作为一个概念被思考和反思，它与它的构形之间是否相通，这就需要我们好好来探讨了。

有关儒家"仁爱"思想的研究，人们比较关注的问题之一，是"仁"这个字的起源，即它最初的构形以及与此相联的本义。但问题的复杂性在于，甲骨文中是否有"仁"字，就有两种相反的意见，一是认为甲骨文中没有"仁"字，更多的一些甲骨文著作、类编和辞书也没有收录"仁"字；[①] 与此不同，二是认为甲骨文中已经有"仁"字，并把所释读的这个字收入到有关的著论中。[②]《说文》所收"仁"字及

[①] 郭沫若主编《甲骨文合集》（中华书局1978—1983年版）、胡厚宣主编《甲骨文合集释文》（中国社会科学出版社1999年版）、姚孝遂等主编《殷墟甲骨刻辞类纂》（中华书局1989年版）、徐中舒主编的《甲骨文字典》等，都未录。

[②] 孙海波主编的《甲骨文编》（中华书局1965年版）、马如森的《殷墟甲骨文引论》（东北师范大学出版社1993年版）等，则收录。吴浩坤、潘悠《中国甲骨学史》从《甲骨文编》中选五百字作为常用字，其中选有"仁"字。（参阅《中国甲骨学史》，上海人民出版社1985年版，第107页）即使甲骨文中已有"仁"字，而且"从人从二"构形的"仁"直接来源于此，这只是说明了"仁"字演变的"分叉"，我们仍然能够从"身心之仁"来讨论"仁爱"思想的发生和构造。

第八章 "身心合一"之"仁"与儒家德性伦理——郭店竹简"㤵"字及儒家仁爱思想的构成 | 273

其解释,常常是大家追溯"仁"字构形和意义的出发点,传统的而且迄今仍在延续的有影响的做法是沿袭许慎的说法进行引申和发挥。① 但这一做法也受到了挑战,出现了质疑甚至是否定性的看法。② 关键是"从身从心"之"仁"——即战国玺印文"㤵"的发现和释读,③ 使人们看到了"仁"字的新的构形,也使重新理解"仁"的意义有了可靠依据。郭店竹简中的"仁"字(七十多个)大都写作"㤵",不仅进一步确证了古"㤵"字的存在,而且提供了有关儒家"仁爱"观念的新文献,为研究"仁"带来了新的途径和活力。大家围绕"身心之仁"的讨论,主要集中在此字的构形与《说文》"从千从心"之"仁"和"从人从二"之"仁"之间的关系及其意义,但还不能令人信服。本章在此前研究的基础上,从一个重要的角度来观察一下"身心之仁"所蕴涵的意义以及与儒家"仁"的义理和脉络的关系,它试图证明的是,依赖于对自我、自身的感受和关心而表现出的对他人的"同情心""怜悯"和"慈爱",是儒家"身心之仁"的最基本属性,也是融会贯通理解儒家"仁爱"思想构成的有效途径。

一 "身心合一"之"仁"与"同情心"

"从身从心"之"仁"的构形,首见于战国玺印文,多有"忠㤵"之合称。郭沫若曾把这个字释为"仁"字的异形,并推测它与"千心"之"忎"的构形字例相同,④ 但罗福颐编的《古玺文编》则把所收

---

① 廖名春《"仁"字探原》(《中国学术》第 8 辑,商务印书馆 2001 年版),也对这一问题进行了梳理。
② 刘翔主要持这种看法。参阅《中国传统价值观诠释学》,第 157—161 页。
③ 参见罗福颐编《古玺文编》,文物出版社 1981 年版。
④ 郭沫若称:"古鉨㤵字乃仁字之异。仁古或作忎,从心千声。㤵则从心身声,字例相同,可以互证。"郭沫若:《金文丛考》第二册,人民出版社 1954 年版,第 216 页。

录的"㤺"字基本上都释为"信"。在郭沫若释读的基础上，刘翔坚持认为，"㤺"就是"仁"字的较早构形，"从千从心"之"忎"则是"从身从心"之"仁"的"讹变"，原因是"身"和"千"形近，古音同在真部。他还进一步认为，"仁"字就是"从身从心"之"㤺"的"省变"（省去心，身字构成与仁字构形非常近似），基于此，刘翔对"仁"字的意义提出了迥然不同于许慎和段玉裁等传统解释的新解。郭店竹简中大量出现的"从身从心"之仁，表明郭沫若和刘翔的先见之明。新近人们根据郭店竹简中的"㤺"字而进行的研究，大都认为，"忎"字是"㤺"的形变，"㤺"是会意兼形声字。但对这两个字与通行的"仁"字的关系，看法则颇不相同。如有学者认为，"从身从心"之"㤺"字与"从人从二"之"仁"字，反映的是南北两个不同地域的演变线索，① 这就否定了"从身从心"之"㤺"和"从千从心"之"忎"与"从人从二"之"仁"之间的衍生关系。另有学者虽原则上肯定了它们之间的关联，但并不认为"从身从心"之"㤺"，是"仁"字的最初构形，并提出了早于"从身从心"之"㤺"字构形的"从人从心"之"忈"（亦即"忇"）。认为由于"人"与"身"通用，"从人从心"之"忈"就写为"从身从心"之"㤺"，再形变为"从千从心"之"忎"。"从人从二"之仁是从"从人从心"之"忈"（或"忇"）演变过来的，② 如此等等。"仁"字的最初构形是否是"从身从心"之"㤺"，它与其他不同的仁字之间的衍生关系究竟如何，不是本文要讨论的问题。本文关心的是"从身从心"之"㤺"的真正意蕴是什么以及儒家"仁爱"思想是否能够由此得到贯通性的理解。

"从身从心"之"㤺"字，作为"仁"字的一个构形和会意兼形声字，它包含的意义是什么，人们也有不同的解释。一种解释认为，"从身从心"之"㤺"，就是心里想着别人，爱惜人的生命，关心他人。与

---

① 参见白奚《"仁"字古文考辨》，载《中国哲学史》2000年第3期，第98页。
② 参见廖名春《"仁"字探源》，载《中国学术》第8辑，第123页。

此不同，另一种解释则认为，"从身从心"之"息"，是对己身的爱，是心里想着自己，思考着自己，而不是对别人的爱和关心。① 这两种不同的解释，不能简单说哪一种错，但都是不恰当的。第一种解释认为，"息"是指向"他人"，把"息""直接"地看成是对"人"的"爱"，而没有认识到"身"是不能化约为"人"的；第二种解释认为"息"是指向"自我"，把"息"直接视之为对自己和自身的爱和关切，但它不能恰当地理解如何从自爱延伸出对人的爱。如果一个人对他人的"爱"和关心与对自己的"爱"和关心这两种"爱"是彼此联系在一起的，如果爱自己与爱他人这两种看似不相容的爱恰恰又是相容的，那就需要理解二者究竟是如何结合到一起的。

如何看待"身"是问题的关键。"身"的本义是躯体、形体，也就是身体，② 引申为"己"和"我"。③ 当"身心"相对并称时，"身"强调的是人的肉体和形体方面，而"己"和"我"则是指包含了"身心"的完整的"自己"和"自我"。从春秋战国子学文献特别是儒家文献中所看到的"身"字的大量例子，"身"主要是在这两种意义上被使用的：一是指与心灵相对的形体、躯体和身体；一是指把身心统一起来的"自身""自己"和"自我"，所谓"修身""正其身""修己""克己"和"成己"等都是在这种意义使用的。④ 此外，在《老

---

① 有关几位对"息"的解释，请参阅刘翔《中国传统价值观诠释学》（第159—160页）、白奚《"仁"字古文考辨》、庞朴《"仁"字臆断》（《寻根》第1期，第4—8页）、廖名春《"仁"字探源》、梁涛《郭店竹简"息"字与孔子仁学》（载《哲学研究》2005年第5期，第46—56页）

② 如《说文》释"身"为"躳"（躳之本字），"躳"亦即"身"。段注"从吕"者，是因为身以"吕"为柱；弓身，是身体曲（弯曲、屈伸）的会意。《释名·释形体》说"身"即是伸，即身体可以屈伸。《礼记·祭义》解释"身"说："身也者，父母之遗体也。"

③ 如《尔雅·释诂下》说："身，我也。"注说人又说："朕、余、躬，身也。"

④ 如《老子》第七章中所说的"是以圣人后其身而身先；外其身而身存"、《论语·学而》所说的"事君，能致其身"、《孟子·尽心上》所说的"夭寿不贰，修身以俟之，所以立命也。"

子》《论语》《礼记》和《孟子》等书中,"身"还可以是"生"的意思,所谓"终身",就是"终生"。如"没身不殆"(《老子》第十六章)、"终身不勤"(《老子》五十二章)、"子路终身诵之"(《论语·子罕》)、"故君子有终身之忧,而无一朝之患"(《礼记·檀弓上》)、"苟为不畜,终身不得;苟不志于仁,终身忧辱"(《孟子·离娄上》)、"大孝终身慕父母"(《孟子·万章上》)等等。根据以上所说,不管是与心相对的"身",还是"身心合一"的身,或者是自己"一生"的"身","身"都是"自己的",不能轻易直接以"身"为"人"。由于"仁"的根本意义是爱人尤其是爱他人,为了与此统一起来,刘翔和白奚就把"从身"的"身"直接地当成了与自己同类的"人"和"他人",①以清晰地显示出"仁"的"爱人"意识和旨趣。但是,以自己的"身"为"人"或"他人"是不合适的,至少是非常勉强的。人自己的身体、形体和躯体,或者作为人"一生"的"身",当然属于人,也可说是人的躯体、形体和躯体,但不能说"身"就是"人",更不能说自己的"身"就是"他人"。人身当然也包括了自己、自我的"身"在内,但自己和自我的"自身",也与"人身"有别。如果"仁"是爱,主要是指对人的爱,是对自己之外的他人的爱,那么在这里面,就有他人与自己、他人与自我的关系。在这种关系中理解"仁"和"爱人",就有一个发出者和接受者,接受者和发出者的对应性。基于"身"与"人"和他人之间的区别,廖名春对刘翔的说法提

---

① 如刘翔说:"此构形之语义,当是心中想着人之身体(身、人义类相属,古音同在真部)。可见仁字造文语义,与爱字造文语义,实属同源。仁字与爱字义近,正如孔子所说'中心憯怛,爱人之仁也','爱人'为仁。"(刘翔:《中国传统价值观诠释学》,第159页)白奚也以类似的意思说:"'悬'、'忎'的构形从身从心,从'心'表明该字与思考或情感有关,从'身'表明此种思考活动的对象是人的身体,也就是以人本身为思考对象。以人为思考对象而生发出来的情感,也就是人与人之间应有的情感,实际上也就是'仁'这种'同类意识'。心中思人(广义的、抽象的人),将他人放在心上,应该就是'爱人'和'同类意识'这一仁字的本义。"(白奚:《"仁"字古文考辨》)

出了恰当的质疑。① 但为了寻找出"㤸"字的爱人之意,以自圆其说"仁"的"爱人"意旨,廖名春又别出心裁地提出了"从人从心"的"忎",虽用心良苦,不过实为多余。

如果"从身从心"之"身"应从一个人自己的"身体""形体"和"躯体"来理解,不宜直接以"人"来看,那么很自然,作为会意字的"㤸",直接来说,它的意思首先是心中想着自己的"身体",关心自己身体的"痛痒"。如果把"身"进而理解为作为整体的"自己"或"自我",那么,"㤸"就是心里想着自己、关心自己。不管是想着自己的身体,还是想着自己本身,这"似乎"都违背了"仁"的"爱人"之意,或者是与"爱人"格格不入的,但决不能这样来看待。事实上,对自己的身体痛痒的关心,对自己的爱,或者说自我保护、自我爱护的情感和体验,不但不是爱人的障碍,相反,恰恰是爱人的条件和可能。可以设想一下,一个人如果首先没有对自己的身体特别是痛痒的感受,没有对自己本身的思考和关心,或者甚而言之,如果一个人已经麻木,失去了感知能力和情感体验,他就不可能还具有"爱人"之心,不可能去爱他人。② 除非他生来就不知道爱惜自己的身体和爱护自己,而只知道爱人、爱他人。③ 颜回说"仁者自爱"并得到了孔子的称赞,正可以证明"仁"的本义首先是"自爱",然后"推己及人"。《孔

---

① 廖名春指出:"'身'、'人'虽可通用,但也有一些重要的区别。'人'的基本义是指一般性的人,而'身'的基本义是指人或动物的躯体。'人'、'身'对举时,'人'是指他人,而'身'则是指自身。……不能说'㤸'('仁')之本义是心中只想着自身,心中只想着自己,就只好说'心中想着人的身体'。但'仁'之为'仁',心中只想着人的身体,而不想人的其他方面,能行吗?这样,仁者不就只是医生了吗?因此,'心中想着人的身体'说,不能不说是何其别扭也。"(廖名春:《"仁"字探源》,载《中国学术》第8辑,第137—138页)

② 所谓麻木不仁,首先是在自我身体和身心麻木情况下而出现的状况。现代医学麻醉,是通过人工使人失去对自己身体痛苦的感受。

③ 甚至人类有牺牲自己以保护别人,或者像孔子所说的"杀身成仁"的情况,但这不是"仁爱"的常态,是一种超常之"爱"的表现。

子家语·三恕》记载：

> 子路见于孔子，孔子曰："智者若何？仁者若何？"子路对曰："智者使人知己，仁者使人爱己。"子曰："可谓士矣。"子路出，子贡入，问亦如之，子贡对曰："智者知人，仁者爱人。"子曰："可谓士矣。"子贡出，颜回入，问亦如之，对曰："知者自知，仁者自爱。"子曰："可谓士君子矣。"①

但人如何从自爱的情感和体验中产生出爱人的情感和体验呢？这就是"同情心"的作用。"同情"当然是对他人的"同情"。"同情心"是自己对别人的遭遇、处境和状况（主要是别人不幸的痛苦或者幸运的欢乐）在自己心灵和感情上产生的一种感应和共鸣。一般认为，人与人之间的同情感应和共鸣，是从他人身上转移和传播到我们自己身上的，是自己想象他人所处境况的感受而发生的感受，是设身处地对他人情感的同感。②由此来看，人与人之间产生同情心需要两个条件，一个条件是他人不幸或幸运地发生；一个条件是一个人通过想象、设身处地对他人的状态产生的反应。但是，对同情的这种理解，忽略了同情心何以能够发生的内在条件。我们为什么能够想象他人的感受，为什么能够设身处地与他人同忧乐呢？可以肯定，这依赖于我们自己

---

① 伏尔泰对此的说法是："没有自爱心，社会也就不可能形成和继续存在；没有情欲，就不会生出小孩子来；没有胃口就不想吃东西；诸如此类。正是对我们自己的爱，助长了对他人的爱；正是由于我们相互的需要，我们对人类才有贡献"。（〔法〕伏尔泰：《哲学通信》，高达观等译，上海人民出版社1961年版，第126页）

② 如亚当·斯密解释说："无论人们会认为某人怎样自私，这个人的天赋中总是明显地存在着这样一些本性，这些本性使他关心别人的命运，把别人的幸福看成是自己的事情，虽然他除了看到别人幸福而感到高兴以外，一无所得。这种本性就是怜悯或同情，就是当我们看到或逼真地想象到他人的不幸遭遇时所产生的感情。……由于我们对别人的感受没有直接经验，所以除了设身处地的想象外，我们无法知道别人的感受。"（〔英〕亚当·斯密：《道德情操论》，第5页）

对自身情感的直接体验和感受。小到对自己身体痛痒和身体安逸的感受，大至对不幸遭遇的痛苦感和对幸运的喜悦感，这些都是我们人生历程中常常经历和体验着的情感。所谓人先天而具有的喜怒哀乐爱恶惧等七情，实际上只能在人的后天生活中以是否合乎自我保存愿望表现出来，也就是说，它们是后天生活感受和体验的结果。正是由于一个人自己具有合意不合意的自爱情感和愿望，具有合意和不合意的自身体验和感受，他在看到和发现别人处在好坏等不同境况中时，他才能移情，才能设身处地的想象类似于他人的心情。"仁爱""仁慈"就源于人的"同情心"，而"同情心"又以个人对自己身体和身心的自爱愿望及体验为条件。

在儒家的仁爱思想中，"同情心"的最典型说法是孟子所称道的"恻隐之心"。孟子设想的场景很恰当地说明了人的同情心：一个人突然看见一个无知的小孩有坠入深井的危险，他油然产生了"怵惕恻隐之心"。"怵惕恻隐之心"，即恐惧和伤痛的同情心，照朱熹的注释，恻是"伤之切"，隐是"痛之深"。在孟子那里，"恻隐之心"亦即"不忍人之心"，它是人内心忍受不了别人的不幸遭遇而自发涌现出的强烈关爱情感，是"自发的"没有任何功利考虑的一种纯真的情感。孟子把恻隐之心看成是"仁之端"。"端"赵岐注为"首"，朱熹注为"绪"。"首""绪"指"发端""初始"或"萌芽"。仁爱发端于同情心，孔子已经意识到了。如《礼记·表记》载："子言之：仁有数，义有长短小大。中心憯怛，爱人之仁也。率法而强之，资仁者也。""中心憯怛，爱人之仁"，就是说发自内心的对人的忧伤和痛悼之同情心，就是爱人之仁，孔颖达认为这是出于天性的仁。《中庸》有"仁者，人也"的说法，朱熹《四书章句》的解释是："人，指人身而言，具此生理，自然便有恻怛慈爱之意。"仁爱的行为不一定都发端于同情心，"率法而行，资仁者也"，则是遵循法则，根据于仁道而实践仁。孔子明确指出人们实践仁的动机各不相同，从同样的仁的效果是看不出仁的动机的。孔子推重的仁是没有功利和私欲考虑的发自内心的爱人之仁。① 郭店竹简《唐虞之道》称尧舜为天下谋福利而不自利，这是仁的最高境界："尧舜之王，利天下而弗利也。……利天下而弗利也，仁之至也"，"极仁之至，利天下而弗利也。"《性自命出》把性情紧密联系在一起，推崇人的真实情感的流露和表现，其中说："凡人情为可悦也，苟以其情，虽过不恶；不以其情，虽难不贵。苟有其情，虽未之为，斯人信之矣。"大致可以肯定，儒家整体上赞美发自内心真情的仁爱，而这又发端于人的同情心和怜悯。韩非子解释"仁"说：

> 仁者，谓其中心欣然爱人也；其喜人之有福，而恶人之有祸也；生心之所不能已也，非求其报也。故曰："上仁为之而无以为也。"（《韩非子·解老》）

儒家所说的本于自发的同情之仁爱，同韩非子所理解的老子的"上仁"类似。《韩诗外传》卷四说："《传》曰：爱由情出，谓之仁。"这里所说的《传》，当是出自儒家。

现在的问题是，儒家所说的自发的同情心的来源。孔子肯定发于内心的同情是仁爱，但他没有说明来自内心的同情心的根源。孟子明确断定"恻隐之心"是人固有的情感（不是从外授与人的）。② 与孟子的"性善论"（还有"才性论"和"心性论"）结合起来看，"恻隐之

---

① 可以看一下孔子是如何说的："子曰：无欲而好仁者，无畏而恶不仁者，天下一人而矣。……子曰：仁有三，与仁同功而异情。与仁同功，其仁未可知也；与仁同过，然后其仁可知也。仁者安仁，知者利仁，畏罪者强仁。仁者右也，道者左也。仁者人也，道者义也。"（《礼记·表记》）

② 孟子毫不含糊地说："乃若其情，则可以为善矣，乃所谓善也。若夫为不善，非才之罪也。恻隐之心，人皆有之……仁义礼智，非由外铄我也，我固有之也，弗思耳矣。故曰：'求则得之，舍则失之。'或相倍蓰而无算者，不能尽其才者也。《诗》曰：'天生烝民，有物有则。民之秉彝，好是懿德。'孔子曰：'为此诗者，其知道乎！故有物有则，民之秉彝也，故好是懿德。'"（《孟子·告子上》）

心"就是内在于人自身的先天自然本性（也是孟子所说的"良知""良能"），或者说是人潜在具有的一种才质。即使承认孟子所说的同情心是人的一种善良的自然本性，人生来就携带着对人的同情心，那么它与人生来具有的"自我生存"本能和伴随着此的自保和自爱冲动相比，恐怕要微弱些。孟子提出"求其放心"的"尽心论"和操持的存心修养论，说明作为固有的"同情心"是容易失去的，相反，人的求生意志和自爱冲动则非常强烈，不需要有意识的引导和培养就能牢固地保持。特别是，如同我们上面谈到的，在现实生活中，人能够"表现出"同情心，恰恰又依赖于人自身对自己身心痛痒的亲切感受和体验。可以说，对人的"同情心"恰恰是由强烈的自爱的自发冲动自然引出的，是自我意识的延伸和扩大。既然自己有趋利避害、求福远祸的强烈愿望，那么作为"同类"的他人肯定与自己有一样的愿望，这自然会使人对他人的不幸遭遇和幸运的际遇作出不假思索的同情反应。徐复观就注意到了这种关联。他说："对己的责任感同时即表现为对人的责任感，人的痛痒休戚同时即是己的痛痒休戚，于是根于对人的责任感而来的对人之爱，自然与根于对己的责任感而来的无限向上之心，浑而为一。经过这种反省过程而来的'爱人'，乃出于一个人的生命中不容自己的要求，才是《论语》所说的'仁者爱人'的真意。"[1]依赖于自爱的对人的同情心，是内心自发的真实的自然情感，其实没有"反省过程"就能涌现，但把这种同情心即仁爱之心转化为仁爱的行动和实践，就伴随着某种反省过程和意志，因为"应该"并不等于"行动"，特别是在行动将危及自身安全的情况下更是如此。为了爱他人而甘冒生命危险甚至牺牲自己，这种仁爱行动之所以特别崇高，就是因为他把对自己的自爱完全献给了别人，这是从自爱转化为仁爱的最高形态，虽

---

[1] 徐复观：《释〈论语〉的"仁"——孔子新论》，见《中国思想史论集续篇》，上海书店出版社2004年版，第237页。

然郭店竹简《唐虞之道》认为"利天下而弗利"是"仁之至"和"极仁之至"。

古语"亲"和"体"的用法和意义,为同情心依赖于自爱或者是作为自爱的自然延伸提供了重要的依据。"亲"同"身"和"爱"具有密切的关系,《尔雅·释言二》释"身"为"亲"("身,亲也"),是有道理的。自己对"自身"的"亲"和"爱",自然就会移情到"别人"身上。"亲身""亲自",都意味着由"自己""自身"的直接投入和感受。而且只有自己具有直接的投入和感受,他才能理解别人的投入和感受;只有自己通过对"自身"的"亲"和"爱",他才能够理解别人的自亲和自爱,并在别人处在喜怒哀乐之际表现出同情和"亲爱"。"体"这个字本来就是"身","身体"亦是身或体,由此我们才有了动词性的"体",即"体认""体验""体察"和"体会"的"体"。"身体力行"的"身体",直译就是自己把自己置于实况之中,它比现在所说的零距离或无距离的"接触"更密切。动作性的"体",都是自己对"自身"的直接性感受和体知,并构成了自身的直接经验和阅历。人们大都肯定,立足于自身的"体验"和"体认"达到真理,是中国哲学的特性之一。《左传·襄公九年》记载,作乱的襄公祖母穆姜,她在求筮并听从史者之言后有一番"罪己"的话,其中有:

> 是于《周易》曰:"随,元、亨、利、贞,无咎。"元,体之长也;亨,嘉之会也;利,义之和也;贞,事之干也。体仁足以长人,嘉德足以合礼,利物足以和义,贞固足以干事。

《易·乾·文言》引用了这段话而有所改变。[①] 我们关心的是其中的

---

① 《易·乾·文言》这样说:"元者,善之长也;亨者,嘉之会也;利者,义之和也;贞事,事之干也。君子体仁足以长人,嘉会足以合礼,利物足以和义,贞固足以干事。君子行此四德者,故曰:乾,元、亨、利、贞。"

"君子体仁,足以长人"的"体仁"。《墨子·经上》对"仁"有一个定义,叫作"仁,体爱也",这里也用到了与仁爱有关的"体"字。把"体仁"和"体爱"的"体"解释为"体现""行"和"施"(实践),当然是通的,但这主要是从客观结果上看仁。既然特意地使用了与自己、自身相联的"体",那么就需要思考"体仁"和"体爱"的"体"与自己内在身心的联系。从这一深层的角度来看,"体仁"和"体爱"正可说是发自内心的仁爱,是从自身之爱中"外化"和"体现"出的爱。《墨经·经说上》对"仁,体爱"的解释是:"仁,爱己者非为用己,不若爱马",意思是人对自己的仁爱,不是要利用自己,不像爱马,是为了使用马。这正是强调仁爱是发自内心的纯真情感,而不是出于功利的目的。张岱年先生准确地揭示了"体爱"的意义。他说:"体爱者,以己体人之爱,即爱人如己。"[①]所谓"以己体人之爱",就是以对自身之"体"的"爱"而"体现"出对他人的爱。"爱人如己"之所以被信奉为仁爱的崇高境界,就是因为"自爱"的程度高,以此为标准去爱他人自然也是高度的爱。像爱护自己那样爱人,是因为别人需要这种爱,而别人需要这种爱,恰恰又是通过"自爱"延伸出的同情心的作用。这是从内至外的过程,也是从主观到客观的过程,即儒家所强调的"推己及人"(后面再谈)。[②]

二 "身体"与"事亲"之"仁"

在儒家的"仁爱"思想中,"血缘亲情"之爱的主张引人注目。儒家常以"亲亲""事亲""孝悌""孝慈"来定义"仁"。有子把"孝

---

① 张岱年:《中国哲学大纲》,第276页。
② 郭店竹简《性自命出》有"凡人虽有性,心亡定志,待物而后作,待悦而后行,待习而后定"的说法。这里的说法与孟子的"心性论"略有不同,它强调了外在因素对"心"的影响。

悌"视为"仁爱的根本"。① 与此意思相近,《礼记·中庸》以"亲爱自己的双亲"为"最大的仁"("仁者,人也。亲亲为大")。孟子认为,仁爱的具体落实就是无微不至地侍奉自己的父母("仁之实,事亲是也"[《孟子·离娄上》])。郭店竹简也非常明确地以"孝"和"亲亲"为"仁"的基本特性,并相信远古帝王尧舜是"孝"的伟大实践者。如《唐虞之道》说:"尧舜之行,爱亲尊贤。爱亲故孝,尊贤故禅。……孝,仁之冕也;禅,义之至也。六帝兴于古,皆由此也。爱亲忘贤,仁而未义也。尊贤遗亲,义而未仁也。"舜作为儒家推崇的远古圣王之一,他被儒者传颂的最为动人的美德就是他的"孝心"和"孝行"。"孝"构成了儒家"血缘亲情"伦理的核心。尽管《孝经》与曾子的关系仍待求证,但在孔子的门生中,曾子被认为是夫子之"孝"最有力的阐发者和行动者,他的孝行被广泛传颂,是中国历史上歌颂的著名孝子之一。《孝经》是把"孝"加以哲学化和理论化的一部代表性著作。"孝"是"仁"的根本,"不孝"不仅是"不仁""不仁之最"("《传》曰:不仁之至忽其亲"),而且是大逆不道的罪名。相对于作为古代政治伦理(以"君臣关系"为主要纽带)核心的"忠","孝"是家庭伦理(以"父子""兄弟"和"夫妇"等关系为主要纽带)的基点。按照现代伦理观念,父子关系是有关私人的伦理,君臣关系是有关公共的伦理,它们是不同领域中的存在,因此要以彼此分开的方式来理解和处理它们。但在儒家传统中,"忠""孝"常常被作为华夏伦理的两大美德列举,而且"孝"还被视之为"忠"的前提,"忠"是"孝"的自然延伸。儒家以"亲亲"和"孝"作为"仁"的根本,以事亲和孝敬为行仁的着力处,主张"仁"应该有一定的差异(远近、厚薄等),② 这使儒家的"仁爱"具有了"血缘亲情"的色

---

① "孝弟也者,其为仁之本与!"(《论语·学而》)
② 墨家的夷之要求与孟子晤面,受到了孟子婉转性的拒绝,在相互传话中,可以看出他们对"仁爱"与亲戚关系的理解明显不同。《孟子·滕文公下》记载了(转下页)

第八章 "身心合一"之"仁"与儒家德性伦理——郭店竹简"息"字及儒家仁爱思想的构成

彩,同时也是它在与墨家的"兼爱"和基督教的"博爱"相比较的意义上受到批评的原因之一。①儒家的爱亲之仁,也有传统的背景。在孔子之前,有这样一个例子,说优施为了避免受到惩罚,就教唆心怀不轨的骊姬,要她深夜之中向晋献公痛哭流涕地诉说她的无辜。他把申生爱民的行为与对父亲的仁爱对立起来,在晋献公以"夫岂惠其民而不惠于其父乎"加以反问时,骊姬回答说"为仁"与"为国"不同,为仁在于爱亲,为国在于利国,并说这是她从别人那里听到的。②

儒家的亲情之仁爱,当然还有父母对子女"慈爱"的层面。整体而言,父慈子孝是儒家亲情之仁的一个基本原则。不过,正如我们所看到的那样,儒家的亲情之仁,重在子女对父母的仁爱和孝敬上。父母出于自然本性对子女从出生到成长过程无微不至的仁爱,往往是无以复加的,所谓"父母之心""可怜天下父母心",说的就是父母对子女的纯真的爱心和苦心。而子女长大成人后,他们虽然通过自己生儿育女能够体验到父母的爱心和苦心,但他们可能把自己的爱心更

(接上页)这一传话中的讨论:"墨者夷之,因徐辟而求见孟子。孟子曰:'吾固愿见,今吾尚病;病愈,我且往见,夷子不来。'他日,又求见孟子。孟子曰:'吾今则可以见矣。不直,则道不见,我且直之。吾闻夷子墨者,墨之治丧也,以薄为其道。夷子思以易天下,岂以为非是而不贵也?然而夷子葬其亲厚,则是以所贱事亲也。'徐子以告夷子。夷子曰:'儒者之道,古之人若保赤子,此言何谓也?之则以为爱无差等,施由亲始。'徐子以告孟子,孟子曰:'夫夷子信以为人之亲其兄之子,为若亲其邻之赤子乎?彼有取尔也。赤子匍匐将入井,非赤子之罪也。且天之生物也,使之一本,而夷子二本故也。'"巫马子不赞成墨子的兼爱,认为爱是有远近亲疏之别的,他最后又信奉利己主义,墨子对他的批评,非常有力,无懈可击。(见《墨子·耕柱》)

① 与此不同,姚新中竭力论证儒家之"仁"的普世性,以澄清儒家的"仁"与所谓差等的关系。参阅《儒教与基督教——仁与爱的比较研究》,中国社会科学出版社2002年版。

② 《国语·晋语一》载:"吾闻之外人之言曰:为仁与为国不同。为仁者,爱亲之谓仁;为国者,利国之谓仁。故长民者无亲,众以为亲。"

多地又献给了自己的子女,而疏远甚至丧失对父母的爱。儒家强调报答观念,三年之丧正是为此设置出来的。一般批评儒家片面强调子女对父母的义务,殊不知,父母对子女的爱很难由子女再还原到父母身上。

儒家为什么如此重视"亲亲"和"孝道"之"仁",我们可能马上会说,是基于"父子"之间的血缘关系。血缘之仁爱,是"仁"的一种特性,也是这种特性的基础。在人类群体中,父母是自己最近的人("父母在,不远游"是要求陪伴在父母身边),也是最亲的人,反过来说也一样。这首先取决于人的自然本性,即生育本性。人类不断的生育和繁衍过程,既是血缘纽带的结果,又是造就血缘纽带的原因。儒家的"孝"衍生出了根深蒂固的"传宗接代"或"一脉相传"的意识和价值观。儒家的"亲亲"之仁,是基于父子身心之间的"传承"纽带。儒家有身体是父母之遗体的看法,《礼记·祭义》记载曾子的话说:"身也者,父母之遗体也。"与此完全一致的说法,又出现在《大戴礼记·曾子大孝》中:"身者,亲之遗体也。"自己的身体作为父母的"遗传体"或者父母的"化身",与父母最具有生命连体感和一体感,爱己与亲亲,自然就交织在一起。

一方面,由于自己的身体和生命是父母给的,自己与父母血肉相连,因此自己最能够从自己的痛痒和喜怒哀乐中,体察和感受到父母的痛痒和喜怒哀乐;最能够从自己对自己的关心和自爱中,想到父母更需要关心和爱。作为仁爱的亲亲和孝,正是人基于自己的"身体"同父母身体之间的连体性和遗传性而自然产生的情感。孟子论证人的良知良能,使用的例子是,幼稚的孩童都知道爱自己的父母,长大之后都知道尊敬自己的兄长。① 郭店竹简《语丛(三)》有"父孝子爱,

---

① 孟子说:"人之所不学而能者,其良能也;所不虑而知者,其良知也。孩提之童,无不知爱其亲者,及其长也,无不知敬其兄也。"(《孟子·尽心上》)

非有为也"的说法,它强调了亲情之仁的自发性和纯真性。① 对曾子来说,自己实际上是在用父母的"遗传体"行事,因此孝敬父母是天经地义。《礼记·祭义》记载有他这样的话:"行父母之遗体,敢不敬乎?"孟旦(Donald J. Munro)试图寻找儒家利他互惠伦理的生理性根据,请不要误解,他并不赞成对伦理和道德进行生物学还原,他想揭示的是,在人的自然本性和遗传中是否有互惠和利他的先天倾向。在他看来,儒家的亲亲之仁、亲情之仁具有血缘和亲族方面的根据。孟旦还引用了社会生物学研究者爱德华·威尔逊(Edward O. Wilson)的说法以证明儒家亲亲之仁的合理性。威尔逊指出:

> 亲族选择(kin selection)是基因的自然选择。它基于基因对于带有该基因的个体的影响,也基于基因对于该个体的一切具有遗传关系的亲属的影响。这些亲属包括父母、子女、兄弟姐妹、表亲以及依旧存在于世的可以再生产血亲,或者影响血亲的再生产的其他个体。在利他主义行为的起源上,亲族选择特别重要。②

我们这里引用孟旦等的说法,也不是要对亲亲之仁爱进行生物学的还原,而是强调父母与子女在"身体上"的"亲合性",是亲亲之

---

① 《庄子·天运》篇记载商太宰荡向庄子请教有关"仁"的问题。庄子认为虎狼也是仁的,意思是虎狼也有父子之亲("父子相亲,何为不仁!")。荡又问"至仁",庄子回答"至仁无亲"。这使荡大惑不解,因为他听到的说法是"无亲则不爱,不爱则不孝",这与"至仁不孝"是矛盾的。但庄子所说的"至仁无亲",不是说最高的仁是不仁爱自己的父母,而是强调最高的仁完全超越了意识性和目的性,是纯粹自发和自然的流露,"孝"则具有更强的目的性;另外,"至仁"超出了血缘亲族之爱。

② 〔美〕孟旦:《互惠利他主义和宋明儒家伦理学的生物学基础》,载《新哲学》第三辑,大象出版社2004年版,第135页。威尔逊还说:"在多种有证据的遗传特性中,最接近道德趋向的是,对他人之不幸的移情(empathy),以及婴儿与其保护人之间的某些情感过程。我们可以为道德趋向的可遗传性提供更多的历史证据。"(同上书,第134页)

仁和孝慈之仁的最直接动力。自己爱自己的父母兄弟，别人也爱自己的父母兄弟。正如要得到别人的爱就要爱别人那样，以此类推，要得到别人对自己父母的爱，自己也要爱别人的父母。郭店竹简《语丛（三）》的"爱亲则其方爱人"，说的就是这个意思。① 反过来说，如果要不危害自己的父母，那么就不要危害别人的父母。孟子认识到了杀害别人的父母兄弟无异于是杀害自己的父母兄弟，因为"杀人之父，人亦杀其父；杀人之兄，人亦杀其兄。然则非自杀之也，一间耳。"（《孟子·尽心下》）在儒家的亲亲之仁中，不仅要赡养父母、保证父母生活供应，更要体现对父母的敬，爱护父母的荣誉，继承父母的志向，通过自己的美德为自己的父母赢得荣誉等，这是心灵意义上的"孝"。因此，在精神和自我人格上成就自己，不只是实现自我和完成自我的伦理道德和责任问题，而且是"事亲"的一项基本要求。这就是为什么孔子和孟子也把"成身""守身"与"事亲"和"孝"联系起来。②

另一方面，同样出于自己的身体是父母身体的遗传体，儒家的亲亲之仁和孝慈之仁，又意味着返回自身的活动，这就是子女要把父母

---

① 《孝经》引用孔子的话说："子曰：爱亲者不敢恶于人，敬亲者不敢慢于人。"这是从更广的意义上说要使自己的父母得到别人的爱和尊敬，自己就不要对别人的父母不友好。

② 《礼记·哀公问》载："公曰：'敢问何谓成身？'孔子对曰：'不过乎物。'公曰：'敢问君子何贵乎天道也？'孔子对曰：'贵其不已。如日月东西相从而不已也，是天道也；不闭其久，是天道也；无为而物成，是天道也；已成而明，是天道也。'公曰：'寡人蠢愚冥烦，子志之心也。'孔子蹴然辟席而对曰：'仁人不过乎物，孝子不过乎物。是故，仁人之事亲也如事天，事天如事亲，是故孝子成身。'"《孟子·离娄上》载：孟子曰："事孰为大？事亲为大。守孰为大？守身为大。不失其身而能事其亲者，吾闻之矣。失其身而能事其亲者，吾未之闻也。孰不为事？事亲，事之本也。孰不为守？守身，守之本也。曾子养曾皙，必有酒肉；将彻，必请所与。问：'有馀？'必曰：'有。'曾皙死，曾元养曾子，必有酒肉；将彻，不请所与，问：'有馀？'曰：'亡矣。'将以复进也。此所谓养口体者也。若曾子，则可谓养志也。"

遗传给自己的身体，通过后代继续遗传下去，即所谓"传宗接代"。在孟子所称的"不孝有三"之中，其中之一的"无后"被认为是最大的不孝，这说明"有后"在尽孝中是多么重要。再就是，要爱护和珍惜自己的身体乃至发肤，如《孝经》明确告诉我们："身体发肤，受之父母，不敢毁伤，孝之始也。"这是非常有趣的，子女对父母的孝敬，反过来变成了子女要对自己的身心倍加爱护。①

根据上述可以看出，儒家的亲亲之仁、孝慈之仁，与父母和子女身体之间的"连体性"具有密切关系。在人与人的关系中，这是能直接体现"身心合一"之"仁"的仁爱。这种基于父子血缘和身心休戚相关的亲情之仁，与其他的仁爱相比，合乎人情地具有了优先性、亲密性和厚重性的特点，一般也是从这种意义上来理解儒家仁爱的等差性的，这一点无须否认。巫马子不赞成墨子的兼爱而提出的爱有程度之差，在一定意义上反映了儒家仁爱的亲疏立场。他说：

> 我爱邹人于越人，爱鲁人于邹人，爱我乡人于鲁人，爱我家人于乡人，爱我亲于我家人，爱我身于吾亲，以为近我也。击我则疾，击彼则不疾于我。②

孟子批评墨子"兼爱"是"无父"，无父（与无君）就是禽兽，也是主张爱自己的父母与爱人是有差别的。但需要强调指出的是，儒家亲亲之仁的根本性，决不限于这种意义，它还有另外的重要意义。

---

① 当然，在实际生活中，子女为了"尽孝"、为了"守丧"，身心有时又受到损害，这是墨家对儒家的批评之一。不过，孔子主张尽孝而又不妨害子孙的身心。《孔子家语·致思》记载："子贡问于孔子曰：'死者有知乎？将无知乎？'子曰：'吾欲言死之有知，将恐孝子顺孙妨生以送死；吾欲言死之无知，将恐不孝之子弃其亲而不葬。赐欲知死者有知与无知，非今之急，后自知之。'"

② 《墨子·耕柱》。毕沅疑巫马子是孔子弟子巫马期或其后代，但根据下文所说的"有杀彼以利我，无杀我以利（彼也）"，巫马子不似儒家之徒。

对儒家来说，亲亲之仁又是整个"仁爱"精神的出发点，是检验一个人能否实践仁和扩展仁爱的一个试金石。很明显，如果连自己的父母都不能亲孝，就很难说对其他人的仁爱了。郭店简《唐虞之道》把"孝"比喻为人的"礼帽"，说："孝，仁之冕也。"孟子说："不得乎亲，不可以为人；不顺乎亲，不可以为子。"（《孟子·离娄上》）朱熹对"孝弟为仁之本"的解释，向我们揭示了"孝"与普遍之爱的关系。从原则上说，亲亲与爱人都是"仁"，不是为了爱人才去亲亲。只是，实践仁的最直接、最切己的方式是亲亲，做到了亲亲，就建立了爱人的立足点。朱熹回答他的弟子的提问，反复强调这一点。如：

> 问："'孝弟为仁之本'，是事父母、兄既尽道，乃立得个根本，则推而仁民爱物，方行得有条理。"曰："固是。但孝弟是合当底事，不是要仁民爱物方从孝弟做去。"可学云："如草木之有本根，方始枝叶繁茂。"曰："固是。但有本根，则枝叶自然繁茂。不是要得枝叶繁茂，方始去培植本根。"①

又如：

> 问："孝弟是行仁之本"，……曰："亦是仁民爱物，都从亲亲上生去。孝弟也是仁，仁民爱物也是仁，只孝弟是初头事，从这里做起。"②

---

① 黎靖德编，王星贤点校：《朱子语类》二，中华书局1986年版，第461—462页。

② 同上书，第478页。又说："'行仁自孝弟始。'盖仁自事亲、从兄，以至亲亲、仁民，仁民、爱物，无非仁。然初自事亲、从兄行起，非是便（疑脱"不"字——笔者）能以仁遍天下。"（同上书，第474页）

王阳明的说法也提供了这方面的例证。有人问他说:"程子云:'仁者以天地万物为一体',何墨氏兼爱,反不得谓之仁。"对此王阳明回答说:

> 惟其有个发端处,所以生;惟其生,所以不息。譬之木,其始抽芽,便是木之生意发端处。抽芽然后发干,发干然后生枝生叶,然后是生生不息。若无芽,何以有干有枝叶?能抽芽,必是下面有个根在。有根方生,无根便死。无根何从抽芽?父子兄弟之爱,便是人心生意发端处。如木之抽芽。自此而仁民,而爱物。便是发干生枝生叶。墨氏兼爱无差等。将自家父子兄弟与途人一般看。便自没了发端处。不抽芽,便知得他无根。便不是生生不息。安得谓之仁?孝弟为仁之本。却是仁理从里面发生出来。①

正是由此,我们才能理解儒家何以又拥有普遍主义的仁爱精神。以往人们过于强调儒家的爱有差等观念,而忽视了亲亲之仁这一层面。实际上,儒家以亲亲和孝悌为仁之本,确实是同时把它也作为实践整个仁爱精神的出发点和入手处的。孟子说:"道在尔而求诸远,事在易而求之难。人人亲其亲,长其长,而天下平。"(《孟子·离娄上》)由此再来看待孔子的"弟子,入则孝,出则弟,谨而信,泛爱众,而亲仁",我们对"孝弟"与"泛爱众"之间的关系也许就迎刃而解了。下面我们就来讨论与身心联系在一起的儒家的爱民、爱物等普遍之爱的意识和观念。

---

① 王阳明:《传习录上》,见《王阳明全集》上,上海古籍出版社1992年版,第26页。

三 "推己及人"与"爱民""爱人"之"仁"

在普世伦理的渴望之下,人们往往为儒家注重血缘亲情之爱感到苦恼,他们觉得儒家的亲亲和孝慈之仁虽然非常符合乎人之常情,但又不够"一视同仁"。张岱年先生也曾这样分析了孔子之仁与墨子之仁之间的差别。他说:

> 墨子的兼,与孔子的仁,大体相近,然亦颇不同。仁是由己推人,由近及远,以自己为起点,而逐渐扩大;由近远之程度,而有厚薄。兼则是不分人我,不分远近,对一切人,一律同等爱之助之。所以仁是有差等的,兼是无差等的。①

张先生甚至还认为,儒家的等差之爱使仁的含义变得曲折和复杂(而不像兼爱那样单纯直截),无法通过自身走向"群我一体",说《礼记·礼运》篇的"大同之说"和"圣人乃以天下为一家,中国为一人"的普遍之爱,② 当是在墨家的影响下产生的。张先生的这个说法有商量的余地,因为儒家的仁爱同时也包含了普遍之爱,这种普遍之爱也许同样能够导出大同理想。我们再次指出,儒家的亲亲之仁和孝慈之仁,只是在一定意义上表明了爱的程度上的差异。无差别地爱一切人,就像所有的人都"完全平等"一样是不可能的。孟子批评墨子的"兼爱"是"无父",当然是粗暴的。如果兼爱,自己的父母也在爱的范围,不管实际上是不是所有的人都被爱和互相爱。只是,孟子觉得,对父母的爱应该看得重一点。从爱的范围上说,儒家的仁爱确实也是普遍的。

---

① 张岱年:《中国哲学大纲》,第278页。
② 与墨子所说的"视人之国,若视其国;视人之家,若视其家;视人之身,若视其身"(《墨子·兼爱中》)类似。

儒家从未把仁爱限制在"爱亲之孝"上,事实上,在儒家看来,"爱人"与孝不矛盾,两者是统一的。如《唐虞之道》说:"孝之方,爱天下之民。"又如,帛书《五行·经》说:"亲而笃之,爱也。爱父,其继爱人,仁也。"① 对此,《说》解释说:"言爱父而后及人也。爱父而杀其邻之子,未可谓仁也。"池田知久认为,这是《五行》把早期儒家的血缘亲情之仁发展为非血缘的普遍的人类之爱。② 但实际上,在孔子那里,"仁"就没有被限制在血缘亲情上,它同人类的普遍仁爱是统一的。只是,爱的范围与爱的程度不是一个问题。"群我一体"的观念,也不意味着我与其他人都一样,就像万物一体一样。

儒家的仁爱普遍主义,首先体现在我们熟悉地把"仁"界定为"爱人"。这方面的例子很多,如《论语·颜渊》所说的"樊迟问仁。子曰:'爱人'",郭店简《语丛(三)》说的"爱,仁也",《孟子·离娄下》所说的"仁者爱人",《大戴礼记·主言》所说的"仁者莫大于爱人"等,其"仁"都是指人类之爱。特别是,《国语·周语下》的"言仁必及人",孔子的"泛爱众",韩愈提出的"博爱之谓仁",更强调了不分界限的普遍仁爱精神。③ 其次,儒家的仁爱普遍主义体现在以"仁"为"爱民",这是儒家"德政"和"民本"思想的核心。如《礼记·哀公问》记载:"孔子对曰:'古之为政,爱人为大。不能爱人,不能有其身……不能乐天,不能成其身。"④ 孔子称道"博施于民而能济

---

① 郭店竹简《五行》与此一致:"亲而笃之,爱也。爱父,其继爱人,仁也。"
② 参阅池田知久《马王汉墓帛书五行研究》,第265—267页。
③ 儒家虽然也有"以德报怨"观念,如"子曰:以德报怨,则宽身之仁也"。但儒家的仁爱并不排斥厌恶之心。如《礼记·表记》载:"子曰:无欲而好仁者,无畏而恶不仁者,天下一人而已矣。"《大学》载:"此谓唯仁人为能爱人,能恶人。"《荀子·兵论》载:"孙卿子曰:非汝所知也!彼仁者爱人,爱人故恶人之害之也。"《国语·楚语下》亦载:"子高曰:'不然。吾闻之,唯仁者可好也,可恶也,可高也,可下也。'"这与基督教宽恕和爱自己的仇敌、以善报恶有所不同。儒家的"恶人"之说,是出于善恶之别的考虑。
④ 《国语·周语中》中有"仁所以保民也"的说法。

众"，认为这已经超过了仁的境界，是圣的境界。郭店竹简的"仁民"特别是孟子的"仁政"，都体现在"爱民"上，也就是让百姓过一种富足的生活。《礼记·礼运》相信的"天下为公"的"大同社会"，①可以说是儒家道德理想主义在政治上的最高理想。

在儒家那里，"礼仪"重在辨别"差异"，"音乐"重在追求万物之间的"共同性"及"和谐性"。据此，儒家把普遍的"仁爱"与求同的音乐结合在一起，如《礼记·乐记》说：

> 乐者为同，礼者为异。同则相亲，异则相敬。……乐文同，则上下和矣。……仁以爱之，义以正之，如此则民治行矣。

又说：

> 流而不息，合同而化，而乐兴焉。春作夏长，仁也；秋敛冬藏，义也。仁近于乐，义近于礼。

在这种大体上可以说是"乐＝同＝仁＝爱"的关联中，也可以看出儒家普遍的仁爱理想。

前面我们从人自己的"身体"同父母之间的连体性讨论了"亲亲"和"孝慈"之仁。显然这是基于血缘和同胞的仁爱，而普遍的爱人或人类之爱则超出了血缘亲情之爱，这种爱在儒家那里又是如何可能的呢？它与我们自我的身心又是一种什么关系呢？非常有影响的一种做法，是在对《说文》"从人从二"之"仁"的解释中，引申出人与人的

---

① 具体内容就是大家熟悉的如下说法："大道之行也，天下为公。选贤与能，讲信修睦，故人不独亲其亲，不独子其子，使老有所终，壮有所用，幼有所长，矜寡孤独废疾者，皆有所养。男有分，女有归。货，恶其弃于地也，不必藏于己；力，恶其不出于身也，不必为己。是故谋闭而不兴，盗窃乱贼而不作，故外户而不闭，是谓大同。"

第八章 "身心合一"之"仁"与儒家德性伦理——郭店竹简"㤅"字及儒家仁爱思想的构成 | 295

相爱,廖名春列举了不少这方面的例子。① 段玉裁引用一些说法,认为"相人耦"的"人耦","犹言尔我亲密之词,独则无耦,耦则相亲,故其字从人二。"② 阮元也以类似的方式解释说:

> 诠解"仁"字,不必烦称远引,但举《曾子·制言》篇"人之相与也,譬如舟车然,相济达也","人非人不济,马非马不走","水非水不流",及《中庸》篇"仁者,人也",郑康成注"读如相人偶之人"数语足以明之矣。春秋时,孔门所谓仁也者,以此一人与彼一人相人偶而尽其敬礼忠恕等事之谓也。相人偶者,谓人之偶之也。凡仁,必于身所行者验之而始见,亦必有二人而仁乃见。③

段玉裁和阮元的解释一致地认为,有了"两个"相对的"人与人"的关系就会有仁爱,两个人在相遇之中自然就会产生"爱心"。不用说,"爱人"要发生在爱和被爱的人与人之间,这是"爱人"的前提条件,但说人与人相遇就会有仁爱,仍然令人费解,"仁爱"的发生需要更深层的基础。段玉裁和阮元的解释,就略有触及。如段玉裁认为《孟子》所说的"仁,人心也",说的是"仁乃是人之所以为心也";阮元认为,仁"必于身所行者验之而始见",这是对仁爱的主体性和内在性的某种揭示。但由于他们主要是从人与人的关系上思考"仁",所以没有进一步去揭示仁爱发生的内在根据。

我们知道,孔子对"仁"有一个非常重要的定义,这就是他说的"夫仁者,己欲立而立人,己欲达而达人。"(《论语·雍也》)张岱年先生认为,这是孔子对"仁"最正规的整体性界说,其他的说法,要么

---

① 参阅廖名春《"仁"字探源》,载《中国学术》第8辑,第123页。
② 许慎著,段玉裁注:《说文解字注》,上海古籍出版社1988年版,第365页。
③ 阮元:《〈论语〉论仁论》,《揅经室集》,中华书局1993年版,第176页。

是根据问仁者的特点,从一个方面加以说明,以便于实行;要么是不那么深广,可以在此一界说之下加以融会理解。①《论语·颜渊》中记载有仲弓问仁和孔子的回答:

> 仲弓问"仁"。子曰:"出门如见大宾;使民如承大祭;己所不欲,勿施于人;在邦无怨,在家无怨。"仲弓曰:"雍虽不敏,请事斯语矣!"

其中的"己所不欲,勿施于人"是大家乐道的,并被视为"道德金律"。这句话又出现在《论语·卫灵公》中,是孔子回答子贡的问题时说出的,而且是作为对"恕"的具体说明。②子贡说的"我不欲人之加诸我也,吾亦欲无加诸人"(《论语·公冶长》),意思与"己所不欲,勿施于人"一致,应该是受到孔子的启发之后而言。作为孔门弟子作品的《大学》和《中庸》,也有类似的说法。③后来,儒家又从中引发出了"己所欲,施于人"的说法。④

---

① 参见张岱年《中国哲学大纲》,第 256—257 页。

② 原文是:"子贡问曰:'有一言而可以终身行之者乎?'子曰:'其恕乎!己所不欲,勿施于人。'"《韩诗外传》对"忠恕"也有一个恰当的解释:《韩诗外传》卷三:"昔者不出户而知天下,不窥牖而见天道,非目能视乎千里之前,非耳能闻乎千里之外,以己之情量之也。己恶饥寒焉,则知天下之欲衣食也;己恶劳苦焉,则知天下之欲安佚也;己恶衰乏焉,则知天下之欲富足也。知此三者,圣王之所以不降席而匡天下。故君子之道,忠恕而已矣。"

③ 如《中庸》说:"施诸己而不愿,亦勿施于人。"《大学》说:"所恶于上,毋以使下,所恶于下,毋以事上;所恶于前,毋以先后,所恶于后,毋以从前;所恶于右,毋以交于左;所恶于左,毋以交于右。"

④ 早者如孔安国在《论语》注中则说:"己所欲,而施之于人"。《尸子·恕》篇载:"恕者,以身为度者也。己所不欲,毋加诸人;恶诸人则去诸己,欲诸人则求诸己,此恕也。"晚者如陈淳说:"要如己心之所欲者,便是恕。夫子谓'己所不欲,勿施于人',只是就一边论。其实不止是勿施己所不欲者,凡己之所欲者,须要施于人方可。"(陈淳:《北溪字义》,中华书局 1983 年版,第 28 页)

第八章 "身心合一"之"仁"与儒家德性伦理——郭店竹简"㥯"字及儒家仁爱思想的构成

儒家从"自我"主观好恶出发对"他人"主观好恶采取同情的立场，一是消极性地把自己不希望的东西不施加于他人，一是积极性地把自己希望的东西施予他人。①贯穿于这两种立场之中的是"恕道"，也就是"推己及人"。不管是"己不欲勿施人"，还是"己欲施人"和"己立立人""己达达人"，其共同的地方，皆是从自身的立场出发去考虑和关心别人，从自己的愿望和要求去考虑他人的愿望和要求，从自己的好恶情感去考虑别人的好恶情感。自己的希望或不希望所体现的是，人一般都选择对自己最有利的方式来对待自己。如果人能像对待自己那样对待别人，这就是把自己对待自己的最好方式扩展到了别人身上，这正是别人所希望的，也是最大的和普遍的人类之爱。像对待自己最亲近的人的态度和方式对待别人最亲近的人，也是一种推己及人的仁爱。孟子有一个典型的说法：

> 老吾老以及人之老，幼吾幼以及人之幼，天下可运于掌。《诗》云："刑于寡妻，至于兄弟，以御于家邦。"言举斯心加诸彼而已。故推恩足以保四海，不推恩无以保妻子；古之人所以大过人者无他焉，善推其所为而已矣。（《孟子·梁惠王上》）

按照人之常情，人们会以最好的方式对待自己的亲人，他用对待自己亲人的方式对待别人的亲人，自然就是对别人亲人的仁爱。总之，"推己"的"己"和"身"，正是儒家普遍人类之"爱"的内在根据和发动处。孟子的"仁政"，是"不忍人之政"，它来源于人的"不忍人之心"。孟子很清楚地推论说："人皆有不忍人之心。先王有不忍人之心，斯有不忍人之政矣。以不忍人之心，行不忍人之政，治天下可运

---

① 一般认为，儒家注重"己不欲不施人"一面，基督教注重"己欲施人"一面。但从整体上说，儒家也有"己欲施人"的思想。

之掌上。"(《孟子·公孙丑上》)《论语·雍也》说的"能近取譬，可谓仁之方也已"，《孟子·尽心上》说的"强恕而行，求仁莫近焉"，所强调的正是通过"推己"和由近及远的扩展来实现人类的普遍之爱。儒家"推己及人"的仁爱观，与儒家把道德理想和实践建立在自我的"修身"和"反求诸己"基础之上是一致的，这也是孔子为什么主张"为己之学"的理由。

四 "万物一体"之"仁"与"推人及物"

从儒家的亲亲之仁和孝慈之仁，到博爱于人的爱人之仁，这是一个由近及远的放射过程，是一个始于"血缘同胞"亲情之爱进而扩展到普遍"人类"之爱的过程。儒家仁爱的伸展并没有就此止步，它继而扩展到了天地万物之中，化为对万物的包容性和仁爱性，儒家的仁爱精神由此又呈现出了超人类的理想性和高超性。

《中庸》有"成物"这一重要观念，它是相对于"成己"提出的。"成己"被界定为"仁"，"成物"被看成是"知"。直接来说，"成物"是"成就事物"，不同于"成己"的仁，但究其实，"成物"也可以说是对"物"的仁，它与"成己"之仁一样，都是"性之德"。《中庸》中还有"尽物之性"的说法，这是依次从"尽其性"到"尽人之性"之后第三阶段上的"尽性"。实现了"尽物之性"，就可以参与到天地变化和生育万物的过程之中，就能够与天地并列而立了。①"尽物之性"是说促使万物实现它们的天性，使万物各尽其能，它与"成物"一致，也可以说是对"万物"的仁。《中庸》赞扬天地造就了"万物和谐"的秩序，即"万物并育而不相害，道并行而不相悖"，这可以说是天地万

---

① 原文是这样说的："唯天下至诚，为能尽其性；能尽其性，则能尽人之性；能尽人之性，则能尽物之性；能尽物之性，则可以赞天地之化育；可以赞天地之化育，则可以与天地参矣。"

物彼此的仁爱。在孟子的"亲亲""仁民"和"爱物"三个层次中,虽然看起来"民"是"仁爱"的对象,但从"亲亲"是仁、爱物也是仁爱来说,这三个层次并没有严格的界限,这是"爱"的对象包括"物"的一个明确例子。① 荀子心目中理想的君王,不只是建立起人间礼乐圆融、包容共存的政治秩序(如说"遇贱而少者,则修告导宽容之义。无不爱也,无不敬也,无与人争也,恢然如天地之苞万物,如是,则贤者贵之,不肖者亲之"[《荀子·非十二子》]),而且还要让万物各得其宜(如说"君者,善群也,群道当则万物皆得其宜,六畜皆得其长,群生皆得其命"[《荀子·王制》])。②

在个人中心主义之下,不可能有"四海之内皆兄弟"的想法;在人类中心主义之下,不可能有"万物一体"的意识。金岳霖先生曾这样分析说:"自我中心的思想经常使个人看不到他的基本的特性是与其他个人的是紧密相连的。而人类中心的思想则使人们看不到人类的基本特性是与其他的动物、其他有生命的存在和其他的东西是紧密相连的。"③ 说起来,儒家常常把"人"作为"万物"之"秀者""灵者"和"贵者"加以赞颂,④ 要求"人"最大限度地发挥他的独特本性,完成天

---

① 孟子的论式是:"君子之于物也,爱之而弗仁;于民也,仁之而弗亲。亲亲而仁民,仁民而爱物。"(《孟子·尽心上》)《吕氏春秋·爱类》载:"仁于他物,不仁于人,不得为仁。不仁于他物,独仁于人,犹若为仁。仁也者,仁乎其类者也。"这里所说也不是完全排斥"仁于他物"。

② 从《中庸》的"致中和,天地位焉,万物育焉",也可以看出儒家理想的高远性。

③ 金岳霖:《道、自然与人》,见《金岳霖集》,第98—99页。

④ 荀子以不同层次区分了万物与人的关系:"水火有气而无生,草木有生而无知,禽兽有知而无义,人有气,有生,有知,亦且有义,故最为天下贵也。"(《荀子·王制》)又说:"人之所以为人者,何已(同'以'——笔者)也?曰:以其有辨也。饥而欲食,寒而欲暖,劳而欲息,好利而恶害,是人之所生而有也,是无待然者也,是禹、桀之所同也。然则人之所以为人者,非特以二足而无毛也,以其有辨也。……夫禽兽有父子而无父子之亲,有牝牡而无男女之别。故人道莫不有辨,辨莫大於分,分莫大于礼,礼莫大于圣王。"(《荀子·非相》)

赋予给他的使命。儒家的人格理想论、尽心尽性论和修养论等，目的都是让人按照自己的真正本质而存在。这种把人与万物区分开的意识和要求，有时让儒家产生一种人类优越感和中心感，[①]但这都属于儒家的"人类认同"意识，是把人类与万物区分开的界限意识。[②]但儒家决不宣扬个人中心或人类中心，相反它拥有人与自然统一、人与万物合一的"天人合一观"和"有机宇宙观"，表现出同情万物、包容万物的"万物一体"境界。在以人为贵的同时，儒家又谦虚地把人类"同化"到了"万物"之中，把人"化"为万物之"一"的存在。

在早期儒家中，还看不到明确的"万物一体"的说法。庄子说的"天地与我并生，而万物与我为一"和"天地一指也，万物一马也"，[③]是对万物无差别、万物为一的一个绝妙表达。这是庄子站在一种超越性立场（如"以道观之"；"自其同者视之，万物皆一也"）得出的结论。根据《庄子·天下》篇的记载，惠施较早使用"一体"之语，不过这不是直接说"万物"的"一体"，而是说"天地一体"（"泛爱万物，天地一体也"），但与"万物一体"的意思接近，尤其是把"天地一体"与"泛爱万物"相提并论而主张"万物之爱"，儒家"万物一体之仁"的说法与此未必没有关系。《吕氏春秋·情欲》中所说的"人与天地也同，万物之形虽异，其情一体也"，十分清楚地表达了"万物一体"的意思。《孟子·尽心上》说的"万物皆备于我"，《孟子·公孙丑上》说的"夫志，气之帅也；气，体之充也"，主要是指"主体性"的自我同万物及气的关系，其中蕴涵有我与万物一体的意义。

[①] 如孟子的"人禽之辨"，不只是强调人要保持人之所以为人的本质，而且也确有贬低禽兽的意思。

[②] 如孔子说："鸟兽不可与同群，吾非斯人之徒与而谁与？"（《论语·微子》）孟子也有"物之不齐，物之情也"的说法。（《孟子·滕文公上》）

[③] 见《庄子·齐物论》。主张"齐万物"的庄子具有"爱人利物之谓仁"（《庄子·天地》）的观念自然也不奇怪。

第八章 "身心合一"之"仁"与儒家德性伦理——郭店竹简"悬"字及儒家仁爱思想的构成

张载《乾称篇》(也称《西铭》)有"天地之塞,吾其体;天地之帅,吾其性"之语,这与孟子的说法非常接近。① 张载正是基于自我来自天地之气和本性(更具体说是"气质之性"和"天地之性"),提出了"民吾同胞,物吾与也"的著名论断。按照这个论断,自我与他人的关系都变成了血缘性的兄弟同胞关系,自我与他人同类的人类意识就化为人类与万物的同类意识。在张载看来,人如果能无限地扩充和发挥自己的心性,他就能够"体天下之物"。"圣人"能够尽性,他就能"视天下无一物非我",孟子就是以此提出了"尽心则知性知天"。②宋明儒学家乐道"万物一体"之仁,这是对先秦儒家"仁爱"精神的放大。如程颢解释"万物一体"说:"所以谓万物一体者,皆有此理,只为从那里来。……放这身来,都在万物中一例看,大小大快活。"③"学者须识先仁。仁者,浑然与物同体。"④王阳明也说:"仁者以天地万物为一体,使有一物失所,便是吾仁有未尽处。"⑤又说:"夫圣人之心,以天地万物为一体,其视天下之人,无外内远近,凡有血气,皆其昆弟赤子之亲,莫不欲安全而教养之,以遂其万物一体之念。"⑥按照程颢和王阳明的看法,"万物一体"与"仁"是二而一、一而二的事。"万物一体"就是"仁";"仁"就要以万物一体,不能以万物为一体,"仁"就未尽。爱人的仁虽然是普遍的人类之爱,但这是限于"人类共同体"的仁爱。"万物一体之仁"超越了人类共同体,它是对所有事物都表现出同情心和爱的"仁",因此可以说是宇宙共同体之爱。从这种意义上说,儒家的仁爱比墨家的兼爱和基督教的博爱更为博大,

---

① 参见张载《正蒙》,《张载集》,中华书局1978年版,第62页。
② 参见张载《正蒙·大心篇》,《张载集》,第24页。
③ 程颢、程颐:《河南程氏遗书》,《二程集》第一册,中华书局1981年版,第33—34页。
④ 同上书,第16页。
⑤ 王阳明:《传习录上》,见《王阳明全集》上,第25页。
⑥ 王阳明:《传习录中》,见《王阳明全集》上,第54页。

更为宽厚。

既然如此,那么儒家的"万物一体之仁"又是如何可能的呢?从一方面说,儒家的"万物一体"是一种"立场"和"观点"之下的产物,就像庄子所说的"以道观之"和"自其同者视之"那样。张载相信圣人通过尽性,就能够"视"天下万物都是"我";程颢说万物一体就是自己把自己放到万物之中作为之一来"看待";王阳明认为"仁"就要"以"万物为一体。从一种"视野"和"观点"而获得对万物的同情,金岳霖有一个很好的说明。他说:

> 我们不应该忘记的是一个人同时也是一个动物和一个客体。这是千真万确的。作为一个动物,人是不同于某些客体的,作为人,他又不同于某些动物,作为自我,他又不同于他人。但如果他认识到被认为是自我的东西是渗透于其他的人、其他的动物和其他的客体的时候,他就不会因为自己的特殊自我而异常兴奋。这一认识会引导他看到他自己与世界及其世界中的每一事物都是紧密相连的,他会因此而获得普遍同情。①

来自观点和立场的万物一体或万物一体之仁,可能过于理性化;但"万物一体"也可以是人感性体验和体认的一种当下的境界。当人们"悠然见南山,心远地自偏"地身临大自然之中时,他就容易油然而生与自然万物一体的情感共鸣。②

理性和感性体验之下的"万物一体",对儒家来说,也是万物之间

---

① 金岳霖:《道、自然与人》,见《金岳霖集》,第186页。
② 张岱年先生回忆说,他曾经向熊十力先生说"万物一体"很难体会。熊十力说:"万物一体是一句老实话,如果达到那个境界,就自然懂得;如果没有达到那个境界,说也说不明白。"(张岱年:《哲苑絮语》,见《张岱年全集》第8卷,河北人民出版社1996年版,第372页)

的一种"实在",是根源于天地和万物"统一性"的一种实存关系。①但这种关系在无限多样的万物之中,不会自然地呈现出来,人们需要通过独特的方式去发现它。②在此,"自我"的身心仍然是关键。我与万物一体、万物相互一体的"体",既可以理解为万物各个"个体"的相互介入和彼此拥有,又可以说是世界共同体或宇宙大家庭中的息息相关的存在。按照儒家的看法,这样的"一体化",同样要从自我的身心"推广"开来。如程颢说:

> 《订顽》一篇,意极完备,乃仁之体也。……医书言手足痿痹为不仁,此言最善名状。仁者,以天地万物为一体,莫非己也。认得为己,何所不至?若不有诸己,自不与己相干。如手足不仁,气已不贯,皆不属己。故"博施济众",乃圣之功用。仁至难言,故止曰:"己欲立而立人,己欲达而达人,能近取譬,可谓仁之方也已。"欲令如是观仁,可以得仁之体。③

注重"心灵"作用的王阳明,更是用自我的"心"推广出万物一体之仁:"盖其心学纯明,而有以全其万物一体之仁,故其精神流贯,志气通达,而无有乎人己之分、物我之间。譬之一人之身,目视、耳听、手持、足行,以济一身之用。目不耻其无聪,而耳之所涉,目必营焉;足不耻其无执,而手之所探,足必前焉:盖其元气充周,血脉条畅,

---

① 儒家一般把"实在""实然"与"应该""应然"看成是统一的,或者说把事实和价值统一起来。如说"诚者,天之道也;诚之者,人之道也"、"天命之谓性,率性之谓道,修道之谓教"等。

② 从"理一分殊"的"理一"说,万物皆是一理之表现;从"分殊"说,一理则体现在"万物"之中。朱熹还用"理一分殊"解释了普遍之仁与特别之亲的关系。理为一,为仁而推己及人;分为殊,为义则爱从亲人始。

③ 程颢、程颐:《河南程氏遗书》,《二程集》第一册,第15页。

是以痒疴呼吸，感触神应，有不言而喻之妙。"① 尽管宇宙之爱、万物一体之仁如此宽广和无限，但根据程颢和王阳明的说法，它仍然要从自我的身心转化出来。

余 论

最后，让我们稍微总结一下。郭店竹简的"身心合一"之"悬"，其构形和会意从直接表达的对自己的身体、身心的关心，到以此为条件的同情心的发生和立足于此而引申出的"爱"，既意味深长而又和谐美妙。在亲亲之仁和孝慈之仁、普遍的爱人之仁、爱物及万物一体之仁等多层次的仁爱构成中，我们看到，儒家的仁爱是紧扣着个人的"身体""身心"和"体"而不断地向外扩展和延伸的，反过来说它又从外向内收缩和下降而落实到"自身"。换言之，儒家的仁爱，一方面，它是一个从内的自我（身心）向外的家庭、社会和宇宙展开和放大的过程；另一方面，它又是一个从外的宇宙、社会和家庭向内的自我凝聚和缩小的过程。儒家的"神圣性"和"超越性"，既是"内在"的，又是"外在"的，用《中庸》的话说就是"极高明而道中庸"，用现在的话说就是"神圣即在凡俗"。

从总体上说，在儒家那里，一方面，人道根源于天道、人性来源于天命，这是说"内在的"来源于"外在的"；另一方面，"天道""天命"下降和落实到个人身上，成了个人的终极使命，个人必须去展现

---

① 王阳明：《传习录中》，见《王阳明全集》上，第 55 页。王阳明还说："夫人者，天地之心，天地万物，本吾一体者也。生民之困苦荼毒，孰非疾痛之切于吾身者乎？不知吾身之疾痛，无是非之心者也。是非之心，不虑而知，不学而能，所谓'良知'也。良知之在人心，无间于圣愚，天下古今之所同也。世之君子惟务致其良知，则自能公是非，同好恶，视人犹己，视国犹家，而以天地万物为一体，求天下无治，不可得矣。"（《传习录中》，见《王阳明全集》上，第 79 页）

它和完成它,所以说"外在的"又是"内在的"。儒家的主与客、内与外、天与人、实然与应然、理想与现实,是紧密联系在一起的结构性存在,它们不是孤立性的存在,更不是对立的关系。因此,儒家的超越可以说是一种"贯通性超越",儒家的关怀可以说是一种"贯通性的终极关怀"。孔子之后,由分化的孔门弟子及其再传弟子所传承和光大的儒家,在《中庸》《大学》《乐记》《易传》《孝经》以及郭店儒家竹简等文本中,整体上表现出的思想倾向也可以说是"贯通性超越"。作为一种具体体现的"身心合一"之"仁"的超越,大体上说既是"内在性的",又是"外在性的"。只是,"身心合一"之"仁"的超越,比较注重"仁德"的内在根据和发动,注重从内到外的扩展。孔门后学及其思孟学派所代表的"心性之学"和陆王所代表的"心学",其追求的超越更多地是从"内在"方面入手。庞朴先生把孔子之后一直到荀孟这一时期儒家解释人的性情何以是仁的方式,划分为向内求索和向外求索两种路数。他说:"向内求索的,抓住'人之所以异于禽兽者几希'处,明心见性;向外探寻的,则从宇宙本体到社会功利,推天及人。向内求索的,由子思而孟子而《中庸》;向外探寻的,由《易传》而《大学》而荀子;后来则兼容并包于《礼记》。"①庞朴先生的立论,牵涉到复杂的文本所处的位置问题,如他把《礼记》放在孟荀之后,我们不赞成(特别是从内容上说而不是从编成上说),但在此不能讨论。我们感兴趣的是庞朴先生所说的从内在人性和人心寻求"仁爱"根据的看法。

---

① 庞朴:《孔孟之间——郭店楚简中的儒家心性说》,见《中国哲学》第二十辑"郭店楚简研究",第23页。与庞朴的说法类似,王博认为"仁内义外"这一论题,体现了孔子之后儒家为道德原则寻求根据的两种努力,一是向内的"心性之学",它是围绕"仁德"和"心性"而展开的;一是向外的"义理之学",它是围绕"礼义"和"天道"而展开的。但后来这两个方向合流了。(参见王博《论"仁内义外"》,载《中国哲学史》2004年第2期)

由"身心合一"所构成的"悫"及仁爱精神,主要属于向内的方向,是同人性和人心密不可分的"德性"伦理。《孟子·告子下》所说的"有诸内,必形诸外",《五行》所说的"形于内",都告诉我们德性和美德内在于人的心性(不限于"仁爱"之一"德")。儒家把家、国家、天下甚至于宇宙理想的实现,建立在个人的修身基础之上,并由此而发展出来"成己""为己"之学以及工夫,都显示了对作为道德主体的个人身心的注重。① 与《五行》以"仁义礼智圣"为人的先天之"德"和孟子以"仁义礼智"为先天的"四端之心"等这种内在的心性论有所不同,《六德》的"仁内义外"主张(不限于告子),则以"仁"为人的内在心性,以"义"为外在的原则和规范。但在儒家那里,"义外"又分为两种情况,一是以义为外在原则和规范,但它又具有天道的根据,这与《礼记·乐记》把"礼乐"看成是"天地之和"和"天地之序"类似;② 二是荀子的"义外",这种"义外"根本上是把礼义视之为"社会"的产物。作为社会的产物,礼义是由"圣王"和"君师"根据社会生活的需要制作和创造的,圣王和君师为什么能够制作,也不是由于他们被赋予了天命,而是由于他们好学和修养的结果。虽然《荀子·礼论》有"凡生乎天地之间者,有血气之属必有知,有知之属莫不爱其类。……有血气之属莫知于人,故人之于其亲也,至死无穷"的说法,《荀子·乐论》有"礼有三本:天地者,生之本也;先祖者,类之本也;君师者,治之本也。……故礼,上事天,下事地,尊先祖,

---

① 儒家特别注重"自我"的反省("反求诸己")和"自立",如孔子所说的"不患人之不己知,患不知人也"(《论语·学而》)、"不患无位,患所以立。不患莫己知,求为可知也"(《论语·里仁》)、"不患人之不己知,患其不能也"(《论语·宪问》),还有《尊德义》所说的"知己所以知人,知人所以知命"等,皆是强调道德主体的自我成就和自我实现。

② 《礼记·乐记》中有"乐由中出,礼自外作",郭店简《语丛(一)》中有"人之道也,或由中出,或由外入。由中出者,仁、忠、信。由[外入者,礼、乐、刑]",这是"内外"的其他说法。

而隆君师"的说法,① 但荀子整体上不再以天道和天（天被自然化）为"礼义"的外在根据，"道"也主要被限制在人道上。如说："道者，非天之道，非地之道，人之所以道也。"（《荀子·儒效》）荀子这种"义外"的人道观，在儒家体系中是比较稀薄的。

---

① 《荀子·不苟》亦载："君子养心莫善于诚，致诚则无它事矣。唯仁之为守，唯义之为行。诚心守仁则形，形则神，神则能化矣。诚心行义则理，理则明，明则能变矣。变化代兴，谓之天德。天不言而人推高焉，地不言而人推厚焉，四时不言而百姓期焉，夫此有常，以至其诚者也。……天地为大矣，不诚则不能化万物；圣人为知矣，不诚则不能化万民；父子为亲矣，不诚则疏；君上为尊矣，不诚则卑。"在此，作为美德的"诚"与天地仍然有关联。

第九章
《穷达以时》与孔门的境遇观和道德自主论

从《穷达以时》的整理到公布之后的研究，大家都比较注意它同传世文献《荀子·宥坐》《孔子家语·在厄》《韩诗外传》卷七和《说苑·杂言》等记载的孔子和他的弟子在陈蔡之地被围困的相关内容，李学勤先生更将其视野进一步扩大到其他文献记载上，并列出了其演变的先后顺序，说"各书记述虽然有不少出入，但基本的轮廓是没有改变的"。① 这促使我们在更加宽阔的范围内观察《穷达以时》同传世文献所记内容的关联，正是由此我们发现《穷达以时》的核心思想又无法完全"统一"纳入到李先生所排列的文献系列中。问题的根本之点是，这些传世文献记载的孔子对"厄于陈蔡"之境遇的看法（可称为"陈蔡境遇观"），有着明显不同的思路和立场（所记事件的场景和人物关系也有差别），只是其中的一类同《穷达以时》的思路和立场接近。这不仅意味着李先生排列的传世文献的顺序很难成立，而且也意味着《穷达以时》记载的内容和思想同传世文献之间具有更为复杂的"异同"关系。下面，我们首先从情景、人物、体裁和问题比较一

---

① 即《穷达以时》→《庄子·让王》→《荀子·宥坐》→《吕氏春秋·慎人》→《韩诗外传》卷七→《说苑·杂言》→《风俗通义·穷通》→《孔子家语·在厄》。李学勤：《天人之分》，见郑万耕主编《中国传统哲学新论》，九州图书出版社1999年版，第241页。

下这些传世文献的记载以及它和《穷达以时》的异同关系,在此基础上,我们探讨一下《穷达以时》基于"天人之分"模式之上的"境遇观"及其所彰显的儒家道德主体性和道德自我决定论。

一 《穷达以时》与传世文献记载的异同

同《鲁穆公问子思》竹简形制和字体相同的《穷达以时》篇,抄写在15支简上,除第12支简和第13支简有所残缺外,其他简完整。①从内容和文义上看,此篇也许已经自足,没有更多的篇幅。现以整理者的释文为基础并根据已有的研究,将编连有所调整和校改后的此篇文献录之如下:

有天有人,天人有分。察天人之分,而知所行矣。有其人,无其(简1)世,虽贤弗行矣。苟有其世,何难之有哉?舜耕于厉山,陶埏(简2)于河浒,立而为天子,遇尧也。邵繇衣胎盖,帽绖冢巾,(简3)释板筑而佐天子,遇武丁也。吕望为臧棘津,战监门(简4)棘地,行年七十而屠牛于朝歌,尊而为天子师,遇周文也。(简5)管夷吾拘囚弃缚,释桎梏而为诸侯相,遇齐桓也;(简6)百里奚馈五羊,为伯牧牛,释板楮而为朝卿,遇秦穆[也];②(简7)孙叔[敖]三斥恒思少司马,出而为令尹,遇楚庄也。(简8)

善否,③已也。④穷达以时,德行一也;誉毁在旁,听之弋

---

① 《穷达以时》释文,载《郭店楚墓竹简》,第145—146页。
② 根据前后句式,疑"秦穆"后脱一"也"字。
③ "否"原释文为"怀",据颜世铉说读为"否"。参阅颜世铉《郭店竹简散论(二)》,载《江汉考古》2000年第1期。
④ 原释文第14支简同第15支简编连,陈剑将之同第9支简编连,于文于义为长,故取之。参阅陈剑《郭店简〈穷达以时〉、〈语丛四〉的几处简序调整》,见〔美〕艾兰、邢文主编《新出简帛研究》,文物出版社2004年版,第316—317页。

之。① 梅伯（简14）初醯醢，② 后名扬，非其德加［也］；③ 子胥前多功，后戮死，非其智（简9）衰也。骥厄张山，骏穴于邵棘，非亡体壮也。穷四海，至千（简10）里，遇造［父］故也。遇不遇，天也。动非为达也，故穷而不（简11）［怨；隐非］为名也，④ 故莫之智而不吝。［芷兰生于林中］，⑤（简12）［不为无人］嗅而不芳；瑾璐瑾瑜包山石，⑥ 不为［无人识而］（简13）不理。⑦ 穷

---

① 原释文"圣（听？）之弋母之白"，陈剑认为"母之"系倒置。"听之弋之"，裘锡圭读"听"为"圣"、"弋"为"贼"，读"听之弋之"为"圣之贼之"，陈剑从之（参阅同上文，第317页）。然根据前后句文义，此读法不一定恰当。如果"德行一也"是对待"穷达以时"的态度，那么"听之弋之"就应是对待"誉毁在旁"的态度，读"圣之贼之"，恐怕不类。此句整个意思，说的是不管客观外在境遇和别人的评价如何，人都要坚持道德修养而不为其所左右。"听之弋之"，直意为"听取"旁人的"毁誉"，转为"听凭"别人的毁誉，即所谓听之任之。

② 原释文此句同"子胥"句相连。原释文"初韬晦"句缺少主语。张立文按原释文解释，以为是说明下文的一般议论（参见张立文《〈穷达以时〉的时与遇》，见《中国哲学》第二十辑"郭店楚简研究"，第218页）；池田知久则将之看成是说明上一句的（参阅〔日〕池田知久《郭店楚简〈穷达以时〉之研究（上、下）》，载"中研院"历史语言研究所编《古今论衡》，2000年，第4、5辑）。赵平安认为这两种看法都难成立，认为它说的是比干。在抄漏、削掉和缺简这三种可能中，他接受池田知久先生的说法，认为缺简的可能性很大（参阅赵平安《〈穷达以时〉第九号简考论——兼及先秦两汉文献中比干故事的衍变》，载《古籍整理研究学刊》2002年第2期），但将第9支简同第14支简编连，可以恰当地解决上述问题。"梅伯"的读法，取陈剑说（参阅同上文）。"醯醢"的读法，取赵平安说（参阅同上文）。

③ 据后句"衰也"，当补"也"字。

④ "怨；隐非"，据李零释文。参阅李零《郭店楚简校读记》，第88页。

⑤ "［芷兰生于林中］"，据陈剑（参阅同上文，第316页）和李零（参阅同上书，第88页）说补。

⑥ "瑾璐瑾瑜"原释文为"无苔堇愈"，今据刘乐贤、刘钊、颜世铉说，读为"瑾璐瑾瑜"。参见刘乐贤《郭店楚简杂考（五则）》（载安徽大学古文字研究室编的《古文字研究》第二十二辑，中华书局2000年版，第205页）、刘钊《读郭店楚简字词札记》（见武汉大学中国文化研究院编《郭店楚简国际学术研讨会论文集》，第91页）、颜世铉《郭店楚简散论（二）》（载《江汉考古》2000年第1期，第39页）。"包"，从裘锡圭读法。参阅张富海《北大中国古文献研究中心"郭店楚简研究"项目新动态》，简帛研究网，2000年10月。

⑦ 原释读的"厘"字，陈剑读为"理"，指玉之文理，可从。参阅同上文，第317页。

达以时,幽明不再。故君子敦于反己。(简15)

记载孔子"厄于陈蔡"的先秦和秦汉文献,主要有《孔子家语·在厄》《庄子·让王》《荀子·宥坐》《吕氏春秋·慎人》《韩诗外传》卷七、《说苑·杂言》和《风俗通义·穷通》。《穷达以时》同它们相比,有明显的不同关系,可分为两类:第一类是同《穷达以时》比较类似的《韩诗外传》卷七、《说苑·杂言》《荀子·宥坐》和《孔子家语·在厄》的记载;第二类是同《穷达以时》明显不同的《庄子·让王》《吕氏春秋·慎人》和《风俗通义·穷通》的记载。此外,《孔子家语·困誓》和《说苑·杂言》,另记载有孔子"厄于陈蔡"之事,别具一格,不同于《穷达以时》,可看成是第三类文献。

第一类中的《韩诗外传》卷七和《说苑·杂言》所记内容同《穷达以时》最为接近,一是因为在抽象议论和类比上三者类似。先看《韩诗外传》卷七的记载:

贤不肖者,材也;遇不遇者,时也。今无有时,贤安所用哉!……夫兰茞生于茂林之中,深山之间,不为人莫见之故不芬;夫学者非为通也,为穷而不困,忧而志不衰,先知祸福之始,而心无惑焉,故圣人隐居深念,独闻独见。

再看《说苑·杂言》的记载:

贤不肖者,才也;为不为者,人也;遇不遇者,时也。死生者命也。有其才,不遇其时,虽才不用。苟遇其时,何难之有!……芝兰生深林,非为无人而不香。故学者非为通也,为穷而不困也,忧而志不衰也,先知祸福之始而心不惑也,圣人之深念,独知独见。

简文《穷达以时》的说法是：

> 有天有人，天人有分。察天人之分，而知所行矣。有其人，无其（简1）世，虽贤弗行矣。苟有其世，何难之有哉？……遇不遇，天也。动非为达也，故穷而不（简11）[怨；隐非]为名也，故莫之智而不吝。[芷兰生于林中]，（简12）[不为无人]嗅而不芳；瑾璐瑾瑜包山石，不为[无人识而]（简13）不理。穷达以时，幽明不再。故君子敦于反己。（简15）

比较以上三个文本的抽象议论和类比，《韩诗外传》卷七的记载和《说苑·杂言》的记载最为接近，两者都同《穷达以时》非常类似。三个文献记载和说法之所以接近和类似，是因为三者用来说明历史人物"遇不遇"的例子，都是从"舜"开始而说到"孙叔敖"，不同之处是《穷达以时》列举了六位人物，另外两个文献则列出了七位，多了一位"伊尹"。

但将《穷达以时》同第一类中《荀子·宥坐》和《孔子家语·在厄》的记载进行比较可以看出，三者的类似性只表现在抽象议论和看法上。《荀子·宥坐》说：

> 夫遇不遇者，时也；贤不肖者，材也；君子博学深谋，不遇时者多矣！由是观之，不遇世者众矣，何独丘也哉！且夫芷兰生于深林，非以无人而不芳。君子之学，非为通也，为穷而不困，忧而意不衰也，知祸福终始而心不惑也。夫贤不肖者，材也；为不为者，人也；遇不遇者，时也；死生者，命也。今有其人，不遇其时，虽贤，其能行乎？苟遇其时，何难之有！故君子博学深谋，修身端行，以俟其时。

《孔子家语·在厄》说：

> 夫遇不遇者，时也；贤不肖者，才也。君子博学深谋而不遇时者，众矣，何独丘哉！且芝兰生于深林，不以无人而不芳；君子修道立德，不为穷困而改节。为之者，人也，生死者，命也。

与《穷达以时》（还有《韩诗外传》卷七和《说苑·杂言》）不同的是，《荀子·宥坐》和《孔子家语·在厄》都没有列举"遇不遇"的那些历史人物。

《穷达以时》同以上四个文献不同的地方主要在于，这些传世文献所记的境遇观都是孔子"厄于陈蔡"而回应弟子们的疑惑而提出的，它是一种对话体，而《穷达以时》根本没有提及"厄于陈祭"之事，也没有提到孔子及其弟子，体裁上显然是一种论述体。这就发生一个问题，即《穷达以时》同以上传世文献记载的先后和影响关系。从文献的时间说，除了《孔子家语》，《穷达以时》早于以上其他三个文献；但从来源上说，《荀子·宥坐》《韩诗外传》卷七和《说苑·杂言》应有所本，《孔子家语》当是所本之一。这四种传世文献都说到了"伍子胥"被杀之事。伍子胥死于公元前484年，而孔子"厄于陈蔡"在前489年，孔子不可能言及此事。《孔子家语》所记，当是门人后来追述所加。李学勤先生认为，《穷达以时》"乃是《论语》之后记述孔子困于陈蔡时言论最早的一例"。① 但我们必须考虑的是，《穷达以时》根本没有提及"厄于陈蔡"之事。廖名春据此猜测，《穷达以时》是孔子自作，② 但这种可能性很小。《穷达以时》当是受孔子"厄于陈蔡"之事和言论的影响而进行的议论，特别是它提出了"天人有分"，将人的"境

---

① 李学勤：《天人之分》，郑万耕主编：《中国传统哲学新论》，第240页。
② 参见廖名春《荆门郭店楚简与先秦儒学》，见《中国哲学》第二十辑"郭店楚简研究"，第43—45页。

遇"和"穷达"纳入到"天人"模式之下来思考和理解，应是孔子后学的作品。

不管如何，《穷达以时》的"境遇观"同以上传世文献所记有很高或较多的相似性，它们属于一类。

顺便比较一下，《孔子家语·在厄》记载的情节、内容同《韩诗外传》卷七和《说苑·杂言》也有所不同。在《孔子家语·在厄》中，孔子提出同一个问题先后召见子路、子贡和颜渊，询问他们的看法。孔子提出的问题是："《诗》云：'匪兕匪虎，率彼旷野。'吾道非乎？奚为至于此？"三个弟子分别作了回答并受到了孔子的不同评价：

> 子路出，召子贡，告如子路。子贡曰："夫子之道至大，故天下莫能容夫子，夫子盍少贬焉。"子曰："赐，良农能稼，不必能穑；良工能巧，不能为顺。君子能修其道，纲而纪之，不必其能容。今不修其道，而求其容，赐，尔志不广矣，思不远矣。"子贡出，颜回入，问亦如之。颜回曰："夫子之道至大，天下莫能容，虽然，夫子推而行之，世不我用，有国者之丑也，夫子何病焉？不容然后见君子。"孔子欣然叹曰："有是哉！颜氏之子，吾亦使尔多财，吾为尔宰。"

但在《韩诗外传》卷七和《说苑·杂言》的记载中，只有子路的回答和孔子的评论。《史记·孔子世家》所记同《孔子家语·在厄》所记完全一致，只是孔子所"问"在《孔子世家》中是重复出现的：

> 子路出，子贡入见。孔子曰："赐，诗云'匪兕匪虎，率彼旷野'。吾道非邪？吾何为于此？"子贡曰："夫子之道至大也，故天下莫能容夫子。夫子盖少贬焉？"孔子曰："赐，良农能稼而不能为穑，良工能巧而不能为顺。君子能修其道，纲而纪之，统而理

之，而不能为容。今尔不修尔道而求为容。赐，而志不远矣！"

子贡出，颜回入见。孔子曰："回，诗云'匪兕匪虎，率彼旷野'。吾道非邪？吾何为于此？"颜回曰："夫子之道至大，故天下莫能容。虽然，夫子推而行之，不容何病，不容然后见君子！夫道之不修也，是吾丑也。夫道既已大修而不用，是有国者之丑也。不容何病，不容然后见君子！"孔子欣然而笑曰："有是哉颜氏之子！使尔多财，吾为尔宰。"

于是使子贡至楚。楚昭王兴师迎孔子，然后得免。

这两处记载中有孔子和他的弟子对"不容"的评论，类似于后面要谈到的他们对"困境"的评价。

第二类文献《庄子·让王》《吕氏春秋·慎人》和《风俗通义·穷通》所记载的孔子厄于陈蔡的境遇观，既不同于第一类文献的记载，也同《穷达以时》相歧。主要表现在三个方面：一是这一类文献都没有涉及"时遇论"；二是都以是否拥有"道德"为"穷达"；三是由此出发认为陈蔡的遭遇不是不幸反而正好是幸运，它被看成是考验孔子道德意志和信念的难得机会——岁寒"以后知松柏之茂"。这同《论语·子罕》记载的孔子之语"岁寒，然后知松柏之后凋也"，可能有关系。为了直观，可将这一类传世文献记载的核心部分直接对比一下。《庄子·让王》记载：

子路曰："如此者，可谓穷矣。"孔子曰："是何言也！君子通于道之谓通，穷于道之谓穷。今丘抱仁义之道以遭乱世之患，其何穷之为？故内省而不穷于道，临难而不失其德。天寒既至，霜雪既降，吾是以知松柏之茂也。陈、蔡之隘，于丘其幸乎！"孔子削然反瑟而弦歌，子路扢然执干而舞。子贡曰："吾不知天之高也，地之下也。"古之得道者，穷亦乐，通亦乐。所乐非穷通也。

道德于此,则穷通为寒暑风雨之序矣。故许由娱于颍阳,而共伯得乎丘首。

《吕氏春秋·慎人》记载说:

子贡曰:"如此者,可谓穷矣。"孔子曰:"是何言也!君子达于道之谓达,穷于道之谓穷。今丘也拘仁义之道,以遭乱世之患,其所也,何穷之谓?故内省而不疚于道,临难而不失其德。大寒既至,霜雪既降,吾是以知松柏之茂也。昔桓公得之莒,文公得之曹,越王得之会稽。陈、蔡之厄,于丘其幸乎!"孔子烈然返瑟而弦,子路抗然执干而舞。子贡曰:"吾不知天之高也,不知地之下也。"古之得道者,穷亦乐,达亦乐。所乐非穷达也,道得于此,则穷达一也,为寒暑风雨之序矣。故许由虞乎颍阳,而共伯得乎共首。

最后是《风俗通义·穷通》的记载:

子路曰:"如此,可谓穷矣。"夫子曰:"由,是何言也!君子通于道之谓通,穷于道之谓穷。今丘抱仁义之道,以遭乱世之患,其何穷之为?故内省不疚于道,临难而不失其德,大寒既至,霜雪既降,吾是以知松柏之茂也。昔者桓公得之莒,晋文公得之曹,越得之会稽,陈蔡之厄,于丘其幸乎!"

这三种文献记载的孔子厄于陈蔡的境遇观,其情节、场景和谈话内容比较一致,特别是前两者几乎完全一样,很明显是属于另一类,当另有所本,不能放到第一类传世文献的系列中,也同《穷达以时》没有直接的衍生关系。这说明一个问题,传世文献记载的孔子"厄于陈蔡"的境遇观是不同的。一种合理的解释是，在长达七天的被围困过程中，孔子最著名的弟子都对他们的事业感到困惑并提出了不同的疑问，孔子需要从不同的角度去加以思考以说服和鼓励他的弟子。这期间的整个言行和对话内容，不可能是一次性的和单一性的，后经弟子们的不同追忆、记述、转述，就留下了不同的记载。《论语》中的记载很简明，只有寥寥数语："在陈绝粮。从者病，莫能兴。子路愠见曰：'君子亦有穷乎？'子曰：'君子固穷；小人穷斯滥矣。'"（《论语·卫灵公》）① 在《庄子·让王》《吕氏春秋·慎人》和《风俗通义·穷通》的记载中，"穷"是以弟子问孔子他们当时的遭遇算不算"穷"而提出的，孔子断然否定是"穷"，这同《论语》记载的"君子固穷"的"穷"，意义不同。《论语》记载的"穷"，同上述第一类传世文献所说的"穷"一致，当然也属于《穷达以时》意义上的"穷"。

第三类文献《孔子家语·困誓》和《说苑·杂言》所记载的陈蔡之厄及孔子的境遇观非常接近（只是后者的情节和议论更多一点），显然属于一类（可称为第三类记载）。《孔子家语·困誓》记载：

> 孔子遭厄于陈、蔡之间，绝粮七日，弟子馁病，孔子弦歌。子路入见曰："夫子之歌，礼乎？"孔子弗应，曲终而曰："由，来，吾语汝。君子好乐，为无骄也；小人好乐，为无慑也，其谁之子，不我知而从我者乎？"子路悦，援戚而舞，三终而出。明日，免于厄。子贡执辔曰："二三子从夫子而遭此难也，其弗忘矣。"孔子曰："善恶何也？夫陈、蔡之间，丘之幸也。二三子从丘者，皆幸也。吾闻之：'君不困不成王，烈士不困行不彰。'庸知其非激愤厉志之始于是乎在？"

---

① 《史记·孔子世家》记载说："不得行，绝粮。从者病，莫能兴。孔子讲诵弦歌不衰。子路愠见曰：'君子亦有穷乎？'孔子曰：'君子固穷，小人穷斯滥矣。'"

《说苑·杂言》记载:

> 孔子遭难陈、蔡之境,绝粮,弟子皆有饥色。孔子歌两柱之间。子路入见曰:"夫子之歌,礼乎?"孔子不应,曲终而曰:"由,君子好乐为无骄也,小人好乐为无慑也。其谁知之子不我知而从我者乎?"子路不悦,援干而舞,三终而出。及至七日,孔子修乐不休。子路愠见曰:"夫子之修乐,时乎?"孔子不应,乐终而曰:"由,昔者齐桓霸心生于莒,句践霸心生于会稽,晋文霸心生于骊氏,故居不幽则思不远,身不约则智不广,庸知而不遇之?"于是兴,明日免于厄。子贡执辔曰:"二三子从夫子而遇此难也,其不可忘已。"孔子曰:"恶,是何言也!语不云乎?三折肱而成良医。夫陈、蔡之间,丘之幸也。二三子从丘者,皆幸人也。吾闻人君不困不成王,列士不困不成行。昔者汤困于吕,文王困于羑里,秦穆公困于殽,齐桓困于长勺,句践困于会稽,晋文困于骊氏。夫困之为道,从寒之及煖,煖之及寒也,唯贤者独知而难言之也。《易》曰:'困,亨,贞,大人吉,无咎。有言不信。'圣人所与人难言,信也。"

两者的相近在于,一是子路对孔子在困境之下仍然"弦歌不绝"提出疑问,孔子回答君子为什么"好乐";二是孔子及其弟子被围困到第七日,当他们脱离困境时,子贡驾车感叹"所遇此难"不可忘记;三是孔子批评子贡的说法,提出"困境"造就"人格",完全从正面看待困难和挫折。但两者的不同之处是,《说苑·杂言》列举了历史上受过穷困的人物,并引用"困卦"对"困"作了更多的说明。这两个文献记载,是强调"困"的意义,没有用"穷达(通)"和"时遇"等字眼。①

---

① 当然,有关"陈蔡之厄"还有其他的记载,其所涉及的问题,后面我们再提出来讨论。

仅就把"困境"看成是"幸运"这一点来说,第三类文献同第二类文献又有共同之处。

通过以上不同文献记载的比较确实可以看出,三类文献记载的孔子和他的弟子在陈蔡之厄中作出的反应是不相同的,其中只有第一类同《穷达以时》的境遇观接近。这些不同文献记载,是一源而多流,还是多源而多流,不能简单地用是或否来回答。不同的文献记载既有交叉性,又有篇幅长短和内容多寡之差别,这说明即使是对同一场景和内容的记载,也会因人因时而发生变化。虽然各种记载使用的都是对话体,出场的孔子弟子主要是子路、子贡和颜渊,在整个事件中他们同孔子保持了最密切的接触。就思想核心而言,孔子和他的弟子对所处境遇之所以看法不同,原因之一可能是,这些看法是在七天之中前后不同时间和情景下提出的;原因之二是后来孔子的嫡传弟子或再传弟子进行了不同的追述、加工和引申。因此,这些文献反映出的"不同境遇观"可以说是孔子和他的弟子的共同产物,而《穷达以时》则只是同其中的一种相契合。

二 《穷达以时》与孔门的"境遇观"

概括起来,孔子和早期儒家的境遇观,具体言之即"穷达(通)观",有三种不同的表现,一种以是否"有机遇"或"有位"来表现;一种以是否"有德"来表现;再一种是以"困境"(或磨难)造就人格来表现。《穷达以时》的"穷达观"则属于第一种。这三种不同的表现,既是孔子和他的弟子对其处境和境遇给予的不同解释和说明,也是他们为同一事件和处境赋予不同意义的方式。这反映了早期儒学在同一问题上其看法和立场的微妙变化及其差异。现在我们就来具体讨论一下这些不同的"穷达观"。

早期儒家一般是以有没有"机会"来看待人的"穷达"的,这种机会主要是指在政治上有没有重要"位置",所说的"受命"也是这种意义(俸禄的丰厚、身份的尊贵等其他地位都是其附带品)。这是同孔子儒家立足于修身、修德以入世和治世的政治抱负始终联系在一起的,子路站在道义的立场批评一位隐士(丈人)的话是一个很好的例子:"不仕无义。长幼之节,不可废也;君臣之义,如之何其废之?欲洁其身,而乱大伦。君子之仕也,行其义也。道之不行,已知之矣!"(《论语·微子》)孔子从未将自己限定为私人教师的角色,甚至也不会甘于国师、帝王师的地位,他可能希望成为类似于柏拉图的哲学王,或者是成为辅助君王治理国家的最高行政长官("国相"),以实践他的政治理想。只是,出于这种动机和目的国际周游,孔子和他的弟子不仅始终没有获得政治上的机会,相反还屡遭挫折,乃至于生命还受到了严重的威胁,所谓"逐于鲁,削迹于卫,伐树于宋,穷于商周,围于陈蔡。"(《庄子·让王》)一般认为孔子的周游是失败的,后世则赋予他"素王"的荣誉。厄于陈蔡是孔子和他的弟子在周游各国过程中所遭受的一次最严重威胁,也是对孔子和他的弟子的一次最大考验。儒家"穷达"和"时遇"观念主要就是在这一实际背景下登场的。《论语》中用的"穷"字,其中一处是《尧曰》篇引自《尚书》的一句话"四海困穷,天禄永终"中。另外还有子路和孔子对陈蔡之厄的有感而发(上已引,见《卫灵公》),其中没有提到与"穷"相对的"达"。作为解释"穷达"原因的"时遇",在《论语》中也没有出现。《穷达以时》虽然没有提及陈蔡之事而主要是一般性的议论,但由于它与第一类文献记载的类似,它的"穷达观"也应是在陈蔡之厄的背景之下产生的。

《穷达以时》的穷达境遇观同第一类文献记载的穷达境遇观,都是以一个人是否有政治上的机会看待"穷达"的,它们列举的那些幸运人物都是政治人物,不管是君王还是国相。孔子和他的弟子们相信,他们坚持追求正义和道德,他们的德行和人格应该使他们赢得政治上

的机会,即"达"。按照《中庸》的记载,孔子曾坚信"德位""德命"和"德禄"具有因果必然性和统一性:

> 子曰:"舜其大孝也与!德为圣人,尊为天子,富有四海之内。宗庙飨之,子孙保之。故大德必得其位,必得其禄,必得其名,必得其寿。……故大德者必受命。"①

这种信念,程度不同地为儒家士人所拥有,它是"三代"上天"福善祸淫"因果报应观念在春秋时期的连续。它同时也涉及了孔子的"天"和"天命"观念。从一方面说,孔子的"德位"统一,正是建立在正义性之"天"和"天命"之上。既然人实践道德和正义是天赋予给他的使命,那么他也必然会受到"天"的佑护和奖励。当孔子在匡地被误认为阳虎而受到围攻时,他就以"天"之"斯文"担当者而自信:"文王既没,文不在兹乎?天之将丧斯文也,后死者不得与于斯文也;天之未丧斯文也,匡人其如予何!"(《论语·子罕》)在从曹国去往宋国的路上,孔子受到了宋国司马桓魋的威胁。脱险之际,孔子也自信"天"赋予了他"德",桓魋不能奈何他。确实,在不少场合,孔子多次明言他"受命于天",显示出对"天"的信赖。第一类文献对孔子"厄于陈蔡"的记载,均有子路说的一句话"为善者天报之以福,为不善者天报之以祸"。按《孔子家语·在厄》的记载,这句话是孔子曾经说过的("且由也昔者闻诸夫子"),但照《荀子·宥坐》的记载,这句话是子路听人说的("由闻之"),其他两个文献的记载没有说来源。不管这句话是否出自孔子之口(很可能也是孔子曾相信的),子路

---

① 《说苑·敬慎》也主张善恶报应的必然性:"老子曰:得其所利,必虑其所害;乐其所成,必顾其所败。人为善者,天报以福;人为不善者,天报以祸。故曰:祸兮福所倚;福兮祸所伏。戒之,慎之!君子不务,何以备之?夫上知天,则不失时;下知地,则不失财。日夜慎之,则无灾害。"

引用这句话,说明他信仰一个能够福善祸淫的"天"。他的疑问是,他的老师受困是否是因为积德仍然不足。

在陈蔡之地,孔子重新反思"天"和"天命",对"天"和"天命"强烈地表现出另一种意识。仿佛是对以前挫折经历的时刻联想和不幸而言中,当得知楚王聘任孔子的喜讯后,宰予和冉有都相信他的老师的时遇到了,但孔子并不乐观地说要"待时"。《孔丛子·记问》记载说:

> 楚王使使奉金币聘夫子,宰予、冉有曰:"夫子之道,至是行矣。"遂请见,问夫子曰:"太公勤身苦志,八十而遇文王,孰与许由之贤?"夫子曰:"许由独善其身者也;太公兼利天下者也。然今世无文王之君也,虽有太公,孰能识之?"乃歌曰:"大道隐兮,礼为基;贤人窜兮,将待时。天下如一,欲何之。"

按第一类文献的记载,有道德的人不必有"位"。一个人是否有位,不取决于他的德,而是取决于神秘莫测的"时"和"遇";[①]一个人的生死夭寿,贫富贵贱也不取决于他的"德",而是取决他的"命"。据此,"天"就不是善恶因果报应的担当者,而是人的命运的盲目摆布者。决定人的行为结果的这种"命运之天",从人不可改变和只能接受的意义上说,它同样是"必然的";但从它不可预测、不相应于人的行为的好坏而给人以结果来说,它又是一种偶然的盲目性力量。正如《忠信之道》所说:"不期而可遇者,天也。"《穷达以时》作为孔孟之间或孔荀之间的文本,同第一类文献的最大不同是,它将"人的德"与"人的时遇"关系,概括为"天人相分"("天人有分")关系。这里的"天"

[①]《列子·力命》从一般意义上指出,各种行为(包括"仕")是否如愿,都是由"命"决定的:"农赴时,商趣利,工追术,仕逐势,势使然也。然农有水旱,商有得失,工有成败,仕有遇否,命使然也。"

不是人的"德命之天",而是同人的"德行"脱钩的"命运之天",是决定人的结果好坏的"有其世无其世"的"时不时""遇不遇"的"天":

> 有天有人,天人有分。察天人之分,而知所行矣。有其人,无其(简1)世,虽贤弗行矣。苟有其世,何难之有哉?……遇不遇,天也。①

对于这种意义上的"天",庞朴先生有一个很好的说明。②"天命""天力"不是"自然力",也不完全是"超自然力",它也是由社会形成的或无数人无意识形成的"合力",类似于亚当·斯密所说的"看不见的手"。按照《庄子·山木》的记载,在陈蔡被困的过程中,一次孔子手拿槁木和枯枝一边敲击,一边唱古老的歌谣,颜渊站立着仔细地观看,孔子担心颜渊哀伤,就同颜渊谈话,说"无受天损易,无受人益难",颜渊不解,孔子解释说:

> 饥渴寒暑,穷桎不行,天地之行也,运物之泄也,言与之偕逝之谓也。为人臣者,不敢去之。执臣之道犹若是,而况乎所以

---

① 这种"天人二分"思想,也出现在郭店楚简《语丛(一)》中:"知天所为,知人所为,然后知道。知道然后知命。"
② 庞朴说:"世、遇、时是什么?它不是穹庐的苍苍,也不是人格的天王,或者义理的原则、无为的天成;而是运气,是人们所无从预知也不能控制而不得不受其支配的超人力量,是或忽然来去或周期出没的机会,是得之则兴失之则衰却无可挥招的条件,是人们战战兢兢俯仰其中赖以生息的环境;因而当时者尊之曰天,一种特定意义的天。这种意义的天,用我们现在的概念来说,其实就是社会环境、社会条件、社会机遇,或者简称为社会力。这个社会力,有时会比自然力量厉害多多,也诡诈多多。从人这方面看来,它是藏身冥冥之中、对之莫可奈何、多半只得臣服之的绝对命令,所以也叫做天命。所谓'命自天降',所谓'有天有命',就是这个意思。"(庞朴:《孔孟之间——郭店楚简中的儒家心性说》,见《中国哲学》第二十辑"郭店楚简研究",第27—28页)

待天乎？……始用四达，爵禄并至而不穷。物之所利，乃非已也，吾命其在外者也。君子不为盗，贤人不为窃，吾若取之何哉？①

据此，孔子也有从"天人关系"上说明人之"命运"的侧面。孔子说他"五十而知天命"（《论语·为政》）、说"不知命，无以为君子也"（《论语·尧曰》）、说"畏天命"（《论语·季氏》），意指他懂得了"命"是不可抗拒的，除了接受没别的办法。②在孔子看来，哪怕是追求"道"，最后是否能实现，也取决于"命"："道之将行也与，命也；道之将废也与，命也。"（《论语·宪问》）《庄子》中的两个记载，可以说明孔子对于"时命"和"境遇"先后一致的立场。《秋水》记载说：

孔子游于匡，宋人围之数匝，而弦歌不辍。子路入见，曰："何夫子之娱也？"孔子曰："来，吾语女。我讳穷久矣，而不免，命也；求通久矣，而不得，时也。当尧、舜而天下无穷人，非知得也；当桀、纣而天下无通人，非知失也：时势适然。夫水行不避蛟龙者，渔父之勇也；陆行不避兕虎者，猎夫之勇也；白刃交于前，视死若生者，烈士之勇也；知穷之有命，知通之有时，临大难而不惧者，圣人之勇也。由，处矣！吾命有所制矣！"无几何，将甲者进，辞曰："以为阳虎也，故围之；今非也，请辞而退。"

---

① 《庄子·至乐》记载："颜渊东之齐，孔子有忧色。子贡下席而问曰：'小子敢问：回东之齐，夫子有忧色，何邪？'孔子曰：'善哉汝问！昔者管子有言，丘甚善之，曰"褚小者不可以怀大，绠短者不可以汲深。"夫若是者，以为命有所成而形有所适也，夫不可损益。吾恐回与齐侯言尧、舜、黄帝之道，而重以燧人、神农之言。彼将内求于己而不得，不得则惑，人惑则死。'"

② 古希腊罗马哲学家塞涅卡（L. A. Seneca）说："对于命运，愿意的，跟着走，不愿意的，拖着走。"（见〔美〕阿拉斯代尔·麦金太尔《伦理学简史》，龚群译，商务印书馆2003年版，第152页）

由此来看，孔子在匡地遭遇中就已思考了"时命"问题。这里，他对"时命"的看法同《穷达以时》和第一类文献是一致的，也同《忠信之道》说的"不期而遇者，天也"一致。晚年，孔子回到鲁国后，担任鲁哀公的政治顾问，鲁哀公咨询孔子"才全"的意义，孔子将"才全"解释为对"时命"的顺应：

> 哀公曰："何谓才全？"仲尼曰："死生、存亡、穷达、贫富、贤与不肖、毁誉、饥渴、寒暑，是事之变、命之行也。日夜相代乎前，而知不能规乎其始者也。故不足以滑和，不可入于灵府。使之和豫，通而不失于兑。使日夜无郤，而与物为春，是接而生时于心者也。是之谓才全。"（《庄子·德充符》）

史华慈先生对孔子"天命观"的超越性给予了有说服力的阐发，并且也注意到了其天命作为"被注定了的东西"所存在的歧义。天赋予人使命而又让有德人受苦；孔子为自己的角色而高兴但又对不可触及和控制的领域感到惆怅。[①] 墨子批评儒家相信的"命"，只是同人的行为没有对应关系的神秘莫测的吊诡性之"命"。墨子没有注意到儒家的"命"还有使命和德命合一之命（这一层同墨子的"天志论"又是一致的），认为儒家相信有命会使人安于现状、不求进取，也不符合儒家的

---

①　参阅〔美〕史华慈《古代中国的思想世界》，第115—125页。史华慈分析说："然而非常奇怪的是，它最终所指向的正是恰好成为人类行动范围的那些生活领域——也许应称为人的恰当使命，或者说是天强加于人身上而要人加以忍受的生活任务。假如说，运用于王朝问题上的'命'，也许指的是其正在行使其王权权威的有效命令，那么当'命'被一般性地运用于人类时——它首先被运用于君子身上——尤其指的是要他去实现其道德性、政治性使命的'人格性的命令'（personal mandate）。在寻找一种兼容性的术语时，无论是作为宿命（fate），还是作为有待完成的生活使命（a life vocation），都可以恰当地译作'那被注定了的东西'。……尽管孔子常常表现出对于好人的道德能力抱有足够的信心，但是，我们毕竟也发现存在着一种极其限制其道德影响力的历史宿命论成分。"（同上书，第124页）

精神。儒家的真正精神,是坚持不懈地行动(这是后面要讨论的孔子道德自主论的中心问题),其行动的结果则听命由命,儒家决不因相信命而不行动,只是等待命运的降临。对于永远进取的人来说,"命"只意味着对追求未果的一种解释或心理安慰。对此张岱年先生有一个精当的说明:

> 孔子一生讲命,但也一生奔走不息,被隐者讥为"知其不可而为之者"。更奇怪者是孔子五十而知天命,而孔子之从事政治活动,亦自五十岁起。所以在孔子,命不但可以自慰于事后,亦可以鼓勇于事前,使人不系念于结果的成败,而只知努力做去。从儒家的见地来讲,无人事则亦无天命可言。因为命是人力所无可奈何者;今如用力不尽,焉知其必为人力所无可奈何?焉知其非人力所可及而因致力未到所以未成?所以必尽人事而后可以言天命。命不可先知,必人力尽后,方能知命为如何。万种设法,仍无效果时,然后方能断定为命不容许。如自己先认为不能成功,即不努力,那便是自暴自弃了。①

相对于"命"的隐秘性和莫测性来说,"时不时""遇不遇"是"命"直接显示给人的"境况"。孔门之所以"厄于陈蔡"或者遭受一连串的挫折,在孔子看来只是因为他们"不时"和"不遇",而不是因为他们有什么缺失和错误。如果《穷达以时》的命运观是说有德的人只是暂时或一时一地"不遇"而最终必然要受命,那么它也许同《中庸》的"大德必受命"的信念并行不悖。但《穷达以时》和第一类文献记载的时运观,恐怕不是如此。②对于最有德行的弟子颜渊早逝,孔子

---

① 张岱年:《中国哲学大纲》,第 400 页。
② 孟子有"五百年必有王者兴"之说,这种长时段的"时命",不是儒家一般所说的"时命"。参阅《孟子·公孙丑下》。

无可奈何地感叹说："天丧予，天丧予。"(《论语·先进》) 即使是像大圣尧之得位，儒家也没有说在长时段上这是必然的。郭店楚简《唐虞之道》说：

> 古者尧生为天子而有天下，圣以遇命，仁以逢时，未尝遇[贤。虽]并于大时，神明将从，天地佑之。纵仁圣可与，时弗可及矣。夫古者舜居于草茅之中而不忧，身为天子而不骄。居草茅之中而不忧，知命也。身为天子而不骄，不专也。

基于《穷达以时》境遇观与《中庸》德命观的不同，李存山先生推断两者不是出于一人之手。① 孔子的这种"时遇"命运观，不仅影响到了孟子和荀子，② 而且也影响到了庄子和王充。③ 如王充《论衡·祸虚》篇对"穷达"与"时命"关系的看法，同《穷达以时》和第一类文献的记载有很强的可比性：

> 凡人穷达祸福之至，大之则命，小之则时。太公穷贱，遭周文而得封。宁戚隐厄，逢齐桓而见官。非穷贱隐厄有非，而得封见官有是也。穷达有时，遭遇有命也。太公、宁戚，贤者也，尚可谓有非。圣人，纯道者也。虞舜为父弟所害，几死再三；有遇唐尧，尧禅舜，立为帝。尝见害，未有非；立为帝，未有是。前，

---

① 有关这一点，请参阅李存山《〈穷达以时〉与"大德者必受命"》，见《国际儒学研究》第 11 辑，国际文化出版公司 2001 年版，第 24—27 页。

② 《荀子·天论》说："楚王后车千乘，非知也。君子啜菽饮水，非愚也。是节然也。"

③ 《论衡·逢遇篇》说："操行有常贤，仕宦无常遇。贤不贤，才也；遇不遇，时也。才高行洁，不可保以必尊贵；能薄操浊，不可保以必卑贱。……或以贤圣之臣，遭欲为治之君，而终有不遇，孔子、孟轲是也。孔子绝粮陈、蔡，孟轲困于齐、梁，非时君主不用善也，才下知浅，不能用大才也。"

时未到；后，则命时至也。案古人君臣困穷，后得达通，未必初有恶，天祸其前；卒有善，神佑其后也。一身之行，一行之操，结发终死，前后无异。然一成一败，一进一退，一穷一通，一全一坏，遭遇适然，命时当也。

孔子的"境遇观"主要就是以上我们讨论的以"有没有位"来衡量的"时不时""遇不遇"的"穷和达"，但正如我们在前面所看到的那样，它还有撇开"有位"（或"外王"）等政治地位而纯粹以是否"有德"来衡量的一种表现。前面列举的记载陈蔡之厄的第二类文献，就是如此。这种"穷达境遇观"，在儒家那里虽然罕见，但确实又是一个侧面。如果说一个人只要追求道德和人格完善、做一个正人君子，他原本就会有功名上的"穷困"（"君子固穷"），那么，他就只能以道德和人格来衡量自己的价值和地位并同人们竞争。在陈祭之厄的困境中，孔子依然不断地弹琴唱歌，超然不以为"穷"，让他的弟子们感到困惑，他们私下议论他的老师是不是"不知耻辱"。正是面对他的弟子"如此者可谓穷矣"的怨言，孔子回答说："是何言也！君子达于道之谓达，穷于道之谓穷。今丘也拘仁义之道，以遭乱世之患，其所也，何穷之谓？"（《吕氏春秋·慎人》）[①] 儒家的一般信念是"德位一致"，但是，如果两者不能统一，儒家宁可选择"有德无位"，也不会去选择"有位无德"。对于以道德为最高价值的儒家来说，将"有德"本身作为是否"穷达"的标准，这也是情理之中的事。子张就有以"德行"而不是以政治上的地位论贵贱的看法。《庄子·盗跖》篇记载：

子张曰："昔者桀、纣贵为天子，富有天下。今谓臧聚曰：汝

[①]《吕氏春秋·慎人》用的是"穷达"（"君子达于道之谓达，穷于道之谓穷"）。《庄子·让王》和《风俗通义·穷通》用的都是"穷通"（"君子通于道之谓通，穷于道之谓穷"）。

行如桀、纣,则有怍色,有不服之心者,小人所贱也。仲尼、墨翟,穷为匹夫,今谓宰相曰:子行如仲尼、墨翟,则变容易色,称不足者,士诚贵也。故势为天子,未必贵也;穷为匹夫,未必贱也。贵贱之分,在行之美恶。"

对于津津乐道"知者不惑,仁者不忧,勇者不惧"的孔子来说,他是"无忧"的。子路询问"君子亦有忧乎?"孔子断然回答说:"无也。君子之修行也,其未得之,则乐其意;既得之,又乐其治,是以有终身之乐,无一日之忧。"(《孔子家语·在厄》)"无忧"是基于对道德和人格的自信。如果说孔子也有忧虑的话,他忧虑的是"德之不修,学之不讲,闻义不能徙,不善不能改。"(《论语·述而》)孔子认为贤人是"无怨"的,如冉有问伯夷和叔齐是什么样的人,孔子说是古代的贤人,冉有问他们是否抱怨,孔子回答说:"求仁而得仁,又何怨?"(《论语·述而》)按照世俗的立场,伯夷和叔齐都是结局悲惨的人,但在孔子看来,他们成就了自己的人格,他们不会有什么怨言。对儒家来说,一个人只要成就了他的道德自我,他就拥有了一切,正如荀子所说:

故君子无爵而贵,无禄而富,不言而信,不怒而威,穷处而荣,独居而乐!岂不至尊、至富、至重、至严之情举积此哉!(《荀子·儒效》)

与以上孔子对境遇的两种看法有所不同,孔子对"境遇"的第三种立场,是认为穷困和挫折能够造就人格,为"不时"和"不遇"赋予积极的意义。在第一种境遇观中,穷困是消极的;第二种境遇观,改变了穷达的所指,在特殊意义上被使用;第三种是将第一种消极意义下的穷困转化为积极的意义,将穷困看成是考验人、锤炼人和造就人的机会。按照上述《孔子家语·困誓》和《说苑·杂言》的另一处记载，孔子认为，陈蔡之厄对他们来说不仅不是不幸，相反它是锻炼他们的难得机会，因为：

> 吾闻之："君不困不成王，烈士不困行不彰。"庸知其非激愤厉志之始于是乎哉？（《孔子家语·困誓》）
>
> 吾闻人君不困不成王，列士不困不成行。……夫困之为道，从寒之及煖，煖之及寒也，唯贤者独知而难言之也。（《说苑·杂言》）

按照这种看法，此前孔子和他弟子们的一系列遭遇对他们来说都是幸运的。在《孔子家语·困誓》和《说苑·杂言》的记载中，孔子还有这样的说法："善恶何也？夫陈、蔡之间，丘之幸也"；"恶是何也？语不云乎？三折肱而成良医。"据此，好坏、善恶的意义也被孔子看成是互相转化的，一般看来是坏和恶的东西，它也能带来好和善的结果。所谓"愤怒出诗人""环境锻炼人"等，就是说不幸和恶劣的环境，有"化腐朽为神奇"的效果。下面孟子的两段话，可以说是对孔子的这种境遇观的一个很好注解。一段是《孟子·尽心上》中说的：

> 人之有德慧术知者，恒存乎疢疾。独孤臣孽子，其操心也危，其虑患也深，故达。

这里的"达"，朱熹解释为"达于事理"。另一段是大家熟知和常被引用的，出自《孟子·告子下》：

> 故天将降大任于是人也，必先苦其心志，劳其筋骨，饿其体肤，空乏其身，行拂乱其所为，所以动心忍性，曾益其所不能。

人恒过，然后能改；困于心，衡于虑，而后作；征于色，发于声，而后喻。入则无法家拂士，出则无敌国外患者，国恒亡。然后知生于忧患而死于安乐也。

在这一论述之前，孟子作为例子引用的"舜发于畎亩之中，傅说举于版筑之间，胶鬲举于鱼盐之中，管夷吾举于士，孙叔敖举于海，百里奚举于市"，同《穷达以时》和第一类文献用的例子类似，但孟子是从"卑贱"造就人来看，而后者则立足于"时不时""遇不遇"。

孔子对"境遇"的不同看法，反映了他从不同角度对所遇挫折的多重反思。事实上，孔子的学说和道理在很大程度上都是他的生活和经历的写照，这是古代哲人同现代学院派专业哲学家不同之所在。

三　道德"自主性"和"自我反思"

《穷达以时》的"天人有分"和"天人之分"，是荀子之前儒家明确以天与人直接相对的方式提出的天人关系论。其中"察天人之分，而知所行矣。有其人，无其世，虽贤弗行矣"的两个"行"字，照李学勤先生的解释，第一个是指"趋向"；第二个是指"行道"。①《庄子·大宗师》说"知天之所为，知人之所为者，至矣！"再据荀子对自然与人为之间的区分，第一个"行"字，恐怕要解释为"为"，"所行"即"所为"。《荀子·宥坐》说的"今有其人，不遇其时，虽贤，其能行乎？"的"行"字，其意当与第二个"行"字相同。《韩诗外传》卷七的"贤不肖者，材也；遇不遇者，时也。今无有时，贤安所用哉！"和《说苑·杂言》的"有其才，不遇其时，虽才不用"，其中都以"贤""遇"和"用"相对应，据此，"贤"是否"行"的"行"，也许

---

① 李学勤：《天人之分》，见郑万耕主编《中国传统哲学新论》，第240—241页。

应该解释为是否被"任用"。作为世运和机遇的"天"和作为"贤"的"人"这两者之分，同我们上面集中讨论的作为"有德"的"人"与作为有"命"的"天"之分，都是《穷达以时》（包括第二类文献）的"天人之分"的"分别"所在。

事实上，《穷达以时》和第二类文献的"天人之分"（"天人有分"）的"分"，都是指"为不为"的"人"同"遇不遇""时不时"的"天"（或"命"）之分。这从第一类文献《孔子家语·在厄》所说的"为之者人也，生死者命也"、《荀子·宥坐》所说的"为不为者，人也；遇不遇者，时也；死生者，命也"和《说苑·杂言》所说的"为不为者，人也；遇不遇者，时也"等可以清楚地看出。竹简《语丛（一）》说的"知天所为，知人所为"的"人所为"也是一个例子。下面《淮南子·缪称训》的这段话，是对"人为"与"天"之界限的更为具体的说明：

> 人无能作也，有能为也；有能为也，而无能成也。人之为，天成之。终身为善，非天不行；终身为不善，非天不亡。故善否，我也；祸福，非我也。故君子顺其在己者而已矣。性者，所受于天也；命者，所遭于时也。有其材，不遇其世，天也。太公何力，比干何罪，循性而行指，或害或利。求之有道，得之在命。故君子能为善，而不能必其得福；不忍为非，而未能必免其祸。

如果"贤不贤""德不德"的"人"是静态性的"人"，那么"为不为"的"人"则是动态性的"人"。正是这种动态性的始终"为"的"人"相对于不管如何的"天"这一面向的"天人之分"，体现了儒家对道德追求的崇高性和尊严性。从这种意义上说，将《穷达以时》这一篇的篇名命名为《天人有分》或《德行一也》则更为恰当。直观上看，《穷达以时》以更多的篇幅讨论"人"的"时遇"问题,但作者不是悲叹人生命运的捉摸不定和抒发人生如梦的情调,它关注的是人作为道德主体对道德选择的"自主性"。《穷达以时》说:

> 善否,己也。穷达以时,德行一也;誉毁在旁,听之弋之。……动非为达也,故穷而不(简11)[怨;隐非]为名也,故莫之智而不吝。[芷兰生于林中],(简12)[不为无人]嗅而不芳;瑊璐瑾瑜包山石,不为[无人识而](简13)不理。穷达以时,幽明不再。故君子敦于反己。(简15)

人作为一种期望性的存在,他希望自己合理和正当的行为都有一个良好的结果。对于以道德和自我完美为目标的人来说,他也希望得到社会的肯定性评价和获得相应的福祉,即所谓"好人好报"。如同我们上面所看到的那样,儒家也有这种"德命""德位"或者一般所说的"德福"统一的观念。有什么理由让一个好人得不到相应的回报,更有什么理由让好人遭受厄运。① 但孔子和他的信徒没有因此而放弃道德选择,因为他们是以道德本身为目的而不是为手段而献身道德事业的。在对参与政治感到无望的情况下,儒家也会选择"隐",但这仍然是为了"独善其身"。照《穷达以时》说的"动非为达也""隐非为名也",不管是行动还是隐居,都不是为了非道德的其他考虑。《韩诗外传》卷七、《说苑·杂言》和《荀子·宥坐》既然分别以学者、君子为道德主体,那么实践道德自然就是他们的天职。《穷达以时》和第一类文献记载,均以芷兰散发香气是"自主"和"自为"不因无人嗅闻而不芳香,来说明人追求道德的自主和自为。《穷达以时》同时还以山中深藏着许

---

① 有关《穷达以时》的德福关系,参阅林启屏《从古典到正典:中国古代儒学意识之形成》,台大出版中心2007年版,第283—292页。

多玉石不因无人发现而失去自己的光彩来说明这一点。正因为在孔子那里，道德本身就是目的，所以即使穷困不遇，他既不抱怨，也不放弃自己的道德自觉和意志。这从《孔子家语·在厄》说的"君子修道立德，不为穷困而败节"和《穷达以时》说的"德行一也""敦于反己"，可以明显看出。

陈蔡之厄的第二类文献记载，虽然同《穷达以时》和第一类文献的记载有差别，但在展示儒家以道德本身为目的和道德"自主性"上它们是一致的。《庄子·让王》和《吕氏春秋·慎人》两处的记载几乎一样，即认为一个人不管遭遇如何，他始终都要保持道德自觉和操守：

> 故内省而不穷于道，临难而不失其德。天寒既至，霜雪既降，吾是以知松柏之茂也。……古之得道者，穷亦乐，通亦乐。所乐非穷通也。道德于此，则穷通为寒暑风雨之序矣。

《吕氏春秋·慎人》记载说：

> 故内省而不疚于道，临难而不失其德。大寒既至，霜雪既降，吾是以知松柏之茂也。……古之得道者，穷亦乐，通亦乐。所乐非穷达也，道得于此，则穷达一也，为寒暑风雨之序矣。

《风俗通义·穷通》（卷七）的记载，其意旨也是如此：

> 故内省不疚于道，临难而不失其德，大寒既至，霜雪既降，吾是以知松柏之茂也。[1]

---

[1] 《荀子·大略》说："君子隘穷而不失，劳倦而不苟，临患难而不忘细席之言。岁不寒无以知松柏，事不难无以知君子无日不在是。"

只是，第二类文献记载的"穷达"概念，超出了获得政治机会的通常意义而被用在道德领域自身之中，这更使道德及其实践成为纯然自足的存在。因为即便以"道德"为目的、以"穷达"作为道德延伸的合理结果，"道德"上的"善"也总使人难免联想到"穷达"上的东西，就像好人总联想到好报一样。如帛书《要》说："君子德行焉求福，故祭祀而寡也；仁义焉求吉，故卜筮而希也。"但如果我们只从一个人是否有道德来衡量他是否穷、达，那就会使他的道德实践与他的其他期望分开。第三类文献将困境和不幸遭遇看成是锻炼和考验自己道德人格的难得机会，又以之作为成就自己"功名"的条件，如以上说到的《孔子家语·困誓》的记载："君不困不成王，烈士不困行不彰。庸知其非激愤厉志之始于是乎哉？"据此，人遇到的"困境"和"厄运"也被转化为积极的意义。

《穷达以时》及其有关陈蔡之厄许多记载中所展现出的强烈的道德主体和道德自主意识，事实上正是儒家之所以为儒家的本性。在春秋至战国这一历史过程中形成和展开的儒家，相比于其他学派的特质，就是从个人到国家一直贯穿着整体性和结构化的道德理想主义。孔子和他的弟子以及继承者孟子和荀子等，始终坚持认为个人修身和个人道德是政治社会共同体的基础，并尝试将他们所处的时代引向道德的蓝图中，但它同东周诸侯国家及其政治演变的大趋势（追求国家物质利益、富强、竞争、兼并）是不相适应的。从孔子到孟子再到荀子，虽然他们都强烈地试图参与政治，但他们不能在政治上发挥出他们所期待的作用，部分原因在于客观的社会实际，部分原因在于他们自身的道德理想主义。儒家的道德和伦理越是理想化，它同现实之间的鸿沟就越大；儒家越是想把信念伦理和个人道德"公共化"，它同现实世界的冲突就越大。但在儒家门徒看来，现实不能接受他们的道德理想，那是现实的问题，而不是他们的问题。颜渊说：

"夫子之道至大，故天下莫能容。虽然，夫子推而行之，不容何病，不容然后见君子！夫道之不修也，是吾丑也。夫道既已大修而不用，是有国者之丑也。不容何病，不容然后见君子！"（《史记·孔子世家》）

在"个人道德"的优越感与"有国者之丑"的这种对比中，儒家超越了道德理想同现实冲突的焦虑。孔子有时也感到无奈，① 产生"乘桴浮于海"的想法。即使如此，儒家仍坚持认为，要守护自己的道德信念和理想。这取决于儒家根本上将人看成是一种道德性的存在和主体，并相信人对于道德是自主的。对儒家信徒来说，他们或者主张人性善，或者主张人性恶，但他们都不将人性看成是人后天道德选择的决定性因素，人后天是否有道德，最终取决于人后天的道德自主选择。儒家也不把环境看成是道德的决定性因素，毋宁说儒家恰恰是强调人对环境的自主性的。"穷达以时"正是要求人超越环境、条件、机遇对他的影响。儒家的道德主体和自觉通过彼此联系的一些方面表现出来，现在我们从总体上概括一下。

第一，儒家认为人同其他事物是不同的，人是一种道德性的存在。洁身自好的隐士长沮对子路说："与其从辟人之士也，岂若从辟世之士哉？"（《论语·微子》）对此，孔子的回答是："鸟兽不可与同群！吾非斯人之徒与而谁与？"这种回答，就是认为人与禽兽是不同的，人有他自身的使命。孟子说"人之所以异于禽兽者几希"（《孟子·离娄下》），也是认为人与禽兽不同并强调人需要提高道德自觉，以免沦为禽兽。在孟子看来，人之所以为人的本性就是其"道德性"。《五行》篇认为，

---

① 《论语·子罕》记载："子曰：凤鸟不至，河不出图，吾已矣乎！"《孔丛子·记问》的记载更具体："子曰：'天子布德，将致太平，则麟、凤、龟、龙先为之祥。今宗周将灭，天下无主，孰为来哉？'遂泣曰：'予之于人，犹麟之于兽也。麟出而死，吾道穷矣。'乃歌曰：'唐虞世兮麟凤游，今非其时来何求？麟兮麟兮我心忧。'"

人与所有其他物的不同之处在于人"好仁义"："循草木之性，则有生焉，而无好恶。循禽兽之性，则有好恶焉，而无礼义焉。循人之性，则巍然知其好仁义也。"这是主张人性恶的荀子也有的看法："水火有气而无生，草木有生而无知，禽兽有知而无义，人有气，有生，有知，亦且有义，故最为天下贵也。"（《荀子·王制》）

第二，在儒家那里，人是为道德而生活和存在的。人的本性既然是道德性，那么追求和实践道德就是人生的目的和使命。《孟子·尽心上》说：

> 尽其心者，知其性也。知其性，则知天矣。存其心，养其性，所以事天也。夭寿不贰，修身以俟之，所以立命也。
>
> 广土众民，君子欲之，所乐不存焉；中天下而立，定四海之民，君子乐之，所性不存焉。君子所性，虽大行不加焉，虽穷居不损焉，分定故也。君子所性，仁义礼智根于心，其生色也睟然，见于面，盎于背，施于四体，四体不言而喻。

儒家的"义利之辨"，不是简单地否认利益，而只是以道德为最高的价值和目标。孔子说的"君子喻于义""君子上达""君子谋道不谋食"，将君子限制为从事"道德"的人，将小人限定为"喻于利""下达"的人，反映的是对人的道德性评价。不同地域的传统社会，整体上可以说都是以道德为中心的社会，儒家代表了中国传统的道德中心主义。传统道德中心主义往往表现为物质上的清苦和自我克制，如欧洲中世纪基督教伦理传统就教导人们过清苦的生活。儒家颜渊被孔子认为是最能忍受生活上的清苦而保持道德操守的人。《庄子·让王》记载：

> 孔子谓颜回曰："回，来！家贫居卑，胡不仕乎？"颜回对曰："不愿仕。回有郭外之田五十亩，足以给飦粥；郭内之田十亩，足

以为丝麻；鼓琴足以自娱；所学夫子之道者足以自乐也。回不愿仕。"孔子愀然变容，曰："善哉，回之意！丘闻之：'知足者，不以利自累也；审自得者，失之而不惧；行修于内者，无位而不怍。'丘诵之久矣，今于回而后见之，是丘之得也。"

这同《论语·雍也》记载的孔子对颜回的评论是一致的："子曰：'贤哉，回也！一箪食，一瓢饮，在陋巷，人不堪其忧，回也不改其乐。贤哉，回也！'"同样，按《穷达以时》的说法，人是为道德而不是为其他东西而行动的（"动非为达也"），因此，不管他是穷还是达，他都始终不放弃道德使命（"穷达以时，德行一也"）。

第三，儒家相信人的道德意志和道德自主。道德实践需要道德意志和道德选择，而只要以道德为最高价值和信念，就会自觉自愿地履行道德。儒家既然以人为道德主体、以道德为人生的目的，当然就会认为道德实践取决于自身。孔子所说"为仁由己，而由人乎哉"（《论语·颜渊》）、"人能弘道，非道弘人"（《论语·卫灵公》）、"仁远乎哉？我欲仁，斯仁至矣"（《论语·述而》），"三军可夺帅也，匹夫不可夺志也"（《论语·子罕》）等，很能说明这一点。荀子虽然认为人性恶，但他同时认为人与自然不同的地方在于人的道德能动性，人自身能够通过学习和培养，成就自己的道德。《荀子·天论》说：

> 楚王后车千乘，非知也。君子啜菽饮水，非愚也。是节然也。若夫（心）〔志〕意修，德行厚，知虑明，生于今而志乎古，则是其在我者也。故君子敬其在己者，而不慕其在天者。小人错其在己者，而慕其在天者。君子敬其在己者，而不慕其在天者，是以日进也。小人错其在己者，而慕其在天者，是以日退也。故君子之所以日进，与小人之所以日退，一也。君子小人之所以相县者，在此耳。

第四，儒家具有强烈的道德自我反省意识，即所说的"反求诸己"。在道德评价上，人的一般心理倾向是求全他人而宽大自己，对此，儒家主张严于律己、宽以待人。儒家提倡的道德自我反省，是以道德主体和道德自觉为基础要求人对自己的言行进行道德上的检查，它一方面表现为道德上的以身作则，先正己而不是先正人；另一面表现为寻找自己在道德上的缺失，促使自己不断完善。即使自己不被人知或得不到他人肯定性的道德评价，也不责备他人而是继续查找自己做得如何。孔子说的"不怨天，不尤人"（《论语·宪问》），就是与自我反省结合在一起的。按照孔子的看法，一个人真正应该忧虑的是如何完善自己，而不是忧虑别人不知道自己。在这一点上，荀子的说法与孔子一致。《荀子·荣辱》说："自知者不怨人，知命者不怨天，怨人者穷，怨天者无志。失之己，反之人，岂不迂乎哉！"用《穷达以时》的说法就是"君子敦于反己"。"反己""反求诸己"，是儒家道德自主和示范伦理的又一个重要表现。

最后，让我们简单总结一下。其一，根据不同文献记载，孔子对陈蔡之境遇的看法确实是不一样的，《穷达以时》的"境遇观"只是同部分记载中的看法类似；其二，《穷达以时》和其他文献记载，共同彰显的是孔子及其儒家的道德主体意识和道德自主立场。

第十章

简帛《五行》篇的"悳"观念

对比其他儒家简帛文献，简帛《五行》篇的明显特征之一，①是它拥有非常明显的"两两相对"的概念结构，它提出的新颖思想和说法都是在这一结构中呈现出来的。②我们对《五行》篇思想的整体性探讨已经很多了，③我这里单独提出"悳"这一概念展开讨论，主要是因为《五行》对"悳"的界定确实有特别之处，为"悳"赋予了新的意义，有必要专门加以探讨。概括起来，《五行》篇为"悳"赋予四个方

---

① 有关简帛《五行》的释文，有马王堆汉墓帛书整理小组的《马王堆汉墓帛书（壹）》和荆门市博物馆编的《郭店楚墓竹简》。有关简帛《五行》文献的研究，主要有庞朴《竹帛〈五行〉篇校注及研究》（万卷楼图书有限公司2000年版）；魏启鹏《简帛文献〈五行〉笺证》（中华书局2005年版）；池田知久《马王堆汉墓帛书五行研究》；斋木哲郎《五行·九主·明君·德圣》（东京东方书店2007年版）。马王堆帛书《五行》，有《经》有《说》；郭店竹简《五行》，有经无说。帛书《五行》与简本《五行》在经文上虽然有差异，但基本上是一致的。我们这里的讨论，主要是依据竹简本《五行》，并结合帛书《五行》的《说》进行。

② 池田知久在"五行"与"四行"、"德"与"善"、"圣"与"知"、"天道"与"人道"、"身"与"心"等两两相对的概念结构中，对《五行》篇的思想整体进行了比较系统化的讨论。参阅池田知久《马王堆汉墓帛书五行研究》，第71—131页。

③ 有关《五行》篇思想整体上的讨论，另参阅庞朴《竹帛〈五行〉篇校注及研究》）、魏启鹏《简帛文献〈五行〉笺证》、陈来《竹帛〈五行〉与简帛研究》（生活·读书·新知三联书店2009年版）、梁涛《郭店竹简与思孟学派》（中国人民大学出版社2008年版）等。

面的意义。第一,在同"善行"相区别的情况下,"德"既是在心灵之中"养成"和"练就"的"内在品质",又是自然而然表现于外的"德行";第二,在同"四种"善行的和谐、统一这种"善"相区别的情况下,"德"被看成是"从内到外"五种品行的平衡、和谐和统一;第三,在跟由"和"经过"同"而达到的"善"相区别的情况下,"德"被认为是由"和"经过"乐"而达到的;第四,在同作为人间秩序和价值的"人道"相区别的情况下,"德"被看成是根源于超越性的秩序和价值的"天道"。在早期儒道"德"概念的演变中,《五行》篇的这种"德"概念具有非常鲜明的特征,这使它在早期思想史中占据了一个显要的位置。下面,我们就一一加以探讨。

一 "德":"德行"与内心"养成"

《五行》开篇的一些说法引人注目,其中之一是"仁义礼智圣"的"形于内"。不同于起源很早的五种自然物能(金木水火土)的"五",也不同于后来的五种道德价值的"五"(仁义礼智信),《五行》明确以"仁义礼智圣"为"五"的说法本身就很新颖,[①] 但更新颖的说法是,它以"仁义礼智圣"这五者"形于内"为"德之行",而把"仁义礼智"这四者"不形于内"称为"行"。"行"有行为、行动的意思,好的行为称为"品行"和"德行"。"五行"和"四行"之"行"本身,应该是统一的用法,都是好的行为。只是,"五行"是"德之行",即"道德品行",而"四行"的"行",则是指"善行",两者虽然都是好的行为,但又有不同。这种区分可能令人感到混乱,因为一般来说,好的行为就是善良的行为,同时也是道德的行为。《五行》篇的这

---

① 《孟子》中虽然有与此相接近的用法,但那也是之后的,当是受此影响而产生的;而且孟子主要是讲"四端"。

种区分不见于其他文献，是一种很独特的用法，它旨在强调一种真正的道德行为是发自内心并有具体结果的行为。如果仅仅是一种外在的善的行为，而没有内在道德意志作基础，或者不是发自内心的，这种行为在《五行》那里就不是道德的行为。简单地说，《五行》是要把道德的动机和道德的行为完全统一起来。但简帛《五行》篇所要求的"动机"，又不是一般所说的动机。一般所说的"动机"，只要是发自于内心就可以了，不管它是一时的，还是持久的。《五行》所要求的道德"动机"，不是一时性的，它要求的是类似于"习性"的持久性动机，这就是它所说的"形于内"的内面化的道德之心。

黄俊杰、斋木哲郎等都把仁义礼智圣这五种惪之行看成是天赋的东西，因此，他们把"形于内"的"形"，解释为在人心中自觉体现、呈现或实现这些先天本性；① 池田知久以"惪"为先天自然性的东西，更把"形于内"解释为人类内在方面自然"形成"的东西。两种解释的区别是，前者承认惪来源于先天，但需要把它们呈现出来，这就是"形于内"；而后者把"形于内"解释为先天形成于人的内心中的东西。有关"惪"的超越性根源问题，后面我们再来讨论。这里我们只需指出的是，他们过于关注"惪之行"的先天自然性同"形于内"的关联。

就"形于内"本身而言，它直接要说的是，仁义礼智圣这"五者"如何在我们内心中变成一种"习性"。从这里出发，我认为把"形于内"的"形"解释为"养成""养就""练就"是比较恰当的。"形"有"形成"的意思，如《管子·君臣下》说的"戒心形于内，则容貌动于外矣"，《管子·立政》说的"好恶形于心，百姓化于下"，《孟子·告子下》说的"有诸内必形诸外"等，其"形"即在内心"形成"，并且

---

① 参阅黄俊杰《马王堆帛书〈五行篇〉"形于内"的意涵——孟子后学身心观中的一个关键问题》（见《孟学思想史论》卷一，东大图书公司1991年版）、斋木哲郎《五行篇》（见《五行·九主·明君·德圣》）。

又表现于外。《五行》的"形于内"的"形"也是指"形成",直译即"形成于内心"。"形成"是人的意志作用的结果,因此可意译为"养成""养就",如果同"天"联系起来,那就可以说是"天生人成"。黄俊杰指出古籍中的"形"常用于由内向外的"呈显",也用于"形"之于内心的"形成",但他还是把"形于内"解释为"呈显"于内。① 黄氏可能有这样的顾虑,即"天赋"的东西是自己已经具有的东西,再解释为"形成"容易让人有同原来已"具备"的东西不协调的感觉,而"呈现"则很好地表现了把原来已具备的东西展示出来的意思。

这样的顾虑当然可以理解,不过如果我们把原来已经"具有"的东西,更多地看成是一种潜在的"可能性",而不是看成已经"现成的"的东西,只需把它展现出来就可以了,那么,把"形于内"的"形"解释为"形成"就比"呈现"更可取。实际上,潜在的可能性同实际的现实和形成之间有很大的距离。我们学会语言是一个很好的例子。小孩一般都先天具有语言方面的潜在能力,但他要会说话和运用语言,必须通过后天的学习和练习。人在其他方面的能力特别是技能,虽然有先天素质的作用,但同样都要靠后天的苦练才能"形成"。道德自觉和能力的形成,与此具有可比性,它也要靠学习、练习,以使之成为类似于技能方面的"定型性",成为后天的"习性"。在这种意义上,我非常认同皮亚杰的发生认识论的看法,认同他对"儿童的道德判断"形成的看法。② 要使人的内心的"道德意识"成为一种"常态",使道德行为成为一种习惯性的动作,这确实是非常不容易的。就

---

① 参阅黄俊杰《马王堆帛书〈五行篇〉"形于内"的意涵——孟子后学身心观中的一个关键问题》,见《孟学思想史论》卷一,东大图书公司1991年版,第507—508页。

② 参阅〔瑞士〕皮亚杰《发生认识论原理》,王宪钿等译,胡世襄等校,商务印书馆1997年版;〔瑞士〕皮亚杰《儿童的道德判断》,傅统先、陆有铨译,山东教育出版社1984年版。

连最用心修炼德性的颜回,在孔子看来他也只是做到几个月"不违仁",其他的人就更不用说了。① 孟子说他"善养吾浩然之气",他四十才达到了"不动心"。他靠的是坚持不懈的"意志"("志")和"培养"("养"):

> "夫志,气之帅也;气,体之充也。夫志至焉,气次焉。故曰:'持其志,无暴其气。'""既曰:'志至焉,气次焉',又曰:'持其志,无暴其气'者,何也?"曰:"志壹则动气,气壹则动志也。今夫蹶者趋者,是气也,而反动其心。""敢问夫子恶乎长?"曰:"我知言,我善养吾浩然之气。"(《孟子·公孙丑上》)②

在儒家思想中,人生的首要目标是自我完善和建立道德人格,他一生都要为此而苦下功夫,进行艰苦的道德修炼,在这一方面儒家有大量的说明。《五行》篇提出"形于内",是为了让"仁义礼智圣"这五种基本价值在人的内心中牢固地建立起来,只有用"形成""养成""养就""习得"和"练就"等类似的术语,才足以揭示这种内涵。

《五行》的"形于内"之所以要解释为在内心"养成""习得"和"练就",另一个重要的根据是,它提出的修炼方法是同"形于内"紧密相应的。③ 其一,在《五行》中,"悳"是道德操守和内心专一的结果。一个人的道德感是主体一时一地而发生的愿望,而他的道德操守

---

① 《论语·雍也》记载:"子曰:'回也,其心三月不违仁,其余则日月至焉而已矣。'"

② 《孟子·告子上》说:"故苟得其养,无物不长;苟失其养,无物不消。孔子曰:'操则存,舍则亡;出入无时,莫知其乡。'惟心之谓与?"

③ 正如池田知久提到的那样,《五行》篇确实非常重视道德修炼和扩充,他说:"作者关于扩充'五行'之端绪的方法、手段的思想,涉及到很多的方面,所占比重也很大,而且非常详细。极端地论之,或许可以说《五行》的全篇几乎都是为了表述端绪扩充的方法、手段的。"([日]池田知久:《马王堆汉墓帛书五行研究》,第77页)

则是他持久追求和保持道德的热情和志向。前者类似于孔子说的"我欲仁，斯仁至矣"（《论语·述而》），是一个人一时的道德冲动；后者类似于孔子说的"三军可夺帅也，匹夫不可夺志也"（《论语·子罕》），是一个人养成的道德操守和志向。主体如果持续坚持他的道德冲动和意识，就可以转化为道德操守和志向。儒家的"志"这一概念，很好地表现了这一方面的意思。人们一时欲求一种东西的意识，是一般的意欲；"志"则是人们持续热情地渴望、向往并诉诸行为去努力实现的强烈意愿。孔子说的"志于道"，是以"道"为长远追求目标的志向。在孔子看来，一个人没有"恒心"，连巫医都做不了，何况是更高境界——道德人格的建立。与此类似，《五行》篇的"志""为一"和"心君"所表现的也是主体的道德自觉和志向：

> 士有志于君子道，谓之志士。善弗为亡近，惪弗志不成，智弗思不得。

按照这里所说，士的目标是"志于君子道"，"惪"要通过"志向"来养成和实现。这也就是《五行》中《说》的"不忘者，不忘其所思也，圣之结于心者也"。"结于心"即"牢固地凝聚在心中"。显然这是一个持续漫长过程的"坚持"，而不是一蹴而就的事。"心君"直接说的是心对其他感官（"耳目鼻口手足六者"）的支配性和主导性：

> 耳目鼻口手足六者，心之役也。心曰唯，莫敢不唯；诺，莫敢不诺；进，莫敢不进；后，莫敢不后；深，莫敢不深；浅，莫敢不浅。

这里的"心"超出了作为"心之官"的单纯意义，它是已经被转化为道德操守的心志。在东周思想中，"心"概念经历了从跟其他感官并行到以思维为职能的器官到对其他感官具有支配力的主导性"心志"的转变,①《五行》的"心"就处在这种新的阶段上,其他还有《管子》四篇中的"心"和之后的《荀子》的"心"。帛书《五行》的《说》有具体的说明:

> 心也者,悦仁义者也。此数体者皆有悦也,而六者为心役,何也?曰:心贵也。有天下之美声色于此,不义,则不听弗视也。有天下之美臭味于此,不义,则弗求弗食也。居而不间尊长者,不义,则弗为之矣。何居?曰:几不[胜]□,小不胜大,贱不胜贵也哉!故曰心之役也。②

"心"同其他感官是在相互共鸣中发生作用的,"心"一直对其他感官起着指导性的作用,也就是说感官始终是在"心"的意识之下发挥作用的。仔细再想,心又不是只对感官发生支配关系,感觉哭闹着要这要那,其实又是"意识"在进行着思想上的选择和决断。"心"控制和支配其他感官,实际上是心在用一种意识支配和控制另一种意识。道德之心志对感官的支配,也就是"心"对其他意识和欲求的放弃。由此来说,"心之所役""心贵",一方面是心对感官的支配和尊贵,另一方面又是道德"心志"对心灵中其他意识的克服和支配。《五行》把《诗·曹风·鸤鸠》篇中的"鸤鸠在桑,其子七兮。淑人君子,其仪一兮"解释为"能为一,然后能为君子,慎其独也",说"君子之为惪也,有与始,无与终也",其中的"能为一""慎其独""无与终",清

---

① 参阅〔日〕金谷治《心の中の心——中国古代心理說の展開》(见《金谷治中国思想研究論集》中卷《儒家と道家思想》,东京平中出版社 1997 年版,第 355 页)。
② 《尸子·贵言》篇有类似的说法:"目之所美,心以为不义,弗敢视也;口之所甘,心以为不义,弗敢食也;耳之所乐,心以为不义,弗敢听也;身之所安,心以为不义,弗敢服也。然则令于天下而行,禁焉而止者,心也。故曰:心者,身之君也。"

楚地说明道德的培养需要"专一"、不断守护和没有终点的奉行。《五行》提出的"思"和"进",是跟此相联系的说明如何"养成"惪的又一组概念。"思"作为动词有思考、思虑的意思,也有思念、思慕的意思。当《五行》把"思"与仁、智和圣的价值结合到一起时,它提出"仁之思""智之思"和"圣之思"的特点分别是"精""长"和"轻",其所思已不是一般性的"思虑"之思,而且是作为"形则仁""形则智"和"形则圣"起点的"思"。从开始的"思"到最后的"形",这是一个不断"进取"的过程,《五行》用"进"来表示:

君子集大成。能进之为君子,弗能进也,各止于其里。

《五行》提出了"进"的不同途径和方式:

目而知之谓之进之,喻而知之谓之进之,辟而知之谓之进之,几而知之,天也。"上帝临汝,毋贰尔心",此之谓也。

《五行》说的"进"意为"长进""进取"。《论语·子罕》记载孔子的话"譬如为山,未成一篑;止,吾止也!譬如平地,虽覆一篑;进,吾往也",其中说的"进",还有《荀子·天论》中说的"君子敬其在己者,而不慕其在天者,是以日进也"的"进",都是指这种意思。帛书《五行》的《说》,把这种"进"解释为"积"有传神之妙:

"譬而知之,谓之进之。"弗譬也,譬则知之矣,知之则进耳。譬丘之与山也,丘之所以不□名山者,不积也。舜有仁,我亦有仁,而不如舜之仁,不积也。舜有义,而我亦有义,而不如舜之义,不积也。譬比之而知吾所以不如舜,进耳。

《老子》中有充分地通过连续积累而成就大业的思想,"道德"也是同样如此:"夫唯啬,是谓早服;早服谓之重积德;重积德则无不克。"(五十九章)引孔子"进"的说法,表现的也是积累的思想。在早期儒学中,荀子非常注重积累。在他看来,一般自然事物的形成和人事上的成功要靠积累,培养道德也要靠不断地积累:

> 积土成山,风雨兴焉;积水成渊,蛟龙生焉;积善成德,而神明自得,圣心备焉。故不积跬步,无以至千里;不积小流,无以成江海。……《诗》曰:"尸鸠在桑,其子七兮。淑人君子,其仪一兮。其仪一兮,心如结兮。"故君子结于一也。……为善不积邪,安有不闻者乎!……真积力久则入,学至乎没而后止也。(《荀子·劝学》)①

总之,《五行》的"形于内",强调的是通过人的内心的自觉和修炼来养成五种"惪行",这就是《德圣》篇说的"五行形,德心起"。

如同我们开始时指出的那样,《五行》以"仁义礼智圣""形于内"来论"惪",这在早期儒学中是一个不见于其他文献的非常新颖的说法。这是一开始就同"心"直接相联系的"德"概念发展的结果。在有关"德"这个字的起源和意义讨论中,②主要分歧在于"德"字的初文是人对外的行为,还是人在"内心"中的活动。一些研究者侧重于从人对外的行为来解释它,或认为它同王者"省"事有关,或认为它最初同宗教仪式有关,指人聚精会神地仰视神;③另一些研究者认为,

---

① 《荀子·儒效》也说:"积善而全尽谓之圣人,彼求之而后得,为之而后成,积之而后高,尽之而后圣。故圣人也者,人之所积也。"
② 郑开从形音义三个方面,梳理了研究者对"德"的考释。请参阅郑开的《德礼之间——前诸子时期的思想史》,生活·读书·新知三联书店2009年版,第43—64页。
③ 请参阅〔日〕小仓芳彦《〈左传〉中的霸与德——"德"概念的形成与发展》(见《日本学者研究中国史论著选译》第七卷"思想宗教",刘俊文主编、许洋注等译,(转下页)

"德"字最初同"心"有关,是"得于心""省心""心循""正心"。①这两种解释的差异是很明显的。《说文》本身就提供了两个不同的字形和说明,一是"德",说是"升";一是"悳",说是"外得于人,内得于己也"。"德"的对外行为与对内的"心",两者是什么关系呢?在小仓芳彦看来,原本指王者或诸侯"省"事的"德",战国以后演变为两个基本倾向:一是内面化、抽象化;二是与"得"的接近:

> 关于前者,从将"德"与"行"分离,把德作为行为发动的内面因素开始,进而成为令人所以为人的"德",又作为不限于人而被视为内在的能力的"德",更进到以天地的理法为"德"。②

陈来强调,西周以来的"德目"很多,但大多指"德行"而言,"德"的观念没有内在化。③ 同这一演变路线的解释不同,刘翔则颠倒过来看,认为"德"字的本义正如《说文》说的"内得于己"那样,它原是指端正心性、反省自我。"直"字的造字初文,是指"举目正视"。《说文》释"盲"为"正见"。西周中期以后的金文《师望鼎》中说的"克明厥心,哲厥德","心"与"德"相应,强调内心的修养和明德。外在行为的"德行"之"德",是从内心活动经过发展而衍生出来的。

我们如何看"德"的演变呢?总体上,我们认为,"德"的构形

(接上页)中华书局1993年版,第10—15页)、孟旦《"德"概念的起源》(见〔美〕D.J. 孟旦《早期中国"人"的观念》,庄国雄、陶黎铭译,上海古籍出版社1994年版,第189—198页)

① 参阅刘翔《中国传统价值观诠释学》,第90—95页。刘翔认为,"德"字有两个主要造形,一是从心从循,一是从心从直,后者是前者的讹变,实为同字异构。(同上书,第92页)

② 〔日〕小仓芳彦:《〈左传〉中的霸与德——"德"概念的形成与发展》,见《日本学者研究中国史论著选译》第七卷"思想宗教",第17页。

③ 参阅陈来《竹帛〈五行〉与简帛研究》,第126页。

和造字本义，原指"内心"的意识和活动。在《尚书》中，"心"和"德"就互补使用。如《尚书·康诰》说："朕心朕德，惟乃知。"又说："用康乃心，顾乃德。"《左传·昭公二十四年》引用《尚书》说："《大誓》曰：'纣有亿兆夷人，亦有离德；余有乱臣十人，同心同德。'此周所以兴也。君其务德，无患无人。"①郭店简的"德"都写作"悳"，保持着从"直"从"心"的构形。但其本义一时没有展开，反而是表现为外在行为的"德行"大行其道。推测的话，这是因为"天"的力量当时还过于强大，人还没有从中解放出来，其主体性特别是内在自我自然也不能被充分自觉。因此，早期"德"的演变，不能说是从"德行之德"到"内心之德"的过程，它其实是原本的"内心之德"到了后来才得到了充分的发展。

从这里出发，我们如何看待《五行》的"形于内"的"悳之行"在思想上的位置呢？整体上，《五行》的"悳之行"是"内与外"的统一，但它更注重的是"悳"的"内在性"。这样来说，它首先发展的就是原来的"直心"之"悳"，这同战国以来关注"内心"的德性和修炼、强调相对于"外"的"内在"之"心"的趋势相一致，由此"德"的内面性被大大加强了。如，《庄子》发展了《老子》的广义的"事物之德"，将"德"同"心"结合了起来，《管子》同样。在《五行》中，"悳"之"内"与"中心"概念本身就是统一的结构。原来的"德"虽然就是把心"直之"和"正之"，但在客观的外在的"天""天命"受到更多的关注、人要以各种方式（包括宗教仪式）和"德行"来获

---

① 《国语·晋语四》说的"同姓同德同心"，把血缘性的东西与德结合起来，以说明"德"的来源："黄帝以姬水成，炎帝以姜水成。成而异德，故黄帝为姬，炎帝为姜，二帝用师以相济也，异德之故也。异姓则异德，异德则异类。异类虽近，男女相及，以生民也。同姓则同德，同德则同心，同心则同志。同志虽远，男女不相及，畏黩敬也。黩则生怨，怨乱毓灾，灾毓灭姓。是故娶妻避其同姓，畏乱灾也。故异德合姓，同德合义。"

得"天"的支持的情况下，内在的心灵之"德"就会降到次要的层面上。孔子接受的就是这种大传统，他发展了"仁"的价值，在一定程度上也注意到了"内心"问题和道德的"主体性"，但他没有明显从内面性上发展"悳"的概念，也没有关注"心"这一概念。但他的弟子们改变了这种情况，郭店竹简中的"德"都写作"悳"，另外有关"心""性"和"情"的说法也多起来了。《五行》以"形于内"为"悳之行"，就是这种转变的一种表现，而且它的这种"悳之行"把"正心""直心"的心理活动和意识转变成了固定的内在"习性"，即将"仁义礼智圣"练就为"心灵"的常态。

二 "悳"与"和"及"乐"

《五行》为"悳"赋予的第二种新的意义，是以五种"悳之行"的"和"为"悳"。一开始我们就指出，在以往的"德目"中，没有把"仁义礼智圣"这"五项"价值合在一起的做法；而把这五项价值分别内化到心中为"悳之五行"，更是史无前例，这也许就是荀子批评的"案往旧造说，谓之五行，甚僻违而无类"（《荀子·非十二子》）。不过，这仍只是《五行》对"悳"的意义的部分转变。《五行》把"悳之五行"的"和"看作是"悳"，这一点同样令人刮目相看。"形则仁""形则智"和"形则圣"等每一种价值既然都内在于心了，①要说它们每一种本身都应该是"悳"，就像孟子的仁义礼智这"四端"和每一种都是"善性"那样。不过，《五行》不是这样做，它首次提出了"仁义礼智圣"之整体的"和"是"悳"的主张：

悳之行五和谓之悳，四行和谓之善。

---

① 按照这种逻辑，"形则仁"后，还应该有"形则义"和"形则礼"。

这种说法确实非常特别，我们需要细加分析。

首先，就儒家重视的"德目"来说，那是很多的，而以"仁义礼智圣"为"五行"这一德目则是独一无二的。在汉代以"仁义礼智信"为"五常"之前，儒家所列的德目，有一部分越来越突出，直到孟子以"仁义礼智"为"四端之心"，还有另一处加上了"圣"，这是一个演变的结果。在广义的儒家道德之下，"德"的条目或项目从"三德"乃至列到十几德。有关"三德"的，有"正直""刚克"和"柔克"（《尚书·洪范》）的"三德"，有"至德""敏德"和"孝德"（《周礼·地官司徒·师氏》）的"三德"，有"义""祥"和"仁"（"夫义所以生利也，祥所以事神也，仁所以保民也。……古之明王不失此三德者"[《国语·周语中》]）的"三德"，有"智""仁""勇"（《中庸》）的"三德"；有关"四德"的，有"直""宽""刚""简"（《尚书·舜典》）的"四德"，有"精""忠""礼""信"（《国语·周语上》）的"四德"，有"忠""信""仁""义"（《国语·周语上》）的"四德"；有关"六德"的，有"中""和""祗""庸""孝""友"（《周礼·春官宗伯·大司乐》）的"六（乐）德"，有"知""仁""圣""义""忠""和"（《周礼·地官司徒·大司徒之职》）的"六德"，有"圣""智""仁""义""忠""信"（郭店简《六德》）的"六德"；有关"九德"的，有"忠""信""敬""刚""柔""和""固""贞""顺"（《逸周书·常训解》）的"九德"，有"孝""悌""慈惠""忠恕""中正""恭逊""宽弘""温直""兼武"（《逸周书·宝典解》）的"九德"，等等。在这些不同的德目中，其中"仁""智""忠""信""圣""义"等德目，则是更多的同类项。在《论语》中"孝""礼"等也是非常重要的。这说明它们受到的重视程度比较高。

其次，就儒家不同"德目"的意义和作用言，它们也是各有不同。如在孔子那里，知者和仁者的不同特征是："知者乐水，仁者乐山。知者动，仁者静。知者乐，仁者寿。"（《论语·雍也》）"知仁勇"三者的作用分别是,"知者不惑,仁者不忧,勇者不惧"(《论语·子罕》);在孟子那里,"仁"是"恻隐之心","义"是"羞恶之心","礼"是"恭敬之心","智"是"是非之心"(《孟子·告子上》)。孟子又说:"仁之实,事亲是也;义之实,从兄是也;智之实,知斯二者弗去是也;礼之实,节文斯二者是也。"(《孟子·离娄上》)不同的道德有不同的功能和作用,彼此当然不可取代。如郭店简《六德》把六德分为三组:圣智、仁义和忠信,认为它们分别有不同的作用:

> 圣与智就矣,仁与义就矣,忠与信就[矣]。作礼乐,制刑法,教此民尔,使之有向也,非圣智者莫之能也。亲父子,和大臣,寝四邻之抵牾,非仁义者莫之能也;聚人民,任土地,足此民尔,生死之用,非忠信者莫之能也。

再次,就不同德目之间的关系说,德目的重要性程度不同,重要的"道德"项目可以统率次要的。如在孔子那里,相对于"礼乐","仁"是比较重要的,他说:"人而不仁,如礼何?人而不仁,如乐何?"(《论语·八佾》)孔子又把能够奉行"五种"善行称为"仁":"子张问'仁'于孔子。孔子曰:'能行五者于天下,为仁矣。'请问之。曰:'恭、宽、信、敏、惠:恭则不侮,宽则得众,信则人任焉,敏则有功,惠则足以使人。'"(《论语·阳货》)[①] 但相对于"仁","圣"则更重要,如《论语·雍也》记载:"子贡曰:'如有博施于民而能济众,何如?可谓仁乎?'子曰:'何事于仁!必也圣乎!尧舜其犹病诸!'"由于"圣"的境界非常高,孔子也自谦地认为,他达不到"圣"的境

---

① 德与言、仁与勇相比,前者都是重要的。《论语·宪问》记载:"子曰:'有德者,必有言;有言者,不必有德。仁者,必有勇;勇者,不必有仁。'"

界。《孟子·公孙丑上》记载说：

> "昔者子贡问于孔子曰：'夫子圣矣乎？'孔子曰：'圣则吾不能。我学不厌而教不倦也。'子贡曰：'学不厌，智也；教不倦，仁也。仁且智，夫子既圣矣。'夫圣，孔子不居，是何言也！""昔者窃闻之：子夏、子游、子张，皆有圣人之一体；冉牛、闵子、颜渊则具体而微。敢问所安？"曰："姑舍是。"

孟子比较注重"仁义"这两项道德价值，他常以"仁义"相提并论，又以"仁政"来统率他的"政治伦理"。同孔子一样，孟子更推崇的也是"圣"。在整体的"圣"的境界中，他认为伯夷、柳下惠和孔子分别体现了某一方面，不过他认为孔子是集大成者：

> 伯夷，圣之清者也；伊尹，圣之任者也；柳下惠，圣之和者也；孔子，圣之时者也。孔子之谓集大成。集大成也者，金声而玉振之也。金声也者，始条理也；玉振之也者，终条理也。始条理者，智之事也；终条理者，圣之事也。（《孟子·万章下》）

从以上来看，早期儒家一般不从不同"德目"的整体性和统一性来论德。① 当然他们也不像王充强调彼此不须："五常之道，仁、义、礼、智、信也。五者各别，不相须而成。"（《论衡·问孔》）在《五行》篇看来，思考"仁义礼智圣"这"五种"价值的方法是各不相同的，如认为"仁之思""智之思"和"圣之思"三者的特点

---

① 池田知久引用《汉书·艺文志》说的"五者，盖五常之道，相须而备，而《易》为之原"（参阅〔日〕池田知久：《马王堆汉墓帛书五行研究》，第362页），其"五者"在上下文中是指"《乐》《诗》《礼》《书》和《春秋》"之间的关系，同一般所说的"五常"有别。

分别是"精""长"和"轻",再分别经过一些不同的环节它们达到各自的"形"。《五行》篇又提出"见而知之,智也;闻而知之,圣也""知而行之,义也""知而安之,仁也""安而敬之,礼也"等说法,以"见知""闻知""知行""知安"和"安敬"来分别说明获得"智""圣""义""仁"和"礼"的不同。在《五行》篇中,不同价值的重要性程度也有所不同,如"圣智"高于"礼乐","仁义"也高于"礼",因为经文中有"圣智,礼乐之所由生也""仁义,礼所由生也"的说法。

但是,同以往儒家道德观念不同的是,《五行》特别强调不同道德观念之间的"整体统一"关系,它称为"和"。如何来理解"五行"的"和"呢？庞朴结合帛书《五行》篇《说》中的"为一"和"以多为一",认为"五行"是同一个"得道"或"成德",它们不是五个互不相干的行为,人们要得到它们,只能在整体统一上加以体验和领悟,否则就只是片面的知识。① 池田知久将"和"解释为"调和"和"统一",并同帛书《五行·说》中的"以多为一"和"舍体独心"结合起来,更具休地揭示说,使"五行"保持统一和调和,也就是使"五行"变为"一",变成和自己的"心"一体化的"一心",舍弃和身体有关的物质性的东西,使心独自地发挥作用。② 庞朴和池田的解释都有一定的道理,但我们需要把竹简《五行》中的"和"同帛书《五行·说》中的"和"先分开看一看。竹简《五行》用"和"的地方有以下几处:

德之行五和谓之德,四行和谓之善。

圣智,礼乐之所由生也,五行之所和也。和则乐,乐则有德,

---

① 参阅庞朴《竹帛〈五行〉篇校注及研究》,第164页。
② 参阅〔日〕池田知久《马王堆汉墓帛书五行研究》,第110、120页。池田知久还探讨了"五行之和"思想产生的背景。参阅同上书,第362页。

有惪则邦家兴。

仁义，礼所由生也，四行之所和也。和则同，同则善。

单就"和"来说，不管是"五行之和"，还是"四行之和"，其所说的"和"的意思应该一致，简单说，"和"就是多样性的统一、平衡和和谐。

"和"原指音声的相和，亦如帛书《五行·说》的"五声之和"。"和"作为一个跟"同"相区别的思想观念，是由史伯、晏婴和孔子发展起来的。在他们看来，与"同"相区别的"和"，主要有几方面的意思：一是指在事物的多样性中产生新的东西；二是指事物多种要素之间良好的平衡和协调；三是指在事物多样性基础之上的整体统一。就第二种意思说，它跟儒家的"中庸""中和"有共同之处。撇开《五行》不把"和"与"同"看成是对立这一点不论，它的"和"可以在以上三种意思上来理解。在《五行》看来，一种"惪之行"还不算是真正的"惪"，或者还够不上"惪"，只有"五种惪之行"结合到一起，才能产生出"惪"。虽然每一种"惪之行"在内心仍保持着它的性质和作用，但"惪"则把不同的道德价值统一了起来，彼此之间保持着平衡和和谐关系，其中还有依赖关系：

不聪不明，[不明不圣]，不圣不智，不智不仁，不仁不安，不安不乐，不乐无惪。

见而知之，智也。知而安之，仁也。安而敬之，礼也。

按照第一个说法，聪明是圣、智、仁的条件；按照第二种说法，智是仁、礼的出发点。这两种说法，反映了《五行》作者对"惪之行"关系的不同视角，但又不那么严格，因为它没有说到"义"和"礼"。《五行》"惪行之和"的概念，对人的道德追求提出了更高的要求。按照这种要求，一个人不仅要保持"五种"悳之行，而且这五种悳之行之间还要保持平衡、协调，①保持整体性和统一性。我们可以把这样的"悳"，想象为人的有机体各种功能的协调、平衡并在完成动作上的整体统一。

帛书《五行》的《说》，是如何解释悳之五行的"和"呢？它对"和"有两个直接的说法，一个是对于"五行之所和，和则乐"中的"和"，它的解释是："和者，有犹五声之和也"（对"四行之和"，也是如此说）。这个解释跟我们上面说的"和"是指协调和和谐相一致；一是对"和则同"的"和"，它的解释是"和也者，小体变变然不患于心也，和于仁义"。其大概意思是，耳、目、鼻、口、手、足"六者"不背于心。②《五行》篇的"悳之行"的平衡与和谐，首先是就人的"内心"而言，《说》让耳、目、鼻、口、手、足"六者"服从于"心"，同仁义和谐，这是它从身心关系这一新的视角上来观察"和"，并为此还提出了"舍体"的观念。所谓"舍体"就是舍去身体上的外在表现而专于内心（"夫丧，正经修领而哀杀矣，言至内者之不在外也，是之谓独。独也者，舍体也"）。《说》又特别强调"一"：

"能为一然后能为君子"。能为一者，言能以多为一；以多为一也者，言能以夫五为一也。

"君子慎其独"。慎其独也者，言舍夫五而慎其心之谓［也］。独然后一。一也者，夫五为［一］心也，然后得之。一也，乃德已。

---

① 《论语·阳货》记载说："子曰：'由也，女闻六言六蔽矣乎？'对曰：'未也。''居！吾语女：好仁不好学，其蔽也愚；好知不好学，其蔽也荡；好信不好学，其蔽也贼；好直不好学，其蔽也绞；好勇不好学，其蔽也乱；好刚不好学，其蔽也狂。'"这里，孔子都是用"学"去纠正每一种"好"的偏颇，而不是在"所好之间"论平衡。

② 有关这一点，参阅〔日〕池田知久《马王堆汉墓帛书五行研究》，第432页。

这里没有直接说到"和",但它提出的"一"是"以多为一","以多为一"恰恰又是以"五行"为"一",这就把"一"同作为"舍夫五"和"慎其心"的"慎其独"结合了起来。这样,"五行"之"和"的"和",就成了内心高度统一的"一"。有了这种"一",就是"悳"。其中说的"舍夫五",更是要求克服"五行"的单一性而实现浑然一体的内心之和。《德圣》也说:

> 五行形,德心起,和谓之德,其要谓之一。其爱谓之天,有之者谓之君子,五者一也。清浊者,德之居,德者清浊之渊,身调而神过,谓之玄同。

"玄同"概念当取自《老子》。

以上是我们对作为"五行之和"的"悳"的考察,下面,我们来讨论作为"乐"的"悳",这是《五行》为"悳"赋予的第三种意义。《五行》为什么把"乐"看成是"悳"呢?如果"悳"作为"五行之和",说的是"五行"的关系达到的一种理想状态,那么"悳"作为"乐",说的则是内心对于"和"这种状态的心理情感。简单划分,"乐"有精神上的,也有身体上的,虽然这两者彼此有影响。《五行》的"乐"是指精神上的。《五行》"以乐为悳"的说法有以下几种:

第一种是从反面的"不安"到"不乐"再到"无悳"的表述:

> 君子无中心之忧则无中心之智,无中心之智则无中心[之悦],无中心[之悦则]不安,不安则不乐,不乐则无悳。
>
> 思不精不察,思不长[不得,思不轻]不形,不形不安,不安不乐,不乐无悳。
>
> 不聪不明,[不明不圣],不圣不智,不智不仁,不仁不安,

不安不乐，不乐无惪。

这一些表述，在"不安"前面还有的环节，三段话各不相同，但到了"不安"后就开始一样，紧接后面的是"不乐"再到"无德"。《说》解释最后一段的"安"和"乐"说：

"不安不乐"。安也者，言与其体偕安也，安而后能乐。
"不乐无德"。乐也者流体，机然忘塞。忘塞，德之至也，乐而后有德。

按照这里的解释，"安"与"乐"都同人的身体有关，指的是人身体上的一种状态。"安"是说心灵同身体一起处于安然和安逸状态，类似于所谓"身心一如"；从这里而来的"乐"，则消融了身体而归于心灵的纯粹状态，油然而忘掉来自身体的一切不通顺之感，由此而产生"惪"。

第二种是从正面的"和"到"乐"再到"惪"的过程：

圣智，礼乐之所由生也，五［行之所和］也。和则乐，乐则有惪，有惪则邦家兴。

这一种说法，又是在与"四行"的"和则同，同则善"相对比的意义上而言的，特别是其中的"乐"与"同"相对。这里的"同"可以理解为与心灵保持一致。这里的"乐"，《说》的解释与以上一样，也是说："乐者，言其流体也，机然忘塞也。忘塞，德之至也。"但这里的"乐"发自于"和"，同以上发自于"安"有别，而且跟"以和为德"不协调。虽然帛书《说》中有"乐也者和，和者惪也"的说法。

第三种是以"闻道而乐"为"好悳",中间没有环节。《说》的解释是:

> "闻道而乐,有德者也。"道也者,天道也,言好德者之闻君子道而以夫五也为一也,故能乐。乐也者和,和者德也。

这里的解释又变成了从"乐"到"和"再到"德"。从帛书《说》可知,竹简本的"好悳",帛本的《经》作"有德"。

以上三种"以乐为悳"的说法和表述,虽有所不同,但旨趣都是使内心习得的"五行"达到精神上的喜悦和快乐。

对于伦理道德的认识和意识,我们的内心世界或者以单一的方式反应,或者以综合的方式反应。如我们可以分别从理性上接受它,从行动上奉行它,也可以进一步从情感上感受它,在实际上享受它,或者兼而有之。对儒家来说,伦理道德既是做人的理性原则、规范和行为,同时又是人的情感生活、审美趣味的一部分。儒家不把伦理道德仅仅看成是理性认知或价值上的应该、规范,对它来说,人从内在情感上喜爱伦理道德进而乐在其中则是更高的境界。《论语·雍也》记载说:"子曰:知之者不如好之者,好之者不如乐之者。"孔子的说法很清楚,从"知"到"好"再到"乐"这是一个层层递进的关系。这是同儒家抱有的强烈的"道德快乐主义"信念联系在一起的。我们很熟悉孔子的一些说法,如:

> 子曰:"饭疏食饮水,曲肱而枕之,乐亦在其中矣。不义而富且贵,于我如浮云。"……子曰:"女奚不曰,其为人也,发愤忘食,乐以忘忧,不知老之将至云尔。"(《论语·述而》)
>
> 孔子曰:"益者三乐,损者三乐。乐节礼乐,乐道人之善,乐多贤友,益矣。"(《论语·季氏》)

子曰:"不仁者不可以久处约,不可以长处乐。"(《论语·里仁》)①

特别注重心灵和精神境界的孟子则是孔子道德快乐主义的有力光大者,他说的"仁义忠信,乐善不倦,此天爵也"(《孟子·告子上》),"万物皆备于我矣。反身而诚,乐莫大焉"(《孟子·尽心上》),"乐其道而忘人之势","尊德乐义,则可以嚣嚣矣"(《孟子·尽心上》)等,都是把伦理道德生活看成是一种精神上的快乐,而不仅是理性规范和义务。②一般来说,如果是人们发自内心去追求的东西,人们的认知、意志和情感就会统一起来。如在老子看来,一个人自觉和主动地认同"道"和"德",他同样就会"乐"于"道"和"德":

同于道者,道亦乐得之;同于德者,德亦乐得之;同于失者,失亦乐得之。(《老子》第二十三章)

《五行》篇强调"以乐为惪",这充分表明,它不仅把伦理道德内在化、精神化,把它变成内心的习惯、意志和行为,而且也把伦理道德情感

---

① 一般来说,"音乐"主要是表达人的情感的一种方式。但在儒家那里,音乐有更突出的道德教化意义,而且以此来实现精神上的快乐。《礼记·乐记》说:"故曰:乐者,乐也。君子乐得其道,小人乐得其欲。以道制欲,则乐而不乱;以欲忘道,则惑而不乐。是故,君子反情以和其志,广乐以成其数。乐行而民乡方,可以观德矣。德者,性之端也;乐者,德之华也。金石丝竹,乐之器也。《诗》言其志也,歌咏其声也,舞动其容也。三者本于心,然后乐器从之。是故情深而文明,气盛而化神。和顺积中而英华发外,唯乐不可以为伪。"

② 相比之下,荀子可能更注重伦理道德规范和实行的义务:"不闻不若闻之,闻之不若见之,见之不若知之,知之不若行之,学至于行之而止矣。行之,明也。明之为圣人。圣人也者,本仁义,当是非,齐言行,不失豪厘,无他道焉,已乎行之矣。"(《荀子·儒效》)但也不能说荀子没有"乐道"的思想。《荀子·非相》说:"故君子之于言(善)也,志好之,行安之,乐言之。"《荀子·解蔽》说"故仁者之行道也,无为也;圣人之行道也,无强也。仁者之思也恭,圣人之思也乐。此治心之道也。"

化、愉悦化。《五行》中的"悦"也是这方面的意思。①

三 "惪"与"天道"和"天"

在《五行》中，人要形于内的"惪"，又有外在的超越性根源，这一根源就是"天道"。这种"以惪为天道"的看法是《五行》为"惪"赋予的第四个重要意义。"以惪为天道"，广义上说是"惪"与"天道"的关系问题。在儒家那里，一方面，"惪"是"天"的属性，如所说的"天德"是指"天之德"，就像"天道"即"天之道"那样；另一方面，"德"又常常是指人的品德，这一种用法更为普遍。因此，在超越的"天"的世界中，"德"与"天道"两者同属于"天"，是指"天之德"和"天之道"；但在天人相对的意义上，"天道"属于"天"，"德"则是属于"人"。在《五行》中，"惪"同"天道"的关系，它是指"人之惪"与"天之道"的关系。只是，在儒家那里，"人之德"亦即是"人道"，而"人道"一般又被认为是根源于"天"或"天道"。《五行》与此不同，它的特别之处是把"人道"仅仅作为"人"的行为来看待，割断了"人道"同"天""天道"之间的派生和从属关系，我们在它的以"善"为"人道"、以"惪"为"天道"的对比关系中可以清楚地看出它对"人道"的特别用法。②

　　善，人道也。惪，天道也。

在《五行》中，这样的说法还有一例。以善为人道、以德为天道这种

---

① 《说》解释"闻君子道而悦者，好仁者也"说："道也者，天道也，言好仁者之闻君子道而以之其仁也，故能悦。悦也者，形也。"

② 荀子更是将"道"限制在"人道"之中，认为"道"不是天道，而是人之道，把孔孟的"人道"和正义根源于"天"的逻辑斩断了。

二分在儒家那里确实是很特别的用法。我们遇到过子产以天道为远、以为人道为近来划清两者的界限，①也遇到过荀子的"惟圣人为不求知天"的"天人二分"，但他们都不是这种意义上的人道与天道之分。我们这里关心的主要是《五行》"以悳为天道"这一点。我们如何来理解这一点呢？

有关《五行》的悳与天道和天的关系，池田知久有比较细致的讨论，他的基本看法是，人的先天性的"悳"就是"天道"。②但是，"悳"是否就是人的先天的自然本性，至少在《五行》的经文中还不是很明显。《五行》说的"悳，天道也"，如果从"悳"是"天道"来说，可以从内涵和外延两方面来理解。从内涵说，"悳是天道"，这是对"悳"的性质的一种说明，就如同说人是动物，指的是人具有动物的性质；从外延说，悳是天道，是说悳属于"天道"，"悳"是天道的一部分。这样来理解"悳是天道"的意思，都要以悳与天道是种属关系为前提，也就是说"天道"比"悳"是更高一类的概念，犹如动物是比人更高一类的概念。在《五行》中，我们认为悳与天道确实是这样一种关系。因为，从"悳"是"人之悳"来看，"天道"的外延比它要广；从"人之悳"具有"天道"的部分性质来说，人之悳的内涵比天道的内涵要大。

在《五行》的经文中，除了合成词"天道"的用语外，还有分开使用的"天"和"道"。这三个概念的关系是，"天"是总体性的范畴，"天道"强调的是"天"的理性和法则的方面。而"道"又是从属于"天道"的。如对于《经》文中的"闻道"的"道"，《说》解释为"天道"：

---

① 《左传·昭公十八年》记载子产的话说："天道远，人道迩，非所及也。"
② 参阅〔日〕池田知久《马王堆汉墓帛书五行研究》，第95—112页。

> "闻君子道而悦者,好仁者也。"道也者,天道也,言好仁者之闻君子道而以之其仁也。
>
> "闻道而乐,有德者也。"道也者,天道也,言好德者之闻君子道而以夫五也为一也。

在以"天"为最高范畴的早期儒家那里,"道"是从属"天"的,《五行》也持这种立场。如果把"人之憙"同更广义的"天"结合起来看,"憙"当然也是从属于"天"的。《五行》的《经》说:

> 天施诸其人,天也。其人施诸人,狎也。

李零和庞朴训"狎"为"习",可取。① 这句话的意思是,天给予人的东西是天然性的,人给予人的东西是后天习得的。《说》不是抽象地解释这两句话,而是用例子来说明:

> "天生诸其人,天也。"天生诸其人也者,如文王者也。"其人施诸人"也者,如文王之施诸闳夭、散宜生也。

"天生诸",简本作"天施诸",当从。文王是"天施诸其人也者"的例子,文王对于闳夭、散宜生是"其人施诸人"的例子。文王是"天施诸其人也者",是说文王的好的品德是天给予的。《说》解释《经》的"一"有"一也,乃德已。德犹天也,天乃德已"的说法。在这里,"德"同"天"被看成是更直接的关系。也许正像"天施诸其人,天也"的两个"天"字用法有所不同一样,"德犹天也,天乃德已"的两个"天"字意思所指亦有别,"德犹天"的"天",是指"先天自然

---

① 参阅庞朴《竹帛〈五行〉篇校注及研究》,第85页。

性的东西"。"德犹天",即人之德就如同是先天的自然;而"天乃德"的"天",是指根源性、实体性的"天"。"天乃德",即天是产生德的根源。

至此,我们可以进一步说一下《五行》的"悳"的"先天性"与后天培养的关系。前面我们强调,《五行》的"形于内"是指后天的"培养"和"养成"。这种养成的"悳",不能说就是或等于"先天"的自然,因为它有后天人为的重要作用。这种主要靠后天养成的"悳",也可以是人先天具有的一种良好可能性和潜在性(即"悳性"或"善性")的实现。只是,就《五行》的《经》而言,这一点说的不够直接和明确。因为单就"悳"是"天道"而论,它可以解释为"悳"是纯粹学习"天道"的结果。如郭店简《成之闻之》说:

唯君子道可近求,而[不]可远借也。昔者君子有言曰"圣人天悳"何?言慎求之于己,而可以至顺天常矣。

或者就像荀子说的"化性起伪"的"伪"那样。但《经》说得"天施诸其人,天也",使这种极端的说法不能成立。这说明《五行》确实有先天"德性"的意识。这种意识没有《诗·大雅·烝民》中的"天生烝民,有物有则。民之秉彝,好是懿德"和孔子说的"天生德于予"(《论语·述而》)那样明显,虽然这也是只言片语。但如果跟《五行》的《说》结合起来再来看这一点,情况就确实有所不同了。其中《说》解释《经》的"目而知之,谓之进之"说:

弗目也,目则知之矣,知之则进耳。目之也者,比之也。"天监在下,有命既集"者也,天之监下也,集命焉耳。循草木之性,则有生焉,而无好恶。循禽兽之性,则有好恶焉,而无礼义焉。循人之性,则巍然知其好仁义也。不循其所以受命也,循之则得之矣,是目之已。故目万物之性而[知人]独有仁义也,进耳。"文王在上,于昭于天",此之谓也。文王源耳目之性而知其好声色也,源鼻口之性而知其好臭味也,源手足之性而知其好佚愉也,源心之性则巍然知其好仁义也。故执之而弗失,亲之而弗离,故卓然见于天,著于天下,无他焉,目也。故目人体而知其莫贵于仁义也,进耳。

《说》对"目而知之,谓之进之"的解释是一个很大的发挥。正是在这种发挥中,它提出的"目万物之性而知人独有仁义""源心之性则巍然知其好仁义也",很明显表现了"心性"先天具有喜好"仁义"的品质。这同《说》把"天生诸其人,天也"解释为"如文王者也"是一致的。整体上,在《五行》之《经》中,人的先天善良心性和德性的意识还不明显,而到了《说》就比较明显了。对两者作一定程度的区分,能更准确地认识《五行》的先天"德性论"从《经》到《说》的变化过程,也能更好认识先天德性与后天"悳之行"的关系。

在《五行》的《说》中,与"天"搭配的还有"天德"一语。《经》说:"几而知之,天也。'上帝临汝,毋贰尔心',此之谓也。"对于这段话,《说》的解释是:

几也者,赍数也。唯有天德者,然后几而知之。"上帝临汝,毋贰尔心。"上帝临汝,□几之也;毋贰尔心,俱几之也。

"天德"类似于"天道",意即"天之德",这是从作为品德、美德来视天,以"天"为价值的根源和标准。按照《说》的看法,具有"天德"的人,他就能够"几而知之"。对儒家来说,"天"是美德的最高体现者和代表者,也常有"天地之德"的合称。如《礼记·礼运》说:"天地之德,阴阳之交,鬼神之会。"《周易·系辞传》说:"天地之大德曰生"。庄子的"天",也是被美化和理想化为最高的"德"。在《尚书·吕刑》中已有"天德"一语:"惟克天德,自作元命,配享在下"。到了战国子学,"天德"的用例就多起来了,下举几例:

> 天降大常,以理人伦。制为君臣之义,作为父子之亲,分为夫妇之辨。是故小人乱天常以逆大道,君子治人伦以顺天德。(郭店简《成之闻之》)
>
> 唯天下至诚,为能经纶天下之大经,立天下之大本,知天地之化育。夫焉有所倚?肫肫其仁!渊渊其渊!浩浩其天!苟不固聪明圣知达天德者,其孰能知之?(《中庸》)
>
> 上利天,中利鬼,下利人。三利而无所不利,是谓天德。(《墨子·天志下》)
>
> 虚无恬淡,乃合天德。(《庄子·刻意》)
>
> 天德而出宁,日月照而四时行,若昼夜之有经,云行而雨施矣。(《庄子·天道》)
>
> 天地已成,黔首乃生。莫循天德,谋相覆倾。(《黄帝四经·十六经·姓争》)

根据这些用例可知,战国时期已很普遍以"天德"作为人类美德的榜样。在这种意义上,《五行》的"天道"与其具有重合面。这样来说,"人之惪"又从属于"天德",或者说是"天德"的一种表现。在《五行》中,"闻而知之"的圣人具有"知天道"的独特能力,这里的"天道"有"德"的意义,但更有"法则"的意义,否则一般人就不可能有"形于内的惪"。

根据以上的讨论,我们可以说,《五行》的"以惪为天道"把"惪"同"天道""天""天惪"结合起来,显示出了内在的惪又具有超越性的根源。

第十一章

早期儒家的"慎独论"与"为己之学"及"公共关怀"

出土简帛文献激活了对孔孟之间儒学出现的分化、谱系和思想特性的研究，使这一阶段的儒学呈现出一些新的面貌，"慎独""心性"和"身心"等就是其中重要的问题。① 竹帛《五行》篇中的"慎独"明确地与"心"联系在一起，还有其他篇目涉及到人的"性情"问题，如果将之与传世文献《大学》《中庸》和《礼器》等篇目中的"慎独"结合起来加以研究，不仅对重新认识和理解"慎独"，而且对探讨孔孟之间"心性之学"的形态，都是一个合适的途径。本章关注的问题是孔门后学的"慎独论"以及它与儒家"为己之学"和"内圣外王"的关系，目的是从"心性论"和"德性论"上对"慎独"做出新的界定和诠释，并揭示其作为儒家"为己之学""修齐治平论"（"内圣外王"）

---

① 有关这方面的研究，可参阅〔日〕岛森哲男的《慎独の思想》（载《文化》第42卷，第3、4号，1979年3月）；〔日〕池田知久《马王堆汉墓帛书〈五行篇〉所见的身心问题》（见《道家文化研究》第三辑，上海古籍出版社1993年版）；郭齐勇《郭店楚简身心观发微》（载《郭店楚简国际学术研讨会论文集》）；庞朴《竹帛〈五行〉篇比较》（载《中国哲学》第二十辑"郭店楚简研究"）；梁涛《郭店竹简与"君子慎独"》（见庞朴主编《古墓新知》）；李景林《帛书〈五行〉慎独说小议》（见《人文杂志》2003年第6期）；张丰乾《"慎独"之说再考察——以训诂哲学的方法》（见方克立主编的《中国传统哲学的现代诠释——第12届国际中国哲学大会论文集》，商务印书馆2003年版）等。

而体现的"道德安身主义"及"公共关怀"的特质。

一 作为内在道德本性的"独"

"慎独"是"慎其独"名词化后的一个术语,早期儒家传世文献《中庸》《大学》和《礼器》等篇,还有新出土的简帛《五行》篇,用的都是叙述式的"慎其独",而无名词性的"慎独"。《大学》《中庸》和《礼器》是《礼记》中的三篇,《礼记》按照传统的说法,大都是孔子后学所记。①据此,这三篇的"慎独论",当是孔门后学的思想。问题是《五行》篇的"慎独论"代表谁的思想。现在一般认为《五行》篇就是荀子批评的子思和孟子的"五行"。帛书《五行》篇有"经"有"说",二者不应是出自一人之手。如果"经"是子思所作,就有两个问题需要回答,一是"说"的作者是谁?二是孟子与"五行"究竟是什么关系。按照荀子的说法,"五行"是"子思唱之,孟轲和之"。这里的"和之",如果不意味着孟子作了解说性的"说",那就只能从思想上的关系来看。现在还没有根据能够认为"说"是孟子的作品。就思想而论,《孟子》一书中虽然没有"五行"之语,但《孟子》中有一段话是把《五行》中的五种"德行"合在一起论述的,这就是《尽心下》所说的"仁之于父子也,义之于君臣也,礼之于宾主也,智之于贤者也,圣人之于天道也,命也,有性焉,君子不谓命也"。孟子这里用的是"圣人",但意思与"圣"基本上是一样的。如果"人"是衍文,而不是"圣",那就与《五行》篇完全一样了。《五行》篇所说的

---

① 按《史记》的记载,《礼记》为孔子弟子七十子及再传弟子所记,《中庸》出自子思,《大学》之"经"为孔子之意,传是曾子之意而弟子记之。新出土的简帛《五行》篇,其所说的"五行",现在一般认为就是荀子批评子思和孟子的"五行"。据此,《中庸》和《五行》的"慎独"思想主要属于子思之学;《大学》中的"慎独"思想主要属于曾子之学;《礼器》篇的作者难以具体指明,但其"慎独"思想可以说是属于广义的孔门后学。

"圣",其特质是"知天道"。如说"闻而知之,圣也""闻之而遂知其天之道也,圣也""闻而知之,圣也。圣人知天道也"。《德圣》篇亦有"知天道曰圣"的说法。孟子心目中的"圣人"也是与知"天道"联系在一起的。可以肯定,孟子确实不只是讲"仁义礼智"四端(虽然这是主要的),而且也讲类似于"五行"的"仁义礼智圣(人)"。还有一个根据是他对"大体"与"小体"的区分。《五行》篇用的是"人体之大者"与"人体之小者",还有一处用了"小体",但没有"大体"之名。孟子直接使用相对意义上的"大体"与"小体",当是受前者影响而概括出来的。对《五行》篇"说"的出现时间,现有两种说法,一是认为在孟子之后,庞朴先生持之;①一是认为在孟子之前,李学勤先生持之。②我觉得把它看成是子思后学的作品,也许更为恰当些。从"体"之"大小"的说法,也可以推断。按照最早的记载,孟子不是子思的嫡传弟子,而是子思门人的弟子。由于孟子是孔子之后的一个大儒,他又受到过子思之学和后学的影响,在思想上他们有一些共同性,荀子把他们放在一起批评可以理解。以《五行》的"经"和"说"为子思及其后学的作品,那么其中的"慎独论"自然也属于孔孟之间的思想。

早期儒家"慎独论"作为孔门后学或孔孟之间创立的思想,更具体说它主要作为曾子之学和子思之学的思想,彼此之间是什么关系,其核心是什么,是否可以作出统一的界定,这都是需要进一步探讨的

---

① 按照庞朴说法,"说"是在孟子之后,但根据他的论证,更应是在荀子之后。参阅庞朴《竹帛〈五行〉篇比较》(载《中国哲学》第二十辑"郭店楚简研究")和《竹帛〈五行〉篇与思孟五行说》(见《文化一隅》,中州古籍出版社 2005 年版)。

② 照李学勤看法,《五行》传文是世子之意而门人记之,或者就是世子的作品。至于《五行》经文应当更早,当是子思作品。参见李学勤《从简帛佚籍〈五行〉谈到〈大学〉》(载《孔子研究》1998 年第 3 期)。另,池田知久对简帛《五行》"经"与"说"的关系,也有讨论,请参阅《郭店楚简〈五行〉の研究》,载《郭店楚简国际学术研讨会论文集》。

问题。郑玄和朱熹对"慎独"的注释,在儒家经学史和儒家思想史上具有代表性。郑玄的《礼记注》和朱熹的《四书集注》在历史上都负有盛名,起到了正统性教科书的作用,因此,人们对"慎独"的理解和解释多受郑玄和朱熹的影响是很自然的。但郑玄和朱熹的解释,实际上是很不相同的。关键的问题是"独",郑玄把"独"解释为无任何人在场的"独居"或"闲居"。由于人的道德意志因场景的变化会发生变化,特别是当一个人独自居处时容易放松警惕而产生非道德行为,所以特别需要谨慎,以保持自己一贯的道德自觉。① 郑玄对《礼器》篇中的"独"没有对应性的解释,他对《礼器》所说的"如此,则得不以少为贵乎?是故君子慎其独也",概括性地解释说:"少其牲物,致诚悫。"孔颖达的《礼记正义》解释"是故君子慎其独也"这句话说:"既外迹应少,故君子用少而极敬慎也。"郑玄可能意识到了这里的"独"是不能解释为"独居"或"闲居"的。孔颖达也没有具体解释"独"。与郑玄不同,朱熹把《大学》和《中庸》中"慎独"的"独",都解释为"人所不知而己所独知之地"。它不是指外在环境和场所上自己身体的"独处",而是指自己的意念处或灵魂深处。据此来说,"独"是指自己内心世界的一种未发状态,人要在这个未发之处,就戒慎和防止出现非道德的念头。②《五行》篇的"说",明确地把"心"界定为

---

① 郑玄解释《中庸》的"是故君子戒慎乎其所不睹,恐惧乎其所不闻"说:"小人闲居为不善,无所不至也。君子则不然,虽视之无人,听之无声,犹戒慎恐惧自修正,是其不须臾离道。"解释其后"莫见乎隐,莫显乎微。故君子慎其独也"说:"慎独者,慎其闲居之所为。小人于隐者,动作言语,自以为不见睹,不见闻,则必肆尽其情也。若有觇听之者,是为显见,甚于众人之中为之。"

② 朱子解释《大学》的"所谓诚其意者:毋自欺也,如恶恶臭,如好好色,此之谓自谦,故君子必慎其独也"说:"独者,人所不知而己所独知之地也。言欲自修者知为善以去其恶,则当实用其力,而禁止其自欺。使其恶恶则如恶恶臭,好善则如好好色,皆务决去,而求必得之,以自快足于己,不可徒苟且以殉外而为人也。然其实与不实,盖有他人所不及知而己独知之者,故必谨之于此以审其几焉。"解释《中庸》的"独"说:"独者,人所不知而己所独知之地也。言幽暗之中,细微之事,迹虽未形而(转下页)

"独",或者以"心"为"独",这与郑玄的理解截然不同,但与朱熹的解释则较为接近些。从整体上说,"慎其独"的"独"肯定不能再理解为"独居"或"闲居",它根本上是指"自我"(即"道德主体")本身的特性,更具体地说应该是指自我的道德本性或者本心,它是人成就和实现自身道德人格的根据和基础。

"独"字的起源,大体上与某种动物及其习性有关,只是《说文》解释为"犬的习性"("犬相得而斗也。……羊为群,犬为独也";段玉裁注云:"犬好斗,好斗则独而不群,引申假借之为专一之称。"),而《正字通》则解释为"一种猨类的习性"("猨类。似猿而大。猨性群,独性特。")。"独"与"特"义近,故有"独特"之语,《广雅·释诂》解释说:"特,独也。""独"演变为指人事,有"单独"一个人的意思,也指人的"独特性"。但郑玄从"单独一个人"引申到一个人的"独居"或"闲居",使之脱离开"一个人"本身或人的"特性"的意思。《荀子·不苟》篇也主张"慎其独",杨倞解释说:"慎其独,谓戒慎乎其所不睹,恐惧乎其所不闻。"但其"不睹""不闻",不知其具体所指(也许近于郑玄说)。清人主张释"慎独"的"慎"为"诚",相应地有人就把"独"解释为"身",如陈硕甫说:"《中庸》言慎独,即是诚身。"①"身"与"己"相近,日本德川时代的古学家狄生徂徕就以"独"为"己"。②"身""己"与"心"和"意"是贯通的,因此可以联系起来看,但所指又各有所侧重。整体意义上的"身"和"己",包括

(接上页)几则已动,人虽不知而己独知之,则是天下之事无有著见明显而过于此者。是以君子既常戒惧,而于此尤加谨焉,所以遏人欲于将萌,而不使其滋长于隐微之中,以至离道之远也。"朱子对"独"的解释大概是接受了邵雍的说法。邵雍在《意未萌于心》中说:"意未萌于心,言未出诸口,神莫得而窥,人莫得而咎,君子贵慎独,上不愧屋漏,人神亦吾心,口自处其后。"(《伊川击壤集》卷之十三)

① 见王先谦《荀子集解》,中华书局1988年版,第47页。
② 荻生徂徕在《大学解》和《中庸解》中,不赞成朱熹对"独"的解释,认为"独"即是"己"。

了"心"和"意"在内,但在"身"与"心"和"心意"等精神性的东西相对的意义上,"身"则专指人的形体;"己"相对于"他者",强调"自身"和"自己"。在不太严格的意义上,"独"可以说就是个人自身或自己,这也符合儒家道德实践和精神修炼(如"修身"和"正己""有诸己"等)以"自我"为立足点和出发点的特征。①

进一步而言,儒家的"独"注重相对于"外"的"内",相对于"表"的"里"和"中",相对于"形体"的"内心"。《大学》主张"诚其意",强调"诚于中,形于外",以"中"和"外"对举,其"中"即指"内心","外"则是指人显示出来的举止和言行等外在的表现。由于"内心"是"真诚的",它的外在表现自然也是真实的。《中庸》把人的"喜、怒、哀、乐"等情感之"未发"的状态,称为"中",其"中"也是指"内心"。《五行》篇更有"中心"与"外心"之二分。"经"文称:

> 以其外心与人交,远也。远而庄之,敬也。敬而不懈,严也。严而畏之,尊也。尊而不骄,恭也。恭而博交,礼也。

"说"则有以下的解释和引申:"外心者,非有他心也。同此心也,而有谓外心也,而有谓中心。中心者,嫄然者也;外心者也,其䨳廓然者也,言此心交远者也。"《大戴礼记·曾子立事》以"目"与"心"、"言"与"行"的对应性关系为例,说明内在性的"中"自然将表现于"外":

> 故目者,心之浮也;言者,行之指也;作于中,则播于外也。故曰:以其见者,占其隐者。故曰:听其言也,可以知其所

---

① 《庄子·大宗师》谈到的精神修炼中"见独"的"独",也可以理解为对自我道德主体的自觉和把握。

好矣。①

《中庸》的"已发"是指表现出来，表现出来如果合乎了"节"（"适度"）就是"和"（"和谐"）。其"未发"状态的"中"，则是根本性的（"中也者，天下之大本也"），这意味着它本身是一种"平衡的"理想状态，作为其表现，它发自于内在平衡的"中"。

《礼记·礼器》篇把作为外在性表现的"礼仪"之形式及其多少比之为"礼之体"，如说："礼也者，犹体也。体不备，君子谓之不成人。设之不当，犹不备也。"说起来，儒家非常注重"礼仪"之外在表现，有的礼仪也非常繁琐和铺张，但原则上，儒家并不认为"礼仪"越复杂越好，而是根据不同情况设置了不同的礼仪规范和标准。《礼器》区分"礼"的"多少"，主张相应于不同的需要来体现不同的意义。《礼器》篇并不否认"礼以多为贵"，认为这反映的是人们希望从外在方面来表现"自己的内心"；但同时也主张"礼以少为贵"，认为这是不注重外在形式性的表现，而注重"内心的真诚"。但究竟是以多为好还是以少为好，衡量的标准是"称"（即合乎"礼"的标准和要求）。《礼器》载：

> 孔子曰："礼，不可不省也！礼不同，不丰，不杀。"此之谓也。盖言称也。礼之以多为贵者，以其外心者也。德发扬，诩万物，大理物博，如此，则得不以多为贵乎？故君子乐其发也。礼之以少为贵者，以其内心者也（郑注："用心于内，尚其德在内。"）。德产之致也精微，观天下之物无可以称其德者，如此，则得不以少为贵乎？是故君子慎其独也。古之圣人，内之为尊，外

---

① 《黄帝四经·十六经·行守》也说出了类似的意思："言之壹，行之壹，得而勿失。[言]之采，行之熙，得而勿以。是故言者心之符[也]，色者心之华也，气者心之浮也。有一言，无一行，谓之诬。故言待首，行志卒。"

之为乐，少之为贵，多之为美。是故先王之制礼也，不可多也，不可寡也，唯其称也。

可以看出，"礼"作为仪式和外在表现，既非多多益善，亦非越少越好。但合乎"称"的"礼"之所以"以少为贵"，是因为它注重与"外"相对的"内"和"内心"，注重内在的道德自觉和真诚。郑玄尽管没有具体解释"独"，但他却抓住了"礼以少为贵"注重的是人的内在性（如注中所说的"用心于内，尚其德在内"；疏所说的"外迹应少"等）这一核心。从重视内在性上看，就容易理解孔子提出的"无体之礼"。照《礼记·孔子闲居》的记载，子夏请教孔子，一个人如何做才有资格成为"民之父母"，孔子提出了"五至说"和"三无说"：

> 子夏曰："五至既得而闻之矣，敢问何谓三无？"孔子曰："无声之乐，无体之礼，无服之丧，此之谓三无。"子夏曰："三无既得略而闻之矣，敢问何诗近之？"孔子曰："'夙夜其命宥密'，无声之乐也。'威仪逮逮，不可选也'，无体之礼也。'凡民有丧，匍匐救之'，无服之丧也"。子夏曰："言则大矣！美矣！盛矣！言尽于此而已乎？"孔子曰："何为其然也！君子之服之也，犹有五起焉。"子夏曰："何如？"孔子曰："无声之乐，气志不违；无体之礼，威仪迟迟；无服之丧，内恕孔悲。无声之乐，气志既得；无体之礼，威仪翼翼；无服之丧，施及四国。无声之乐，气志既从；无体之礼，上下和同；无服之丧，以畜万邦。无声之乐，日闻四方；无体之礼，日就月将；无服之丧，纯德孔明。无声之乐，气志既起；无体之礼，施及四海；无服之丧，施于孙子。"

这段对话，整体上反映了孔子关注人的内在情感和心志的倾向。"无体之礼"是"三无"之一，它注重没有外在性的表现，在内心之中具有真实的"礼仪"情怀。①孔颖达的解释是:"此三者,皆谓行之在心,外无形状,故称无也。"此解颇得其旨。孔子回答林放"礼之本"所说的"大哉问!礼,与其奢也,宁俭;丧,与其易也,宁戚"(《论语·八佾》),也是从真情实感上强调"礼"的简省。或许是受"三无说"特别是"无服之丧"看法的影响,《五行》篇的"说",从丧服制度与内心悲哀的关系,解释《诗·邶风·燕燕》"之子于归,远送于野。瞻望弗及,泣涕如雨"之诗句说:

能差池其羽然后能至哀。言至也。差池者,言不在哀绖。不在哀绖也,然后能至哀。夫丧,正绖修领而哀杀矣,言至内者之不在外也。是之谓独。独也者,舍体也。

照这里所说,"至内"的东西不需要通过"外在"的东西来表现,内心的悲哀也不需要丧服来体现。很明显,这里所说的"独",正是这种"内在性"的东西。《五行》的"说"还第一次提出了新颖的摆脱"礼仪"形式的"舍体"概念,如说:"舍其体而独其心","舍夫五而慎其心之谓独"。②作为"舍体"意义上的"独",它是指摆脱"礼仪之

---

① 韩非子对"礼"的看法,可以帮助理解孔子所说的"无体之礼"。韩非说:"礼者,所以貌情也,群义之文章也,君臣父子之交也,贵贱贤不肖之所以别也。中心怀而不谕,故疾趋卑拜而明之;实心爱而不知,故好言繁辞以信之。礼者,外饰之所以谕内也。故曰:礼以貌情也。""礼为情貌者也,文为质饰者也。夫君子取情而去貌,好质而恶饰。夫恃貌而论情者,其情恶也;须饰而论质者,其质衰也。何以论之?和氏之璧,不饰以五采;隋侯之珠,不饰以银黄。其质至美,物不足以饰之。夫物之待饰而后行者,其质不美也。是以父子之间,其礼朴而不明,故曰:'礼,薄也。'凡物不并盛,阴阳是也;理相夺予,威德是也;实厚者貌薄,父子之礼是也。由是观之,礼繁者,实心衰也。"(《韩非子·解老》)

② 池田知久把"舍体"的"体"解释为"身体性的表现"。(参阅〔日〕池田知久《马王堆汉墓帛书五行研究》,第118—122页)准确地说,"体"应该是指"礼仪"形态,是包括"身体"和"礼仪"在内的统一体。

体"的约束和限制,而专注于"内心"。①作为舍弃"五"而"慎其心"的"独",是不再计较"五行"的形式和名目,在内心中把它们凝聚为"统一"的道德操守。由此来说,儒家对"内"的注重,在这里已经走到了把丧服的礼仪之外与内心深处的悲哀之内对立起来的程度,抽象地说就是摆脱和超越外在性而专注于内在的自我。《庄子·渔父》中的说法可谓是对此的一个很好注解:

> 谨修而身,慎守其真,还以物与人,则无所累矣。今不修之身而求之人,不亦外乎!孔子愀然曰:"请问何谓真?"客曰:"真者,精诚之至也。不精不诚,不能动人。故强哭者,虽悲不哀;强怒者,虽严不屯;强亲者,虽笑不和。真悲无声而哀,真怒未发而威,真亲未笑而和。真在内者,神动于外,是所以贵真也。其用于人理也,事亲则慈孝,事君则忠贞,饮酒则欢乐,处丧则悲哀。忠贞以功为主,饮酒以乐为主,处丧以哀为主,事亲以适为主。功成之美,无一其迹矣;事亲以适,不论所以矣;饮酒以乐,不选其具矣;处丧以哀,无问其礼矣。礼者,世俗之所为也;真者,所以受于天也,自然不可易也。故圣人法天贵真,不拘于俗。愚者反此。不能法天而恤于人,不知贵真,禄禄而受变于俗,故不足。"

《五行》篇的"说"从"舍体"即从"内在性""内心"或"中心"看待和理解"独",这与《五行》篇的"经"区分"形于内"与"形于外"和注重五种"德行"的内在性是一致的,也与传世文献和郭店竹

---

① 李景林认识到"舍弃"不是完全抛弃,但注重内心的结果,相应地就意味对"外在"之礼仪的轻视或者超越,因此,"舍弃"恰当地说应该是"摆脱"礼的外在性和形式化了的表现,而追求内心的真情实感。(参阅李景林的《教化的哲学——儒学思想的一种新诠释》,黑龙江人民出版社2006年版,第227—230页)

简从"内"与"外"划分伦理道德价值不同根据的思考方式相呼应。战国时期集中表现为以"仁"为"内"和以"义"为"外"的"内外说",一方面是对伦理道德价值和原则进行区分,另一方面是为伦理道德价值和原则寻求不同的来源和基础。①"慎独"的"独",实际上就是从人的"内在"方面思考伦理道德的基础和根据。现在的问题是,作为人的"内在性"的"独",它指的究竟是什么。根据简帛文献,并结合传世文献来看,它是指"人"的内在道德"本性""本心"和"德性",再具体地说,就是"诚"和"仁"等伦理道德价值。

从典型形态说,"性善论"确实是孟子的发明。孔子只是提出了"性相近,习相远"的命题,而且没有对"相近"的"性"是什么作出具体界定和解释,更没有进一步的发挥。大体上说,孔子还不关注人的道德根源和内在本性问题。②但孔孟之间的孔门之学,已经开始讨论"人性"问题。孟子与告子争论"人性"是否为善,告子的主张是"性无善无不善",大家知道他以"食色"为"性",认为"人性"本身无所谓善与不善。但依据《孟子·告子上》的记载,当时人们所知的人性论,除了告子的说法外,还有公都子以"或曰"的方式提到的另外两种:一是"性可以为善,可以为不善";二是"有性善,有性不善"。照《论衡》对早期人性论的说明,"性可善可不善"是世硕的看法,"有性善性不善"则是公孙尼子、宓子贱、漆雕开的主张,他们都是孔子的弟子。《论衡·本性》篇评论说:

> 自孟子以下至刘子政,鸿儒博生,闻见多矣。然而论情性,竟无定是。唯世硕(儒)、公孙尼子之徒,颇得其正。

---

① 有关"仁内义外说",参阅王博《论"仁内义外"》。
② 《论语·雍也》篇载:"中人以上可以语上也,中人以下不可以语上也。"但在孔子之时代,这种对人的认识还没有到达作为"性"的问题来讨论的程度,更不可能对人性进行概括性的论述。

第十一章　早期儒家的"慎独论"与"为己之学"及"公共关怀"

公都子问孟子，如果"性"是"善的"，是不是其他的看法都是不正确的。孟子没有直接回答公都子的问题，他强调说："乃若其情，则可以为善矣，乃所谓善也。若夫为不善，非才之罪也。"根据孟子的这一解释，所谓"性善"，是就人的真实情况（自然才质）有成为善的可能这种意义上而说的。一个人如果为不善，那不是因为他的才性本身的问题。这显然与世硕和公孙尼子的人性论不同，自然不可能是孟子"性善论"的直接来源。但不能据此就认为孟子的"性善论"没有来源。如孟子为了证明"性善论"的经典根据，他引用了《诗经》的诗句"天生烝民，有物有则。民之秉彝，好是懿德"，还引用孔子对这句诗的评论"为此诗者，其知道乎！故有物必有则；民之秉彝也，故好是懿德"。

进一步而论，在孔孟之间，作为人的道德本性的"人性"问题实际上已经提出来了，甚至还出现了"性善"的说法。郭店竹简的《性自命出》篇，将"性"与"命"、"天"和"情""心"作为结构性的问题加以讨论，认为人的"性"是出于"命"，"命"是来自于"天"，而"情"则出于"性"："性自命出，命自天降。道始于情，情生于性。"在《性自命出》中，来自于"天"和"命"的"性"是指"好恶"和"喜怒哀悲之气"，它是人所共有的潜在的静态性的先天素质。如说："四海之内，其性一也"。① "性"表现出来就是动态性的"情"（"情感"）。把人天生的"好恶""喜怒哀乐之气"等作为潜在的"性"，把它们的表现视之为"情"，仅就此而言，这与荀子所说的"性情论"非常接近，也容易从消极的"自然性情"来看待。但《性自命出》的这种"性情论"，决然不同于荀子的"性恶论"，当然反过来也不能简单地说就是孟子那样的"性善论"，② 不过，大体上是朝向"性善论"的方

---

① 郭店楚简《尊德义》的"凡动民必顺民心，民心有恒，求其永"，强调"心"的"常"和"久"；《成之闻之》的"民皆有性"，强调"民"的禀赋有统一的"性情"。

② 这就使问题变得复杂化，也是引起争论的原因。

向，可以称为"弱性善论"。就其"善不善，性也；所善所不善，势也"而论，它似乎是主张"性"有善有不善。但从所说的"未言而信，有美情者也。未教而民恒，性善者也"来看，应该说这又是主张"性情"是"美好的"。《性自命出》提出"仁生于性"，《语丛（二）》中有"爱生于性""智生于性""慈生于性"等说法，"爱""智"和"慈"等在儒来那里都是"美德"。《性自命出》还有"仁，性之方也。性或生之""爱类七，唯性爱为近仁"等论述。"方"这个字对理解"仁"与"性"的关系至关重要。"方"既有"方法"和"方式"的意义，也有"类""方面"等意思，王博释之为"放"，认为"放"有"外推"和"引申"之意。结合下文的"性或生之"和下面的"唯性爱为近仁"，释"方"为"类"则更为恰当。① 也许是受宋明儒学"理欲""性情"二元论的影响，说到"情"特别是"欲"，人们往往不自觉地从自然"情感"和"欲求"上来看，其实这是一种偏见。"欲"和"望"合在一起的欲望，不等于人饮食男女等生理上的欲求，它同样可以指人追求美德和正义的欲求，就像孟子所说的"可欲之谓善"那样。因此，《性自命出》的"好恶"和"喜怒哀乐"等素质，也不是不可以理解为"向善"的"道德性"素质，如好美德，恶邪恶；② 如哀其哀的同情心和

---

① 如《广韵·阳韵》云："方，道也。"《广雅·释诂二》："方，义也。"《论语·雍也》："夫仁者，己欲立而立人，己欲达而达人。能近取譬，可谓仁之方也已。"郑注云："方犹道也。"还有所谓"方以类聚""不可方物"等说法的"方"，其义亦近。王博把它解释为"放"恐非是。（见《论郭店楚墓竹简中的"方"字》，《简帛思想文献论集》，台湾古籍出版有限公司2001年版，第273—286页）《性自命出》所载"察，义之方也。义，敬之方也。敬，物之节也。笃，仁之方也。仁，性之方也。性或生之。忠，信之方也。信，情之方也"，其中的"方"，可作同释。

② 如孟子有"文王一怒而安天下之民。……而武王亦一怒而安天下之民。今王亦一怒而安天下之民，民惟恐王之不好勇也"（《孟子·梁惠王下》）的"大怒论"。有关"恶"，孟子亦说："仁则荣，不仁则辱。今恶辱而居不仁，是犹恶湿而居下也。"（《孟子·公丑上》）《礼记·乐记》认为乐是人情："乐者，天地之命，中和之纪，人情所不能免也。"

乐善好施的慈善心肠等。《性自命出》解释"哀乐"说：

> 凡至乐必悲，哭亦悲，皆至其情也。哀、乐，其性相近也，是故其心不远。哭之动心也，浸杀，其央恋恋如也，戚然以终。乐之动心也，濬深郁陶，其央则流如也以悲，悠然以思。

这里的"哀乐"都是发自人的内心的"悲欢"之情，这是儒家"礼乐观"所要求的。《性自命出》的"恶类三，唯恶不仁为近义"，不用说是"道德性情"。同样，《语丛（二）》中的"欲生于性""恶生于性""喜生于性"等，其"性"自然也可以从"道德性"上来理解，"欲"可以是对善的愿望和要求。"爱类七"和"恶类三"的说法，不见于儒家传世的"经传"，①但其"爱仁"和"恶不仁"，则是作为道德上的"爱之一"和"恶之一"。由此来说，同样，出于"性"的"情"，也可以是"道德情操""道德情怀"或者对"正义的热情"，它是发自人的内在本性的向善的真实情感。只是，《性自命出》的"性"是静态性的人的先天禀赋的素质。如说：

> 凡性为主，物取之也。金石之有声，弗扣不鸣；虽有性，心弗取不出。凡心有志也，无与不可，性不可独行，犹口之不可独言也。

静态的性要表现出来，取决于后天的环境和条件，特别是要受到外界事物的影响，就像《礼记·乐记》所说的那样："人生而静，天之性也。感于物而动，性之欲也。物至知知，然后好恶形焉。"《性自命

---

① 《吕氏春秋》有《爱类》篇，其所说的"爱之类"有五："民寒则欲火，暑则欲冰，燥则欲湿，湿则欲燥，寒暑燥湿相反，其于利民一也。"这里的"喜爱"，都是指人生理上的自然需求。

出》列出了外在事物和事态感动"性"的许多情况：

> 凡性，或动之，或逢之，或交之，或厉之，或出之，或养之，或长之。凡动性者，物也；逢性者，悦也；交性者，故也；厉性者，义也；出性者，势也；养性者，习也；长性者，道也。

人的主观能动性能够"养性"，"养性"靠的是日常生活中不断的"练习"，以形成"定性"或"习性"，《性自命出》说："凡人虽有性，心亡定志，待物而后作，待悦而后行，待习而后定。"又说："习也者，有以习其性也。"《性自命出》强调"情感"的真实表现，有"贵情"之倾向，如说："凡人情为可悦也。苟以其情，唯（虽）过不恶；不以其情，唯（虽）难不贵。苟有其情，唯（虽）未之为，斯人信之矣。"但《性自命出》同时也认为，"情"还需要"心"来调节，使"情"保持"不失"：

> 凡学者隶＜求＞其心为难。从其所为，近得之矣，不如以乐之速也。唯（虽）能其事，不能其心，不贵。求其心有为（伪）也，弗得之矣。人之不能以为（伪）也，可知也。其过十举，其心必在焉，察其见者，情安失哉？

与此类似，《礼记·乐记》中所说的"好恶无节于内，知诱于外，不能反躬，天理灭矣"，也是要求对"情"进行节制。总之，《性自命出》的"性情论"，在一程度上是把"性"看成是善的，这可以说是一种"弱性善论"。或者至少可以说，它是认为"性"作为一种先天的素质，具有向善的倾向和可能性，它表现出的"情"，也可以是道德的情感，当然要以适度的方式来表现。这从《左传·昭公二十五年》记载的子产的话和《中庸》所说的"未发"之"中"和"发而中节"也可以得到印证。①

与《性自命出》相比,《五行》篇的"说"在从植物、动物到人这种依次递进的关系中提出了"草木之性""禽兽之性"和"人之性"之分,认为"草木之性"是有生命而无"好恶","禽兽之性"是"有好恶"无"礼义",惟独"人之性"是"有仁义",这是比较明确地认为人具有"向善"的本性。《五行》篇说:

> 循草木之性,则有生焉,而无好恶。循禽兽之性,则有好恶焉,而无礼义焉。循人之性,则巍然知其好仁义也。不循其所以受命也,循之则得之矣,是目之已。故目万物之性而〔知人〕独有仁义也,进耳。"文王在上,于昭于天",此之谓也。文王源耳目之性而知其好声色也,源鼻口之性而知其好臭味也,源手足之性而知其好佚愉也,源心之性则巍然知其好仁义也。故执之而弗失,亲之而弗离,故卓然见于天,著于天下,无他焉,目也。故目人体而知其莫贵于仁义也,进耳。②

值得注意的是,这里把"知仁义"看成是"心"的本质,将"心"与"性"统一起来,而且在相对的意义上,明确将人的耳目鼻口等感官的"性情"界定为自然欲望,主张"心"对感官的主导性。"说"解释说:

> 耳目也者,悦声色者也;鼻口者,悦臭味者也;手足者,悦

---

① 出自子产的这段话说:"则天之明,因地之性,生其六气,用其五行。气为五味,发为五色,章为五声。淫则昏乱,民失其性。……民有好恶、喜怒、哀乐,生于六气。……哀乐不失,乃能协于天地之性,是以长久。"

② 《说》解释"和则同"说:"和也者,小体变然不患于心也,和于仁义。仁义,心〔也〕。同者,与心若一也,口约也,同于仁〔义〕。仁义,心也,同则善耳。"

佚愉者也。心也者，悦仁义者也。此数体者皆有悦也，而六者为心役，何也？曰：心贵也。有天下之美声色于此，不义，则不听弗视也。有天下之美臭味于此，不义，则弗求弗食也。居而不问尊长者，不义，则弗为之矣。何居？曰：几不［胜］□，小不胜大，贱不胜贵也哉！故曰心之役也。耳目鼻口手足六者，人□□，［人］体之小者也。心，人□□，人体之大者也，故曰君也。

《五行》"说"的"心"，其意义和作用与孟子所主张的"心"，非常接近。《五行》的"心性论"，可以说是孟子的"性善论"和"心性论"的前奏，后者应该是在前者的直接影响下产生的，而不是相反。

同样，"性善"和"心性"的思想因素在孔孟之间的其他文本中也有所表现。《中庸》所说的"天命之谓性，率性之谓道，修道之谓教""唯天下至诚，为能尽其性。能尽其性，则能尽人之性"，其根源天命的"人性"和"尽性"，当是道德意义上的"德性"和"德行"。儒家"人"为万物"尊贵者"的观点，根本上就是以"人"的"德性"为基础的，如《语丛（一）》也说："夫天生百物，人为贵。人之道也，或由中出，或由外入。"后来孟子明确提出人人有"贵于己者"的论题，这里的"己"就是指道德自我，具体来说就是人先天禀赋的"仁义礼智"等道德本性。在孔门后学那里，作为人的内在道德本性的"心性"，除了上面所说的"仁爱"和"义"等道德价值外，还有一个非常突出的道德价值即"诚"。《中庸》"尚诚"，认为"诚"是人之性（"自诚明，谓之性"），也是天之道（"诚者，天之道也"）。荀子虽然主张"性恶论"和"天人相分"，根本上以"天"为非道德性的"自然"，但他的思想中仍然有"心性论"和"天德论"的因素，如他也重视"诚"，其论述"养性""诚"和"独"的一段很重要的话，就有

"诚"是"天德"的思想。①《荀子·不苟》篇说：

> 君子养心莫善于诚，致诚则无它事矣。惟仁之为守，惟义之为行……变化代兴，谓之天德。天不言而人推高焉，地不言而人推厚焉，四时不言而百姓期焉。夫此有常，以至其诚者也。君子至德，嘿然而喻，未施而亲，不怒而威。夫此顺命，以慎其独者也。善之为道者，不诚则不独，不独则不形，……夫诚者，君子之所守也，而政事之本也。

对其中所说的"夫此顺命，以慎其独者也"，杨倞解释说："人所以顺命如此者，由慎其独所致也。"这里的"独"，其核心就是来源于天的"诚之性"；所说的"不诚不独，不独不形"，恰当地解释应该是，不诚就不能确立自己的独特的"诚性"，不能确立自己的独特的"诚性"，就不能有真实的自我展现。《礼记·乐记》有"夫民有血气心知之性"和"德者，性之端也"的说法。"心知之性"也许不能说就是道德自觉的本性（像孟子的"良知良能"），但以"德"为"人性之端"，应该有人性善的意思，与孟子的"善性之端"有类似性。

通过上面的考察，我们可以肯定地说，孔门后学从自我的"内在性"到"心性"再到"仁爱"和"诚"等具体德目这种环环相扣而确认的道德"本性"，实际上就是"独"的实质。反过来说，"独"就是以"性"和"心"等为根本的人的内在道德本性。现在再来看刘宗周以"独"为人的道德本体的说法，也许就容易理解了。刘宗周说："圣贤千言万语说本体说工夫，总不离慎独二字，独即天命之性所藏精处，

---

① 《荀子·礼论》篇有"凡生乎天地之间者，有血气之属必有知，有知之属莫不爱其类。……有血气之属莫知于人，故人之于其亲也，至死无穷"的说法；亦有"礼有三本：天地者，生之本也；先祖者，类之本也；君师者，治之本也。……故礼，上事天，下事地，尊先祖，而隆君师"的说法。

而慎独即尽性之学。"(《刘子全书》卷五《圣学宗要·阳明王子》)"独之外别无本体,慎独之外别无功夫。"(《刘子全书》卷八《中庸首章说》)"慎独之功,只向本心呈露时随处体认去,使得全体荥然,与天地合德。"(《刘子全书》卷六《证学杂解》)即便刘宗周的"独"是本体论意义上的一种建构,但他的这种建构和我们的考察得出的看法,则可以互相印证。

二 "慎"与"慎独"的层次

以上是对作为理解"慎独"具有关键性的"独"的考察,下面再来看一下"慎独"的"慎"。"慎独"的"慎",一般解释为"戒慎"和"戒惧",郑玄和朱熹虽然对"独"的理解不同,但他们对"慎"的解释则比较接近,即都释"慎"为"戒慎"或"戒惧",均偏重于从约束自己、提醒自己甚至是防止、避免和控制自己出现"不良"念头和行为等方面来看"慎"。① 说起来,"慎"确实有"戒慎"和"戒惧"的意思,早期文献中这方面的用例很多。与此不同但有所联系,"慎"是指"诚"和"真"。《诗·小雅·巧言》所说的"予慎无罪""予慎无辜"之中的"慎",毛传释为"诚",也就是"确实"。《尔雅·释诂》亦云:'慎,诚也。"作为动词的"诚心""诚意"之"诚",它是使动性的"使自己真诚"。"慎"字的构形从"心"从"真",俞樾《群经平议》说"慎、真,古通用","真"和"真心",也就是"诚"。《庄子·渔父》记载,孔子问"何谓真",客曰:"真者,精诚之至也"。如果以"慎"为"诚",以"独"作为广义的"自我"或"己","慎独"就是使自己"真诚"和达到"真诚"的意思。这是以自我或己("独")

---

① 这种意义上的"慎",与把"克己复礼"的"克己"解释为"约身"或者"克制自己"类似。

的"问题性"为出发点的。但根据我们对"独"的界定,释"慎"为"诚"就不恰当。

巧妙的是,"慎"与"谨"和"敬"结合在一起则具有"敬重""重视"等重要的意义层面。进一步而言,"慎"有"专注""保持"和"持守"的意思。《左传·桓公十七年》有"慎守其一"之语,直接把"守"与"慎"合用;《国语·周语下》说:"慎,德之守也。守终纯固",也把"慎"和"守"联系在一起,"慎"是指守护德。新近出版的上博简《三德》有"君子不慎其德""慎守其□""各慎其度,毋失其道"等说法,这里用的三个"慎"字,其中一个是与"守"直接合在一起使用的"慎守";其他两例也可以从"守"的意义上来理解。"不慎其德",即"不守其德"。第三例"各慎其度,毋失其道","慎"与"失"并举,"慎"即"守",即"各守其度,不丧失道"。郭店竹简《成之闻之》篇有"敬慎以守之,其所在者入矣","敬慎"意即"守"。另,此篇的"言慎求之于己,而可以至顺天常矣。……故君子慎六位,以祀天常",两处用的"慎"字,前一例可释为"认真",后一例宜释为"守"。《庄子·渔父》说:"谨修而身,慎守其真,还以物与人,则无所累矣。"其中的"慎守其真"之"慎",很明显即是"持守";《韩非子·解老》载:"今治身而外物,不能乱其精神。故曰:'修之身,其德乃真。'真者,慎之固也。"其中的"真者,慎之固也","慎"与"固"对称,"慎"意为"固守"。与此类似,睡虎地秦简《为吏之道》所说的"凡为吏之道,必清洁正直,慎谨坚固,审悉无私",其中"慎谨"与"坚固"相应,"慎谨"也是在"固守"的意义上使用的。

从以上"慎"的一些用例,可以得出几点重要看法:一是"慎"与"守"直接合用,"慎守"可以解释为"持守"(或者"专注");二是"慎"与"固"和"坚固"放在一起使用,其"慎"有牢固保持的意思;三是根据文句的意思,"慎"可释为"守";四是"慎"关注的都是人的"内心"和"内在性"。根据这几点,"慎独"的"慎"完全可以从"保持""敬重""敬持""专注""持守"和"固守"等相近的意义上加以界定，这应该正是"慎独"之"慎"的确切意义，但以往我们忽视了"慎"的这一层重要意思。如此来看"慎其一"和"慎其心"，自然就可以说是"守一"和"守心"，①也就是"专一"和"专心"。②荀子虽然批评《五行》，但他在强调"守一"和"专一"上，恰恰与《五行》有一致之处。如荀子也引用《诗·曹风·鸤鸠》，强调"专心"和"守一"。《荀子·劝学》篇载：

> 积土成山，风雨兴焉；积水成渊，蛟龙生焉；积善成德，而神明自得，圣心备焉。故不积跬步，无以至千里；不积小流，无以成江海。骐骥一跃，不能十步；驽马十驾，功在不舍。锲而舍之，朽木不折；锲而不舍，金石可镂。螾无爪牙之利，筋骨之强，上食埃土，下饮黄泉，用心一也。蟹八跪而二螯，非蛇蟺之穴，无可寄托者，用心躁也。是故无冥冥之志者，无昭昭之明；无惛惛之事者，无赫赫之功。行衢道者不至，事两君者不容。目不能两视而明，耳不能两听而聪。螣蛇无足而飞，梧鼠五技而穷。《诗》曰："尸鸠在桑，其子七兮。淑人君子，其仪一兮。其仪一兮，心如结兮。"故君子结于一也。

简言之，"慎独"的"慎"就是"持守"和"专注"，或者说是"牢固地保持"。根据前文对"独"的界定，所谓"慎独"或"慎其

---

① 《管子·白心》载："一以无贰，是谓知道。将欲服之，必一其端，而固其所守。"这里的"守一"也就是"慎一"。

② 《庄子·达生》载："仲尼适楚，出于林中，见痀偻者承蜩，犹掇之也。仲尼曰：'子巧乎，有道邪？'曰：'我有道也。五六月累丸二而不坠，则失者锱铢；累三而不坠，则失者十一；累五而不坠，犹掇之也。吾处身也，若橛株拘；吾执臂也，若槁木之枝。虽天地之大，万物之多，而唯蜩翼之知。吾不反不侧，不以万物易蜩之翼，何为而不得！'孔子顾谓弟子曰：'用志不分，乃凝于神。其痀偻丈人之谓乎！'"

独",就是持守或牢固地保持自我的道德本性和本心。孔门后学,包括《荀子》中的"慎独"等,都可以在这种总体意义之下贯通起来加以理解。不管是《中庸》和《荀子·不苟》篇中的"慎其独"侧重于内在的真诚(《荀子·不苟》篇说:"夫诚者,君子之所守也,而政事之本也,唯所居以其类至。"),还是《大学》《礼器》和《五行》等篇的"慎独"侧重于"保持内心的真实""专注一心"和"专注一意",或者是《语丛(二)》所说的"有德者不移"强调不移其固有之德,"慎独"根本上是一个自我的道德操守问题,它的本质是要求人始终保持自己的"道德自觉"和"道德情操"。《说苑·反质》:

> 圣人抑其文而抗其质,则天下反矣,《诗》云:"尸鸠在桑,其子七兮;淑人君子,其仪一兮。"《传》曰:"尸鸠之所以养七子者,一心也;君子所以理万物者,一仪也。以一仪理物,天心也;五者不离,合而为一,谓之天心。在我能因自深结其意于一,故一心可以事百君,百心不可以事一君,是故诚不远也。夫诚者一也,一者质也;君子虽有外文,必不离内质矣。"

既然"道德本性"原本是"自我的",是根源于天命的先天禀赋,那么人为什么后天不能自然而然地把这一道德本性展现出来,反而还要通过"持守"的功夫和精神修炼来维护和展现其自身?人不是生活在真空之中,而是生活在"现实"之中。现实之中的人面临着种种生活问题。为了个体的生存和存在,他需要物质生活条件。人的生理和感官对物质有天然的需求,在人能够驾驭自己的这种需要时,他就不会被物质所左右;否则他就会成为物质的奴隶。这就是儒家所说的"人化物"和"物化人"、"人役物"和"物役人"的问题。如果物化人和人为物役,人就失去了他的道德本性,照孟子的说法就是"放其心"和"失其本心"。孟子说:

牛山之木尝美矣，以其郊于大国也，斧斤伐之，可以为美乎？是其日夜之所息，雨露之所润，非无萌蘖之生焉，牛羊又从而牧之，是以若彼濯濯也。人见其濯濯也，以为未尝有材焉，此岂山之性也哉？虽存乎人者，岂无仁义之心哉？其所以放其良心者，亦犹斧斤之于木也，旦旦而伐之，可以为美乎？其日夜之所息，平旦之气，其好恶与人相近者也者几希，则其旦昼之所为，有梏亡之矣。梏之反覆，则其夜气不足以存；夜气不足以存，则其违禽兽不远矣。人见其禽兽也，而以为未尝有才焉者，是岂人之情也哉？故苟得其养，无物不长；苟失其养，无物不消。孔子曰："操则存，舍则亡；出入无时，莫知其乡。"惟心之谓与？（《孟子·告子上》）

对孟子来说，人都有爱护和养护自己身体的强烈愿望。只是，人的身体有"贵重"和"轻卑"之分，不能用"轻卑的"损害"贵重的"。但在实际生活中，只注重肉体和感官享受的"饮食之人"，就失去了他的道德本性。①这就是世俗生活中一般表现出来的灵与肉、身与心之间的冲突和对立。对于个人来说，如果说道德价值是首要的，他为什么却注重感性生活甚至放弃道德生活。公都子提出了这一非常现实的问题："问曰：'钧是人也，或为大人，或为小人，何也？'"孟子

---

① 孟子曰："仁，人心也；义，人路也。舍其路而弗由，放其心而不知求，哀哉！人有鸡犬放，则知求之；有放心，而不知求。学问之道无他，求其放心而已矣。""拱把之桐梓，人苟欲生之，皆知所以养之者。至于身，而不知所以养之者，岂爱身不若桐梓哉？弗思甚也。""人之于身也，兼所爱。兼所爱，则兼所养也。无尺寸之肤不爱焉，则无尺寸之肤不养也。所以考其善不善者，岂有他哉？于己取之而已矣。体有贵贱，有小大。无以小害大，无以贱害贵。养其小者为小人，养其大者为大人。今有场师，舍其梧槚，养其樲棘，则为贱场师焉。养其一指而失其肩背，而不知也，则为狼疾人也。饮食之人，则人贱之矣，为养其小以失大也。饮食之人无有失也，则口腹岂适为尺寸之肤哉？"（《孟子·告子上》）

直面这一棘手的问题并给予了明确的回答:"孟子曰:'从其大体为大人,从其小体为小人。'曰:'钧是人也,或从其大体,或从其小体,何也?'曰:'耳目之官不思,而蔽于物。物交物,则引之而已矣。心之官则思,思则得之,不思则不得也。此天之所与我者。先立乎其大者,则其小者弗能夺也。此为大人而已。'"(《孟子·告子上》)孟子的基本思考是,人是一个由德性与感性构成的在价值上有高低、轻重之分的二元性存在,作为感性的耳目等感官容易受外物的引诱和左右而丧失其道德本心,而作为理性的心灵则是能够对此进行反思和约束的能动者,他能够通过修养守护和确立自我的道德价值。

儒家整体上是立足于凡俗之中追求神圣和超越,凡俗在它那里既是人实现自我和成就自我的舞台,同时又是容易把人引入歧途的十字路口和考验人的试金石。由于人的自然生命存续的基本条件是物质生活及其工具理性,它具体表现为感官与外部环境和物质不停地发生能量上的交流。生命感官对物质的需求基于人对外物的感性冲动,这种感性冲动越强,外物对他的引诱性就越大。儒家意识到了"物之感人无穷"的现实状况,因此儒家认为人要超越"物"的限制,就需要不断地培养他的道德自觉。儒家道德自我的确立和实现,既是超越"人为物役"的过程,又是摆脱物质支配性的结果。从功夫论说,"慎独"就是面对自我的身心如何"以心治身";面对外部世界,如何不被外物所左右而保持道德自觉。①从消极的角度说,"慎独"是一个防止和约束"自我非道德性"萌生和出现的过程;从积极的角度说,"慎独"则是一个保持和守护"自我"道德本性的过程。对早期儒家慎独论重新

---

① 韩非子对老子"上德不德"的解释,也可以用来理解这里的问题。《韩非子·解老》云:"德者,内也。得者,外也。'上德不德',言其神不淫于外也。神不淫于外,则身全。身全之谓德。德者,得身也。凡德者,以无为集,以无欲成,以不思安,以不用固。为之欲之,则德无舍;德无舍,则不全。用之思之,则不固;不固,则无功;无功,则生于德。德则无德,不德则有德。故曰:'上德不德,是以有德。'"

讨论而提出的一种看法，是认为它有不同的形态，一是由《中庸》和《大学》所代表的，注重的是约束和控制等消极意义上的"慎独"；一是由《五行》（还有《礼记·礼器》）所代表的，注重的是专注等积极意义上"慎独"。① 根据我们以上的考察，儒家早期的"慎独论"不是两种不同的形态，它在整体上是统一的。

人要持守的"独"，虽然是"自我的"和"内在的"，但它从内到外又处在一个复杂的关系世界中。它不仅要面对作为他自己的"小宇宙"的"身体"，而且也要面对他的家庭、他的族群和社会，还要面对万物和宇宙。因此，在人生所处的广大世界中，"慎独"是通过层次而表现的一个结构。"慎独"相对的第一个层次是作为整体"自我"的"身"与"心"的关系，即人的"身体性"的东西或身体性的表现与内在心灵之间的关系。在这一层次上，"慎独论"本身有隐与显、内与外、中与形、多与少、一与多和心与体等一些用来区分二者关系的说法，这些说法大致上都是表示人的内在道德本性或本心与外在表现和形式的关系。② 在这种内外关系上，儒家"慎独论"一个基本的倾向是强调"内在性"，强调"本心""本意"，强调"诚于中"。对儒家来说，没有以"内在性"为基础的外在表现，即使行为的结果是"好"的，也是不道德的，或者说是不够道德的，甚至是"伪欺"。中国改革开放初期有所谓"微笑服务"的争论，说微笑服务不是发自内心的表面性的东西。在公共服务场所，虽然不是发自内心的微笑仍然比真实的冷若冰霜更可取，但人们仍然希望微笑服务的微笑是发自内心的，而不只是脸面上的，更不希望微笑的背后是对客人的厌烦。世俗中所谓

---

① 岛森哲男就持这一立场，他在研究中已经使用了帛书《五行》文献。参见他的《慎独の思想》（载《文化》第42卷，第3、4号，1979年3月）。

② 有关心身内外统一的观念，在其他早期文献中我们也能看到。如《韩非子·解老》说："所谓方者，内外相应也，言行相称也。"《逸周书·官人解》说："诚在其中，必见诸外……"

宁愿与"真小人"交往也不愿与"伪君子"相处，注重的就是人们不喜欢表面上的和善而内心的虚假。前面讨论到的对于"礼"在身体上的仪式化表现与内心情感之间的关系，儒家所强调的是，减少身体性的表现，在内心之中保持真情实感。在身心关系中，慎独就是减少身体性的表现和不受感官性的摆布。"慎独"的本质是牢固地保持"自我的内在性"，《五行》篇和《礼器》篇重视"内于心""专其心"，实际上是高度注重"内修"和"内省"工夫。这是排除任何来自"身体性"和"形体"上的干扰、不为感官所动的"专注于心灵"的过程，是一个"收敛身体"和"凝神"的过程，它类似于孟子所说的"不动心"，庄子所说的"坐忘""七日之后"的"见独""忘己"和舍其外在"身体性"表现的"呆若木鸡"境界。

"慎独"相对的第二个层次是自我与他人、"己"与"群"或个人与社会的关系。从一般意义上来说，道德以人与人的关系为前提，亦在人与人之间展开。在儒家那里，"五伦"就是以"五种"人际关系而构成的。由于非道德一般会受到社会舆论的压力和受到社会大众的谴责，所以人们客观上的道德行为可以是在道德舆论的压力之下做出的，对此，人们一般并不追求他的动机如何就会加以肯定。从底线伦理来说，即使一个人的道德行为是为了受到他人的称赞或者为了获得社会的赞扬而做出的，或者反过来说，是为了免遭社会舆论的压力而做出的（就像一些人不违法是因为怕受到法律的惩罚那样），这相比于一个人丧失了道德感和不顾道德舆论的压力在光天化日之下从事非道德行为来说，仍然是值得肯定的。儒家的"慎独论"，当然是要求在人与人之间建立起道德关系，而且它对自我道德操守的要求，也确实具有把它放在人与人的道德舆论和道德评价的天平上加以监督和督促的层面，但它主要不是通过把人置于公众场所之中使之受到道德评价来产生道德上的效果。儒家的"慎独论"更为关心的是人在非公众场所，在不直接受到道德评价的情况下，他何以自处。"慎独"的正面立论，是人必须始终保持内在的真诚并把它表现出来，君子就是如此。与此相反，小人则缺乏道德的自觉和操守。如无人在场，他就从事非道德的行为；一旦遇到君子，他就试图掩盖他的不道德行为而给人一种好的印象。但这种做法很容易被人识破。因为"人之视己，如见其肺肝然，则何益矣。……曾子曰：'十目所视，十手所指，其严乎。'"这是从反面的例子说明道德评价的严厉性。《庄子·庚桑楚》中的一段话对此是一个很好的说明：

> 不见其诚己而发，每发而不当；业入而不舍，每更为失。为不善乎显明之中者，人得而诛之；为不善乎幽间之中者，鬼得而诛之。明乎人、明乎鬼者，然后能独行。

据此来说，不仅是"光天化日"之下，就是"幽暗"之中，都有强大的道德压力在促使人保持道德自觉。郑玄对"慎独"的解释，所强调的就是道德评价不会轻易失效，它会出人意料地发生作用（"小人于隐者，动作言语，自以为不见睹，不见闻，则必肆尽其情也。若有觇听之者，是为显见，甚于众人之中为之。"）；朱熹的解释也具有类似的意思（"此言小人阴为不善，而阳欲揜之，则是非不知善之当为与恶之当去也；但不能实用其力以至此耳。然欲揜其恶而卒不可揜，欲诈为善而卒不可诈，则亦何益之有哉！此君子所以重以为戒，而必谨其独也。"）。

按照常情常理，人在不受到道德舆论和道德评价的压力下，容易放纵自己，从而做出非道德的行为。正如《慎子·佚文》所说：

> 能辞万钟之禄于朝陛，不能不拾一金于无人之地；能谨百节之礼于庙宇，不能不弛一容于独居之余。盖人情每狎于所私故也。

由于自以为无人知道的非道德行为仍然很容易暴露出来，所以，人在无道德舆论的压力之下仍然要约束自己和收敛自己。这可以说是消极角度上的"慎独"。在这个层次上，"慎独"强调在不相对于"他人"的情况下，更需要保持自己的道德自觉。如《中庸》说："故君子内省不疚，无恶于志。君子之所不可及者，其唯人之所不见乎！"儒家强调道德行为要源于"诚"，人必须为了道德本身而行动。总之，在人与人的道德关系上，"慎独论"要求超越外在道德舆论和压力，超越被人"制约"的状况。个人不是为了免遭别人批评而避免不道德的行为，也不是为了受到别人的赞赏而表现出道德。人要无条件地建立起自己的道德自觉和道德意志，要从"纯粹"的道德动机出发而行动。如果他的行为没有得到他人的承认，他仍然需要进行自我反省而不是抱怨他人。《荀子·法行》篇记载了曾子说的这样一段话：

> 同游而不见爱者，吾必不仁也；交而不见敬者，吾必不长也；临财而不见信者，吾必不信也。三者在身，曷怨人！怨人者穷，怨天者无识。失之己而反诸人，岂不亦迂哉！

如果通过自我反省他是无愧的，他就要特立独行，勇往直前：

> 昔者曾子谓子襄曰："子好勇乎？吾尝闻大勇于夫子矣：'自反而不缩，虽褐宽博，吾不惴焉。自反而缩，虽千万人，吾往矣。'"孟施舍之守气，又不如曾子之守约也。（《孟子·公孙丑上》）

"慎独"的第三个层次是"自我"与"自然"的关系。这里所说的"自然"，是包括了万物、天地和"幽隐"的鬼神在内的大自然或宇宙。按照儒家的慎独论，人的道德自觉和道德实践不仅是相对人类社会和族群的要求，也是相对于世界和宇宙万物的要求。换言之，"慎独"所要求达到的道德自觉和道德境界,同时也是在万物面前树立起一个道德人格和道德表率。儒家的"人禽之辨""人物之辨",都注重在"仁义"等道德价值上使人类显示出"最为天下贵"和"万物之灵"的特质。人不只是在人与人之间,同时也要在万物、在天地和鬼神面前,堂堂正正地做人,证成自我的道德境界和人格尊严。上引孟子所说的"仰不愧于天,俯不怍于人",或者"慎独论"中往往主张的"不愧于屋漏""不惭于景",都是强调人类面对万物要保持自己的道德尊严。这不是为了取悦于万物,而是纯粹从人类的道德使命本身出发的。人类的这种自我完善和尊严,也不是人类中心主义,因为它并不把其他万物作为手段来考虑。把"慎独"置于天人关系之下,把人的道德耻辱感和荣誉感与万物、天地和鬼神联系在一起来看待,这充分显示了儒家"慎独"的道德理想主义和超越性格。

三 "道德安身主义":"慎独论"与"为己之学"

如何来定位孔门后学的"慎独论"呢?一般来说,儒家的自我完善和自我成就学说,是由立足于人的道德根源和道德本性并通过不懈地修身养性过程加以实现这两个方面构成的。前者是作为人的内在本性的"人性论",后者是作为扩充和展现人的内在本性的途径的"修身论"(或"工夫论")。在第一点上,至少是在孔子"性相近"这一重要思想的启发下,孔门后学很自然地能够产生出"天命之谓性",并继而在孟子那里转化出了明确的"性善论";就第二点而论,与孔子注重通过广泛的人文(不仅是道德,而且还有礼乐六艺)学习("博学")来修养自我的修身论稍有不同,孔门后学相应其对人的内在性的关注而开始走向"尽性论"和"贵心论",继而又在孟子那里产生出了典型的"尽心论"。根据前面的讨论,"慎独论"恰恰是以人的内在本性为基础来要求"尽性尽心"和"诚心诚意"。作为修身论和工夫论,慎独是以高度关注内在自我的"内观"和"内省"为特征的,它有意识地和积极主动地超越外在性的形式,使之对"自我"的终极关怀体现为证成自我内在道德本性的"内在超越",体现为以"道德理想"和"道德价值"来无限地扩展"自我"的不息过程,从而把孔子的"为己之学"发展为实现自我内在道德本性("守独")的精神修炼之学。①

出于维持各种秩序的需要,人类对很多事情都多加限制,至少是反对过分膨胀。但是,人类对于其所追求的道德理想却不加约束,或者说人类从来就无所限制地鼓励人们追求道德理想和道德实践。一句话,人类追求道德上的最大值。当然,有时我们在道德上会产生一种二者不能兼顾的必居其一的两难困境。譬如在某种特殊情况下,在所谓的尽孝和尽忠之间,在个人的私德与公德之间,会出现只能选择其一而痛苦地放弃另一项道德义务和责任的困境(这种困境,是否有办法加以避免,不是这里的问题)。但这不是人为地限制道德,而是两种道德义务在特殊条件下使人无法同时兼顾。作为追求自我道德价值的"慎独论",它要求最大限度地实现自我和成就自我,它不是一项具体的道德义务,因此作为"为己之学"它也不会产生道德上的困境。

儒家的"慎独论"是立足于"自我道德主体"和修炼自我道德的过程,它是非常自我化和"自己化"的东西,但它又是非常高尚的"无私"的"为己"。如果把这一道德主体的"己"变成相对于自然万物的"人类之自我"的"己",那么儒家坚持的"为己之学",又可以

---

① 杜维明准确地揭示了儒家"学习"与"为己"的关系。他说:"对于人类繁荣来说,儒家独树一帜的进路是其对教育的重视,这种教育是一种'学',尤其是'为己之学'的形式。'学'被儒家理解为一种人格塑造的持续的整体过程。这一过程包括对通过真诚地培养'大体'而实现自我这一任务的存在的信守(existential commitment)。为了获得自我的体知,这种信守包含一种不息的为己之学的过程。作为日常功课的组成部分,自我的反省和自讼是一种经常性的行为。在这个意义上,儒家的自我不是一种静态的结构,而是一种动态的常新的过程。"(杜维明:《东亚价值与多元现代性》,中国社会科学出版社 2001 年版,第 186—187 页)

说是"为人类之学"。在此首先要特别注意《大学》的"富润屋，德润身，心广体胖，故君子必诚其意"这一说法，它恰恰是《大学》论及"诚意"和"慎独"而提出的。以往人们讨论慎独和诚意时，忽视了它所包涵的重要信息和意义。我们应该追问一下作者为什么在讨论诚意和慎独的时候而特意提出"德润身"和"心广体胖"。这是儒家对现实生活中人们一般只把获得利益和生活条件看成是"为己"作出的一种根本性的回应。儒家并不要求人们放弃利益和财富，但在儒家看来，人作为人的本质不是由物质财富来决定的。对于"欲居九夷"而被认为是"简陋"的生活环境的疑虑，孔子所作的"君子居之，何陋之有"的回答，不仅意味着道德上的真正的"为己者"，是不会在乎生活场所的，实际上还会因一个君子的来临，使那个场所发生意义上的转化。儒家信徒当然没有禁欲意义上的对财富的忽视，只是，他们要以是否符合仁义为标准来衡量。《大学》的作者明确地把"富润屋"与"德润身"并列提出，就是一个例证。相对于财富能够使人的居处显得充实和滋润，"道德"价值则最能"滋养"他的"自我"。一个在道德上彻底追求为己的人，他的心灵就得到了最好的安顿，同时也会促使他自己的身体发福。我们容易想到孔门后学的另外一个例子，这是非常巧妙的富有情调的一个例子，从这个例子中可以看到儒家在严肃道德问题上的幽默感和情怀。《韩非子》记载了这个例子，它是用来晓喻老子所说的"自胜之谓强"这句名言的，应该可信。《史记·礼书》中也提到了。[①]《韩非子·喻老》记载说：

> 子夏见曾子。曾子曰："何肥也？"对曰："战胜，故肥也。"

[①] 《史记·礼书》记载："周衰，礼废乐坏，大小相逾，管仲之家，兼备三归。循法守正者见侮于世，奢溢僭差者谓之显荣。自子夏，门人之高弟也，犹云'出见纷华盛丽而说，入闻夫子之道而乐，二者心战，未能自决'，而况中庸以下，渐渍于失教，被服于成俗乎？孔子曰：'必也正名'，于卫所居不合。"

曾子曰："何谓也？"子夏曰："吾入见先王之义则荣之，出见富贵之乐又荣之，两者战于胸中，未知胜负，故臞。今先王之义胜，故肥。"

物质生活上的富足和繁华，常常是诱人的。为了经受住"物"的诱惑，儒家要求人进行精神修炼和非凡的深刻转化。子夏的感受是真实的，但在二者的紧张甚至是冲突中，他摆脱了"物"的诱惑，决断性地用"先王之义"来安顿他的心身。子夏的"为己"和"成己"都是道德上的，这在他不平凡的经历中得到了佐证。

子夏是在曾子的追问中说出他的超越性"为己"决断的，子夏不会不为他的不平凡经历感到自豪，也不会不与他的志同道合的同门一起分享他们"道德上的愉快"。子夏与曾子有师生之谊，促使我们注意他们在道德上共同追求"为己"的关联性。曾子为"孝"的事迹引人注目，它可能遮盖了曾子在一般道德意义上成就自我的重大性。有两个记载令我们对他肃然起敬。一个是《孟子·公孙丑下》的记载："曾子曰：'晋楚之富，不可及也。彼以其富，我以吾仁；彼以其爵，我以吾义。吾何慊乎哉！'"按照曾子的这一道德自豪感的自述，在他人富及天下和丰厚的爵禄的夸耀之下，他拥有的"仁义"使他完全心满意足。把他的这一当仁不让的自述与《庄子·让王》中的记载结合起来看，他的坚定和崇高的道德上的"为己"追求彼此可以得到印证：

曾子居卫，缊袍无表，颜色肿哙，手足胼胝，三日不举火，十年不制衣。正冠而缨绝，捉衿而肘见，纳屦而踵决。曳纵而歌《商颂》，声满天地，若出金石。天子不得臣，诸侯不得友。故养志者忘形，养形者忘利，致道者忘心矣。

在世俗生活如此清贫之下，曾子仍然无怨无悔地安于道德上的

"养志""养形"和"致道"。如果他不把道德视为自我的最高的目的和价值将是不可思议的。正因为这样,我们对他感人至深的"可以托六尺之孤,可以寄百里之命,临大节而不可夺也,君子人与?君子人也""士,不可以不弘毅,任重而道远。仁以为己任,不亦重乎?死而后已,不亦远乎"(《论语·泰伯》)等使命和道义担当,并不感到意外。一个把道德作为终极关怀和最高价值的人,他自然就会具有独立自尊的无限精神勇气。我们过去恐怕对曾子的"精神气魄"和"崇高的道德使命意识"关注不够。如果我们从这方面去观察曾子、子思之学以及孟子之学,我们就感到他们之间的密切联系。顺便说一下,《庄子·让王》篇同时还记载了颜回和子思在艰苦的物质生活条件之下追求精神和道德生活上的"为己"和"自得"的动人境界:

> 原宪居鲁,环堵之室,茨以生草,蓬户不完,桑以为枢而瓮牖,二室,褐以为塞,上漏下湿,匡坐而弦歌。子贡乘大马,中绀而表素,轩车不容巷,往见原宪。原宪华冠縰履,杖藜而应门。子贡曰:"嘻!先生何病?"原宪应之曰:"宪闻之,无财谓之贫,学而不能行谓之病。今宪贫也,非病也。"子贡逡巡而有愧色。原宪笑曰:"夫希世而行,比周而友,学以为人,教以为己,仁义之慝,舆马之饰,宪不忍为也。"……孔子谓颜回曰:"回,来!家贫居卑,胡不仕乎?"颜回对曰:"不愿仕。回有郭外之田五十亩,足以给飦粥;郭内之田十亩,足以为丝麻;鼓琴足以自娱;所学夫子之道者足以自乐也。回不愿仕。"孔子愀然变容,曰:"善哉,回之意!丘闻之:'知足者,不以利自累也;审自得者,失之而不惧;行修于内者,无位而不怍。'丘诵之久矣,今于回而后见之,是丘之得也。"

结合儒家的文献,这里的记载不能说是美化儒门的"寓言"。实际上,道德的使命感和自我的道德追求,是孔子和他的信徒们的共同特征,这使他们面对艰苦的物质生活而不以为意。

也许我们会提出一个常见的问题,即"道德上"的"为我"追求为什么不能与他们世俗生活中的幸福和快乐统一起来,一个人的道德和人格境界为什么不能同时为他赢得世俗上的众多机会和利益呢?这样的期望不是不合理的,有什么理由让一个品性高尚的人过贫穷的生活呢?儒教徒不像佛教的托钵僧那样是苦行主义者,他们更不会通过肉体上的折磨以实现自我和心灵的转化,幸运的话,二者在他们那里也是能够统一起来的。但我们首先必须记住的是,儒教徒不是为了世俗利益才去追求道德人格的。也许正如孔子所说的"君子固穷"(君子能够忍受困厄)那样,他的信徒们为了自己的人格完善已经做好接受各种挫折的思想准备。在现实中,确实有人以道德为手段,以达到世俗利益的目的。由于道德对他们来说是手段性的,所以一旦达到目的,他们同时也就放弃了道德上的追求。这里可以看一下孟子的说法。孟子明确区分"人爵"与"天爵"。在他那里,"人爵"是有关世俗利益方面的,与此相对的"天爵"是有关道德价值方面的。理想的状态是,道德理想主义者在实现道德目标——"天爵"的同时也能够自然而然地获得"人爵",但现实生活中则存在着二者的不对称性,情况更可能是"天爵"的实现恰恰要以牺牲"人爵"为条件。从形式上看,孟子是以古今之异的历史叙事方式来说明"天爵"与"人爵"的关系。他说:

> 有天爵者,有人爵者。仁义忠信,乐善不倦,此天爵也;公卿大夫,此人爵也。古之人修其天爵,而人爵从之。今之人修其天爵,以要人爵;既得人爵,而弃其天爵,则惑之甚者也,终亦必亡而已矣。(《孟子·告子上》)

儒家的"道德志向"和"自我实现",虽然并不意味着排斥世俗利益,但它与现实利益之间存在着的紧张和冲突只是程度问题。因此,儒教徒一开始就有一种思想上准备,他不期待他的道德理想和自我实现,同时也能够获得世俗上的回报。正像《穷达以时》所认识到的那样,"天"有它自己的职分和运行方式,人也有自己的职分和行动原则,人的所作所为能不能获得社会上的机遇,这是由必然性的天的力量决定的。人能够做的就是,坚持不懈和始终如一地从事"德行",这是他的本分和职分。儒教徒很清楚这一点。他们既然把享受道德生活看成是最高的享受,他们就不会自然也不应该在物质生活上患得患失。孔子和他的弟子特别是像颜回,在清贫的生活之下,仍然保持着乐观的精神而不计较生活用品的缺乏,即职是之故。对于儒教徒来说,道德上的自我成就和自我实现,是他的终极目标,或者是康德所说的"绝对命令",它本身就是"目的",绝不是获得显赫社会地位和优越生活条件的手段。这就能够使他们抱定这样一种志向,即不论遇到什么实际境况,他都会无怨无悔地坚守他的道德情操。

当然,人们在修炼的过程中,他们会遇到实际上的挫折,这种挫折有时会动摇他们的意志。特别是在人们陷入困境时,他们甚至会怀疑他们所从事的道德事业得不到好报反而会招致不幸的命运。孔子和他的弟子们在周游不同国家时遇到了巨大的困难,其中有的弟子因难以忍受而产生抱怨。按照儒家的天道正义论,"天命"自然是站在他们一边,他们的追求最终会得到天的"佑护"。据此我们就容易理解《中庸》所说的"大德必受命"的期待。《唐虞之道》也基于这种立场说:

> 古者尧生为天子而有天下,圣以遇命,仁以逢时,未尝遇[贤。虽]并于大时,神明将从,天地佑之。纵仁圣可与,时弗可及矣。夫古者舜居于草茅之中而不忧,身为天子而不骄。居草茅

之中而不忧，知命也。身为天子而不骄，不专也。求乎大人之兴，美也。今之戴于德者，微年不戴，君民而不骄，卒王天下而不疑。方在下位，不以匹夫为轻；及其有天下也，不以天下为重。有天下弗能益，无天下弗能损。极仁之至，利天下而弗利也。

这里的"必然受命"，自然是"王天下"的使命。显然，儒家信徒，不可能都同时都得到"王天下"的"受命"。从广义上说，受命可以使他们都能以自己的独特方式参与到整个社会的转化之中。儒家相信"受命"的必然性，但它的降临不会为人们所期待的某一具体时间所左右。孟子相信"五百年必有王者兴"，相信"当今之世，舍我其谁也"（《孟子·公孙丑下》），但这仍然是一种期望。孟子当然不是轻易期待天命的，实际上，他认识到了"天命"的漫长性，也意识到"天命"不会轻易降临于人，在此之前他必须接受一系列严峻的考验："天将降大任于是人也，必先苦其心志，劳其筋骨，饿其体肤，空乏其身，行拂乱其所为，所以动心忍性，曾益其所不能。"（《孟子·告子下》）这是与后面我们要谈的儒家期待改造社会的信念联系在一起的。但如果他没有机会，他在人格上完成了自我，在道德上实现了"为己"，这本身也能够使他满足。

原则上，儒家相信神圣与凡俗、道德与现实之间并不是天然对立的，但二者之间既然存在着界限，就不可能没有冲突。孟子区分"天爵"与"人爵"，还有区分"大体"与"小体"，"义"与"利"等，就是基于现实生活中，人们有着不同的选择：

鸡鸣而起，孳孳为善者，舜之徒也；鸡鸣而起，孳孳为利者，跖之徒也。欲知舜与跖之分，无他，利与善之间也。（《孟子·尽心上》）

孟子与孔门弟子一样,并不反对物质生活,但他相信人的意义和价值,在于养其精神和道德本性的"大体"。如他说:

> 人之于身也,兼所爱。兼所爱,则兼所养也。无尺寸之肤不爱焉,则无尺寸之肤不养也。所以考其善不善者,岂有他哉?于己取之而已矣。体有贵贱,有小大。无以小害大,无以贱害贵。养其小者为小人,养其大者为大人。今有场师,舍其梧槚,养其樲棘,则为贱场师焉。养其一指而失其肩背,而不知也,则为狼疾人也。饮食之人,则人贱之矣,为其养小以失大也。饮食之人无有失也,则口腹岂适为尺寸之肤哉?(《孟子·告子上》)①

在孟子看来,人的尊贵的价值,不是拥有外在性的物品和生活条件,而是心灵的高尚和"仁义":

> 欲贵者,人之同心也。人人有贵于己者,弗思耳。人之所贵者,非良贵也。赵孟之所贵,赵孟能贱之。《诗》云:"既醉以酒,既饱以德。"言饱乎仁义也,所以不愿人之膏粱之味也;令闻广誉施于身,所以不愿人之文绣也。(《孟子·告子上》)

> 哭死而哀,非为生者也;经德不回,非以干禄也;言语必信,

---

① 我们非常熟悉的孟子的"道德选择论":"生亦我所欲也,义亦我所欲也;二者不可得兼,舍生而取义者也。生亦我所欲,所欲有甚于生者,故不为苟得也;死亦我所恶,所恶有甚于死者,故患有所不辟也。如使人之所欲莫甚于生,则凡可以得生者,何不用也?使人之所恶莫甚于死者,则凡可以辟患者,何不为也?由是则生而有不用也,由是则可以辟患而有不为也。是故所欲有甚于生者,所恶有甚于死者。非独贤者有是心也,人皆有之,贤者能勿丧耳。一箪食,一豆羹,得之则生,弗得则死。呼尔而与之,行道之人弗受;蹴尔而与之,乞人不屑也。万钟则不辨礼义而受之,万钟于我何加焉?为宫室之美、妻妾之奉、所识穷乏者得我与?乡为身死而不受,今为宫室之美为之;乡为身死而不受,今为妻妾之奉为之;乡为身死而不受,今为所识穷乏者得我而为之,是亦不可以已乎?此之谓失其本心。"(《孟子·告子上》)

非以正行也。君子行法,以俟命而已矣。(《孟子·尽心下》)

很明显,孟子坚持认为道德价值是人生的根本性选择,也是真正的"为己"。

孟子的"心学"和精神修炼,旨在守护人的"道德本性"。"万物皆备于我"和"反身而诚,乐莫大焉"的说法,是孟子对人的独特性的高度自觉,也是孟子以道德为最大的快乐。从形式上说,孟子没有使用"慎其独"的说法,但他的"尚志说"和"养气""养心"说,追求的都是道德上的"自我成就"。对于孟子来说,一个完善的自我,就是追求道德上"为己"的人,就是在道德上不断地深造而达到了"自得"的人("君子深造之以道,欲其自得之也。自得之,则居之安;居之安,则资之深;资之深,则取之左右逢其原;故君子欲其自得之也。"《孟子·离娄下》)也是把自己转化为善、信、美和圣人的人("可欲之谓善,有诸己之谓信,充实之谓美,充实而有光辉之谓大,大而化之之谓圣。"《孟子·尽心下》)这样的人,他还有什么更高的要求呢?上面谈到,荀子不仅直接引入了孔门后学的"慎独说"并主张"养心"和"修诚",而且他也非常明确地把这视为"为己之学"。在荀子看来,有别于"小人之学"的"君子之学",就是"为己之学",它是从内在心灵到外在仪态和行为都体现出完美道德的自我。荀子这样说:

> 君子之学也,入乎耳,箸乎心,布乎四体,形乎动静。端而言,蠕而动,一可以为法则。小人之学也,入乎耳,出乎口,口耳之间则四寸耳,曷足以美七尺之躯哉!古之学者为己,今之学者为人。(《荀子·劝学》)

由于人在道德上实现了自我,他自然就能超越外在之物的限制:

志意修则骄富贵，道义重则轻王公，内省则外物轻矣。《传》曰："君子役物，小人役于物。"此之谓也。身劳而心安，为之；利少而义多，为之。事乱君而通，不如事穷君而顺焉。(《荀子·修身》)

程颐说的"慎其独者，知为己而已"(《程氏经说》卷八《中庸解》)，可以说一语道破了儒家"慎独论"的中心。至此，我们大体上清楚了早期儒家的"慎独论"与"为己之学"之间的内在关联，并能够理解儒家为什么主张"为己"和这种"为己"为什么又是最无私的。

四 "公共关怀"："慎独论"与"内圣外王"

　　如上所论，儒家的"慎独论"作为一种"为己之学"，它是限于在道德上追求自我实现和自我成就，而道德价值和理想在儒家那里又是根源于"天道"和"天命"的普遍理性和普遍价值，因此"慎独论"意义上的"为己"除了乍看上去给人一丝"自私"和"惟我"的感觉之外，它又完全是"无私的"，反过来说它是无远弗届的"大公"。"慎独"是通过每一个有着"特殊性的"个人去实践人类共同的道德本性，或者说人类共同的道德本性要在互有"差异的"各个个体中得以完成。从这种意义上说，"慎独"又是非常"个人化"或者非常"独自性"的事态。按照儒家的精神修炼论，任何一个人首先不能去要求别人履行道德义务和责任，他更无权一开始就指责别人的不道德行为，除非他自己首先在道德上有所成就，他自己一直在奉行道德生活。换言之，对儒家来说，人文道德教化和感化，只是达到了道德境界的"有德者"的权利，在此之前，他有漫长和艰苦的道路要走，以完成和实现道德上的"自我"。特别是，"慎独"要克服受"他人"的制约，决不能以"他人"既然那样何不安逸地"顺从他人"而独出心裁地自找苦吃。从自我修炼来说,"慎独"是以与"他人"或"他者"分开的形式进行的,其一是最强意义的分开,即自己必须不受"他人"或"众人"的不良性影响,或者说"慎独"正是要摆脱"众人"的不良性和这种意义上的"从众",这就是"独立自尊"和"独立人格"的"独立"最为积极的面向。其二是最弱意义上的分开,即在一种先后性的考虑上,"慎独"恰恰是以不要求别人而首先要求"自己"的"自我修身",这是"慎独"与"他人"分开而内收的情形。此外,"慎独"还有"疏物"和"疏形外"的重要层面。"疏物"是指超越物质、声色和世俗利益的诱惑而独立,更是指避免"人为物役"和"随波逐流"的"自我"丧失;"疏形外"是就自身来说的,它是指在心灵上首先达到道德自觉("诚于中"),克服缺乏内在性而只有"身体性"或"身体上"的外在表现,如《五行》篇主张"舍体",《庄子·渔父》批评的"无真情而外饰",《韩非子·解老》批评的"虚礼繁饰",等等。以上两种"内外关系"中的"慎独",都是以内心不断收敛和集中为特征的,它仿佛是与"公共关怀"背道而驰的,但实际上它与"公共性"并不矛盾。因为它最大限度地"内化"的正是作为普遍道德理性和价值的"公共性",它外化时自然就体现为"公共关怀"。《中庸》载:"子曰:'鬼神之为德,其盛矣乎!视之而弗见,听之而弗闻,体物而不可遗,使天下之人齐明盛服,以承祭祀。洋洋乎如在其上,如在其左右。《诗》曰:'神之格思,不可度思!矧可射思!'夫微之显,诚之不可掩如此夫。"

显然,"内守""独"的过程,同时意味着把"独"的公共性"外化"的过程。因为儒家的人与社群和自然,原本就不是截然分离的,他们是"宇宙有机共同体"的各个密切相联的部分。杜维明先生曾有一个恰当的说明,他说:"在儒家思想中,自我始终被理解为各种关系的中心。这种开放的同心圆指向一个无限伸展的界域。一个人的成长和发展绝不应当被看作一种单枪匹马的奋斗,因为这种奋斗涉及了在一个巨大人际关联脉络中的参与行为。"① "儒家传统的根本关怀就是学习如何成为人。关键不在于那与自然和天道相对反的人,而是那寻求与自然和谐以及与天道相感应的人。诚然,在儒家的视界中,学习成人使得一种深广的过程成为必要,该过程承认限定人类境况的所有存在方式的相互关联性。通过一种包括家庭、社群、国家、世界和超越界的层层扩展的关系网络,儒家寻求在其无所不包的整全中实现人性。"② 在儒家那里,"慎独"绝不是只关涉"自我"或纯然"个人化"的事,它一开始就是在人类和宇宙的有机关联中展开的。自我的"慎独"过程,同时就意味着孔子所说的"己欲立而立人,己欲达而达人"和"推己及人"的往外扩展过程。对某些道教徒来说,个人的生命至高无上,即使用"天下"也不能加以交换。一部分道家式的隐士是为了个人的"生命"而选择"隐居"生活的,还有像庄子是为了追求自己的最大的精神自由而抛弃政治事务的,他的独立不受约束的"独",是超群体、超国家的。相比而言,儒家的"为己之学"原则上不允许与族群和天下断开,它不会主张为了自己的修养而放弃对社群和国家的责任,更不会为了自己的自然生命而放弃天下的道义担当。的确,儒家有"穷则独善其身,达则兼善天下"的说法。这种二分对儒家来说是一种无奈的状态,儒教徒相信,当一个人处在无力和改变现状的困境时,为了不屈服于现实的压力和不与现实同流合污,他必须"独善其身"。整体上来说,儒家之所以为儒家,就是因为它的"入世性"和关怀人间事务的"公共性",即现在一般所说的儒家的"内圣"与"外王"之间的一体性。因此,看似非常"个人化"和"个人性"的儒家"慎独",自初就包含着强烈的政治性和社会性;作为"为己之学"和"内圣之学",它同时又是"外王之学",是"经世济民之学"。

---

① 杜维明:《东亚价值与多元现代性》,第195页。
② 同上书,第120页。

第十一章 早期儒家的"慎独论"与"为己之学"及"公共关怀"

《大学》的"慎独论"就是在"修齐治平"彼此相联的连续环节中作为"修身"的一环而提出的。修身的核心是"正心"和"诚意","慎独"就是"诚意"的工夫。对儒家来说,"修身"是一切之本,是"齐家""治国"和"平天下"的出发点和立足点。《中庸》记载孔子的话说:"子曰:'好学近乎知,力行近乎仁,知耻近乎勇。知斯三者,则知所以修身;知所以修身,则知所以治人;知所以治人,则知所以治天下国家矣。'"①

"慎独"作为保持自我独特道德本性和道德良知的修身工夫,它一开始就预设了"公共关怀"。当"慎独"的工夫和过程从内聚这一方向转而变成朝外扩散的方向时,"慎独"的"公共性"就表现为道德感化和政治实践。儒家的道德哲学或伦理学,从一定意义上可以说是"示范伦理学"或"模范伦理学",他要求人"以身作则""反求诸己",也就是要求人做道德和伦理的表率,通过道德和伦理的榜样来达到国家的治理和天下的平定。②儒家的"慎独"同时还要求把最内在的精神和心灵境界展现为感人的"示范性人格"("形于外"),这是由近及远的过程,其根本则是"正己"和"正身"。儒家相信只要"己正"和"身正",那么他自然而然就会赢得人们的信赖和认同,如孟子说:

> 圣人,百世之师也,伯夷、柳下惠是也。故闻伯夷之风者,顽夫廉,懦夫有立志;闻柳下惠之风者,薄夫敦,鄙夫宽。奋乎百世之上,百世之下闻者莫不兴起也。非圣人而能若是乎?而况于亲炙之者乎?(《孟子·尽心下》)

---

① 《论语·宪问》记载:"子路问'君子'。子曰:'修己以敬。'曰:'如斯而已乎?'曰:'修己以安人。'曰:'如斯而已乎?'曰:'修己以安百姓。修己以安百姓,尧舜其犹病诸。'"与此一致,孟子亦说:"天下之本在国,国之本在家,家之本在身"。(《孟子·离娄上》)

② 如孟子说:"爱人不亲,反其仁。治人不治,反其智。礼人不答,反其敬。行有不得者,皆反求诸己。其身正而天下归之。"(《孟子·离娄上》)

《淮南子·缪称训》亦说：

> 运于近，成文于远。夫察所夜行，周公惭乎景，故君子慎其独也。释近斯远，塞矣。闻善易，以正身难。夫子见禾之三变也，滔滔然曰："狐乡丘而死，我其首禾乎！"故君子见善则痛其身焉。身苟正，怀远易矣。故《诗》曰："弗躬弗亲，庶民弗信。"

对儒家来说，"慎独"的示范性人格具有强烈的感染力和塑造力，达到了慎独的人，他不需要表白，不需要声张，更不需要威严，他以自己的身体力行，完全能够感化万民。《系辞传上》记载孔子的话说：

> 子曰："君子居其室，出其言善，则千里之外应之，况其迩者乎？居其室，出其言不善，千里之外违之，况其迩者乎？言出乎身，加乎民；行发乎迩，见乎远。言行，君子之枢机。枢机之发，荣辱之主也。言行，君子之所以动天地也，可不慎乎？"

《中庸》称：

> 故君子不动而敬，不言而信。《诗》曰："奏假无言，时靡有争。"是故君子不赏而民劝，不怒而民威于铁钺。……是故君子笃恭而天下平。《诗》云："予怀明德，不大声以色。"子曰："声色之于以化民。末也。"《诗》曰："德輶如毛。"毛犹有伦，上天之载，无声无臭，至矣！

"慎独"操守的道德本性之一是"真诚"，这是《中庸》"慎独论"的重要特点，它所推崇的"至诚"不仅能够经纶天下，而且还具有感动天地和泣鬼神的力量。这从以下说法中可以清楚地看出：

第十一章　早期儒家的"慎独论"与"为己之学"及"公共关怀" | 411

> 唯天下至诚，为能经纶天下之大经，立天下之大本，知天地之化育。
>
> 唯天下至诚为能化。
>
> 至诚之道，可以前知。国家将兴，必有祯祥；国家将亡，必有妖孽。见乎蓍龟，动乎四体。祸福将至，善，必先知之；不善，必先知之。故至诚如神。
>
> 故君子之道：本诸身，征诸庶民，考诸三王而不缪，建诸天地而不悖，质诸鬼神而无疑，百世以俟圣人而不惑。质诸鬼神而无疑，知天也；百世以俟圣人而不惑，知人也。是故君子动而世为天下道，行而世为天下法，言而世为天下则。远之则有望，近之则不厌。《诗》曰："在彼无恶，在此无射。庶几夙夜，以永终誉！"君子未有不如此而蚤有誉于天下者也。①

正如儒家有机宇宙观所意味的那样，人作为宇宙的有机部分，作为万物之一，作为社会的一员，他不仅与社会族群是密不可分的，它与万物也是息息感通的，因此，"慎独"所外化出的感化性力量，同样也参与到了天地万物的化育之中。在"慎独"内在化的过程中，它要向天地、鬼神和圣人显示出独立的尊严和高尚性；在它向外发施其感化力量的过程中，它由近及远无限地发施到天地万物之中，《中庸》以

---

① 荀子受到了《中庸》"诚"的思想影响，并且也在与"慎独"的关系中阐述"诚"。荀子认为"诚"是贯通"天地人"的默然无声、悄然无形但又能够化育万物的盛德。《荀子·不苟》篇载："诚心守仁则形，形则神，神则能化矣。诚心行义则理，理则明，明则能变矣。变化代兴，谓之天德。天不言而人推高焉，地不言而人推厚焉，四时不言而百姓期焉。夫此有常，以至其诚者也。君子至德，嘿然而喻，未施而亲，不怒而威：夫此顺命，以慎其独者也。……天地为大矣，不诚则不能化万物；圣人为知矣，不诚则不能化万民；父子为亲矣，不诚则疏；君上为尊矣，不诚则卑。夫诚者，君子之所守也，而政事之本也，唯所居以其类至。操之得之，舍之则失之。操而得之则轻，轻则独行，独行而不舍，则济矣。济而材尽，长迁而不反其初，则化矣。"

层层外推的论式说:

> 唯天下至诚,为能尽其性;能尽其性,则能尽人之性;能尽人之性,则能尽物之性;能尽物之性,则可以赞天地之化育;可以赞天地之化育,则可以与天地参矣。①

这也是《中庸》所说的"合内外之道":

> 诚者自成也,而道自道也。诚者物之终始,不诚无物。是故君子诚之为贵。诚者非自成己而已也,所以成物也。成己,仁也;成物,知也。性之德也,合外内之道也,故时措之宜也。

从一般意义上说,儒家的"慎独"对所有的人都是开放的,就像圣人对所有的人都是开放的那样,这基于儒家主张的"道德人格"平等论。因此,儒家虽然有君子与小人之别(孔子有"上智与下愚不移"的说法,汉以后的人性论,又把人性划分为不同的等级),但总体上儒家并没有把这种区分抽象化为一种绝对的东西,或者肯定人天生就有小人和君子之分。儒家的"君子"和"小人"之分,正如圣人与众人之分那样,是就实践而言的。君子和圣人是实际上实现了"慎独"的人,反过来说实践了"慎独"的人就是君子和圣人,就是最理想的统治者,他们都有资格担当起治国平天下的历史使命。但实际上如何,那是由"时命"决定的。从人的道德本性和潜在性来说,人人都可以

---

① 《文子·精诚》对内在"精诚"的无限感化能力,也有很多说明,这是"心诚则灵"和"守独"感天下的思想的一个类似的看法:"心之精者,可以神化,而不可说道。圣人不降席而匡天下,情甚于謦欬,故同言而信,信在言前也;同令而行,诚在令外也。圣人在上,民化如神,情以先之。动于上,不应于下者,情令殊也。三月婴儿,未知利害,而慈母爱之愈笃者,情也。故言之用者,变变乎小哉;不言之用者,变变乎大哉。信君子之言,忠君子之意,忠信形于内,感动应乎外,贤圣之化也。"

"慎独",都可以成为"圣人",成为"王"。但由于实际的情形是,并不是人人都成了圣人,更不是成了圣人的人又都成为"王",因此儒家并没有去考虑理想与现实合一之下的情形。理想与现实之间的鸿沟,一方面成为儒家整个活动的历史舞台,使儒家意识到理想的艰难;但另一方面又不断地坚定着儒家追求理想的意志和信念。理想最终是可能实现的,其立足点和出发点就是近在眼前的人人都可以去做的"修身"和"慎独"。

王中江著作系列

第2卷

简帛时代
与早期中国思想世界
（下）

王中江　著

商务印书馆

目 录

第四编 经典、诠释和意义

第十二章 儒家经典诠释学的起源……3
引言 经典、诠释与文明……3
一 "六种"文本的编定和趋同……5
二 "六种"文本的经典化和权威化……12
三 理解和诠释：经典整体意义的化约……16
四 "经典"的相对物——"述""解""传""说"……20

第十三章 上博《诗传》与儒家《诗》教谱系新知……25
一 上博简《诗传》的"作者"……26
二 "篇题"和《风》《雅》《颂》的编次……31
三 《诗传》与儒家《诗》学……36
四 "德""王"与"命"……40
五 "性""情"和"志"……43

第十四章 道与事物的自然：老子"道法自然"实义考论……46
一 "道法自然"通常解释的源流及问题……47
二 "自然"与"万物"和"百姓"……52
三 "无为"与"道"和"圣王"……61
四 "道法自然"与老子思想的构造……65

第十五章 《老子》的"大器晚成"考证 …… 73

一 "大器免成"或"无成"的持论 …… 74

二 "大器晚成"与《老子》不同传本及解释 …… 77

三 "曼"与"晚"及"免"的读法和语义 …… 82

四 "大器晚成"与老子哲学中的"成" …… 84

第五编 共同体生活与公共理性、规范和政治伦理

第十六章 《唐虞之道》与王权转移中的多重因素 …… 91

一 "禅"与"传"的二分及折衷 …… 92

二 咨询、推举和试用 …… 101

三 政治继承与命运 …… 106

四 禅让与退休和养生 …… 111

第十七章 《凡物流形》的"贵君""贵心"和"贵一" …… 117

一 "贵君":政治的目的与政治权威认同 …… 118

二 "贵心":统治的内在根据 …… 122

三 "贵一":政治主体的客观化 …… 128

第十八章 黄老学的法哲学原理、公共性和法律共同体理想

——为什么是"道"和"法"的统治 …… 135

一 "道法":"实在法"的"自然法"基础 …… 137

二 "人情论"和"因循论":法律统治与人性及合目的性 …… 151

三 "法律"统治与"公共性"和"客观化" …… 172

四 "法律共同体"理想及其"德治"与"法治" …… 184

第十九章　睡虎地秦简《为吏之道》与秦国的儒家式政治伦理 ⋯⋯ 194

- 一　"以吏为师""吏道"与秦国的政治伦理 ⋯⋯ 195
- 二　"为吏"与"民心"和"表率" ⋯⋯ 208
- 三　清廉、公正和宽惠 ⋯⋯ 214
- 四　恭敬、谨慎和忠信 ⋯⋯ 223
- 五　仁慈和孝 ⋯⋯ 229
- 六　秦代文化与诸子之学及儒家 ⋯⋯ 235

第二十章　睡虎地秦简《语书》的"法律"意识 ⋯⋯ 242

- 一　法律的起源和本性 ⋯⋯ 243
- 二　法律与习俗和行为 ⋯⋯ 253

主要参考文献 ⋯⋯ 267

附录一　《凡物流形》的生成和自然思想 ⋯⋯ 279

附录二　郭店竹简《老子》略说 ⋯⋯ 303

附录三　《从政》重编校注 ⋯⋯ 316

附录四　《凡物流形》重编新知 ⋯⋯ 323

初版后记 ⋯⋯ 332

第四编
经典、诠释和意义

第十二章

儒家经典诠释学的起源

引言 经典、诠释与文明

首先我想指出的是，我这里所说的经典，既包括神圣性宗教经典（Bible 或 Holy Bible），也包括古典性的经典（Classics）。据此，我所说的经典诠释学也是广义的，它不仅指人类不同文明对经典的整个诠释行为，也指人类不同文明对经典诠释活动的思考、理论化工作及建立的不同诠释学理论（如伽达默尔［Gadamer］的"哲学解释学"）。这里我要讨论的儒家"经典诠释学"，不是指诠释学的理论形态，而是指早期儒家编定、解读、诠释文本并将之经典化、权威化的行为、表现及其经验。

20 世纪 90 年代以来，中国传统经典诠释学受到许多关注和讨论，汤一介在这方面做了重要的工作，[①] 我所做的工作非常有限，[②] 但这是我比较感兴趣的问题之一。我提出"儒家经典诠释学的起源"这一

---

① 参阅汤一介《论创建中国解释学问题》，见汤一介《反本开新——汤一介自选集》，首都师范大学出版社 2008 年版。

② 我先后发表的有关这方面的论文有《中国人文传统与解释意识》（载《天津社会科学》1994 年第 3 期）、《"原意"、"先见"及其解释的"客观性"——在"方法论解释学"和"哲学解释学"之间》（载《学术界》2001 年第 4 期）、《经典的条件：以早期儒家经典的形成为例》（载《中国哲学史》2002 年第 2 期）。

问题，是同两个方面的思考联系在一起的。一是，在世界不同文明的源流中，程度不同地都存在着一个类似的演进和发展模式，这就是通过对原创性经典的不断解读、诠释来扩充文明，表现出人类不同文明都由经典来引导的特征。中国文明的演进模式更典型地体现了这种特征。① 二是儒家经典诠释学作为中国传统诠释学的主流，它是什么时代诞生的。在过去的辨伪学中，儒家经学被认为是从汉代才开始的。一些经学的研究者，或者认为孔子同《周易》无关、同《春秋》无关，认为《易》作为儒家经典是汉代的产物，② 认为《春秋》也不是孔子创作的；或者在更广的意义上认为孔子同"六部"经典都无关，否认东周时代儒家已经确立"六部"经典的事实。③ 如果真是这样，我们就无法在儒家创始人孔子那里、在早期儒家那里寻找儒家经典诠释学的起源。④

说儒家经学（用现在的语言说是儒家经典诠释学）开始于汉代是不准确的，我们最多只能说儒家经典诠释学的"体制化"和"大规模化"开始于汉代（集中表现为今古文经学）。判断一种经典诠释学是否出现，可以有两个彼此关联的基本标准，一是"文本"的大致确定和

---

① 正如中国现代哲学家金岳霖指出的那样："中国哲学非常简洁，很不分明，观念彼此连结，因此它的暗示性几乎无边无涯。结果是千百年来人们不断地加以注解，加以诠释。很多独创的思想，为了掩饰，披上古代哲学的外衣；这些古代哲学是从来没有被击破，由于外观奇特，也从来没有得到全盘接受的。中国历史上各个时期数不清的新儒家、新道家，不论是不是独创思想的冲动复萌，却绝不是那独创思想的再版。实际上并不缺乏独创精神，只是从表面看来，缺少一种可以称为思想自由冒险的活动。"金岳霖先生不是专业意义上的中国哲学方面的研究者，但他恰当地揭示了中国哲学的"诠释"特征。金岳霖著，刘培育编：《道、自然与人》，王路译，生活·读书·新知三联书店2005年版，第54页。

② 参阅浅野裕一编《古代思想史与郭店楚简》，东京汲古书院2005年版，第4—6页。

③ 参阅朱维铮编《周予同经学史论著选集》（增订本），上海人民出版社1996年第二版，第795—806页。

④ 参阅杨天宇《礼记译注》一，上海古籍出版社1997年版，第849页。

被信奉为"经典";二是与此密不可分的"文本"被广泛地阅读、引用和诠释,并相应地产生了经典诠释的作品和"术语"。新出土郭店竹简文献和上博简文献为我们提供了重新审视早期儒家与"六经"关系的契机。孔子与《易》的关系确实非常密切,孔子和他的弟子及孟、荀建立的早期儒学与六部经籍更是密不可分。结合传世文献,我们现在可以比较明确地判定儒家经典诠释学的起源了。它诞生于中国古代哲学和思想的"轴心时代",也是中国"轴心时代"的重要特征之一。后来一般称为"六经"的《诗》《书》《礼》《乐》《易》《春秋》这六种文本,经过孔子的编纂,在早期儒家那里已被赋予了"经典"的性质并被权威化;早期儒家对这些经典的引用、诠释已经广泛和普遍,并产生了"述""传""解""说"和"序"等经典诠释性术语。下面我们就来具体论证和讨论一下。

一 "六种"文本的编定和趋同

让我们感到非常幸运的是,新出土郭店竹简有关儒家的文献为我们提供了确认儒家经典诠释学起源的有力的出发点,其中的《性自命出》《六德》和《语丛(一)》等,与此更是具有密切的关系。我们先看一下《性自命出》的说法:

> 《诗》《书》《礼》《乐》,其始出皆生于人。《诗》有为为之也;《书》有为言之也;《礼》《乐》有为举之也。

《性自命出》这篇文献讨论到了四种文本——《诗》《书》《礼》《乐》,它还对每部文本的意义作了概括性的说明。郭店竹简的另一篇文献《六德》则有以下的说法:

> 观诸《诗》《书》则亦在矣，观诸《礼》《乐》则亦在矣，观诸《易》《春秋》则亦在矣。

《六德》明确列出了六种文本——《诗》《书》《礼》《乐》《易》《春秋》。第三个文献是《语丛（一）》，它同样也列举了这六种文本。据廖名春对38、39、44、36、37、40、41简的重新编连，我们能更清楚地看出《语丛》对这六部典籍的诠释：①

> 《诗》所以会古今之志也者，[《书》所以会]□□□□者也，[《礼》所以会]□□□□[也，《乐》所以会]□□□□[也]，《易》所以会天道人道也，《春秋》所以会古今之事也。

此外，郭店竹简《五行》《缁衣》《成之闻之》《唐虞之道》等篇籍，引用了《诗》《书》的内容，②特别是《缁衣》引用颇多，它与传世的《礼记·缁衣》篇的引用类似但也有所不同。

以上这些新出土文献为我们确认儒家经典诠释学的起源提供了什么重要的信息呢？第一，《诗》《书》《礼》《乐》《易》《春秋》这六种文本，当时已经并存且被相提并论。这说明儒家所信奉的这六种文本，在东周时代已"大致"统一和定型，而且是儒家教育、学习的基本典籍；第二，早期儒家相信这六种文本的权威性并加以引用；第三，早期儒家通过对这六种文本的阅读、理解和诠释，对每一种文本的整体意义作出了概括，试图使每部经典的意义符号化。新出土文献所提供的这些信息，正可以同传世文献的不少相关记载相互印证。

---

① 参阅廖名春《郭店楚简引〈书〉论〈书〉考》，见《郭店楚简国际学术研讨会论文集》，湖北人民出版社2000年版，第123页。

② 同上。

"文本"的诠释和整体主旨概括以文本的大致定型和统一为前提，一些杂乱无章还没有大体定型和统一的文本，人们很难将它们并列在一起并试图对每一种的意义进行整体性的诠释和说明。《性自命出》《六德》和《语丛（一）》能够并列六种文本并对每一种文本的整体意义作出诠释，这说明《诗》《书》《礼》《乐》《易》《春秋》这"六种"文本在东周时代已"基本"统一和定型。过去一些学者对此加以怀疑和否定，现在终于可以打破了。我们不接受今文学家的看法，说"六经"都是孔子创作，但认为孔子与"六经"没有关系的说法，没有可信的根据。"六种"文本的编纂工作，不是东周其他子学担任的，而是儒家承担的，儒家是学习和信奉这"六种"文本的最有代表性的学派。《史记·太史公自序》记载：

> 夫儒者以六艺为法，六艺经传以千万数，累世不能通其学，当年不能究其礼。

《汉书·艺文志》也有类似的记载：

> 儒家者流……游文于六经之中，留意于仁义之际，祖述尧舜，宪章文武，宗师仲尼，以重其言，于道为最高。①

邹鲁之地是儒家的发源地，"六种"典籍同儒士的密切关系，也就是同邹鲁之地的关系。《庄子·天下》记载的"其在于《诗》《书》《礼》《乐》者，邹鲁之士、搢绅先生多能明之"，不是寓言，而是真实的历史故事。《庄子·徐无鬼》也记载："横说之则以《诗》《书》《礼》

---

① 《韩诗外传》（卷五）也说到了儒家与六经的密切关系："儒者，儒也。儒之为言无也，不易之术也。千举万变，其道不穷，六经是也。"

《乐》，从说则以《金板》《六韬》。"孔子是儒家学派的创始人，正是他编定了这"六种"文本，使之具有大致统一的面貌，《史记》对此记载最详。其中《孔子世家》记载说："孔子布衣，传十余世，学者宗之。自天子王侯，中国言六艺者折中于夫子，可谓至圣矣！"司马迁此处说的"六艺"和前面说的"六艺经传"的"六艺"，都是指"六经"。"折中"意思是"正确定夺"，孔子是"六艺"方面的权威。"言六艺者折中于夫子"，说明孔子是"六艺"方面的权威。《孔子世家》又记载："孔子以《诗》《书》《礼》《乐》教，弟子盖三千焉，身通六艺者七十有二人。"根据这一记载，孔子教授他的弟子们的主要东西是《诗》《书》《礼》《乐》，其中七十多位弟子精通"六艺"。《庄子·天运》篇记载孔子"治《诗》《书》《礼》《乐》《易》《春秋》六经"，对此也是一个佐证。

孔子编纂"六经"（"六艺"）之事，《史记》记载也比较多。《儒林列传》说："孔子闵王路废而邪道兴，于是论次《诗》《书》，修起《礼》《乐》。适齐闻韶，三月不知肉味。自卫返鲁，然后乐正，《雅》《颂》各得其所。"这里说到《诗》《书》《礼》《乐》《雅》和《颂》，直接经过了孔子的纂修和校正。《史记·孔子世家》具体记载了孔子删削、编纂几种文本的情况：

> 孔子之时，周室微而礼乐废，《诗》《书》缺。追迹三代之礼，序《书传》，上纪唐虞之际，下至秦缪，编次其事。曰："夏礼吾能言之，杞不足征也；殷礼吾能言之，宋不足征也。足，则吾能征之。"观殷夏所损益，曰："后虽百世可知也，以一文一质。周监二代，郁郁乎文哉！吾从周。"故《书传》《礼记》自孔氏。……古者《诗》三千余篇，及至孔子，去其重，取可施于礼义，上采契、后稷，中述殷周之盛，至幽厉之缺，始于衽席，故曰：《关雎》之乱以为《风》始，《鹿鸣》为《小雅》始，《文王》

为《大雅》始,《清庙》为《颂》始。三百五篇孔子皆弦歌之,以求合《韶》《武》《雅》《颂》之音。礼乐自此可得而述,以备王道,成六艺。①

传统的说法是,孔子据鲁史而作《春秋》。《孟子》一书在不同地方都明确说《春秋》出自孔子之手。《孟子·滕文公下》记载:"世衰道微,邪说暴行有作臣弑其君者有之,子弑其父者有之。孔子惧,作《春秋》。《春秋》,天子之事也。是故孔子曰:'知我者其惟《春秋》乎!罪我者其惟《春秋》乎!'"②《史记·孔子世家》记之更详,没有证据能证明《史记》的记载不是事实:"子曰:'弗乎弗乎,君子病没世而名不称焉。吾道不行矣,吾何以自见于后世哉?'乃因史记作《春秋》,上至隐公,下讫哀公十四年,十二公。据鲁,亲周,故殷,运之三代,约其文辞而指博。……贬损之义,后有王者举而开之。《春秋》之义行,则天下乱臣贼子惧焉。孔子在位听讼,文辞有可与人共者,弗独有也。至于为《春秋》,笔则笔,削则削,子夏之徒不能赞一辞。弟子受《春秋》,孔子曰:'后世知丘者以《春秋》,而罪丘者亦以《春秋》。'"

《易》与孔子的密切关系往往不被承认,持这种观点的人说,《易》在东周时代并非是儒家信奉的经典,儒家信奉《易》是从汉代开始的,

---

① 《史记·三代世表序》记载:"孔子因史文次《春秋》,纪元年,正时月日,盖其详哉。至于序《尚书》则略,无年月,或颇有,然多阙不可录。故疑则传疑,盖其慎也。""次"即"编次"。广义的"序"有编次和撰作的意思。陈梦家说:"孔子的'序《尚书》''序《书传》'之'序',则似应解为'编次'较妥。"(陈梦家:《尚书通论》,河北教育出版社2000年版,第286页)《论衡·正说》篇记载:"盖《尚书》本百篇,孔子以授也。"

② 《孟子·离娄下》的记载也是一证:"孟子曰:王者之迹熄而《诗》亡,《诗》亡然后《春秋》作。晋之《乘》,楚之《梼杌》,鲁之《春秋》,一也。其事则齐桓、晋文,其文则史。孔子曰:'其义则丘窃取之矣。'"

孔子与《易》没有什么关系；解释《易》的"易传"，也不是孔子所作。这种看法一开始就根据不足，再衡之以新出土的马王堆帛书文献，就更无法成立了。作为"经"的《易》，其演变和形成源远流长，所谓"人更三圣，世历三古"。孔子与《易》之经传的关系十分密切。《史记·孔子世家》记载："孔子晚而喜《易》，序《彖》《系》《象》《说卦》《文言》。读《易》，韦编三绝。曰：'假我数年，若是，我于《易》则彬彬矣。'"据此，作为传述《易》经的"十翼"主要是孔子撰作。《史记·田敬仲完世家》也记载孔子晚年对《易》有浓厚的兴趣："太史公曰：盖孔子晚而喜《易》。《易》之为术，幽明远矣，非通人达才孰能注意焉！"帛书《要》篇为我们提供了孔子晚年"好《易》"的新证据："夫子老而好《易》，居则在席，行则在囊。"①《易》为卜筮之书，孔子晚年对《易》产生兴趣，使他的弟子感到不解，孔子意识到这可能也让后人感到困惑。《要》记载子赣问孔子："夫子何以老而好之乎？"回答说："君子言以矩方也。前祥而至者，弗祥而好（？）也。察其要者，不诡其德。《尚书》多于（阙）矣，《周易》未失也，且有古之遗言焉。予非安其用也。"子赣又问："夫子亦信其筮乎？"孔子回答说："史巫之筮，向之而未也，好之而非也。后世之士疑丘者，或以《易》乎？吾求其德而已，吾与史巫殊涂而同归者也。"②这一记载很详细，它同《史记》所记孔子晚而喜《易》之事，可以相互印证。其实《论语·述而》早有记载："子曰：加我数年，五十以学《易》，可以无大过矣。"这是孔子直接说他对《易》有兴趣，他希望他在"五十"岁时就开始学"易"。但是，这句话中的"易"，《鲁论》作"亦"，人们据此不相信孔子晚年喜《易》、学《易》之事，且新出土的定州本《论

---

① 陈松长、廖名春释文：《要》，见《道家文化研究》第三辑，上海古籍出版社1993年版，第434页。

② 同上书，第434—435页。

语》也作"亦"。①《经典释文》引郑玄注说:"鲁读'易'为'亦',今从古。"这个说法可以有两个理解,一是《鲁论》"亦"即"易",如果这样,两者的意思就是一致的;二是《鲁论》之作"亦",与"易"无关。李学勤从后一种意思出发,考辨认为,"易"《鲁论》作"亦",是晚出,《古论》作"易",不应用晚出的否定之前的。特别是,如果作"亦",那就是说孔子要到"五十岁"才去学习。按照孔子的自述,他十五岁就有志于学了,而且一直是"学而不倦,诲人不倦""博学于文"。孔子是一位学无止境的人,岂有到五十岁才去学习的道理。单凭这一条,"易"就不可能是亦("除非"亦"意同"易"),不能以此否认孔子晚年"喜《易》"的事实。②《论语·述而》的"加",《史记·孔子世家》作"假"(《风俗通义·穷通》同)。注疏以"加"为增加,说"加我数年",即"方至五十,谓四十七时也",此解意思颇为费解,为什么孔子四十七时要求增加几岁到五十时去学《易》。"假"意为"借","假我数年"即再给我几年,使我五十岁时就能学《易》,意思是孔子觉得学《易》开始得晚了,这当是孔子快到六十岁时所说的话。作"假"于义为长,同孔子晚而喜《易》的记载一致。

总之,我们可以说,早期儒家教育和学习的"六种"文本,主要是由孔子编定并达到大致统一的。孔子作为我们通常所说的中国第一位创办私人教育的教育家,他教授弟子们学习和阅读的主要书籍就是这"六种"文本。我们完全可以想象,孔子带领他的弟子们学习这些文本的情景。后面我们将要讨论的这"六种"文本意义的符号化,可以进一步证明其大致统一和定型的事实。

---

① 参阅《儒藏》(精华编)第281册("出土文献"),北京大学出版社2007年版,第139页。

② 参阅李学勤《孔子与〈周易〉》,见《古文献论丛》,上海远东出版社1996年版。

二 "六种"文本的经典化和权威化

孔子对"六种"文本的大体编定和统一,为其经典化和权威化奠定了基础。没有文本的大致统一,既不便于教学和学习,也不便于理解和诠释。正是在"六种"文本大体定型和统一的条件下,儒家通过学习、阅读和运用它们,开始为其赋予"经"的性质,并在"引经据典"和信奉之中使之权威化。① 文本能够成为经典,取决于它的原创性和对人类文明的促进,我们无法期望一个没有原创性的文本会成为经典。经典创造了文明,文明也在时间之流中不断考验和选择经典。从这种意义上说,文本的"经典化"是文本自身的力量,也是人类选择的结果。经过考验和选择之后,人类相信一些文本是经典并不断地接受它们。早期儒家以"六种"文本为经典和权威,既是基于"六种"文本的内在原创性,也是因为他们对之产生了强烈的认同和信仰。

"经典"意义上的"经"这一术语,在战国时代已经通用。这个概念经历了从原指纺织的"经线"之"经"引申为指称事物"根本""常道"的过程,也经历了从"书"到"册"和"典"的过程。《尚书·多士》记载:"惟殷先人,有册有典。"这说明殷时已有了"典"和"册"的概念。据研究,商王武丁时的甲骨文就有"册"字,"典"字的出现也不会晚。② 简牍作为书写的材料起源应该很早。"书"的本义是记载,书写和编连之后就成为册和典。照《说文》的解释,"典"是"大册",指"五帝之书","从册,在丌上,尊阁之也"。"典"在形制上大

---

① 有关这一问题,参考李零《从简帛古书到看古书的经典化》,见《简帛古书与学术源流》。
② 有关这一点,参阅张政烺《中国古代的书籍》,见《张政烺文史论集》,第521—526页。

于一般的册。《尚书·多士》说的"有册有典",明确把"典"和"册"加以区分。"典"是特殊的重要的简册,主要记载帝王之言行和国之大事,而"册"则是一般的书籍。《说文》释"册"为"符命",应是引申义。《论衡·量知篇》说:"夫竹生于山,木长于林,未知所入。截竹为筒,破以为牒,加笔墨之迹,乃成文字,大者为经,小者为传记。断木为椠,析之为板,力加刮削,乃成奏牍。""大者"之"大",主要是指竹简的尺寸长,即"二尺四寸"。《论衡·宣汉篇》也说:"唐、虞、夏、殷同载在二尺四寸,儒者推读,朝夕讲习。"①

《书》有"典""谟""训""诰""誓""命"之分,其"典"指"常"(《尔雅·释诂上》云:"典,常也")。《尚书·五子之歌》说:"明明我祖,万邦之君,有典有则,贻厥子孙。"其中的"典"字,有"法则"和"常道"的意思。对《诗·周颂·维新》说的"文王之典"的"典",虞注为"法"。"法"义近"常"。"典"的这种"常""法"性质与"典"作为大书的"典籍"之"典",互相呼应。照孔安国《序》的解释,有关少昊、颛顼、高辛、唐、虞的记载,称为"五典"。类似意义的"典",也延伸到指称其他帝王的记载中。《左传·昭公十五年》记载有晋国籍谈作为副使访问成周时周景王对他的评论:"'女,司典之后也,何故忘之?'籍谈不能对。宾出,王曰:'籍父其无后乎!数典而忘其祖。'"籍谈回国后把这件事告诉了叔向。叔向说:"礼,王之大经也。一动而失二礼,无大经矣。言以考典,典以志经。忘经而多言,举典,将焉用之?"这里的"典",即是指"典籍"。值得注意的是,这里出现了"典以志经"的说法。但这里的"经",还不是后来"经籍"的意思,而是指典籍所载的先王的"纲纪"。《左传·昭公二十六年》说的"奉周之典籍以奔楚"、《孟子》中说的"宗庙之典籍",其

---

① 《论衡·谢短篇》也记载说:"二尺四寸,圣人文语,朝夕讲习,义类所及,故可务知。汉事未载于经,名为尺籍短书,比于小道,其能知,非儒者之贵也。"

"典籍"与"典"一样,意指珍贵性、权威性的书籍。

"经典"意义上的"经",是继"经典"意义上的"典"之后而出现的。在东周时代,人们已经用"经"来表示贵重之书。战国时期百家子学为了推重自家学说,将自家的重要创作也称为"经"。如,《墨子》中有同"说"相对的"经"。类似的例子,《韩非子》中有,帛书《五行》篇中也有。在传世儒家文献中,《礼记》的《经解》篇,也许最早以《诗》《书》《乐》《易》《礼》《春秋》这六种文本为"经"。《学记》篇谈论教育和学习的阶段,有"一年视离经辨志"的说法,其"经"即"经典","离经"是句读经典。根据这两处的记载,儒家在东周时代已将"六种"文本视之为"经"。在《庄子·天运》篇中,我们看到了"六经"之名,这是迄今所知使用"六经"之名最早的例子:"丘治《诗》《书》《礼》《乐》《易》《春秋》六经,自以为久矣……夫六经,先王之陈迹也,岂其所以迹哉?"如果儒家不推重这"六种"文本,如果儒家不称它们为"经",《庄子·天运》篇的作者就不会有如此概括。《荀子》一书没有"六经"之名,但他明确把儒家推重的"五种"文本称为"经"。《荀子·劝学》篇说:"学恶乎始?恶乎终?曰:其数则始乎诵经,终乎读礼。……故《书》者,政事之纪也。《诗》者,中声之所止也。《礼》者,法之大分,类之纲纪也。故学至乎礼而止矣。夫是之谓道德之极。《礼》之敬文也,《乐》之中和也,《诗》《书》之博也,《春秋》之微也,在天地之间者毕矣。"杨倞注说,"经""谓《诗》《书》。"根据荀子这段话后面又具体相提并论地谈论了《书》《诗》《春秋》《礼》和《乐》这"五种"文本,我们可以肯定,他所说的"经"不只是《诗》和《书》,也包括了《春秋》《礼》和《乐》。①

---

① 《荀子·解蔽》记载:"故《道经》曰:'人心之危,道心之微'"。杨倞注说"今《虞书》有此语,而云道经,盖有道之经也。"如果原《虞书》确有此语,这里的《道经》,则是《尚书》的一部分。

中国古代哲学和思想演进的主要方式之一，是不断地诠释经典；中国古代哲学家建立学说和立论的主要思维方式之一是"引经据典"。不管他们的思想多么具有创新性，也不管他们的立论多么具有挑战性，他们往往都将之看作是经典的固有真理。这正是早期儒家经典诠释学的表现之一。早期儒家之书称引、引用"六种"文本的方式，既普遍又广泛，特别是对《诗》《书》的引用非常频繁，形成了引用的固定格式——"《诗》云"和"《书》曰"。这足以说明这两种经典在当时影响的广度和深度。陈梦家详细列出了《论语》《孟子》《左传》《国语》《墨子》《礼记》《荀子》《韩非子》和《吕氏春秋》这九部典籍对《书》的援引，计168条，其中《孟子》引用有17条；《荀子》引用有15条左右。① 与引《书》相比，东周子书引用《诗》的次数就更多了。《左传》称引《诗》有180多次，《孟子》称引《诗》有30多次，《荀子》称引《诗》有80多次。新出土郭店简《缁衣》（是《礼记》中《缁衣》的同名作品）这一篇，其中引《书》（用《书》中的篇名称引）有10余次，引《诗》有20多次，其中19次以"《诗》云"的方式引用。

早期儒家"引用"经典，主要目的是为其立说、立论提供有说服力的根据。只要是在接受的意义上称引文本，就是承认其优越性和真理性。而作为一种论证方式不断称引经典，又会加强其经典的权威性。近代启蒙主义者否定权威，认为权威是盲从和迷信的结果。但只要是真正的权威，对它的接受就不是非理性的。真正的权威具有内在的根据，它具有令人信服的力量。伽达默尔指出："权威依赖于承认，因而依赖于一种理性本身的行动，理性知觉到它自己的局限性，因而承认他人具有更好的见解。权威的这种正确被理解的意义与盲目地服从命

---

① 参阅陈梦家《尚书通论》，河北教育出版社2000年版，第8—38页。《荀子》中直接称引《书》的篇目有《修身》《王制》《富国》《君道》《臣道》《致士》《天论》《正论》《君子》《宥坐》等。

令毫无关联。"[1] 早期儒家称引经典，是自觉自愿的理性选择，他们承认经典的原创性和智慧，因而加以接受和引用。

三 理解和诠释：经典整体意义的化约

在诠释学中有所谓"诠释循环"的说法，按照这个说法，文本的整体只有通过理解它的部分才能得到理解，而部分的理解又只能通过整体的理解才有可能。[2] 所谓整体指的是由各个部分构成的一部作品，而部分则是构成整体的各个方面。早期儒家经典诠释学，没有提出诠释循环问题，但它对经典文本的诠释行为确实表现为两个方面：一是从经典的各个侧面和局部，对经典的"部分"内容和意义进行诠释；二是立足于经典的全局对经典的整体意义进化约和概括。这里我们只讨论后一方面。

早期儒家经典诠释学，整体化约每一部经典的意义，作为一个过程首先是从孔子开始的。在孔子那里，我们可以看到他对《诗》《礼》《乐》性质的整体概括。《论语·泰伯》记载："子曰：'兴于《诗》，立于《礼》，成于《乐》。'"这里孔子用"兴"（激发志向）、"立"（规范行为）和"成"（调和性情）三者分别概括《诗》《礼》《乐》的整体功能和作用。[3] 比较起来，孔子更关注《诗》的整体意义和作用，《论

---

[1] 〔德〕汉斯-格奥尔格·伽达默尔：《真理与方法——哲学诠释学的基本特征》上卷，洪汉鼎译，上海译文出版社1999年版，第358页。

[2] 有关这一点，参阅殷鼎《理解的命运》，生活·读书·新知三联书店1988年版，第144—147页。

[3] 《论语·季氏》篇中记载的孔子之言，也说到了"礼与立"的关系。《论语·季氏》记载："陈亢问于伯鱼曰：'子亦有异闻乎？'对曰：'未也。尝独立，鲤趋而过庭。曰："学《诗》乎？"对曰："未也。""不学《诗》，无以言！"鲤退而学《诗》。他日，又独立，鲤趋而过庭。曰："学《礼》乎？"对曰："未也。""不学《礼》，无以立！"鲤退而学礼。闻斯二者。'陈亢退而喜曰：'问一得三，闻《诗》，闻《礼》，又闻君子之远其子也。'"

语·为政》记载说:"子曰:《诗》三百,一言以蔽之,曰:'思无邪'。"从这句话中,我们不仅能看出孔子对《诗》主旨的解读("无邪"即"归正"),也能看出他确实是从整体上解读《诗》的("一言以蔽之")。从《左传》、子书广泛引《诗》来看,学《诗》、用《诗》是东周时代文化人的基本修养,也是人们言谈、相互沟通的一个方式。《论语·阳货》记载说:"子曰:'小子!何莫学夫《诗》?《诗》,可以兴,可以观,可以群,可以怨。迩之事父,远之事君;多识于鸟、兽、草、木之名。'"这段话是孔子对《诗》的功能和作用的更全面的一个说明。对孔子来说,学习《诗》,只是会背诵是没有什么用处的,关键是要理解和会运用。《论语·子路》记载:"子曰:'诵《诗》三百,授之以政,不达;使于四方,不能专对;虽多,亦奚以为?'"孔子心目中高明的外交官,是文雅、善于言谈和最能让人心悦诚服的人,引《诗》就是他达到这种境界的最好方式之一,这就是孔子为什么说"不学《诗》,无以言"的道理(《论语·季氏》)。

孔子虽然认为《诗》能够使人"兴"(激发人),但传世文献看不到孔子以"志"论《诗》的记载。《左传·襄公二十五年》记载:"仲尼曰:'《志》有之:言以足志,文以足言。'"这是以"言"说"志"。《书·舜典》说"诗言志,歌永言"的"诗",是一般的意义上的诗,这是最早认为"诗"是为了抒发人的"志愿"。上博简《孔子诗论》记载:"孔子曰:《诗》亡离志,乐亡离情,文亡离言'"。① "《诗》亡离志",这是孔子以"志"论《诗》的证明。整理者隶定的"离"字,李学勤和裘锡圭倾向于隶定为"隐"。② "诗亡隐志"的"隐志",是人对自己的志愿、志向含而不露。"《诗》亡隐志",强调《诗》"不遮掩"

---

① 马承源主编:《上海博物馆藏战国楚竹书(一)》,第123页。
② 参阅李学勤《上海博物馆藏楚竹书〈诗论〉分章释文》(载《国际简帛研究通讯》,第二卷第二期,2002年1月)、裘锡圭《关于〈孔子诗论〉》(见《中国出土古文献十讲》)。

和"隐藏"自己的志愿和怀抱,反过来说,《诗》是为了充分抒发和展现人们的志向和怀抱。把《诗》与"志"联系在一起的说法,在先秦古文献中多见。《左传·襄公二十七年》记载的"《诗》以言志"、郭店竹简《语丛（一）》所说的"《诗》所以会古今之志也"、《礼记·乐记》所说的"《诗》言其志"、《庄子·天下》篇所说的"《诗》以道志"、《荀子·儒效》所说的"《诗》言是,其志也",等等,都是以"志"论《诗》,认为《诗》整体上是抒发人的"志向"和"怀抱"。孔子说"《诗》亡隐志",开以"志"论《诗》之先河。按照《史记·滑稽列传》的记载,孔子已率先概括过各经的整体意旨:"孔子曰:六艺于治一也。《礼》以节人,《乐》以发和,《书》以道事,《诗》以达意,《易》以神化,《春秋》以义。"

在《左传·僖公二十七年》的记载中,我们看到了作者对《诗》《书》《礼》《乐》每一部经典意义的概括:"《诗》《书》,义之府也;《礼》《乐》,德之则也;德义,利之本也。"按照《礼记·经解》的记载,孔子不仅对每一部经典的意义和教化作用都有整体的概括,而且他还指出了教化过程中局限于每部经典容易造成的偏差及其克服偏差的方法:"孔子曰:入其国,其教可知也。其为人也,温柔敦厚,《诗》教也;疏通知远,《书》教也;广博易良,《乐》教也;絜静精微,《易》教也;恭俭庄敬,《礼》教也;属辞比事,《春秋》教也。故《诗》之失,愚;《书》之失,诬;《乐》之失,奢;《易》之失,贼;《礼》之失,烦;《春秋》之失,乱。其为人也,温柔敦厚而不愚,则深于《诗》者也。疏通知远而不诬,则深于《书》者也。广博易良而不奢,则深于《乐》者也。絜静精微而不贼,则深于《易》者也。恭俭庄敬而不烦,则深于《礼》者也。属辞比事而不乱,则深于《春秋》者也。"

在前面列举的郭店楚简儒家文献中,我们已经看到了它们对每部经典整体意义所作的概括。其中《性自命出》对《诗》《书》《礼》

《乐》这四部经典的意义作了整体性概括；另外两篇佚文《六德》和《语丛（一）》，则分别概括了六部经典的意义。《六德》概括的"观诸《诗》《书》则亦在矣，观诸《礼》《乐》则亦在矣，观诸《易》《春秋》则亦在矣"，比较抽象和笼统。比较起来，《语丛（一）》的概括则比较容易理解："《易》，所以会天道人道也。《诗》，所以会古今之志也者。《春秋》，所以会古今之事也。《礼》，交之行述也。《乐》，或生或教者也。[《书》，□□□□]者也。"只是，由于简残，我们无法窥其全貌。

在早期儒家中，荀子是儒家传经的一位重要人物。在《荀子·儒效》篇中，荀子揭示了《诗》《书》《礼》《乐》和《春秋》这五部经典的各自意义。他说："圣人也者，道之管也。天下之道管是矣，百王之道一是矣。故《诗》《书》《礼》《乐》之归是矣。①《诗》言是，其志也；《书》言是，其事也；《礼》言是，其行也；《乐》言是，其和也；《春秋》言是，其微也。"在这一概括中，荀子认为五部经典都"归属"或"统一"于圣人所创造的"道"，但在具体表现上又各有其侧重。《荀子·劝学》篇也有一个概括："《书》者，政事之纪也；《诗》者，中声之所止也；《礼》者，法之大分，类之纲纪也。故学至乎《礼》而止矣。夫是之谓道德之极。《礼》之敬文也，《乐》之中和也，《诗》《书》之博也，《春秋》之微也。在天地之间者毕矣。"《劝学》篇的概括同《儒效》篇的概括，既类似又相互补充。需要注意的是，荀子的这两处概括，都没有谈到《易》，这说明他不太重视《易》。但从前面列举的孔子及其后学概括经典的意义都有《易》来看，《易》已是早期儒家从整体上诠释其意义的经典。《庄子·天下》篇对儒家各经整体意义的化约，虽出自非儒家人士，但其化约既简明又颇得其旨，其中也有《周易》："其在于《诗》《书》《礼》《乐》者，邹鲁之士、搢绅

---

① 《乐》后应有《春秋》，疑脱漏。

先生多能明之。《诗》以道志,《书》以道事,《礼》以道行,《乐》以道和,《易》以道阴阳,《春秋》以道名分。其数散于天下而设于中国者,百家之学时或称而道之。"①

早期儒家对各部经典整体意义的诠释和概括,既说明早期儒家经典诠释学解释经典的一个方式,也有力地证明当时这六种"文本"已基本编定。因为只有这样,人们才能对它们各自的整体意义作出诠释和概括。

四 "经典"的相对物——"述""解""传""说"

在人类文明的演进中,理解、诠释的冲动和活动伴随着人类意识的出现而出现,而经典诠释学则是文明高度发展之后的产物。人类首先需要创造文字,找到合适的书写材料,产生保留和传承文明的愿望,然后创造出伟大的文本,并成为文明的最重要遗产和积累。当这些文本被作为经典信仰时,这些经典文本就成了人类智能活动的显著舞台之一。在此,人们不仅推演出了与"经典"相对的诠释性作品,而且从经典诠释活动和经验中抽象、概括出了用于诠释的术语和观念,并进一步又建立起诠释学的理论。儒家之所以在中国古代文明的进程中最能承上启下、返本开新,在很大程度上是取决于它建立了经典诠释学。

早期儒家对信奉的六种经典已经展开诠释,并提出了表示经典诠释行为的一般性术语。孔子说他对于"三代"文明特别是西周文明是"述而不作,信而好古"。孔子说的"作",一般解释为"创造"和"创

---

① 后来人们以不同方式整体诠释儒家各经的意义。如,《汉书·艺文志》也概括说:"六艺之文,《乐》以和神,仁之表也;《诗》以正言,义之用也;《礼》以明体,明者著见,故无训也;《书》以广听,知之术也;《春秋》以断事,信之符也。五者盖五常之道,相须而备,而《易》为之原。"

作"。《左传·昭公六年》记载叔向引《书》说:"《书》曰:圣作则。"按照儒家的观念,只有圣人才有资格和能力创造和创作("作者之谓圣,述者之谓明")。谦虚的孔子,相信三代圣人的权威,不敢以圣人自居,自然也不会僭越圣人"创作"的特权。他说:"盖有不知而作之者,我无是也。"(《论语·述而》)孔子的志愿是传承和传述。《中庸》记载:"仲尼祖述尧舜,宪章文武。""述"是阐述原创性"文本",而不是单独创作,这表明孔子已经具有了经典创作与经典诠释的意识。①从孔子"述与作"的二分看,儒家的言论广义上皆是经典文本的诠释物,狭义上则是指诠释经典的"传述"。

早期儒家经典诠释性作品,最典型的是解释《易》经的《易传》,即"十翼"。《史记·孔子世家》和《汉书·艺文志》都记载,《易传》为孔子所作。②即使不能说都是孔子所作,但孔子晚年对《易》产生学习和研究的浓厚兴趣,说"十翼"中保留有孔子传述"易"的言论,则是合情合理的。将帛书"易传"的佚籍说成是汉人所作,论据同样非常脆弱。③《要》篇中有"《尚书》多于(阙)矣,《周易》未失也"的说法,有学者猜测说,因秦之禁《书》和焚《书》,《书》受到了很大损失,《易》因不在禁毁之列故得以完整保留,这说明《易传》佚籍的产生时间当在"秦火"之后。根据李学勤的研究,"《尚书》多於(阙)矣,《周易》未失也"中的"於",是"阙"的省写,而"阙"则是"阙"之讹。"阙"与"失"相对。《史记·孔子世家》说的"孔子之时,周室微而礼乐废,《诗》《书》缺",正好印证这里说的"《尚

---

① 当然,孔子的弟子同时也以孔子之"言论"作为"述"之对象。如《论语·阳货》记载:"子曰:'予欲无言!'子贡曰:'子如不言,则小子何述焉?'子曰:'天何言哉?四时行焉,百物生焉。天何言哉?'"

② 《汉书·艺文志》记载:"孔氏为之《彖》、《象》、《系辞》、《文言》、《序卦》之属十篇。"

③ 有关这一点,参阅邢文《帛书周易研究》,人民出版社1997年版,第46—61页。

书》多阙"。①据此，帛书所记事项同"秦火"没有关系，自然也不能将之作为出现于秦之后的根据。传述《春秋》有"三传"、传述《礼》的主要作品是《礼记》、传述《诗》有子夏的"诗传"。新出土的上博楚简有儒家诠释《诗》的作品，整理者题为《孔子诗论》。严格而言，它不是孔子直接所作，它当是孔子弟子诠释《诗》的传述，其中保留了孔子诠释诗的言论。②早期儒家对于经典的传述，说明它有意识、有系统地展开了"经典"的诠释活动。

相应于经典诠释行为，表示经典诠释行为的术语也产生了。如"解""传""说""记"等术语，在战国时代已成为表示经典诠释行为的用语。《礼记》之"记"，是对孔子及其弟子讨论礼及其许多问题的言论记载，其中一些言论是诠释经典文本的。《礼记·经解》篇名的"经"和"解"，清楚地显示"解"是相对于经典的。孙希旦解释此篇题目说："孔氏赞《周易》，删《诗》《书》，定《礼》《乐》，修《春秋》，因举六者而言其教之得失，然其时犹未有'经'之名。孔子没后，七十子之徒尊孔子之所删定者，名之为'经'，因谓孔子所语六者之教为'经解'尔。"③《孟子·梁惠王下》记载："齐宣王问曰：'文王之囿，方七十里，有诸？'孟子对曰：'于传有之。'"其"传"意为"传述之文"。《孟子正义》赵岐注说："于传文有是言。"孙奭疏谓："孟子答之，以为书传之文有言也。"焦循《孟子正义》引注疏并解释说："刘熙《释名·释典艺》云：'传，传也。以传示后人也。'传述为文，故云传文。《毛诗》疏引作《书传》有之。"④《孟子·滕文公下》记

---

① 参阅李学勤《帛书〈要〉篇及其学术史意义》，见李学勤《古文献论丛》，上海远东出版社1996年版，第56—68页。
② 有关这一点，参阅王中江《上博〈诗传〉与儒家诗教谱系新知》，见王中江《视域变化中的中国人文与思想世界》，中州古籍出版社2005年版。
③ 孙希旦著，沈啸寰、王星贤点校：《礼记集解》下，第1254页。
④ 焦循著，沈文倬点校：《孟子正义》，中华书局1987年版，第107页。

载:"周霄问曰:'古之君子仕乎?'孟子曰:'仕。《传》曰:"孔子三月无君,则皇皇如也,出疆必载质。"'"其中的"传曰"之"传",意思与此同。

《荀子》一书中以"传曰"引用言论的方式,凡二十处,我们需要重视这一现象。杨倞解释说(见《修身》篇),《荀子》一书中"凡言'传曰'","皆旧所传闻之言也"。这不是荀子使用"传曰"之"传"的意思。东周时代引用"传闻之言"往往采用的是"闻曰""闻之曰"等。《荀子·正论》也有例子:"应之曰:……故所闻曰:'天下之大隆,是非之封界,分职名象之所起,王制是也。'"葛志毅通过汇总、比较《荀子》一书中使用"传曰"之"传"的例子,将之分为三类:一类是所引本为经书;二类是解经之作;三类大都是难明出处,很可能也是解经之作或儒家类著作。① 可以肯定的是,荀子使用的"传曰"之"传",不是赵岐所说的"传闻之言"。根据荀子引用《诗》《书》(有例外)《易》时使用的主要是经书本身之名,《荀子》一书使用的"传曰"之"传",主要是指儒家诠释"经典"的"传述"性著作和儒家子学之类。② 荀子引用"传",也是为他的立论提供根据,而且在一些场合,它是与《诗》《书》并列引用。传述和解释往往不乏创见,但解释者相信这些都是经典所蕴涵的丰富内容。

与"经"相对的"说",是早期儒家表示经典诠释的另一个术语,《说卦》之"说"的用法就是如此。《周易正义》注释《说卦》谓:"《说卦》者,陈说八卦之德业变化及法象所为也。""陈说"即对《易》经的"卦"进行说明和诠释。王博对"说卦"和"说"有一个解释:"从名义上来讲,《说卦》的意思是指对卦的解说。'说'本身也是一种写作的体裁,若与'经'相对的话,就具有'传'或'解'类似

---

① 参阅葛志毅《荀子学辨》,载《历史研究》1996年第3期。
② 《韩诗外传》引《诗》以证事和理,以事和理解释《诗》,同时也使用"传曰",引"传文"作为辅助。其"传曰"之"传",与荀子所用类似。

的意思。"① 这一解释是恰当的。在战国时代,"说"作为表示诠释行为的用语多被使用,而诠释的对象也不限于《诗》《书》《易》等经典。帛书《五行》将孔子后学的作品称为"经",将对之进行的解释称为"说";《墨经》有"经"和"说";《韩非子》有《解老》和《喻老》,也有"经"与"说"相对之使用。这说明,"说"也是作为诠释经典而使用的一个术语。

以上我们从新出土文献出发,结合传世文献的记载,从几个方面考察了儒家经典诠释学的起源。新的和已有的文献证据一致证明,儒家经典诠释学确实诞生于东周时代的早期儒家。

---

① 王博:《易传通论》,中国书店2003年版,第216页。

第十三章

上博《诗传》与儒家《诗》教谱系新知

《上海博物馆藏战国楚竹书（一）》的出版，① 再次证明地下新出土简帛古文献对我们获得新知和重新认识古代学问和思想世界所具有的重要意义。所公布的这一部分战国楚简释文，包括《孔子诗论》《缁衣》和《性情论》。其中被题为《孔子诗论》的部分，为迄今首见的佚籍，因此弥显珍贵，并引起了大家的浓厚兴趣和讨论。一般所说的《诗》《书》《礼》《乐》《易》《春秋》这六部儒家经籍，在先秦的通行排序中，《诗》居"六经"之首的位置。由《诗》这部经典所引导的《诗》学、《诗》教和《诗》文化，构成了中国精神风土和文学气质的一个重要层面。从先秦孔子开始，《诗》就成为儒家最为推崇的经籍之一，形成了《诗》的教学、传承、传述和信仰的《诗》教人文谱系。但是，这一谱系的丰富内容已多难窥知（原因也许主要是秦帝国对儒家《诗》《书》的取缔和摧残），特别是儒家述《诗》之雅意，完全是片言只语地散见于一些古文献中，从未见到集中传述《诗》的作品。楚竹《孔子诗论》，可以说是《毛诗》（当然也包括已佚的《齐诗》《鲁诗》和《韩诗》等）之前儒家传述《诗》的一个最为完整的文本，② 使

---

① 马承源主编：《上海博物馆藏战国楚竹书（一）》。
② 李学勤重新编连之后的分章，虽然仍待完善，但看起相当合理。参阅《〈诗论〉分章释文》，《国际简帛研究通讯》第2卷第2期，2002年1月。

我们得以认识孔子及其后学传述《诗》的一些较为具体的情况,大大激活了中国古代《诗》文化和《诗》学研究的活力,说它具有超乎人们已知的意义,也许不为夸张。下面我就从几个方面考察一下早期儒家《诗》教的谱系,以与大家共同分享楚竹"《诗传》"的魅力。

一　上博简《诗传》的"作者"

有关楚竹《诗传》的这一部分内容,共有29支简,计1006字,整理者题为《孔子诗论》,并认为他是孔子弟子就孔子授《诗》内容所作的追记。据此而言,这部分竹简《诗传》的内容,是出自孔子并由弟子以追记的方式记载下来。这种看法和界定如何呢?有必要加以讨论。我的见解是,把他看成是孔子弟子或再传弟子的作品并题之为"诗传"或"诗说"(此一点后面谈),比较可取。如果说是出自孔子的弟子,我不敢肯定就是子夏,但子夏的可能性大些;如果说是出自孔子的再传弟子,具体是谁就更难猜测了。

首先要指出的是,整理者把楚竹《诗传》看成是孔子的作品并题之为《孔子诗论》,是非常不恰当的。在楚竹《诗传》的二十九支简中,只有六支简(第一、第三、第七、第十六、第二十一、第二十七等)中出现了"孔子(均为合文)曰"并记载了孔子述《诗》的话,这一部分内容共有四百多字。在此之外,传述《诗》的内容还有五百多字。这些内容,没有标出是谁所说,但显然不是孔子,而是另有其人,也就是作者。没有标出,这一方面说明楚竹《诗传》的这一部分内容与孔子述《诗》的话是有明确区分的;另一方面表明"诗"传的作者熟知孔子述《诗》的内容并受其影响。整理者把这一作品题之为"孔子诗论",就产生了一个无法解释的矛盾,即孔子弟子追记孔子的《诗》论,同时采取了两种完全不同的方式:大部分内容不标示"孔子曰",而其中一部分内容却又标示"孔子曰"。这怎么可能呢?引用的话之所以要标出"孔子曰",显然是作者要把它同自己传述《诗》的内容明确地区分开。按照李学勤先生的编连很容易看出,楚竹述《诗》作品,不能归结为一个追记者对孔子述《诗》的"追记",而是一个作者为传述《诗》义而作的,在他的传述中,他引用了孔子传述《诗》的话。这种传述方式,与《系辞传》《中庸》非常类似。① 在《系辞传》中,作者对《易》的传述,主要内容都是作者自己所说,但其中就有以"子曰"的形式引用孔子论述《易》的许多话(虽然我们还不能确定这些话都是孔子所说),以加强传述的说服力。"引用"与"追记"(包括"记录")的性质和目的显然不同。《论语》可以说是"追记"和记录的"语录";《礼记》中的《坊记》《表记》和《缁衣》,整个内容都是以"子云""子曰"或个别的"子言之"的方式记载孔子所说的话,在此之外没有其他传述的内容,因此完全可以看成是追记或记录性质的东西。但楚竹《诗传》与之不同,它是"作者"的"作品",在作品中作者"引用"了孔子论述《诗》的内容。引用的结果客观上当然起到了保存和传播的作用,但目的不是为了保存,性质也不是追记和记录,而是作者为了加强自己传述的"说服力"和"合理性"而进行的"引证"。因此,不管是把楚竹《诗传》看成是孔子的作品,还是视为孔子弟子对孔子授《诗》的追记,都甚为不当。

关于楚竹《诗传》的作者,大致有三种不同的说法:一说是子夏,②

---

① 李学勤通过对《诗传》体裁的分析,认为类似的作品在儒家著作中不乏其例,最适于比较的是子思的《中庸》。参阅李学勤《〈诗论〉的体裁和作者》,《上博馆藏战国楚竹书研究》,上海书店出版社2002年版。

② 持此说者有李学勤、姜广辉等。参阅李学勤《〈诗论〉的体裁和作者》(《上博馆藏战国楚竹书研究》)和姜广辉《初读古〈诗序〉》(载《国际简帛研究通讯》第二卷第二期,2002年1月)。

我一开始也持此说；二说是子羔；①三说是孔子再传弟子。②我的基本看法是认为出自子夏，当然也不完全排除出自孔子再传弟子的可能性。

在孔子的众多弟子之中，贤者七十多人，他们被认为大都"身通六艺"，他们接受过孔子的《诗》教自不待言。其中在文学方面具有声誉的子夏（卜商），最有可能是楚竹《诗传》的作者。

首先，在传统文献中，有子夏"习《诗》"的记载，如《孔子家语·七十二弟子解》记载说："卜商，卫人，字子夏，少孔子四十四岁，习于《诗》，能通其义，以文学著名。"特别是，传统文献中多有子夏与孔子论《诗》的内容。《论语·八佾》有子夏问《诗》和孔子回答的记载，孔子还感叹说："起予者商也！始可与言诗已矣。"类似的记载又见于《韩诗外传》卷三：

> 子夏问《诗》，学一以知二，孔子曰："起予者商也，始可与言《诗》已矣。"孔子贤乎英杰，而圣德备，弟子被光景而德彰。《诗》曰："日就月将。"

在《礼记·孔子闲居》中，有子夏向孔子请教《诗》句"民之父母"的记载：

> 孔子闲居，子夏侍。子夏曰："敢问《诗》云'凯弟君子，民之父母。'何如斯可谓民之父母矣？"孔子曰："夫民之父母乎，必达于礼乐之原，以致五至，而行三无，以横于天下，四方有败，必先知之。此之谓民之父母矣。"

---

① 持此说者有廖名春。参阅《上博〈诗论〉简的作者和作年——兼论子羔也可能传〈诗〉》，《齐鲁学刊》2002 年第 2 期。

② 持此说者有陈立。参阅《〈孔子诗论〉的作者与时代》，《上博馆藏战国楚竹书研究》，上海书店出版社 2002 年版。

《韩诗外传》卷二有子夏读《诗》后孔子问他对《诗》有何见解和子夏作答的记载:

> 子夏读《诗》已毕。夫子问曰:"尔亦何大于《诗》矣?"子夏对曰:"《诗》之于事也,昭昭乎若日月之光明,燎燎乎如星辰之错行,上有尧舜之道,下有三王之义。弟子不敢忘,虽居蓬户之中,弹琴以咏先王之风,有人亦乐之,无人亦乐之,亦可发愤忘食矣。《诗》曰:'衡门之下,可以栖迟;泌之洋洋,可以乐饥。'"夫子造然变容,曰:"嘻!吾子始可以言《诗》已矣,然子以见其表,未见其里。"颜渊曰:"其表已见,其里又何有哉?"孔子曰:"窥其门,不入其中,安知其奥藏之所在乎!然藏又非难也。丘尝悉心尽志,已入其中,前有高岸,后有深谷,泠泠然如此。既立而已矣,不能见其里,未谓精微者也。"

从这段话来看,子夏对《诗》的理解看来已经够有高度和深度了,但孔子评论子夏还未能窥见其里和不够精微,这显然是孔子从他自己的境界和体会来说的。《韩诗外传》卷五有子夏向孔子请教《关雎》为什么以《风》开头的记载:

> 子夏问曰:"《关雎》何以为《国风》始也?"孔子曰:"《关雎》至矣乎!……大哉!《关雎》之道也!……子其勉强之,思服之,天地之间,生民之属,王道之原,不外此矣。"子夏喟然叹曰:"大哉!《关雎》乃天地之基也。"

孔子逝世之后,子夏被魏文侯聘为老师,这为他提供了从事《诗》乐教化的客观条件,使他有可能传述《诗》义。在《礼记·乐记》中有魏文侯问乐、子夏加以回答的记载。在这个回答中,子夏强调"古乐"

和《诗》所说的"德音",对"新乐"和"溺音"提出了批评。

其次,传世文献有子夏传述《诗》的记载。《汉书·艺文志》称《诗》有齐鲁韩三家,皆列于学官,说三家之外又有"自谓子夏所传"的毛公之学。据此,可以说《毛诗》之学与子夏相关。《后汉书·徐防传》载:"《诗》《书》《礼》《乐》,定自孔子,发明章句,始于子夏。其后诸家分析,各有异说。"在此,子夏不仅传述了《诗》,也传述了《书》《礼》和《乐》,足见其在儒家经学史上的重要地位。由郑玄门人赵商和张逸传述、由郑玄孙郑小同编的《郑志》,记载郑玄答张逸问说:"《序》,子夏所为,亲受圣言。"这是认为子夏有传述《诗》的《序》。三国吴陆玑《毛诗鸟兽草木虫鱼疏》称子夏作序,并具体列举了儒家传《诗》的系谱:

> 孔子删《诗》,授卜商,商为之序,以授鲁人曾申,申授魏人李克,克授鲁人孟仲子,仲子授根牟子,根牟子授赵人荀卿,荀卿授鲁国毛亨。毛亨作《诂训传》,以授赵国毛苌。时谓亨为大毛公,苌为小毛公。①

《史记·仲尼弟子列传》索隐云:"子夏文学著于四科,序《诗》,传《易》。又孔子以《春秋》属商。又传《礼》,著在《礼志》。"此亦肯定子夏传述《诗》。据以上所说,楚竹《诗传》出自子夏的可能性较大。孔子其他弟子(如子贡、子游、子羔等)虽然也具有《诗》学修养,但造诣都比不上子夏,出自他们之手,可能性较小。但是,也有可能是出自孔子的再传弟子,抑或就是子夏的弟子。陈立从楚竹《诗传》

---

① 《经典释文·序录》所引徐整论《诗》传承与此有所不同:"子夏授高行子,高行子授薛仓子,薛仓子授帛妙子,帛妙子授河间人大毛公。毛公为《诗故训传》于家,以授赵人小毛公。"但认毛诗源于子夏则同。《经典释文·序录》又载:"孔子最先删录(《诗》),……以授子夏,子夏遂作《序》焉。"

中称"孔子曰"入手，对照和比较儒家称道孔子时所用的其他"子曰""子言之""夫子曰"和"仲尼曰"等称呼，认为称"仲尼曰"者，与孔子关系较为疏远，称"子曰（或云）"和"夫子曰"者，多为与孔子关系密切的门人，称"孔子曰"者，则与孔子关系稍为疏远。① 称呼孔子用不同的"称谓"，的确能够反映出称呼者与孔子之间的关系远近。但这只是大致上的情形，不能作为严格的通例。从一般情形推论，楚竹《诗传》称"孔子曰"而不是称"子曰"或"夫子曰"，作者也有可能是孔门的再传弟子亦未可知。

根据以上的讨论，我倾向于把楚竹《诗传》看成是子夏（或孔子再传弟子）的作品。这一作品为我们提供了孔子后学传述《诗》的重要遗说，展示了子夏或孔子再传弟子述《诗》的比较具体面貌。而且楚竹《诗传》保存下来的有关孔子论《诗》的重要内容，也为我们提供了研究孔子论《诗》的新材料。由于对子夏（或孔子再传弟子）传述《诗》这一关键环节的推断，我们就有可能对儒家《诗》教传承得到一个新的认识，并能够梳理出一个大致可信的谱系。②

二 "篇题"和《风》《雅》《颂》的编次

现在讨论一下楚竹《诗传》的题名问题。前面我们已经强调整理者题为"孔子诗论"是不恰当的，原因在于孔子不是这一作品的作者，孔子传述《诗》的内容是在被"引用"的意义上出现的。如果撇开作者，单题为《诗论》情形又如何呢？看来也不恰当。在先秦，"论"已

---

① 参阅陈立《〈孔子诗论〉的作者与时代》，《上博馆藏战国楚竹书研究》。
② 江林昌对此已经提出了比较具体的说法。参阅《楚简〈诗论〉与早期经学史的有关问题》（《中国哲学》第24辑"经学今诠三编"，辽宁教育出版社2002年版）、《上博竹简〈诗论〉的作者及其与今传本〈毛诗〉序的关系》（《上博馆藏战国楚竹书研究》，上海书店出版社2002年版）。

是文体和为篇题名的方式之一，《公孙龙子》基本上以"论"名篇，《庄子》中有《齐物论》；《荀子》中有《乐论》和《礼论》。其"论"，都是在比较完整地立论和立说的情形下使用的。① 很明显，楚竹《诗传》与此种体裁相距甚远。除《孔子诗论》题名外，有主张题名《诗序》的。姜广辉主张《诗序》说，江林昌亦持之，② 他们主要依据东汉以后文献记载的子夏序《诗》说。彭林根据《诗传》的特点，认为题为《诗序》不当。③ 在我看来，根据旧说，把楚竹《诗传》题为《诗序》未尝不可，但如果以为作品原本就题为《诗序》，则未必。旧说子夏序《诗》，有可能是以《毛诗序》逆推子夏之作（虽然"序"的体裁先秦已有，如《易·序卦》）。在先秦，诸子传述的体裁和体例，除了上述的"论"和"序"之外，还有"说"（如《说卦》、《墨子》中的《经说》）、"记"（如《礼记·学记》《礼记·乐记》）、"解"（如《礼记·经解》《管子·形势解》等）、"传"（如《左传》等）。④ 根据楚竹述《诗》的情况，我们认为题名为《诗传》《诗解》《诗说》，⑤ 均无不可。加以选择的话，可以题名为《诗说》或《诗传》。

---

① 《文心雕龙·论说》释"论"颇详，强调"论"重在精研道理。言："述经叙理曰论。……昔仲尼微言，门人追记，故仰其经目，称为《论语》。盖群论立名，始于兹矣。自《论语》已前，经无'论'字。《六韬》二论，后人追题乎！……论也者，弥纶群言，而研精一理者也。"

② 详见姜广辉《初读古〈诗序〉》和江林昌的《楚简〈诗论〉与早期经学史的有关问题》(《中国哲学》第 24 辑"经学今诠三编")、《上博竹简〈诗论〉的作者及其与今传本〈毛诗〉序的关系》(《上博馆藏战国楚竹书研究》)。

③ 参阅彭林《"诗序"、"诗论"辨》，《上博馆藏战国楚竹书研究》，上海书店出版社 2002 年版。

④ 虽然"传述"意义上的"传"在先秦已经出现，但把传述《周易》的"十翼"称为"易传"并把"系辞"称为"易大传"，均出自《史记》。

⑤ 黄人二以"传""记""说"皆为记载师言、认为"说"只是"师说"，恐怕是以偏概全。(参阅《从上海博物馆藏〈孔子诗论〉简之〈诗经〉篇名论其性质》，《上博馆藏战国楚竹书研究》，上海书店出版社 2002 年版) 朱渊清虽然主张题名为《诗说》，但他认为这是孔子之诗说而由弟子记之，实不过整理者看法之变相。(参阅《从孔子论〈甘棠〉看孔门诗传》，载同上书)

与此相关的问题是《诗传》作者研习和传述《诗》时，使用的是什么样的抄本。换言之，作者当时所看到的《诗》的《风》《小雅》《大雅》《颂》这四部分，是一种什么样的编排次序。通行本《毛诗》是按《国风》→《小雅》→《大雅》→《颂》这种先后的方式编排。楚竹《诗传》的整理者认为，根据楚竹《诗》论的情况，它采取的可能是与通行本不同的《颂》→《大雅》→《小雅》→《国风》的编排方式。这就提出了一个新的问题，即孔子删定并且作为儒家教化教材的《诗》，其编排次序与通行本的编排次序是否一致，《诗传》是否反映了另一种编排次序。①

《诗》的赋作、汇集和编排方式，可以说经历了一个不断增加和演变的过程，但其过程已难究其详。在孔子之前，配有乐的《诗》，已是人文教化、上层贵族修养和社会政治生活的重要部分，《诗》可能已有相差不大的传本行世。虽然从春秋开始，周代的礼乐和人文教化传统发生了意义危机，但从《国语·楚语上》记载的"教之《诗》"，《国语·周语》所载的"观之《诗》《书》"之语，《左传·僖公二十七年》所载的"说《礼》《乐》而敦《诗》《书》。《诗》《书》，义之府也"等，还有从《诗》被大量引用的情况来看，《诗》仍然是上层社会人士的基本教养。《风》《雅》《颂》的编排次序，在孔子之前当已基本成型。《左传·襄公二十九年》记载吴公子季札作为使节访问鲁，季札请求观赏周乐，鲁乐工依次演唱了《诗》，每演唱一首季札都称叹"美哉"，并作了头头是道的评论。在此，演唱《诗》的次序，是先《风》中的《周南》《召南》《邶》《鄘》《卫》《王》《郑》《齐》《豳》《唐》《陈》《桧》，然后是《小雅》《大雅》，最后是《颂》。这种次序，恰恰就是通行本《诗》的排序方式。《左传·隐公三年》载："《风》有

---

① 邢文通过对《诗传》的研究，认为整理者所说难以成立。参阅《风、雅、颂与先秦诗学》，《中国哲学》第24辑"经学今诠三编"。

《采蘩》、《采苹》,《雅》有《行苇》、《泂酌》,昭忠信也。"这里,虽然没有举《颂》,但谈到《风》和《雅》,也是先讲《风》后讲《雅》。

孔子"论次"《诗》《书》,可能沿用了《风》《雅》《颂》的整体编排次序。孔门后学中所传之《诗》,当亦是这种编排次序。这种次序在荀子论《诗》中也有所反映。《荀子·儒效》篇载:

> 故《风》之所以为不逐者,取是以节之也;《小雅》之所以为《小雅》者,取是而文之也;《大雅》之所以为《大雅》者,取是而光之也;《颂》之所以为至者,取是而通之也。天下之道毕是矣。

《毛诗》的编排次序,沿用了这种传统方式。司马迁亦不改变这种次序,因此有《孔子世家》说:

> 故曰:"《关雎》之乱以为《风》始,《鹿鸣》为《小雅》始,《文王》为《大雅》始,《清庙》为《颂》始。"三百五篇孔子皆弦歌之,以求合《韶》《武》《雅》《颂》之音。

当然,《礼记·乐记》中有一个记载说:

> 宽而静、柔而正者宜歌《颂》。广大而静、疏远而信者宜歌《大雅》。恭俭而好礼者宜歌《小雅》。正直而静、廉而谦者宜歌《风》。

这里的列举,是先《颂》,后《大雅》和《小雅》,最后是《风》。对此,一时还难以找出合理的解释。但是,从更多的记载来看,再加上通行本的次序,《乐记》所使用的次序不易作为一种固定的方式。先秦文献中记载《诗》乐,往往单挑《雅》《颂》而论,以

《雅》前《颂》后合称，这也许同样表明，在编排上《雅》在前《颂》在后。

就楚竹《诗传》本身来看，也很能说原本就是一种《颂》→《雅》→《风》的次序。第四支简和第五支简，几乎可以肯定它们原是编连在一起的，它们中间缺一简的可能性不大。这两支简载：

诗，其犹平门与？戋民而□之，其用心也将何如？曰：《邦风》是也。民之有戚患也，上下之不和者，其用心也将何如？曰：[《小夏（雅）》]是也。有成功者何如？曰：《颂》是也。

其残缺文字完全可以补全，补全后，显示的就是《风》《雅》《颂》的次序。另，第二十一支简载："孔子曰：《宛丘》吾善之。《猗嗟》吾喜之。《鸤鸠》吾信之。《文王》吾美之。《清》……。"这支简中所论及的到《诗》篇，其次序也是《风》《雅》《颂》。根据这两支简的两个直接根据，比之于第二支简上相反的从《颂》到《大雅》再到《邦风》这一个根据来，我们当然倾向于前者。我们相信楚竹《诗传》接受的应该是一般的从《风》到《雅》到《颂》的次序。

此外，楚竹《诗传》（包括孔子所论）论及通行本的大部分篇目。按整理者的释读，六十篇篇名中除了七篇的篇名不见于通行本外，此外的五十三篇篇名皆见于通行本。实际上更多，因为整理者所说的未见于通行本的篇名，有的是未释读出来。从论及篇目的广泛性上，可以看出《诗传》作者的《诗》学造诣，也说明《诗》篇之名当时已基本统一。

《诗传》中所见的编排次序和篇目与通行本一致，表明《诗》的编排方式和《诗》的篇名在先秦已经固定了下来。

三 《诗传》与儒家《诗》学

《诗》的汇集和编纂,主要以周初和春秋中叶为上下时限,它是通过长期的逐渐汇集和编纂而成的。在孔子之前《诗》的教化已经形成为一个传统。《诗》教也许就像礼乐一样,在西周之后由于价值和体制(如教育体制和统一意识形态)危机而受到削弱。孔子儒家把《诗》作为人文教化、人生修养,作为社会政治生活理想和实践的主要内容及方式加以守护和传授,从而保持了《诗》教传统的连续性和再生性。孔子对《诗》的传授和诠释,开启了《诗》的诠释传统之源,中经孔门弟子到子思和孟子,再到荀子,形成了先秦儒家《诗》教和诠释的主要系谱。楚竹《诗传》是儒家《诗》教谱中的一个非常重要环节。正如我们前面指出的那样,它是迄今我们所看到的先秦儒家述《诗》的既是"第一个"又是"比较完整"的文本,它的发现和重见阳光,使我们有幸认识到先秦儒家传述《诗》的具体面貌,使我们重新恢复了先秦孔子和弟子传述《诗》的历史记忆。他不仅与通行的《毛诗》形成了对比,而且也与既存的先秦儒家对《诗》这部经典的诠释构成了比较关系。

楚竹《诗传》的重要价值和特点之一,是它保存了早期儒家对《诗》的诠释。首先是它通过引用孔子传述《诗》的重要内容,使我们看到了我们从未看到过的孔子对《诗》的更多的理解和解释。一般来说,孔子与《诗》的关系无疑是十分密切的,他的重要贡献之一是编定《诗》。在孔子之前,《诗》的数量可能并不固定,孔子"论次"《诗》,对《诗》重新进行了选择取舍,编定了《诗》三百篇,以此作为儒家《诗》教的通用教材。孔子根据自己的理解和需要,对《诗》所配之乐也进行了编定。《史记·儒林列传》载:

> 孔子闵王路废而邪道兴，于是论次《诗》《书》，修起礼乐。适齐闻《韶》，三月不知肉味。自卫返鲁，然后乐正，《雅》《颂》各得其所。

由此来说，孔子在编纂、选定和保存《诗》及《诗》乐方面作了许多重要的工作。孔子的重要贡献之二是传授和传述《诗》，他把《诗》作为教育和教化的非常重要的内容之一对《诗》进行了传授和论述。《史记·孔子世家》载："孔子以《诗》《书》《礼》《乐》教，弟子盖三千焉，身通六艺者七十有二人。"孔子传述《诗》，大致有四种方式：一是总论三百篇整体之旨的；① 二是分论《风》《雅》《颂》各部分意义的；② 三是单论一篇或具体诗句意义的；③ 四是称引《诗》文以证己说的。④ 这些方式和内容并没有系统地保留下来，而是散见于一些记载

---

① 所谓"《诗》三百，一言以蔽之曰：思无邪"（《论语·为政》）、"不学《诗》，无以言"（《论语·季氏》）、"何莫学夫《诗》？《诗》，可以兴，可以观，可以群，可以怨。迩之事父，远之事君。多识于鸟、兽、草、木之名"（《论语·阳货》）等，皆是从整体方面总论《诗》的旨趣。《论语·子路》所载的"子曰：'诵《诗》三百，授之以政，不达；使于四方，不能专对；虽多，亦奚以为'"，侧重点是讲单靠诵诗是不行的，还要能够进行社会政治的实践和运用。孔子相信《诗》与社会政治生活和实践是能够结合起来的。

② 所谓"子谓伯鱼曰：'女为《周南》《召南》矣乎？人而不为《周南》《召南》，其犹正墙面而立也与'"（《论语·阳货》）则是分论《诗》的意旨。

③ 所谓"《关雎》，乐而不淫，哀而不伤"（《论语·八佾》）则是单论《诗》的意旨。

④ 这方面的例子很多。如《左传·宣公九年》载："孔子曰:《诗》云：'民之多辟，无自立辟。'其泄冶之谓乎！"《左传·昭公七年》载："孟懿子与南宫敬叔师事仲尼。仲尼曰：能补过者，君子也。《诗》曰：'君子是则是效'，孟僖子可则效已矣。"《左传·昭公十三年》载："仲尼谓子产于是行也，足以为国基矣。《诗》曰：'乐只君子，邦家之基。'子产，君子之求乐者也。"《左传·昭公二十年》载："仲尼曰：善哉！政宽则民慢，慢则纠之以猛。猛则民残，残则施之以宽。宽以济猛，猛以济宽，政是以和。《诗》曰：'民亦劳止，汔可小康；惠此中国，以绥四方'，施之以宽也。'毋从诡随，以谨无良；式遏寇虐，憯不畏明'，纠之以猛也。'柔远能迩，以定我王'，平之以和也。又曰：'不竞不絿，不刚不柔，布政优优，百禄是遒'，和之至也。"《左传·昭公二十八年》载："仲尼闻魏子之举也，以为义，曰：近不失亲，远不失举，可谓义矣。又闻其命贾辛也，以为忠。《诗》曰：'永言配命，自求多福'，忠也。魏子之举也义，其命也忠，其长有后于晋国乎！"

中。但在楚竹《诗传》中，这些方式都得到了体现，既有总述《诗》旨的，也有单论"篇"旨和称引《诗》句的。如果第四支简"曰"之前补"孔子"，缺文也补全，那么可以看出，孔子也分论了《风》《雅》《颂》的意义。特别是，在已有的文献记载中，孔子论述"篇"旨的记载非常少，但在楚竹《诗传》中，孔子论述"篇旨"所涉及到的"篇目"达十四篇，如此集中，迄为首见。此外，《诗传》作者六七次引用孔子论《诗》之言，这也说明《诗传》作者认同孔子解释的权威性。

孔子之后，儒家传人传述《诗》，也主要是采用以上四种方式。总论《诗》三百篇之旨的，如郭店竹简《性自命出》所说的"《诗》，有为为之也"，《语丛（一）》所说的"《诗》，所以会古今之志也者"。孟子从《诗》与王道的关系（《孟子·离娄下》载："王者之迹熄而《诗》亡，《诗》亡，然后《春秋》作。"）、从《诗》的诠释方法（《万章下》载："故说诗者，不以文害辞，不以辞害志；以意逆志，是为得之。"）、从颂《诗》的方式（《万章下》载："颂其诗，读其书，不知其人可乎！是以论其世也。是尚友也。"）等方面对《诗》提供了一种总体上的理解。《荀子·儒效》篇强调《诗》言志："圣人也者，道之管也。天下之道管是矣，百王之道一是矣。《诗》言是，其志也。"分论《风》《雅》和《颂》的，有《荀子·儒效》篇所说的"故《风》之所以为不逐者，取是以节之也；《小雅》之所以为《小雅》者，取是而文之也；《大雅》之所以为《大雅》者，取是而光之也；《颂》之所以为至者，取是而通之也"等。单论诗句和篇旨的则比较多，如《礼记》中的《孔子闲居》《中庸》和《大学》等篇都是采用这种传述方式。《大学》所说的"《诗》云：'瞻彼淇澳，绿竹猗猗。有斐君子，如切如磋，如琢如磨。瑟兮僩兮，赫兮喧兮。有斐君子，终不可諠兮！''如切如磋'者，道学也。'如琢如磨'者，自修也。'瑟兮僩兮'者，恂栗也。'赫兮喧兮'者，威仪也。'有斐君子，终不可諠兮'者，道盛德至善，民之不能忘也""《诗》曰：'周虽旧邦，其命维新。'是故君子无所不用其极",《中庸》中所说的"《诗》云：'鸢飞戾天，鱼跃于渊。'言其上下察也。君子之道，造端乎夫妇，及其至也，察乎天地""《诗》云：'伐柯伐柯，其则不远。'执柯以伐柯，睨而视之，犹以为远"等都是诠释《诗》句的意义。① 此外，"引用"《诗》句以"证说""证论"的方式，则更为普遍。这可以《孟子》和《荀子》两书为代表。《孟子》称引《诗》达四十多次，《荀子》的称引，竟达到了八十多次。

与以上文献反映出的儒家传述《诗》的方式相比，楚竹《诗传》向我们"具体"展现了孔子弟子传述和诠释《诗》的比较完整和系统的形态。在既存文献中，我们容易看到孔子所说的"始可"与子贡和子夏"言诗"的话，但其传述《诗》的丰富内容和系统性却无以得知。在楚竹《诗传》中，我们看到了孔门后学诠释《诗》的"系统形态"，并由此可以想象孔门后学所具有的复杂性内涵（郭店竹简儒家简已大大丰富了我们这方面的想象力）。楚竹《诗传》的诠释方式，要而不繁，言简意赅。它集中地体现了儒家解释《诗》的三种方式，有总论全《诗》之旨的，有分论《风》《雅》《颂》之旨的，有分论篇旨的和单论一句的意义的。其中比较突出的，是分论《风》《雅》《颂》之旨，

---

① 《大学》中的例子还有："《诗》云：'桃之夭夭，其叶蓁蓁。之子于归，宜其家人。'宜其家人，而后可以教国人。《诗》云：'宜兄宜弟。'宜兄宜弟，而后可以教国人。《诗》云：'其仪不忒，正是四国。'其为父子兄弟足法，而后民法之也。此谓治国在齐其家""《诗》云：'乐只君子，民之父母。'民之所好好之，民之所恶恶之，此之谓民之父母。《诗》云：'节彼南山，维石岩岩。赫赫师尹，民具尔瞻。'有国者不可以不慎，辟则为天下僇矣。《诗》云：'殷之未丧师，克配上帝。仪监于殷，峻命不易。'道得众则得国，失众则失国"。《中庸》中的例子还有："《诗》曰：'衣锦尚絅'，恶其文之著也。故君子之道，暗然而日章；小人之道，的然而日亡。君子之道：淡而不厌，简而文，温而理，知远之近，知风之自，知微之显，可与入德矣。《诗》云：'潜虽伏矣，亦孔之昭！'故君子内省不疚，无恶于志。君子之所不可及者，其唯人之所不见乎！《诗》云：'相在尔室，尚不愧于屋漏。'故君子不动而敬，不言而信。《诗》曰：'奏假无言，时靡有争。'是故君子不赏而民劝，不怒而民威于鈇钺。《诗》曰：'不显惟德！百辟其刑之。'是故君子笃恭而天下平。《诗》云：'予怀明德，不大声以色。'子曰：'声色之于以化民，末也。'《诗》曰：'德輶如毛'，毛犹有伦。'上天之载，无声无臭'，至矣"等。

尤其是分论一篇之旨，这占了《诗传》的大部分内容，而且所论非常简明扼要，甚至是一字以蔽之。相比之下，《毛诗序》对篇旨的解释，大都字数较多。如上所说，在郭店竹简儒家简中，在《中庸》和《大学》中，在孟子和荀子那里，面向《诗》的方式，主要是"引《诗》证说"和解释句旨，为自己的论断提供合理性论证，而论及各《诗》篇意旨的则比较少。与此不同，楚竹《诗传》引用《诗》句很少，而是大量地解释和概括篇旨。此外，《诗传》中没有先立说、立论然后引《诗》证之的情形。

四 "德""王"与"命"

从楚竹《诗传》内容本身来看，其中一个意义层面是，它体现了儒家"德义""王道"的《诗》教方向。楚竹儒家《诗传》涉及到了诸如"仁""礼""乐""德""命""敬""信""善""王"等儒家主要观念，对《诗》的理解和解释，贯穿了道德、仁义、礼乐的立场和观点，显示了儒家"德化《诗》观"的特点。如所说的"《颂》，平德也，多言后。其乐安而迟，其歌绅而荡，其思深而远，至矣。《大雅》，盛德也，多言□□□□……也，多言难而怨怼者也，衰矣！小矣！《邦风》，其入物也博，观人俗焉，大验在焉。其言文，其声善"，就是强调以道德为中心的治道。整理者所隶定的"坪德"，研究者或隶为"平德"，或隶定为"坊德""旁德"。① "平德"之"平"可释为"和"。"和"为儒家所推崇的大德之一，所说的"九德"和"六德"之中就有"和"德。而"平章百姓""平成天下"中的"平"字，意为"治"，与"和"异。所隶定的"旁"和"坊"，"旁"有"广博""周遍"之义，"坊"

---

① 参阅周凤五《〈孔子诗论〉新释文及注解》，《上博馆藏战国楚竹书研究》，上海书店出版社2002年版。俞志慧《〈战国楚竹书·孔子诗论〉校笺》，《君子儒与诗教：先秦儒家文学思想考论》，生活·读书·新知三联书店2005年版。

义亦"旁",此说亦通。其中的"后",整理者释为"之后"和"厥后",据此《颂》中所说的"德",多是指后王之德。《诗传》所说的"《清庙》,王德也,至矣。敬宗庙之礼,以为其本;秉文之德,以为其业",所说的"后稷之见贵也,则以文武之德也。吾以《甘棠》,得宗庙之敬,民性固然。甚贵其人,必敬其位;悦其人,必好其所为,恶其人者亦然"等,一则强调了"王德"和"文武之德";二则强调了"宗庙"之"礼"和宗庙之"敬";三则强调了人格的表率作用,这些都是儒家德化的重要内容。在《诗传》作者看来,"王"和"德"是不可分的,统治者要成为"王"首先就要具备"德"。在儒家那里,"德"是一个总称,它包括许多具体的"德目"。《诗传》中谈到的"维德""明德""平德""盛德""文德"等,都是其中的一部分。在《诗传》中,"德"不仅是"王"的条件,也是"命"的根据。《诗传》说:

["帝谓文王,予]怀尔明德",曷?诚谓之也。"有命自天,命此文王",诚命之也,信矣。孔子曰:此命也夫。文王虽谷(却)也,得乎?此命也。……寺(时)也,文王受命矣。

许抗生和廖名春先生据此段话中的两个"诚"字,断定"诚"是文王"受命"的根据。因为在他们看来,"诚谓之""诚命之"就是"谓之诚""命之诚"。① 庞朴检索现存其他经子诸书,得出的结论是,未见"诚谓之也""诚命之也"这种句式,惟马王堆帛书《五行》篇中的"举之也者,诚举之也""事之者,诚事之也"与此类似。② 据此,庞

---

① 参阅许抗生《谈谈〈孔子诗论〉中的性、命思想》(载《国际简帛研究通讯》第二卷第四期,2002年3月)和廖名春《上博〈诗论〉简的天命论和"诚"论》(载《哲学研究》2002年第9期)。

② 参阅庞朴《上博藏简零笺》,《上博馆藏战国楚竹书研究》,上海书店出版社2002年版。

朴先生认为,"帝谓文王是诚谓之也""天命文王是诚命之也"。在这两种不同的说法中,我倾向于庞朴先生的说法。从文中的"谓""命"来说,"诚谓之"和"诚命之"中的"谓"和"命",当是承"帝谓文王"和"命此文王"的"谓"和"命"。因此,"帝告诉文王"和"天""授命文王",都是"诚恳地"告诉文王和授命文王。这种"拟人化"的"君权神授"方式,在古代政治思想和生活中是不足为奇的。正如傅斯年所说:"当时人之天帝观实富于人化主义(anthropomorphism)之色采,皇天之命固'谆谆然命之'。"① 文王受命当然是有根据的,庞朴没有指出文王受命的根据,而许抗生和廖名春用以作根据的"诚"又不能成立。根据《诗传》可以看出,文王受命的根据实际上就是所说的"怀尔明德"的"明德"。《诗传》对《颂》、对《清庙》的解释,也强调了"王德"和"盛德"。这也正符合"皇天无亲,惟德是辅"(《尚书·蔡仲之命》)"王其疾敬德,王其德之用,祈天永命"(《尚书·召诰》)等说法中所反映出来的"为政以德""天命佑德"的德化观和天命观。从《诗传》引用孔子所说的"此命也夫。文王虽谷(却)也,得乎?此命也。……寺(时)也,文王受命矣"可以明显发现,② 孔子对"命"采取了肯定和相信的态度。这就有必要重新审视孔子与"天命"关系的以往看法。西周之后,"天道自然""重人事""重人文"等天道观和人道观的发展,在一定程度上淡化了"天命观"。但是,"天命观"并没有被放弃,孔子仍然肯定"天命"。如所说的"五十而知天命"。《论语·子罕》载:"子罕言利,与命,与仁。"有学者断为"子罕言利与

---

① 傅斯年:《性命古训辨证》,《中国现代学术经典·傅斯年卷》,河北教育出版社1996年版,第25页。

② 文中的"谷",整理者释为"裕",取其"宽"义,联系上下文颇为费解。李学勤释为"欲",亦复如是。有学者释"谷"后之字为"已",虽于义可通,但也有学者认为《诗传》中的此字都释为"也",此不宜释"已"。据笔者意见,"谷"可释"却",义为"不接受""推辞",释"却"为宜。

命与仁",并认为孔子少言"命"。恰当的解释应是"罕言利"而"与命",即承认"命"。《礼记·表记》载:"子曰:'唯天子受命于天,士受命于君。故君命顺则臣有顺命;君命逆则臣有逆命。《诗》曰:"鹊之姜姜,鹑之贲贲;人之无良,我以为君。"'"又载:"子言之:'昔三代明王皆事天地之神明,无非卜筮之用,不敢以其私,亵事上帝。是故不犯日月,不违卜筮。'"这两段话都肯定"天命"的存在。

五 "性""情"和"志"

《诗传》作者称引孔子总论《诗》旨的一句话"诗亡隟(隐)志,乐亡隟(隐)情,文亡隟(隐)言",其中的"隐"字,整理者原隶定为"离",裘锡圭和李学勤等先生隶定为"隐"。何谓"诗亡隐志"呢?"隐志"是对自己的志愿、志向含而不露。"《诗》亡隐志"强调《诗》"不遮掩"和"隐藏"自己的志愿和怀抱,反过来说就是,《诗》充分抒发和展现人的志向和怀抱。此正可与《诗传》中的"隟(隐)志必有以俞(喻)也"相呼应。① 把《诗》与"志"联系在一起的说法,在先秦古文献中多见,如《尚书·尧典》所说的"《诗》言志",《左传·襄公二十七年》所载的"《诗》以言志",郭店竹简《语丛(一)》所说的"《诗》所以会古今之志也",《礼记·乐记》所说的"《诗》言其志",《庄子·天下》篇所说的"诗以道志",《荀子·儒效》篇所说的"《诗》言是,其志也"等等,都是以"志"论《诗》。"《诗》志说"强调的是《诗》整体上是人的"志向"和"怀抱"的反映和流露。"《诗》亡隐志",也是主张"《诗》志说"。《诗》所抒发和展现的人的志愿和怀抱,在儒家那里,主要是指人生的价值和理想。因此,"《诗》亡隐志"的

---

① "俞",李学勤释为"抒",俞志慧释为"喻"。比较起来,释为"喻",于文为长。"喻",意为"明"。

"《诗》志说"与"德化《诗》观"并不矛盾。贯穿在《毛诗》"小序"中的"美刺说",当然是一种"德化《诗》观"。但他过多地强调和运用"美刺"观念,在一定程度上把"德化《诗》观"形式化和教条化,比较起来,楚竹《诗传》的德化《诗》观,则更为平实和自然。

另一方面,在《诗传》作者对《诗》"篇"旨趣的非常简明的解读中,展示了《诗》所包含的人的丰富感情,又是一种"情感"和"性情《诗》观","《诗》志说"本身就包含有此种意义层面。《诗传》没有把"德化"泛化到多样性的《诗》中而导致对《诗》的解释的"单调化"。在所述及的五十多篇的篇旨中,其中《邦风》二十多篇,《小雅》近二十篇,《大雅》四篇左右,《颂》五篇左右。《国风》中的《关雎》《樛木》《鹊巢》《绿衣》《燕燕》《汉广》《木瓜》《葛覃》《扬之水》(《郑风》),《柏舟》《谷风》《采葛》,《小雅》中的《杕杜》等诗篇,所抒发的主要是人的爱慕、爱情、苦恋、离别、思念等丰富情感,《诗传》作者的解读恰恰也比较符合这些《诗》篇所反映的这一主题。如所说的"《关雎》之改,《樛木》之时,《汉广》之知,《鹊巢》之归,……《绿衣》之思,《燕燕》之情,……《绿衣》之忧,思古人也。《燕燕》之情,以其独也"。其中的"改",整理者解释为"怡"。《关雎》篇的中心,是描述一位男青年热恋一位女子、求之不得而想象与之结合的情感。《诗传》进一步所说的"以琴瑟之悦,拟好色之愿;以钟鼓之乐,……好,反内于礼,不亦能(改)乎?"和"《关雎》之改,则其思賹(益)矣",强调何以能"改"和"思益"。《樛木》如果可以理解为是讲述生逢其时君子的幸福生活,那么《诗传》中所说的"时""福斯在君子""则以其禄也",也就容易理解了。《汉广》描述一位男子爱慕一位游女不能如愿而又无可奈何的心情,《诗传》用"知""不攻不可能,不亦知恒乎""知不可得也"加以概括,强调这位男子很"明智"。《鹊巢》反映的是一位君侯子女出嫁时出迎的奢华场面,《诗传》解读为"出以百两,不亦有离乎""《鹊巢》

则离者",其"离",意为"丽",即"华丽""华美"。《绿衣》抒发睹物怀念别妻的思念之情,《诗传》解释为"思""忧,思古人也","古"即"故","古人"即"故人",此指故妻。《燕燕》抒发国君送妹远嫁而深深不舍的感情,《诗传》以"情""情,以其独也"解释,其"独"即"笃"。《诗传》的这些解读,显得非常自然和朴实。《木瓜》被理解为描述一对恋人互赠礼物定情、永以为好的爱情,但也许正如孔子所说的"《木瓜》有藏愿而未得达也。因《木瓜》之报,以抒其惆者也"那样,它抒发的是一位思恋者期待被爱而尚未如愿而"忧思"(惆)的情感。《小雅·杕杜》反映的是妻子思念久役无归丈夫的感情,《诗传》所说的"《杕杜》则情,喜其至也",如"喜"可释为"福",那么所强调的也许就是,有情最有福。《诗传》所说的"《扬之水》其爱妇烈,《采葛》之爱妇囗。……《邶·柏舟》闷。《谷风》悲",其中《郑风·扬之水》描述的是丈夫同妻子离别时嘱咐妻子的一番感情,《采葛》描述的是思念妻子之情,《柏舟》描述的是妻子不得于夫的委屈忧伤之情,《谷风》描述的是被弃之妇的诉怨之情。《诗传》分别以"爱妇强烈""苦闷"和"悲伤"加以概括,也很贴切。顺便提一句,《诗传》对一些《诗》篇中所涉及的丰富社会生活,也作了立足于生活经验和生活感受的解读,看起来也相当合乎情理。

第十四章

道与事物的自然：
老子"道法自然"实义考论

"道法自然"是老子哲学思想中非同寻常而又往往得不到确切解释的一个论题。在迄今发现的最早的《老子》版本——郭店楚简本《老子》（根据竹简型制分为甲乙丙三部分）中，这一论题就已经有了，这说明它是《老子》原本中就有的论题。在通行本《老子》中，这一论题属于第二十五章。与这一章相对的竹简本说："有状混成，先天地生，寂寥，独立不改，可以为天下母。未知其名，字之曰道，吾强为之名曰大。大曰逝，逝曰远，远曰返。天大，地大，道大，王亦大。国中有四大焉，王居一焉。人法地，地法天，天法道，道法自然"。① 通行本、帛书本中这一段话同竹简本相比在文字上基本上是相同的。② 这里我们关注的是如何理解和解释"道法自然"这一论题才算确切和

---

① 唐李约的《道德真经新注》，猎奇标新，将这一章中"四大之法"的句子弄得面目全非（"王（人）法地地、法天天，法道道，法自然"），还说"后世学者，谬妄相传"。简本与传世本的一致，恰证谬妄者正是李约。高亨接受李约说，认为古本作"王法地地"是也。又指出说："李约读法，义颖而莹，善矣。但余疑此文原作'王法地、法天、法道、法自然'，重地天道三字，后人所益也。"（参阅高亨《老子正诂》，中国书店1988年版，第61—62页）简本同样证明高亨的句读是错误的。

② 不过，其中描述"道"的词汇"状"传世本作"物"，这为重新认识老子的"道"提供了新的可能。

第十四章 道与事物的自然：老子"道法自然"实义考论 | 47

得当。现代的《老子》注释者和研究者，通常将这一论题解释为"道自己如此""道无所效法"，并产生了比较广泛的影响。一开始，我也接受这种解释，但后来我对这种解释产生了疑问。① 它不仅在语言文字上不容易说通，而且在义理上也同《老子》、早期道家的整体思想构造相左。蒋锡昌、池田知久、王博等对老子自然与无为关系的研究，有助于我们重新审视这一问题。② 经过对《老子》和早期道家哲学的细致研究，可以说这种解释确实是有问题的。下面，我们先简要回顾一下通常解释及其源流，进而根据《老子》文本（简本、帛本、传世本）及其思想构造两方面对这一论题的真实意义作一比较切实的探讨。

一 "道法自然"通常解释的源流及问题

在道家经典解释传统中，《老子》的注释性著作众多。因此，追寻"道法自然"这一论题通常解释的源流，也只能选择有一定代表性的注释看一下。③《韩非子》中的《解老》《喻老》，是迄今我们知道的最早解释《老子》的文献，可惜的是，《解老》和《喻老》没有解释这一论题。韩非之后比较早的《老子》注释著作，如《汉书·艺文志·诸子略（道家）》记录的《老子邻氏经传》《老子傅氏经说》和《老子徐氏经说》等都失传了，现在我们知道汉代注释家河上公第一次将这一

---

① 1994 年，在河南鹿邑召开的老子会议上，我主要依据王弼的解释，对河上公的解释和今人的因袭提出了疑问。
② 参阅蒋锡昌《老子校诂》、〔日〕池田知久「中国思想史のおける「自然」の誕生」（载「中国―社会与文化」第八号，1993 年）、王博《老子"自然"观念的初步研究》（载《中国哲学史》1995 年 3/4 期合刊）。
③ 有关历代注释《老子》的主要著作，参阅陈鼓应《老子注译及评介》附录三，中华书局 1984 年版；丁巍等集多年之功，作《老学典籍考：二千五百年来世界老学文献总目》（未刊），收集古今中外不同文字有关《老子》著作的不同版本和思想研究著作，其中中国的有两千多种。

论题解释为"道性自然,无所法也"①(《老子道德经河上公章句》卷二《象元第二十五》)。当是在这一注释的影响下,后来的不少《老子》注释者,都在类似的意义上解释老子这一句话。如宋代吕惠卿《道德真经传》解释"道法自然",说"道"是自足的,道无所效法:

> 道则自本自根,未有天地,自古以固存,而以无法为法者也。无法也者,自然而已,故曰道法自然。

宋代道士葛长庚在《道德宝章》中解释说,"道法自然"是指"道如此而已"。元代吴澄的《道德真经注》认为,道之外并没有什么"自然"可以为道所效法,因为"自然"说的是"无有""无名":

> 人者,圣人也;法者,水平之准,与之平等如一也。人之所以大,以其得此道而与地一,故曰法地;地之所以大,以其得此道而与天一,故曰法天;天之所以大,以其与道一,故曰法道;道之所以大,以其自然,故曰法自然。非道之外别有自然也。自然者,无有无名是也。

明代焦竑《老子翼》接受林希逸的说法,认为"自然"的意思是"无法","道法自然"即"道效法无法":

> 道以无法为法者也。无法者,自然而已,故曰道法自然。

晚清魏源说,"道法自然"的"自然"是指"性","性"是"道之性"。

---

① 今传严遵的《老子指归》,没有这句话的解释。唐强思齐的《道德真经玄德纂疏》引《有物混成篇》注,只有"功德同也"之言。参阅王德有点校的《老子指归》,中华书局1994年版,第141页。

第十四章 道与事物的自然：老子"道法自然"实义考论 | 49

"道法自然"即"道本自然"，"法道者，亦法其自然而已"（魏源：《老子本义》二卷，卷上）。以"自然"为性和"道"之性，这是魏源不同于其他人解释的地方。熊季廉说"法"是"有所范围而不可过之谓"，严复认为他的这一解释，"洵为破的之诂"。但由于严复认为"道即自然"，所以"道法自然"仍被他解释为"道效法自己"。①

现当代的一些《老子》注释者和研究者，大都一脉相承地认为老子的"道法自然"是说"道自己如此"，"道"无所效法。如，冯友兰认为"道法自然"的"自然"，只是说"道"生万物没有目的和意识：

> 这并不是说，于道之上，还有一个"自然"，为"道"所取法。上文说，"域中有四大"，即"人"、"地"、"天"、"道"。"自然"只是形容"道"生万物的无目的、无意识的程序，"自然"是一个形容词，并不是另外一种东西，所以上文只说"四大"，没有说"五大"。老子的"道法自然"的思想跟目的论的说法鲜明地对立起来。②

张岱年认为，"道法自然"，即是"道以自己为法"。③任继愈直接将这句话翻译成"道效法它自己"。④童书业认为道的本质是自然，说：

> 《老子》书里的所谓"自然"，就是自然而然的意思，所谓

---

① 严复：《〈老子〉评语》，见《严复集》第四册，中华书局1986年版，第1085页。
② 冯友兰：《中国哲学史新编试稿》，见《三松堂全集》第7卷，河南人民出版社2001年版，第254页。
③ 参阅张岱年《中国古典哲学概念范畴要论》，第79页。
④ 任继愈：《老子绎读》，北京图书馆出版社2006年版，第56页。

"道法自然"就是说道的本质是自然的。①

陈鼓应强调，老子的"道法自然"，是说"道纯任自然，自己如此"。②他引用王弼的解释来佐证自己的看法：

> "道法自然"一语，常使人感到困惑。"道"在老子哲学中已是究极的概念，一切都由"道"所导出来的，那么"道"怎么还要效法"自然"呢？其实，所谓"道法自然"就是如王弼所说的"道不违自然"，即是说"道"的运行和作用是顺任自然的。③

许抗生直接以河上公的注为依据，并补充说：

> 此句河上公注："道性自然无所法也。"此注是。自然并非"道"之外一物，而是指"道"自己而已。此句意思是说，"道"为天地最后的根源，无有别物再可效法，所以只能法其自己那个自然而然的存在而已。④

刘笑敢指出，老子的这一段话中使用的四个"法"字，在文法上不能前三例作一种解释，后一例又作一种解释，应都是作为动词来使用的。他以此避免了这段话解释中语言文字上的矛盾，但他依然以"自然"为"道"的"属性"，认为"自然"是最高的道的原则或根本。⑤

---

① 童书业：《先秦七子思想研究》，齐鲁书社1982年版，第113页。
② 陈鼓应：《老子今注今译》，第173—174页。
③ 同上书，第359页。
④ 许抗生：《帛书老子注译与研究》（增订本），第114页。
⑤ 参阅刘笑敢《老子古今：五种对勘与析评引论》上卷，中国社会科学出版社2006年版，第288—291页。

我们不必再列举更多的例子，上述各家基本上大同小异地将"道法自然"解释为"道效法自己的自然而然"，认为在"道"之外没有一个什么"自然"需要道来效法。但这种解释是有问题的。第一个问题是，"道法自然"的"法"字被省去了。按照字面上的意思，"道法自然"就是"道效法（或遵循）自然"。其中的"法"字，义当同前面几句中"人法地，地法天，天法道"（人效法地、地效法天、天效法道）的"法"，句式也是如此。将"道法自然"解释为"道自然如此"，既忽略了相同用例的"法"字，也改变了同前句相同的动宾句式结构。注释者将前面的"法"字解释为"效法"，并保持了它的动宾结构，但偏偏将"道法自然"的"法"字单独处理，这在语言文字上首先是说不过去的；第二个问题是，这种解释把"自然"看成是"道"自身的东西。有的注释者虽然注出了"法"字的意思，但仍然是以"自然"为"道"的属性，说"道法自然"就是"道"效法自己的"自然"。其实不是这样。

为什么会出现这样的结果，我猜想是，我们不能想象最高的"道"还需要去效法什么。既然"道"是万物的根源，是世界的最高实在，怎么可能在道之外还有一个"自然"需要"道"去"效法"。另外，注释者对《老子》中使用的"自然"缺乏整体性的观察，没有注意到老子说的"自然"（还有一些类似"自然"用法的词汇）是同"万物"和"百姓"密切联系在一起的。因此，就把"自然"看成是道自身的属性，把"道法自然"说成是"道自己如此"。[1]但实际上，"道法自然"的"自然"不是"道"的属性和活动方式，它是"万物"和"百姓"的属性和活动方式。作为结论，"道法自然"的准确意思是"道遵循万物的自然"。这正是老子哲学的深刻之处，也是老子哲学的基本构

---

[1] 前引陈鼓应《老子今注今译》评论王弼的《道德真经注》，认为"道法自然"就是如王弼所说"道不违自然"，即道是顺任自然的。但王弼说的"道不违自然"，决非"道纯任自己的自然""道自己如此"，而是纯任"万物的自然""万物自己如此"。

造（后面具体讨论）。最高的"道"恰恰又高度尊重他产生的"万物"，这是道的"玄德"。"道"的伟大和无限性，不仅是能够生育万物，而且是能够包含万物、不干涉和控制万物，就像父母生儿育女、不控制子女、让子女自由发展那样。联系到老子说的大海和圣人，大海之所以能够成为百谷王，是因为它"善下之"；圣人之所以伟大，在于他能够"以下为基""以贱为本"。下面我们就来具体论证一下。

二 "自然"与"万物"和"百姓"

"自然"一词在《老子》中的用例不多，在通行本中共有五例，其中三例已经出现在郭店竹简本甲组和丙组中，甲组有两例：

> 天大，地大，道大，王亦大。国中有四大焉，王居一焉。人法地，地法天，天法道，道法自然。
>
> 圣人欲不欲，不贵难得之货，教不教，复众之所过。是故圣人能辅万物之自然，而弗能为。

另外一例是在丙组：

> 成事遂功，而百姓曰我自然也。

丙组中有同甲组重复的章节，其中的"自然"不能另算一例。竹简本《老子》中"自然"的这三个用例，在通行本中分别是属于第二十五章、第六十四章和第十七章，其章节文字同帛书本和通行本略有差异。如竹简本的"成事遂功，而百姓曰我自然也"，帛本（甲乙）皆作"成功遂事，而百姓谓我自然"，通行本作"功成事遂，百姓皆谓我自然"。在竹简本这三个用例之外，帛本和通行本还有"自然"的另外两个用例，一例是在通行本《老子》第二十三章：

> 希言自然。

帛书甲乙本的说法与之相同。另一例是在通行本《老子》第五十一章：

> 道生之，德畜之，物形之，势成之。是以万物莫不尊道而贵德。道之尊，德之贵，夫莫之命而常自然。

王弼本的"夫莫之命而常自然"，帛书甲本作"夫莫之爵而恒自然也"，乙本作"夫莫之爵也，而恒自然也"。"命"，傅奕本亦作"爵"。①

在《老子》中，这五个"自然"的用法，其中两个能够比较清楚地看出其所属关系。一例是"成事遂功，而百姓曰我自然也"。按照这一用法，"自然"指的是"我"，即"百姓"。"百姓"认为他们的"事功"是他们自己造就的。另一例是，"是故圣人能辅万物之自然，而弗能为"。这一例的"自然"，很明显说的是"万物"如何，即"万物之自然"。《韩非子·喻老》解释这句话说：

> 夫物有常容，因乘以导之。因随物之容，故静则建乎德，动则顺乎道。宋人有为其君以象为楮叶者，三年而成。丰杀茎柯，毫芒繁泽，乱之楮叶之中而不可别也。此人遂以功食禄于宋邦。列子闻之曰："使天地三年而成一叶，则物之有叶者寡矣。"故不乘天地之资而载一人之身，不随道理之数而学一人之智，此皆一

---

① 蒋锡昌解释说："三十二章，'民莫之令而自均'，与此文'夫莫之命而常自然'谊近。'莫之命'即'莫之令'，'自然'即'自均'。可证'命'作'爵'者，决非古本，于谊亦难通也。"（蒋锡昌：《老子校诂》，第317页）

叶之行也。故冬耕之稼，后稷不能羡也；丰年大禾，臧获不能恶也。以一人力，则后稷不足；随自然，则臧获有余。故曰："恃万物之自然而不敢为也。"

韩非说的"物"即"万物"，"恃万物"就是"因物""乘物""随自然"。可以看出，以上两例"自然"的用法，既不是指"道"自己如此，也不是指"圣人"自己如何，而明显是指"万物"和"百姓"的自己如此、自我实现。

其他三例虽不能直接看出其所属，但它们实际上同样是指万物或百姓的"自己如此"，而不是指"道"或"圣人"的"自己如此"。"希言自然"，字面上的意思是，"少说话合乎自然"。更进一步看，它的意思是"掌权者少发号施令合乎百姓的自然"。《老子》第五章说："多言数穷，不如守中。""多言"与"希言"相对。"多言"指政令繁苛，这是老子所反对的。老子甚至还主张圣人"行不言之教"（第二章）。"希言""不言"是对统治者的要求，统治者少发号施令，百姓才能够更自由地自行其是。蒋锡昌从统治者的"有为"与"无为"来解释"多言"和"希言"，这是很恰当的。他说：

> 老子"言"字，多指声教法令而言……"多言"者，多声教法令之治；"希言"者，少声教法令之治。故一即有为，一即无为也。"自然"解见前十七章，即自成之谊。"希言自然"，谓圣人应行无为之治，而任百姓自成也。①

又说：

---

① 蒋锡昌：《老子校诂》，第156页。

第十四章 道与事物的自然：老子"道法自然"实义考论 | 55

四十三章，"不言之教，无为之益，天下希及之。""不言"与"无为"辞异谊同，故并言之。"多言"为"不言"之反，亦为"无为"之反，故"多言"即有为也。……"多言数穷，不如守中"，言人君有为则速穷，故不如守清静之道之为愈也。①

通行本的"道之尊，德之贵，夫莫之命而常自然"，帛书乙本作"道之尊也，德之贵也，夫莫之爵也而恒自然也"。对于这句话，有两种不同的解释，一是说道和德受到万物的尊重，没有谁下命令或作安排，它从来就是那样的；②二是说道和德受到尊重，是因为它们对万物不加干涉，使万物顺任自然。③这两种解释十分不同，但第二种解释才是恰当的。因为尊重道和德的是"万物"（"是以万物莫不尊道而贵德"）。道和德之所以会受到万物的尊重，是因为它们对万物"莫之命而常自然"。竹简本甲组说：

道恒亡名，朴虽微，天地弗敢臣，侯王如能守之，万物将自宾。天地相合也，以输甘露。民莫之命而自均安。

这段话属于通行本第三十二章。在这段话中，能够清楚看到道与天地、侯王与万物和民是相对应的关系。其中"民莫之命而自均安"的"自均安"，明显是指民，这可以证明"夫莫之命而常自然"的"常自然"，指的是万物，当然也包括民在内。蒋锡昌指出：

此言道之所以尊，德之所以贵，即在于不命令或干涉万物而

---

① 蒋锡昌：《老子校诂》，第37页。
② 参阅任继愈《老子绎读》（第112页）和许抗生《帛书老子注译与研究》（增订本，第25页）。
③ 参阅蒋锡昌《老子校诂》（第316页）、陈鼓应《老子今注今译》（第262页）。

任其自化自成也。①

第一种解释基本是一种自语重复，没有说明道和德受到尊重同万物的关系。"道法自然"的"自然"，说的也是"万物的自然"，只是它不像"恃（辅）万物之自然"那样直接作了限定（"万物之"自然），而是省去了"万物"。

"自然"这个词不像"道"那么古老，它是老子发明并首先使用的。老子所说的"自然"，当然不是我们现在常用的指称"客体"自然界的"自然"，而是指称事物的"自己如此""自我造就"，这也是这个词在古代中国哲学中的主要意义。"不要勉强和强迫"意义上的自然，就是从这里引申出来的。在《老子》中，与"自然"这个词构造一样、意义相近的词汇有"自富""自化""自正""自朴""自均""自宾""自生""自来"，②等等。这些词汇都由"自"和另外一个词搭配而成，表示事物"自己""自我"如何如何。其中的"自"强调的是事物自身的"自发性""自主性"和"自为性"，它与其他字组合所构成的那些词汇，均带有来自这种"自发性"而如何的意思。在《老子》一书中，这些词汇都是用来说明万物和百姓的活动方式和状态的，而不是说明道和圣人如何。最典型的例子是竹简本中的这段话：

是以圣人之言曰：我无事，而民自富；我亡为，而民自化；我好静，而民自正；我欲不欲，而民自朴。③

---

① 蒋锡昌：《老子校诂》，第 316 页。
② 此外，"自知""自爱"是泛指，意义是正面的，而"自是""自贵""自见""自伐""自矜"等则是贬义。
③ 通行本《老子》第五十七章顺序和文字与此略异，但意思一致："故圣人云：我无为，而民自化；我好静，而民自正；我无事，而民自富；我无欲，而民自朴。"

"圣人"在这里是以第一称"我"出现的,他相对于"民"。通行本第三十二章说:"道常无名朴。虽小,天下莫能臣。侯王若能守之,万物将自宾。天地相合,以降甘露,民莫之令而自均。"其中"侯王之守"相对的是"万物"的"自宾"和"民"的"自均"。"自宾""自均"是万物和民的自发性活动。《庄子·天地》篇中说:"故曰:古之畜天下者,无欲而天下足,无为而万物化,渊静而百姓定。""万物化"和"百姓定",意思是万物自化、百姓自定。《管子·形势》篇有"上无事,则民自试"的说法,《形势解》说:"明主之治天下也,静其民而不扰,佚其民而不劳。不扰,则民自循;不劳,则民自试。"相对于上者的"无为",在下的民则是"自循""自试"。《黄帝四经·十六经》说:"形恒自定,是我愉静;事恒自施,是我无为。""自定""自施"说的是物和众人之"形"和"事"的表现方式,与此相对应的"愉静""无为"说的是统治者"我"的活动方式。《淮南子·本经训》说:"故至人之治也,心与神处,形与性调,静而体德,动而理通。随自然之性而缘不得已之化,洞然无为而天下自和,憺然无为而民自朴"。① "自和""自朴"说的是天下之民,"无为"说的是"治者"。根据以上的考察,《老子》和其他道家文本中使用的由"自X"构成的许多合成词,与"自然"一样,所指大都是万物、民或百姓的活动方式、状态或结果。这也能够证明,"自然"不是说"道""自然如此"。

老子说的"自然"不是指道和圣人如何,而是指万物和百姓如何,这在道家其他文献使用的"自然"中也能找到不少佐证。我们以《庄子》和《文子》两书中的用例来看一看。《庄子》中的"自然"主要有两种用法,一种用法同老子的用法相同,意思是说万物自己如此、自我造就。有关这一方面,我们举几个例子。《庄子·缮性》篇说:

---

① 《管子·内业》篇说的"勿烦勿乱,和乃自成。"《庄子·在宥》说:"无视无听,抱神以静,形将自正。……慎守女身,物将自壮。"

> 古之人，在混芒之中，与一世而得澹漠焉。当是时也，阴阳和静，鬼神不扰，四时得节，万物不伤，群生不夭，人虽有知，无所用之，此之谓至一。当是时也，莫之为而常自然。

"莫之为常自然"的"自然"，是指万物、群生和古之人的活动方式。《庄子·天运》篇说：

> 夫至乐者，先应之以人事，顺之以天理，行之以五德，应之以自然。然后调理四时，太和万物。四时迭起，万物循生。

这段话中的"自然"，说的是黄帝的至乐与人事和万物的关系。"自然"是"物（万物）"的自然，《庄子·应帝王》说得最为明确：

> 汝游心于淡，合气于漠，顺物自然而无容私焉，而天下治矣。①

"汝"是代称治者，他相对的是"物"的"自然"。《庄子》一书中"自然"的另一种重要用法，是指物不加人为修饰的先天"自然性"和"天然性"。这种意义的上"自然"，同《庄子》中所说的"天"和"德"有类似之处。《庄子·渔父》篇说：

> 礼者，世俗之所为也；真者，所以受于天也，自然不可易也。故圣人法天贵真，不拘于俗。

---

① 另外，《庄子·田子方》记载说："老聃曰：'不然。夫水之于汋也，无为而才自然矣；至人之于德也，不修而物不能离焉。若天之自高，地之自厚，日月之自明，夫何修焉！'"这里说的是"水"的活动方式的"自然"。

"真"来源于"天",它是万物的自然之性。《庄子·德充符》篇说:

> 惠子谓庄子曰:"人故无情乎?"庄子曰:"然。"惠子曰:"人而无情,何以谓之人?"庄子曰:"道与之貌,天与之形,恶得不谓之人?"惠子曰:"既谓之人,恶得无情?"庄子曰:"是非吾所谓情也。吾所谓无情者,言人之不以好恶内伤其身,常因自然而不益生也。"

这里"因自然"的"自然",也是指人的先天之性。相比于《庄子》,在《文子》中,"自然"作为"万物"的自然、"百姓人事"的自然的用法更多、更鲜明。如《文子·自然》篇说:

> 以道治天下,非易人性也,因其所有而条畅之,故因即大,作即小。古之渎水者,因水之流也;生稼者,因地之宜也;征伐者,因民之欲也。能因,则无敌于天下矣。物必有自然而后人事有治也。
>
> 故圣人立法,以导民之心,各使自然,故生者无德,死者无怨。

《文子·道原》篇也说:

> 故天下之事不可为也,因其自然而推之;万物之变不可救也,秉其要而归之。是以圣人内修其本,而不外饰其末。厉其精神,偃其知见,故漠然无为而无不为也,无治而无不治也。所谓无为者,不先物为也;无治者,不易自然也;无不治者,因物之相然也。

此外,《文子·精诚》篇说的"正其道而物自然",《符言》篇说的"故圣人不以行求名,不以知见求誉,治随自然,己无所与",其中的"自然",皆是指"物"和"百姓"的自然。①

根据以上的讨论,"道法自然"的确切意思是道遵循或顺应万物的自己如此。在古代《老子》的注释家中,王弼就是在这种意义上注释"道法自然"。他对"法"字的解释前后一贯,说"道法自然"是"道不违自然",即遵循事物各种表现,将"自然"看成是"万物"的"自然"。他说:

> 法,谓法则也。人不违地,乃得全安,法地也。地不违天,乃得全载,法天也。天不违道,乃得全覆,法道也。道不违自然,乃得其性,[法自然也]。法自然者,在方而法方,在圆而法圆,于自然无所违也。自然者,无称之言,穷极之辞也。……道[法]自然,天故资焉。天法于道,地故则焉。地法于天,人故象焉。[王]所以为主,其[主]之者[一]也。②

"法则"即"遵循",它同"不违"和"顺"一致,说的都是同万物的关系。王弼的解释,既简明又精当,无奈后来的许多注释家和解释者没有接受王弼的注解,③反而多受河上公的影响,致使在这一论题的解

---

① 《淮南子》中用为"万物"之"自然"的例子也不少。如《原道训》说:"各生所急,以备燥湿;各因所处,以御寒暑;并得其宜,物便其所。由此观之,万物固以自然,圣人又何事焉?"《淮南子·泰族训》说:"天致其高,地致其厚,月照其夜,日照其昼,阴阳化,列星朗,非其道而物自然。"

② 王弼:《老子道德经注》,见楼宇烈校《王弼集校释》上册,中华书局1980年版,第65页。

③ 卢育三的解释是难得的例外,他引用王弼注"道法自然"的说法,并解释说:"这里的'自然'不是指自然界,而是自己如此的意思。道本身无所作为,无所造作,顺应万物之自然,万物怎样,道亦怎样;正因为如此,道才能生长发育万物。"(卢育三:《老子释义》,天津古籍出版社1987年版,第129页)

释上误入歧途而习以为常。

三 "无为"与"道"和"圣王"

"道法自然"的"自然"不是"道"的属性,这从跟"自然"相对的"无为"被老子看成是"道"和"圣王"的活动方式这一点也能得到印证。"道"和"圣人"的"无为",①相对的正是"万物"和"百姓"的"自然"。在《老子》中,"无为"这一概念的使用超过了"自然"这一术语。"无为"一词已见之于《诗经》的《兔爰》("有兔爰爰,雉离于罗。我生之初,尚无为")和《泽陂》("寤寐无为,涕泗滂沱")等,但在这里都是普通的词语,正是老子把它转变成了一个重要的哲学术语。

在竹简本中,"无为"作"亡为",丙组重复甲组那一章则作"无为"。撇开这一例子,竹简本"亡为"前后使用凡七次,其中明确用于说明"道"之活动方式的,是甲组的一段话:

> 道恒亡为也,侯王能守之,而万物将自化。化而欲作,将镇之以亡名之朴。夫亦将知足,知〔足〕以静,万物将自定。

按照这里所说,"道"始终是"无为的"。这段话属于通行本第三十七章,在帛本甲乙中都属于《道篇》,比较这段话的不同版本,彼此有或大或小的差别:

> 道恒无名,侯王若守之,万物将自愿(化)。愿(化)而欲

---

① 有关道家无为与自然的关系,请参阅〔日〕池田知久《道家思想的新研究——以〈庄子〉为中心》,王启发、曹峰译,中州古籍出版社2009年版,第527—598页。

[作，吾将镇之以无名]之椁（朴）。[镇之以]无名之椁（朴），夫将不辱。不辱以静，天地将自正。(《帛书老子甲本》)

道恒无名，侯王若能守之，万物将自化。化而欲作，吾将闐（镇）之以无名之朴。闐（镇）之以无名之朴，夫将不辱。不辱以静，天地将自正。(《帛书老子乙本》)

道常无为而无不为。侯王若能守之，万物将自化。化而欲作，吾将镇之以无名之朴。无名之朴，夫亦将无欲。不欲以静，天下将自正。(王弼本《老子·第三十七章》)

简本的"道恒亡为"，通行本作"道常无为而无不为"，但帛本都作"道恒无名"。竹简本作"亡为"，通行本作"无为"，这说明两者的版本接近，而且原是作"亡为"，只是通行本又加上了"无不为"三字，因避汉刘恒讳，"恒"又被改为"常"。"无名"是老子描述"道"的一个形上学用语，竹简本《老子》甲组也说到了"道的无名"，其"无"作"亡"：

道恒亡名，朴虽微，天地弗敢臣，侯王如能守之，万物将自宾。①

从形上学看，与具体、可感的有形、有象、有名的事物和现象不同，超验的不可感的道则无形、无象、无名，它也是"朴"；从机能上看，"无名""朴""无名之朴"重在强调"道"的"不言"和"纯真"，它们与"无为"属于同一系列。说"道无名"，注重的是"道"的无分化和整体统一；说"道无为"，强调的是"道"的活动方式。

竹简本《老子》乙组论述"为学"与"为道"之不同，将"为道"

---

① 通行本《老子》第四十一章也有"道隐无名"的说法，但不见于帛本。

与"无为"结合在一起,认为"为道"是通过不断减少的工夫达到"无为":

> [为]学者日益,为道者日损。损之又损,以至亡为也,亡为而亡不为。

这一段话,在通行本中属于第四十八章:"为学日益,为道日损。损之又损,以至于无为。无为而无不为。"有人怀疑"无为而不为"的说法是后人添加的,但郭店简本确有"亡为而亡不为"的说法,证明这一猜测是不能成立的,它原本是老子的话。在老子那里,既然追求"道"能够达到"无为",达到了"无为"也就"无不为",这说明"道"与"无为"是结合在一起的,并且同上文谈到的"道恒无为""道常无为而无不为"正相吻合。在老子哲学中,跟形而上之"道"相对的是形而下的"万物"。"万物"之所以能够按照自身的特性变化("自然""自化"),恰恰以"道"之"无为"为条件。

在黄老学中,"无为"通常也是作为陈述"道"的基本特性而使用的术语。如《黄帝四经·道原》说:

> 一者其号也,虚其舍也,无为其素也,和其用也。是故上道高而不可察也,深而不可测也。显明弗能为名,广大弗能为形,独立不偶,万物莫之能令。

这里的"无为"同"一""虚""和"一样,是用来说明"道"的,它指的是"道"的本性("素")。《管子·心术上》说:"故必知不言、无为之事,然后知道之纪。"这句话强调的是,人们只有认识了"不言"和"无为"的道理,才能掌握"道"的根本,这跟《文子·下德》说的"故无为者,道之宗也"一致。《管子·心术上》还有"无为之谓道"的说法，这是直接用"无为"来界定"道"。在《庄子·大宗师》和《韩非子·扬权》中，我们看到了"夫道有情有信，无为无形""虚静无为，道之情也"的论断。这两个论断很接近，两者都把"无为"看成是"道"的"实情"。黄老学的许多用例都向我们说明，在形而上学领域中，"无为"是作为"道"的特性和活动方式而使用的。在《庄子》中，"天"被赋予了"无为"的特性，但"天"的"无为"则是来自于"道"的"无为"。在自由和逍遥的意义上，"个人"甚至也可以是"无为"的（"彷徨乎无为其侧"），但人间的"无为"，主要是作为治者"圣人"的统治原则和方法。《庄子·在宥》说：

> 故君子不得已而临莅天下，莫若无为。无为也，而后安其性命之情。

在整个宇宙中，"道"是"万物"统一的保证者；在人间社会中，圣王则是人民统一的保证者。对儒家和墨家来说，"圣王"是"天之子"，是天在人间的代理和主权行使者，老子没有这种明显的表述。老子的逻辑是，圣人或侯王作为"人主"与"道"作为"万物之主"是源流关系和上下统属关系。既然"道"对于万物的最好方式是"无为"，那么"圣人"对于人民的最好方式就是效法和运用"道"，也即实行"无为"。正如上述竹简本《老子》甲组所说："道恒亡为也，侯王能守之，而万物将自化。"在通行本《老子》中，"无为"除了用于"道"之外，主要是用于"圣人""侯王"。竹简本《老子》同样，其用于"圣王"的一些例子如下：

> 为之者败之，执之者远之。是以圣人亡为，故亡败；亡执，故亡失。（甲组）
>
> 为亡为，事亡事，味亡味。大，小之。多易必多难。是以圣

人犹难之，故终亡难。（甲组）

是以圣人居亡为之事，行不言之教。（甲组）

此外，在通行本中，还有其一些例子，如：

是以圣人之治，虚其心，实其腹，弱其志，强其骨。常使民无知无欲。使夫智者不敢为也。为无为，则无不治。（第三章）

爱国治民，能无为乎？（第十章）

不言之教，无为之益，天下希及之。（第四十三章）[①]

很明显，以上"无为"的这些用例，说的都是统治者的统治方式，其中四例说的治者是"圣人"，另外两例没有指出，但也是就统治而论。在《老子》中，从事"无为"的统治者，有时还以"我""吾"的人称出现，如"我无为而民自化"（第五十七章）、"吾是以知无为之有益"（第四十三章）就是如此。在《老子》中没有将"无为"用于"民"和"百姓"的例子，正如没有将"自然""自化""自富"等用于统治者那样。"无为"说的只是统治者的活动方式，与此相对，"自然"说的只是百姓的活动方式。

四 "道法自然"与老子思想的构造

"道法自然"这一论题的意义比表面看上去要复杂得多，它不是一个孤立性的论题。如果我们将上面的分析统一到老子的整体哲学构造中，我们就能进一步认识到，"道法自然"的意思是"道"遵

[①] 《论语·卫灵公》中用到的一例是用于舜，也是用于"治者"，这是孔子政治思想受到老子政治思想影响的一个证据："子曰：'无为而治者，其舜也与！夫何为哉？恭己正南面而已矣。'"

循"万物"之自然。老子哲学一方面思索的是形而上学的问题，这一问题主要是围绕"道"与"万物"的关系展开的；老子哲学另一方面思索的是政治哲学的问题，这一问题主要是围绕"圣人"和"人民"的关系展开的。正如我们在前面已经指出的那样，人们之所以不能想象最高的"道"要效法"万物"的"自然"，是因为在老子哲学中，"道"是形而上的最高实体，它是产生万物的本原，它怎么还需要去效法和遵循"万物的"自然呢？但这正是老子哲学的奥妙和智慧所在。

确实，在老子哲学中，形而上的"道"是产生"万物"的根源，在这一点上，大家没有什么原则性的分歧，我们只需提及一下即可。这一点可以从《老子》第四十二章说的"道生一，一生二，二生三，三生万物"和第五十一章说的"道生之"中看出，也可以从《老子》以"道"为"天地母"（第二十五章）和"万物之奥"（第六十二章；帛本"奥"作"注"，即"主"）看出。在老子看来，"道"不仅产生了"万物"，而且也是万物得以存在、统一的基础和保证，这就是为什么说老子的"道"既是生成论意义上的又是本体论意义上的。《老子》第三十四章说：

> 大道氾兮，其可左右。万物恃之以生而不辞，功成不名有，衣养万物而不为主。常无欲，可名于小；万物归焉而不为主，可名为大。以其终不自为大，故能成其大。

老子在这段话中告诉我们，"道"是万物生存凭借的根本，"道"衣养着"万物"。道对万物存在的这种伟大作用，在《老子》第四十一章又被说成是"善贷且成"。在《老子》中，"道"是万物的根源，又是万物的最高标准和尺度。从这一角度说，"万物"所有的活动和行为又不能违背道，又要以"道"为依据，遵循"道"，学习"道"，如《老子》第二十三章说:"故从事于道者,同于道……同于道者,道亦乐得之。"第五十一章说:"万物莫不尊道而贵德"。在"道法自然"之前还有"人法地,地法天,天法道"的说法,这里的说法也表明,作为万物之部分的"人"(或"王")、"天"和"地"也要效法"道"。为了抑制和克服"万物"的异化,《老子》甚至提出向"道"复归的"归根"主张:

　　夫物芸芸,各复归其根。归根曰静,是谓复命。复命曰常,知常曰明。不知常,妄作,凶。

但另一方面,或者是更重要的方面,在《老子》那里,作为万物之母的"道",它又让万物按照各自的本性("德")自由发展,虽然万物的本性原本又是道所赋予的。对于万物,"道"这一最伟大的母亲从不居功自大,它只是给予而不占有。道始终是万物的赞助者,它扮演着类似于慈善家的角色。万物作为不同的种类,它们都有其自身的特性,作为个体,它们都要按照自己的特性去实现和完成自己。同样是"道"的至上美德,"道"对它产生的万物完全不加干涉和控制,而是让其自身自由变化和表现。如《老子》第五十一章这样写道:"生而不有,为而不恃,长而不宰"。"道"的这种本性被老子称为"无为"。"无为"不是说"道"没有任何活动和作为,而只是说道的活动方式是不控制、不干预,目的是让万物自行活动、自行其是。道这样做的结果,恰恰成就了万物("道常无为而无不为")。"道常无为",王弼的解释是"顺自然",更具体说是顺从万物的自然。这同"道"为万物提供帮助和监护并不矛盾,道不能包揽万物的一切,万物还要靠自身的力量生长、变化,从这种意义说,万物又是自主的和自动的。道的"无为"就是要保证万物的自主性和自动性。道与万物的这种关系,归结起来就是:

"无为"是"道"的运行和活动方式,它的发出者是"道"。"道"要"顺应"的"自然",不是由"道"来体现,而是由"万物"来体现。"万物"按照自身的本性自我变化、自行表现,这才是老子所说的"自然"。

人间社会是"道"产生的一个独特世界。在宇宙中,"道"与"万物"的关系,限定在政治共同体中,就是"圣人"与"人民"的关系。老子是如何处理这一关系的呢?按照前面的讨论,既然"圣人"是"无为","人民"是"自然",那么圣人同人民的关系,也就是圣人无为与人民自然的关系:

竹简本《老子》甲组说的"我无事而民自富,我亡为而民自化,我好静而民自正,我欲不欲而民自朴",正是以"我"与"民"相对。如上所述,所说的"我",是统治者的代称。作为治者的"圣人"("我"),他是"无事""亡为""好静""欲不欲",与此相对应的"民",则是"自富""自化""自正"和"欲不欲"。其"自富""自化""自正"等,都是"自然"的近义词。说起来,在《老子》中,同"圣人"相对的东西有时也被称为"万物"。如下面《老子》竹简本甲组使用的"万物",可以说就是指"人民"或"万民":

> 道恒亡为也,侯王能守之,而万物将自化。化而欲作,将镇之以亡名之朴。夫亦将知足,知以静,万物将自定。

第十四章 道与事物的自然：老子"道法自然"实义考论 | 69

> 为之者败之，执之者远之。是以圣人亡为，故亡败；亡执，故亡失。……圣人欲不欲，不贵难得之货；教不教，复众之所过。是故，圣人能辅万物之自然而弗能为。①

在这两段话中，侯王推行"无为而治"，而"万物""民"则"自化""自宾""自均安""自然"，其对应关系同样非常明显。圣人效法道，人民是万物之一。人间社会中圣人与人民的"无为"与"自然"的关系，正好相应于宇宙中"道"与"万物"的"无为"与"自然"这种关系。

老子在公元前500年前后就发出了不干涉主义、政府要安静、反对控制的强烈呼声。著名的说法，如《老子》第六十章的"治大国若烹小鲜"和第四十五章的"清静为天下正"。老子断定社会政治的一系列问题和矛盾都是支配者的干预、控制和占有造成的。《老子》一书中有两段话是他对支配者的强烈控诉和谴责。一段出自第五十七章："天下多忌讳，而民弥贫；民多利器，国家滋昏；人多伎巧，奇物滋起；法令滋彰，盗贼多有"；另一段出自第七十五章"民之饥，以其上食税之多，是以饥。民之难治，以其上之有为，是以难治。民之轻死，以其求生之厚，是以轻死。"贯穿在《老子》五千言中的核心思想不是"小国寡民式"的政治设想，而是教导支配者如何最省心而又最有效地治理一个庞大的国家，那就是支配者的"无为而治"和"百姓"的"自然自治"，这是老子宇宙观在他的政治哲学中的延伸，两者之间具有高度的同构性。

在宇宙体系中，"无为"的"道"遵循"万物的自然"；在人间社

---

① 这段话，又重复出现在简本丙中："为之者败之，执之者失之。圣人无为，故无败也；无执，故［无失］也。……是以［圣］人欲不欲，不贵难得之货；学不学，复众之所过。是以能辅万物自然，而弗敢为。"两者文字上略异，如丙用的是"无""学"。它的重复出现和文字上的差异，给我们提供了《老子》传本最早演变的重要信息。

会中,"无为"的"圣人"则遵循"百姓的自然"。战国中期以后发展起来的黄老学,也印证了老子宇宙观跟政治哲学的这种同构性,当然它附加上了新的东西。如表现出黄老倾向的《庄子·天地》篇,直接将治者的"无为"同万物之"化"和百姓之"定"对应起来:

> 玄古之君天下,无为也,天德而已矣。……古之畜天下者,无欲而天下足,无为而万物化,渊静而百姓定。《记》曰:"通于一而万事毕,无心得而鬼神服。"

又如,在《文子》中,圣人的"无为"被认为是根源于"道"的"无为"。《守弱》篇说:"是以圣人以道镇之,执一无为。"《道德》篇记载平王咨询文子如何通过道治天下("古之王者,以道莅天下,为之奈何?"),文子告诉他说,掌握统一和无为,遵循天地的变化("执一无为,因天地与之变化")。① 黄老学对老子宇宙观和政治哲学的扩展,一是它强化了"道"作为"一"的意义。道产生的万物是多,万物之多如何保持秩序和统一,黄老学用"一"来说明。"一"可以解释为"统一的法则"——"自然法"。"一"普遍地规范万物,万物在"一"之下活动,道不加干涉和控制,这是"道"的"无为"。反过来,"道"的"无为",又使得"万物"在"一"之下"自然""自发"地活动。二是它为政治领域引进了普遍的"法律"规范。在政治共同体中,为了保证人民的统一和秩序,也需要普遍的规范和法则,这是作为人间"法律"的"一"。在黄老学看来,人间法律的"一"根源于最高的作为道法和自然法的"一"。黄老学通过引入普遍的"法律"规范,就将圣人的"无为而治"具体转化为圣人通过道法之产物的"法律"来统治。这是黄老学对"无为"的一种新的理解。老子的"无为而治"

---

① 李定生、徐慧君:《文子校释》,上海古籍出版社 2004 年版,第 199 页。

只是强调了不干涉和控制。但如何不干涉、不控制，而又能保证统一和秩序，老子没有提供具体的东西。黄老学引入普遍的"法律"规范，既为建立秩序提供了可能，又使"圣人"可以真正做到"无为"。因为普遍的法律为所有人的言行提供了行动的标准和尺度，人民只要在法律之下活动就可以了。明主、明君没有必要去做什么特别的事，他作为最高的监护人清静无为。三是，它提出了"因循"的概念，将所遵循的人民的"自然"具体为"人情"。在黄老学中，"人情"是指人选择和追求自己利益（趋利避害）的自然倾向，即"自为"。君主的"无为"，相应地就是对人民的"自为"之心的遵循。在以黄老学为中心的高度综合性哲学著作《吕氏春秋》和《淮南子》中，"因循"也是基本的政治哲学观念。如《淮南子·泰族训》说：

> 圣人之治天下，非易民性也，拊循其所有而涤荡之，故因则大，化则细矣。禹凿龙门，辟伊阙，决江濬河，东注之海，因水之流也。后稷垦草发菑，粪土树谷，使五种各得其宜，因地之势也。汤、武革车三百乘，甲卒三千人，讨暴乱，制夏、商，因民之欲也。故能因，则无敌于天下矣。夫物有以自然，而后人事有治也。

黄老学强调，君主能够通过法律因循百姓的自然，是因为作为非人格性的最高意志的法律（主要表现为奖励和惩罚）符合趋利避害的人情（或人性）。法律规范既能够使支配者无为，也可以使百姓自然。在黄老学的统治术中，儒家的个人道德，贤人的智慧，都变得无关紧要，难怪亚里士多德会说法律是叫人不要用"智"。《庄子·天道》篇所说与此类似："故古之王天下者，知虽落天地，不自虑也；辩虽雕万物，不自说也；能虽穷海内，不自为也。天不产而万物化，地不长而万物育，帝王无为而天下功。"如果说黄老学也是"反智"的，那么它反对的是统治者不凭借客观的"法律"而依赖个人的智慧,而个人的智慧又是非常有限的。

　　根据以上讨论,我们可以看出,黄老学对老子宇宙观和政治哲学的扩展,仍然是围绕着老子的道、圣人之"无为"与万物和人民之"自然"这一基本原理展开的。

第十五章

《老子》的"大器晚成"考证

"大器晚成"一语出自传世本《老子》第四十一章,后来成为中国众多的成语之一,原意是说巨大的器物需要长时间的造就方能完成,运用到人身上是说,有大成就的人要经过长期的坚持不懈和积累始能为功。① 但这句成语的"晚"字因竹简和帛书《老子》(乙本)分别写作"曼"和"免"而受到不少怀疑。帛书和简本的原整理者分别读"免""曼"为"晚"。裘锡圭按,"曼"疑当读为"慢"。② "慢成"与传世本的"晚成"意近。但不接受这种读法的学者认为,帛本的"免"不能读为"晚","曼"也不能读为"慢",而应当读作"曼",意为"无",并坚持说传世本《老子》的"大器晚成",当是"免成"或"无成"。果真如此的话,流传了几千年的"大器晚成"这一固定化了的成语就只能说是讹传,《老子》哲学中"大器"可成的义理自然也就不存在了。事实究竟如何,这是值得我们细加讨论的。

---

① 《管子·小匡》中已有用"大器"来喻人的例子,说管仲是"大器"("管仲者,天下之贤人也,大器也"),尽管孔子之前评论说"管仲之器小哉!"(《论语·八佾》)

② 参阅《郭店楚墓竹简》,第119页。

一 "大器免成"或"无成"的持论

在帛书本和竹简本《老子》发现之前,陈柱就对《老子》和《韩非子·喻老》篇中的"大器晚成"加以怀疑。他在选注的《老子》和《老子韩氏说》中都认为,"大器晚成"的"晚",是"免"之借,"免成"犹"无成"。他的理由是,这一章中的"大方无隅""大象无形"皆用"无","大音希声"的"希"也可训无,从文义一律上考虑,"晚成"的"晚"自然也应训"无","大器晚成"即"大器无成"。韩非不能认识这一点,是因为他的"学术之宗旨本尚功利故也"。① 马王堆帛书《老子》出土之后,这一章残损只留下两个字,乙本此句写作"大器免成",这似乎印证了陈柱的怀疑。楼宇烈在陈柱看法的基础上,依据帛书乙本,认为"大器晚成"当读"大器免成",② 高明因之。③ 郭店简竹简本《老子》"大器晚成"作"大器曼成",廖名春等也认为"曼"当读为"无",并将之同帛书本联系起来,更是认为通行本的"大器晚成",原本就应是"大器免成"或"大器无成"。④ 概括起来,他们为此说提供的论证主要有两个方面。

一是音韵和文字方面的。如蒋瑞认为郭店本"大器曼成"即是"大器无成",马王堆帛书乙本作"大器免成"是正确的。因为

---

① 参阅陈柱选注的《老子》(上海商务印书馆1934年版)和《老子韩氏说》(上海商务印书馆1939年版,第73页)。
② 参阅楼宇烈校《老子道德经注》,见《王弼集校释》,第115页。
③ 参见高明《帛书老子校注》,中华书局1996年版,第24—25页。
④ 有关这一方面的讨论,参阅蒋瑞《说郭店简本〈老子〉"大器曼成"》(载《中国哲学史》2000年第1期)、董莲池《〈老子〉"大器晚成"即"大器无成"说补证》(载《古籍整理研究学刊》2000年第5期)、胡芬娜《郭店楚墓竹简〈老子〉"大器曼成"释读献疑》(载《语文学刊》2002年第5期)、廖名春《郭店竹简老子校释》(清华大学出版社2003年版)、钱玉趾《大器晚成·大器免成·大器曼成》(载《文史杂志》2004年第5期)等。

"免""曼"古音同，俱在明母元部。"曼"字有两个意义系统，一是指长和远，二是指无。《广雅·释言》释"曼"为"无"。《小尔雅·广诂》说："曼，无也。"汉代去先秦不远，《小尔雅》训"曼"为"无"当有所秉。"慢"的本义为"怠慢"，"曼"通"慢"的情况，先秦文献没有先例。《诗·大叔于田》的"叔马慢忌"的"慢"，毛传训迟，亦被当作"怠慢"之"慢"。上古惟一作"迟"用的"慢"是否必定为迟很难说。故简本《老子》要通一个上古不常用的"慢"就未必了。① 董莲池认为帛书"免"读本字"免"，用作"无"，有音韵学上的根据。"免"上古明母元部，"无"为明母鱼部，二字同母双声，鱼、元韵通转，古音相近。"晚"字大量使用是在战国末期。由于"免""曼"上古声韵全同，音极近似，大概战国末期人们把"大器曼成"写作"大器免成"。又由于此时"晚"字非常活跃，与免音同，遂又以晚代"免"。② 廖名春以文献中从"免"之字与从"曼"之字可以通用，推论"免"通"曼"。③

二是义理方面的。比起第一方面，持论者更从义理方面为"晚"原作"免"和"曼"（"无"）提供论证。楼宇烈认为同章"大方无隅""大音希声""大象无形"和第二十八章的"大制无割"等说法，"大方""大音""大象"和"大割"等，皆与"隅""声""形"和"割"相反对，惟"大器晚成"的"大器"与"成"不相反，这与例不合。帛本作"免"，正合其统一之义，应当读作本字"免"。王弼解释"天下神器"说"无形以合故谓之神器"，"器"既然是合成者，则"大器"当为"免成"，这正符合"大方无隅"等文义。黄瑞云认为，"免"

---

① 参阅蒋瑞《说郭店简本〈老子〉"大器曼成"》。
② 参阅董莲池《〈老子〉"大器晚成"即"大器无成"说补证》。
③ 参阅廖名春《郭店竹简老子校释》；另参阅廖名春《出土简帛丛考》，湖北教育出版社2004年版，第147—151页。

的意思是"去","去则无","大器免成"即"大器无形"。① 高明怀疑传世本的"晚成",说:"帛书乙本'大器免成',世传今本皆作'大器晚成'。'免'、'晚'虽可通用,但孰为本字还须研究。"但他接受楼宇烈的看法,说"楼说甚是",并指出帛书乙本作"免",也为之前陈柱的说法提供了一个确证。陈雄根认为,"曼""晚""慢"古音相近,表面上"曼"通"慢"或"晚",合乎古音通假之例,故世人依此之例读为"晚"或"慢",对"大器晚成"一语"习而不疑"。但从句子结构和立意来看,此种读法不妥。此节"大方无隅",意思是至方正没有棱角。"大音希声"是说大的音响是无声的。竹简本"大方亡(隅)""大音希(声)""天象无形",三句都以正言若反方式说出,"大器晚成"亦当如此。竹简本"大器曼成"之"曼"当读为"无",文义与他句协调。② 蒋瑞说老子强调"无为",所说的"大器"与通行本第二十九章说的"神器"相类。老子说:"天下神器,不可为也;为者败之,执者失之。""天下"当然是"器"了,像天下这样的"大器"("神器")是不可为的,那么其他的"大器"也应该是"不可为才对"。在郭店竹简《老子》中,以"大"字开头的四字句有:大白如辱、大方亡隅、大成若缺、大盈若盅、大巧若拙、大成(盛)若诎、大直若屈,等等。这些"大×××",在老子那里都是相反相成之类,若"曼"读为"晚"或"慢",显与整体不合。"大器无成"当然也不是什么都不成,而是以无成而成其所成,即不以具体的器形而限制其成为无形之"大器"。③ 刘笑敢认为楼宇烈、蒋瑞和陈雄根诸说,皆言之成理。古本似为"大器免成"或"大器无成",与今本"大器晚成"意义不同。④ 钱玉趾

---

① 参阅黄瑞云《老子本原》,人民文学出版社1995年版,第63页。
② 参阅陈雄根《郭店楚简〈老子〉"大器曼成"试释》,载《中国文化研究所学报》2000年新第九期,第237—244页。
③ 参阅蒋瑞《说郭店简本〈老子〉"大器曼成"》。
④ 参阅刘笑敢《老子古今:五种对勘与析评引论》上卷,第430—432页。

说如果"大器晚成"能够成立,那么它前后的其他句子按意思应改为"大方晚隅""大音晚声""大象晚形"。这完全不符合老子思想的内涵。钱玉趾也强调"大器无成"或"免成"符合老子的"无为"思想,而"大器晚成",与此则风马牛不相及。①

以上我们列举了持论者的观点以及论证,这种观点可以统称为"否定论"。与此相反,包括整理者在内,严灵峰、许抗生、李零、彭浩、李存山、郭沂、丁四新、陆永品等认为读"大器晚成"的"晚"是正确的,②并作了一定的论证,这种观点可以称为"肯定论"。我认为否定论者的论证,不足以有效地证明他们的观点,我希望在肯定论者论证的基础上再作进一步的论证,以更充分地证明"大器晚成"的读法是正确的。下面我们就不同方面来具体讨论一下。

二 "大器晚成"与《老子》不同传本及解释

从《老子》不同版本和传布的先后关系上说,不能简单用更晚的汉代帛书乙本写作"免",就去否定之前的读作"晚"。帛书乙本因避讳"邦"字而不避讳"恒",可以肯定是刘邦称帝之后刘恒称帝之前的抄本。但在此之前,《韩非子·喻老》中的这句话读"大器晚成",稍晚的《吕氏春秋·乐成》篇这句话同样作"大器晚成",不作"大器免成"。这是两个非常坚强的例证,用时间上靠后的帛书乙本写"免"就去否定前者是非常不严谨的。迄今最早的竹简本《老子》写作"曼",

---

① 参阅钱玉趾《大器晚成·大器免成·大器曼成》。
② 参阅严灵峰《马王堆帛书老子试探》(见《无求备斋选集·经子丛著》第一册,台湾"国立"编译馆1983年版)、许抗生《帛书老子注译与研究》(增订本,第11—13页)、彭浩《郭店楚简〈老子〉校读》(湖北人民出版社2000年版,第93页)、郭沂《郭店竹简与先秦学术思想》、李零《郭店楚简校读记》(第21页)、陆永品《老子"大器晚成"辨证》(载《中国社会科学院院报》2008年4月24日)、丁四新《郭店楚竹书〈老子〉校注》(武汉大学出版社2010年版,第319—332页)。

究竟如何读合适，后面我们再讨论。

从版本之间的相互关系来说，已知的帛书之后的所有《老子》版本都作"晚"，这同此前的作"晚"是相呼应的。王弼的《老子道德经》通行本同帛书乙本的关系有两种可能，一是，如果王弼本来源于帛书乙本，除非假定王弼本是误抄（现在没有根据可这样假定），否则不能否定王弼本所传；二是如果王弼本另有传本所据，自然更不能用帛本来否定王弼本的可靠性。帛书本与《韩非子》和《吕氏春秋》传抄本的关系也有两种可能，一是如果帛书本所据的就是《韩非子》和《吕氏春秋》所据的传抄本，那么更有可能是帛本所传"免"即读"晚"，如果读本字"免"，那就是误读；二是帛本所据抄本与《韩非子》和《吕氏春秋》所据有不同的来源，这样的话自然不能说作"晚"是误抄。传世的汉代《老子》本有三个：一是河上公的《老子道德经章句》；二是严遵的《老子指归》；三是残缺本题为张鲁所作的《老子想尔注》。在这三个版本中，这句话皆作"大器晚成"，而不作"大器免成"。依《老子》版本的前后及其关系，帛书乙本的"免"读作"晚"是非常恰当的。硬是用一个孤证，既否定它前面的两个例证，也否定跟它有连续性的更多的例证，其做法实不可取。

从不同版本对这句话的解释上看，"晚"显然不能读作"免"。韩非子《喻老》是用具体的事例、故事来说明《老子》的抽象道理。《喻老》解释"大器晚成"（还有"大音希声"）的方式同样，用的事例是楚庄王为政之事：

> 楚庄王莅政三年，无令发，无政为也。右司马御座而与王隐曰："有鸟止南方之阜，三年不翅，不飞不鸣，嘿然无声，此为何名？"王曰："三年不翅，将以长羽翼；不飞不鸣，将以观民则。虽无飞，飞必冲天；虽无鸣，鸣必惊人。子释之，不谷知之矣。"处半年，乃自听政。所废者十，所起者九，诛大臣五，举处士六，

而邦大治。举兵诛齐，败之徐州，胜晋于河雍，合诸侯于宋，遂霸天下。庄王不为小害善，故有大名；不蚤见示，故有大功。故曰："大器晚成，大音希声。"

非常清楚，韩非子用这个例子要说明的是，伟大的事功（"大功"）和"名声"（"大名"）不可能速成，它需要通过充分的准备和积蓄过程来实现。"大器"在这里具体是指"大功""大名"。韩非《喻老》说的是如何成就它，绝不是说"免成""无成"。无奈，钱玉趾将楚庄王的说法和韩非子的解释理解为，有才干的楚庄王是免除作为（"无为"）而获得成功，并以此推断《韩非子·喻老》记载的楚庄王"大器晚成"应属"错讹"。楚庄王回答的"三年不翅，将以长羽翼；不飞不鸣，将以观民则"，明明说，他"三年不翅""不飞不鸣"是为了"将以长羽翼""将以观民则"，这哪是说他"无为"（老子说的"无为"的真实意思我们后面再说明），而是强调他正在"积蓄"和"准备"之中，待他所需要的条件具备、时机成熟，他就会"飞必冲天""鸣必惊人"。韩非子解释说的"庄王不为小害善，故有大名；不蚤见示，故有大功"，与楚庄王所说是一致的。王先谦疑"害"为衍文，衡之以上下文对应关系，王说可信。韩非子的意思是，楚庄王不急于做小的善事，因此成就了他晚来的大名；也不过早地显露自己的作为，因此成就了他后来的大功。"不为小善""不蚤见示"，具体所指即上文说的他执政三年"无令发，无政为也"。楚庄王这样做，不是出于"无为"的考虑，而是因为条件和时机还不成熟，他不能急于求成。王先谦的《韩非子集解》、梁启雄的《韩子浅解》和陈奇猷的《韩非子集释》，[1]也都是从"大器晚成"的意义理解韩非的解释。[2] 根据这些解释，韩非子所看到的《老

---

[1] 参阅梁启雄《韩子浅解》上册，中华书局1985年版，第181—182页。
[2] 陈奇猷校注：《韩非子集释》，上海人民出版社1974年版。

子》,"大器晚成"的"晚"肯定不读作"免"(陈柱批评的理由后面再说)。他正是依据"晚成"而不是"免成"来解释老子的这句话。

在《吕氏春秋》中,"大器晚成"同样作"晚成",而不作"免成"。此书《乐成》篇引用了三句话:"大智不形,大器晚成,大音希声"。第一句话不见于《老子》,后两句无疑是出自《老子》。这一篇的题目叫《乐成》,作者显然主张"乐于成",而不是"乐于不成"。同《韩非子·喻老》篇的解释方式类似,《乐成》也是用事例说明包括"大器晚成"在内的几句话的道理,其中说:

> 舟车之始见也,三世然后安之。夫开善岂易哉?故听无事治。事治之立也,人主贤也。魏攻中山,乐羊将,已得中山,还反报文侯,有贵功之色。文侯知之,命主书曰:"群臣宾客所献书者,操以进之。"主书举两箧以进。令将军视之,书尽难攻中山之事也。将军还走,北面再拜曰:"中山之举,非臣之力,君之功也。"当此时也,论士殆之日几矣,中山之不取也,奚宜二箧哉?一寸而亡矣。文侯贤主也,而犹若此,又况于中主邪?中主之患,不能勿为,而不可与莫为。凡举无易之事,气志视听动作无非是者,人臣且孰敢以非是邪疑为哉?皆壹于为,则无败事矣。此汤、武之所以大立功于夏、商,而勾践之所以能报其仇也。以小弱皆壹于为而犹若此,又况于以强大乎?

《乐成》举的几个例子,旨在说明要成就大功、大业,不可与百姓"虑始",只需不懈地坚持自己的志向专一去行动,最后就一定能成大功,让百姓乐享其成。陈奇猷将这篇要说明的道理,同《韩非子·喻老》的解释结合起来,认为两者属于同类:

> 然则古人释"大器晚成,大音希声"之义为"不为小害善,

不亟见示"。本篇述孔子、子产、乐羊、史起事，正是说明其不亟见示而成大功，与楚庄王事正同类。①

汉代注释《老子》有影响的两部书——《老子道德经章句》和《老子指归》，也以"晚成"立论。《老子道德经章句》的注说："大器之人，若九鼎瑚琏，不可卒成也。"《老子指归》的注是："大器晚成，无所不有"。王充《论衡·状留篇》引用此句作"晚成"，其举出的例子是，树木生长快慢不同，材质自然也不同：

枫桐之树，生而速长，故其皮肌不能坚刚。树檀以五月生叶，后彼春荣之木，其材强劲，车以为轴。殷之桑榖，七日大拱，长速大暴，故为变怪。大器晚成，宝货难售（者）。不崇一朝，辄成贾者，菜果之物也。

同样，《后汉书·郎顗襄楷列传》引用此句也作"晚成"，用以说明人要成功必须假以岁月：

臣伏见光禄大夫江夏黄琼，耽道乐术，清亮自然，被褐怀宝，含味经籍，又果于从政，明达变复。朝廷前加优宠，宾于上位。琼入朝日浅，谋谟未就，因以丧病，致命遂志。《老子》曰："大音希声，大器晚成。"善人为国，三年乃立。天下莫不嘉朝廷有此良人，而复怪其不时还任。陛下宜加隆崇之恩，极养贤之礼，征反京师，以慰天下。②

---

① 陈奇猷校释：《吕氏春秋校释》三，学林出版社1984年版，第992页。
② 《三国志·魏志·崔琰传》记载："琰从弟林，少无名望，虽姻族犹多轻之，而琰常曰：'此所谓大器晚成者也，终必远至。'"

从传世的战国晚期韩非子的《喻老》到秦之《吕氏春秋》，再到汉代的《老子》注及引用，这句话皆作"大器晚成"。据此，汉帛书《老子》乙本的"免"字自当读"晚"，整理者读为"晚"很恰当。不顾秦汉统一的读法和注释，以乙本惟一的"免"字为例来衡量，失之偏颇。

三 "曼"与"晚"及"免"的读法和语义

问题的关键是竹简本《老子》的"曼成"的"曼"，究竟是读作"晚"还是"免"恰当。帛书的整理者将"免"读为"晚"，不少学者接受了这一读法。"免"是"晚"的通假字，两者古音相同，"晚"以"免"为声符。帛书以声符代本字之例颇多，如以"若"代"诺"、以"唯"代"虽"等。竹简本"大器晚成"作"大器曼成"，整理者读为"晚"，裘锡圭案疑读为"慢"，李零因之。①胡芬娜指出，整理者读为"晚"虽然传统，但更为合理。在先秦，"晚"用来表示迟的例子更多一些。②从"曼""免"的读音说，读为"晚"是完全可以的，这三个字上古音都属于明母元部。

问题的复杂性在于这三个字的语义。董莲池说"晚"字出现在先秦典籍中是在战国晚期，但他列举的文献除了《荀子》和《韩非子》是在战国晚期外，不能说《墨子》和《庄子》也是在战国晚期。另外，《战国策》记载的"晚"字用例，亦非在战国晚期。《楚策四·庄辛谓楚襄王》记载说：

---

① 参阅李零《郭店楚简校读记》，第21页。彭浩指出："'免'、'晚'、'慢'音近，或许因此而导致了各本用字的不同。简本'曼'或读作'慢'，或读作'晚'均与'免'字含义并不相同。可知帛乙本的'免'当读作'晚'。"参阅彭浩《郭店楚简〈老子〉校读》，第93页。

② 参阅胡芬娜《郭店楚墓竹简〈老子〉"大器曼成"释读献疑》。

> 庄辛对曰："臣闻鄙语曰：'见兔而顾犬，未为晚也；亡羊而补牢，未为迟也。'"

"晚"与"迟"相应。庄辛的话是向楚襄王说的，襄王在位时间为公元前 299 至公元前 263 年，大约在战国中期稍晚。《战国策·秦策三·蔡泽见逐于赵》记载应侯与蔡泽的对话，其中蔡泽说："吁！君何见之晚也。"蔡泽见应侯是秦昭王在位时，蔡泽很快代应侯任国相。秦昭王在位时间为公元前 305 至公元前 251 年。《战国策·齐策一·南梁之难》记载韩氏向齐国求救，田侯召见大臣，说："早救之，孰与晚救之便？"张丐对曰："晚救之，韩且折而入于魏，不如早救之。"这说明"晚"字在战国晚期前已常用。《韩非子·喻老》和《吕氏春秋·乐成》作"晚"，其来有自，非为错讹。

现在的问题是"曼"字和"慢"字的语义。"慢"作"缓慢""迟缓"，在先秦文献中确实少见。《诗·大叔于田》的"叔马慢忌"，毛传训迟，但亦可解为"惰慢"。"慢"字的本义为怠慢，先秦文献多用此义。因此，读"曼"为"慢"则未必。但这也不意味着读为"曼"、作"无"解就可取。在先秦文献中，"曼"用为"长""远"和"柔美"等，未见有用作"无"的例子。《广雅·释言》释"无"，当是秦以后才有之语义。主张作"无"的学者，都没有举出先秦的用例。蒋瑞所举的例子出自扬雄的《法言》，说汉去先秦未远，以证可读"无"。以先秦"慢"作"迟"的例子，尚不足作为"曼"读"慢"凭证，何况汉代的例子。先秦"曼"字没有作"无"的用例，读"无"实不可取，以此来论证帛书的"免"读本字，自然也不能成立。"曼"字不必读为"慢"，但读为"晚"是可取的，说《韩非子》《吕氏春秋》读为"晚"是错讹，实在说不过去。

四 "大器晚成"与老子哲学中的"成"

认为老子"大器晚成"原作"免"或"无",所持的理由主要是义理上的。具体又可分为三点:一是说"大器晚成"与其他文句和意思不成一类;二是说这几句作为一类在《老子》其他章节中也有例证;三是说老子主张"无为","大器免成"或"无成"合乎老子的无为之旨。这些说法能够成立吗?

同"大器晚成"前后紧密相连的句子,前一句是"大方无隅",后两句是"大音希声""大象无形"。持论者认为,"大方无隅""大音希声""大象无形"这几句,都是从反义说明"大方""大音"和"大象"的,惟独"大器"作"晚成"不是"反义",没有理由作为例外。但事实不是这样。仔细来看这四句话,它们不能归为"一类"。能够归为一类的只有"大方无隅"和"大象无形"这两句,这两句用的都是"无",完全以"反义"立论。而"大音希声"不等于"大音无声",它不是以完全相反的意义立论,不能与此划为一类。所有的版本都作"希声"。"希"的意思是"稀少"或"少",但声音再"稀少",也不是"无声"。"大音希声"意谓宏伟的乐章不轻易发出声响,引申为伟大的政令不轻易发出,伟大的声誉总是来得很慢。《老子》第十四章说的"听之不闻,名曰希"的"希",也是指"稀少"。《老子》第二十三章有"希言自然"的说法,"希言"意为"少言",非"无言",正与第二十五章说的"多言数穷"相对。老子说过"不言之教","希言"与此有所不同。"希言"和"希声"用法一致,不能以"希声"为"无声",犹如不能以"希言"为"无言"。既然"大音希声"同"大方无隅""大象无形"不完全是一类,"大器晚成"自然也就不能算是什么例外了。实际上,倒是能将"大器晚成"和"大音希声"看成一类。

在《老子》其他章节中,与"大方无隅""大象无形"完全一致的句式，只有"大制无割"（第二十八章）一例。第四十一章的"道隐无名"，立意用反论，但不是"大"字。其他地方虽然有以反面成其正面的立意，但句式与此不同，如第七章说的"是以圣人后其身而身先；外其身而身存。非以其无私邪？故能成其私"，第三十六章说的"将欲歙之，必故张之；将欲弱之，必故强之；将欲废之，必故兴之；将欲取之，必故与之"，第七十六章说的"是以兵强则灭，木强则折。强大处下，柔弱处上"等，就是如此。在《老子》中，描述"伟大"事物的例子，更多的不是"完全"用否定的方法以显正，而是用"仿佛性"的否定以显正。与"大方无隅，大器晚成，大音希声，大象无形"同章，在这几句前面，就有五个这方面的例子："上德若谷，大白若辱，广德若不足，建德若偷，质真若渝。"严格说，"大白若辱"同其他几句只是在都用"若"字上可看成一类。同"大白若辱"完全相类的，是简本《老子》以下的几句："大成若缺，其用不弊。大盈若盅，其用不穷。大巧若拙，大盛若诎，大直若屈。"① 这些用例不同于"大方无隅""大象无形"和"大制不割"，它们是以"仿佛"（"若"）有不足的方式来肯定伟大事物之伟大，而不是用"无"和"不"的方式来肯定它们。因此，我们不能用"单一"的格式去定夺《老子》的用语。在《老子》中，以"大"字为首和其他字组成的合成词还有不少，其中一部分是负面否定性的东西，如"大患"（第十三章）、"大伪"（第十八章）、"大迷"（第二十七章）"大怨"（第七十九章）、"大军"（第三十章）、"大费"（第四十四章）等等；但另一部分都是正面肯定性的东西，如"大道"（第十八章）、"大丈夫"（第三十八章）、"大国"（第六十章）、"大邦"（第六十一章）、"大事"（第六十三章）、"大顺"（第六十五章）等。对于这些东西，《老子》都没有用否定性的"无"来说明。

---

① 这几句话通行本属于第四十五章（"大成若缺，其用不弊。大盈若冲，其用不穷。大直若屈，大巧若拙，大辩若讷"），文意一致。

就老子的"大成若缺"来说,《老子》的"大器晚成"也不能作"大器免成"。因为《老子》中没有"大器"不需要"成"的主张和看法。由于"大器"与"成"相提并论,我们有理由将"大成"看成是"大器"的同义语。"大器晚成"也可以说是"大器大成"。《老子》只是说"大成若缺",而不说"大成无成",这说明《老子》的思想中没有"大器无成"的主张。"器"的本义是"皿",即一般所说的器皿、器物、器具,是人们通过手工制作出来的用具。《国语·周语下》说:"律度量衡于是乎生,小大器用于是乎出,故圣人慎之。"器皿有大有小,因此,就有"大器""重器"和"小器"之分。《国语》说的"小大器"即型号、大小不同的器具。"器"的用法后来引申到人物上、引申到天下国家上,以人和天下为器,衍生出人物评论上的大器、小器之分和天下神器、重器之论。《易传》说的"形而上者谓之道,形而下者谓之器",其"器"已不限于器具,它广指有形的各种事物,近于"物"的所指。按照池田知久的研究,《易传》的"器论"是受老子影响而来。① 《老子》一书中的"器",大体上有几种用法:一是指日常生活中的工具。这方面的用法,最典型的是《老子》以下四章中的话:"埏埴以为器,当其无,有器之用"(第十一章),"夫兵者,不祥之器,物或恶之,故有道者不处"(第三十一章),"民多利器,国家滋昏"(第五十七章)和"使有什伯之器而不用"(第八十章)。第四十一章说的"大器晚成",当是指具体的器皿。二是指比喻性的用法,如以天下、国家为神器、利器,这方面的例子有第二十九章的"天下神器,不可为也",第三十六章的"鱼不可脱于渊,国之利器不可以示人"和第六十七章的"慈故能勇;俭故能广;不敢为天下先,故能

---

① 参阅〔日〕池田知久《〈老子〉的"道器论"——基于马王堆汉墓帛书本》,见陈鼓应主编《道家文化研究》第12辑,生活·读书·新知三联书店1998年版,第154—156页。

成器长"等。三是指哲学上事物生成和演化的结果。如第二十八章的"朴散则为器，圣人用之，则为官长，故大智不割"。第五十一章通行本有"道生之，德畜之，物形之，势成之"的说法，其中"势成之"，帛书本作"器成之"。其"器"，也属于这一种意义。在《老子》有关"器"的这些说法中，都没有反对"成器""成功"的主张。通行本第四十一章说的"夫唯道，善贷且成"，简本"道"后残损，帛书本作"夫唯道，善始且善成"，其中都肯定"成"。

"大器晚成"同《老子》其他章节说的巨大的事物需要逐步"积累"来实现和完成一致。如《老子》第六十三章说："图难于其易，为大于其细。天下难事必作于易，天下大事必作于细。是以圣人终不为大，故能成其大。""巨大"相对于"细小"、"大事"相对于"小事"，老子说巨大、大事都要"图""作"和"成"。《老子》第六十四章说"合抱之木，生于毫末；九层之台，起于累土；千里之行，始于足下"，说的也是通过不断积累来成就大和远，而不是不成就大和远。以不断积累来成就伟大，正与"大器"也需要很多时间来积累和完成在义理上完全一致。说"大器无成"，是以无成而成其成，是不以具体的形器而限制无形之大器。"大器"的原义是具体形器的"大"，但在老子那里它当然不限于具体形器，它也指抽象的伟大事业。只要承认和肯定有"无形之大器"要"成"，那就不能说"大器无成"。从不成就具体小器说，"大器无成"的意思就变成了"无形之大器"不以"具体之形器"来限制，这虽然可以用"大象无形"来类之，但老子的义理中的"大器"，不能说就是指"无形之大器"。

蒋瑞和钱玉趾还都从"无为"来论证"大器无成"，认为老子说"天下神器，不可为也"是"无为"，"无为"是"不作为"，"天下大器"都不可作为，其他的大器当然也是不可作为的。如钱玉趾说老子的"无为而无不为"的意思是，"不作为，可以达到无所不为"；说老子的"为无为，事无事，味无味"，意思是"有为产生于无为，成事产生于无事，有味产生于无味"。① 钱的解释是不恰当的。"无为"是老子政治哲学的核心概念，它的真实意义是不违背法则的行为，即不乱加干涉和控制，而不是表面上看起来的"不作为"，相对于老子批评的各种不合理的"有为"。《老子》说的"天下大器"，"不可为""不可执"，意思是要以"无为"的方式治国平天下，即"为无为"的意思，亦即"治大国者若烹小鲜"之意，以此就可以达到"无不为"的政治理想。它不是说"天下国家"不需要治理、需要"不作为"，而只是说要用合理的方式去治理。这样的"无为"不能成为"大器免成""大器无成"的根据。

仅就"成"本身来说，《老子》一般也不否定。如《老子》第二章说的"难易相成"和"功成而弗居"、第七章说的"故能成其私"、第十七章说的"功成事遂"、第二十五章说的"有物混成"、第三十四章说的"功成不名有"和"故能成其大"、第四十七章说的"不为而成"、第五十一章说的"势成之"和"成之熟之"、第六十三章说的"故能成其大"、第六十四章说的"常于几成而败之"、第六十七章说的"故能成器长"、第七十七章说的"功成而不处"等等。在这些用例中，《老子》都不反对"成"，而恰恰相反，是肯定"成"的。②

总而言之，根据《老子》本身的内容，也根据各种传世本，"大器晚成"不能作"大器免成"，"大器曼成"也不能作"大器无成"。

---

① 参见钱玉趾《大器晚成·大器免成·大器曼成》。
② 王弼《老子》注本有"夫唯不盈，故能蔽不新成"之语。此句帛书乙本作"是以能蔽而不成"，《文子·九守》作"夫唯不盈，是以弊不新成"、《淮南·道应训》作"夫唯不盈，故能弊而不新成"。据此，可以说这是《老子》中主张"不成"的一个例子。然简本无此句，疑为后人所加。

第五编
共同体生活与公共理性、规范和政治伦理

第十六章

《唐虞之道》与王权转移中的多重因素

政权的转移和继承,是政治生活中最敏感的时刻,政权的拥有者和有可能获得继承的人为此而进行紧张的筹划,百姓和公众则密切关注着事情的进展。"至关重要的问题是,现任的官职占有者和那些志在取代他们的人是否愿意承认和遵守那些规定了领导者任职期限及任命和罢免领导者方法的预先确立的规则。"① 规则和程序越稳定以及对规则和程序的认同、执行程度越高,政权的转移和继承就越平稳,就越能维持政治生活的秩序。现代的民主选举制和古代的世袭制,能够作为政权转移和继承的两种最基本模式,道理也许就在这里。政变、革命夺权,都是政权转移和继承中的非常手段,当事者冒着政治风险,也容易引起政治上的动荡和不安。古代中国政治生活中的王权转移和继承主要有两种方式:一是最一般性的"世袭制",不管是父死子继、祖死孙继还是兄终弟及,"三代"被认为是普遍实行这一制度的时代;二是革命性的改朝换代,如商汤、周武王分别推翻夏、商王朝被认为是革命的典范。此外还有被理想化的"禅让制",尧舜被认为是典范。郭店简《唐虞之道》、上博简的《容成氏》,还有《子羔》等佚文的发现,

---

① 〔英〕戴维·米勒、〔英〕韦农·波格丹诺编:《布莱克维尔政治学百科全书》,邓正来译,中国政法大学出版社2002年版,第574页。

激发了大家对"禅让说"的兴趣和讨论。围绕佚文中所见禅让论的要旨、特点以及它同远古社会政治组织和战国子学背景等关系所展开的研究，已经有了不少成果。① 我这里要以《唐虞之道》为中心对其"禅让说"作进一步的探讨，主要是因为说起来是取决于"尊德尚贤"的"禅让"，虽然不能说完全没有历史根据，但也需要承认它把远古的政治权力转移过于简化和理想化了。如果远古政治共同体权力的转移，还没有一贯性的做法，或者是世袭和选贤并用，那么权力的转移就会更为复杂并带有变数。结合传世文献，对简帛佚文《唐虞之道》《容成氏》和《子羔》的"禅让"观念进行研究，我们发现远古的权力转移，受到了推举与试用、人的寿命和退休、亲子的不肖等许多因素的影响。就是所说的"禅"与"传"、"官天下"与"家天下"之二分，也不是截然对立的。下面，我们就从几个方面探讨一下远古权力转移是如何受到许多因素影响的。

一 "禅"与"传"的二分及折衷

在早期文献记载中，从上古到三代的王权转移和继承，一般被看成是禅让制和传子制两种方式，就是连批评圣王促成了人类堕落的《庄子》也是这么认为的。《秋水》篇说："帝王殊禅，三代殊继。"② 荀子一方面认为尧舜禅让是虚言（见《荀子·正论》），但另一方面，又

---

① 如王博《关于〈唐虞之道〉的几个问题》（载《中国哲学史》1999年第2期）、刘宝才《〈唐虞之道〉的历史与理念——兼论战国中期的禅让思潮》（载《人文杂志》2000年第3期）、彭邦本《楚简〈唐虞之道〉与古代禅让传说》（载《学术月刊》2003年第1期）、罗新慧《〈容成氏〉、〈唐虞之道〉与战国时期禅让学说》（载《齐鲁学刊》2003年第6期）。

② 事实上，一直有否认远古"禅让制"的观点。杨希枚通过大量的早期文献记载证明，传说中的远古禅让制的"史实"，不能轻易否认。参阅杨希枚《再论尧舜禅让传说》，见《杨希枚集》，中国社会科学出版社2006年版。

断定尧舜是尚德、尚贤而辞让的。《成相》篇说：

> 请成相，道圣王，尧、舜尚贤身辞让。许由、善卷，重义轻利行显明。尧让贤，以为民，泛利兼爱德施均。辨治上下，贵贱有等明君臣。尧授能，舜遇时，尚贤推德天下治。虽有圣贤，适不遇世孰知之？尧不德，舜不辞，妻以二女任以事。大人哉舜！南面而立万物备。舜授禹，以天下，尚得推贤不失序。外不避仇，内不阿亲贤者予。

在肯定尧舜皆是"禅而不传"上，《唐虞之道》《容成氏》和《子羔》的说法是一致的。如《唐虞之道》说：

> 唐虞之道，禅而不传。尧舜之王，利天下而弗利也。禅而不传，圣之盛也。

这是明确将"禅"与"传"看成是两种不同的权力转移方式。《子羔》没有"禅"与"传"的区分，它只是说"让"和"弗世"。按照《子羔》的记载，孔子先是从一般意义上认为过去的政权转移是"弗世"，然后认为"尧见舜之德贤，故让之"。"弗世"意为不世袭继承，亦即所说的"让与"。在《容成氏》中，"禅"与"传"是用"让贤""授贤"与"授子"来对比。只是，《容成氏》不仅列举出了上古授让贤的更大谱系，而且也列举了"三代"传子的谱系。按照《唐虞之道》等三篇佚文的看法，禅让不同于世袭继承（"传"）的根本特性是基于继承者的"贤"和"德"，而不是首先考虑血缘关系。但要真正做到"禅让"，"贤德"是权力让与者和继承者双方都需要具备的。原因很简单，有"贤者"，还需要有识贤、尊贤和无私将权力让与人的人。在《唐虞之道》等佚文看来，尧、舜都是贤德高尚的人。《唐虞之道》说：

> 尊贤故禅。
>
> 禅也者，上德授贤之谓也。上德则天下有君而世明，授贤则民举效而化乎道。

《子羔》记载说：

> 孔子曰："昔者而弗世也，善与善相授也……尧见舜之德贤，故让之。"子羔曰："尧之得舜也，舜之德则诚善欤？抑尧之德则甚明欤？"孔子曰："均也。"

据此而言，尧、舜都是贤德非常高尚的人，佚文中还记载了传说中的尧特别是舜的美德。如果说"禅让"是立足于美德，那么与此不同的"传"则是以血缘亲情关系为出发点。那当然，不能反过来说，重视血缘亲情关系，就可以完全不考虑继承者的品德了。《唐虞之道》区别禅与传，认为禅立足于尚贤和尊德，完全排除了政权转移和继承中的血缘亲情成分，相信只有"禅让"才能保证政治生活的"公共性"：

> 禅而不传恒绝，夏始也。
>
> 不禅而能化民者，自生民未之有也。

这样的倾向，从传世文献把"禅"与"传"转换为"官天下"和"家天下"二元对立的时候，我们看得就更为清楚。《礼记·礼运》以"大同"与"小康"相对，作为"大同"的"大道之行也，天下为公"的"公"与作为"小康"的"今大道既隐，天下为家"的"家"之区分，按照郑玄的注解，就是"传圣"与"传子"的不同。对《礼运》篇的作者来说，在公天下的时代，政治权力是公共的，政治传承以普遍的贤德为基础；但在天下被家族化的时代，传承自然就基于血缘关系。《礼记·礼运》篇没有具体说明"大道之行"与"大道既隐"分别是在什么时代,但看起来是先有"大同之世",后来退化为"小康之世"。《韩诗外传》将之具体确定在"五帝时代"和"三王时代":

  五帝官天下,三王家天下。家以传子,官以传贤。故自唐虞以上,经传无太子称号;夏殷之王虽则传嗣,其文略矣,至周始见文王世子之制。(《韩诗外传》,《太平御览》卷146,文渊阁四库本)

秦始皇即帝位后,以非凡的气魄想效法远古帝王的做法采取禅让制,并为此而征求群臣的意见。作为儒家人物而非常耿直的秦博士官鲍白令之,指出"天下官"与"天下家"完全不同,认为"五帝"是以"天下"为"官","三王"是天下为"家",并直言不讳称秦始皇无道,根本不配禅让。在刘向看来,不传子是"至公","官天下"就是"至公"的"公天下"。《说苑·至公》记载说:

  《书》曰:"不偏不党,王道荡荡。"言至公也。古有行大公者,帝尧是也。贵为天子,富有天下,得舜而传之,不私于其子孙也。去天下若遗躧。于天下犹然,况其细于天下乎?非帝尧孰能行之?孔子曰:"巍巍乎!惟天为大,惟尧则之。"……秦始皇帝既吞天下,乃召群臣而议曰:"古者五帝禅贤,三王世继,孰是?将为之。"博士七十人未对。鲍白令之对曰:"天下官,则禅贤是也;天下家,则世继是也。故五帝以天下为官,三王以天下为家。"秦始皇帝仰天而叹曰:"吾德出于五帝,吾将官天下,谁可使代我后者。"鲍白令之对曰:"陛下行桀纣之道,欲为五帝之禅,非陛下所能行也。"

鲍白令之的批评使秦始皇大怒，他要鲍白解释，否则就将严惩。鲍白解释后秦始皇无以应，面有愧色，说鲍白当着大家的面让他出丑。鲍白的"官天下"与"家天下"之分，也就是"公天下"与"私天下"之别。在《吕氏春秋·去私》篇看来，"禅让"不传子，也就是"去私"。尧、舜有很多儿子，但他们都不把政权传给他们的儿子，他们的做法都是最高的公正：

> 天无私覆也，地无私载也，日月无私烛也，四时无私行也，行其德而万物得遂长焉。……尧有子十人，不与其子而授舜；舜有子九人，不与其子而授禹；至公也。

主张以法治国的商鞅，同样强调以公天下的立场来治天下，反对私天下。在他看来，传贤而不传子，不是要疏远父子关系，而是治道之公所要求的：

> 故尧、舜之位天下也，非私天下之利也，为天下位天下也；论贤举能而传焉，非疏父子亲越人也，明于治乱之道也。（《商君书·修权》）

"禅"与"传"的不同，被看成是"官天下""公天下"与"家天下""私天下"的不同，这实际上是说政治为公共领域，家族为私人领域。政权作为公共领域中的最重要之物，它应该向社会开放，如果对它的继承变成了家族性的世袭，这就是将公共权力变成了私人领域中的所有。古代中国"天下为公"和"天下者天下之天下"的信念，所要求的就是公共权力不能被滥用和私有化。古代的公天下，一般有两方面的所指，一是帝王掌握政权，他是为天下谋福利的，他不能以权谋私。如《吕氏春秋·贵公》说：

> 天下非一人之天下也，天下之天下也。阴阳之和，不长一类；甘露时雨，不私一物；万民之主，不阿一人。伯禽将行，请所以治鲁，周公曰："利而勿利也。"

这里说的"利而勿利也"的"利"，即《唐虞之道》说的"利天下而弗利也"的"利天下"；"勿利"即"不自私自利"：

> 尧舜之王，利天下而弗利也。……利天下而弗利也，仁之至也。
> 极仁之至，利天下而弗利也。

上述商鞅的话，也清楚地显示了这一点。王博注意到《管子·戒》篇与《唐虞之道》的说法有类似之处：①

> 仁，故不以天下为利；义，故不以天下为名。

"公天下"的第二个所指是权力的继承不能成为一家之私有。《尸子》佚文说：

> 舜受天下，颜色不变；尧以天下与舜，颜色不变。知天下无能损益于己也。(《太平御览》卷80引)

可以看出，《唐虞之道》等文献，是将"禅让"看成是政治转移和继承的理想方式，世袭性的继承制是被否认的。

但征之于其他文献，尧、舜之间的禅让过程并不是完全没有考虑

---

① 参阅王博《关于〈唐虞之道〉的几个问题》。

传子的可能。如《尚书·尧典》记载，尧征询作为他的大臣之一的放齐的意见，问谁能够继承帝位，放齐回答说他的儿子丹朱通情达理，可以继承，这表明在当时儿子继承他父亲的帝位原则是允许的。但尧认为他的儿子口不出善言、又好争辩（"嚚讼"，《史记》说是"顽凶"），否决了放齐的提议。《史记·五帝本纪》记载说：

> 尧知子丹朱之不肖，不足授天下，于是乃权授舜。授舜，则天下得其利而丹朱病；授丹朱，则天下病而丹朱得其利。尧曰："终不以天下之病而利一人"，而卒授舜以天下。

即使如此，舜仍然先是避让尧的儿子丹朱，只是在诸侯都不朝觐丹朱的情况下，他才继承了帝位。司马贞的《史记索隐》解释说："父子继立，常道也。求贤而禅，权道也。权者，反常而合道。"

按照记载，舜转移权力的情况与尧类似。他的儿子商均也不肖，他选择了禹来继承他的帝位，但禹同样先是礼让了商均之后才接替的。从尧、舜最终都没有将帝位传给他们自己的儿子来说，他们实行的是"禅让"。但他们之所以没有传给自己的儿子，原则上不是他们的儿子不能继承，而是由于他们两人的儿子都"不肖"。反过来说，如果他们的儿子都有"贤德"，那么从尊贤来说，他们当然也可能继承，天下之人自然也会接受。禹可能是出于避嫌，尽管他的儿子启贤良，他仍然将帝位禅让给益，益同样避让启。由于"禹子启贤，天下属意焉"。诸侯们都去朝觐启，并说"吾君帝禹之子也"（《史记·夏本纪》）。

根据以上所说，在尧、舜、禹的政治权力转移和继承中，"禅"与"传"可能并不是截然对立的，单纯从贤德来考虑，自己的儿子如果有贤德，也是符合选贤原则的。这就是《尸子·仁意》所说：

> 内举不避亲，外举不避仇。仁者之于善也，无择也，无恶也，

惟善之所在。

虽然《容成氏》列出了远古更多的禅让者，但就"五帝"而言，一般传说黄帝是把帝位传给了他的孙子颛顼（昌意之子），颛顼传位于族子喾，而喾则传位其子挚。由于子挚不善为政，他在位九年之后就禅位于他的弟弟放勋，即帝尧。舜是昌意之后，只是从昌意到舜历经七世之后，舜已经"微为庶人"。禹是黄帝玄孙、颛顼之孙。《史记·五帝本纪》记载说："自黄帝至舜、禹，皆同姓而异其国号，以章明德。"这也是为什么王国维不承认尧舜是禅让、汤武是征诛这种传天下与受天下之二分：

> 黄帝之崩，其二子昌意、玄嚣之后，代有天下。颛顼者，昌意之子。帝喾者，玄嚣之子也。厥后虞夏皆颛顼后，殷周皆帝喾后。有天下者，但为黄帝之子孙，不必为黄帝之嫡。世动言尧舜禅让，汤武征诛，若其传天下与受天下，有大不同者。然以帝系言之，尧舜之禅天下，以舜禹之功，然舜禹皆颛顼后，本可以有天下者也。汤武之代夏商，固以其功与德，然汤武皆帝喾后，亦本可以在天下者也。①

杨希枚指出，"五帝"时代的王权继承，似乎还没有固定的制度，即使尧、舜是禅位，其间也会有传子可能的讨论。由于其子都不肖，得不到诸侯的支持，只好传位于他人（不同世代的血缘支系者）。② 在早期儒家中，孟子并不把禅与传二元化。按照他的说法，是禅还是传，不是由人决定的，而是由天决定的。天要授与贤者就授与贤者，

---

① 王国维：《殷周制度论》，见《王国维文集》第四卷，中国文史出版社1997年版，第43—44页。
② 参阅杨希枚《再论尧舜禅让传说》，见《杨希枚集》，第364—367页。

天要授与子孙就授与子孙。尧、舜之子都不肖,启贤"能敬承继禹之道"(《孟子·万章上》),这是"天"的作用,人力无法改变。在孟子那里,虽然在形式上还保持着禅与传的二分,但由于孟子将授与政权的主体从帝王身上转变为"天意",而"天意"正如《尚书·泰誓》所说,是"天视自我民视,天听自我民听","天"是为了民众的利益选择贤良之人的。从这里出发,我们不难理解孟子引用孔子的话说的"唐、虞禅,夏后、殷、周继,其义一也"(《孟子·万章上》)的意思。同肯定尧、舜一样,儒家也肯定世袭继承的汤、武。因为汤、武代表了普遍的天意和民意,政权虽然传给了他们的后人,但其根本在于他们的世袭继承人有贤德,这符合天意和民意。《尸子·绰子》说:

> 汤不私其身而私万方。文王曰:苟有仁人,何必周亲。文王不私亲而私万国。先王非无私也,所私者与人不同也。"

儒家、墨家都是主张"贤人"政治。如果以贤德为政治继承者的根本标准,那么自己的子孙如果是有贤德的人,当然也可以传授,如前引《荀子·成相》有"外不避仇,内不阿亲,贤者予"的说法。但如果政治继承被确定为以世袭制为前提的传贤,那么其血缘之外的贤者自然也就没有继承的资格了。因此,《唐虞之道》推崇尧、舜禅让的传贤,虽然有将其理想化的一面,但其不赞成世袭而是将政权的继承向整个社会开放,在政治继承中更体现了政治"公共性"的一面。虽然古代社会程度不同的都是世袭制,但这一制度之所以被民主选举继承者所取代,正因为它将政治领域完全公共化了,使人人在政治面前都有平等的机会。洛克反对政治上的世袭制,罗素不仅反对世袭主义,而且对经济上的世袭也提出了质疑。[1]

---

[1] 参阅〔英〕罗素《西方哲学史》下卷,马元德译,商务印书馆1976年版,第148—154页。

二 咨询、推举和试用

在位的帝王对谁能够成为政权的继承者可能有最终的决定权，但他要选择到一位真正的贤能者作为他的接班人，实际上不是一件简单的事。他如果要尊贤尚贤，他首先就要能够发现真正的贤者，特别是那些隐居在民间的贤能之士（"举逸民"），《唐虞之道》也说："禅之传，世亡隐德"。照《礼记·礼运》"选贤与能"的说法，贤能者是被推举和选拔出来的。《唐虞之道》说：

古者尧之与舜也：闻舜孝，知其能养天下之老也；闻舜弟，知其能事天下之长也；闻舜慈乎弟〔象□□，知其能〕为民主也。

尧如何得知舜的贤德，《唐虞之道》没有说明，《容成氏》和《子羔》也没有提供什么信息。尧可能是在执政的后期，开始着手选拔继承者。按照《尚书·尧典》和《史纪·五帝本纪》的记载，他先是咨询放齐和驩兜的意见，他们分别推荐了尧的儿子（上已述）和共工，但都被尧否定了。尧后又咨询四岳的意见，四岳则一致推荐鲧。尧本来也不愿意接受鲧，但四岳坚持说"异哉，试不可用而已"，尧于是听从了四岳的意见来试用鲧，但"九岁，功用不成"。此时，政治继承问题更加迫切了。在试用鲧确认他不合适之后，尧可能已经执政七十年了，他想直接从四岳中选拔继承者，但四岳推辞说他们的贤能不足以"践位"。尧请他们"悉举贵戚及疏远隐匿者"。此时四岳才一致推荐了隐居在民间的舜。舜二十岁时就以孝而闻名，此前，尧对舜已有所耳闻。按照其他文献记载，尧礼贤下士，尝直接访舜于民间。《尸子·明堂》记载说：

> 古者明王之求贤也，不避远近，不论贵贱，卑爵以下贤，轻身以先士。故尧从舜于畎亩之中，北面而见之，不争礼貌。

作为"贵为天子，富有天下"的尧，如果真的到偏僻的田间、乡下去见舜，这的确能够反映尧尊贤尚德之风范。尧见舜是直接考察舜的方式，《尸子》佚文记载：

> 尧闻其贤，征之草茅之中。与之语礼乐而不逆，与之语政至简而易行，与之语道广大而不穷。（《艺文类聚》卷 11 引）

尧到民间访见舜的传说，《容成氏》的记载与《尸子》有类似之处，但说有"三次"（"三从"）：

> 昔舜耕于历丘，陶于河滨，渔于雷泽，孝养父母，以善其亲，乃及邦子。尧闻之而美其行。尧于是乎为车十又五乘，以三从舜于畎亩之中。舜于是乎始免执开耨锸，谒（？）而坐之子。尧南面，舜北面，舜于是乎始语尧天地人民之道。与之言政，悦简以行；与之言乐，悦和以长；与之言礼，悦敁（專）而不逆。尧乃悦。

尧从四岳那里进一步了解舜的情况之后，他决定试用和考验舜（"吾其试哉"）。据此来看，帝王禅让贤者，首先是一个推举和确定候选人的过程。只是，舜选择禹的传说，史书没有具体的记载。根据尧选拔舜的过程，四岳的一致推举是舜能够成为政治继承候选人的关键。①

---

① 有关部落长在部落联盟中的地位和作用，请参阅王汉昌《禅让制研究——兼论原始政治的一些问题》，载《北京大学学报》（哲学社会科学版）1987 年第 6 期。

按照《史记·五帝本纪》的记载，在舜被确定为政治继承候选人之后，尧对他进行了许多观察和试用，以证明他是否真的能够继承帝位。其中的两项考察非常特别，一是尧将他的两个女儿都许嫁给舜做妻子，以观察舜是否能够理家（"以观其内"）；二是尧使他的九个儿子与舜相处，以考察舜是否会理事（"以观其外"）。在这两项考察中，舜都赢得了尧的肯定。之后，尧对舜还有其他一些方面的考察和试用。第一，尧使舜掌管五典（裴骃《史记集解》载"郑玄曰：'五典，五教也。盖试以司徒之职。'"），他很好地履行了这方面的职责；第二，尧让舜总理整个国家的政务，尧管理得井然有序。舜还在明堂接待了来自四方的诸侯和远方的宾客，他们对舜都非常尊重；第三，尧让舜到山林川泽中去，舜在狂风暴雨之下仍然不迷失方向。① 传说以上这些考察历经了三年，这三年之后，尧确认舜的圣明，他召见舜，说："女谋事至而言可绩，三年矣。女登帝位。"《史记·五帝本纪》记载，舜辞让说他的德行不够。《尚书·尧典》记载，舜辞让于有德者而不接受。

经过复杂的考察，尧选定舜作为自己的继承人。《尚书·尧典》和《史记·五帝本纪》都记载，在正月上旬的吉日，尧在太庙举行了可能是确立舜为正式继承人的仪式，或说是"禅让"仪式，实际上可能不是。因为在尧逝世之前，舜是作为"摄政"代尧处理政事的。如果舜的摄政一直持续到尧逝世之前，那么在名义上尧仍然可能是帝王。《史记·五帝本纪》记载：

> 于是帝尧老，命舜摄行天子之政，以观天命。
>
> 尧立七十年而得舜，二十年而老，令舜摄行天子之政，荐之于天。尧辟位二十八年而崩。

---

① 《史记·五帝本纪》在另一处亦记载说："舜入于大麓，烈风雷雨不迷，尧乃知舜之足授天下。"

> 尧老，使舜摄行天子政，巡狩。舜得举用事二十年，而尧使摄政。摄政八年而尧崩。

根据后两段话的记载，尧在任用舜做事二十年之后，才使舜摄政。舜摄政八年，尧去世。这说明从舜被推举、选拔到试用，再到最后他成为名副其实的帝王，其间经过了很长的时间。《史记》的一处记载，说舜三十岁时被推举，他六十一岁时，尧逝世，他践帝位：

> 舜年二十以孝闻，年三十尧举之，年五十摄行天子事，年五十八尧崩，年六十一代舜践帝位。践帝位三十九年，南巡狩，崩于苍梧之野。

《史记》的另一处记载，说尧逝世后，舜并没有马上正式继位，先是经过了三年之丧，接着他又向尧的儿子谦让了一番。

从尧考察舜、试用舜，到将之确定为正式的政治继承者以及让舜摄政，前后经历了三十多年，这说明选贤、尊贤和禅让，是一件非常繁难的事情。《韩非子·说疑》篇和魏国史书《竹书纪年》记载说，舜是采取不正当的手段逼迫尧退位的，[①]除非我们能够推翻更早的《尚书》的记载，否则这种说法不足为凭。不过，可以想象，尧选贤用贤，可能会受到不同政治势力的阻挠。按照《韩非子·外储说右上》的记载，尧选拔平民的舜作为继承者，遭到了鲧和共工等的强烈反对：

> 尧欲传天下于舜。鲧谏曰："不祥哉！孰以天下而传之于匹夫

---

① 《韩非子·说疑》记载说："舜逼尧，禹逼舜，汤放桀，武王伐纣，此四王者，人臣弑其君者也，而天下誉之。"《竹书纪年》也有"舜囚尧于平阳，取之帝位""舜放尧于平阳"的记载。

乎？"尧不听，举兵而诛杀鲧于羽山之郊。共工又谏曰："孰以天下而传之于匹夫乎？"尧不听，又举兵而诛共工于幽州之都。于是天下莫敢言无传天下于舜。仲尼闻之曰："尧之知舜之贤，非其难者也。夫至乎诛谏者必传之舜，乃其难也。"

照《尚书·舜典》的记载，鲧、共工，还有驩兜都是被舜惩诛的。问题是舜为什么这么做，不能排除他们可能都是舜的"政敌"，对舜的施政构成了威胁。舜在当政之前，可能还没有权力直接处罚他们，照《史记》的记载，舜是请示了尧之后才那么做的。上面我们谈到，共工和鲧都曾被推举过为政治继承人，尧一开始无意选择他们，出于妥协，在拒绝了共工之后，尧答应试用鲧一下。尧最终选择舜作为政治继承者，在尊贤和尚贤的背后，可能真的遇到了驩兜、共工和鲧的反对和挑战。《五帝本纪》说：

> 驩兜进言共工，尧曰不可而试之工师，共工果淫僻。四岳举鲧治鸿水，尧以为不可，岳强请试之，试之而无功，故百姓不便。三苗在江淮、荆州数为乱。于是舜归而言于帝，请流共工于幽陵，以变北狄；放驩兜于崇山，以变南蛮；迁三苗于三危，以变西戎；殛鲧于羽山，以变东夷。四罪而天下咸服。

王玉哲注意到了"禅让"中存在的斗争，他将舜看成是"篡夺"。① 有趣的是，舜后来选择鲧的儿子禹作为继承人，这是舜尊贤而不避前嫌的见证。

东周时代随着西周贵族制和身份制的逐渐解体，儒家和墨家都主

---

① 参阅王玉哲《尧舜禹"禅让"与"篡夺"两种传说并存的新理解》，载《历史教学》1986年第1期。

张"尊贤""让贤",把有贤德的人选拔到政治岗位上,乃至于宣扬最高政治权力的"禅让",歌颂尧、舜尊贤禅让的政治美德,《唐虞之道》则是一个典型代表。但在庄子学派看来,"尚贤"恰恰是引起人们竞争和造成问题的根源,他们对尧舜的禅让作出了完全不同于儒、墨的评价。《庄子·庚桑楚》篇说:

> 吾语女:大乱之本,必生于尧、舜之间,其末存乎千世之后。千世之后,其必有人与人相食者也。

《庄子·徐无鬼》亦说:

> 夫尧知贤人之利天下也,而不知其贼天下也。夫唯外乎贤者知之矣。

三 政治继承与命运

政治转移和继承即使被制度化和规范化,有时也不免难以履行正常的程序而改变常规,哪怕是非常成熟的以世袭为基本模式的传统政治继承,何况没有制度化和规范化的继承,其变数和未知数就更多了。"王冠"只有一个,但有势力的竞争者和野心家就很多了。依据以上的讨论,尧、舜的"禅让",不是固定和稳定的制度化模式,这也就是为什么舜、禹在接受帝位时,仍然要向尧之子、舜之子示以谦让。不同于世袭和身份,以尊贤和尚德为政治继承的原则,虽然最能体现政治生活的"公共性"特征,但如果没有严格的选拔程序,所冒的政治风险也比较大。王国维指出:"古人非不知官天下之名美于家天下,立贤之利过于立嫡,人才之用优于资格"。① 但古人之所以选择立子、立嫡以任天,目的在于避免纷争。问题的根本在于政治继承是否制度化、规范化以及政治共同体对此认同的程度。"禅让"如果能够成为稳定性的制度和规范,并相应地确立了严格的程序,它不比世袭制更容易引起纷争,否则我们无法理解现代民主制为什么能够取代传统的世袭制而成为新的政治继承模式。事实上,正是由于"禅让"始终没有制度化和规范化,在古代中国史上,做得好的话,就产生了比较好的政治结果(如尧、舜、禹禅让带来了清明的政治),否则,可能会引起严重的政治混乱(如燕王哙对子之的禅让),或者以禅让为名,行篡夺之实(如魏代汉、晋代魏、唐代隋等)。秦始皇也想公天下,行禅让,因受到批评而打消了念头。但他没有正式确立继承人,为赵高弄权(伪造二世受命的遗嘱)留下了空间,这不能不说是秦帝国毁灭的原因之一。因此,没有制度化和规范化的"禅让",看起来虽然很合理,但在实际政治生活中,它却存在着不确定性、偶然性,那些真正的贤者是否能够进入政治生活,自然就变得不确定了。这就产生了《唐虞之道》所说的政治继承中的"时命"问题。

正如我们注意到的那样,《礼记·中庸》和郭店简《穷达以时》这两篇文献反映了儒家两种不同类型甚至是相反的"命运观",前者是指合理的、理性的命运,后者是指非合理的、非理性的命运。按照前者的命运观,具有贤德的人,在事业上就一定能够"通达",具体说就是一定能拥有社会政治地位并实现自己的政治抱负。儒家的这种命运观,可以称为道德因果必然性。如《中庸》说:

> 子曰:"舜其大孝也与!德为圣人,尊为天子,富有四海之内,宗庙飨之,子孙保之。故大德必得其位,必得其禄,必得其

---

① 王国维:《殷周制度论》,见《王国维文集》第四卷,第45页。

名,必得其寿。"

所谓"受命"就是得到天子之位("尊为天子"),得到厚禄、荣誉和长寿。以"大孝"之德而闻名的舜,被看成是这种道德因果必然性的例证。这样的命运,在儒家那里又是同正义性的"天"联系在一起的。儒家相信,"天"是正义和善的根源,它公正无私地佑助人间的有德者,就像《周书》所说的"皇天无亲,惟德是辅"(《左传·僖公五年》引)那样。孟子认为,尧不能将天下授与舜,授与天下给舜的是天。只是,天不是直接说出,而是用"行和事"表现它的意志,这实际上是说舜获得天子之位是"天命"。孟子对此作了具体的说明:

> 万章曰:"尧以天下与舜,有诸?"孟子曰:"否。天子不能以天下与人。""然则舜有天下也,孰与之?"曰:"天与之。""天与之者,谆谆然命之乎?"曰:"否。天不言,以行与事示之而已矣。"曰:"以行与事示之者,如之何?"曰:"天子能荐人于天,不能使天与之天下;诸侯能荐人于天子,不能使天子与之诸侯;大夫能荐人于诸侯,不能使诸侯与之大夫。昔者,尧荐舜于天,而天受之;暴之于民,而民受之。故曰:天不言,以行与事示之而已矣。"曰:"敢问荐之于天而天受之,暴之于民而民受之,如何?"曰:"使之主祭而百神享之,是天受之;使之主事而事治,百姓安之,是民受之也。天与之,人与之。故曰:天子不能以天下与人。舜相尧二十有八载,非人之所能为也,天也。尧崩,三年之丧毕,舜避尧之子于南河之南,天子诸侯朝觐者,不之尧之子而之舜;讼狱者,不之尧之子而之舜;讴歌者,不讴歌尧之子而讴歌舜。故曰:天也。夫然后之中国,践天子位焉。而居尧之宫,逼尧之子,是篡也,非天与也。《泰誓》曰:'天视自我民视,天听自我民听',此之谓也。"(《孟子·万章上》)

与这种道德因果必然性不同，儒家还有一种不同的命运观，即有德者在事业上不必是通达的，也可能却是穷困的，《穷达以时》就代表了这种命运观，它称为"时命"。所谓"有其人，无其世，虽贤弗行也矣。苟有其世，何难之有哉"，所谓"遇不遇，天也"，所谓"穷达以时"，其中所说的"世""天""时"，都是指"时运"。《忠信之道》说："不期而可遇者，天也。"按照《穷达以时》的看法，有"贤德"的人不必有其"位"。"贤德"不能决定自己的命运，决定自己命运的是遇不遇的"时运"。舜能够成为天子是他遇到了尧：

> 舜耕于历山，陶埏于河浒，遇尧也。

但舜之所以能够遇到尧，是他遇到了好的时运。如果舜只是有贤德而没有时运，他仍然不能够得到选拔。在孟子看来，尧和禹之子的贤与肖，都是人力所无法左右的天命决定的。普通百姓要有天下，不仅要具备舜和禹那样的贤德，还要有天子的推荐。孔子不能有天下，首先是缺少推荐人：

> 舜、禹、益相去久远，其子之贤不肖，皆天也，非人之所能为也。莫之为而为者，天也；莫之致而至者，命也。匹夫而有天下者，德必若舜、禹，而又有天子荐之者，故仲尼不有天下。(《孟子·万章上》)

孔子在周游中怀德不遇，还屡遭挫折，他就将之归结为"时运"不济。孔子还深有体会地认为，不遇的君子往往身处两难之境，有时连性命都保不住。敦煌残本隋李文博的《治道集》，其《愍诚臣第卅六》录《孔子家语》孔子的话说：

孔子论诗,至于正月之六章,惕焉而[惧]曰:彼不遇之君子,岂不殆哉!从上依世则废道,违上离俗则危身。时不兴善,己独由之,非妖则妄也。故贤者既不遇,又恐不终其命焉。桀杀龙逢,纣杀比干,皆是类也。①

按照以上儒家的第一种"命运观",有德的"舜"必然获得帝位,他的贤德就是他的命运的决定者,《论语·尧曰》所说的"历数"在他身上,也就是说他的贤德为他赢得了天命的肯定:

尧曰:咨,尔舜,天之历数在尔躬,允执其中。四海困穷,天禄永终。舜亦以命禹。

这里的"历数"指"天命"。按照儒家的第二种命运观,有贤德的舜要获得帝位,还需要"时命"的帮助,而这不是舜所能够决定的。《唐虞之道》的命运观,当属于第二种。按照作者的看法,即使出生在帝王之家也有贤德的尧,要成为天子都需要"命"和"时",那么作为平民百姓的舜要获得帝位就更需要"命"了。舜是一位"知命"的人,他身居简陋的住处也从不忧虑:

古者尧生为天子而有天下,圣以遇命,仁以逢时,未尝遇[命,虽]秉于大时,神明将从,天地佑之。纵仁圣可与,时弗可及矣。夫古者舜处于草茅之中而不忧,登为天子而不骄。处草茅之中而不忧,知命也;登为天子而不骄,不专也。

---

① 郝春文、赵贞编著:《敦煌社会历史文献释录第一编·英藏敦煌社会历史文献释录》第六卷,社会科学文献出版社 2009 年版,第 211 页。

《唐虞之道》建立在尚贤、尚德之上的"禅让",由于引入了"时命"的条件,又使得政治继承具有了某种神秘性。①如果舜出于对自己的自信,提前预见到他一定会受命,或者如《中庸》所说"大德者必受命",那么他接受的命就属于第一种道德因果必然的命了。而舜的"知命",当是《忠信之道》所说的"不期而可遇者,天也"的"命",而这种"命"则是一个人自己不可知、也不可左右的偶然性和不确定性的"命"。

四 禅让与退休和养生

按照古代中国的王权政治,帝王在位一般都是终身制,而没有现代自由民主政治之下的任期问题。古代中国帝王在位的时间,因他们自然生命的长短和其他因素的影响,彼此差别很大,这就意味着被确立为政治继承人的太子,并没有明确的接班时间表。在大部分情况下,什么时候接班取决于在位皇帝寿命的长短,但这是事先无法测定出来的。从理论上说,尊贤、尚德的"禅让",可以不受在位帝王自然寿命的限制,只要选拔出可以继承王权的真正贤者,在位帝王就可以将王权转移给他。传说,尧时的一些贤人和隐者,看破了红尘,甘愿过一种宁静的隐居生活,其中就有巢父和许由。尧曾让位于许由,但个人主义的许由不接受尧禅让。还传说,尧将天下让给子州支父,子州支父以他需要治疗他的"幽忧之病"而没有时间治天下为理由拒绝了。《吕氏春秋·贵生》记载:

> 尧以天下让于子州支父。子州支父对曰:"以我为天子犹可

---

① 参阅彭邦本《楚简〈唐虞之道〉初探》,武汉大学中国文化研究院编《郭店楚简国际学术研讨会论文集》,湖北人民出版社2000年版,第268页。

> 也。虽然,我适有幽忧之病,方将治之,未暇在天下也。"天下,重物也,而不以害其生,又况于它物乎?惟不以天下害其生者也,可以托天下。

这一类故事可能是道家为了塑造隐士的形象而想象出来的。正如我们上面所述,舜正式继承帝位是在尧逝世之后,这说明尧坐天下是终身制。《孟子·万章上》记载,孟子的弟子咸丘蒙请教孟子,"舜南面而立,尧帅诸侯北面而朝之"的说法是不是真的,孟子断然否定了这种传闻:

> 孟子曰:"否。此非君子之言,齐东野人之语也。尧老而舜摄也。《尧典》曰:'二十有八载,放勋乃徂落,百姓如丧考妣。三年,四海遏密八音。'孔子曰:'天无二日,民无二王。'舜既为天子矣,又帅天下诸侯以为尧三年丧,是二天子矣!"

同样,舜实行的也是终身制,禹是在舜逝世之后才继承帝位的。

跟这种历史记载和传说不同,《唐虞之道》传达了一种有点"任期制"和"退休制"的帝王政治:

> 古者圣人二十而冠,三十而有家,五十而治天下,七十而致政。

"致政"的意思是"交政",即退休(一般的任职退休称"致仕")。《礼记·明堂位》记载,周公在成王幼小时代成王执掌政权,成王长大后周公将政权交还给成王,其所说的"致政"意味着"还政":

> 武王崩,成王幼弱,周公践天子之位以治天下。六年,朝诸

侯于明堂,制礼作乐,颁度量而天下大服。七年,致政于成王。

《唐虞之道》说古代的圣人从五十岁开始"治天下",经过二十年后到七十岁时退休,这是认为,古代帝王有任期制,任期为二十年。其所据为何,我们不得而知,但可以称为"七十致政说"。在《管子·戒》篇中我们也看到了"七十致政说":

> 仁故不以天下为利,义故不以天下为名。仁故不代王,义故七十而致政。是故圣人上德而下功,尊道而贱物。道德当身,故不以物惑。是故身在草茅之中,而无慑意;南面听天下,而无骄色。如此而后可以为天下王。

照《戒》篇的说法,圣人信奉正义,他到了七十岁就交出政权。以上文献记载的"七十致政说",既指明了帝王任期的期限(二十年),也指明了帝王退休的年龄(七十岁)。① 按照《礼记·内则》的说法,人到了五十岁,他就步入了衰老期,到了七十岁他的体力就明显不支了。《礼记·曲礼上》列出了人一生不同的年龄阶段和相应的人生经过,认为人到了七十岁就是老人了:

> 人生十年曰幼,学;二十曰弱,冠;三十曰壮,有室;四十曰强,而仕;五十曰艾,服官政;六十曰耆,指使;七十曰老,而传;八十、九十曰耄,七年曰悼。悼与耄虽有罪,不加刑焉。百年曰期颐。大夫七十而致事。

---

① 这也适用于其他从政者。《礼记·内则》记载:"五十而爵,六十不亲学,七十致政。""二十而冠,……三十而有室……四十始仕……五十命为大夫,服官政。七十致事。"

人到了五十岁，就要开始注意养生了，到了七十岁就更应该养老了。帝王从五十岁开始执政，二十年后到了七十岁，此时交政退休，在古人看来，这是同人的自然寿命和体力相适应的。《唐虞之道》在"七十而致政"后接着说：

> 四肢倦惰，耳目聪明衰，禅天下而授贤，退而养其生。此以知其弗利也。

由以上所说可以看出，帝王之所以要七十岁退休，是因为他到七十岁就已经衰老了，已不适合继续居于帝位了。在这个时候，他禅让天下贤者，这不仅有利于天下，而且还可以"养其生"。真正懂得天下之政的人，是在恰当的时候禅让天下，同时又能够养好自己的身体：

> 顺乎肌肤血气之情，养性命之正，安命而弗夭，养生而弗伤，知[天下]之政者，能以天下禅矣。

由于《唐虞之道》的作者是在宣扬尧舜禅让的具体背景下说明圣人"七十而致政"的，所以他似乎认为尧、舜就是七十岁而退休的。但总体上说，《礼记·内则》《管子·戒》和《唐虞之道》等记载的古代圣人"七十而致政"的任期和退休，与其说是一般历史叙述，不如说是一种制度设计。按照上述的历史传说，尧、舜、禹实行的都是终身制。从这一点来看，《唐虞之道》又把尧、舜的禅让理想化了。《容成氏》记载说：

> 尧乃老，视不明，听不聪。尧有子九人，不以其子为后，见舜之贤也，而欲以为后。舜乃五让以天下之贤者，不得已，然后敢受之。

这里说的"尧乃老，视不明，听不聪"，按照七十而视为老的标准，其年岁当与《唐虞之道》一致。

不管如何，《唐虞之道》等佚文在将"禅让"同任期和退休结合在一起的时候，又在让贤的意义上附加了按期让位和退休的条件，从而使政治继承有了明确的时间表。按照《唐虞之道》的思路，帝王到了七十岁的年龄，身体自然衰老了，适应这种变化而退休，对他来说不仅意味着能够养生，而且还意味着他不专权自利。这里暗含着帝王即使到了七十岁，他主观上可能仍然不愿意放弃权力和退休。如果没有严格的任期和退休制度，执政者实际上是否退休，就变得不确定了。

对于帝王退休为他们养生带来的益处，一种传说认为，古代帝王都是身先士卒的最辛苦的劳动者。《庄子·在宥》说：

> 昔者黄帝始以仁义撄人之心，尧、舜于是乎股无胈，胫无毛，以养天下之形。

因此，帝王让位和退休，对他们来说就是从艰苦的工作中解放出来。《韩非子·五蠹》篇说：

> 尧之王天下也，茅茨不翦，采椽不斫；粝粢之食，藜藿之羹；冬日麑裘，夏日葛衣；虽监门之服养，不亏于此矣。禹之王天下也，身执耒臿以为民先，股无胈，胫不生毛，虽臣虏之苦，不苦于此矣。以是言之，夫古之让天下者，是去监门之养，而离臣虏之劳也，古传天下而不足多也。

照此说来，帝王"让天下"和"传天下"没有任何高尚的地方，反而是从为天下服务变成了为自己考虑了。与此相反的传说是，在位的帝王不再是体力劳动者，他们是清静无为的人——"恭己正南面"。荀子还将黄老学的"无为而治"变成了"安逸而治"。这样，帝王不仅不辛苦，反而是天底下最会享受也有条件享受的人了。他们不需要通过退休而养生，他们在位期间实际上一直就在养生。《荀子·正论》说：

> 天子者，势至重而形至佚，心至愉而志无所诎，而形不为劳，尊无上矣。衣被则服五采，杂间色，重文绣，加饰之以珠玉；食饮则重大牢而备珍怪，期臭味，曼而馈，代皋而食……持老养衰，犹有善于是者与不？老者，休也，休犹有安乐恬愉如是者乎？故曰：诸侯有老，天子无老。有擅国，无擅天下。古今一也。

这样，《唐虞之道》"七十致政"而养生的说法，在荀子那里自然就不成立了，也不能作为帝王退休的理由了。荀子是不主张帝王退休的，他主张帝王终身制。他认为帝王身体虽然老了，但他们的智能并无衰老，他们仍然可以执政到死去。"七十致政"指的就是帝王年老退休和禅让年龄，而荀子说"老而禅让"是虚言，也就是具体否定"七十致政说"。我们推测，"七十致政说"，可能是儒家或子学对君主任期的一种制度设想，至于执政者是否愿意按此去做，就另当别论了。

正如我们一开始就指出的那样，政治权力的转移是一个最敏感的时刻。在古代中国高层政治生活中，有不少大的冲突都是由王权转移引起的，虽然王权世袭已是基本的政治制度。与之相比，没有制度化和程序化的"禅让"，就更容易引起政治危机。在远古中国政治生活中，即使"禅让制"确实存在过，但其具体的政治实践，也伴随着其他复杂的因素并受其影响。《唐虞之道》等"尚贤的禅让"，更多的是一种政治理念，而不是具体的制度设计。

第十七章

《凡物流形》的"贵君""贵心"和"贵一"

上博简第七册《凡物流形》公布后,[①]学术界根据原整理者的释文,经过进一步的编连和对疑难文字的考辨,使后续的哲学思想研究有了更好的基础。整体观之,《凡物流形》是一篇思想性很强的哲学佚文,它主要由两方面的内容构成,一方面是有关自然哲学的;另一方面是有关政治哲学的。被辨识出来的"一"字是其核心概念,它既被看成是万物的生成者和自然现象的最高根据,又被视为政治统治者的最高原理。作为统治者最高原理的"一",在《凡物流形》中它跟另一个重要概念"心"紧密相联。《凡物流形》说:"百姓之所贵,唯君;君之所贵,唯心;心之所贵,唯一"。这段话提出了一个从"百姓"到"君"、从"君"到"心"、从"心"再到"一"的层层递进的如何统治的政治逻辑,颇有其新颖和独特之处,需要我们详加讨论。

[①] 《凡物流形》有两个本子(不同书手所抄),整理者名为甲本和乙本。甲本比较完整,共30支简,计合文、重文,不计缺文,共846字;乙本残缺较多,现存21支简,计合文、重文,共601字。原释文见马承源主编《上海博物馆藏战国楚竹书(七)》,第219—300页;以下简称"上博七释文"。另有复旦大学出土文献与古文字研究中心研究生读书会的《〈上博(七)·凡物流形〉重编释文》(见刘钊主编《出土文献与古文字研究》第三辑,复旦大学出版社2010年版,第274—283页;邬可晶执笔,以下简称"复旦读书会释文")和李锐的《〈凡物流形〉释文新编(稿)》(孔子2000网,2008年12月31日)。

一 "贵君":政治的目的与政治权威认同

《凡物流形》的"百姓之所贵,唯君"这种说法,不见于其他已知文献。这个说法的意思是,"百姓"所推重的只是"君主",我们简称为"贵君说"。"贵"字照《说文》的解释,原指物品价高(《玉篇》释"贵"为"多价"),引申为重、尚、尊等意思。张岱年先生说,"贵"字引申为指"性质优越的事物",相当于现在所说的"价值"。①在先秦文献中,"贵"字主要有三种用法:一是指物品的价高和贵重;二是指"爵位高"和"尊贵";三是指"重视""崇尚"和"尊重"。《凡物流形》说的百姓之"所贵"的"贵",用作动词,意思是"推重"或"重视"。"所贵"是名词性词组。"百姓之所贵,唯君",大意是说百姓所推重的人只是君主。这种说法,乍看上去,有把君主的地位和权威绝对化的倾向。我们如何看待这一点呢?它同已有的政治思维有什么关联呢?

在先秦诸子学的政治思维中,统治者与被统治者的关系,一般是以"圣王""君"跟"百姓"和"民"的相对关系来说明的。如何看待并处理好这两者之间的关系,被认为是建立合理政治生活和秩序的基点。儒家以"百姓"和"民"为政治根本的"民惟邦本,本固邦宁"(《尚书·五子之歌》)的思想,自不待言。②《韩诗外传》卷四记载说:

齐桓公问于管仲曰:"王者何贵?"曰:"贵天。"桓公仰而视

---

① 参阅张岱年《中国古典哲学的价值观》,见张岱年《文化与哲学》,教育科学出版社 1988 年版,第 182 页。

② 有关中国的"民本"思想,请参阅金耀基《中国民本思想史》,法律出版社 2008 年版,第 23—97 页。

天。管仲曰:"所谓天,非苍莽之天也。王者以百姓为天,百姓与之则安,辅之则强,非之则危,倍之则亡。"《诗》曰:"民之无良,相怨一方。"民皆居一方而怨其上,不亡者未之有也。

按照管仲的看法,统治者要"尊贵"的是"民",而不是相反,"民"要尊贵"君主"。孟子提出的"民为贵,社稷次之,君为轻"(《孟子·尽心下》)这一著名论断,更将被统治者的"民"看成是尊贵性的存在,反而将爵位和地位最高的统治者视之为轻微性的存在,这是大家都熟知的。在战国时代,随着"士"在社会政治生活中影响的扩大和加深,"士"的自我独立和尊严意识相应地也增强了。儒家的"以德抗势""以德抗位"引人注目,甚至出现了像颜斶那样的不屈尊于权势的人物。颜斶的例子非常有象征意义,他在齐宣王及其幕僚面前,直率地提出了士尊贵("士贵")、王不尊贵("王者不贵")的新价值观,向"王贵"的价值观挑战。颜斶的说法和做法当然引起了齐宣王及其幕僚的强烈不满。但颜斶的一番论辩说服了宣王,最后宣王向他道歉,并高度礼遇他。[①] 按照"民本""民贵"和"士贵"的立场和价值观来衡量,说"百姓所尊崇的人只是君主",即便不能说就是"唯君为上""唯君为尊",但确实是将政治思考的出发点从"百姓"移到了"君主"身上,把君主对民意的接受和尊重,转变为百姓对政治权威及其意志的认同。

如果说政治的目的最终是为了公众的利益,君主接受"民意"和"以民为本""以民为贵"具有一定的政治目的性意义,为了实现这一目的而把百姓认同君主的权威、建立政治秩序看作是手段,那么"民本"和"民贵"就同"贵君"可能不直接发生矛盾。在古代思想

---

① 参阅《齐宣王见颜斶》,见刘向集录的《战国策》(上册)卷十一,上海古籍出版社 1985 年版,第 407—413 页。

中，由"天下非一人之天下，乃天下之天下也"(《六韬》)和"天下为公"(《礼记·礼运》)等说法表现出的"公天下"思想，① 由"天之生民，非为君也；天之立君，以为民也"(《荀子·大略》)等表现出的民为目的的思想，乃至还有往往被误解为"纯粹"是为君主专制服务的法家商鞅、韩非实际上也认为法律最终是为了"爱民"和"利民"。②这些政治公共性的立场，能够使"民本""民贵"不被狭隘化为政治工具性的意义，也同"君权神圣说"和"王权至上论"迥异。在古代实际政治生活中，虽然手段容易被异化为目的；虽然不被"有效"约束的君主容易滥用公开权力，违背公共性的角色，"公共"的天下有时也会变成黄宗羲所说的"一家"之"私有"。但作为一般性的原则，政治的目的离不开政治的手段。因此，君主体制以及由此而建立的政治秩序、权威，也是需要认同和接受的。在诸子学中，除了个别的"无君论"(无政府主义)外，③ 大都在这种意义上主张"君主"的尊贵和权威。《左传·昭公元年》记载子产的话说："畏君之威，听其政，尊其贵，事其长，养其亲，五者所以为国也。"这句话强调的是下对上、子对父母的义务，其中的"畏君之威，听其政，尊其贵"，说的是臣民对君主权威、政令和尊贵地位的认同和敬重。儒家一般是通过"礼义"来为君主的地位和权威赋予正当性。《左传·宣公十二年》说：

贵有常尊，贱有等威，礼不逆矣。

---

① 《吕氏春秋·贵公》亦说："天下非一人之天下也，天下之天下也。"
② 如《商君书·更法》说："法者，所以爱民也，礼者，所以便事也。是以圣人苟可以强国，不法其故；苟可以利民，不循其礼。"《韩非子·心度》也说："圣人之治民，度于本，不从其欲，期于利民而已。故其与之刑，非所以恶民，爱之本也。"《黄帝四经》表现出的"爱民说"，见之于《黄帝四经·十六经·立命》："吾畏天爱地亲民。"也见之于《十六经·观》："优未爱民，与天同道。"
③ 有关古代的"无君论"，参阅笔者的《视域变化中的中国人文与思想世界》，第223—224页。

在君臣相互尊重的意义上，孟子提倡"贵上尊贤"（同"君为轻"应该不矛盾）：

> 用下敬上，谓之贵贵；用上敬下，谓之尊贤。贵贵尊贤，其义一也。（《孟子·万章下》）

荀子在更广泛的秩序中，认为承认和拥护统治者的"尊贵"地位是合乎正义的：

> 贵贵、尊尊、贤贤、老老、长长，义之伦也。（《荀子·大略》）

《墨子》的"尚同"，主张天下百姓向上层层认同，最后统一认同到最高的统治者"天子"，这种对政治权威的维护看起来是很绝对的，难免受到批评，但我们不能忘记的是，墨子的"天子"也不是自本自足的，他必须能够体现"天志"才有自己的合法性，而墨子的"天志"也是同民意相一致的。

《凡物流形》没有为"贵君说"提出具体的说明，他只是笼统地提出了"百姓之所贵，唯君"的论断。仅就这个论断以及它使用的"唯"字来看，它使百姓所尊贵的对象限于"君主"，虽然有把君主的意义绝对化的嫌疑，但实际上并非如此。从它在其他地方所说的君主"一言而万民之利"的"利民"和君主以"一""迩之施人"的"惠民"来看，应该说，它同样也是认为，政治是为了公众的利益。在《凡物流形》中，我们还看到这样的说法："吾欲得百姓之和，吾奚事之？"这里的"吾"字，同《老子》中的一些用法相同，是以统治者"圣王"和"君王"的角度而自称的"吾"。《凡物流形》的作者是以"治者"的立场自设问题，说我要得到百姓的拥护，我首先应该去事奉百姓。

"和"是相应、响应,即拥护。《大戴礼记·曾子立事》篇说:"人言不信不和。"按照《凡物流形》的说法,君主从事政治,要得到人民的拥护,他就需要考虑如何去事奉百姓,如何去为百姓谋取福利。从这里出发去看"贵君说","君"之所以可尊可贵,又是建立在其统治的正当性基础之上。在"百姓之所贵,唯君"这一句之后,《凡物流形》说的是君主如何统治的问题,这能够进一步证明"贵君说",不是为了君主本身。

二 "贵心":统治的内在根据

上面谈到,为了实现政治的目的,"百姓"需要认同作为手段的"君主"的权威和意志("贵君")。百姓认同君主的权威,君主当然就有责任和义务最大限度地满足百姓的期望。换言之,政治思维一旦从百姓身上转移到君主身上,君主如何进行有效的统治就成为问题的关键。"君人南面之术"或"统治术",指的就是君主如何统治的方法。按照胡适对《淮南子·要略》的概括,子学皆是"起于救世之弊,应时而兴"。① 其"救世"和"应时"的学说,在很大程度上是教导和规劝统治者如何有效地治理国家和天下。我们通常说的儒家的德治、道家的无为之治、法家的法治等,就是其中几种最显著的统治术。就《凡物流形》本身而论,它提出的统治术非常简略,只是原则性的东西:

君之所贵,唯心;心之所贵,唯一。

这里的看法包括了两层,第一层是"贵心";第二层是"贵一"。我们先讨论第一层的"贵心"。

---

① 胡适:《诸子不出于王官论》,见《胡适学术文集·中国哲学史(上)》,第592页。

第十七章 《凡物流形》的"贵君""贵心"和"贵一"

一般而论，统治就是履行政治决断的一系列客观上的政治行动。然而，《凡物流形》说的"君之所贵，唯心"，不是教导君主应该做出什么样的政治行为，而是认为君主唯一要关注的首先是自己的"内心"。"心"是指人自身内在的精神活动和意识，是相对于外部客体（被统治者）的主体（统治者）性东西。认为统治者首先唯一要关注的是统治者自身的主体，这又将统治的中心从外在的客观行为转移到了内在主体上。就此而言，统治者如何统治的问题，《凡物流形》的第一个回答是关注自己的内心。为什么作为政治人格的君主首先要关注的是自己的内心呢？《凡物流形》说：

> 心不胜心，大乱乃作。

按照这个说法，君主如果不能用"心"去约束、控制自己的"心"，就会产生严重的政治后果——"大乱"。《尸子·贵言》说：

> 然则令于天下而行，禁焉而止者，心也。故曰：心者，身之君也。天子以天下受令于心，心不当则天下祸。

这是《凡物流形》"心不胜心"的一个很好的注脚。"心不胜心"的两个"心"字，意思不同。① 在东周子学中，"心"主要是在四种意义上被使用的：一是指不同于五官的一种能思虑的器官；二是指人认知性的思维活动和意识；三是指后天合理的、好的或不合理的、不好的意识和意志；② 四是指先天具有的善良的道德本性。《凡物流形》的第

---

① 相比之下，《五行》篇"经"和"说"的"心"，只是指能对其他感官起主导作用（"君"）的道德之"心"。

② 刘节区分"心"为形气、生理之心与形上和道德之心。参阅刘节《〈管子〉中所见之宋钘一派学说》，见曾宪礼编《刘节文集》，中山大学出版社2004年版，第207页。

一个"心"字,是指合理的、善良的意识和意志;与之不同,第二个"心"字,是指不合理、不善良的意识和意志。分"心"为"二"的做法,即使主张心性善的孟子也有。在孟子看来,心能"放其心"、失其"本心"(这是荀子批评孟子"性善论"的根据之一),也能够"求其放心""尽心"。①《管子·内业》篇更是对"心"作了明确的区分:

> 心以藏心,心之中又有心焉。

李锐和曹峰都指出了《凡物流形》的"心"同《管子》四篇之"心"的可比性。②"心以藏心,心之中又有心",陈鼓应解释为,心之官的"心",还蕴藏着更具有根源性的"本心"。他认为,第一个"心"是指官能的"心";第二个"心"是指根源性的"心"。③如果说第一个"心"是指心之官的"心",是心之活动的载体,那么第二个"心"应是指活动之"心",指"心"之"用"。《管子·心术上》说:

> "心之在体,君之位也。九窍之有职,官之分也。"耳目者,视听之官也,心而无与于视听之事,则官得守其分矣。夫心有欲者,物过而目不见,声至而耳不闻也。故曰:"上离其道,下失其事。"故曰:心术者,无为而制窍者也。故曰:君。

---

① 柏拉图对"灵魂"的一个说法,对此是一个很好的注释。他说:"人的灵魂里面有一个较好的部分和一个较坏的部分,而所谓'自己的主人'就是说较坏的部分受天性较好的部分控制。"(〔古希腊〕柏拉图:《理想国》,郭斌和、张竹明译,商务印书馆1994年版,第50页)

② 参阅李锐《〈凡物流形〉释读札记》(孔子2000网,2008年12月31日)和曹峰《〈凡物流形〉"心不胜心"章疏证》(见曹峰《近年出土黄老思想文献研究》)。

③ 参阅陈鼓应《管子四篇诠释——稷下道家代表作解析》,商务印书馆2006年版,第113页。

"心之在体"的"体",指身体;"心"居于"君"之位,是说"心"居于身体的显要位置。居于"君之位"的"心",对其他感官的感性活动视听不妄加干涉,视听之官就能守其分。但如果心有不正当的欲望,视听就不能正常发挥自己的作用。《心术上》说的通过心术而形成的"无为而制窍"的"心",实际上是指具有指导性的"正心",指心体所藏之"心"。《心术下》又说:

> 心之中又有心。意以先言,意然后形,形然后思,思然后知。

《内业》也说:

> 凡心之刑,自充自盈,自生自成。
> 彼心之心,意以先言。意然后形,形然后言。言然后使,使然后治。

在《管子》四篇看来,感官和外物能够"乱心",使心不得安宁。《内业》说的"其所以失之,必以忧乐喜怒欲利"和《心术下》说的"岂无利事哉?我无利心;岂无安处哉?我无安心",其中的"心"都是不合理的"心"。因此,撇开"心"之官的"心",作为活动及其结果的"心",《管子》四篇实际上也是分"心"为二——"善良之心""正心"与"不善之心""不正之心"。《凡物流形》没有具体说不善之心、不正之心是什么。

在《凡物流形》中,"心不胜心"导致的是"大乱"。依此推论,"心如能胜心",即能走向"大治"。但《凡物流形》不是这样推论的,它的推论是:

> 心如能胜心,是谓少彻。

"心如能胜心",就是用合理的心去战胜不合理的心,《凡物流形》称为"少彻"。子夏用喜好道德价值的正义之心,战胜喜好富贵的荣华之心这一故事,能很恰当地说明《凡物流形》的"心胜心"的意思。子夏战胜自我产生的变化是身体上的发福("肥"),《凡物流形》认为心灵转化达到的境界是"少彻"。它进一步追问和解释说:

奚谓少彻?人白为识。奚以知其白,终身自若。

"少"原整理者读为"小",曹峰疑不必读为"小",可直接读为"少",①认为"少彻"的"彻"可解释为通达、彻悟。在《庄子》中,"彻"意为通达、灵通、悟的意思。《外物》篇说:"目彻为明,耳彻为聪,鼻彻为颤,口彻为甘,心彻为知,知彻为德。"如果将"少"理解为"多少"的"少",就是说略有通晓,这恐怕不合乎文意。下文还有原整理者读为"小成"的术语。依上例,"小成"的"小",也当读为"少成"。这两个"少"字意思应当一致,但不必拘泥于"多少"的少。"少"有"要"的意思,《荀子·修身》说:"少而理曰治。"《管子·任法》说的"圣君则不然,守道要,处佚乐",强调"守道要"。因此,"少彻"就可解释为"要彻",即对根本、简要的彻悟,这实际上就是我们后面要讨论的对"一"的彻悟。《尸子·分》说:

明王之治民也,事少而功立,身逸而国治,言寡而令行。事少而功多,守要也;身逸而国治,用贤也;言寡而令行,正名也。

"彻悟"的直接境界是保持"心灵的纯洁",《凡物流形》称为"白"。但这种纯洁不是一时性的,而是要"终身自若"。《管子·白心》篇说

---

① 参阅曹峰《〈凡物流形〉"心不胜心"章疏证》。

的"白",作为动词,也是说让心灵达到纯洁和洁白境界,它同《心术上》说的"洁其宫""虚其欲"意思一致。《管子》四篇特别注重心对感官的约束和主导作用:

无以物乱官,毋以官乱心,此之谓内德。是故意气定,然后反正。(《心术下》)

形不正,德不来;中不静,心不治。……中守不忒,不以物乱官,不以官乱心,是谓中得。有神自在身,一往一来,莫之能思。失之必乱,得之必治。敬除其舍,精将自来。精想思之,宁念治之,严容畏敬,精将至定。得之而勿舍,耳目不淫。心无他图,正心在中,万物得度。(《内业》)

对于通过"心"的修炼而达到超越性的境界,《管子·内业》说:

能去忧乐喜怒欲利,心乃反济。彼心之情,利安以宁,勿烦勿乱,和乃自成。

心能执静,道将自定。

现在我们就知道为什么作为统治者的君主首先要关注的是自己的"心"了。《管子》四篇、《凡物流形》都是把宁静和纯洁的心境看成是政治的出发点。如果说好的动机是产生好的效果的前提,那么君主纯洁和高尚的心志,就会产生出好的政治行动。儒家的政治人格是"内圣外王",《管子》和《凡物流形》与儒家具有类似的思维方式。在《管子》四篇的作者看来,君主只要"心正""心安""心治",国家和天下自然就能安定和太平。《心术下》说:

心安,是国安也。心治,是国治也。治也者心也,安也者心也。治心在于中，治言出于口，治事加于民，故功作而民从，则百姓治矣。①

《内业》也说：

气意得而天下服，心意定而天下听。

政治统治最终要落实在政治实践上，指导君主政治实践的是政治的根本原理和方法。说一个人心灵纯洁和宁静，不是说他心灵一片空白和无所事事，它只是意味着心灵能够排除不合理的东西对心灵的干扰和影响，而只保持合理的东西。对于统治者来说，原理和原则性的东西就是走向好的统治必须掌握和运用的根本性的东西。在《凡物流形》那里，这是什么呢？它不是儒家式的政治性伦理，而是至高无上的统一性的"一"。

三 "贵一"：政治主体的客观化

根据我们上面的讨论，君主关注"心"是对"心灵"进行修炼，"终身"保持心灵的纯洁（"白"）。这种纯洁，在《凡物流形》那里具体是指"能寡言"和使自己"专一"（"一吾"）：

能寡言乎，能一乎，夫此之谓少成。②

---

① 《内业》篇也说："我心治，官乃治；我心安，官乃安。治之者心也，安之者心也。"

② 这段文字中的"能寡言，吾能一"（第十八简），原整理者释文为"能顾言，吾能貌"，并同第十九简连接"之，故……"。但实际上当接第二十八简，其释文亦非"呜乎！此之谓小成？"（参阅上博七释文，第256、270页）

按照《管子》四篇的看法，心灵的纯洁（即心灵的无私念和无纷扰），也是保持"专一"。《管子·内业》和《管子·心术下》有"能专乎，能一乎"的说法。对《凡物流形》中的"能寡言，吾能一吾"的读法，李锐和曹峰读为"能寡言乎？能一乎"，认为《管子》的说法与此是一个很好的对比。① 只是，其中的"乎"字，应是作语气词"也"用。一般把《管子·心术下》的"能专乎，能一乎……"的"乎"字后面加上"疑问号"。这样的话，整个句子的意思令人费解，因为后面用的是"故曰"，整个句子是陈述和肯定语气。如果"乎"用作"也"，意思就通顺了，因此《管子·心术下》的这段话应这样句读："专于意，一于心，耳目端，知远之证，能专乎，能一乎，能毋卜筮知凶吉乎，能止乎，能已乎，能毋问于人，而自得之于己乎。故曰，思之，思之不得，鬼神教之。非鬼神之力也，其精气之极也。"《凡物流形》的"乎"字同样，即"能寡言乎，能一乎，夫此之谓少成"。这样，《凡物流形》这段话的内容同《管子·内业》和《心术下》的内容就完全可比，两者都主张心灵的"专心"和"专一"。

我们做的事情不同，我们专一的对象也不同。一般作为人生重要目标的"专一"，是指对一项技艺的坚持苦练和对一项事业的不懈追求。金岳霖说："理性意味着运用充分的工具去达到预期的目的，而避免与此目的无关的其他任何事情。如果一个人是理性的，那么他就会做某些事情，而不做其他的事情。"②《凡物流形》和《管子》四篇"专注""专心"的对象，不是技艺，也不是一项一般性的具体事业。在《管子》四篇那里，君主专注的是"道"和"一"。君主保持纯洁的心灵，同时就是让"道"和"一"与自己合而为一。在《凡物流形》那里，君主唯一要关注的"心"并不是最终性的，"心"本身仍有唯一要

---

① 参阅李锐《〈凡物流形〉释读札记》、曹峰《〈凡物流形〉"心不胜心"章疏证》。
② 金岳霖：《道、自然与人》，第121页。

关注的东西,这就是"一"。《凡物流形》说:

　　心之所贵,唯一。

"一"这个字,原整理者释为"貌",沈培隶为"鼠-",读为"一"。① 在《凡物流形》中,"一"既是指万物生成的根源、统一的基础,又是指君主统治的政治原理。君主内心唯一关注"一",《凡物流形》称为"执一"和"得一"。"执一"的"执",原整理者隶为"戠",读为"识"。李锐赞成读为"识",复旦读书会释文疑读为"守"或"执"。② 这个字多次出现在《凡物流形》中,同"道"和"一"有密切关系,主要用为"戠一"(有三例)、"戠道"(有两例)和"得一"(有两例)。我倾向于读为"执"。在郭店竹简本《老子》中,"执""守"和"识"三个字写法不同。在《凡物流形》中,"戠"这个字的写法,同郭店简的"执"字写法也有别。我提出此字应读为"执",主要是依据道家文本多有"执道""执一"的用法,尚未见"识一"的用例。杨泽生将此字隶定为"戠",读为"执",并从文字和思想上进行了具体的论证。③ 在道家哲学中,自从老子将"一"哲学化之后,在庄子之学和黄老学中,"一"都是一个重要的概念,特别是黄老学以"一"为统治的最高原则,认为君主只要能够"执一""守一""得一",就能够达到理想的统治。《管子·心术下》说:

　　募选者,所以等事也;极变者,所以应物也。募选而不乱,

---

①　参阅沈培《略说〈上博(七)〉新见的"一"字》,复旦大学古文字网,2008年12月31日。
②　参阅复旦读书会释文。
③　笔者在附录四《〈凡物流形〉重编新知》的"释文"中读为"执",没有具体说明。参阅杨泽生《说〈凡物流形〉从"少"的两个字》。

第十七章 《凡物流形》的"贵君""贵心"和"贵一" | 131

极变而不烦。执一之君子,执一而不失,能君万物。

与此类似,《凡物流形》以"一"为君主统治的最高原则,也认为掌握了这一原则天下就能够得到治理:

> 得一[而]图之,如并天下而助之,① 得一而思之,若并天下而治之。② [此]一以为天地稽。③

在《凡物流形》那里,"一"仿佛就是法宝,君主有了"一",天下一切都可以有;君主能够"执一",所有的东西都不会丧失。否则,所有的东西都会失去,天下将一无所有:

> 是故有一,天下无不有;无一,天下亦无一有。闻之曰:能执一,则百物不失;如不能执一,则百物具失。如欲执一,仰而视之,俯而察之。毋远求,度于身稽之。④

君主如何"执一",《凡物流形》提出两点:一是"俯察和仰视";二是

---

① "助"原整理者读为"担",训为"取"(参阅上博七释文,第255页),复旦读书会因之(参阅复旦读书会释文)。李锐读为"助"(参阅李锐《〈凡物流形〉释文新编(稿)》),今从之。

② "治",原整理者读为"诀",通"决",决断、判断(参阅上博七释文,第256页)。复旦读书会读为"治"(参阅复旦读书会释文),今从之。

③ "稽"原整理者读为"旨",解为主张、用意(参阅上博七释文,第256页);复旦读书会亦读为"旨"(参阅复旦读书会释文)。李锐读为"稽"(参阅李锐《〈凡物流形〉释文新编(稿)》),今从之。"稽"意思为汇合、汇总。《韩非子·解老》说:"道者,万物之所然也,万理之所稽也。……道尽稽万物之理。"

④ 《管子·内业》说的是"道",与《凡物流形》所说的"一"的作用异名同谓:"道也者,口之所不能言也,目之所不能视也,耳之所不能听也;所以修心而正形也;人之所失以死,所得以生也;事之所失以败,所得以成也。"(赵守正:《管子注译》下册,广西人民出版社1987年版,第77页)

不舍近求远，以自身为量度。仰视和俯察一般是通过对天地的观察和认识，以掌握天地万物的本性。从自身来衡量，意为以己心度天下人之心。君主为了"执一"，他就要掌握天地万物的本性和人心的共同趋向。在老子看来，一个高明的人，不走出自己的家门，就能够知道天下之事；不窥察窗户，就可以认识天道。《老子》第四十七章说："是以圣人不行而知，不见而明，不为而成"。尸子认为这是反求于己以求于天下。《尸子·处道》说："仲尼曰：得之身者得之民，失之身者失之民。不出于户而知天下，不下其堂而治四方，知反之于者也。以是观之，治己则人治矣。"在《凡物流形》那里，圣人反求于己，是为了"执一""执道"。只要"执一"和"执道"，他就会有非常高明的智慧：

闻之曰：执道，坐不下席。端冕，箸不与事，^①之〈先〉知四海，至听千里，达见百里。是故圣人处于其所，邦家之危安存亡，贼盗之作，可之〈先〉知。
握之不盈，敷之无所容，^②大之以知天下，小之以治邦。

上文"箸不与事"之"箸"，原整理者读为"书"，并从上句，复旦读书会读为"书"，从下句。读为"书"，意思令人费解。"箸不与事"承上文"端冕"。作为统治者形象的"端冕"，同所说的"垂拱""恭（拱）己正南面"类似，是"清静无为"之意，^③亦当从这个角度来释读"箸"字。读为"图"，意思虽同所说的"坐而思之，谋于千里；起而用之，陈于四海"一致，也同文中的"得一而图之"相应，

---

① 参阅上博七释文（第253—254页）、复旦读书会释文。
② "敷"，原整理者解释为"分别""区分"（参阅上博七释文，第271页）。当解释为"布陈"。"容"，原整理者读为"均"，解为均允、公平（参阅同上），复旦读书会疑读为"容"（参阅复旦读书会释文）。"容"意为"容纳"，读为"容"，于义为长。
③ 有关这一方面请参阅笔者的《老子治道历史探源——以"垂拱之治"与"无为而治"的关联为中心》，载《中国哲学史》2002年第3期。

但此一"图"字写作"𢔹"。曹峰读"著",通"佇",意思是"久立不动"。① 但"久立不动",同上文所说的"坐不下席""端冕"形象相左。古人是席地而坐,帝王召见臣僚也是如此,"久立"与此不符,恐非文意。"箸"通"著",有"显明""显著"之意。"著不与事",也许是说君主地位虽显赫,但他不谋划具体事宜。究竟如何,尚待进一步讨论。

在《凡物流形》看来,圣人掌握了"道",不出门就能够知、听、观遥远之处,这同它所说的"执一"和"得一"达到的境界是一致的:

[一]得而解之,上宾于天,② 下播于渊。③ 坐而思之,谋于千里;起而用之,陈于四海。

无[目]而知名,无耳而闻声。

认为"一"具有贯通天地的普遍性,君主只要"执一""得一",就会有超越的境界,这在黄老学中是一般性看法。照《黄帝四经·十六经·成法》的说法,"一"可以"上捡之天,下施之四海""一之解,察于天地;一之理,施于四海"。天地、四海是万物中之巨大者,"一"既然对它们都普遍有效,对于其他众物自然就更不用说了。与《经法》类似的说法,也见之《管子·心术上》:"是故圣人一言解之。上察于天,下察于地。"《淮南子·原道训》的说法,更是同《十六经·成法》

---

① 参阅曹峰《〈凡物流形〉两处编联的文献验证》,见曹峰《近年出土黄老思想文献研究》。

② "宾",原整理者读为"视"(参阅上博七释文,第251—252页),复旦读书会读为"宾"(参阅复旦读书会释文)。如读"宾",此句意思恐不是通过"一"而"宾服天",而是使天"宾服"。

③ "下",原整理者从上句,复旦读书会从下句。"播",原整理者读为"审",解为"详究""知悉"(参阅上博七释文,第251—252页)。复旦读书会读为"播"(参阅复旦读书会释文),可从。"渊",原整理者读为"国"(参阅上博七释文,第251—252页),复旦读书会读为"渊"(参阅复旦读书会释文),可从。

如出一辙："是故一之理，施四海；一之解，际天地。"

在《凡物流形》中，"一"被看成是生成万物的根源和万物统一性的根据，但除此之外，"一"作为"治道"为什么也是普遍有效的，它没有直接说明。按照黄老学的看法，"一"相对的是"多"，"一"是"多"的统一，"多"统一于"一"。统治与被统治者的关系也是"一"与"多"的关系。在黄老学中，这个能够统一"多"的"一"，具体是指"法律"规范。统治者"执一""守一"说到底就是执守既普遍又统一的"法律"尺度。在《凡物流形》中，"一"还是非常抽象的，它还没有将之具体化为普遍、统一的"法律"。从《凡物流形》强调"执一""得一""执道"来说，它同黄老学是非常类似的；但从它还没有将"一"同法律规范联系起来上说，它同已知的黄老学又有区别。由此来判断，《凡物流形》这一作品本身及其政治思想也许是处在黄老学发展的早期阶段。

第十八章

黄老学的法哲学原理、公共性和法律共同体理想

——为什么是"道"和"法"的统治

按照《史记·论六家要旨》和《汉书·艺文志·诸子略》的概括，道家整体上是一种政治哲学或统治术（"君人南面之术"），①这与现代人把道家归于隐者并从追求个人性情的满足来理解的倾向有很大悬殊。②整体上说，作为合治国与治身为一体的老子哲学，后来主要是沿着两个不同的方向展开的，一个是以庄子为代表的注重个人生命、心灵自由和超脱的庄学"个人化"方向；与此相对的另一个则是以《管子》、彭蒙、田骈、慎到和新出土的《黄帝四经》、上博简（第五册）《三德》等为代表的注重社会政治生活的黄老学"政治化"方向。如果把融入了老子观念的韩非等道法家也列入更广意义的黄老学之中，那么黄老

---

① 也有像张舜徽那样更从整体上把周秦"道论"都看成是一种统治和治国的理论和学说。参阅《周秦道论发微》，中华书局1982年版。另，蒙文通《略论黄老学》（见《先秦诸子与理学》，广西师范大学出版社2006年版），从"治术"上讨论了黄老之学的内涵。但他把黄老学与老子割裂开，特别是一味地贬低老庄、赞颂黄老，殊不可取。

② 如王国维、林语堂、冯友兰等，大都持如此类似的看法和说法。参阅王国维《屈子文学之精神》（见《王国维文集》第一卷，中国文史出版社1997年版）、《孔子之学说》（见同上书第三卷）；林语堂《吾国与吾民》（宝文堂书店1988年版，第105—112页）和冯友兰《原名法阴阳道德》。（见《三松堂全集》第十一卷，河南人民出版社2000年版）

学的政治哲学的范围就更加宽广了。①大概由于战国中后期黄老之学在南北两地的兴盛特别是到了汉初又受到上层有意识的提倡和运用，道家哲学的整体形象自然就容易在黄老学的主旨之下被塑造；②由于儒家后来成为支配性的意识形态，道家成为在野派，与之结合而形成的道教关心得更多的是个人的生命和不死的信仰，庄子又常常成为中国士阶层的精神家园，在这种情况下，现代学人侧重于从"个人化"方面认识和看待道家也就没有什么奇怪了。随着作为黄老学重要著作《黄帝四经》（亦被称为《黄帝书》）等的出土及研究，随着对战国中后期子学既竞争又融合这种趋势的研究，特别是对稷下学的研究，学术界对作为道家演变的一个新生形态黄老学的认识和理解明显加深和扩大了。③从学术和思想来源说，黄老学是子学之间互相结合和融合的产物，④从理论形态和学说的核心来说，它是一种政治哲学，更具体地说是一种以法律为中心的法哲学。它是由一些彼此密切相联的问题、观念构成的法哲学原理和体系，它甚至还试图通过法律的统治建立一种

---

① 《庄子·天下》篇讲述的体现"古之道术"的其中三派：彭蒙、田骈、慎到一派；关尹、老聃一派；庄周一派，基本上包括了先秦道家两种倾向的人物和学说。

② 作为秦和汉初黄老综合哲学的《吕氏春秋》和《淮南子》，实际上也是集治国与治身于一体的。顺便强调一下，帛本《老子》与通行本上下篇顺序不一样。帛本《德》篇在前，《道》篇在后，与韩非的《解老》和《喻老》、严遵的《老子指归》顺序一致；但河上本、王弼本和傅奕本与此相反。张岱年先生认为，可能在汉初就有两种不同的传本。何以如此，可能是反映了重视"治道"还是"治术"的差别。但也有与此完全相反的所谓"保生全身"之义，无视政治社会，而以个人的身心性命为中心。

③ 有关黄老学的通论性研究，请参阅吴光《黄老之学通论》、余明光《黄帝四经与黄老思想》（黑龙江人民出版社1989年版）、陈丽桂《战国时期的黄老思想》（联经出版社1991年版）、〔日〕浅野裕一《黄老道の成立と展開》（东京创文社1992年版）、丁原明《黄老学论纲》（山东大学出版社1997年版）、白奚《稷下学研究——中国古代的思想自由与百家争鸣》、胡家聪《稷下争鸣与黄老新学》（中国社会科学出版社1998年版）等。

④ 正如《史记》所说的那样，黄老学"其为术也，因阴阳之大顺，采儒墨之善，撮名法之要"。

第十八章 黄老学的法哲学原理、公共性和法律共同体理想——为什么是"道"和"法"的统治 | 137

"乌托邦式"的法律共同体。① 这也许出乎我们的意料,一般对黄老学和道法家保留的都是强烈的现实目的性和实用性印象。黄老学派还往往被视为君主绝对主义的缔造者和信奉者,它为君主和王权赋予了高于"公共利益"和超越于法律之上的特权。② 但实际上,在黄老学那里,法律绝不是或等于服务于君主的工具和手段,它是内在于自然法的服务于国家和公众的普遍规范,即使是掌握着立法权力的君主,他也不能随意操纵和僭越法律,这正是黄老学公共理性的一个突出特征。根据传世文献并结合新出土的简帛文献,与澄清误解结合在一起,我们需要进一步纠正以往人们对黄老学特别是道法家研究中的偏差,③ 并对其法哲学原理、"公共性"以及法律共同体的预期进行整体和结构性的探讨,看一看黄老学是如何不懈和一贯坚持道法和法律的统治("法治")并期望一种法律共同体乌托邦的。④

一 "道法":"实在法"的"自然法"基础

早期法家人物(如管子、子产、吴起、李悝、商鞅等)程度不同地都是"实在法"的制定者和实践者,我们看不到至少是不能明显地

---

① "共同体"是一个适用范围伸缩性很大的词汇,本文使用的"共同体"(community)指基于"共同性"和"理想性"而建立的人类社会组织和秩序,指基于这种共同性而追求人类群体的完善和理想。

② 刘泽华、余英时、梁治平等都对黄老学、法家持否定性的评说。参阅刘泽华《洗耳斋文稿》(中华书局 2003 年版);余英时《反智论与中国政治传统》(见《中国思想传统的现代诠释》,江苏人民出版社 1989 年版)、梁治平《法辨——中国法的过去、现在与未来》(贵州人民出版社 1992 年版)。

③ 史华慈对黄老之学的理解和解释已显示了这一方向。参阅《古代中国的思想世界》,第 244—261 页。另,参阅高道蕴《中国早期的法治思想?》,见高道蕴、高鸿钧等编《美国学者论中国法律传统》,中国政法大学出版社 1994 年版,第 212—254 页。

④ 不能说黄老学的"法治"就是近代西方演变出来的法治(rule of law),但在某些重要的方面它确实又可以说是"法治"(下面的讨论将使我们认识到这一点)。

看到他们对"自然法"的意识,也就是说他们大都没有为实在法寻求自然法的基础。① 老子的"道"(还有所谓"天道")作为宇宙的实体和万物的根源,它是人类的理性、最高的正义原则和终极性规范,人类按照理性而生活,就是按照自然也就是按照"道"而生活,但"道"作为"自然法",在老子那里又没有下降、延伸到"实在法"的层面。② 黄老学融合道家与法家的一个典型形态,是将法家的法律规范建立在作为自然法的"道"的基础之上,将"道家"的自然法之"道"(像所说的"天网恢恢,疏而不漏")落实到可操作的"实在法"的实际规范上。这既是黄老学的一个基本特征,又是黄老学法哲学的一个基本原理。③ 在《黄帝四经》发现之前,人们不太关注黄老学的法哲学原理,也不太注意韩非把老子之道与法结合起来的表现,以至于认为法家和黄老学整体上"只重视纯粹体现立法者意志的实定法"。④《黄帝四经》的发现以及结合《管子》《慎子》等传世文献而进行的研究,使我们对人间实在法与超越性的自然法("道")的结合而形成的"道法关系"有了一定的认识。但问题在于,黄老学是如何将实在法建立在超越性的自然法即"道"的基础之上的;"道"为什么能够成为实在法的根源;实在法为什么要与"道法"结合起来,这都是需要我们进一步探讨的。

---

① 如子产称"天道远,人道迩"。

② 老子设想的人口稀少的小型国家,看起来不需要复杂的法律规范,但任何国家,都不能没有法律,老子批评的是"法令滋彰",而不是原则上抛弃法律。

③ 在此之前的早期中国文明中,既有"自然法"的思想(如神判法、天和上帝的理性和正义),也有实在法的意识,还有"礼"与自然法的结合表现(参阅瞿同祖《中国法律与中国社会》,中华书局1996年版),但"道"与"法"的结合,则主要是黄老之学的产物。

④ 参阅皮文睿《儒家法学:超越自然法》,见高道蕴、高鸿钧等编《美国学者论中国法律传统》,第118页。李约瑟认为,将法律植根于永恒的、普遍的自然秩序的规律之中的尝试,在中国从来就没有发生过。(参阅同上书,第123页)后面的讨论将会表明,李约瑟的这一判断是不成立的。

第十八章 黄老学的法哲学原理、公共性和法律共同体理想——为什么是"道"和"法"的统治

作为万物自己如此的状态和方式而非实体性的道家的"自然"观念，与作为 law of nature 或 natural law 译语的"自然法"不会没有相似之处。"自然法"包含了道家按照万物和人的本性而存在和生活是合理和正当的"自然"（庄子更多的是用"天"来指称）观念的意义，但古代中国的"自然法"，广义上则是由"道""理"和"天"等所代表的"道法""理法"或"天理法"。老子的"道"和"天道"都可以说是"自然法"，它兼容了自然的法则和自然的理性或秩序双重意义。《老子》一书没有谈到"理"，[①] 而《庄子》则多次论及到了这一概念。庄子不仅接受了老子有关"道"和"天道"的许多假定，而且倡导作为实体和理想模式的"天"，要求"人"效法"天"，实现"天人合一"。庄子并非是最初关注"理"的人，稍早于他的孟子还有彭蒙等都已论述到了"理"，这是韩非在整体与部分两个层次上通过老子的"道"将"道"与"理"贯通起来的思想资源。黄老学的"自然法"既是"道"和"理"分开使用的"道法"和"理法"，亦是"道"与"理"合在一起的"道理法"。《韩非子·解老》说：

> 夫缘道理以从事者，无不能成……夫弃道理而妄举动者，虽上有天子诸侯之势尊，而下有猗顿、陶朱、卜祝之富，犹失其民人而亡其财资也。

韩非还使用了"道法"这一概念："而道法万全，智能多失"（《韩非子·饰邪》）。这是"道"作为自然法则和秩序的直接根据。此外，黄老学的"天""天道"也具有"自然法"的意义，如《黄帝四经》的《十六经·观》说：

[①] 如果说《韩非子·解老》中的"故曰"，都是用来引出老子的话，据此，其中一处的"故曰：道，理之者也"，当是老子的话，但不见于传世本和简帛本，现存疑。

> 天道已既，地物乃备。散流相成，圣人之事。圣人不巧，时反是守。优未爱民，与天同道。圣人正以侍（待）天，静以须人。不违天刑，不襦不传。当天时，与之皆断。当断不断，反受其乱。

《十六经·姓争》亦说：

> 顺天者昌，逆天者亡。毋逆天道，则不失所守。

因此，黄老学的"道法"或"道理法"可以称为"自然法"。

法律实证主义者不承认所谓"自然法"，尤其不承认法律与道德之间存在着必然的联系。对他们来说，法律规范只是人类活动的产物，是适应人类和社会生活的需要被制定的。法律实证主义者同时也是法律现实主义者，这决定了他们不可能对超越的"自然理性"产生兴趣。从某种意义上说，早期法家也是法律实证主义者，因为他们关注的只是实在法及其实践，他们没有为法律规范寻求道德的根据（商鞅相反地认为严格的法律统治能够产出道德），也没有为法律寻找自然法的基础。不过，这也不意味着他们是在反对"自然法"的意义上坚持实在法的，一般来说他们没有"自然法"的意识，宗教和形而上学都在他们的视野之外。黄老学显然不是法律实证主义者，他们坚持认为"实在法"源于"自然法"即"道理法"。按照《管子·法法》篇的说法，法律和制度必须效法"道"（"宪律制度必法道"）。对《管子·心术上》来说，"法"来源于衡量事物轻重的一般标准"权"，"权"来源于"道"（"故事督乎法，法出乎权，权出乎道"），这是通过"权"这一中间环节使"法"归属于"道"。在《黄帝四经》看来，"道"是"神明"的本原，而神明又是"内在法度"与"外在法度"的统一。《经法·名理》说：

第十八章 黄老学的法哲学原理、公共性和法律共同体理想——为什么是"道"和"法"的统治

> 道者,神明之原也。神明者,处于度之内而见于度之外者也。处于度之内者,不言而信;见于度之外者,言而不可易也。处于度之内者,静而不可移也;见于度之外者,动而不可化也。静而不移,动而不化,故曰神。神明者,见知之稽也。

这里的"神明",魏启鹏解释为执道、体道者形成的高层次的认知能力及思维方式,① 但根据"神明"与"道"的关系以及文中对"神明"的解释,它应该是指体道者对道的统一秩序或自然理性的把握。"神明"处于"度"之内,是说它是合乎"道"的法则的,故是"信";处于"度"之外,是说它是被体道者表现出来的,故"不可易"。"道"是万物的"法度",是"神明"的根源,自然也是实在法的根源。这从《黄帝四经》明确提出"道生法"这一命题可以看出。按照这一命题,法律是由"道"产生的。从道是万物的根源也是人类及其活动的根源来说,法律自然是道的产物。但道并不直接造就人类的法律规范,法律规范是通过认识了道的法则的明君制订出来的。《黄帝四经·经法·论》说:"人主者,天地之口也,号令之所出也。"② 人主既然是配合天地的,他制订法律规范就要遵循"自然法"。《黄帝四经·经法·道法》认为,只有掌握了"道"的人,才能制订出合理的法律("执道者生法"),他也不会违背法律,更不会荒废法律:

> 故执道者,生法而弗敢犯也,法立而弗敢废也。□能自引以绳,然后见知天下而不惑矣。

---

① 参阅魏启鹏《马王堆汉墓帛书〈黄帝书〉笺证》,中华书局2004年版,第84页。

② 缺文,魏启鹏推测为"配",可备一说。参阅魏启鹏《马王堆汉墓帛书〈黄帝书〉笺证》,第55—56页。

有关道法与实在法和君主的三重关系,高道蕴有一个恰当的说明:

> 道的概念,即一个被当作法的基础的自然准则,不是作为立法的神而提出来的,而是作为一种规范和立法模式提出来的。我认为道之所以被奉为规范性原则,是因为它代表了摆脱人格化的神的易变个人性格。道不受影响,不受摆布,不能改变,它的正常形式不会打乱,所以它可用来隐喻模范君主,这样的君主能够以其睿智明察世事,而同时不受变化和诱惑的影响。这样一位君主在治理中自然会有预见性和主持正义……道代表了一个统一的标准,一个"规则统治的自然秩序",它可以用作社会和政治秩序的模式。①

儒家一般以"尽人伦"的"圣人"或者贤人和君子为理想的政治人格,但彭蒙明确地区别"圣人"与"圣法"。"圣人"是以他超凡和独有的英明和道德来统治,这类似于韦伯所说的"魅力型"的统治;而"圣法"则来自于"理",是凭借客观的"理法"来统治的。彭蒙的区分是在回答宋子的问题时提出的,《尹文子·大道下》记载说:

> 田子读书,曰:"尧时太平。"宋子曰:"圣人之治以致此乎?"彭蒙在侧,越次答曰:"圣法之治以至此,非圣人之治也。"宋子曰:"圣人与圣法,何以异?"彭蒙曰:"子之乱名甚矣。圣人者,自己出也;圣法者,自理出也。理出于己,己非理也。己能出理,理非己也。故圣人之治,独治者也;圣法之治,则无不治矣。"②

---

① 高道蕴《中国早期的法治思想?》,见高道蕴、高鸿钧等编《美国学者论中国法律传统》,中国政法大学出版社1994年版,第235—236页。
② 按照《庄子·天下》篇对宋钘、尹文思想的记载,尹文的思想主要属于墨家学派,但也具有黄老学的思想因素。

第十八章 黄老学的法哲学原理、公共性和法律共同体理想——为什么是"道"和"法"的统治 | 143

这一区分清楚地说明,黄老学不把有效的治理寄托在道德化的"圣人"人格上,而是求助于"非人格化"的"圣法"(制度)。"圣法"是圣人依据于他发现和掌握到的客观的"理法"制订的,它是一种不同于"个人之治"("独治")的"自然理法"的统治。对于贤人政治来说,道德上的"修身"和以身作则是首要的,但对于"非人格化"的自然法统治来说,遵循自然法或道理法而行事则是根本性的。因此,黄老学派对君主的要求自然不是成为完美的道德表率,而是成为自然法和道理法的虚心学习者和效法者,这是他们心目中的"明君"。《黄帝四经·经法·论约》说的"故执道者之观于天下"、《韩非子·主道》说的"道者,万物之始,是非之纪也。是以明君守始以知万物之源,治纪以知善败之端"和《韩非子·扬权》说的"是故明君贵独道之容",都是认为开明的君主就是掌握和坚持"道法"的君主,就是基于自然法而制订实在法进行统治的君主。

一般意义上的西方"自然法"学说,是指超越的和作为永恒标准的人类所共有的自然权利和正义体系,它或者是所说的"上帝法"或神判法,或者是所说的自然法则、自然理性和自然秩序,或者是不证自明的终极性的道德原则、权利和信念。① 黄老学的"道法"(或"道理法"

---

① 胡适将西方的自然法学说概括为四项主要内容,即衡量正义与否的法则或原则;上帝的法律;比所有人定的法律更基本、更高的基本法;批评家、改革家和革命者诉诸的道德力量和最高权威。(参阅胡适《中国传统中的自然法》,见《中国的文艺复兴》,湖南人民出版社 1998 年版)皮文睿总结说:"自然法常常是以某些无法进一步追寻的终极价值渊源为基础。它往往源于某种超验的秩序或者某种决定人类秩序的、被人类所发现而不是人类为适应自己的需要或为使自己的信念体系协调一致而创制的终极原则。与习惯法或实定法不同,自然法被认为是普遍有效的、永恒不变的,它不像具体信念、惯例或社会制度那样会随时势变化而变化。自然法是特权者的语言,是终极权威的语言,是至善者、不可转让的权利、神圣诫律和绝对命令的语言。"(〔美〕皮文睿:《儒家法学:超越自然法》,见《美国学者论中国法律传统》,第 122 页)有关"自然法"学说,另请参阅〔英〕约翰·菲尼斯的《自然法与自然权利》,董娇娇译,中国政法大学出版社 2005 年版;〔美〕列奥·斯特劳斯的《自然权利与历史》。

和"天道法"),在某种意义上可以称为"自然法",是因为它包含着自然法则、自然理性和自然秩序的一般性意义,但黄老学的"道法"又有属于自己的表述方式和关注向度,如黄老学不关注"自然权利",在一定程度上,它也不以道德作为实在法的尺度和标准,特别是像韩非还有相当强烈的排斥儒家道德的倾向。在黄老学那里,道之所以能够成为实在法的根源,这取决于"道"的一些形而上学的本性。黄老学派对"道"发生浓厚的兴趣,说明老子之"道"明显地影响了他们。黄老学"道法"的"道",首先是指万物的根源、万物生存及活动的动力。《黄帝四经·道原》篇认为,宇宙原初或"恒先"是一切的始源,万物都依赖于恒先:

> 恒先之初,迥同太虚。虚同为一,恒一而止。湿(混)湿梦(蒙)梦,未有明晦。神微周盈,精静不熙。古(故)未有以,万物莫以。古(故)无有刑(形),大迥无名。天弗能复(覆),地弗能载。小以成小,大以成大。盈四海之内,又包其外。在阴不腐,在阳不焦。一度不变,能适规(蚑)侥(蛲)。鸟得而蜚(飞),鱼得而流(游),兽得而走。万物得之以生,百事得之以成。人皆以之,莫知其名。人皆用之,莫见其刑(形)。

上博简有《恒先》一文,《黄帝四经》所说的"恒先"当是沿用此,二者所说的"恒先"都是"道"的别名。相对于用"有形"和"可感知性"来描述具体事物,黄老学一般用"无形"和不可感知来说明"道"。《管子·内业》说:

> 道也者,口之所不能言也,目之所不能视也,耳之所不能听也,所以修心而正形也。人之所失以死,所得以生也。事之所失

以败,所得以成也。凡道,无根无茎,无叶无荣,万物以生,万物以成,命之曰道。

在黄老学的看来,人所能感知的是纷繁多样、处在变化过程之中的各种有形之物,"道"无形,自然不可感知。但无形的道则是"有形"的万物所从出的"根源"。或者说,正因为"道"是"无形"的,它才能无所不能、无所不适地造就各种各样的有形之物,才能成为"有形者"之宗主,才能有别于各种具有特定功能及性质的具体事物而为万物所资借和使用。《管子·心术上》说:

> 道也者,动不见其形,施不见其德,万物皆以得,然莫知其极。

《白心》篇也说:

> 道者,一人用之,不闻有余。天下行之,不闻不足,此谓道矣。小取焉则小得福,大取焉则大得福,尽行之而天下服。

按照黄老学的"道法"概念,"道"本身就是根本的"秩序"和"法则","道法万全"意味着遵循"道"的秩序和法则最为可靠和有效。黄老学的"理法",按照彭蒙的说法("圣法"出自"理")就是"道法"。只是,在韩非那里,"道"与"理"是在既区分又彼此关联的意义上被界定的:

> 道者,万物之所然也,万理之所稽也。理者,成物之文也;道者,万物之所以成也。故曰:道,理之者也。物有理,不可以相薄;物有理不可以相薄,故理之为物之制。万物各异理,万

各异理而道尽稽万物之理。

照韩非的说法,"道"是万物各种法则会通起来的总法则,是万物之所以成为万物的总根据;"理"则是万物各自具有的不同的法则、条理和分际。道与理的这种整体与部分关系,也许可以看成是法则上的根本法与门类法、秩序上的整体秩序与局部秩序的关系。

如果说"法则"为整个事物提供的是统一的标准,那么秩序就是按照统一的标准而形成的。黄老学用"一"来说明和解释道法的统一性和普遍性。"一"在老子那里既是"道"的别名,又是道的性质,黄老学普遍接受了老子的"一"的观念。"一"相对于"多",它是能够把众多事物和现象都统一和统率起来的总纲。不管事物和现象多么众多和复杂,它们都具有统一性和一致性,因而是能够都被"总纲"即"一"来规范和约束的。《庄子·天地》篇的"万物虽多,其治一也",说的就是万物虽然纷繁多样,但治理的方法毫无例外都是"一致的"和"一样的"。《黄帝四经·经法·道法》说:

> 称以权衡,参以天当,天下有事,必有巧验。事如直木,多如仓粟。斗、石已具,尺、寸已陈,则无所逃其神。

"直木"作"植木",即"树木"。《淮南子·兵略训》有"兵如植木"之说。"事如直木,多如仓粟",是说事务像树木,如同仓粟之多。但只要有了标准,就无所逃其外。①《管子·心术上》也认识到法律具有"统一"不同事物的普遍作用:"法者,所以同出,不得不然者也,故杀僇禁诛以一之也。""出"指事物的参差不同,"所以同出"是说法律规

---

① 《鹖冠子·王鈇》所说,亦印证了此意:"天度数之而行,在一不少,在万不众。同如林木,积如仓粟。斗石以陈,升委无失也。""委"指数多。

范是用来统一不同的事物的。①《黄帝四经·十六经·成法》依托黄帝与力黑的问答,讨论"一"何以是"道之本"和"治之本"的问题。传说力黑是辅佐黄帝的七人之一("七辅"),黄帝问力黑天下有没有"一"和"一"中有没有"多"的问题。力黑告诉黄帝说"天下"有"一":

> 昔者皇天使凤下道,一言而止。五帝用之,以扒天地,[以]揆四海,以怀下民,以正一世之士。……循名复一,民无乱纪。

力黑也向黄帝说明了"一"包含了万物之"多"("长"):

> 一者,道其本也,胡为而无长?□□所失,莫能守一。一之解,察于天地;一之理,施于四海。何以知纠之至,远近之稽?夫唯一不失,一以驺化,少以知多。夫达望四海,困极上下,四向相抱,各以其道。夫百言有本,千言有要,万[言]有总,万物之多,皆阅一孔。夫非正人也,孰能治此?彼必正人也,乃能操正以正奇,握一以知多,除民之所害,而持民之所宜。总凡守一,与天地同极,乃可知天地之祸福。②

根据力黑所说的"以少知多""万物之多,皆阅一孔""握一以知多","一"中不仅有"多",而且"一"对"多"还具有无限"统御力"。《黄帝四经·道原》说:

---

① 作为类似的思想旨趣,《管子·内业》说:"一物能化谓之神,一事能变谓之智。化不易气,变不易智,惟执一之君子能为此乎。执一不失,能君万物。君子使物,不为物使,得一之理。"

② 《文子·道原》和《淮南子·原道训》都有与此相同之文句和思想,当是受此影响。"万物之总,皆阅一孔"中的"阅"可释为"汇聚"。"皆阅一孔",意为都汇聚到一个洞窟之中。

> 夫为一而不化。得道之本,握少以知多;得事之要,操正以正奇。前知太古,后[能]精明。抱道执度,天下可一也。观之太古,周其所以;索之未无,得之所以。①

这就像复杂的自然现象都可以由统一的"自然律"来理解和解释那样。相对于复杂的自然现象来说,"自然律"是"一"。所谓自然的"齐一",其实就是说"自然律"对所有自然现象都是普遍有效的。《庄子·天下》篇称彭蒙、田骈、慎到有"齐万物以为首"的思想倾向。②"齐万物"即"一同"万物,是说万物具有"统一性",可以被"整齐划一"。万物既有"类"的不同,也有"个体"上的差异。黄老学的"齐一"不是抹去万物形态和现象上的差异,宁可说它恰恰是在万物的"不一"中,在万物的"千差万别"中,发现事物具有"齐一性"和"统一性",发现事物都可以通过"一"来衡量和规范。根据《吕氏春秋·不二》说的"能齐万不同,愚智工拙皆尽力竭能,如出乎一穴",作为"齐一"前提的,正是"愚智工拙"等"万不同"。黄老学没有改变"万物不同"的愿望,不期望愚蠢者变得有智慧,况且万物的不同又是不可改变的。但它们有"齐一性",如它们都是按照自己的性情和能力去活动,这"如出乎一穴"。万物都按照自己的性情和能力而活动的这种"统一",即是"一",即是贯通在万物之中的"自然法"。《淮南子·齐俗训》的"齐民之俗"(即"民情")和"齐万物",可以说是对彭蒙、田骈和慎到"齐万物"思想的发挥:

> 孔子曰:"鲁国必好救人于患。"子赣赎人而不受金于府,孔子曰:"鲁国不复赎人矣。"子路受而劝德,子赣让而止善。孔子

---

① 同样,《鹖冠子》的《度万》说:"守一道制万物者,法也。"《环流》说:"一为之法,以成其业,故莫不道。一法之立,而万物皆来属。"

② 《吕氏春秋·不二》亦称"陈(田)骈贵齐",这说明田骈是强调"齐一"的。

第十八章 黄老学的法哲学原理、公共性和法律共同体理想——为什么是"道"和"法"的统治

之明,以小知大,以近知远,通于论者也。由此观之,廉有所在,而不可公行也。故行齐于俗,可随也;事周于能,易为也。矜伪以惑世,伉行以违众,圣人不以为民俗。……乃至天地之所覆载,日月之所昭焏,使各便其性,安其居,处其宜,为其能。故愚者有所修,智者有所不足。柱不可以摘齿,筐不可以持屋,马不可以服重,牛不可以追速,铅不可以为刀,铜不可以为弩,铁不可以为舟,木不可以为釜。各用之于其所适,施之于其所宜,即万物一齐,而无由相过。①

根据最后说的"各用之于其所适,施之于其所宜,即万物一齐,而无由相过",可以清楚地看出黄老学"齐一"的确切所指。法律规范之所以对于所有的人都是普遍有效的,也是因为它是基于"统一"的人性和人情(下面具体谈)。因此,只要掌握了自然法"一",制订了实在法"一",统治和治理"多"自然就既简明又高度有效。《尹文子·大道上》说:

故人以度审长短,以量受多少,以衡平轻重,以律均清浊,以名稽虚实,以法定治乱,以简治烦惑,以易御险难。万事皆归于一,百度皆准于法。归一者,简之至;准法者,易之极。

《吕氏春秋》的《执一》篇,以鲜明的主题阐述了黄老学的"执一论":

---

① 《吕氏春秋·察微》篇载:"鲁国之法,鲁人为人臣妾于诸侯、有能赎之者,取其金于府。子贡赎鲁人于诸侯,来而让不取其金。孔子曰:'赐失之矣。自今以往,鲁人不赎人矣。取其金则无损于行,不取其金则不复赎人矣。'子路拯溺者,其人拜之以牛,子路受之。孔子曰:'鲁人必拯溺者矣。'孔子见之以细,观化远也。"不管这是不是孔子对弟子行为的评论,根据这种评论,人们的社会行为选择一般要考虑利害关系,如果不能顺应这种倾向,法律就无法实现"齐一"的统治。

> 天地阴阳不革,而成万物不同。目不失其明,而见白黑之殊;耳不失其听(聪),而闻清浊之声。王者执一,而为万物正。军必有将,所以一之也;国必有君,所以一之也;天下必有天子,所以一之也;天子必执一,所以抟之也。一则治,两则乱。今御骊马者,使四人人操一策,则不可以出于门间者,不一也。①

《不二》篇亦有类似的思想:

> 有金鼓所以一耳也;同法令所以一心也;智者不得巧,愚者不得拙,所以一众也;勇者不得先,惧者不得后,所以一力也。故一则治,异则乱;一则安,异则危。夫能齐万不同,愚智工拙,皆尽力竭能,如出乎一穴者,其唯圣人矣乎!无术之智,不教之能,而恃强速贯习,不足以成也。

《吕氏春秋》信奉"执一"的统治,同样是基于万物之间存在的"齐一性"和共同本性。

按照黄老学的"道法"观念,"道"和"天道"又意味着超越性的"公正""公平",用西方的"自然法"观念来说,就是所谓"正义"。人们常说老子把宗教性的"天"转化为自然性的"天"和"天道",但即使如此,也不能从纯粹自然主义的意义上来理解老子的"天"和"天道",② 因为老子的天和天道论,包含着自然正义和自然理性的层面,这从"天道无亲(无私人性的亲情),常与善人"(《老子》第七十九章)、"天之道,损有余而补不足;人之道则不然,损不足以奉有

---

① 《吕氏春秋·有度》篇也说:"先王不能尽知,执一而万物治。"
② 老子说的"天地不仁,以万物为刍狗"的话,可以说是立足于"大仁"而言,"大仁"超出了"仁"与"不仁"的一般分别。

余"(《老子》第七十七章)等说法中可以看出。按照《申子》的说法就是:"天道无私,是以恒正;天道常正,是以清明。"(《艺文类聚》卷一《天部上》引)黄老学派相信天、地、日月都是不偏、无私和客观公正的代表,他们常说"天无私覆,地无私载,日月无私照",强调天、地、日月对万物都是一视同仁的。黄老学的自然公正和正义论,在实在法上的运用就是法律平等地对待所有的人。在黄老学那里,"道法"观念还意味着"虚"和"静",意味着"无为"和"无事",这就要求统治者奉行虚心、清静和无为的统治方式,更具体地说就是用客观的、统一的和稳定性的"法律"进行统治。

二 "人情论"和"因循论":法律统治与人性及合目的性

有一个常见的说法,西方民主和法治能够得到建构和实践是基于对人性的悲观立场。西方文化传统认识到了人性的恶(特别是像基督教传统所说的人的原罪那样),或者像张灏所说认识到了的人"幽暗性",由此产生了防范和约束人的法律制度。[1] 相比之下,中国文化传统没有开出民主和法治是由于中国传统特别是儒家传统过于乐观地相信人性是善和基于此的"人治"和"德治"。这种一般性的化约和对比是否能够成立我们不打算讨论,不过人性恶与法治恐非一一对应关系,人治与法治也不是非此即彼的两极性选择。[2] 这里要追问的是,法制和法治的建构是否只能依赖于单一的"人性恶"模式。[3] 事实上,黄老

---

[1] 参阅张灏《幽暗意识与民主传统》,见《张灏自选集》,上海教育出版社2002年版。

[2] 根据已有研究,高道蕴也提出了相互关联和互动的看法。参阅《中国早期的法治思想?》,见高道蕴、高鸿钧编《美国学者论中国法律传统》,第246—254页。

[3] 整体上我不主张两极性的对立。出于方便,我使用"以法律制度和法律规范为基础的统治模式"这一最低限度的"法治"概念。

学提供了并不相同的建构法治的思考方式,但这立即又遇到了另一个问题,即黄老学不正是从"人性恶"的模式出发而主张法律的统治吗?特别是主张"人性恶"的荀子的弟子韩非,他的人性观不是"人性恶"还会是什么。严格来说,黄老学的人性模式不能概括为"人性恶"。直接的根据是,黄老学并不像荀子那样明确地说人性是恶的,或者说人性是卑劣和阴暗的。在传世文献和新出土的黄老学文献中,还找不到黄老学派径直用"恶"和"劣"来界定人性的说法,而且他们一般也不从价值观上对他们所说的"人性"作出否定性的评价。黄老学的"人性观",更准确地说是"人情观"(因为他们常常用"人情""人之情"来指称人的自然属性),基本上是描述性的而不是评价性的。作为描述,这种人情观不认为人的自然属性原本是恶的,当然也没有试图加以改造的问题。

黄老学所说的"人情"或"人之情",是指人的"自然性情",即"喜好""欲求"和"厌恶"之情,这是两种相反但同时为人所具有的情感。《管子·禁藏》说:"凡人之情,得所欲则乐,逢所恶则忧,此贵贱之所同有也。"一般来说,人们喜好、欲求和厌恶的对象非常广泛,不管轻重、多少,合乎不合乎意愿的都属于喜好、欲求与厌恶的范围。不过,在黄老学那里,人的喜好、欲求和厌恶之情主要是对"利害关系"的反应,包括对生存的渴望和对死亡的恐惧。《管子·形势解》说:

民之情,莫不欲生而恶死,莫不欲利而恶害。[1]

《管子·禁藏》说:

---

[1] 《墨子·经上》也从"利害"的意义上看待人的喜好与厌恶之情:"利,所得而喜也;害,所得而恶也。"

第十八章 黄老学的法哲学原理、公共性和法律共同体理想——为什么是"道"和"法"的统治

夫凡人之情,见利莫能勿就,见害莫能勿避。①

《管子·版法解》亦说:

凡人者,莫不欲利而恶害。是故与天下同利者,天下持之;擅天下之利者,天下谋之。

照此所说,人的自然性情,就是"趋利避害",即对自我利益的关心和追求,对不利和有害的避免。在《孟子·告子上》,我们被告知人对善的自然倾向如同是水之就下("人性之善也,犹水之就下也");但《管子》告诉我们的则是,人对"利益"的天然倾向如同是水之就下:

民,利之则来,害之则去。民之从利也,如水之走下,于四方无择也。故欲来民者,先起其利,虽不召而民自至。设其所恶,虽召之而民不来也。(《管子·形势解》)②

黄老学还用一个更加一般化的词汇——"自为"来概括人的自然性情。"自为"就是"为己""为自己",它相对于"为人"。③《慎子·内篇》说:

---

① 《管子·禁藏》更具体地说明了人们追求利益的自然性:"商人通贾,倍道兼程,夜以继日,千里而不远者,利在前也。渔人之入海,海深万仞,就彼逆流,乘危百里,宿夜不出者,利在水也。故利之所在,虽千仞之山无所不上,深渊之下无所不入焉。故善者,势利之在,而民自美安,不推而往,不引而来,不烦不扰,而民自富。"

② 商鞅已经提出了这一说法。《商君书·君臣》载:"民之于利也,若水于下也。"《韩非子·奸劫弑臣》载:"夫安利者就之,危害者去之,此人之情也。"

③ 《说苑·杂言》记载淳于髡同孟子的对话,其中有"先名实者为人者也,后名实者自为者也"的说法。方以智《东西均》中谈到这个说法,认为两者分别是指墨子的为人和杨朱的为己。此语原出于《孟子·告子下》,其义非方以智所说。

> 人莫不自为也，化而使之为我，则莫可得而用矣。是故先王不受禄者不臣，禄不厚者不与入难。人不得其所以自为也，则上不取用焉。故用人之自为，不用人之为我，则莫不可得而用矣，此之谓因。(《群书治要》卷 37 引)

《尹文子·圣人》篇载有田骈有关"自为"的说法：

> 田子曰：人皆自为，而不能为人。故君人者之使人，使其自为用，而不使为我用。①

《黄帝四经·称》有一段残缺的话，也讲到了"自为"：

> 不受禄者，天子弗臣也；禄泊（薄）者，弗与犯难。故以人之自为 [□□□□□□□]。

陈鼓应补出所缺文字后，最后一句话就是"故以人之自为也，不以人之为我也"②。以上不同出处的三段话都表明，人是一个"为己"的存在，而不是"为他"和"为人"的存在。只有让人能够满足他为自己的愿望，他才会热衷于他所从事的事务。对于统治者而言，他要使他的臣僚们都尽职尽责，他就要顺应他们的"自为性"，使他们各自为自己所用。黄老学揭示人的"自为性"，当然不是为了"鼓励"人都为自己考虑，而是要掌握人活动的机制，掌握社会合作的机制。在黄老学

---

① 此据四部丛刊《群书治要》卷 37。《群书治要》的《尹文子》有《大道》和《圣人》两篇。
② 参阅陈鼓应《黄帝四经今注今译》，台湾商务印书馆 1995 年版。《庄子·天地》中"若性之自为，而民不知其所由然"其中的"自为"，还有《黄帝四经》中所用的其他一些"自为"，意为"自做"，不是我们这里所说的"为我"的"自为"。

看来，人的"自利性"和"自为性"恰恰是官僚制和法治赖于建立和行之有效的基础。①对黄老学来说，如果人没有"欲望"，就无法使用他们；如果要使用他们，就要使他们有欲望，他们的欲望越多，就越容易为其所用。《吕氏春秋·为欲》揭示说：

> 使民无欲，上虽贤犹不能用。夫无欲者，其视为天子也与为舆隶同，其视有天下也与无立锥之地同，其视为彭祖也与为殇子同。天子至贵也，天下至富也，彭祖至寿也，诚无欲则是三者不足以劝。舆隶至贱也，无立锥之地至贫也，殇子至夭也，诚无欲则是三者不足以禁。会有一欲，则北至大夏，南至北户，西至三危，东至扶木，不敢乱矣；犯白刃，冒流矢，趣水火，不敢却也；晨寤兴，务耕疾庸，樸为烦辱，不敢休矣。故人之欲多者，其可得用亦多；人之欲少者，其〔可〕得用亦少；无欲者，不可得用也。人之欲虽多，而上无以令之，人虽得其欲，人犹不可用也。令人得欲之道，不可不审矣。善为上者，能令人得欲无穷，故人之可得用亦无穷也。

黄老学将官僚制和法治建立在人性的基础之上，非常类似于亚当·斯密以"自利"和"自私"的经济人作为经济和市场运行的基础的做法。亚当·斯密这样说：

> 他如果能刺激他们的利己心，使有利于他，并告诉他们，给他做事，是对他们自己有利的，他要达到目的就容易得多了。不

---

① 在《文子·自然》看来，善于"用兵"的人也要使每位士兵都能够满足他的"为己"之心："故善用兵者，用其自为用；不能用兵者，用其为己用。用其自为用，天下莫不可用；用其为己用，无一人之可用也。"

论是谁,如果他要与旁人做买卖,他首先就要这样提议。请给我以我所要的东西吧,同时,你也可以获得你所要的东西:这句话是交易的通义。我们所需要的相互帮忙,大部分是依照这个方法取得的。我们每天所需的食料和饮料,不是出自屠户、酿酒家或烙面师的恩惠,而是出于他们自利的打算。我们不说唤起他们利他心的话,而说唤起他们利己心的话。我们不说自己有需要,而说对他们有利。①

尽管黄老学与亚当·斯密关注的具体领域不同,一方关注的是市场交易机制,一方关注的是法律和行政用人的机制。对亚当·斯密来说,人的"自利性"使市场交易成为可能;对黄老学来说,人的"自为性"使用人和法律的统治成为可能。在亚当·斯密那里,每个人都是自利的,他们最清楚自己的利益所在,并会作出最符合自己利益的选择。正是在这种"看不见的手"的作用之下,形成一种自发的"秩序"。黄老著述家们坚持认为,人是受利益驱动的,甚至可以说人是一种"利益的动物"。《管子·侈靡》说:

> 饮食者也,侈乐者也,民之所愿也。足其所欲,赡其所愿,则能用之耳。今使衣皮而冠角,食野草,饮野水,孰能用之?伤心者不可以致功。……百姓无宝,以利为首。一上一下,唯利所处。利然后能通,通然后成国。利静而不化,观其所出,从而移之。

统治者用人的诀窍是让被用的人都能够满足他们的"自为"要求,

---

① 〔英〕亚当·斯密:《国民财富的性质和原因的研究》,商务印书馆1981年版,第13—14页。

岂止如此，整个社会秩序也要从满足人的"自为"中建立起来。黄老学中的人，是"自为的人"；黄老学中的社会是以利益为中心的社会。前面曾提到过田骈的人情"自为论"，他依据人的"自为性"得出结论说："君人者之使人，使其自为用，而不使为我用"。他的见解引起了一位不知名的魏下先生的共鸣，这位魏下先生称赞他的说法，还作了如下发挥：

> 魏下先生曰："善哉田子之言。古者君之使臣，求不私爱于己，求显忠于己，而居官者必能，临阵者必勇。禄赏之所劝，名法之所齐，不出于己心，不利于己身。语曰：'禄薄者，不可与经乱；赏轻者，不可与入难。'此处上者所宜慎者也。"（《尹文子·圣人》，《群书治要》卷37引）

对黄老学来说，利益是把人联系起来的基本纽带，远近亲疏都会因财富而聚合起来，即使是亲如兄弟也会因贫困而分开：

> 家富则疏族聚，家贫则兄弟离，非不相爱，利不足相容也。（《慎子·佚文》，《意林》卷2引）①

韩非进而将利害关系推延到父母与子女之间。像亚当·斯密所说的交易，像司马迁所说的"天下熙熙，皆为利来；天下攘攘，皆为利往"的市场，社会天经地义都是以利益为机制的，社会组织和管理机制也

---

① 被当作《慎子》佚文的下面这段话也是说明人与人之间的利害关系："夏箴曰：小人无兼年之食，遇天饥，妻子非其有也；大夫无兼年之食，遇天饥，臣妾舆马非其有也。戒之哉！"（又见《逸周书·文传解》）

都取决于是否能够满足个人的利益,①这无异于是说整个社会组织和官僚体系本身就类似于一个交易市场,人们根本上是为了自己的利益而聚集在一起进行合作的。②

　　让黄老著述家们感到不满的是,社会上有一种自命清高的反常分子,他们不为高官厚禄所动,上不臣天子,下不事诸侯,为了个人的情趣,他们宁愿过一种清贫的生活。这些被称为隐者的反常分子的存在,至少说明黄老学的"人情"图式,并非对所有的人都是适用的。韩非不允许隐者逍遥于社会之外,他的理由是,隐者对社会是无用的,而且他们的示范性,还会产生瓦解共同体组织和秩序的不良影响。黄老著述家们没有因为隐者的存在,而改变他们的人情观以及基于此的统治模型。隐者只是少数的例外,他们的存在并不能否认人类整体上的"自利"和"自为"倾向,因此也不能舍此去设想官僚制和法律的

---

①　司马迁在《史记·货殖列传》中对人性、利益和市场的说法与亚当·斯密的假定具有惊人的类似性:"夫神农以前,吾不知已。至若《诗》《书》所述虞夏以来,耳目欲极声色之好,口欲穷刍豢之味,身安逸乐,而心夸矜势能之荣,使俗之渐民久矣,虽户说以眇论,终不能化。故善者因之,其次利道之,其次教诲之,其次整齐之,最下者与之争。……人各任其能,竭其力,以得所欲。故物贱之征贵,贵之征贱,各劝其业,乐其事,若水之趋下,日夜无休时,不召而自来,不求而民出之。岂非道之所符,而自然之验邪?"在司马迁看来,道德和仁义也是建立在经济条件的基础之上:"故曰:'仓廪实而知礼节,衣食足而知荣辱。'礼生于有而废于无。故君子富,好行其德;小人富,以适其力。渊深而鱼生之,山深而兽往之,人富而仁义附焉。富者得势益彰,失势则客无所之,以而不乐。夷狄益甚。谚曰:'千金之子,不死于市。'此非空言也。"

②　韩非严厉排拒儒家道德和仁爱之治的主要理由,就是说它不符合人的利益之心。按说父母对于子女的爱是无以复加的,但就是父母对子女也有利益上的计算,何况没有父母之爱者。道德说教者要求为治者放弃利益,用超过父母对子女的爱去谋求国家的治理,这只能是"非愚则诬"的说教:"古者有谚曰:'为政犹沐也,虽有弃发,必为之。'爱弃发之费而忘长发之利,不知权者也。夫弹痤者痛,饮药者苦,为苦恶之故不弹痤饮药,则身不活,病不已矣。今上下之接,无子父之泽,而欲以行义禁下,则交必有郄矣。且父母之于子也,产男则相贺,产女则杀之,此俱出父母之怀衽,然男子受贺,女子杀之者,虑其后便,计之长利也。故父母之于子也,犹用计算之心以相待也,而况无父子之泽乎?今学者之说人主也,皆去求利之心,出相爱之道,是求人主之过父母之亲也。此不熟于论恩,诈而诬也,故明主不受也。"(《韩非子·六反》)

统治。黄老学坚持认为,"人情"的一致是人能够得到统一管理的根据。《管子·权修》称:

> 人情不二,故民情可得而御也。审其所好恶,则其长短可知也;观其交游,则其贤不肖可察也。

同样,"人情"的共同性也是建立统一的法律制度和它行之有效的基础。有关法治的社会功能有众多的争论,在积极意义上,法治有寓教于惩的意义,能够直接或间接地促进社会的正义和公平;①在消极意义上,法治为社会提供了规范和约束人的行为的强制性标准。如果有某种不合法的行为,就将用一般标准来约束,以此来保证社会的公正和秩序。黄老学的法律统治,比一般所说的法治要广,它不限于强制性的惩罚,它还有与惩罚相反的鼓励人的行为的"奖赏"。正是因为人情的"趋利"和"好生"倾向,法律的奖赏才会激励人的行为;同样,由于人情的"避害"和"恶死"的倾向,法律的惩罚才会令人恐惧并自觉约束自己的行为。韩非直言不讳地推论说:

> 人情者,有好恶,故赏罚可用。赏罚可用,则禁令可立而治道具矣。(《韩非子·八经·因情》)

又说:

> 且夫死力者,民之所有者也。情莫不出其死力,以致其所欲;而好恶者,上之所制也,民者好利禄而恶刑罚。(《韩非子·制分》)

---

① 参阅〔英〕约翰·菲尼斯的《自然法与自然权利》,第209—216页。

韩非抨击儒家德化论的一个理由,就是道德没有强制性,它不能令人畏惧,起不到约束人的作用。韩非假设了一个情形,说一个不才之子不为父母的愤怒而痛改前非,不为乡人的责骂而有所触动,也不为师长的教育而收敛,然而,一旦司法官诉诸于法,不才之子的举动立即就会判若两人。① 对韩非来说,统治者不能通过德化期望人们为"善",他只能通过法律使人不得为"非"。《韩非子·显学》说:

> 夫圣人之治国,不恃人之为吾善也,而用其不得为非也。恃人之为吾善也,境内不什数;用人不得非,一国可使齐。为治者用众而舍寡,故不务德而务法。

从"人情"出发来看"法治","人情"是法治有效性的基础;从"法治"出发来看"人情",法治反过来又能满足"人情",为公众带来最大的利益。韩非一再规劝,统治者要为公众谋求长远和重大的利益,不要为小恩小惠和血缘亲情所左右,而"法治"就是国家和公众长远和重大利益之所在。《韩非子·六反》载:

> 今家人之治产也,相忍以饥寒,相强以劳苦,虽犯军旅之难,饥馑之患,温衣美食者必是家也。相怜以衣食,相惠以佚乐,天饥岁荒,嫁妻卖子者必是家也。故法之为道,前苦而长利;仁之为道,偷乐而后穷。圣人权其轻重,出其大利,故用法之相忍,而弃仁人之相怜也……夫欲利者,必恶害。害者利之反也,反于所欲,焉得无恶。

---

① 《韩非子·五蠹》载:"今有不才之子,父母怒之弗为改,乡人谯之弗为动,师长教之弗为变。夫以父母之爱、乡人之行、师长之智,三美加焉而终不动,其胫毛不改。州部之吏,操官兵,推公法,而求索奸人,然后恐惧,变其节,易其行矣。故父母之爱,不足以教子,必待州部之严刑者,民固骄于爱、听于威矣。"

韩非的法治机制论，始于人的利益，终于人的利益，始终都围绕人的利益来论证法治的合法性。这使他在人的趋利避害、好生恶死等自然倾向（哪怕它是人的脆弱性和缺陷）之外，看不到人的其他性情；在法治之外，看不到德治和人文教化的任何作用。

"人情"是好恶，是趋利避害，是"自为"和"自营"，这样的"人性论"称得上是"利己论"和"自私论"。① 在伦理学中，"自私自利"与"利人利他"被认为是善恶的两极。"利他"是道德的，是善；"利己"和"自私"是不道德的，是恶，何况"利己"和"自私"又被认为是人的自然本性。正如荀子所说的"人情甚不美"那样，黄老学所说的"人情"何美之有，不是"人性恶"又会是什么？前面我们已经指出，黄老学的"人情论"模式，不能简单地称为"人性恶"，因为黄老学既没有直接声称"人情"是"恶"，一般也不是在"善恶"的道德意义上评价"人情"，它只是从客观上揭示人的自然性情是"自利"和"自为"。尤其是，在黄老学那里，"为己"和"利己"并不隐含着"损人"的意义。② 站在"利人""利他"的立场上看，不能设想不损害他人利益的"自私""自利"。然而，黄老学的"利己"和"自利"并不意味着"损人"（即"利己"不以"损人"为前提），就像亚当·斯密的"自利"和杨朱的"为我"并不意味着损人那样。杨朱的"拔一毛利天下而不为"受到过孟子的严厉批评，他也被看成是自私自利主义者的代表。但不能忘记的是，杨朱还有一句"悉天下而奉一身不取也"的话。按照这一表白，不能用天下之大利来利一己。③ 郭象注

---

① 慎子说的"能辞万钟之禄于朝陛，不能不拾一金于无人之地；能谨百节之礼于庙宇，不能不弛于一容于独居之余。盖人情每狃于所私故也"（《慎子·佚文》），也强调了人的"自利性"。

② 19世纪英国的功利主义者如约翰·斯图亚特·密勒，承认追求趋乐避苦是人的欲求，这种自然人性论，一般也不称为"性恶论"。

③ 杨朱的弟子孟孙阳从"个人生命"的价值为杨朱的说法进行了辩护。（见《列子·杨朱》）

解《庄子》的《在宥》篇，其中说：

> 人皆自修而不治天下，则天下治矣。故善之也。

严复在《〈庄子〉评语》中评论道：

> 此解深得庄旨，盖杨朱学说之精义也。何则？夫自修为己者也，为己学说既行，则人人皆自修自治，无劳他人之庖代。世之有为人学说也，以人类不知自修自治也。使人人皆知自治自修，则人人各得其所，各安其性命之情。孟子诋杨，其义浅矣。①

黄老学的利己和自利也不意味着从别人那里得到"恩惠"而不知回报，因为它既不假定恩惠施予者的存在，也不假定人喜爱无功受禄的恩惠而又忘恩负义。我们可能会找出慎子的话：

> 匠人成棺，不憎人死；利之所在，忘其丑也。（《慎子·佚文》）

更有可能想到韩非之言：

> 故王良爱马，越王勾践爱人，为战与驰。医善吮人之伤，含人之血，非骨肉之亲也，利所加也。故舆人成舆，则欲人之富贵；匠人成棺，则欲人之夭死也。非舆人仁而匠人贼也，人不贵，则舆不售；人不死，则棺不买。情非憎人也，利在人之死也。（《韩非子·备内》）

---

① 严复:《〈庄子〉评语》，见《严复集》第4册，中华书局1986年版，第1125页。

第十八章 黄老学的法哲学原理、公共性和法律共同体理想——为什么是"道"和"法"的统治

慎子所说的"丑",看起来具有道德评论的意味;韩非说的卖棺材者希望"人死"以销售他的棺材,当然也不是"美"的心理。但他们强调的仍然在于,人是一种追求"利益"的动物。人客观上是要死的,这使制造棺材和出卖棺材成为一种市场需求,因此人们并不痛恨造棺材和出售棺材的人。黄老学的"人情论"所凸显的人追求"自我利益"这一先天自然倾向,所凸显的社会和法律秩序的"利益"机制,既仿佛是亚当·斯密"经济人"的假定,也仿佛是滕尼斯(Ferdinand Tönnies)所说的"利益社会"的逻辑。①

黄老学压根没有试图改变和征服人性的打算,因为在他们看来,人的自利和自为性情无法改变,也无须改变。《韩非子·显学》告诫说:

> 今或谓人曰:"使子必智而寿",则世必以为狂。夫智,性也;寿,命也。性命者,非所学于人也,而以人之所不能为说人,此世之所以谓之为狂也。谓之不能然,则是谕也。夫谕,性也。以仁义教人,是以智与寿说也,有度之主弗受也。故善毛啬、西施之美,无益吾面,用脂泽粉黛则倍其初。言先王之仁义,无益于治,明吾法度,必吾赏罚者,亦国之脂泽粉黛也。故明主急其助而缓其颂,故不道仁义。②

"智慧"和"寿命"是人天生的自然,是人力所不能改变的;同样,想用"仁义"去教化人就像承诺增加人的智慧和寿命一样诳人。韩非认为儒家仁义道德"无用",是建立在类似于庄子所说的"仁义"与人性(情)不合(当然孟子认为仁义源于人性)这一前提之上。韩非所

---

① 参阅他的《共同体与社会》,商务印书馆 1999 年版。
② 《商君书·弱民》已有这样的思想:"圣贤在体性也,不能以相易也。今当世之用事者,皆欲为上圣,举法之谓也。"

说的"人情"我们已经知道是指什么了。对黄老学来说,不能用不合乎人情的东西要求人甚至是改变人,反过来就是要用能够满足人的愿望和需要的东西去顺应人。《文子·自然》说:

> 以道治天下,非易人性也,因其所有而条畅之,故因即大,作即小。古之渎水者,因水之流也;生稼者,因地之宜也;征伐者,因民之欲也。能因,则无敌于天下矣。

如同上述,黄老学意识中的明智统治,就是顺应和遵循"人情"的统治。现在我们就来具体考察一下黄老学"贵因"和"因循"的思想。黄老学广义的"因"可以解释为"遵循万物的本性和性情"。这一思想可以追寻到老子,按照老子"自然"与"无为"的构造,道之所以"无为",是因为要遵循万物之自然,统治者之所以"无为",是因为要遵循百姓之"自然"。① 但"因"这个名词在老子那里还没有出现。"因"是黄老学的一个重要概念,黄老学有"贵因"的普遍倾向。社会政治领域中的"因",是用来说明统治者如何适应人自利和自为的"人情",它具有"依照""凭借"和"遵循"的意思,也可以解释为"顺应"。在《慎子》的《因循》篇中,"因"被界定为"因循人情":"天道因则大,化则细。因也者,因人之情也。"《韩非子·八经》中的《因情》篇断定,顺应人情是治理天下的"必然"途径:"凡治天下,必因人情"。《管子》的《心术》篇更具体地阐发了什么是"因"和为什么要"因"。《心术上》的"经文"说:

> 人之可杀,以其恶死也,其可不利,以其好利也。……其应

---

① 有关这一点,请参阅笔者的《视域变化中的中国人文与思想世界》,第 197—213 页。与"自然"思想一致的说法,在老子那里还有"自化""自均""自正""自富""自朴"等,这些词汇可以说都是老子用来说明"百姓"合乎自己目的和性情的"自行其是"。

也,非所设也,其动也,非所取也。过在自用,罪在变化。是故,有道之君,其处也,若无知。其应也,若偶之。静因之道也。

对于人"恶死"和"好利"的自然性情,统治者要像他们的"相偶者"那样顺应之。在此,统治者的"安静"与因循百姓的"好恶性情"是一致的,"安静"是为了"因循","因循"就要求统治者安静。对于以上的"经文",《心术上》注解("解")说:

无为之道,因也。因也者,无益无损也。以其形,因为之名,此因之术也。……因也者,舍己而以物为法者也。感而后应,非所设也,缘理而动,非所取也。过在自用,罪在变化,自用则不虚,不虚则忤于物矣。变化则为生,为生则乱矣。故道贵因,因者,因其能者,言所用也。

这是黄老著述中对"因"作出的最细致的解释。这一解释不仅强调"因"是"无事""无为",而且强调"因"是"无益无损"。统治者既不能把自己的主观意志强加给百姓,更不能去改变百姓的性情,这就是"舍己而以物为法"。在黄老学看来,君主只有克服了"一己"的"主观性"和"私",才能够因循和顺应百姓甚至是万物的"己"。①

---

① 《吕氏春秋·有度》对此有一个很好的说明:"客有问季子曰:'[尧]奚以知舜之能也?'季子曰:'尧固已治天下矣,舜言治天下而合己之符,是以知其能也。''若虽知之,奚道知其不为私?'季子曰:'诸能治天下者,固必通乎性命之情。[通乎性命之情]者,当无私矣。夏不衣裘,非爱裘也,暖有余也;冬不用箑,非爱箑也,清有余也。圣人之不为私也,非爱费也,节乎己也。节己,虽贪污之心犹若止,又况乎圣人?'许由非强也,有所乎通也。有所通则贪污之利外矣。孔、墨之弟子徒属充满天下,皆以仁义之术教导于天下,然而无所行[其术]。教者犹不能行,又况乎所教?是何也?仁义之术外也。夫以外胜内,匹夫徒步不能行,又况乎人主?唯通乎性命之情,而仁义之术自行矣。"

在任何一个社会中，都可能会有一些不受黄老学人性模式驱动的高尚的人，就像清高的隐士许由等那样；也会有儒家所说的贤人君子，就像伯夷和叔齐那样，但统治从来都是相对于多数人而言，统治是否有效取决于这种统治是否合乎多数人的"性情"，是否是多数人能够做到的。只能为个别人达到的道德境界和智慧，不能用来要求大众。《尹文子·大道上》辨析"独善"和"独巧"与"善之善"和"巧之巧"的不同说：

> 为善使人不能得从，为巧使人不能得为，此独善独巧者也，未尽善巧之理。为善与众行之，为巧与众能之，此善之善者，巧之巧者也。故所贵圣人之治，不贵其独治，贵其能与众共治也。所贵工倕之巧，不贵其独巧，贵其能与众共巧也。今世之人，行欲独贤，事欲独能，辩欲出群，勇欲绝众。独行之贤，不足以成化；独能之事，不足以周务；出群之辩，不可为户说；绝众之勇，不可与征阵。凡此四者，乱之所由生也。是以圣人任道以夷其险，立法以理其差，使贤愚不相弃，能鄙不相遗。能鄙不相遗，则能鄙齐功；贤愚不相弃，则贤愚等虑，此至治之术也。①

从"因循"来看，统治者要因循的当然不是"独善"和"独巧"，而是能够"众行之"和"众能之"的善和巧。这样的善和巧，在尹文看来，就是不同的人都能按照自己的不同能力而行动。田骈曾以"道术"劝说齐王，田骈说的"道术"就是"因循术"。《吕氏春秋·执一》记载：

> 田骈以道术说齐［王］。（齐）王应之曰："寡人所有者，齐国

---

① 《尹文子·大道上》云："今天地之间，不肖实众，仁贤实寡。趋利之情，不肖特厚；廉耻之情，仁贤偏多。今以礼义招仁贤，所得仁贤者，万不一焉；以名利招不肖，所得不肖者，触地是焉。"

也,愿闻齐国之政。"田骈对曰:"臣之言,无政而可以得政,譬之若林木,无材而可以得材。愿王之自取齐国之政也。骈犹浅言之也,博言之,岂独齐国之政哉?变化应来而皆有章,因性任物而莫不宜当,彭祖以寿,三代以昌,五帝以昭,神农以鸿。"

《慎子》佚文有"礼从俗,政从上"的说法,《荀子》批评慎子"上则取听于上,下则取从于俗",其实这正反映了慎子"因循论"的特征,这与《管子·白心》之言"上之随天,其次随人,人不倡不和,天不始不随"是一致的。①

黄老学的"人情"还包括来自先天的人的不同"能力"(智愚、贤不肖),从这种意义上说,黄老学的"因情论"就是"因能论"。正像黄老学从来不要求改变人的好恶性情那样,它也从来不要求改变人与生俱来的"能力",不试图使智者更智、使愚者不愚。对黄老著述家来说,人的智愚无法改变,即使可以改变也不可能把人的能力都置于同一水准上。正如《慎子》佚文所说:"夫道所以使贤,无奈不肖何也;所以使智,无奈愚何也。"杨倞在《荀子·非十二子》注中,引有《慎子》的话:"劲而害能,则乱也;云能而害无能,则乱也。"这也是强调"因循"人的不同能力,由此我们就容易理解荀子为什么说慎子是"蔽于法而不知贤"。对黄老学来说,人具有不同的能力不是问题,相反,要求改变它或者想用统治者的能力去代替众人的能力,那才是问题。人的能力不管是高是低、是多是寡,整体上都是人的"能力"。这

---

① 商鞅说"法"要以百姓易知明行为特点,也是强调"法"要因任百姓之性情。《商子·定分》云:"夫微妙意志之言,上知之所难也。夫不待法令绳墨,而无不正者,千万之一也。故圣人以千万治天下,故夫知者而后能知之,不可以为法,民不尽知;贤者而后知之,不可以为法,民不尽贤。故圣人为法,必使之明白易知,名正,愚知遍能知之;为置法官,置主法之吏,以为天下师,令万民无陷于险危。故圣人立天下而无刑死者,非不刑杀也,行法令,明白易知,为置法官吏为之师,以道之知,万民皆知所避就,避祸就福,而皆以自治也。故明主因治而终治之,故天下大治也。"

一本性也为统治者和法律提供了天然的条件，只要运用这种条件就足够了，《慎子·民杂》所说的"因民之能为资"，《黄帝四经·称》所说的"因地以为资，因民以为师"，皆是此意。上引《管子·心术上》的话，我们已经看到了"因者，因其能者，言所用也"这种对"因"的界定。《尹文子·大道上》以"审分"的角度对因循人的不同能力有一个思辨式的说明：

> 圆者之转，非能转而转，不得不转也。方者之止，非能止而止，不得不止也。因圆之自转，使不得止；因方之自止，使不得转，何苦物之失分？故因贤者之有用，使不得不用；因愚者之无用，使不得用。用与不用，皆非我也。因彼可用与不可用，而自得其用也。自得其用，奚患物之乱也？物皆不能自能，不知自知。智非能智而智，愚非能愚而愚，好非能好而好，丑非能丑而丑。夫不能自能，不知自知，则智好何所贵？愚丑何所贱？则智不能得夸愚，好不能得嗤丑，此为得之道也。……世之所贵，同而贵之谓之俗；世之所用，同而用之谓之物。苟违于人，俗所不与；苟忮于众，俗所共去。故人心皆殊，而为行者一；所好各异，而资用必同。此俗之所齐，物之所饰。故所齐不可不慎，所饰不可不择。

法律规范就是设置一种客观的和普遍的制度，这种制度能让所有的人自行施展他的能力。《淮南子·齐俗训》中的"俗"，说的不是一地的风俗习惯，而是人的不同能力，"齐俗"就是圣人使不同能力的人各自按照自己的能力自行其是：

> 故行齐于俗，可随也；事周于能，易为也。矜伪以惑世，伉行以违众，圣人不以为民俗。……乃至天地之所覆载，日月之所

照氐，使各便其性，安其居，处其宜，为其能。故愚者有所修，智者有所不足。柱不可以摘齿，筐不可以持屋，马不可以服重，牛不可以追速，铅不可以为刀，铜不可以为弩，铁不可以为舟，木不可以为釜。各用之于其所适，施之于其所宜，即万物一齐，而无由相过。

黄老学一再提醒，只有愚蠢的统治者才会与他的百姓竞赛他的才能，而明智的统治者从来都只是善于使用大众的才能。很明显，统治者的才智不管有多高，他都不能与他的万民的才能相比拟，何况就各种专门的技能来说，统治者肯定还不如一位艺人和技人，因此他不要越俎代庖和疲于奔命地进行万能的统治，他只需守住大道（具体来说就是法）而让百官和百姓各谋其事就万事大吉了，黄老学美其名曰"君逸臣劳"（这里可能还包含着限制"君主"权力的意图）。《管子·心术上》告诫说：

> 上离其道，下失其事。毋代马走，使尽其力，毋代鸟飞，使弊其羽翼。毋先物动，以观其则。动则失位，静乃自得，道不远而难极也。

照这种思路，黄老学不会有愚民的念头，因为民众根本无法愚弄。《慎子·民杂》说：

> 民杂处而各有所能，所能者不同，此民之情也。大君者，太上也，兼畜下者也。下之所能不同，而皆上之用也。是以大君因民之能为资，尽包而蓄之，无能取去焉。是故不设一方以求于人，故所求者无不足也。大君不择其下，故足；不择其下，则易为下

矣。易为下则莫不容，莫不容故多下，多下之谓太上。①

这是说最伟大的君主就是能够最大限度地包容和运用万民智慧的人。《韩非子·八经·主道》所说的"上君"，同样是让每一个人都能充分施展他的才智：

> 力不敌众，智不尽物。与其用一人，不如用一国，故智力敌而群物胜。揣中则私劳，不中则任过。下君尽己之能，中君尽人之力，上君尽人之智。是以事至而结智，一听而公会。②

从"因能"的思想中，黄老学发展出了社会分工、职分和绩效的思想。《尹文子·大道上》说：

---

① 《说苑》卷一《君道》云："齐宣王谓尹文曰：'人君之事何如？'尹文对曰：'人君之事，无为而能容下。夫事寡易从，法省易因，故民不以政获罪也。大道容众，大德容下，圣人寡为而天下理矣。《书》曰："睿作圣。"诗人曰："岐有夷之行，子孙其保之！"'宣王曰：'善！'"

② 《慎子·内篇》说："故人主者，以天下之目视，以天下之耳听，以天下之智虑，以天下之力动。是以号令能下究，而臣情得上闻，百官修道，群臣辐辏。离朱之明，察毫末于百步之外，下于水尺而不能见浅深，非目不明也，其势难睹也。故用赏贵信，用罚贵必。赏信罚必于耳目之所闻见，则所不闻见者，莫不阴化矣。有权衡者，不可欺以轻重；有尺寸者，不可差以长短；有法度者，不可巧以诈伪。"《文子·下德》说："故无为者，道之宗也。得道之宗，并应无穷，故不因道理之数，而专己之能，其穷不远也。夫人君不出户，以知天下者，因物以识物，因人以知人。故积力之所举，即无不胜也；众智之所为，即无不成也。千人之众无绝粮，万人之群无废功，工无异伎，士无兼官，各守其职，不得相干，人得所宜，物得所安。"《淮南子·主术训》也阐述了这一道理："夫乘众人之智，则无不任也；用众人之力，则无不胜也。千钧之重，乌获不能举也；众人相一，则百人有余力矣。是故任一人之力者，则乌获不足恃；乘众人之制者，则天下不足有也。……是故圣人举事，岂能拂道理之数，诡自然之性，以曲为直，以屈为伸哉！未尝不因其资而用之也。是以积力之所举，无不胜也，而众智之所为，无不成也。……形有所不周，而能有所不容也。是故有一形者处一位，有一能者服一事。力胜其任，则举之者不重也；能称其事，则为之者不难也。毋小大修短，各得其宜，则天下一齐，无以相过也。"

> 天下万事，不可备能，责其备能于一人，则贤圣其犹病诸？设一人能备天下之事，则左右、前后之宜，远近、迟疾之间，必有不兼者焉。苟有不兼，于治阙矣。全治而无阙者，大小多少，各当其分。农商工仕，不易其业。老农长商，习工旧仕，莫不存焉，则处上何事哉？

《慎子·威德》更说明了专职和职能化的效用：

> 古者工不兼事，士不兼官。工不兼事则事省，事省则易胜；士不兼官则职寡，职寡则易守。

这也可以说是"因能"的一种表现。《淮南子·主术训》："君人者不任能而好自为之，则智日困，而自负其责也。""因能"的思想也影响了儒家人物。如宓子贱主张"任人"而不是"任力"："宓子贱治单父，弹鸣琴，身不下堂而单父治。巫马期以星出，以星入，日夜不居，以身亲之，而单父亦治。巫马期问其故于宓子，宓子曰：'我之谓任人，子之谓任力。任力者故劳，任人者故逸'"（《吕氏春秋·察贤》）。

总之，黄老学的"因循论"，根本上是建立在"自然法"的基础之上，人类意义上的"自然法"，指的是人趋利避害的好恶"性情"。黄老学的"人情"模式，照荀子的看法也许就是"人性恶"模式，但我们再次强调，黄老学一般没有这样的意识，自然也没有荀子那种"化性起伪"的"礼乐"教化论和学习论。黄老学关心的是统治模式如何有效，他们相信以赏罚为核心的"法律"规范，符合人类趋利避害的自然性情，是最好的制度安排。君主对百姓性情和能力的因循及顺应，实际上就是因循"实在法"，因循"人性法"，说到底就是因循"自然法"。这样，我们就能够理解司马谈为什么说道家是"动合无形，赡足万物。……立俗施事，无所不宜，指约而易操，事少而功多"，为什么会说道家"其术以虚无为本,以因循为用。无成势,无常形,故能究万物之情。不为物先,不为物后,故能为万物主。有法无法,因时为业;有度无度,因物与合。故曰'圣人不朽,时变是守。虚者道之常也,因者君之纲'也"。黄老学的这种"因循主义",在《吕氏春秋》那里又成了一种"历史观"和普遍的方法论。《吕氏春秋·贵因》说:

> 三代所宝莫如因,因则无敌。禹通三江、五湖,决伊阙,沟回陆,注之东海,因水之力也。舜一徙成邑,再徙成都,三徙成国,而尧授之禅位,因人之心也。汤、武以千乘制夏、商,因民之欲也。如秦者立而至,有车也;适越者坐而至,有舟也。秦、越,远途也,静立安坐而至者,因其械也……夫审天者,察列星而知四时,因也。推历者,视月行而知晦朔,因也。禹之裸国,裸入衣出,因也。墨子见荆王,衣锦吹笙,因也。孔子道弥子瑕见釐夫人,因也。汤、武遭乱世,临苦民,扬其义,成其功,因也。故因则功,专则拙。因者无敌。①

统治者一旦实践了"因循",百姓一旦都能够按照他们自己的性情而行动,按照他们自己的能力而行动,统治仿佛就变成了无统治,法律仿佛就变成了无法律,这正是《管子·白心》所期待的"孰能法无法乎?"也是慎子的"尚法而无法"的意义。

三 "法律"统治与"公共性"和"客观化"

根源于自然理性("道法")和人性("人情")的实在法,在人间

---

① 《吕氏春秋·任数》主张的"任数",就是遵循事物的法度和道理,而不靠自己有限的感知来判断复杂的情况:"古之王者,其所为少,其所因多。因者,君术也;为者,臣道也。为则扰矣,因则静矣。因冬为寒,因夏为暑,君奚事哉?"

社会体现为一些可以明确指认的特质,这些特质总体上可以称为法律的"公共性"和"客观性",这是黄老学坚持法律统治的直接依据。大体上说,"公共性"是在"公共领域"(publicness)中"公共事物"关涉的普遍利害关系及其合乎正义和公正的特性。按照中文,"公共性"有两个重要因素需要强调,一是它的"共有性",即公共之物要对整个社会和所有的人开放;二是它的"公正性",即公共之物需要是"合理的"和"正义的"。在黄老学坚持的法律统治的逻辑中,贯穿着强烈的以"公共性"为根据的理性和理路。以"共有"(普适)和"公正"(正义)为核心的"公共性",是儒家、墨家、道家、法家和黄老学都所强调的,它们或从"道"和"天道",或从"天"和"天志"来为"公共性"寻找超越性的根源,但它们具体关心的"公共之物"则非常不同。如,儒家关心的公共之物主要是伦理和道德,而黄老学关注的公共性之物则主要是"法律"。① 在黄老学特别是在韩非那里,所谓"公私之分",主要就是遵循和依据法律规范同背离和违犯法律规范的分别。从韩非著名的"自环者谓之私,背私谓之公"的"公私"抽象界定中还看不出这样的分别,② 不过从他的具体使用上可以明显看出,他所说的"公私之别"实为"守法与不守法"之称:

> 明主之道,必明于公私之分,明法制,去私恩。夫令必行,禁必止,人主之公义也;必行其私,信于朋友,不可为赏劝,不可为罚沮,人臣之私义也。私义行则乱,公义行则治,故公私有分。(《韩非子·饰邪》)

---

① 在黄老学看来,法的统治是一种"公正"和"正义"的统治,它排除任何"私人性"东西的介入。他们所说的"私"包括儒家所说的血缘关系和亲情。
② 《说文解字》释"厶",称引了韩非的说法:"韩非曰:仓颉作字,自营为厶。凡厶之属皆从厶。"人作为"自为"和"自私"性的存在,它与"法律"之"公",当然也是对立的,但黄老学恰恰是以"自私"的性情作为法律统治的基础,这与"违法"的"私"是两回事。

故当今之时,能去私曲就公法者,民安而国治;能去私行行公法者,则兵强而敌弱。(《韩非子·有度》)①

这不是韩非孤立的看法,黄老学整体上都是基于"合法"与"不合法"来论"公"与"私"的对立。②

如同前述,在黄老学那里,法律的"公共性"是根源于"道法"之"公"。如同"道法"和"天道"公平地对待万物而无所偏私那样,依据"道法"的实在法也是公正地对待所有的人而无所偏私。如果像所说的那样,黄老学的"法律"规范真的就是服务于君主的专制和君主的利益,那么我们对黄老学法律"公共性"的论述就难以成立。在欧洲近代转向民族国家的过程中,即使是霍布斯所说的法律是君主的绝对命令,它体现的是君主的意志,也不能由此就说它只是维护君主专制和君主的利益。只要是法律规范,它就一定要具有向"公众"开放和合乎正义的某种"公共性",即使面向的"公众"不是所有的人(在等级社会中尤其如此)。在黄老学那里,君主是立法者,而且我

---

① 《韩非子·诡使》亦说:"夫立法令者,以废私也,法令行而私道废矣。私者,所以乱法也。……故《本言》曰:'所以治者,法也;所以乱者,私也。法立,则莫得为私矣。'故曰:道私者乱,道法者治。"在"仁爱之情"与"公法"上,韩非坚持的是"公法":"夫以君臣为如父子则必治,推是言之,是无乱父子也。人之情性,莫先于父母,皆见爱而未必治也,虽厚爱矣,奚遽不乱?今先王之爱民,不过父母之爱子,子未必不乱也,则民奚遽治哉?且夫以法行刑,而君为之流涕,此以效仁,非以为治也。夫垂泣不欲刑者,仁也;然而不可不刑者,法也。先王胜其法,不听其泣,则仁之不可以为治亦明矣。"(《韩非子·五蠹》)在正直与不正直上,韩非亦与儒家大异其道:"楚之有直躬,其父窃羊而谒之吏。令尹曰:'杀之!'以为直于君而曲于父,报而罪之。以是观之,夫君之直臣,父之暴子也。鲁人从君战,三战三北。仲尼问其故,对曰:'吾有老父,身死莫之养也。'仲尼以为孝,举而上之。以是观之,夫父之孝子,君之背臣也。"(《韩非子·五蠹》)

② 《管子》是如此看:"有道之君者,善明设法而不以私防者也;而无道之君,既已设法,则舍法行私者也"(《管子·君臣上》);《慎子》也是如此看:"法制礼籍,所以立公义也。凡立公,所以弃私也。"(《慎子·威德》)

们也尽可以设想那个时代的君主有着很大的支配性,但这绝不意味着君主可以随心所欲地僭越法律,如果他确实想成为一位明智的君主并且想使法律有效力的话,他就要遵守法律。①《黄帝四经·经法·道法》警告说:"故执道者,生法而弗敢犯也,法立而弗敢废也。"对黄老学来说,何止"法律"是"公共的",设立国家和天子的目的原本就是为了"公共"的目标,这是在儒家那里也在黄老学那里表现出来的"天下者天下之天下也"的"天下为公"的主张。《慎子·威德》说:

> 古者立天子而贵之者,非以利一人也。曰天下无一贵,则理无由通,通理以为天下也。故立天子以为天下,非立天下以为天子也;立国君以为国,非立国以为君也;立官长以为官,非立官以为官长也。

人们可能马上会争辩说,商鞅和韩非都是君主专制和君主利益的强有力的辩护者,这种说法至少需要限定。《商子·修权》告诫人们的反而是"公"与"私"两种不同利益要严格划清界限:

> 公私之分明,则小人不疾贤,而不肖者不妒功。故尧、舜之位天下也,非私天下之利也,为天下位天下也。论贤举能而传焉,非疏父子亲越人也,明于治乱之道也。故三王以义亲天下,五霸以法正诸侯,皆非私天下之利也,为天下治天下。是故擅其名而有其功,天下乐其政而莫之能伤也。今乱世之君、臣,区区然皆

---

① 《韩非子·解老》说:"工人数变业则失其功,作者数摇徙则亡其功。一人之作,日亡半日,十日则亡五人之功矣;万人之作,日亡半日,十日则亡五万人之功矣。然则数变业者,其人弥众,其亏弥大矣。凡法令更则利害易,利害易则民务变,务变之谓变业。故以理观之,事大众而数摇,则少成功;藏大器而数徙之,则多败伤;烹小鲜而数挠之,则贼其泽;治大国而数变法,则民苦之。是以有道之君贵静,不重变法。故曰:'治大国者若烹小鲜。'"

擅一国之利，而管一官之重，以便其私，此国之所以危也。故公私之交，存亡之本也。

可以看出，商鞅强调的是与"私天下之利"相对立的"公天下之利"，国家的存亡安危就系于是否能够"公天下之利"。商鞅和韩非都以铁石般的严刑峻法的实践者和坚持者而闻名，谁知他们还宣称法律体现的恰恰是对民众的爱心和爱护。《商君书·更法》有这样的说法："法者所以爱民也，礼者所以便事也。"《韩非子·心度》更进一步说："圣人之治民，度于本，不从其欲，期于利民而已。故其与之刑，非所以恶民，爱之本也。"儒家坚持政治的"民意"基础和"得民心"，韩非从违法的"私情"上批评儒家的"得民心"，① 而慎到和《黄帝四经》都主张法律的"民意性"。《慎子·佚文》说："法非从天下，非从地出，发于人间，合乎人心而已。"《黄帝四经》也有法"参于天地，阖（合）于民心"（《经法·四度》）、"圣人举事也，阖（合）于天地，顺于民"（《十六经·前道》）、"号令合于民心，则民听令"（《经法·君正》）等类似的说法。慎到和《黄帝四经》是在"法"能够使人实现"自为"的意义上主张"合民心"和"合民意"的，这与儒家的"合民心""合民意"有别，因此慎到和《黄帝四经》的说法与韩非批评儒家的"民意说"应该没有冲突。

也许令人惊讶，黄老学坚持法律向所有人开放和一视同仁的"公共性"。在不同程度上都带有等级性的传统社会中，"法律"本身可能就包含着"不平等"。在法律面前人人平等的观念，被认为是"法治"社会的产物。在这一点上，黄老学可能是一个例外，它在中国早期社

---

① 《韩非子·显学》说："今不知治者，必曰得民之心。欲得民之心而可以为治，则是伊尹、管仲无所用也，将听民而已矣。民智之不可用，犹婴儿之心也。夫婴儿不剔首则腹痛，不揊痤则寖益。剔首揊痤必一人抱之，慈母治之，然犹啼呼不止，婴儿子不知犯其所小苦，致其所大利也。"

会中就力主"法律"普遍适用于所有的人、人人在法律面前平等的观念。这就意味着,法律不能是"私密性的"而要向整个社会公布,以使每个人都能够根据法律规范预见自己行为的结果;①这也意味着,社会的利益和资源是向所有的人开放的,人人都可以通过自己的能力和努力满足自己的"自为"之心。黄老学这种观念的出现不是偶然的,它是东周政治改革的产物,也是适应社会需要的产物。春秋之后,早期法家社会政治改革的整体目标,就是削弱和瓦解西周形成并高度成熟的封建世袭制和贵族制,把"世袭的"和"身份的"社会转变为以利益为机制和以法律为规范的"绩效的"和"契约型"社会,使效率和功效成为社会评价的根本标准,使人的利益依据于他的功绩(在秦国主要表现为军功和农功)来分配,使平民百姓都可因实际功绩迅速提高自己的社会地位。法家和黄老学为走向解体的封建世袭制和贵族等级制找到了替代性方案。齐、楚、三晋和秦国都是法家和黄老学最大的实验基地。②儒家那种"刑不上大夫,礼不下庶人"的"尊尊"等级观念和"父为子隐,子为父隐"的"亲亲"私情观念,是黄老学所不能接受的。如果说黄老学中还有贵贱、尊卑阶层性的实际差别,那不是由人先天的"身份"决定的,而是由后天的作为带来的。黄老学要求不别亲疏、不分贵贱、以法律约束所有的人的说法甚至到了激进的程度。追溯到《商君书·赏刑》可以看到的是:"所谓壹刑者,刑无等级,自卿相、将军以至大夫、庶人,有不从王令,犯国禁,乱上制者,罪死不赦。"商鞅对太子两次犯法都要追究,形式上都以太子师傅

---

① 《韩非子·难三》云:"法者,编著之图籍,设之于官府,而布之于百姓者也。"《韩非子·定法》亦云:"法者,宪令著于官府,刑罚必于民心,赏存乎慎法,而罚加乎奸令者也。"

② 各国变法之所以引起贵族的反对,就是因为"新法"都要求取消贵族的特权。如吴起的变法,就是"将均楚国之爵而平其禄,损其有余而继其不足",而楚国贵族"甚苦之"。

代替的方式变通地加以处理,只是说明了法律理念与法律实践总是会有鸿沟的。在法律理念上,黄老学确实没有为等级和特权留下余地。《管子·白心》宣称:

> 然而天不为一物枉其时,明君圣人亦不为一人枉其法。天行其所行,而万物被其利。圣人亦行其所行,而百姓被其利。是故万物均既夸众矣。

《韩非子·有度》载:

> 法不阿贵,绳不挠曲。法之所加,智者弗能辞,勇者弗敢争。刑过不避大臣,赏善不遗匹夫。

"大义灭亲"是法家的通念,这种观念在《慎子·外篇》的"骨肉可刑,亲戚可灭,至法不可阙"的毫不留情说法中表现得可谓淋漓尽致。①

从历史的演变看,中国的法律传统,"三代"一般称为"刑",东周多称为"法",秦后一般称为"律"。规范不管是法律的还是道德的,在人类社会中的具体表现都是"人造的"(在黄老学那里它是根据"道法"制订的),但它一旦制订和公布,就反过来成为国家、社会和公众的意志,成为规范社会所有活动的"非人格化"的"客观物",成为衡量人的言行的普遍标准和尺度。在胡适看来,"法"的本义就是模型和模范。法家和黄老学充分扩展了"法"作为模型和标准的本义,试图建立一种客观化和非人格化的法律统治。人们甘心接受

---

① 由此来看,司马迁对法家的评论也完全适合于黄老学:"法家不别亲疏,不殊贵贱,一断于法,则亲亲尊尊之恩绝矣。可以行一时之计,而不可长用也,故曰'严而少恩'。若尊主卑臣,明分职不得相逾越,虽百家弗能改也。"

第十八章 黄老学的法哲学原理、公共性和法律共同体理想——为什么是"道"和"法"的统治

适合人类需要的衡量事物轻重、大小和长短的"度量衡"标准，是基于他们相信度量衡作为尺度和标准的客观性和统一性。黄老学人物可能从度量衡那里获得了启示，他们常常在法律与度量衡之间进行类比，把法律标准的客观性同度量衡标准的客观性相提并论。度量衡的客观标准体现为"实际存在"的具体器物，法律的客观标准体现为公开颁布的实在法条文。慎子认识到法律规范的存在是"首要的"，哪怕法律规范还不够完善，它也优胜于无法可依的情形（无政府主义者当然不会同意这一种说法）：

> 法虽不善，犹愈于无法，所以一人心也。夫投钩以分财，投策以分马，非钩策为均也。使得美者，不知所以德；使得恶者，不知所以怨，此所以塞愿望也。故蓍龟，所以立公识也；权衡，所以立公正也；书契，所以立公信也；度量，所以立公审也；法制礼籍，所以立公义也。凡立公，所以弃私也。明君动事分功必由慧，定赏分财必由法，行德制中必由礼。故欲不得干时，爱不得犯法，贵不得逾亲，禄不得逾位，士不得兼官，工不得兼事。以能受事，以事受利。若是者，上无羡赏，下无羡财。（《慎子·威德》）①

"一人心"是说按照法律来"统一"和平衡人的"心理"。通过投钩和投策的方法来分配物品，客观上使人都有机会得到物品而实际上人们得到物品的多少并不一样，但人们对于这样的结果不加指责和抱怨，是因为分配的方法和标准是"客观"和"统一"的。同样，法律确立的是"公正"的和对任何人都有效的客观标准，它排除了影响这一标准的各种特殊因素，不管它是来自亲情，还是来自

---

① "投钩"和"投策"，一般（包括《辞源》、日本《大汉和辞典》）都解释为"抓阄"和"抽签"，恐非。《荀子·君道》载："探筹投钩者，所以为公也。"《荀子集解》引郝懿行说："投钩未知其审，古有藏彄，今有拈阄，疑皆非是。"

权势或智巧:

> 法者,所以齐天下之动,至公大定之制也。故智者不得越法而肆谋,辩者不得越法而肆议,士不得背法而有名,臣不得背法而有功。我喜可抑,我忿可窒,我法不可离也。(《慎子·佚文》)

有了客观的标准,对人的行为随时随地都可加以衡量和判断。用尺度来衡量,同时也产生出一种预防和约束的作用:"有权衡者,不可欺以轻重;有尺寸者,不可差以长短;有法度者,不可巧以诈伪。"(《慎子·佚文》)有了客观的"法律"标准,人们就难以像没有标准那样趁机使用自己的智巧来谋取其非正当利益。

需要再次关注一下黄老学的"非贤""非圣"和"非智"的观念,这不能被看成是要求统治者都变成愚不可及的人,它的真正意图是反对统治者用个人独特的贤明、圣聪和智慧去代替客观的法律进行治理。再简单不过的是,统治者一个人的智慧再高,面对复杂和无限的情形也是有限的(虽然统治者或人们容易忘记这一点),但慎子清楚的是:

> 弃道术,舍度量,以求一人之识识天下,谁子之识能足焉?(《慎子·佚文》)

> 厝钧石,使禹察锱铢之重,则不识也。悬于权衡,则氂发之不可差,则不待禹之智,中人之知,莫不足以识之矣。(《慎子·佚文》)①

---

① 荀子批评慎子"蔽于法而不知贤",说明慎子确实是重法轻贤,但荀子未必理解慎子为什么重法。

同样,《韩非子·难三》批评子产凭借自己的智慧得知奸情的做法:

> 奸必待耳目之所及而后知之,则郑国之得奸者寡矣。不任典成之吏,不察参伍之政,不明度量,恃尽聪明劳智虑而以知奸,不亦无术乎?且夫物众而智寡,寡不胜众,智不足以遍知物,故因物以治物。下众而上寡,寡不胜众者,言君不足以遍知臣也,故因人以知人。是以形体不劳而事治,智虑不用而奸得。故宋人语曰:"一雀过羿,羿必得之,则羿诬矣。以天下为之罗,则雀不失矣。"夫知奸亦有大罗,不失其一而已矣。不修其理,而以己之胸察为之弓矢,则子产诬矣。老子曰:"以智治国,国之贼也。"其子产之谓矣。

难怪亚里士多德也说法律是叫人不要用"智",欲以一己之智慧胜法律,便是法律所欲禁止的。① 何况个人的智慧常常又受到个人性情的影响和制约。在黄老学看来,个人的品性、心性和好恶,都有很强的主观性、随意性和不确定性。用自己的好恶和主观判断去治国,韩非称为"心治"。他推论说,用"心治"不用"法治",即使是尧也不能治理好一个国家:

> 闻古之善用人者,必循天顺人而明赏罚。循天,则用力寡而功立;顺人,则刑罚省而令行;明赏罚,则伯夷、盗跖不乱。如

---

① 申不害也有与亚氏可以相互印证的说法:"且夫耳目知巧,固不足恃,惟修其数、行其理为可。韩昭釐侯视所以祠庙之牲,其豕小,昭釐侯令吏更之。官以是豕来也,昭釐侯曰:'是非向者之豕邪?'官无以对。命吏罪之。从者曰:'君王何以知之?'君曰:'吾以吾耳也。'申不害闻之,曰:'何以知其聋?以耳之聪也。何以知其盲?以耳目之明也。何以知其狂?以其言之当也。故曰去听无以闻则聪,去视无以见则明,去智无以知则公。(去)三者不任则治,三者任则乱。'以(此)言耳目心智之不足恃也。"(《吕氏春秋·任数》)

此，则白黑分矣。……释法术而心治，尧不能正一国；去规矩而妄意度，奚仲不能成一轮；废尺寸而差短长，王尔不能半中。使中主守法术，拙匠守规矩尺寸，则万不失矣。君人者能去贤巧之所不能，守中拙之所万不失，则人力尽而功名立。……古之人曰："其心难知，喜怒难中也。"故以表示目，以鼓语耳，以法教心。(《韩非子·用人》)

照韩非的看法，法律"标准"公开透明，即容易掌握，也容易使用，因此要用法律标准来确定自己的"心"（"以法教心"），而不是反过来用"心治"代替"法治"。人"趋利避害"的天然倾向，使他在奖赏上总希望多多益善，在惩罚上总要求轻描淡写。如果不是按照法律的标准进行奖罚，而是以行施赏罚者的个人的主观判断来进行，即使是奖励很多，受奖者也会感觉不够而要求更多；即使是受到的处罚很轻，受罚者也会感觉很重而要求更轻。但按照法律的标准进行奖罚，人就只能按照客观化的标准加以接受。《慎子》仍然用"钩策"来说明法律裁定的客观性和以"心"定夺、评判的非客观性：

君人者，舍法而以身治，则诛赏予夺从君心出矣。然则受赏者虽当，望多无穷；受罚者虽当，望轻无已。君舍法而以心裁轻重，则同功殊赏，同罪殊罚矣，怨之所由生也。是以分马者之用策，分田者之用钩，非以策钩为过于人智也，所以去私塞怨也。故曰：大君任法而弗躬，则事断于法矣。法之所加，各以其分，蒙其赏罚而无望于君也，是以怨不生而上下和矣。(《慎子·君人》)

慎到这里说的"事断于法"的"事"和"各以分"的"分"，广义上属于黄老学的"形名"问题。

"形名"的"形"大体上是指现实社会的各种实际情形(即"实"),"名"是指各种法律条文和规范。黄老学坚持"形名相符",即法律规范的运用要与实际情形相一致,具体说就是实施的奖赏和惩罚要符合实际的情形。黄老学派注重"形名"的"参验"和"验证",就是要求通过审核和反复查验事实与法律标准是否符合。如果没有客观性的"名",就无法用来衡量实际上的"形":

> 用一之道,以名为首,名正物定,名倚物徙。故圣人执一以静,使名自命,令事自定。不见其采,下故素正。因而任之,使自事之;因而予之,彼将自举之;正与处之,使皆自定之。上以名举之,不知其名,复修其形。形名参同,用其所生。二者诚信,下乃贡情。(《韩非子·扬权》)

有了客观的法律规范("名"和"一"),"事"和"物"("形")自然就可以纳入到规范之内并得到定夺。"形名"相符也是"名分"一致,《黄帝四经·道原》说:"分之以其分,而万民不争;授之以其名,而万物自定。"《慎子》的一段佚文从一个事例说明的"名分"关系,也是主张"形名相符":

> 一兔走街,百人追之,贪人具存,人莫之非者,以兔为未定分也。积兔满市,过而不顾,非不欲兔也,分定之后,虽鄙不争。(《慎子·佚文》)①

---

① 此段佚文与《吕氏春秋·慎势》篇所引意思基本一致,但文字略有差别:"《慎子》曰:今一兔走,百人逐之,非一兔足为百人分也,由未定。由未定,尧且屈力,而况众人乎?积兔满市,行者不顾,非不欲兔也,分已定矣。分已定,人虽鄙,不争。故治天下及国,在乎定分而已矣。"《尹文子·大道上》记载了彭蒙的说法:"彭蒙曰:雉兔在野,众人逐之,分未定也。鸡豕满市,莫有志者,分定故也。物奢则仁智相屈,分定则贪鄙不争。"

"兔"的"分"是"兔"事实上的所有者,而"定分"当然就是由法律规范来确定"兔"的实际归属。更详细用"兔"的归属说明法律之"名"与事实之"分"关系的是商鞅。《商君书·定分》载:

> 法令者,民之命也,为治之本也,所以备民也。为治而去法令,犹欲无饥而去食也,欲无寒而去衣也,欲东而西行也,其不几亦明矣。一兔走,百人逐之,非以兔为可分以为百,由名分之未定也。夫卖兔者满市,而盗不敢取,由名分已定也。故名分未定,尧、舜、禹、汤且皆如鹜焉而逐之;名分已定,贪盗不取。今法令不明,其名不定,天下之人得议之。其议,人异而无定。……夫名分不定,尧、舜犹将皆折而奸之,而况众人乎?

类似的例子,被商鞅、慎到还有彭蒙共同使用,这说明黄老学与法家之间的密切关系。这种关系的实质之一,就是都坚持法律统治是客观的和普遍的。

四 "法律共同体"理想及其"德治"与"法治"

我们遇到过一些不同的乌托邦想象和理想,但有谁遇到过基于法律统治的乌托邦,更不会想到黄老学还有一个"法律共同体"乌托邦。史华慈(Benjamin Schwartz)称黄老学为"工具性的道家"(instrumental Taoism),[①]这无非是说黄老学的现实性目标非常鲜明,它直奔政治事务的主题,谋求行政效率的最大化和国家的实际利益。诚然,黄老学的政治纲领直接而又明确,就是建立一个强大的霸权国家(国富兵强)。黄老学派的官僚制观念和行政管理技术,受到了研

[①] 参阅史华慈《古代中国的思想世界》,第245页。

究者以不同方式的称道。黄老学的法制原理和统治技术所关注的是合乎人的性情的统治,除了"法律"作为整个统治的核心外,它还提供了权威("势")和官僚控制技术("权术")这两项辅助性方法。尤其是韩非不信任儒家的"道德"信念,这使他的政治哲学带有强烈的实用主义特征。韩非热心向君王传授官僚技术("术"),这使他成为东方的马基雅维利主义者。黄老学派不期望儒家津津乐道的王道乐土或君子国,也不期望克里斯玛式或魅力型(charismatic)的统治。他们心目中的君主是拥有统一性的权威而又"无为"安逸("君逸")的人,是扮演着类似于不干涉主义者的"守夜人"角色的人。从儒家的立场来说,黄老学家特别是韩非冷酷无情、铁面无私,他们的身体中仿佛装置着铁石心肠。他们坚持法律统治要基于自然法("道法"),任何私人领域的东西都不被允许干扰宇宙秩序的运行。但这些都没有成为黄老学建立法律共同体理想的障碍,反而恰恰成了他们追求更高理想的基础。那些先后经过改革而兴盛的国家,特别是偏僻的西部边陲国家秦国的强大,在很大程度上,都是得益于法律的统治。这不仅促使黄老学人物确信法律统治的有效性,而且还促使他们将法律统治理想化。

黄老学法律共同体理想以《韩非子·大体》篇的描述最为典型,这算得上是一个十分诱人的理想国:

> 古之全大体者:望天地,观江海,因山谷,日月所照,四时所行,云布风动;不以智累心,不以私累己;寄治乱于法术,托是非于赏罚,属轻重于权衡;不逆天理,不伤情性;不吹毛而求小疵,不洗垢而察难知;不引绳之外,不推绳之内;不急法之外,不缓法之内;守成理,因自然;祸福生乎道法,而不出乎爱恶;荣辱之责在乎己,而不在乎人。故至安之世,法如朝露,纯朴不散,心无结怨,口无烦言。故车马不疲弊于远路,旌旗不乱于大

泽，万民不失命于寇戎，雄骏不创寿于旗幢；豪杰不著名于图书，不录功于盘盂，记年之牒空虚。故曰：利莫长乎简，福莫久于安。使匠石以千岁之寿操钩，视规矩，举绳墨，而正太山，使贲、育带干将而齐万民，虽尽力于巧，极盛于寿，太山不正，民不能齐。故曰：古之牧天下者，不使匠石极巧以败太山之体，不使贲、育尽威以伤万民之性。因道全法，君子乐而大奸止。澹然闲静，因天命，持大体。故使人无离法之罪，鱼无失水之祸。如此，故天下少不可。上不天则下不遍覆，心不地则物不必载。太山不立好恶，故能成其高；江海不择小助，故能成其富。故大人寄形于天地而万物备，历心于山海而国家富。上无忿怒之毒，下无伏怨之患，上下交顺，以道为舍。故长利积，大功立，名成于前，德垂于后，治之至也。

这一篇文字的第一大段也被看成是慎子的佚文。① 从其思想内容来看，它与韩非的黄老学也是一致的，只是文中所说的"古之全大体者""古之牧天下者"，似乎与韩非的"因时制宜"的历史观不够协调。实际上，韩非也不是没有"托古"的思想因素。不管如何，《大体》篇为我们想象了一个十分动人的基于法律统治的理想共同体。仅凭着自己丰富的想象力，中国文化就拥有了或者是人人平等和财产公有的大同社会，或者是无政府式（"无君"）的国家，或者是道家庄子想象的原始状态（"至德之世"），或者是陶渊明的"世外桃源"、《镜花缘》中的君子国，或者是儒家的道德理想国，现在我们又知道，还有黄老学基于"法律统治"的法律共同体理想。这种理想所依据的原理是，道

---

① 明吴人慎懋赏所校的内外篇《慎子》、钱熙祚校并辑佚的七篇本《慎子》，把开头"古之全大体"至"福莫久于安"部分列为慎子的佚文。但《群书治要》所收《大体》一篇是隶属于《韩非子》，所收《慎子》篇目无此。此外，根据《群书治要》，《申子》也有以"大体"命名的篇目。

第十八章 黄老学的法哲学原理、公共性和法律共同体理想——为什么是"道"和"法"的统治

法是最高的统一和标准，它具有普遍的适用性，也是最简省的。人间要效法道和天地自然的秩序，遵循人的自然性情，制订实在法，并完全按照法律去约束和规范人的一切行为。由于不允许一切私情和私心介入到公共的正义之法中，因此它能最大限度地满足每个人对自己利益的追求，并避免人们产生不满和怨恨。这种社会高度安全，人人安居乐业，没有闲人阶层。《庄子》中保存的黄老学思想，也有这种乌托邦倾向。《天道》篇说：

> 是故古之明大道者，先明天而道德次之，道德已明而仁义次之，仁义已明而分守次之，分守已明而形名次之，形名已明而因任次之，因任已明而原省次之，原省已明而是非次之，是非已明而赏罚次之，赏罚已明而愚知处宜，贵贱履位，仁贤不肖袭情。必分其能，必由其名。以此事上，以此畜下，以此治物，以此修身，知谋不用，必归其天。此之谓大平，治之至也。

这是融合了儒道法三家的乌托邦期望，虽然没有特别突出"法律"的统治，但所谓"明天""因任""赏罚"和"分能"等，都属于黄老学的基本观念。

理想的一般意味着是不现实的，就像"乌托邦"意味着没有但又非常美好的地方那样。不过，黄老学法律共同体理想则在后发的秦国得到了"某种"体现，儒家人物荀子访问秦国之后的观感是一个见证。大约在公元前306年至前251之间（即秦昭王元年至五十六年间），荀子访问了西方的秦国。秦国的秩序、富庶和强大，给他留下了很深的印象。这次访问据刘向说，[①]是受到秦国的聘请前往的，荀子可能也是以

---

① 刘向《校孙卿书录》载："孙卿之应聘于诸侯，见秦昭王，昭王喜战伐，而孙卿以三王之法说之，及秦相应侯皆不能用也。"

实现儒家式的政治抱负而前往的。根据《荀子·儒效》篇的记载,秦昭王接见了他。与梁惠王见到孟子后以询问的口气问孟子如何做才有利于他的国家迥然不同,秦昭王先声夺人地就向荀子挑战说,儒者对一个国家是无益的。荀子当然不会接受秦昭王的说法,他对儒者作用的一番动人的辩护,博得了秦昭王的称赞。时任秦相的应侯也接见了荀子,应侯询问荀子参观秦国的印象,荀子描述了他所看到的秦国的一番景象:

> 其固塞险,形势便,山林川谷美,天材之利多,是形胜也。入境,观其风俗,其百姓朴,其声乐不流污,其服不挑,甚畏有司而顺,古之民也。及都邑官府,其百吏肃然莫不恭俭、敦敬、忠信而不楛,古之吏也。入其国,观其士大夫,出于其门,入于公门;出于公门,归于其家,无有私事也;不比周,不朋党,倜然莫不明通而公也,古之士大夫也。观其朝廷,其朝闲,听决百事不留,恬然如无治者,古之朝也。故四世有胜,非幸也,数也。是所见也。故曰:佚而治,约而详,不烦而功,治之至也,秦类之矣。(《荀子·强国》)

根据这里的描述,秦国的美好情景令人向往,仿佛就是黄老学法律共同体理想的写照。荀子把秦国的民众、官僚和朝廷比之为"古之民""古之吏""古之朝",这仿佛就是说新兴的秦国正处在一个曾经有过的"黄金时代"。在荀子的描述中,我们看到了黄老学"无为而治"的君王形象,他不是日理万机地为国事无限操劳的人,而是一个"不下簟席之下"和"垂拱而治"的安逸的人。荀子所说的"佚而治,约而详,不烦而功,治之至也",正是黄老学的统治理念和理想,而秦国就是这种统治理念和理想的国家。①

荀子可能没有认真思考过秦国的统治秩序主要是基于"法律"的秩序。他虽然注重"规范",但他注重的规范主要是"礼"的规范,而不是法律规范,这是与他对法律的儒家式看法相一致的。《荀子·君道》篇说:

> 有乱君,无乱国;有治人,无治法。羿之法非亡也,而羿不世中;禹之法犹存,而夏不世王。故法不能独立,类不能自行;得其人则存,失其人则亡。法者,治之端也;君子者,法之原也。故有君子,则法虽省,足以遍矣;无君子,则法虽具,失先后之施,不能应事之变,足以乱矣。不知法之义而正法之数者,虽博临事必乱。②

与黄老学主张"法治"不同,荀子坚持的仍是以道德表率为根本的儒家的"人治"。只是在非常有限的意义上,荀子才与法家有某种关联。如按照孟子的观念,霸道与王道是不能两立的,惟有令人心服的王道才是最理想的治国平天下之道。而荀子则没有把霸道与王道两极化,在从由低到高的统治等级中,霸道相对于乱国、弱国来说是属于比较理想的统治等级,正是基于此,荀子对秦国给予了相当高的评价。

---

① 孔子早先对秦穆公也有过肯定性的评论。齐景公访问鲁国时,专门派遣晏婴把孔子请到他下榻的"公馆"向孔子请教"为政"的问题。齐景公问秦穆公为什么能以一个偏僻的小国称霸。孔子回答说:"其国虽小,其志大;处虽僻,而其政中。其举也果,其谋也和,法无私而令不偷。首拔五羖,爵之大夫,与语三日而授之以政。以此取之,虽王可,其霸少矣。"景公曰:"善哉。"(《孔子家语·贤君》)

② 孟子也主要是以"圣贤"为出发点来看待法:"徒善不足以为政,徒法不能以自行。诗云:'不愆不忘,率由旧章。'遵先王之法而过者,未之有也。圣人既竭目力焉,继之以规矩准绳,以为方员平直,不可胜用也;既竭耳力焉,继之以六律,正五音,不可胜用也;既竭心思焉,继之以不忍人之政,而仁覆天下矣。故曰:为高必因丘陵,为下必因川泽。为政不因先王之道,可谓智乎?"(《孟子·离娄上》)

但他进一步又用儒家的王道标准指出秦国还不够理想：

> 虽然，则有其諰矣。兼是数具者而尽有之，然而县之以王者之功名，则偂偂然其不及远矣！是何也？则其殆无儒邪！故曰粹而王，驳而霸，无一焉而亡。此亦秦之所短也。（《荀子·强国》）

> 力术止，义术行，曷谓也？曰：秦之谓也。威强乎汤武，广大乎舜禹，然而忧患不可胜校也。諰諰然常恐天下之一合而轧己也，此所谓力术止也。（同上）

荀子有两位与儒家对立的法家弟子，这在一定程度上影响了他的儒家声誉。但荀子则是一位坚定不移的儒家的捍卫者和发展者。李斯为了摆脱卑贱地位和寻找用武之地，决定离开楚国到秦国（"将西说秦王矣"）。他在辞别荀子时向荀子请教如何治理秦国，荀子教导他的是儒家的仁义。①杨倞《荀子注》引《新序》的记载说："李斯问孙卿曰：'当今之世，为秦奈何？'孙卿曰：'力术止，义术行，秦之谓也。'"②李斯争辩说秦国持续的强盛，不是通过仁义实现的，而是以"便利"之事的方式达到的，但荀子教诲他说"仁义"是治国的"大便之便"。③

---

① 按照司马迁的记载，商鞅初到秦国后，先是向秦孝公阐述"帝道"和"王道"，但秦孝公都没有兴趣。当他向秦孝公阐述霸道时，秦孝公兴致勃勃并最后聘任了他。

② 《荀子·强国》篇以设问和解释的方式记载了这段话。

③ 《荀子·议兵》记载了他们的这段对话："李斯问孙卿子曰：'秦四世有胜，兵强海内，威行诸侯，非以仁义为之也，以便从事而已。'孙卿子曰：'非汝所知也。女所谓便者，不便之便也；吾所谓仁义者，大便之便也。彼仁义者，所以修政者也；政修则民亲其上，乐其君，而轻为之死。故曰：凡在于军，将率末事也。秦四世有胜，諰諰然常恐天下之一合而轧己也，此所谓末世之兵，未有本统也。故汤之放桀也，非其逐之鸣条之时也；武王之诛纣也，非以甲子之朝而后胜之也，皆前行素修也，此所谓仁义之兵也。今女不求之于本，而索之于末，此世之所以乱也。'"李斯在秦当然不是按照儒家的立场行事的，不过照《史记》的记载，他有时仍然想起荀子对他的教诲，并感到不安。

除了商鞅和韩非具有排斥儒家仁义道德的倾向外，齐、楚黄老之学一般都综合了儒家的仁爱和礼义，《管子》《黄帝四经》等就是如此。人们一直批评秦国"以法为教"和"以吏为师"，但至少从观念形态上说，作为黄老学集体性著作的《吕氏春秋》，就不是单一的"法术主义"，它对儒家的融合是其高度综合性的表现之一。睡虎地秦简《为吏之道》，也融入了儒家的道德观念，主张"宽容忠信，和平毋怨，悔过勿重"，把父慈子孝作为"政本"〔"君鬼臣忠，父兹（慈）子孝，政之本也"〕，所列出的官吏的"五善"，基本上都是政治道德〔"吏有五善：一曰中（忠）信敬上，二曰精（清）廉毋谤，三曰举事审当，四曰喜为善行，五曰龚（恭）敬多让。五者毕至，必有大赏"〕。只是从根本倾向上，黄老学坚持的是法律的统治，并与儒家的"德治"相对立。

在从传统社会到近代社会的转变中，儒家的"德治"与黄老学和法家的"法治"都受到了批评。儒家的德治和人治被认为阻碍了中国向现代性"法治"的转变，因为它把政治和法律都伦理化了；黄老学和法家的"法治"也不合乎现代的需要，因为它完全是服务于君主专制的。这样，中国古代传统的两大政治理念就完全变成了对现代中国政治不能提供任何资源的负面性存在。然而，从黄老学的法治学说来看，它确实包含着现代性"法治"的重要属性和特征，决不像一般所误解的那样，它与现代性"法治"格格不入。同样，儒家的"德治"也不能说在现代政治生活中就没有任何存在的合理性。诚然，"法治"与"德治"都有各自的适用范围和自立性。政治不是伦理的延长，法治也不能由德治来代替。但法治与德治彼此之间存在着联系和互补。

从比较的立场来看，儒家的"德治"注重的是政治人格和人文教化，它试图从个人修身和道德表率为政治寻找一个坚固的基础。即使是客观的"法治"，严格来说也不能完全脱离开"人格性"。恐怕谁都不会否认，法治既是一种客观化的秩序，同时也是人为的秩序。"法律"是人制定的，是社会和人的创造物，法治更要靠人来实现。如果完全从人性恶出发设想法治的可能性，那不就等于说人性恶的人或心存不良的人，能够制造出一种良好和正义的法律秩序。因此，从理论上说，建立和维护公正和正义的法治秩序，恰恰也需要假定人性善，并由此可以期待公正的执法者和大多数守法的公民。儒家主张道德治理，并往往把人性设定为善，这也为法治秩序提供了前提。儒家道德治理的基本意义之一，是要求当政者具有优良的道德品性并以身作则，这一点原则上并没有错。在现代社会中，利益的分配和占有非常复杂，法治秩序无疑非常重要，但对当政者的道德要求实际上也非常高。一个当政者，不仅应是守法的人，而且也应该是道德的榜样。在这一点上，儒家思想可以被激活。肯定近代理性化和官僚化政治的韦伯，也强调政治伦理。在他看来，激情、责任感和恰如其分的判断力，对于政治家具有决定性的意义。政治领域中的致命罪过就是缺乏客观性和无责任心。从"责任伦理"来说，从事政治就必须顾及自己行为的后果。同时，政治行为要获得内在的支持，还需要相应的"信念伦理"。政治家的信仰可能并不相同，或者是民族的，或者是文化的、人道的、伦理的、社会的，但不管如何，一定要有某种信念，否则即使世界上最重大的外在政治成就，也免不了为万物皆空的神咒所吞噬：

  政治作为一项"事业"的性质，如果完全不考虑它自身在人类行为的整体道德安排（die sittliche Gesamtokonomie）中的目标，政治能够完成什么使命？也就是说，在伦理世界中，政治的家园在哪里呢？①

  能够深深打动人心的，是一个成熟的人（无论年龄大小），他意识到了对自己行为后果的责任，真正发自内心地感受着这一责

---

① 〔德〕马克斯·韦伯：《学术与政治》，冯克利译，生活·读书·新知三联书店1998年版，第103页。

任。然后他遵照责任伦理采取行动，在做到一定的时候，他说："这就是我的立场，我只能如此。"这才是真正符合人性的、令人感动的表现。我们每一个人，只要精神尚未死亡，就必须明白，我们都有可能在某时某刻走到这样一个位置上。就此而言，信念伦理和责任伦理便不是截然对立的，而是互为补充的，唯有将两者结合在一起，才构成一个真正的人——一个能够担当"政治使命"的人。①

由此来看，儒家的德治并没有完全过时，而且相对于黄老学的"法治"来说，它确实发现了一个政治世界；但一般来说，儒家太过于依赖政治人格和政治伦理了。与之不同，黄老学则发现了另一个政治世界，即以上我们讨论的基于法律规范的"法治"世界。黄老学如此早就对法律统治进行了整体性和系统性的建构，在人类的法治史上，无疑是非常先驱性的。但它的问题是把法治过于理想化了，以至于无法为道德和人文教化安排一个相应的位置；它将"人性"单一化为"利益"的动物，抹去了人的情感性和精神生活，也使人生失去了情趣。根据以上所说，在儒家的德治与黄老学的法治之间，我们不会是二者必居其一的选择。如果我们分别掌握了"德治"的奥妙和"法治"的奥妙，一种更加完整的"治道"就是可能的。

---

① 〔德〕马克斯·韦伯：《学术与政治》，第116页。

第十九章

睡虎地秦简《为吏之道》与秦国的儒家式政治伦理

睡虎地秦墓竹简文献不仅使我们得以了解和认识以法律统治而闻名的秦国所颁布之法律的条文和秦法的面貌，而且也使我们得知在似乎是容不得儒家的法家思想的最大实验基地，实际上仍然存在着非法家因素尤其是儒家思想表现的空间，睡虎地秦简《为吏之道》是一个最好的见证。① 在整体性质上，我不认为《为吏之道》是融合儒、道、法而以法家思想为主的作品。② 我认为《为吏之道》提出的官吏之道和人生之道主要是儒家式的，③而法家和道家思想所占的成分则是很少的。

---

① 本文所引《为吏之道》之释文，依据的是睡虎地秦墓竹简整理小组编的《睡虎地秦墓竹简》（文物出版社 1990 年版）。以下凡引此释文之释义，均出以"原注"和页码。这篇佚籍又见之于岳麓书院收藏的秦简之中，题为《为吏治官及黔首》，在《文物》（2009 年第 3 期）和《中国史研究》（2009 年第 3 期）公布了部分图版。

② 张晋藩认为，《为吏之道》基本上属于法家思想体系，同时又杂有许多儒家思想。参阅张晋藩《从秦简〈为吏之道〉看秦的"治吏"思想》，见《中国法律史论》，法律出版社 1982 年版；高敏认为《为吏之道》是以法家思想为主的法家、儒家和道家思想的融合。参阅高敏《秦简〈为吏之道〉中所反映的儒法融合倾向——兼论儒法诸家思想融合的历史演变》，见《云梦秦简初探》（增订本），河南人民出版社 1981 年版。

③ 黄盛璋《云梦秦简辨正》（载《考古学报》1979 年第 1 期）、徐富昌《睡虎地秦简研究》（文史哲出版社 1993 年版）、欧阳祯人《略论秦简〈为吏之道〉的儒家思想》（见丁四新主编《楚地出土简帛文献思想研究》一，湖北教育出版社 2002 年版）等，曾对其中的儒家思想因素进行了讨论。

比之于上博简儒家的《从政》篇来说，《为吏之道》的政治主体——即"吏"，主要是指自上而下的官僚阶层，它是一个除君主、天子之外从中央到地方各级官吏的总称，①但用吏这个字而不是用臣，表明《为吏之道》面对的主要是"吏民关系"而不是"君臣关系"，它关注的是官吏直接面对百姓和民众如何奉行政治伦理、履行职责和行使权力的。本章再次对《为吏之道》进行讨论的主要目的，一是为了揭示在被定性为以法律（"以法为教""以吏为师"）进行刚性统治的秦国，为什么还存在着以柔性的政治伦理作为内在指导的政治生活方式；二是为了更仔细地揭示为什么说这种政治伦理主要是儒家式的，这要求我们充分地展现其众多的儒家伦理要素，对其他说法给予更有说服力的回应，进而纠正秦国与儒家水火不容的印象和偏见。②

一 "以吏为师""吏道"与秦国的政治伦理

将国家、社会和政治生活最大限度地纳入到法律统治的范围之内，不管是作为一种学说还是作为一种实践都是出自法家和法家代表人物，这一点是可以肯定的。作为法律统治的实践者李斯，他向秦始皇奏议

---

① 我使用"主要"这个词，是因为《为吏之道》也谈到了"君臣"政治伦理。另外，《为吏之道》的"吏"亦非仅指地方和基层官吏。参阅汤浅邦弘《战国楚简与秦简之思想史研究》，佐藤将之监译，万卷楼图书股份有限公司2006年版，第230—240页。

② 有关《为吏之道》的研究，另请参阅蒋义斌《秦简为吏之道在思想史上的意义》（载《简牍学报》1981年第10期）、张晋藩《从秦简〈为吏之道〉看秦的"治吏"思想》、江庆柏《"睡简"〈为吏之道〉与墨学》（载《陕西师范大学学报（哲学社会科学版）》1983年第4期）、余宗发《〈云梦秦简〉中思想与制度钩摭》（文津出版社1992年版）、刘天奇《黄老政治的初次实践——从秦简〈为吏之道〉看秦国的黄老政治》（载《唐都学刊》1994年第5期）、魏启鹏《文子学派与秦简〈为吏之道〉》（载《道家文化研究》第十八辑，生活·读书·新知三联书店2000年版）、陈战峰《从睡虎地秦简〈为吏之道〉看秦思想文化的发展》（载《西安电子科技大学学报（社会科学版）》2004年第14卷第2期）。

禁止民间私学，使"若有欲学法令，以吏为师"成为一项基本国策，无疑使秦国的师、教变得非常狭隘了。在李斯的眼中，一个国家除了教授人们学习"法令"之外没有别的可教，而官吏就是他们的最好老师；一个国家除了执行法律之外没有别的事情好做，而官吏就是这台法律机器的操纵者。作为法家学说集大成者的韩非的"以吏为师"，在思想实质上同李斯是一致的。《韩非子·五蠹》篇说：

> 故明主之国，无书简之文，以法为教；无先王之语，以吏为师。

照《说文》的解释，"吏"的本义是专门从事治人的人，它是政府自上而下各级行政机构的官员的总称，孟子多称为"百官"，荀子多谓之"百吏"，负责司法（"御史"）和刑事（"狱吏"）的只是其中两种官吏，但对李斯和韩非来说，国家所有的官吏似乎都变成了法律的教师和执法者，这无疑使"吏"的意义褊狭到了极点。章学诚对秦人"以吏为师"的批评主要就要这里：

> 以吏为师，三代之旧法也。秦人之悖于古者，禁《诗》《书》而仅以法律为师耳。三代盛时，天下之学，无不以吏为师。《周官》三百六十，天人之学备矣。其守官居职，而不坠天工者，皆天下之师资也。东周以还，君师政教不合于一，于是人之学术，不尽出于官司之典守。秦人以吏为师，始复古制。而人乃狃于所习，转以秦人为非耳。秦之悖于古者多矣，犹有合于古者，以吏为师也。①

按照章学诚的看法，"以吏为师"是"三代"之学的特征，秦人以吏为

---

① 章学诚，叶瑛校注：《文史通义校注》上，第232页。

师正是继承了旧制，无可厚非，① 秦人的问题只是在于排斥其他学问，极其片面地使官吏成为法律的化身，或者说在公共政治生活中，官吏只需凭借法律而无须依赖其他东西就可以为治。只是，虽然商鞅在秦国较早排斥儒家的《诗》《书》之教，② 要求国家以耕战为中心来动员和整合社会资源，主张建立严明的法律秩序，并提出"以吏为师"的指导思想，但他所说的"以吏为师"的"吏"主要限于司法官吏，并不是说法律的教授者是整个的官吏：

> 天子置三法官：殿中置一法官，御史置一法官及吏，丞相置一法官。诸侯、郡、县皆各为置一法官及吏，皆此秦一法官。郡、县、诸侯一受宝来（禁室——笔者）之法令，学问并所谓。吏民知法令者，皆问法官。故天下之吏民无不知法者。吏明知民知法令也，故吏不敢以非法遇民，民不敢犯法以干法官也。遇民不修法，则问法官，法官即以法之罪告之。民即以法官之言正告之吏，吏知其如此，故吏不敢以非法遇民，民又不敢犯法。如此，天下之吏民虽有贤良辩慧，不能开一言以枉法。虽有千金，不能以用一铢。故知诈贤能者皆作而为善，皆务自治奉公。（《商君书·定分》）

"以吏为师"，在商鞅那里具体是指"置法官吏为之师"，这是商鞅回答秦孝公询问如何普及法律时（"公问于公孙鞅曰：'法令以当时立之者，

---

① 在余英时看来，章学诚赞成秦人"以吏为师"同他认为"君师分而治教不能合于一"的历史必然趋势之间产生了矛盾。"政教""吏师"之分即政治秩序与文化秩序之分，亦即政统与道统之分，即使在秦国也不能完全做到这一点了。参阅余英时《士与中国文化》，上海人民出版社1987年版，第168—172页。

② 《韩非子·和氏》记载，在商鞅向秦孝公的重大建议中，其中有"燔《诗》《书》而明法令"。照《史记·商君列传》的记载，商鞅同秦孝公最初两次的接触，是先建议孝公如何实行帝道和王道，但都不能引起孝公的兴趣，在这种情况下，他才向孝公提出霸道的建议，并最后赢得了孝公的信任。

明旦欲使天下之吏民皆明知而用之,如一而无私,奈何?'")提出的。很明显,商鞅的"以吏为师"是以"主法之吏以为天下师",它不同于韩非和李斯以所有官吏都为法令的教授者。①商鞅推行的变法路线和政策,在根本方面是同儒家对立的,但在一些做人的道理上,他的意识中似乎仍然没有完全否定儒家。当秦孝公对变法犹豫不决时,他的三位大夫商鞅、甘龙、杜挚意见不一。商鞅是坚决主张变法的,而甘龙和杜挚则反对变法,他们反对变法的思考方法和观念,有很浓厚的儒家味道,对于商鞅来说这是不能接受的,他甚至将儒家的经典和道德称为"六虱"。②但商鞅担任秦相十年之际,他结识了赵良并非常希望同他结交,但遭到了赵良的拒绝。从赵良的言论来看,他似乎是一位儒家式人物,他直言不讳地批评商鞅,引用孔子的话说"孔丘有言曰:'推贤而戴者进,聚不肖而王者退。'"他还两次引用了《诗经》的话:"《诗》曰:'相鼠有体,人而无礼。人而无礼,何不遄死。'以《诗》观之,非所以为寿也。""《诗》曰:'得人者兴,失人者崩。'此数事者,非所以得人也。"在《史记·商君列传》的记载中,我们看不到商鞅的反驳,最后只是说他没有听从赵良的劝告。商鞅有点类似于李斯,在关键时候,李斯的内心中总会浮出他的老师荀子的教诲和儒家的忠诚观念,但他就是不能坚持这些伦理原则,结果总是让权势和利禄的欲望占上风。

---

① 《汉书》卷三十八《薛宣传》记载薛宣回答吏职的询问回答说:"吏道以法令为师,可问而知。"余英时认为,薛宣说的"吏道以法令为师"最能说明汉代吏职的职能,它仍然是限于执行法令,与秦制是一脉相承的。(参阅余英时《士与中国文化》,第177—178页)余氏的说法显然是过于"简化"吏的职能。如果以商鞅所说为准,"法令之师"只是司法之吏的职能,汉代的"法令之师"更应是如此,正如礼仪和文教有专门负责的官吏一样。

② 《商君书·靳令》记载说:"六虱:曰礼、乐,曰《诗》《书》,曰修善,曰孝弟,曰诚信,曰贞廉,曰仁、义,曰非兵,曰羞战。国有十二者,上无使农战,必贫至削。十二者成群,此谓君之治不胜其臣,官之治不胜其民,此谓六虱胜其政也。"

官吏在韩非和李斯那里成了单一的法律人格。秦始皇为韩非的著述所着迷,又任用实践家李斯,使秦国在狭隘的法律化道路上走得更远,但是,不能说秦国历史中的官吏一直都只是奉行法律的规范。在从春秋至战国的政治生活演变中,虽然儒家主要人物和他们的学说在诸侯国家生活中没有获得有利的地位,但由儒家所承继和代表的传统道德观念和价值观,仍然在官吏的生活中起着或隐或显的教化和规范作用。《史记·循吏列传》论述"循吏"说:

> 法令所以导民也,刑罚所以禁奸也。文武不备,良民惧然身修者,官未曾乱也。奉职循理,亦可以为治,何必威严哉?

按照这里所说,良吏不是用法令和刑罚的威严来治民,而是"奉职循理"而治,民亦有所安而"身修"。司马迁对良吏的说明强调"奉职循理",这可以看成是官吏的职业道德。被司马迁视为良吏的一些代表人物,如孙叔敖、子产、公仪子、石奢、李离等,都是体现伦理道德的表率。司马贞《索隐述赞》说:"奉职循理,为政之先。恤人体国,良史述焉。"张界山汉墓竹简《二年律令》中有官吏任免的条规,称为"置吏律",其中说:

> 有任人以为吏,其所任不廉、不胜任以免,亦免任者。其非吏及宦也,罚金四两,戍边二岁。……官各有辨,非其官事勿敢为,非所听勿敢听。①

清廉、守职分说的都是为官的职业道德。睡虎地秦简《秦律十八种》

---

① 张家山二四七号汉墓竹简整理小组:《张家山汉墓竹简二四七号墓》(释文修订本),文物出版社2006年版,第36—37页。

和《秦律杂抄》有关官吏任免的条款，分别称为"置吏律"和"除吏律"，相比之下，其条款中虽然没有说到为官的伦理规范，显示了同汉律的不同之处，说明秦代任免官吏不注重道德因素，但不能由此说秦代官吏只受法律规范而不受政治伦理规范的约束。整体上看，《为吏之道》呈现的是秦代官吏的政治伦理规范，部分内容则是有关人生处世的道理。《为吏之道》不是为吏的刚性法律指标，而是柔性的道德规箴。《韩非子·外储说左下》引用孔子的话说：

> 孔子曰："善为吏者树德，不能为吏者树怨。概者，平量者也；吏者，平法者也。治国者，不可失平也。"

孔子说的"吏德"，是就执法者的内在约束而言，官吏执法需要的是"公平"和"公正"的职业道德，这仍然是强调刚性中的柔性价值。

余英时比较《语书》和《为吏之道》，他得出结论说，秦国存在着两种不同的"吏道观"，《语书》代表的是秦代官方的"以法为教"的"吏道"即"政治"，而《为吏之道》反映的则是大传统的吏道观——即文化、教化之治道。两者涉及的东西在性质上是明显不同的，一种是吏治所需要的法律规范，另一种是吏治所需要的道德规范，用儒家的话说，即"导之以政"和"导之以德"之别。① 《为吏之道》被发现的重要意义，是促使我们重新认识秦国吏治的完整形态。秦国的官吏不是只知道法律和以法律约束自己的铁石心肠的人，他们还是心存政治伦理和实践政治伦理的人。在秦昭襄王四十二（公元前 265）至五十二年（公元前 255 年）之间，荀子访问了秦国。② 他在秦国的观感让

---

① 参阅余英时《士与中国文化》，第 172—175 页。
② 据黄式三说，荀子访秦是昭襄王四十三年（公元前 264 年），也就是范睢任相之第二年。参考黄式三的《周季编略》，见《续修四库全书》（347，史部编年类），上海古籍出版社 1996 年版，第 170 页。

人感到当时的秦国几乎就是一个乐土、乐邦："佚而治，约而详，不烦而功，治之至也。秦类之矣。"(《荀子·强国》)荀子描写的秦国除了"形胜"外，其人民、士大夫、朝廷都保持着美好的古代遗风（"古之民""古之士大夫""古之朝"）：

> 及都邑官府，其百吏肃然，莫不恭俭、敦敬、忠信而不楛，古之吏也。(《荀子·强国》)

"恭俭""敦敬"和"忠信"都是伦理规范，秦国政府的官吏能够成为这些规范的表率，在荀子看来他们就是儒家心目中的古代理想的官吏。荀子认为秦国唯一的不足，就是缺乏儒者，其"义术"还不够，还没有发展至儒家王道理想国的境界：

> 虽然，则有其諰矣。兼是数具者而尽有之，然而县之以王者之功名，则倜倜然其不及远矣！是何也？则其殆无儒邪！故曰：粹而王，驳而霸，无一焉而亡。此亦秦之所短也。(《荀子·强国》)

但对于李斯来说就不一样了，荀子同他的这位弟子谈到秦国强盛的原因时，李斯提出的解答是，秦国是"以便从事而已"："李斯问孙卿子曰：'秦四世有胜，兵强海内，威行诸侯，非以仁义为之也，以便从事而已。'"(《荀子·议兵》)李斯谈到的"便"，可以解释为便利和实用。杨倞注解"以便从事"说："谓若劫之以势，隐之以厄，忸之以庆赏，鳅之以刑罚之比"。司马迁《史记·六国年表》为秦的辩解有助于理解它的功利路线：

> 秦取天下多暴，然世异变，成功大。《传》曰"法后王"，何

也?以其近己而俗变相类,议卑而易行也。学者牵于所闻,见秦在帝位日浅,不察其终始,因举而笑之,不敢道,此与以耳食无异。悲夫!

荀子不会接受他的弟子这种他认为是短见的观点,他批评说:

非女所知也。女所谓便者,不便之便也。吾所谓仁义者,大便之便也。(《荀子·议兵》)

秦国的富强不是侥幸的结果,荀子认为其中有"数"的决定性作用:"故四世有胜,非幸也,数也。"(《荀子·强国》)荀子认为决定秦国富强的"数",应该包含着李斯所说的"便"的东西,也应包括某些道德原则如"信"和"公正"等,因为在荀子看来,作为国家次级目标的"霸"是同"信"分不开的。《荀子·王霸》说:"故用国者,义立而王,信立而霸,权谋立而亡。"

《为吏之道》使我们知道,秦国不是单靠刚性的法律治理的,柔性的政治伦理规范也是秦国"吏道"的一部分。睡虎地秦简陪葬的墓主,是名之为"喜"的一位秦国官吏。公元前262年(秦昭王四十五年)他出生,他死于公元前217年(始皇三十年),一生活了四十多岁。《编年记》记载了他历任的官职。他前后担任的职务与法律方面关系密切,也与"狱"有关,这可以解释陪葬的竹简为什么主要是秦国的法律和作为政令性的《语书》。但是,其中还陪葬有《为吏之道》,这至少表明这位官吏并不排斥政治伦理,甚至还可以说他同时也是以此来指导他自己的吏职。确定《为吏之道》这一文献写定的时间,有助于我们了解这种政治伦理影响的长度。大家根据《语书》避讳"正"字而用"端"字,判定它是始皇时期发布的文告。《为吏之道》不避讳"正"字,自然是在始皇时期之前写定的。留下的疑问是,它是在始皇

第十九章 睡虎地秦简《为吏之道》与秦国的儒家式政治伦理

之前什么时候出现的。魏启鹏根据《为吏之道》用"则"字不避秦昭王的讳,又根据孝文王于公元前 250 年即位,在位只有几天,推测其写定时间当在庄襄王时期。从庄襄王到始皇主政之前这一段时间是吕不韦辅政,正是秦国推行宽民、惠民之政时期,因此,此篇简册得以在下层官吏中传抄和流传。① 但魏启鹏忽视了庄襄王的避讳问题。据《国策》卷五《秦五》记载,庄襄王本名"异人",后改名为"子楚"。为了避庄襄王讳,秦人将楚国、楚人之"楚"都改写为"荆"。② 如《史记·秦始皇本纪》记载:"二十三年,秦王复召王翦,强起之,使将击荆。"《正义》解释说:"秦号楚为荆者,以庄襄王名子楚,讳之,故言荆也。"根据秦代不仅避讳本朝也避讳前朝君主的制度,③《为吏之道》不避"异"字,其中说"同能而异""毋发可异使烦请",这可以证明此简册亦非庄襄王时写定。《为吏之道》既然不避始皇、庄襄王的讳,这说明应在他们之前写定,这与马王堆汉墓帛书《老子》甲本不避汉高祖刘邦讳应抄写于刘邦称帝之前一样。同《为吏之道》抄写在一起的有两条魏律("魏户律"和"魏奔命律"),这两条魏律都颁布于"廿五年"。根据季勋的考证,"廿五年"是魏安釐王二十五年(公元前252 年),此即秦昭王五十五年。④ 由此可以判定,《为吏之道》的写定时间不能晚于秦昭王五十五年,我推测有可能是写定于此前的秦昭王时期。

---

① 参见魏启鹏《文子学派与秦简〈为吏之道〉》,见陈鼓应主编《道家文化研究》第十八辑,生活·读书·新知三联书店 2000 年版,第 174—175 页。

② 有关这一方面,请参阅陈垣《史讳举例》(中华书局 2004 年版,第 109 页)、王建《中国古代避讳史》(贵州人民出版社 2002 年版,第 32—34 页)。

③ 胡亥二世在位时间虽然短暂,也有避讳。《史记·秦始皇本纪》记载,"二世乃斋于望夷宫",此"夷"字,疑即避"胡"而改。(参阅王建《中国古代避讳史》,第 33 页)但李斯在狱中向胡亥上书,却又不避"胡"("北逐胡、貉")字;始皇三十四年,在李斯的"焚书"建议中,他不避"异"("时变异也")字。

④ 参阅季勋《云梦睡虎地秦简概述》,载《文物》1976 年第 5 期。

第一，《为吏之道》出现的"则"字，可能与秦昭王的避讳无关。秦昭王是惠文王之子，悼武王的异母之弟，名"稷"。《史记·秦始皇本纪》记载说：

> 武王取魏女为后，无子。立异母弟，是为昭襄王。……武王死时，昭襄王为质于燕，燕人送归，得立。

《史记·赵世家》也记载秦昭王的名字是"稷"：

> 十八年，秦武王与孟说举龙文赤鼎，绝膑而死。赵王使代相赵固迎公子稷于燕，送归，立为秦王，是为昭王。

《世本·诸侯谱》记载秦昭王又名"侧"。司马贞的《史记索隐》说他名"则"，一名稷。《史记索隐》当据《世本》，《世本》作"侧"，疑"则"是"侧"之误。

第二，秦昭王在位时间五十六年，从孝公（在位二十四年）、惠文王（在位二十七年）、武王（在位四年；因有力，好戏，与大力士孟说比举鼎受伤而死）到他，被称为"四世有胜"，相比于在位时间已经较长的孝公和惠文王来，秦昭王的在位时间则更长。秦国君王们的寿命长和执政时间长，被认为是秦国能够稳定发展和富强的原因之一。如同上述，秦昭王时，荀子访问过秦国，秦昭王接见了他。秦昭王以否定的口气说"儒者无益于人之国"，原则性很强的荀子，当然不会接受这种评论，他对儒者社会政治角色和作用的一番辩护，赢得了秦昭王的肯定：

> 秦昭王问孙卿子曰："儒无益于人之国？"孙卿子曰："儒者法先王，隆礼义，谨乎臣子而致贵其上者也。人主用之，则势在本

朝而宜；不用，则退编百姓而悫，必为顺下矣。虽穷困冻馁，必不以邪道为贪；无置锥之地，而明于持社稷之大义；呜呼而莫之能应，然而通乎财万物、养百姓之经纪。势在人上则王公之材也，在人下则社稷之臣，国君之宝也。虽隐于穷阎漏屋，人莫不贵之，道诚存也。仲尼将为司寇，沈犹氏不敢朝饮其羊，公慎氏出其妻，慎溃氏逾境而徙，鲁之粥牛马者不豫贾，必蚤正以待之也。居于阙党，阙党之子弟罔不分，有亲者取多，孝弟以化之也。儒者在本朝则美政，在下位则美俗，儒之为人下如是矣。"王曰："然则其为人上何如？"孙卿曰："其为人上也广大矣：志意定乎内，礼节修乎朝，法则度量正乎官，忠信爱利形乎下，行一不义、杀一无罪而得天下，不为也，此君义信乎人矣，通于四海，则天下应之如讙。是何也？则贵名白而天下治也。故近者歌讴而乐之，远者竭蹶而趋之，四海之内若一家，通达之属莫不从服，夫是之谓人师。《诗》曰：'自西自东，自南自北，无思不服。'此之谓也。夫其为人下也如彼，其为人上也如此，何谓其无益于人之国也。"昭王曰："善。"(《荀子·儒效》)

这说明秦昭王对儒家没有太大的偏见和排斥性，在对待儒家方面算是开明的。秦国稳定的社会政治秩序，有赖于稳定的自上而下的官僚体系和官僚队伍，秦国官吏的清廉、敬职、忠信，受到了荀子的高度称赞，这样的背景是有利于产生一种官吏政治伦理的。

范雎担任秦昭王时期的国相前后十几年，对秦国君权和政治的稳定起到了重要的作用。他是一位智慧之士，也是"功遂身退"的通达之士。范雎自称"五帝三代之事，百家之说，吾既知之。众口之辩，吾皆摧之"(《史记·范雎蔡泽列传》)。但在燕国之士蔡泽的劝告下，他毅然放弃相位，向秦昭王推荐了蔡泽。最初在范雎说服秦昭王的执政理念中，看不到他对政治伦理的强调，不过，他对子学和儒家并没有敌视的立场。蔡泽规观他隐退的道理和价值观有很明显的儒家色彩，他欣然加以肯定：

> 蔡泽曰："质仁秉义，行道施德，得志于天下，天下怀乐敬爱而尊慕之，皆愿以为君王，岂不辩智之期与？"应侯曰："然。"蔡泽复曰："富贵显荣，成理万物，使各得其所；性命寿长，终其天年而不夭伤；天下继其统，守其业，传之无穷；名实纯粹，泽流千里，世世称之而无绝，与天地终始，岂非道德之符而圣人所谓吉祥善事者与？"应侯曰："然。"（《史记·范雎蔡泽列传》）

"仁义""道德""敬爱"等都是儒家的核心价值。蔡泽举出商鞅、吴起和大夫种不得善终的例子问范雎他们的这种结局是否可取。范雎辩称说：

> 若此三子者，固义之至也，忠之节也。是故君子以义死难，视死如归；生而辱不如死而荣。士固有杀身以成名，唯义之所在，虽死无所恨。何为不可哉？（《史记·范雎蔡泽列传》）

蔡泽没有批评范雎的说法，也没有完全否定三位政治人物。只是，他强调一个人在世能够"身名俱全"是最理想的，而范雎正是能够作出这种选择的人：

> 蔡泽曰："主圣臣贤，天下之盛福也；君明臣直，国之福也；父慈子孝，夫信妻贞，家之福也。故比干忠而不能存殷，子胥智而不能完吴，申生孝而晋国乱。是皆有忠臣孝子，而国家灭乱者，何也？无明君贤父以听之，故天下以其君父为僇辱而怜其臣子。今商君、吴起、大夫种之为人臣，是也；其君，非也。故世称三

第十九章 睡虎地秦简《为吏之道》与秦国的儒家式政治伦理

子致功而不见德,岂慕不遇世死乎?夫待死而后可以立忠成名,是微子不足仁,孔子不足圣,管仲不足大也。夫人之立功,岂不期于成全邪?身与名俱全者,上也。名可法而身死者,其次也。名在僇辱而身全者,下也。"于是应侯称善。

蔡泽曰:"……语曰'日中则移,月满则亏'。物盛则衰,天地之常数也。进退盈缩,与时变化,圣人之常道也。故'国有道则仕,国无道则隐'。圣人曰'飞龙在天,利见大人'。'不义而富且贵,于我如浮云'。……是以圣人制礼节欲,取于民有度,使之以时,用之有止,故志不溢,行不骄,常与道俱而不失,故天下承而不绝。"(《史记·范雎蔡泽列传》)

可以看出,蔡泽规劝范雎运用的价值观和道理,都来自于儒家(包括引用孔子的话),称得上是一位儒者,虽然在司马迁看来他也是"辩士"。蔡泽担任秦相只有数月,但他居秦二十余年,[①] 从昭王、孝文王、庄襄王一直到始皇。在君明臣忠、吏清民朴的秦昭王时代,最有可能形成《为吏之道》这种规范的官吏政治伦理。

在秦"四世有胜"时期,武王的在位时间很短,真正促进秦国富强和秩序的是孝公、惠文王和昭襄王。孝公在商鞅辅助下的全面改革,建立了适合秦国发展和国际竞争的一套制度和规范,奠定了秦国强盛的基础;秦昭王在位五十六年,以自己的雄心壮志,通过任用贤相,大大推进了秦国的富庶和强大,这是形成秦国官吏政治伦理的最好时期,荀子对秦国"官吏"的赞扬是一个很好的象征。因此,将《为吏之道》的写定时间定在秦昭襄王时期是比较恰当的。

[①] 《史记·范雎蔡泽列传》说是"十余年"。王蘧常认为是"二十余年",王说是。参阅王蘧常的《秦史》,上海古籍出版社2000年版,第212页。

二 "为吏"与"民心"和"表率"

秦国以法律而治的特征如此典型和明显,又有像商鞅、李斯这样的法家人物在秦国获得过政治上的强有力地位,始皇时期的秦帝国又出现了臭名昭著的"焚书坑儒"事件,秦代的法律和许多制度又为汉代所承继,这一切都使人无法想象秦国人是如何过伦理道德生活的。就像我们想起古代罗马首先想到的是它的法律那样,想到秦国我们常常想到的就是它的"严刑峻法",很难将它同伦理道德生活联系起来,更别说是同儒家的伦理道德联系起来。但是任何一个国家都不可能没有伦理生活,也不可能没有规范官吏的政治伦理,哪怕是在实用主义、实效主义占据主要地位的秦国。上面我们指出,《为吏之道》整体上是一个规范官僚从事公共职务的道德指南和简明伦理手册,而且是"儒家式"的。下面我就深入到《为吏之道》本身之中,仔细来看看它是怎样的一种儒家政治伦理。迄今,我们对此的探讨还是不充分的。

诚然,《为吏之道》包含有其他子学的因素是不能否定的,如其中说的"君子不病也,以其病病也",这句话当是受了《老子》第七十一章说的"圣人不病,以其病病,是以不病"影响而来;又如"除害兴利"的说法,非常有可能来自于墨家。在《墨子》中,"兴天下之利,除去天下之害"这句话反复出现;《墨子·大取》中更有"兴利除害"之语。再如,其中的"审悉无私,微密纤察""审当赏罚,严刚毋暴"等,看起来也许同法家的关系更密切一点。① 但是,就《为吏之道》伦理道德和价值观的整体来看,它的儒家色彩是最浓厚的。现在我们就

---

① 《为吏之道》也很难说是受黄老思想影响的产物。因为"法""刑""名"和"德""人情""因循""赏罚"等都是黄老学的核心观念,而其中只是使用了"赏罚"。如果只孤立说"赏罚",这也是儒家、墨家使用的术语之一。

通过一些方面来考察一下贯穿在《为吏之道》之中的一些重要政治伦理和理念，以此具体而微地看看《为吏之道》政治伦理的儒家色彩究竟多么浓厚。

《为吏之道》政治伦理的第一个方面，是为政者要以行事得当来合乎民心和民意。从始皇开始，"民"的称号更定为"黔首"。《史记·秦始皇本纪》记载，秦始皇并天下初，"更名民曰'黔首'"。这是秦帝国"尚水"和以水德之黑创设制度的结果。《说文解字·黑部》解释说："黔，黎也。从黑今声。秦谓民为黔首，谓黑色也。"①即使被认为是最能维护君主权力和利益的法家体系，也不是将"民"完全工具化而不考虑其利益的，如商鞅和韩非都声称法律统治是为了爱民和利民。《商君书·更法》论证变法的目的说："法者，所以爱民也；礼者，所以便事也。是以圣人苟可以强国，不法其故；苟可以利民，不循其礼"。《韩非子·心度》认为法律的统治是根本性的，对犯罪施加刑罚是"爱之本"："圣人之治民，度于本，不从其欲，期于利民而已。故其与之刑，非所以恶民，爱之本也。"但不管如何，法家学说主要是从法律而不像儒家那样主要是从道德（侧重于为政者的道德）来思考政治秩序。以此思想来思考政治秩序的出发点之一是，为政者的所作所为要合乎"民心"和"民意"，这样的言论充满在儒家的言谈和论述之中，而这恰恰是韩非所批评的："今不知治者，必曰得民之心。欲得民之心而可以为治，则是伊尹、管仲无所用也，将听民而已矣。"（《韩非子·显学》）通观《为吏之道》，我们能够发现它包含着将"吏道"同"民"和"民心"紧密结合起来的倾向，显示了为了民众而从事公共行政事务的意识。

"民心"用语出现的场合是在以下这两句话中：

---

① 作为"民"的同义语"黔首"的使用，在子学著作如《吕氏春秋》中用例比较多，并不是像所说的那样是战国时期的流行用语。

> 地修城固，民心乃宁。百事既成，民心既宁。既毋后忧，从政之经。
>
> 凡戾人，表以身，民将望表以戾真。表若不正，民心将移乃难亲。①

这两句话中的"民心"，第一句说的是什么能够为人民带来安定和安宁，它举出了"地修城固"和"百事既成"。"地修城固"是指建立起了适合人民居住、生活的环境和空间；"百事既成"是指同人民相关的各种事务、事情都得到了妥善的处理和解决。这两者都能够安定民心，使他们无后顾之忧。《为吏之道》说这是"从政"的根本——"从政之经"。"从政之经"是和"为吏之道"意义相当的从事公共行政事务的又一个概括性用语，上博简中的其中一篇就命名为《从政》。第一句话引出的是为政者的公共行为要合乎"民心"和"民意"，如公共工程建设、征调民力、徭役等要有固定的时间，不要影响人民的正业。《为吏之道》说：

> 与民有期，安骈而步，毋使民惧。疾而毋諰，简而毋鄙。当务而治，不有可茝。劳有成既，事有几时。②

前三句的意思是，官吏为人民确定了完工的时间，就不要突然限令加快工期，使人民感到畏惧。这和《为吏之道》所说的"缓令急征"是

---

① 原注，"戾人"之"戾"，引《国语·晋语》注："帅也"。"戾人"即为民表率。第174页。

② 原注，"安"读为"按"；骈，即骈骑。"諰"，"语失"；"茝"音 chǎi，读为"改"。"疾"解为"说话快"，"简"解为"说话简明"；"几"即"结束"。第172页。然，"疾"和"简"恐怕不是指说话如何。"疾"意当是急切从事；"諰"意当为"忧惧"；"简"当是指行事简易、简略。"疾而毋諰，简而毋鄙"，大意为"急切从事一项工作不要让百姓感到忧惧，行事简略不要让百姓感到粗鄙。"

一致的。孔子提出为政的"四恶",其中一恶是"慢令致期",他认为这种做法无异于是陷害("贼")(见《论语·尧曰》)。与此类似,《孔子家语·辩政》说:"缓令急诛,是谓之暴。"上博简《从政》也说:"命无时,事必有期则贼"。"慢令""缓令",意思是下达的政令期限宽;"命无时"是说发布的政令期限不明,却临时限期,催逼完工,否则就加以惩罚。在儒家看来,这是失信于民的暴政和恶政。为了取信于民,提高政府的信用,《为吏之道》要求政令明确和确定,反对朝令夕改,使人民无所适从:

将发令,索其政,毋发可异使烦请。令数囚环,百姓摇(摇)贰乃难请。①

处如资(斋),言如盟,出则敬,毋施当。②

在征用劳力、劳役上,《为吏之道》提出的原则是:"劳有成既,事有几时"。"几时"原释文解释为"结束的时候"。路得根据"几"的一些用例,释"几"为"期"是恰当的,并认为这句话是说,使用民力去从事劳作总要有结束的时候,征发民众服役也须有固定的期限。③这是反对政府加重人民的负担,用《为吏之道》的话说就是"审知民能,善度民力"。《为吏之道》认为官吏的五种"过失"之一是"三曰兴事不当,兴事不当则民伤指"。④"兴事不当"所指广泛,《为吏之道》中有一大段话,列举了很多项目,四字一组,除了首尾部分成句,中间

---

① 原注,"索"即"求";"政"通"正";"烦请",反复请问;囚,读为"究","究环",追回。"摇贰",疑惑。第 174 页。
② 原注,"施",疑读为"弛";"当",读为"常"。第 172 页。
③ 参阅路得的《说睡虎地秦简〈为吏之道〉的"事有几时"》,见武汉大学简帛网,2007 年 6 月 27 日。
④ 原注,"伤",轻慢。"伤指",对其指示不予重视。第 169 页。

的大部分都不成句，不过中间这一部分列出的项目，属于各种各样的"兴事"：

> 城郭官府，门户关龠（钥），除陛甬道，命书时会，事不且须，赍责（债）在外，千（阡）佰（陌）津桥，囷屋藩（墙）垣，沟渠水道，犀角象齿，皮革橐（蠹）突，久刻职（识）物，仓库禾粟，兵甲工用，楼椑矢阅，枪闾（闾）环殳，比（庀）臧（藏）封印，水火盗贼，金钱羽旄，息子多少，徒隶攻丈，作务员程，老弱癃（癃）病，衣食饥寒，槁靳漠（渎），①屚（漏）屋涂墍（墍），苑囿园池，畜产肥膌（胯），朱珠丹青。

这些项目也许是《为吏之道》的作者事先没有想好而罗列出来的，不够连贯，我们无法具体判断如何才算是"兴事而当"，但原则上，《为吏之道》主张政府和官吏的行为要正当，多做人民所欢迎的事情（"善行"）。《为吏之道》所说的官吏的五种"善"，其中有两种是：

> 三曰举事审当，四曰喜为善行。

"审当"是来自审慎之下的恰当。"善行"可从《为吏之道》说的"除害兴利，慈爱万姓"中得到理解。"除害兴利"的说法大概是来自墨家，"慈爱百姓"当是来自儒家。因为它不是"兼爱"，而是"慈爱"。"慈爱"符合儒家以"父母"之心爱民的政治理念，这是通过爱民的良好政事、政务赢得民心。

---

① 原注，"此句原脱一字，意义不明"。第171页。按，结合上下文，此句似是说百姓贫穷和居家破败。"槁靳"意为稻草尽。"漠"，当读为"窦"，洞穴。所缺之字，或可读为"室"。

第十九章　睡虎地秦简《为吏之道》与秦国的儒家式政治伦理

在《为吏之道》中，赢得"民心"的另一个理念是为吏要以身作则、率民以正。上面引用的出现"民心"一词的另一段话是证明这一点的重要例证："凡戾人，表以身，民将望表以戾真。表若不正，民心将移乃难亲。""戾"，原释文援引《国语·晋语》注："帅"，并说"戾人"是为民表率。但不准确，且语意重复。"帅"意为带领、率领。儒家一贯坚持为政者的德性和德行是建立良好政治的前提，相信只要为政者身体力行、以身作则，就能感化百姓，引导他们从善如流，这是一种示范性和感化性的伦理政治。在人的成长和各种学习过程中，模仿和效仿他人的优秀表现和行为是一个重要方式。同样，模仿和效仿高尚的人格和道德榜样，也是个人伦理道德意识和行为发展的重要方式。这就是一般所说的榜样的作用。儒家认识到，为政者处在人民的观瞻之中，他们的言行如何直接影响着人们的意识和行为，上行之下必效之。因此，儒家认为，政治的真正意义就是"正己"，"己正而人正"。同样，《为吏之道》以"为政者"为"表率"，人民仰望和效法表率就会正直、真实。表率如果自身就不端正，人民就不会亲附他。《为吏之道》说：

　　劳以衛（率）之，卫正以矫之。
　　民之既教，上亦毋骄，埶道毋治，发正乱昭。安而行之，使民望之。道傷（易）车利，精而勿致，兴之必疾，夜以楼（接）日。观民之诈，罔服必固。①
　　善言隋（惰）行，则士毋所比。

在"劳以率之""安而行之，使民望之""观民之作，罔服必固"等话

---

① 原注，"诈"疑读为"作"；"罔"读为"辋"，车轮的外周；"服"，车箱。这两句大意是说要考察百姓所制作的车辆，使之坚固耐用。第173页。按，"罔"当读为"不"；"服"意为"从"。这两句大意应是，观察百姓之行事，他们不需服从就很有恒心。

语中，所表现的都是儒家式的以身作则的为政观。"为政者"之所以能起到表率作用，按照儒家的答案，这是靠他们的修身和道德，而不是靠强制性的东西约束百姓，这同法家刚性约束的逻辑显然不同。《为吏之道》是这样表现这一点的：

> 反敕其身，止欲去顋（愿）。①
> 正行修身，过（祸）去福存。

通过自身的反省控制自己的欲望，通过正确的行为和修身以求福祉，这都是个人道德自觉的表现。

三 清廉、公正和宽惠

贯彻在《为吏之道》之中的第二组政治伦理是清廉、公正和宽容。清廉常常是指掌握着公共权力和从事公共事务的官僚不用公共权力来谋取个人的私利。如果说影响政府信誉的可怕的弊病是官吏的腐败，那么建立有信誉的政府首先就是建立清廉的政府，让担任公共职务的官吏身体力行清廉政治伦理规范。《为吏之道》直接提出了作为官吏美德的"清廉"：

> 精（清）廉毋谤。

"谤"原释文解释为"怨恨"。"精（清）廉毋谤"，意为官吏保持清廉，百姓就没有怨言。《为吏之道》还用了同"清廉"相近的一个词"清洁"，说官吏"必清洁正直"。"清洁"原释文作"精洁"，并说

---

① 原注，"敕"，疑读为"索"，反敕其身即反求于自己。第168页。

第十九章　睡虎地秦简《为吏之道》与秦国的儒家式政治伦理

西汉镜铭的"洁清白而事君"、《盐铁论·颂贤》的"精白",意思与此一样,都是指"清白"。这样的话,"精"当读为"清",这正和其中的"精廉"读"清廉"一样。在为政之中,影响政府清廉的最主要因素是官吏容易受到利益和财富的诱惑,《为吏之道》的"清廉""清洁"政治伦理,正是规劝官吏避免受到财富的诱惑:

临材(财)见利,不取句(苟)富。

这句话的下文是"临难见死,不取苟免"。《礼记·曲礼上》有"临财毋苟得,临死毋苟免",两者意思一致。按照儒家的政治伦理,在利益面前,一个人首先要考虑的是获得这一利益是否合乎"义"。《为吏之道》说的"苟富",即是不合乎义的富,因此不能拥有这样的财富。在现实政治生活中,官吏掌握着公共资源,他们要经受住利益和财富的诱惑是不容易的,这需要他们有很强的道德"自律性"。也许正是认识到了这一点,《为吏之道》规劝官吏务必警惕自己的行为,避免利用职权不正当地占有利益和财富:

戒之戒之,材(财)不可归。
慎之[慎之],货不可归。

"归"的恰当解释是"归为己有"。侵吞不属于自己的"财货",用通常的话说就是谋取"不义之财"。《为吏之道》将官吏的过失之一称为"居官善取"。"善取"即"好取",担任官吏而好取利这是致命的恶行:

二曰不智(知)所使。不智(知)所使,则以权衡求利。

嫌贫爱富是人的一般心理，普通百姓如此，从事行政事务的官吏同样如此。《为吏之道》劝告人们不要抱有这样的心理意识和价值观：

> 毋喜富，毋恶贫。

一个人具有了这样的价值观，面对利益和财富，他就能够坦然和达观，为官者也能够保持清廉和高尚。值得注意的是，在这一点上，《为吏之道》没有局限于只是规劝为政者，它还提出了让大众节制、都各有所乐的个人价值理念：

> 人各食其所耆（嗜），不餕以贫（分）人；各乐其所乐，而餕以贫（分）人。①

相对于人的无穷欲望来说，物质财富总是不足的，无法满足所有人的所有欲望。因此，解决这一问题的方法，不是无限地增长物质和财富，实际上这是无法做到的。批评墨子节俭苦行的荀子，虽然认为墨子对自然和社会所供给的物质条件忧虑过度，主张社会尽量满足人们的生活需求，认为礼的重要意义是让每个人都各得其"养"，但由于人的自然欲望是无穷的，不可能人人都完全满足，在这种矛盾的情况之下，社会利益和物质生活条件的分配，最合理的方式是按照"礼"即等级、差别来进行，"使欲必不穷乎物，物必不屈于欲"（《荀子·礼论》）。《为吏之道》没有设想物质生活条件的分配方法，它将问题转到了人的精神生活和享受上，相信人人如果都能在精神上保持各自的快乐和乐趣，人人都是充足的。儒家和道家为人类生活想出来的理想办法，主要是道德上和精神上的。

---

① 原注，"餕"，即足。第176页。

"公正"是说担任公共职务的官吏在行使自己的权力处理各种事务时能以理性、客观的标准和规范来行动。中国哲学一般称"公"的东西,比这个范围要广。同"公"相反的东西,中国哲学通常称为"私"。"公私之分"是法家和黄老学关注的主题之一,在儒家中,荀子是较多论及这一问题的人。法家和黄老学的"公私之分",核心是说人能否按照法律的标准判断和衡量人的言行。荀子的"公私"更多的是以合理不合理、有道理没有道理而论,① 而不像黄老学特别是法家主要在于是否遵循法律。《荀子·强国》记载荀子访问秦国留下的秦国士大夫形象,看起来就如同是"大公无私"的典范:

> 入其国,观其士大夫,出于其门,入于公门,出于公门,归于其家,无有私事也。不比周,不朋党,倜然莫不明通而公也,古之士大夫也。

这段话中的"公"有两层意思,一层以"公门"与"家"相对,只要不把自家的私事带入公共领域就是"公"。《为吏之道》批评官吏过失说的"安家室忘官府",与此正好一致。另一层的"公",是"不比周,不朋党"之"公",这是在政治生活中排除私恩和私情的好恶关系。在官吏的任用上,儒家坚持以人的贤(道德)能(才)为标准。按照这种标准,在官吏选拔中,同自己具有亲戚关系的人或者是自己的仇人,皆不要回避,所谓"内举不避亲,外举不避仇",只需衡量他们的贤能如何,用《为吏之道》的话说叫作"任其人""审民能":

---

① 荀子的"公",意义较广。如他说的"以公心辨"(《荀子·正名》)的"公",是指"客观上的是非";说的"公生明,偏生暗"(《荀子·不苟》)的"公",是指要兼听,不要偏信;说的"怒不过夺,喜不过予,是法胜私也"(《荀子·修身》)的"公",是指克服私人情感,遵循客观的法律。

审民能，以赁（任）吏，非以官禄夬助治。不赁（任）其人，及官之瞖岂可悔。

　　申之义，以嗀畸，欲令之具下勿议。彼邦之𡩁（倾），下恒行巧而威故移。①

从公正的角度说，以人的能力为标准任用人是"公"，否则是"私"，《为吏之道》称为"废置以私"。"废置"原释文恰当地解释为"任免"，以私来任免就是不公。按照睡虎地秦简《秦律·置吏律》，如果有人所推荐入官的人不能胜任其职，不仅被推荐的人要被免官，推荐者也要承担责任。

作为人的自然情感，人们对自己所亲近的下属，容易产生偏听偏信的偏袒，这既会造成其他下属的不满，又会导致不良的后果。《为吏之道》也将之看成是"从政"的一种过失：

　　不察所亲，不察所亲则怨数至。

相反，出于自我保护、自尊等意识，人们对相反的逆耳之言、批评常常会有轻者不悦、重者排斥的倾向。在中国古代政治生活中，下层官吏对上层官吏特别是大臣对于君王的规劝、批评称为"进谏"。由于上层的权力和地位不容易受到有效的约束，如果上层不够开明而拒绝听取下层的进谏，就会影响正确的决策。对此，《为吏之道》给予的规劝是：

　　听间（谏）勿塞。
　　听有方，辩短长。

---

① 原注，"夬"疑为"史"字之误，读为"使"。"嗀"，读为"击"。第174页。

第十九章　睡虎地秦简《为吏之道》与秦国的儒家式政治伦理 | 219

在这里，虚心倾听谏言和避免对"所亲"的偏信则是公正，堵塞谏言和偏信亲近之人则是不公正。严重的话，下属对于上层的"进谏"还会受到更加不公正的对待。

以是否依据法律论公私，是黄老学和法家的明显特点，与之相比，儒家确实有所不同。儒家根据"孝"的伦理，认为子女隐瞒父母的罪过就是正直，这种观念后来变成了法律上的"容隐制"。但在法家看来，这是不公和私。可能让法家想不到的是，类似的这种法律条文就出现在《秦律》之中，这是受了儒家"孝"的伦理影响的结果。《为吏之道》没有法家那种严刑峻法的东西（相反它主张宽容，待下述），它要求严格按照法律的标准定罪量刑，这被称为广义上的"度量"：

操邦柄，慎度量，来者有稽莫敢忘。

严格依照法律的度量标准来衡量人的行为，就能保证司法判决的公正性。为此首先要详细掌握真实的案情，并按照真实的案情情况来判案，这也是"公"和"无私"：

审悉毋（无）私。

否则，就是"决狱不正"。出于人的能力和客观条件的限制，有误判是不能完全避免的，但一旦发现了误判就要纠正和赦免。《为吏之道》说：

毋罪毋（无）罪，[毋（无）罪]可赦。

古代的法律和政令多赏罚并举，因此"公正无私"就有"赏罚分明"两个方面。在《为吏之道》中，这叫作"审当赏罚"。"审"说的是详细审查和判断;"当"说的是裁断"恰当"和"公正"。

历来秦国被认为是以严峻的法律和严酷的刑罚进行统治的,一般很难设想它会有宽容的政治伦理和行动。然而,《为吏之道》却为我们增添了新的视角,它向官吏提出了"宽容"和"恩惠"的儒家性政治伦理,与孔子所说的"能行五者(恭宽信敏惠)"(《论语·阳货》)之中的两者一致:

> 昭如有光。施而喜之,敬而起之,惠以聚之,宽以治之,有严不治。

"施予"和"恩惠"政治伦理,我们上面讨论过了,这里我们重点讨论"宽容"伦理。《为吏之道》所说的"宽"是和"严"相对立的。按照它的说法,政府只有对人民宽容,社会才能得到良好的治理,"严苛"和"凶猛"是无法达到良好秩序的。子产为治提出了"宽猛相济"的原则,在他看来,政府的宽大和严厉是相互补充的。子产的继任者子皮没有掌握好这一原则的运用,他过于宽大造成了郑国盗贼的盛行,最后他只好采取严厉的惩治办法来恢复秩序(类似于当今中国所说的"严打")。与此相比较,《为吏之道》主要是主张"宽容",没有"宽严"结合的主张,虽然它也说到了"严刚"。儒家的"苛政"既指赋税重,也指政府对人民言行的监视和控制。《为吏之道》认为官吏有必要详细了解情况、掌握事情的细微之处,但这样做的目的不是为了控制他的人民,相反,它劝告政府要保持安静、不要苛刻。《为吏之道》说:

> 微密纖(纤)察,安静毋苛,审当赏罚。严刚毋暴,廉而毋刖,毋复期胜,毋以忿怒夬(决)。

第十九章 睡虎地秦简《为吏之道》与秦国的儒家式政治伦理

> 尊贤养孽，原埜（野）如廷。断割不刖。①

"安静""毋苛""毋暴""毋以忿怒"等说法，都是强调以宽容从政。儒家反对为政者"大声以色"训斥和惊吓他的人民。《为吏之道》说："不时怒，民将姚去。"怒斥、训斥都是人民所厌恶的。《为吏之道》直接使用了"宽容"一词，还有"和平"：

> 宽俗（容）忠信，和平毋怨，悔过勿重。

不同于怒斥、训斥的"宽容""和平"，则是人民所喜欢的。

观察《为吏之道》，让人有一种强烈的感觉，这就是它在不同的地方一再提倡不过度和不过分，表现出儒家"中庸"的思维方式和价值观，宽容和施惠的伦理与此是有关系的。《为吏之道》说：

> 断割不刖。怒能喜，乐能哀，智能愚，壮能衰，愚（勇）能屈，刚能柔，仁能忍，强良不得。

《老子》第四十二章说"强梁者不得其死，吾将以为教父"。"强梁"，马王堆帛书《老子》甲本作"强良"，乙本残缺，竹简本《老子》无此句，《为吏之道》作"强良"。《孔子家语·观周》载"金人铭"亦有"强梁者不得其死"之句，亦作"强梁"。"强良"即"强梁"。《庄子》中有两处使用了这个词，一处是在《应帝王》篇："阳子居见老聃，曰：'有人于此，向疾强梁，物彻疏明，学道不倦，如是者，可比明王乎？'"另一处是在《庄子·山木》篇："来者勿禁，往者勿止。从其强梁，随其曲傅，因其自穷。""强梁者"意思为多力强横之

---

① 原注，"孽"读为"乂"（音意），俊杰。第168页。

人。《为吏之道》说"强良不得"与"金人铭"和老子说的"强梁者不得其死"意思一致。但《为吏之道》整体上没有老子那种明显的贵弱、贵柔的倾向，而主要是规劝人们将两种彼此对立的特性——如愤怒与喜悦、快乐与悲伤、壮大与衰退、刚强与柔弱等结合起来，以使一方得到另一方的补充。做人的道理"内方外圆"有很久的起源，它的意思是内心坚持原则，外表温和地待人接物。《新序·节士》记载说："文公曰：'吾闻之也：直而不枉，不可与往；方而不圆，不可与长存。'"反过来说，直而能枉、方而能圆则无往而不胜。《为吏之道》的说法是：

中不方，名不章；外不员（圆），[祸之门]。

原话显然不完整，缺"祸之门"，疑是抄漏。《说苑·谈丛》记载："中不方，名不章，外不圆，祸之门。直而不能枉，不可与大任；方而不能圆，不可与长存。"《说苑·谈丛》多为抄录前人之语，此句大概也是抄录，不知何据。迄今所知，《为吏之道》是这句话的最早出处。

孔子以"中庸"为至高又非常难以做到的德行。《论语·雍也》记载说："子曰：中庸之为德也，其至矣乎！民鲜久矣。"《礼记·中庸》亦载："人皆曰予知，择乎中庸，而不能期月守也。""中庸"的确切意义，是从量度上的中间引申出来的不过亦无不及的"适度"，它的反面是过和不及。同不及、不够相比，人们可能更容易犯过度和过分的错误，"物极必反"说的也是这一方面。《为吏之道》告诫人不要犯的过错亦是"过"：

毋穷穷，毋岑岑，毋衰衰。
欲富大（太）甚，贫不可得；欲贵大（太）甚，贱不可得。
吏有五失：一曰夸以迣，二曰贵以大（泰）……

原注"毋穷穷"引荀子"不穷穷"作为参考;"岑"读为"矜",意为"苦"。"毋穷穷""毋岑岑""毋衰衰",都是反对做事"过分"。其他的说法,也是如此。对人民的管理"不过度",就是无苛政和宽容。这样的政治理念和伦理主要见之于儒家,也见之于老子。

四 恭敬、谨慎和忠信

《为吏之道》彼此相近的第三组政治伦理是"恭敬""谨慎"和"忠信",这些项目也是儒家一直关注的东西。"敬"在程朱理学中作为精神修炼的核心观念,意思是通过内心宁静而达到的自我抑制和内心的专一。陈淳的《北溪字义》解释"敬",引用了程子的说法"主一之谓敬",认为"敬"是从内心到行事都保持专一的状态。① 在初始儒家如孔子那里,"敬"的基本意义是尊敬、敬重、敬仰和重视,多被运用在人际关系(如君臣、父子)、自身居处("居敬")、宗教信仰("敬鬼神")和祭祀礼仪("祭思敬")等之中,也被运用在所从事的事务之中("执事敬")。《为吏之道》的"敬",同宗教信仰和祭祀方面无关,它主要被运用在人事上。它的一个意思是下对上的尊敬,这种上下关系主要是行政的上下级关系而不包括长辈与晚辈、父与子之间的关系,如说"忠信敬上""敬上勿犯"。就一般人际关系而言,互相尊重和尊敬是人与人交往的一个基本规范,但即使在主张人格平等的现代社会中,尊敬一般是在下者对在上者的礼仪;在上下等级界限更严格的传统社会中,尊敬更是在下者与在上者交往所要遵守的规范。《为吏之道》的"敬",主要用在人与人之间,这是为吏的"五善"之一:

龏(恭)敬多让。

---

① 参见陈淳《北溪字义》,第34—36页。

> 出则敬，毋施当。

人与人之间的敬，包括有官吏对人民的尊重和尊敬，如说：

> 治则敬自赖之。
> 贵不敬，失之毋□，君子敬如始。①
> 敬而起之。

在上下文中，"起而敬之"的"敬"说的也是官吏对人民的态度。《为吏之道》的"敬"，还用在人对于事的态度上，即官吏对所从事的公共事务的责任心和敬业精神。玩忽职守的渎职就是"不敬"的后果：

> 临事不敬，倨骄毋（无）人。

在《为吏之道》中，同做人、做事的"敬"更接近的两个观念是"谨慎"和"忠信"。敬和谨慎的共同地带是"认真"（"慎"在先秦古文中常用作"敬"），同"忠信"的共同地方是"真实不变"。谨慎通常是说凡行事先要深思熟虑，然后才诉之行动。谨慎的行为建立在谨慎的思虑之上。《为吏之道》说的"慎前虑后"的"慎"，就是思虑上的。这不是一般的思考问题，而是"谋划"和谋略：

> 思之思［之］，某（谋）不可遗。

《为吏之道》的"慎度量"的"慎"，是指"严格"。度量是衡量事物的标准，如果制定和运用度量不严格，用它们去衡量事物就没有可

---

① 原注，"毋"字下残字疑为"就"字。第173页。

信性。耳和目是人类接触、观察和了解事物的两个重要感官。在耳和目之间,《为吏之道》注重眼睛的实际观察,不轻信于耳闻,说十耳只能当一个眼睛来用,这是强调运用"耳闻"的谨慎性:

审耳目口,十耳当一目。

在儒家学说中,谨慎是让人的言行都经过认真思虑而表现出来,以克服人们言行中的轻率和鲁莽。《诗经·小旻》有"不敢暴虎,不敢冯河。人知其一,莫知其他。战战兢兢,如临深渊,如履薄冰"之诗句,这几句诗规劝人们言行要谨慎,其中的"战战兢兢,如临深渊,如履薄冰",作为高度谨慎的代名词广被引用;而"暴虎冯河"则是与此对立的有勇无谋的鲁莽行为。人的言行不谨慎、放任,就会引起不良的后果,成为永远无法消除的事实,再后悔也无法改变。因此,《为吏之道》一再规劝说:

戒之戒之,材(财)不可归;谨之谨之,谋不可遗;慎之慎之,言不可追;綦之綦〔之〕,食不可赏(偿)。术(怵)愁(惕)之心,不〔可〕不长。
戒之戒之,言不可追;……慎之〔慎之〕,货不可归。
安乐必戒,毋行可悔。
口,关也;舌,几(机)也。一堵(曙)失言,四马弗能追也。口者,关;舌者,符玺也。玺而不发,身亦毋薛(辥)。①

"安乐必戒,毋行可悔"的说法,在《孔子家语·观周》中作"安乐必戒,无行所悔"。《大戴礼记·武王践阼》记载:"席前右端之铭曰:安

---

① 原注,"一曙",一旦;"辥"(音薛),罪。第176页。"辥",《说文》释为"辠"。"辠","犯法也"。

乐必敬；前左端之铭曰：无行可悔。"《说苑·敬慎》是作为周太庙的"金人铭"引用这句话的："安乐必戒，无行所悔"。根据《孔子家语·观周》《为吏之道》和《说苑·敬慎》，《大戴礼记·武王践阼》记载的"安乐必敬"的"敬"，当作"戒"，可能系误抄。另根据《孔子家语·观周》和《说苑·谈丛》，这句话当是出自传说中的黄帝六铭之一的"金人铭"。人类的口舌是言论的发出者，它常常被认为是祸害的肇事者（"祸从口出"）。《为吏之道》的"口舌"之论，当亦是引用他人的训言。《说苑·敬慎》记载有与此类似的话：

> 口者，关也；舌者，机也。出言不当，四马不能追也。口者，关也；舌者，兵也；出言不当，反自伤也。言出于己，不可止于人；行发于迩，不可止于远。夫言行者，君子之枢机。枢机之发，荣辱之本也，可不慎乎？

但所据为何，现在我们还无法知道。《文子·微明》记载的"言者祸也，舌者机也，出言不当，驷马不追"，有类似的意思，而文字有不同。

广义的"忠"和"信"是指人际交往之中彼此始终如一地护持和对诺言的履行。作为政治伦理，它们也是初期儒家就教导人们实践的东西，后又为黄老学所吸取。在《为吏之道》中，"忠信"有官吏以此对待人民的意义，这可以从它所说的"宽俗（容）忠信，和平毋怨"中看出。但"忠信"特别是"忠"，主要被看成是下属对上级的义务：

> 以忠为干，慎前虑后。
> 中（忠）信敬上。

在下属与上级的关系变成众臣与一君的相对关系时，《为吏之道》"忠"的政治伦理，就成了众臣对于君主的义务：

第十九章 睡虎地秦简《为吏之道》与秦国的儒家式政治伦理

为人臣则忠。

但值得注意的是，在《为吏之道》中，臣对于君的义不是单向的，它是与君关怀臣的义务相对应的：

> 为人君则鬼（怀），为人臣则忠。
> 君鬼（怀）臣忠。

法家偏重臣民对于君主的义务。在汉代儒学中，也出现了"君为臣纲"的臣对于君的片面义务，但就早期儒家一般的君臣政治伦理而言，君臣之间的义务是双向的。《论语·八佾》记载："定公问：'君使臣，臣事君，如之何？'孔子对曰：'君使臣以礼，臣事君以忠。'"在孟子那里，君臣之间的义务更被认为是双向和相互的，这是大家熟悉的："孟子告齐宣王曰：'君之视臣如手足，则臣视君如腹心；君之视臣如犬马，则臣视君如国人；君之视臣如土芥，则臣视君如寇仇。'"（《孟子·离娄下》）《为吏之道》说的"君鬼（怀）臣忠"，同样是规定了双方的义务。在《为吏之道》中我们还看到以下的说法：

> 兹（慈）下勿陵，敬上勿犯。

前者是君上对臣下的义务，后者是臣下对君上的义务，其君臣的义务仍然是双向的。

中国传统社会政治生活和秩序的核心是统一和权威，因此，在儒家那里，众臣对于君主的"忠"就像众子对于父亲的孝那样，被单挑出来作为治国、治家的最高原则。相对于君主虐待他的臣民而主张反抗权，在稳定的政治秩序中，臣下对君主离心、离德的冒犯、敌视被称"犯上"和"作乱"，这同臣下出于忠心而对君主的批评（"进谏")不是一回事,虽然两者有时被混淆起来。《论语·学而》记载有子的话说:"其为人也孝弟,而好犯上者,鲜矣;不好犯上,而好作乱者,未之有也。""犯上"的"上"有两种不同的解释,一是解释为"在己上者";一是解释为君亲。"犯"是"犯颜谏争"。"上"当然不是仅指君主,但指称君主是很常见的。有子说一个人孝敬父母,这样的人不会"犯上",这个"上"更有可能是指君主。在儒家的君臣、父子、夫妇、兄弟和朋友这五伦中,君臣是典型的上下关系,多称"事上""敬上"。有子说的"犯"应该不属于谏争。《孔子家语·五仪》记载孔子的话说:"居下位而上干其君,嗜欲无厌而求不止者,刑共杀之。""犯"即这里的"干"。《左传·文公四年》载:"其敢干大礼以自取戾",这里所谓"干",是指冒犯和冲犯"大礼"。"上"的具体含义应主要是指王法和王制。《荀子·君子》说:

> 圣王在上,分义行乎下,则士大夫无流淫之行,百吏官人无怠慢之事,众庶百姓无奸怪之俗,无盗贼之罪,莫敢犯大上之禁。天下晓然皆知夫盗窃之人不可以为富也,皆知夫贼害之人不可以为寿也,皆知夫犯上之禁不可以为安也。

"忠臣"是忠于君主而敢于向上进谏的人,这同违制、违法的"犯上和干上"无关。《为吏之道》主张"忠",而又要求"敬上勿犯",两者正好一致,与它所说的"为人上则明,为人下则听""上明下听"一致。在"为吏"的"过失"中,《为吏之道》两处都指出了"犯上"的严重性:

> 四曰犯上弗智(知)害。
> 五曰非上,身及于死。

看一看《为吏之道》的敬、谨慎、忠信和对犯上的警告,我们仿佛看到了一位尽职尽责、老成持重、守法敬上和受人爱戴的成功("谨慎坚固")的官吏形象。作为儒家的敌视者,李斯以机会主义和实用主义行事,虽然有时他会想起他的老师荀子的教诲。具有讽刺性的是,在赵高劝诱他合谋篡改遗诏、立二世为皇帝、许以荣华富贵时,他竟以自己"忠"于秦始皇来自我表白,将他的行为归之于无奈;在他被赵高击败身陷囹圄时,他感叹他是因为"忠"而至于此的。[①]他忘记了他曾参与赵高的阴谋,最后使赵高坐大;也忘记了他阿谀奉迎二世、为二世的享乐主义提供根据。有学者不察李斯为人之实,为其个别言论所惑,竟认为李斯是一个忠臣,其误解可谓甚矣。只是,李斯这位法本位的人物,在关键时候,从不诉诸法律,而是诉诸儒家所津津乐道的"忠",这也从一个侧面说明"忠"这一政治伦理符号的影响有多大。赵高置蒙恬于死地,以始皇之名赐书给他让他自杀,其理由也是说他"不忠",而不是说他"非法"。蒙恬是真正忠于秦始皇的,他向使者为自己辩护,其中引用了周公忠于成王的著名故事。

五 仁慈和孝

我们最后要讨论的《为吏之道》的政治伦理,是仁和孝。儒家的核心伦理观念,除了上面说过的一些外,还可以举出"礼乐""性善""仁"和"孝"等等。《吕氏春秋》将孔子的学说概括为"贵仁"是非常恰当的。《为吏之道》没有涉及到礼乐、人性善,但确实主张"仁"和"孝"。在激烈竞争的战国时期,法家认为"仁爱"和"孝"是同富国强兵不相容的,况且那个时代,列国都处在无休止的征战和

[①]《史记·李斯列传》记载:"赵高案治李斯。李斯拘执束缚,居囹圄中,仰天而叹曰:'嗟乎,悲夫!不道之君,何可为计哉!昔者桀杀关龙逢,纣杀王子比干,吴王夫差杀伍子胥。此三臣者,岂不忠哉,然而不免于死,身死而所忠者非也。今吾智不及三子,而二世之无道过于桀、纣、夫差,吾以忠死,宜矣。'"

杀伐之中。战争从来就是残酷的,"兵"就是杀人的各种利器。在那个激烈的竞争时代,谁会迂腐地想让战争成为仁义的代名词,更不会想到对战争中的俘虏实行人道主义。但儒家确实是反其道而行之。孟子尝试说服梁惠王、齐宣王接受他的仁政和王道,但他们不会接受,更不会诉诸实践,孟子非常清楚这一点。荀子在价值观上接受富国强兵观念,但他的儒家情怀和原则,决定了在最高理想上他必须奉行儒家的王道和仁义精神。《荀子·议兵》记载说:

> 陈嚣问孙卿子曰:"先生议兵,常以仁义为本。仁者爱人,义者循理,然则又何以兵为?凡所为有兵者,为争夺也。"孙卿子曰:"非女所知也。彼仁者爱人,爱人,故恶人之害之也;义者循理,循理,故恶人之乱之也。彼兵者,所以禁暴除害也,非争夺也。故仁人之兵,所存者神,所过者化,若时雨之降,莫不说喜。是以尧伐驩兜,舜伐有苗,禹伐共工,汤伐有夏,文王伐崇,武王伐纣,此四帝两王,皆以仁义之兵行于天下也。故近者亲其善,远方慕其德,兵不血刃,远迩来服,德盛于此,施及四极。《诗》曰:'淑人君子,其仪不忒。'此之谓也。"

从春秋到战国,很难说有一个国家主要是以"仁慈"和"孝"作为官方意识形态来治理的,更别说是秦国了。但作为最为儒家性伦理价值的"仁慈"和"孝",在秦国也是有影响的,哪怕是在秦始皇的统治时期(后面再谈)。①《为吏之道》说到"仁"的地方有一处,即"仁能

---

① 在政治意识上,商鞅拒绝儒家的仁和孝。如《商君书·画策》说:"仁者能仁于人,而不能使人仁;义者能爱于人,而不能使人爱。是以知仁义之不足以治天下也。圣人有必信之性,又有使天下不得不信之法。所谓义者,为人臣忠,为人子孝,少长有礼,男女有别;非其义也,饿不苟食,死不苟生。此乃有法之常也。圣王者不贵义而贵法,法必明,令必行,则已矣。"在这一方面,韩非接受了商鞅的看法。

第十九章 睡虎地秦简《为吏之道》与秦国的儒家式政治伦理 | 231

忍"。在《论语》中，孔子说的"忍"，是指"忍耐""忍受""容忍"等一般心理意识，如《论语·八佾》记载："孔子谓季氏，八佾舞于庭，是可忍也，孰不可忍也？"又如《论语·卫灵公》记载："子曰：'巧言乱德。小不忍，则乱大谋。'"在《论语》中，孔子还没有将"仁"和"忍"结合起来，而孟子则将两者紧密地结合了起来，他以"不忍人之心"也就是"恻隐之心"来界定仁：

> 所以谓人皆有不忍人之心者：今人乍见孺子将入于井，皆有怵惕恻隐之心。（《孟子·公孙丑上》）

《为吏之道》说"仁能忍"，意思是爱人的人是能够容忍的。同"孝"相对使用时，"慈"在儒家那里是指父母对于子女的关爱。《为吏之道》的"慈"是在两个层面上使用的，一是父母对子女的关爱：

> 为人父则兹（慈）。

一是君主对百姓和人民的关爱：

> 兹（慈）爱万姓。①
> 兹（慈）下勿陵。

在《为吏之道》的完整一段话中，"孝"出现了两次，上面我们一直没

---

① 《荀子·王制》有"慈爱百姓"之用语："故古之人，有以一国取天下者，非往行之也，修政其所，[天下]莫不愿，如是而可以诛暴禁悍矣。故周公南征而北国怨，曰：'何独不来也。'东征而西国怨，曰：'何独后我也。'孰能有与是斗者与？安以其国为是者王。殷之日，安以静兵息民，慈爱百姓，辟田野，实仓廪，便备用，安谨募选阅材伎之士，然后渐赏庆以先之，严刑罚以防之，择士之知事者使相率贯也，是以厌然畜积修饰而物用之足也。"

有完整引用这段话,现引之如下:

> 朮(怵)愁(惕)之心,不可[不]长。以此为人君则鬼(怀),为人臣则忠;为人父则兹(慈),为人子则孝;能审行此,无官不治,无志不彻。为人上则明,为人下则圣(听)。君鬼(怀)臣忠,父兹(慈)子孝,政之本殹(也);志彻官治,上明下圣(听),治之纪殹(也)。

这两处的"子孝",皆是同"父慈"相对应的,而且又同君臣之间的"君怀"和"臣忠"处在相对的结构中。我们现在会说,子女对于父母的孝和父母对于子女的慈爱都是私人亲情之间的私德,它同公共领域中的公德是要分开的。但在儒家那里,这两者被看成是相互关联的。儒家认为,能够尽"孝"的人自然能够"尽忠",反过来说,君主也能够像父母一样慈爱他的人民。《为吏之道》虽然没有进行这种推论,但它将"父子"之家庭伦理和"君臣"之公共伦理并列,一起放在统一的政治结构中,认为这是为政的根本("政之本"),这显然是儒家的思维方式。这与齐景公咨询孔子"为政",孔子提出"君君;臣臣;父父;子子"(《论语·颜渊》)的结构性政治身份伦理类似。进一步,《礼记·大学》将这一结构中的每项都具体化为一种伦理义务:

> 为人君,止于仁;为人臣,止于敬;为人子,止于孝;为人父,止于慈;与国人交,止于信。

这可能是在同一结构中最早以更明确的伦理原则来规范君臣、父子关系。墨子当是受儒家的影响而主张君臣、父子伦理关系的。在《墨子·兼爱下》中,我们看到了与此类似的话:

> 故兼者，圣王之道也，王公大人之所以安也，万民衣食之所以足也，故君子莫若审兼而务行之。为人君必惠，为人臣必忠，为人父必慈，为人子必孝，为人兄必友，为人弟必悌。故君子莫若欲为惠君、忠臣、慈父、孝子、友兄、悌弟，当若兼之不可不行也，此圣王之道而万民之大利也。①

像初期儒家一样，《为吏之道》没有将君臣、父子之间的义务片面化。在《庄子·天道》篇中，我们反而能看到这种痕迹："君先而臣从，父先而子从，兄先而弟从，长先而少从，男先而女从，夫先而妇从。夫尊卑先后，天地之行也，故圣人取象焉。"在《韩非子·忠孝》中，我们仿佛也看到了汉代"三纲式"的片面伦理义务："父而让子，君而让臣，此非所以定位一教之道也。臣之所闻曰：'臣事君，子事父，妻事夫。三者顺，则天下治；三者逆，则天下乱，此天下之常道也。'"

"仁慈"特别是"孝"这种最为典型的儒家性的社会政治伦理，不仅反映在秦始皇之前的《为吏之道》之中，也反映在秦始皇家庭伦理观中。秦始皇在平定嫪毐叛乱之后，将太后软禁于雍地。因为他控制不住对母亲的怨恨情绪，下令说谁要是为他母亲的事而进谏，他决不饶恕，将"戮而杀之，蒺藜其脊"。但这道命令没有吓倒人们，先后有二十七人进谏并为此而惨死。在这种情况下，齐人茅焦仍然没有退缩而勇敢站出来进谏，他已经做好了死的准备，他批评秦始皇"有不慈之名""有不孝之行"，由此最终打动了始皇，并隆重地迎太后回到咸阳。太后欣喜地评价茅焦说："抗枉令直，使败更成，安秦之社稷；使妾母子复得相会者，尽茅君之力也。"（《说苑·正谏》）茅焦规谏和批

---

① 类似的说法，还见之于《墨子·兼爱下》："又与为人君者之不惠也，臣者之不忠也，父者之不慈也，子者之不孝也，此又天下之害也。"《墨子·明鬼下》亦载："子墨子言曰：逮至昔三代圣王既没，天下失义，诸侯力正，是以存夫为人君臣上下者之不惠忠也，父子弟兄之不慈孝弟长贞良也。"《慎子》说："君明臣直，国之福也；父慈子孝，夫信妻贞，家之福也。"

评始皇,用的就是儒家"孝慈"的伦理道德尺度。胡亥一开始在受到赵高唆使违背始皇之命时,亦说:"废兄而立弟,是不义也;不奉父诏而畏死,是不孝也。"(《史记·李斯列传》)但他最后还是接受了赵高的唆使,背叛了他的父亲和兄长。扶苏是"孝"的典范,正是由于他的仁孝,赵高伪造始皇的赐书,也以扶苏"不孝"的名义令其自杀。二世即位后,在赵高的主使下,始皇的诸公子、公主很快都被杀害,公子高想逃离又担心"收族",他上书也以自己"不孝不忠"而请求从死。① 可以看出,从始皇到他的公子,"孝"作为他们共同的家庭伦理和价值观,规范着他们的行为选择。扶苏为尽孝而义无反顾地去死,从不问合法不合法。"孝"还反映在秦律之中。睡虎地秦简《封诊式》列举的案例,其中有两例是父亲告儿子"不孝"的案例,其《告子》条目下记载:

> 爰书:某里士五(伍)甲告曰:"甲亲子同里士五(伍)丙不孝,谒杀,敢告。"即令令史已往执。令史已爰书:与牢隶臣某执丙,得某室。丞某讯丙,辞曰:"甲亲子,诚不孝甲所,毋(无)它坐罪。"

这说明在秦律中,"不孝"作为儒家的伦理道德规范,也成了秦国的法律规范。另,在《法律答问》中,也记载有状告"不孝"的案例:

> 免老告人以为不孝,谒杀,当三环之不?不当环,亟执勿失。

---

① 《史记·李斯列传》记载:"公子高欲奔,恐收族,乃上书曰:'先帝无恙时,臣入则赐食,出则乘舆。御府之衣,臣得赐之;中厩之宝马,臣得赐之。臣当从死而不能,为人子不孝,为人臣不忠。不忠者无名以立于世,臣请从死,原葬郦山之足。唯上幸哀怜之。'书上,胡亥大说,召赵高而示之,曰:'此可谓急乎?'赵高曰:'人臣当忧死而不暇,何变之得谋!'胡亥可其书,赐钱十万以葬。"

"免老",指达到不再承担赋役年龄的老人。"环"读为原,意为"宽宥"。"不孝罪"不适用"三环"("三宥")之程序,这说明秦国对"不孝罪"是很严厉的。①

六 秦代文化与诸子之学及儒家

通过以上考察和分析,我们可以清楚地看出,《为吏之道》是如何以儒家为中心而展开其政治伦理的。为了帮助我们理解这一现象,我们需要再次回到秦国的历史文化、社会和政治背景之中。

秦国早期是一个偏僻落后的边缘性国家,《荀子·性恶》篇曾描述了一个还处在野蛮和落后状态的秦国:

> 天非私齐、鲁之民而外秦人也,然而[秦人]于父子之义,夫妇之别,不如齐鲁之孝具敬父者,何也?以秦人之从情性、安恣睢、慢于礼义故也,岂其性异矣哉!

上面谈到的希望同贤士赵良结交的商鞅,自夸他对秦国的贡献时说:

> 始秦戎翟之教,父子无别,同室而居。今我更制其教,而为其男女之别,大筑冀阙,营如鲁卫矣。子观我治秦也,孰与五羖大夫贤?(《史纪·商君列传》)

秦国作为一个后起的西方之国家,之所以能够成为强国正是全面接受华夏中心文化的结果。秦国学习和接受中心文化的重要方式,是广纳

---

① 有关秦国的法律与"孝"的关系,请参阅崔永东《金文简帛中的刑法思想》,清华大学出版社 2000 年版,第 44—50 页。

天下贤士为已所用。那些先后前往秦国施展才能的人,有最著名的政治家、外交家和思想家,他们一般都是作为"游士""辩士""术士"进入秦国的,获得任用的称为"客卿"。商鞅、范雎、李斯都是作为政治家而显赫于世的。战国时代的国际竞争,实际上是一种人才竞争,一些重要的国家都竞相招揽天下之士。在齐威王、宣王时代(从公元前356年至前300年之际),齐国稷下学宫聚集着大量来自其他国家的众多著名之"士",他们享受着优待和荣誉,在司马迁所说的他们"不治而议论""以干世主"的记载中,我们看到了齐国人才济济的盛况:①

> 宣王喜文学游说之士,自如驺衍、淳于髡、田骈、接予、慎到、环渊之徒七十六人,皆赐列第,为上大夫,不治而议论。是以齐稷下学士复盛,且数百千人。(《史记·田敬仲完世家》)
>
> 自驺衍与齐之稷下先生,如淳于髡、慎到、环渊、接子、田骈、驺奭之徒,各著书言治乱之事,以干世主,岂可胜道哉!……于是齐王嘉之,自如淳于髡以下,皆命曰列大夫,为开第康庄之衢,高门大屋,尊宠之。览天下诸侯宾客,言齐能致天下贤士也。(《史记·孟子荀卿列传》)

我们也知道,战国时代一些贵族盛行"养士之风",大家熟悉的著名的如魏国的信陵君、楚国的春申君、赵国的平原君、齐国的孟尝君等,皆以礼贤下士、招揽天下宾客相标榜。②

在天下各国纷纷吸引外国人才的潮流中,秦国从秦穆公、秦孝公、秦昭王、庄襄王到始皇一直连续不断,以至于秦统一六国之后,秦国

---

① 有关齐国招揽"士"和齐稷下学的盛况,请参阅白奚《稷下学研究——中国古代的思想自由与百家争鸣》,第35—49页。

② 有关战国时代"士"的流动和角色,请参阅余英时《士与中国文化》,第51—112页。

聚集的"士"达到了高峰。《吕氏春秋》作为一种综合性的思想体系，就是吕不韦招揽了三千多宾客集体合作的产物，其中儒家和道家是其主要的来源和思想成分。始皇下达的"逐客令"是一个插曲，由于身处其中的李斯为"客人"的有力辩护而取消。始皇对天下方术之士和部分儒生的"坑杀"，肯定迫使部分士人逃离首都；对诸子之学特别是儒家之书的焚烧和禁止，作为文化专制主义的例子肯定给秦国带来消极的影响。在一些方面，秦始皇确实很残酷。但坑儒的影响可能不像人们一般印象中的那么大，答应为秦始皇寻找仙药的卢生、侯生等，后来公然批评秦始皇，激怒了秦始皇，这是秦始皇下令坑士的重要因素。《史记·秦始皇本纪》记载："始皇闻亡，乃大怒曰：'吾前收天下书不中用者尽去之。悉召文学方术士甚众，欲以兴太平，方士欲练以求奇药。今闻韩众去不报，徐市等费以巨万计，终不得药，徒奸利相告日闻。卢生等吾尊赐之甚厚，今乃诽谤我，以重吾不德也。诸生在咸阳者，吾使人廉问，或为訞言以乱黔首。'"从这里可以看出，秦始皇广招天下人才的做法。卢生逃跑了，侯生一时幸运没有被抓捕、逃过了被坑埋的命运，后被抓捕，秦始皇召见他，欲经审问处以极刑。但他不畏死亡，对始皇进行了严厉的批评，并预测秦国的衰败是无可避免的，始皇最后放过了他。

始皇的性格是复杂的，一方面他很专断和独断，但另一方面他又非常虚心、谦虚地接受批评。他对韩非的欣赏、对鲍白令之的宽容、对茅焦和李斯规劝的接受、对侯生的赦免，皆反映了他性格和心灵的包容方面。没有卷入"诽谤"始皇的"士"可能都留下了，特别是秦帝国的七十"博士"，没有受到什么影响，他们都是不同方面的学者。其中儒家学者可能为数不少。著名的有伏生、叔孙通等。叔孙通被秦以文学征召，属于待诏博士，他周围有一百多位弟子追随。《史记·封禅书》记载：始皇即帝位三年,东巡郡县,祠驺峄山,颂秦功业。于是征从齐鲁之儒生博士七十人,至乎泰山下。诸儒生或议曰:"古者封禅为蒲车,恶伤山之土石草木;扫地而祭,席用菹秸,言其易遵也。"始皇闻此议各乖异,难施用,由此绌儒生。

在陈胜起义时,二世召集博士和诸儒生咨询,其中儒生有三十多人。由于叔孙通的回答迎合了二世,被委以博士。[①] 秦国本身产生了像白起、王翦和蒙恬等著名的军事家,但它本身并没有产生思想家和政治家,这些都来自当时的其他国家。从这种意义上说,东周时代的秦国是一个最能够接受和移植文化的国家。

儒家文化特别是礼仪和伦理文化是秦国文化的重要来源之一。公孙枝原是秦公族,游晋之后归秦,事秦穆公。他具有《诗》的教养,穆公九年,晋国公子夷吾因内乱逃亡到秦国,穆公为此事讯问公孙枝。公孙枝回答说:"臣闻之:唯则定国。《诗》曰:'不识不知,顺帝之则',文王之谓也。又曰:'不僭不贼,鲜不为则'。无好无恶,不忌不克之谓也。今其言多忌克,难哉!'"(《左传·僖公九年》)公孙枝引用《诗》来回答,说明他对儒家推重的《诗》具有良好的修养。公孙枝向秦穆公推荐以廉价的五张羊皮买来的百里奚,穆公担心任用这样的人会被天下讥笑,公孙枝则用"信贤"和"让贤"来说服穆公:

> 公孙枝得而说之,献诸缪公,三日,请属事焉。缪公曰:"买之五羊之皮而属事焉,无乃为天下笑乎?"公孙枝对曰:"信贤而任之,君之明也;让贤而下之,臣之忠也;君为明君,臣为忠臣。彼信贤,境内将服,敌国且畏,夫谁暇笑哉?"(《吕氏春秋·慎人》)

---

① 有关秦博士问题,请参阅王蘧常《秦史》,第261—265页。

第十九章　睡虎地秦简《为吏之道》与秦国的儒家式政治伦理 | 239

很快百里奚就被聘任为秦国的上卿，公孙枝则位于次卿。①秦穆公当然不会以儒家学说来统治，流亡戎地的由余访问秦国时，秦穆公以自己的宫室和富有向由余展示，但由余批评他说："使鬼为之，则劳神矣。使人为之，亦苦民矣。"穆公问中原的《诗》《书》《礼》《乐》如果无益于国，戎国是如何统治的，由余告诉他以"节俭",②但秦穆公是了解儒家的。

秦国的礼仪制度当采自周和传承此的儒家。《史记·秦始皇本纪》记载："十二年，初腊。"正义注曰："秦惠文王始效中国为之，故云初腊。猎禽兽以岁终祭先祖，因立此日也。"秦统一六国之后，在所有方面都大规模地展开统一化和标准化的工作，皇帝的礼仪方面更是学习六国和儒家文化：

> 至秦有天下，悉内六国礼仪，采择其善，虽不合圣制，其尊君抑臣，朝廷济济，依古以来。至于高祖，光有四海，叔孙通颇有所增益减损，大抵皆袭秦故。"（《史记·礼书》）

秦始皇统一天下之后召集群臣讨论"五帝禅贤"和"三王世继"

---

① 《说苑·臣术》篇记载："公孙支乃致上卿以让百里奚曰：'秦国处僻，民陋以愚无知，危亡之本也。臣自知不足以处其上，请以让之。'公不许，公孙支曰：'君不用宾相而得社稷之圣臣，君之禄也；臣见贤而让之，臣之禄也。今君既得其禄矣，而使臣失禄，可乎？请终致之！'公不许。公孙支曰：'臣不肖而处上位，是君失伦也。不肖失伦，臣之过。进贤而退不肖，君之明也。今臣处位，废君之德而逆臣之行也，臣将逃。'公乃受之。故百里奚为上卿以制之，公孙支为次卿以佐之也。"

② 《史记·秦始皇本纪》记载："缪公怪之，问曰：'中国以《诗》、《书》、《礼》、《乐》、法度为政，然尚时乱，今戎夷无此，何以为治，不亦难乎？'由余笑曰：'此乃中国所以乱也。夫自上圣黄帝作为礼乐法度，身以先之，仅以小治。及其后世，日以骄淫。阻法度之威，以责督于下，下罢极，则以仁义怨望于上，上下交争怨而相篡弑，至于灭宗，皆以此类也。夫戎夷不然。上含淳德以遇其下，下怀忠信以事其上，一国之政犹一身之治，不知所以治，此真圣人之治也。'"

的是非问题,博士七十人参加了这一讨论,耿直的博士鲍白令之回答说:

> "天下官,则让贤是也;天下家,则世继是也。故五帝以天下为官,三王以天下为家。"秦始皇帝仰天而叹曰:"吾德出于五帝,吾将官天下,谁可使代我后者。"鲍白令之对曰:"陛下行桀纣之道,欲为五帝之禅,非陛下所能行也。"(《说苑·至公》)

鲍白令之的批评激怒了始皇,当他说出理由后,始皇容忍了他:

> 始皇暗然无以应之,面有惭色。久之,曰:"令之之言,乃令众丑我。"遂罢谋,无禅意也。(《说苑·至公》)

秦国的博士官制度,是以不同专长的学者作为咨议官,他们研究各种学问,"掌通古今"。《汉书·百官表》记载:"博士,秦官。掌通古今,秩比六百石,员多至数十人。""百家语"和子书就是"博士官所职"。秦始皇决定坑杀术士和儒生时,扶苏不赞成,他特意提出坑杀儒者会引起天下的不安:

> 始皇长子扶苏谏曰:"天下初定,远方黔首未集,诸生皆诵法孔子,今上皆重法绳之,臣恐天下不安。唯上察之。"(《史记·秦始皇本纪》)

这说明孔子和儒生在当时社会上的影响力。秦官中有"乡三老",《汉书·百官表》记载:"十亭一乡,乡有三老,掌教化。"这表明秦国重视基层的教化。在《吕氏春秋》中,儒家的伦理和价值观占有相当的比重。始皇巡游天下,以颂扬秦德,留下了石刻和碑铭,其中包含着儒家的伦理道德价值。如公元前 214 年，始皇巡游，登琅琊台，立石刻，其中说：

> 以明人事，合同父子。圣智仁义，显白道理……尊卑贵贱，不逾次行。奸邪不容，皆务贞良。细大尽力，莫敢怠荒。远迩辟隐，专务肃庄。端直敦忠，事业有常。(《史记·秦始皇本纪》)

总之，秦国虽然以法律统治而闻名，但从它也受到儒家文化影响的广大背景来看，《为吏之道》出现在秦国也是自然的，其政治伦理的强烈儒家性也是可以理解的。

第二十章

睡虎地秦简《语书》的"法律"意识

从《为吏之道》的篇名就可以看出，它说的是为官者的行为准则。从它提出的各项内容来看，这些准则主要是政治伦理和道德方面的规范，而且有浓厚的儒家色彩，因此我们将之称为儒家式的政治伦理。伦理和道德是通过社会舆论和个人自觉来履行的，它不是对人的强制性要求。《语书》（原题名）的情形如何呢？① 它是南郡最高行政长官——郡守腾发布的一道"行政命令"，② 类似于我们现在政府发布的行政"通告"，整理者称为"文告"是合适的，③ 不能说它是一种"地方性法规"。④《商君书》有《勒令》，《韩非子》有《饬令》，两者内容基本相同，都是规劝君主整顿和贯彻国家法令，如果以政府的名义发布，就会具有《语书》那样的行政命令性质。整体上，《语书》是秦国地方

---

① 这里讨论所使用的《语书》文献，以睡虎地秦墓竹简整理小组编的《睡虎地秦墓竹简》为基础，并参考了高桥庸一郎《睡虎地秦简〈编年记〉〈语书〉释文注解》（东京朋友书店2004年版）。
② 有关"语"在早期文献中的使用，请参阅俞志慧《语：一种古老的文类》，载《文史哲》2007年第1期。
③ 参阅睡虎地秦墓竹简整理小组的《睡虎地秦墓竹简》，第13页。
④ 刘海年认为，《语书》是秦始皇时期颁行的一个地方性法规。参阅刘海年《秦始皇二十年的一个地方性法规——云梦秦简〈语书〉探析》，见刘海年《战国秦代法制管窥》，法律出版社2006年版，第84页。法规或条例不管是地方性的还是国家性的，都是具有稳定性的"制度规范"，《语书》不具有这种性质。

行政长官为了推行"法治"、贯彻实施法律条令而向所属的下级县、道等政府下发的行政命令和指令,其中提出的具体行政要求和措施并不多,除了所谓良吏和恶吏的一般性判断标准,其他主要是在这一地区强化"秦法"的思想基础和原则。正是在这一方面,《语书》向我们展示了一种"法律"意识。南郡郡守腾发布的这道行政通告或命令,就是以这种"法律"意识和观念为基础的。不管这道行政通告发布的真正目的是像高敏强调的那样,直接是"为了整肃内部,加强战备,进一步实现'南郡备警'的战略措施",[①] 还是像石言、工藤元男等强调的那样,主要是为了推行法治主义,[②] 但整体上我们对《语书》所见的"法律"意识,还没有细致的探讨,这是我们研究《语书》的出发点。

一 法律的起源和本性

法家特别是商鞅和韩非对传统的看法不同于儒家的一个主要地方,是不把传统理想化为后世社会的标准,主张每一个时代的政治制度和实践都要根据每一个时代的实际需要来制定和推行,不能用过去一成不变的标准来衡量当代。这是迥然不同于儒家和道家庄子的历史观。在韩非看来,不同于上古的道德竞争和中古的智慧竞争,当时的社会是力量的竞争,"法治"就是最能适应这一时代需要的制度和行动。按照韩非的这种历史传统相对论,适合于过去的道德和智慧已不适合当今社会的需要,当今社会需要的只是力量和法律。但即使这样,我们也不能说法家"完全"割断了当今社会同历史传统的联系。事实上,

---

[①] 参阅高敏《南郡守腾的经历及其发布〈语书〉的意义》,见高敏《睡虎地秦简初探》,万卷楼图书股份有限公司2000年版,第25页。

[②] 参阅石言《〈南郡守腾文书〉与秦的法治路线》(载《历史研究》1976年第3期)、〔日〕工藤元男《睡虎地秦簡よりみた秦代の國家と社會》(东京创文社1998年版,第385—392页)。

法家在两个角度上又把"法律"同古代传统联系了起来。一是，为了论证当今社会的需要，法家人物也有从历史传统中寻找根据，如他们以"古者"或"古之"的口吻宣称法治也是过去英明的君王竭力推行的治道。这里我们以韩非的说法为例来看：

> 古者先王尽力于亲民，加事于明法。……乱弱者亡，人之性也；治强者王，古之道也。(《韩非子·饰邪》)
> 古者世治之民，奉公法，废私术，专意一行，具以待任。(《韩非子·有度》)

过去的"先王"是哪一位"加事于明法"，过去的"古者"是哪一个时期在"奉公法"，韩非没有说明，他实际上也采取了托古改制的论证方法。由于法家的大历史观是以法治为当今时代的特征，而历史上的"法治"在法家那里就不可能被认为是普遍的治道，因此他们的托古就受到了限制，而且也容易同他们的"三代"不同道在理论上产生矛盾。① 二是，法家认为法律起源于古代，它是历史上的圣人创作出来的。② 如商鞅把包括"法律"在内的许多制度都看成是古代"圣人"的创建：

---

① 法家一方面强调"当今之世"是法治时代，以与古代社会区分开："圣人不法古，不修今。法古则后于时，修今者塞于势。周不法商，夏不法虞，三代异势而皆可以王。故兴王有道，而持之异理。……古之民朴以厚，今之民巧以伪。故效于古者，先德而治；效于今者，前刑而法。"(《商君书·开塞》)但另一方面，法家又认为"古者"、"先主"就奉行法治，以为今推行的法治提供样板。《商君书·错法》说："臣闻古之明君，错法而民无邪，举事而材自练，赏行而兵强。此三者，治之本也。夫错法而民无邪者，法明而民利之也。举事而材自练者，功分明。功分明则民尽力，民尽力则材自练。行赏而兵强者，爵禄之谓也。"

② 法律在古代不同文明中如何诞生和起源，可能是不同的。梅因《古代法》说明了古代法是如何在欧洲文明中诞生的。参阅〔英〕梅因《古代法》，沈景一译，商务印书馆1959年版。

> 古者未有君臣上下之时，民乱而不治。是以圣人列贵贱，制爵位，立名号，以别君臣上下之义。地广民众万物多，故分五官而守之。民众而奸邪生，故立法制为度量以禁之。是故有君臣之义，五官之分，法制之禁，不可不慎也。（《商君书·君臣》）

古代子学特别是儒、墨、道等学派，程度不同的都是主张"圣人史观"，相信人类的制度、规范、技术等文明都是古代圣人、圣王创造出来的，一般称为"圣人作"。严格而言，法家也有类似的思维方式，上述商鞅的说法是一例，《韩非子·五蠹》篇也说"圣人作"，认为圣人诞生之后，创造了文明。

在《语书》中，我们看到的是"圣王作为法度"的说法。这个说法的意思很明确，即"法度"是由"圣王"创作的。对于历史上的伟大君主，法家如同儒家一样，也往往称为"圣王""圣人"，而对于所期望的当今英明统治者，他们则一般称为"明主""明君"，这是大家知道的。《语书》说的"圣王"也是指古代"圣王"，因为它开头指明的时代是"古者"。《语书》的这种说法同商鞅说的"古者"之圣人"立法制""为度量"类似，同墨子说的"古者圣王为五刑，请以治其民"（《墨子·尚同上》）、"昔者圣王制为五刑以治天下"（《墨子·尚同中》）类似，也是子学"圣人作则"的"圣人史观"在法律上的反映。法律的起源与什么时代适合法治是两个可以区分的问题，但由于法家在一定程度上也有托古改制的思维方式，有崇拜古代圣人和圣王的某种心理意识，所以，断定古代圣王创造法律，实际上也包含有借助古代圣王的权威来为当今社会推行法治提供正当性的侧面。

按照子学的一般看法，古代圣人的技术发明和制度创造都是为了适应社会生活的需要，或者说是为了解决人类生活面对的各种实际问题。技术和制度是不断变化和发展的，但人类最初的技术发明和制度创造，则被设想为是在社会历史的开端进行的，它是后来所有技术和制度的源头。设定技术和制度的起源,同推想社会最初的状态和需要是相对应的。同样,《语书》断定法律最初是由古代圣王创造的,也是对应于它所设想的最初的社会状态和需要。我们完整地看一下《语书》开头的一段话:

> 古者,民各有乡俗,其所利及好恶不同,或不便于民,害于邦。是以圣王作为法度,以矫端民心,去其邪避(僻),除其恶俗。

这里的"古"有"最初之古"和社会历史开端的意思。《墨子·尚同上》的"古者民始生,未有刑政之时"、《尚同下》的"古者天之始生民,未有正长也"、《管子·君臣下》的"古者未有君臣上下之别,未有夫妇妃匹之合,兽处群居,以力相征"、《商君书·君臣》的"古者未有君臣上下之时,民乱而不治"、《开塞》的"古者民聚生而群处,乱,故求有上也"等等,这些例子中的"古",有的指社会历史之"初期"和"开端",有的指更早的人类诞生之时。《语书》的"古者",大概要在前者的意义上来理解。问题是所说的社会历史的初期和开端是一种什么状态。

一般把社会历史最初和开端的状态说成是"自然状态"(或原始状态),即认为这是人类还没有任何文明创造的状态。东西方文明观不仅假定了这种状态,而且对此有不同的评判。自然主义者赞美它,以它为美好的状态(如卢梭、庄子),而文明主义者则贬低它,以它为野蛮的状态。如对霍布斯来说,自然状态是人与人的战争状态,是由"丛林"法则所决定的状态。然而,自然状态也许是一种高度"简化"的推测,就像野蛮与文明的二元划分一样。在所谓的人类自然状态,实际上可能只是文明的程度比较低,人类的创造性比较弱,不可能完全没有"文明性"的东西,然后从这里一下子就创造了文明和制度。上引《墨子》《管子》和《商君书》等文献，其对人类初期状态的推测，是就某一方面说的，推测这是一个没有"刑政""正长""君臣关系"的状态。但即使当时没有"刑政""君臣关系"和统一的"正长"，也不好说此时完全没有社会共同体生活的方式和规范。《墨子》的"古者"既是指"未有正长""未有刑政"之时，又是指"天之始生民""民始生"之时，其"古"就不仅仅是人类"社会历史"开端的问题，而是"人类"这一物种诞生的开端。从这种意义上看，池田知久把"古"理解为"一切'作为'尚未施加、人类尚处未开化的野蛮的自然状态"是合适的。① 只是，《语书》的"古者"，没有说这是人类始生、民始生的时期，应理解为人类文明程度还比较低的时期。

在《语书》那里，这种比较低的具体状态被描述为：

> 古者，民各有乡俗，其所利及好恶不同，或不便于民，害于邦。是以圣王作为法度。

单就"民各有乡俗，其所利及好恶不同"来看，很难说这是"古者"的状态，在文明化中也可以有这种状态。但由于后面说"圣王"面对这种状态而创造了"法度"，我们就可以反过来说这种状态是没有"法度"的状态。创造统一的"法度"仍需要人类社会文明（如禁忌、习惯法、宗教、道德规范）有一定的发展。但没有统一"法度"的时代，肯定还是人类文明化程度比较低的时期。池田先生认为《语书》的"古"是完全"自然状态"意义上的"古"，其具体表现就是完全的"混乱无序"（"乱"）。《语书》的"古者"是这种状态吗？恐怕不是。《语书》描述的社会状况主要有两方面，一是人民各有不同的地方习俗；

---

① 参阅〔日〕池田知久《睡虎地秦简〈语书〉与墨家思想》，见《池田知久简帛研究论集》，第185页。

二是追求的利益和好恶不同。这两者中只是有的方面不便于人民的共同生活，对国家构成危害。换言之，《语书》并没有完全否定当时的社会状况，它对各地的不同风俗和人民的不同选择、取舍倾向，采取了区分对待的立场。圣王创造"法度"，只是对大众和共同体生活造成不良影响的"部分"要加以约束和禁止。即要约束和禁止的"乡俗"，只是后面所说的"恶俗"（关于《语书》所说的"俗"究竟是指什么，后面我们讨论法律与习俗的关系时再说），并不是指整个风俗。这里我们先来讨论一下《语书》所说的人们的"所利及好恶不同"方面。

法家和黄老学为了论证法律统治的"有效性"，把人类具有的"好利恶害""好生恶死"等共同的"谋利"和"好恶"倾向称为"人情"（即人的真实性情），认为法律的"赏罚"正好同人情的好利恶害倾向相一致。相比之下，《语书》认为人们的"所利及好恶不同"，关注的则是人情的不同方面。这些不同的方面都是指什么，《语书》没有说，它可能同"乡俗"有关系。其中不利于建立社会共同体生活的那一部分"好恶"，也许可以同"恶俗"或"邪僻"联系起来看。同法家和黄老学认为的"好利恶害"共同人性不同的人的好恶倾向，其中有不为物质利益所驱动的社会反常分子，如"隐士"，他们上不臣于王侯，下无利于百姓。在韩非看来，这样的"好恶"是危害国家秩序的，应该诛杀，以避免对其他人产生影响。《庄子·刻意》篇中列举了一些不同爱好的人士：

> 刻意尚行，离世异俗，高论怨诽，为亢而已矣。此山谷之士，非世之人，枯槁赴渊者之所好也。语仁义忠信，恭俭推让，为修而已矣。此平世之士，教诲之人，游居学者之所好也。语大功，立大名，礼君臣，正上下，为治而已矣。此朝廷之士，尊主强国之人，致功并兼者之所好也。就薮泽，处闲旷，钓鱼闲处，无为而已矣。此江海之士，避世之人，闲暇者之所好也。吹呴呼吸，

吐故纳新，熊经鸟申，为寿而已矣。此道引之士，养形之人，彭祖寿考者之所好也。①

这段话中说的"山谷之士""平世之士""江海之士""道引之士"的"爱好"，恐怕都不是法家所希望的人们的爱好，因为这些爱好在法家看来都同国家的富强目标不一致，使法律的赏罚失去作用。《商君书·开塞》区分民之"所好"与"所恶"，认为满足人一时的"所好"不符合人的真正利益，只有避免长远的"所恶"才是人应该追求的：

立民之所乐，则民伤其所恶；立民之所恶，则民安其所乐。……夫正民者，以其所恶，必终其所好；以其所好，必败其所恶。

《管子·法法》中说的"明王在上，道法行于国，民皆舍所好而行所恶"，强调的也是这一思想。《语书》通过"法律"要克服的人们的部分"不同"好恶，也是认为这种"好恶"不符合个人的长远利益。这就涉及到了《语书》对"法律"的另一种意识——即"法律的本性"问题。

法律的起源同法律的本性这两个问题虽然有联系，但在相对的意义上它们又是两个不同的问题。法律的起源问的是法律如何在社会历史中诞生，而法律的本性则是追问法律的一般意义和实质。在《语书》中，这两个问题也是相对分开来说明的。人造物的起源取决于特殊的

---

① 《庄子·徐无鬼》谈到了社会上不同人士的不同追求，也说明了人的不同兴趣和喜好："知士无思虑之变则不乐；辩士无谈说之序则不乐；察士无凌谇之事则不乐；皆囿于物者也。招世之士兴朝；中民之士荣官；筋力之士矜难；勇敢之士奋患；兵革之士乐战；枯槁之士宿名；法律之士广治；礼乐之士敬容；仁义之士贵际。农夫无草莱之事则不比；商贾无市井之事则不比；庶人有旦暮之业则劝；百工有器械之巧则壮。"

时空和特殊人物的创造,《语书》认为圣人在古代创造了法律,就是把法律的诞生看成是特殊历史时空中的一个特殊事件。法律的最初创造,同法律需要不断完善并不矛盾,《语书》也指出了这一事实:

> 法律未足,民多诈巧,故后有间令下者。

"间"原整理者读为"干",①池田知久读为"加",读为"加"比较可取。②法律不完备,就不能应对民众日益增加的"诈巧",为此立法者就增加、补充了一些条令。下文用的"法律令"正好与此相呼应。不管是法律的创造还是法律的完善,说的都是法律产生的特殊过程,而事物的本性是什么则恰恰要超出特殊人物和时空的限制来回答。在这一点上,《语书》也表现出了明确的意识:

> 凡法律令者,以教道(导)民,去其淫避(僻),除其恶俗,而使之之于为善殹(也)。

显然,这是《语书》从一般意义上对"法律"本性的一种说明,它包括有三个方面的意义:第一,法律是为了教育和指导("教导")民众;第二,教导民众的直接目的是要民众舍弃、排除他们的不良行为和习俗;第三,教导民众的一般目标是让民众都去从事"善事"。其中的第二个方面,突出了法律禁止人们一些行为的特点,这同《语书》中说的圣王创作法律是"以矫端民心,去其邪僻,除其恶俗"的这种动机和目的相一致的。"矫端民心"是一般要求,具体是指"去其

---

① 参阅睡虎地秦墓竹简整理小组编的《睡虎地秦墓竹简》,第14页。
② 参阅〔日〕池田知久《睡虎地秦简〈语书〉与墨家思想》,见《池田知久简帛研究论集》,第185页。有关"间"字的释读,参阅陈伟《睡虎地秦简〈语书〉的释读问题(四则)》,见陈伟《燕说集》,商务印书馆2010年版。

邪僻，除其恶俗"。"法律"作为对人类行为的强制性命令，一般都是对人类某些行为的禁止。表现在法律条文上，一是就像宗教戒律那样直接命令人不要（"勿"）从事一些行为，如《秦律十八种》就有不少"勿"的命令。《语书》说的"邪僻"和"恶俗"就是要禁止的行为；二是让某种行为承担某种代价，往往以"如果……就要"的形式出现。而是以人从事了什么行为就要承担什么后果来间接地达到禁止一些行为的效果。①

与上述第二个方面不同，其中的第一个方面和第三个方面则是对法律本性的更一般性说明。说法律是"以教导民"，是"使之之于为善"，这是《语书》对法律的实质和功用的积极主张。在儒家那里，"教导"主要是指对人进行礼乐和道德方面的教育和培养，而"刑罚"只是在教化失去作用的情况下不得已而诉诸的手段。与此不同，法家以"法律"为根本的治道，其"教导"就是教导人民守法（"以法为教"）。如果说儒家主要是通过道德教化促使人们追求道德之"善"，那么法家则是以"守法"来论善。如商鞅区分两种善，一种是儒家的"善"，如"善言""修善"等；一种是合乎法的"善"，如说"善有大小，则赏有多少"（《商君书·开塞》）。② 在商鞅看来，这两种"善"是完全不相容的，我们看一看他的比较：

> 故善治者刑不善而不赏善，故不刑而民善。不刑而民善，刑重也。刑重者，民不敢犯，故无刑也。而民莫敢为非，是一国皆善也；故不赏善而民善。赏善之不可也，犹赏不盗。（《商君

---

① 对此，金岳霖有一个很恰当的说明："假如有法律说'杀人者死'，这一条法律没有规定人底行动，它不能担保以后没有杀人那样事发生，它只规定一办法，这办法就是，如果有杀人那样的事发生，我们以'死'去应付那杀人的人。……法律有寓教于法，寓劝于禁，那一类的宗旨。"（金岳霖：《知识论》，商务印书馆1983年版，第366页）

② 《韩非子·守道》的看法与商鞅一致："圣王之立法也，其赏足以劝善，其威足以胜暴，其备足以必完法。"

书·画策》）

　　上舍法，任民之所善，故奸多。……法枉，治乱；任善，言多。（《商君书·弱民》）

　　国以善民治奸民者，必乱至削；国以奸民治善民者，必治至强。（《商君书·去强》）①

《语书》把法律看成是"使之之于为善"，其"善"不是儒家式的"善"，而是合乎"法律"的"善"。但认为法律是促使人民"为善"，我们在法家和黄老学中还没有看到这种明确的主张。法家和黄老学对法律实质的认识，有不同的侧重。一种界定强调，法律是为了维护公共的利益，排除各种不合乎法的"私"的东西：

　　法者，所以齐天下之动，至公大定之制也。（《慎子·佚文》）
　　夫立法令者，以废私也。法令行而私道废矣。私者，所以乱法也。（《韩非子·诡使》）

另一种界定强调，法律是为了统一民众的行为，为人的言行提供一个客观的标准：

　　法度者，万民之仪表也。（《管子·形势解》）
　　法虽不善，犹愈于无法，所以一人心也。（《慎子·威德》）
　　法令者，民之命也，为治之本也，所以备民也。（《商子·定分》）

---

① 韩非反对儒家的"善"，也是道德意义上的。《韩非子·显学》说："夫圣人之治国，不恃人之为吾善也，而用其不得为非也。恃人之为吾善也，境内不什数；用人不得非，一国可使齐。为治者用众而舍寡，故不务德而务法。"

再一种界定强调的是法律对人的行为的强制性禁止和奖励:

> 法度者,主之所以制天下而禁奸邪也。(《管子·明法解》)
>
> 法者,宪令著于官府,刑罚必于民心,赏存乎慎法,而罚加乎奸令者也。(《韩非子·定法》)

比较这三种界定,第一种、第二种注重的是法律的一般特性,第三种注重的是法律实施的两种具体方式。《语书》说的"教导民""使之之于为善"类似于第一、第二种界定;而"去其淫僻,除其恶俗"则类似于这里的第三种界定。

二 法律与习俗和行为

就其一般的意义来说,法律是通过强制性的规范约束人的一些行为。但法律从颁布、实施到人们广泛遵循又有适应和习惯的过程。如果一些法律同人们原有的行为方式和风俗有冲突的话,这一过程就会更加复杂。南郡郡守腾遇到的问题是什么呢?简单说,就是秦国的"法律",在那里没有受到人们的遵守,民众视而不见,官吏对违法者听之任之。《语书》描述这种情况说:

> 今法律令已具矣,而吏民莫用,乡俗淫失(泆)之民不止,是即法(废)主之明法殹(也),而长邪避(僻)、淫失(泆)之民,甚害于邦,不便于民。
>
> 今法律令已布,闻吏民犯法为间私者不止,私好、乡俗之心不变。自从令、丞以下智(知)而弗举论,是即明避主之明法殹(也),而养匿邪避(僻)之民。

这两段话所描述的南郡吏民"违法"的情况类似，即"民众"不守法，官吏不"执法"。这等于说秦法在南郡几乎是一纸空文。只是，第一段话说的"违法"，是在"今法律令已具"的背景下发生的，而第二段话说的"违法"则是在"今法律令已布"的情况下出现的。中间还有一段话说：

> 故腾为是而修法律令、田令及为间私方而下之，令吏明布，令吏民皆明智（知）之，毋巨（岠）于罪。

据此，我们可以推测南郡郡守在南郡推行秦法的大致过程。在开始阶段，已经完备的秦法在南郡没有得到执行。换言之，秦在所征服的楚地设置南郡之后，在这一地区公布过秦法，但实际上却没有被遵守和奉行。在这种情况下，到了第二阶段，郡守腾对秦法进行"整理"后，命令各级官吏公布于众，使吏民都知道秦法的内容。但结果仍是各地吏民不奉行法律。不得已，腾就有了发布通告这第三个阶段的做法。秦征服楚国这一地区开始于秦昭王二十八年（前279年），并于次年结束。秦昭王二十九年（前278年），秦在所征服的这一地区设置了南郡。《语书》的发布时间是始皇二十年（前227年）。大家由此得知，秦从设置南郡到腾发布《语书》，前后已有五十年。腾在南郡推行秦法的过程，就处在这一时间段中。① 这确实说明，被征服的楚地人民，并没有轻易地接受秦国的统治。睡虎秦简《编年记》记载，始皇十九年"南郡备警"。结合《史记·秦始皇本纪》的记载，可知此一时期发生了楚国进攻南郡的事件。《语书》于次年发布，与此恐怕有一定关系，秦国更需要加强在这一地区的统治。

---

① 腾是否在南郡一设立就任南郡郡守，还不好断定。根据他在南郡推行秦法的过程看，他在这里任职已有一定的时间了。石言和高敏都认为，秦设南郡一开始就任命腾为郡守。参阅石言《〈南郡守腾文书〉与秦的法治路线》、高敏《南郡守腾的经历及其发布〈语书〉的意义》（见高敏《睡虎地秦简初探》，第23—25页）。

按照上述所引《语书》的内容，南郡吏民不奉行秦法，指的是秦法不能约束当地人的习俗和行为。其"习俗"主要是指"恶俗""乡俗之心"；其"行为"主要是指"邪僻""淫僻""淫泆""私好"等。法律用硬性的尺度规范人的行为，它为人的行为提供统一的标准。只有在这种标准之下，我们才能说一个人的行为是否合法。《语书》把南郡的一些习俗判定为"恶俗"，把一些行为认定为"邪僻""淫泆""私好"，所用的标准当然都是秦法的标准。发布通告就是督促各级政府严格执行秦法，用秦法约束人们的行为。这是南郡政府进一步在南郡地区推行和强化秦法、把南郡吏民的习俗、行为纳入到秦法中的过程，也是建立秦国法律的权威、保持秦国统一的过程。问题是，《语书》要约束的南郡地区的"恶俗""乡俗之心""邪僻"和"淫泆"等行为，究竟是指什么呢？这是我们需要深入探讨的。由于这两者在《语书》中是连在一起说的，两者之间存在着互相限定和交叉是很自然的，我们在习俗这一大概念之下对它们作一考察。

大体而言，风俗、习俗是人类在不同生活共同体中形成的一种相对稳定的生活方式、行为习惯、风气和风尚。《汉书·地理志》解释风俗说：

> 凡民函五常之性，而其刚柔缓急，音声不同，系水土之风气，故谓之风；好恶取舍，动静亡常，随君上之情欲，故谓之俗。孔子曰："移风易俗，莫善于乐。"言圣王在上，统理人伦，必移其本，而易其末，此混同天下，一之虖中和，然后王教成也。①

社会生活共同体的大小不同，习俗适用的范围也有大小之别。大到一

---

① 应劭在《风俗通义·序》的界定也是把风与俗分开，"风"指自然现象的差异；"俗"是指人的言行等方面的不同表现："风者，天气有寒暖，地形有险易，水泉有美恶，草木有刚柔也。俗者，含血之类，像之而生。故言语歌讴异声，鼓舞动作殊形，或直或邪，或善或淫也。"

国之俗,小到一乡、一村之俗。所谓"入其国,观其俗",或"入乡观俗",就是说国有国俗,乡有乡俗。① 风俗不仅有适用范围的大小,也有好坏之分:

> 风者,气也;俗者,习也。土地水泉,气有缓急,声有高下,谓之风焉;人居此地,习以成性,谓之俗焉。风有厚薄,俗有淳浇,明王之化,当移风使之雅,易俗使之正。是以上之化下,亦为之风焉;民习而行,亦为之俗焉。(《刘子·风俗》)

《语书》中说的"习俗",是指南郡地区的习俗,特别是指南郡社会基层性的"乡俗"。法律跟习俗的关系,不能笼统地用相容或不相容单一的选择去回答。一方面,法律总是为习俗留下一定的活动空间,而且有的法律可能就来自习俗;但另一方面,法律又会成为一些习俗的对立面,它要求强制约束和取缔一些习俗。儒家、法家和黄老学对习俗也是采取这两种立场,一是顺应和遵循的立场,如《礼记·曲礼上》说的"入竟而问禁,入国而问俗"和"使从俗"、《管子·侈靡》说的"乡殊俗,国异礼,则民不流矣"、《黄帝四经·经法·君正》说的"一年从其俗………俗者,顺民心也"等,都是主张接受、尊重和包容习俗。受到人们尊重和遵循的习俗,即便不能说都是美俗,但至少也应是法律所允许的。事实上,好的风俗还有补充法律的作用。孟德斯鸠说:"当一个民族有良好风俗的时候,法律就是简单的。"② 与之

---

① 如《管子·宙合》说:"乡有俗,国有法,食饮不同味,衣服异采,世用器械,规矩绳准,称量数度,品有所成,故曰:人不一事。"《晏子春秋·内篇·问上》中的"古者百里而异习,千里而殊俗"、《汉书·王吉传》中的"百里不同风,千里不同俗,户异政,人殊服"等说法,都指出了习俗的范围大小。池田知久对中国早期文献中谈到的"风俗"作了具体的梳理和比较。参阅池田知久《睡虎地秦简〈语书〉与墨家思想》,见《池田知久简帛研究论集》,第208—224页。

② 〔法〕孟德斯鸠:《论法的精神》上册,张雁深译,商务印书馆1987年版,第317页。

相反，对习俗的第二种立场则是要求改变和禁止。要改变和禁止的习俗，自然是因为一些习俗被认为是不健康的或是同社会的变化不适应。这一立场更多地表现在儒家、法家和黄老学的文献中。儒家强调"移风易俗"，法家和黄老学强调时移俗变，时变是守，都是主张化俗变俗。不同的是，儒家侧重于运用柔性的道德和礼乐的方法来这样做，而法家和黄老学则是用刚性的法律来实现这一点。

南郡政府对于各地不良习俗采取的立场就是用法律去加以禁止。这样做在任何一个地方都会伴随着阵痛，何况南郡又是一个新建的殖民地，这里的人民更容易产生抵触情绪。正如孟德斯鸠说的那样：

> 一般来说，各族人民对于自己原有的习惯总是恋恋不舍的。用暴力取消这些习惯，对他们是悲惨的。因此，不要去改变这些习惯，而要引导他们自己去改变。①

南郡设置五十年后，其地方习俗还如此通行，就说明楚人对原有的习惯是恋恋不舍的。

被《语书》所称的"恶俗""乡俗之心"等"习俗"，池田知久推测，可能是指以淫祠、邪教即特定地域社会之巫术、宗教为根基的生活习惯。② 他认为，《墨子》中谈到的"啖人之国"等"恶俗"为此提供了证据。如果《语书》所称的"恶俗"是楚人的淫祠邪教，那么《汉书·地理志》则更直接地提供了这方面的信息：

> 楚有江汉、川泽、山林之饶；江南地广，或火耕水耨。民食

---

① 〔法〕孟德斯鸠：《论法的精神》上册，第311页。
② 参阅〔日〕池田知久《睡虎地秦简〈语书〉与墨家思想》，见《池田知久简帛研究论集》，第226页。

鱼稻，以渔猎山伐为业，果蓏蠃蛤，食物常足。故呰窳偷生，而亡积聚，饮食还给，不忧冻饿，亦亡千金之家。信巫鬼，重淫祀。而汉中淫失枝柱，与巴、蜀同俗。汝南之别，皆急疾有气势。

这里说到的楚俗是很广的，"信巫鬼，重淫祀"只是其中之一。此外还有"火耕水耨""以渔猎山伐为业"（农业生产方式）、"民食鱼稻"（饮食习惯）、"呰窳偷生，而亡积聚"（财物观）、"淫失枝柱"和"急疾气势"（行为方式和性情）等。

历史上楚地又分为东楚、南楚、西楚等，南郡在西楚。结合其他文献记载，我们从以下几方面来看看楚的一些风俗。

第一，楚人性情敏捷，勇猛强悍。在《商君书》《管子》和《荀子》中，我们看到的这方面记载有：

> 楚之水淖弱而清，故其民轻果而贼。（《管子·水地》）
> 楚国之民，齐疾而均，速若飘风。宛钜铁釶，利若蜂虿。胁蛟犀兕，坚若金石。江、汉以为池，汝、颍以为限，隐以邓林，缘以方城。（《商君书·弱民》）①

"轻果""齐疾""飘风"等意近，皆指动作、行为敏捷、迅速。《史记》和《汉书》中有关楚人性情方面类似的记载有：

> 越、楚则有三俗。夫自淮北沛、陈、汝南、南郡，此西楚也。其俗剽轻，易发怒。地薄，寡于积聚。（《史记·货殖列传》）
> 楚人剽疾，愿上慎毋与楚争锋。（《汉书·张良传》）

---

① 《荀子·议兵》也有类似的记载："楚人鲛革犀兕以为甲，鞈如金石，宛钜铁釶，惨如蜂虿，轻利僄遫，卒如飘风。"

> 夫荆楚剽轻，好作乱，乃自古记之矣。(《汉书·淮南衡山济北王传赞》)

"剽轻""剽疾"意为强悍敏捷，上面说的"急疾气势"与此一致。这里还说到楚人"易发怒"，与相传的楚人性急一致。《史记·项羽本纪》记载，项羽焚烧咸阳秦宫之后，急于东归，有人（一云此人为蔡生）劝说他留下，项羽根本不听，言之者乃讽之："人言楚人沐猴而冠耳，果然。"《索隐》解释说，猕猴不能忍受长时间加在它身上的冠带，以比喻楚人性情暴躁。楚人的这种情性同《汉书·地理志》记载的楚人"好勇""任侠"气质有一定关系：

> 吴、粤之君皆好勇，故其民至今好用剑，轻死易发。粤既并吴，后六世为楚所灭。……本吴、粤与楚接比，数相并兼，故民俗略同。

由此，我们也许容易理解，为什么楚人会有"楚虽三户，亡秦必楚"的精神气概。

第二，凭借优越的自然地理条件，楚人不勤劳耕种，甚至比较懒惰，也不积累财物，经商者相对比较多。《史记·货殖列传》记载说：

> 江陵故郢都，西通巫、巴，东有云梦之饶。陈在楚夏之交，通鱼盐之货，其民多贾。
>
> 颍川、南阳，夏人之居也……东南受汉、江、淮。宛亦一都会也。俗杂好事，业多贾。其任侠，交通颍川，故至今谓之"夏人"。
>
> 总之，楚越之地，地广人希，饭稻羹鱼，或火耕而水耨，果隋蠃蛤，不待贾而足，地势饶食，无饥馑之患，以故呰窳偷生，无积聚而多贫。是故江、淮以南，无冻饿之人，亦无千金之家。

第三，楚人恣纵逸乐、安逸、好辞。《汉书·地理志》说的"淫失枝柱"，是一个例子。"枝柱"，颜师古注为言意相节却，不相从也。"失"读"泆"。"淫泆"一般有两个意思，一是指逸乐、放纵；二是指男女淫乱。楚人的"淫泆"，指前者的可能性比较大，但也有可能包括了后者（下面我们谈到始皇整顿风俗时再说）。楚人还有一种风俗"戴高冠"，《史记·货殖列传》记载说：

> 衡山、九江、江南、豫章、长沙，是南楚也，其俗大类西楚。……与闽中、干越杂俗，故南楚好辞，巧说少信。

楚人喜欢獬冠、高冠，耸于头顶上，高高在上，故又被称为"云冠"。犹如"楚庄王好细腰，故朝有饿人"。楚文王偏好獬冠，楚人自然也争相仿效。屈原对这种高冠也情有独钟。楚俗，人们喜欢低的车子，这可能是因为坐上去很容易，不费力气，但这种低车对于马来说却不方便，因此楚庄王要求改变。《史记·循吏列传》记载说：

> 楚民俗好庳车，王以为庳车不便马，欲下令使高之。相曰："令数下，民不知所从，不可。王必欲高车，臣请教闾里使高其梱。乘车者皆君子，君子不能数下车。"王许之。居半岁，民悉自高其车。

楚国的这些风俗，哪些是属于《语书》中所说的"恶俗""邪僻""淫泆""私好"呢？按照秦法的标准来衡量，尚武、任侠、逸乐、呰窳偷生、安逸、多贾等，大概都是。在法家看来，尚武是乱法，逸乐、多贾是不事生产，惰于农战。詹越认为，《语书》中的淫泆之民，一般是指不从事农战的商贾、手工业者和说客，而且包括没落为盗贼的农民和奴隶。①吴福助大体认可这一判断，他补充上"玩弄诈巧的巫祝"一项。②我们从上面有关楚国风俗的记载中，可以明显看出"多商贾"这一项；另外，农民的农业生产方式可能也不符合秦国农战的需要。换个角度看，从楚国过去的发展过程中，我们仿佛看到了楚国政治人物之前已经从事了南郡支配者所做的一些事情。

春秋和战国时期的楚国都是强国之一，春秋时的楚国是"五霸之一"，战国时的楚国在"七雄"之中也是显赫的。楚国之所以能够取得这样的大国地位，是因为它也适应了天下变化的形势而果断采取了改革的路线。有两个政治人物在楚国的强盛过程中起到了重要作用。一位是春秋时期的政治家孙叔敖，一位是战国时期的政治家吴起。《史记·循吏列传》记载孙叔敖治理楚国的功绩说：

> 三月为楚相，施教导民，上下和合，世俗盛美，政缓禁止，吏无奸邪，盗贼不起。秋冬则劝民山采，春夏以水，各得其所便，民皆乐其生。

孙叔敖对楚国的改变是，"政缓禁止，吏无奸邪，盗贼不起"。在楚国，人们看到的是"世俗盛美"的景象。吴起是对楚国历史上产生重要影响的另一位政治人物，《史记·范雎蔡泽列传》记载说：

> 吴起为楚悼王立法，卑减大臣之威重，罢无能，废无用，损不急之官，塞私门之请，一楚国之俗，禁游客之民，精耕战之士，南收杨越，北并陈、蔡，破横散从，使驰说之士无所开其口，禁

---

① 詹越：《斥"四人帮"在秦代史上的反动谬论》，《考古》1978年第3期。
② 参阅吴福助的《〈语书〉论考》，见吴福助《睡虎地秦简论考》，台北文津出版社1994年版，第99页。

朋党以励百姓,定楚国之政,兵震天下,威服诸侯。①

吴起不愧是法家人物,他在楚国的改革和施政,推行的是任能、公正、力耕、强兵、征服的战略。特别需要我们注意的是"塞私门之请,一楚国之俗,禁游客之民,精耕战之士"和"使驰说之士无所开其口,禁朋党以励百姓"等事项。吴起当时就要"一楚国之俗",说明当时楚国的"习俗"就需要改变,以符合法治的需要;"禁游客之民",说明当时就有一些不事生产的闲散、游荡之人,其中可能还包括"游士";让"驰说之士无所开其口",说明像纵横家那样的说客也不少;"禁朋党"说明社会上存在着以私情、私恩和私交结合到一起的有害于"公共生活"的小团体。吴起在楚国的做法,同秦国推行的战略类似。只是秦国从秦孝公以来一直就奉行这种战略,而楚国则没有坚持下来,楚国越到后来,就越走下坡路,一直到白起攻打楚国郢都。庄辛曾向楚襄王进谏说:

> 庄辛谓楚襄王曰:"君王左州侯,右夏侯,辇从鄢陵君与寿陵君,专淫逸侈靡,不顾国政,郢都必危矣。"襄王曰:"先生老悖乎?将以为楚国妖祥乎?"庄辛曰:"臣诚见其必然者也。非敢以为国妖祥也。"②

这就意味着,原来楚国的"恶俗",各种邪僻、淫泆等行为都会重新泛起,一转而成为秦国南郡郡守面对的问题。

商鞅和韩非都要求国家强硬地整顿社会习俗和邪僻行为,商鞅列

---

① 《战国策》卷五《秦策三·蔡泽见逐于赵》记载说:"吴起为楚悼罢无能,废无用,损不急之官,塞私门之请,壹楚国之俗,南攻杨越,北并陈、蔡,破横散从,使驰说之士无所开其口。"

② 《战国策》卷十七《楚策四·庄辛谓楚襄王》。《淮南子·主术训》记载:"顷襄好色,不使风议,而民多昏乱,其积至昭奇之难。"

出的整顿对象有十种、八种或六种,我们看一下:

> 国有礼、有乐、有《诗》、有《书》、有善、有修、有孝、有弟、有廉、有辩,国有十者,上无使战,必削至亡;国无十者,上有使战,必兴至王。(《商君书·去强》)
>
> 辩慧,乱之赞也;礼乐,淫佚之征也;慈仁,过之母也;任誉,奸之鼠也。乱有赞则行,淫佚有征则用,过有母则生,奸有鼠则不止。八者有群,民胜其政;国无八者,政胜其民。(《商君书·说民》)
>
> 六虱:曰礼乐,曰《诗》《书》,曰修善,曰孝弟,曰诚信,曰贞廉,曰仁义,曰非兵,曰羞战。(《商君书·勒令》)

商鞅列举的"十者""八者""六虱"主要是针对儒家的,他把儒家的仁义、礼乐道德和人文教化等看成是法治和富国强兵的障碍。其中的"礼乐"被商鞅说成是"淫佚之征"。鲁国是儒家礼乐文化的大本营,但从曾侯乙墓出土的战国编钟来看,楚国的礼乐文化也很发达。如果"重礼乐"也是淫佚行为的话,楚国同样。但《语书》说的"淫佚之民"的"淫佚",也许不包括这一方面。因为"礼乐"需要很高的物质条件和文化条件,这是一般百姓都不具备的。蒋礼鸿的《商君书锥指》将"任誉"解释为"任侠"和"名誉",恐非。《韩非子·六反》亦有"任誉"用例,也不能分解为"任侠"和"名誉",而应解释为有名誉的人。或负有声誉的人,正像"任士""任侠"要分别解释为"有能者""见义勇为"那样。另外商鞅列举的"有辩"和"辩慧"、"非兵"和"羞战",主要与名家和墨家相关。商鞅没有说到"武侠"和"工商业",韩非把影响富国强兵的社会行为称为"乱国之俗",他列举出了"五种":

> 是故乱国之俗：其学者，则称先王之道以籍仁义，盛容服而饰辩说，以疑当世之法而贰人主之心。其言谈者，为设诈称，借于外力，以成其私而遗社稷之利。其带剑者，聚徒属，立节操，以显其名而犯五官之禁。其患御者，积于私门，尽货赂而用重人之谒，退汗马之劳。其商工之民，修治苦窳之器，聚弗靡之财，蓄积待时而侔农夫之利。此五者，邦之蠹也。人主不除此五蠹之民，不养耿介之士，则海内虽有破亡之国，削灭之朝，亦勿怪矣。（《韩非子·五蠹》）

韩非批评的"带剑者"和"商工之民"两项，也许同《语书》批评的"恶俗"和"淫僻"有一定关联。

最后，我们从秦始皇统一"六国"和巩固帝国统一的角度看一看与《语书》的关系。如同上述，"南郡"是秦昭王时秦国在所征服的楚地上设置的新的秦国行政区域。在本地区建立和维护秦国的统治，具有双重的重要意义，一是适应本地区的直接需要；二是适应秦国统一"六国"的整体战略。《语书》要整顿和克服的"恶俗"和"淫僻"行为，有的属于楚地独有或在西楚比较盛行，有的可能不限于此，在其他地区也有。秦始皇统一"六国"的过程，整体上是追求"车同轨，书同文，行同伦"（《礼记·中庸》）、"器械一量，同书文字"（《史记·秦始皇本纪》）的过程，是把秦国法律推广到新征服的各个地区的过程，而跟此不适应特别是相冲突的习俗和行为都要受到限制和取代。秦始皇统一"六国"之后，到各地视察和巡游天下，"颂秦德"是为了增加全国人民对秦国的认同感，稳定和巩固新的秩序和统一。看看秦始皇在一些地方留下的不少石刻文，我们就清楚了。二十六年，秦始皇在琅琊台留下石刻文，其中说：

> 匡饬异俗，陵水经地。……奸邪不容，皆务贞良。细大尽

力,莫敢怠荒。远迩辟隐,专务肃庄。(《史记·秦始皇本纪》)

三十七年,秦始皇在会稽山留下石刻文,其中的内容有:

> 遂登会稽,宣省习俗,黔首斋庄。……饰省宣义,有子而嫁,倍死不贞。防隔内外,禁止淫泆,男女洁诚。夫为寄豭,杀之无罪,男秉义程。妻为逃嫁,子不得母,咸化廉清。大治濯俗,天下承风,蒙被休经。(《史记·秦始皇本纪》)

在这两个内容中,我们要特别注意其中的"匡饬异俗,陵水经地""奸邪不容""莫敢怠荒"和"宣省习俗"和"禁止淫泆"等禁令。《语书》所禁止的"恶俗""淫僻"和"淫佚"等,与此应该也有类似的方面。秦始皇在会稽山石刻文中强调的"禁止淫泆"的"淫泆",具体是指男女两性关系的淫乱。这一禁令,是秦始皇严男女之防的一项。秦始皇二十八年石刻文中的"男女礼顺,慎遵职事。昭隔(依《集释》徐广说,当为"融"——笔者)内外,靡不清净",三十二年石刻文中的"男乐其畴,女修其业,事各有序",都强调严男女之别、礼节和男女分工之事。顾炎武认为秦始皇的石刻文,主要是为了"坊民正俗",其在会稽山的石刻文更是为了克服当地的"淫乱"习俗。① 柳诒徵承接顾

---

① 顾炎武说:"考之《国语》,自越王勾践栖会稽之后,惟恐国人之不蕃,故令壮者无取老妇,老者无取壮妻,女子十七不嫁,其父母有罪,丈夫二十不取,其父母有罪。生丈夫,二壶酒,一犬;生女子,二壶酒,一豚。生三人,公与之母;生二人,公与之饩。《内传》子胥之言亦曰:越十年生聚。《吴越春秋》至谓勾践以寡妇淫泆过犯,皆输山上,士有忧思者,令游山上以喜其意。当其时,盖欲民之多,而不复禁其淫泆。传至六国之末,而其风犹在,故始皇为之厉禁,而特著于刻石之文,以此与灭六王并天下之事,并提而论。且不著之于燕齐,而独著之于越。然则秦之任刑虽过,而其坊民正俗之意,固未始异于三王也。"(顾炎武著,黄汝成集释:《日知录集释》卷十三,第1008—1009页)

氏之意，又阐述说：

> 观其刻辞，固可见秦之注重民俗，而辞中所言多男女并举，尤为秦俗男女平等之证，夫淫他室，"杀者无罪"，是秦人初不专责女子以节义也。①

楚国也许受到了越国的这种习俗的影响。如果真是这样，《语书》所要禁止的"恶俗"和"淫佚"行为就包括有男女之间的淫乱。

---

① 柳诒徵：《中国文化史》上卷，东方出版中心1988年版，第299页。

主要参考文献

一、典籍

《帛书老子校注》，高明撰，中华书局1996年版。
《楚辞译注》，董楚平撰，上海古籍出版社1998年版。
《春秋左传注》，杨伯峻编著，中华书局1983年版。
《戴震全集》，戴震撰，张岱年主编，黄山书社1994年版。
《风俗通义校注》，应邵撰，王利器校注，中华书局2010年版。
《管子注译》，赵守正注译，广西人民出版社1982年版。
《鬼谷子集校集注》，许富宏撰，中华书局2008年版。
《国语》，上海师范学院古籍整理组校点，上海古籍出版社1982年版。
《韩非子校注》，《韩非子》校注组，江苏人民出版社1982年版。
《汉书》，班固撰，颜师古注，中华书局1962年版。
《后汉书》，范晔撰，李贤等注，中华书局1965年版。
《淮南鸿烈集释》，刘文典撰，冯逸、乔华点校，中华书局1989年版。
《老子》，李存山注译，中州古籍出版社2004年版。
《老子注译及评介》，陈鼓应著，中华书局1984年版。
《礼记集解》，孙希旦撰，沈啸寰、王星贤点校，中华书局1989年版。
《礼记译注》，杨天宇著，上海古籍出版社1997年版。
《列子集释》，杨伯峻撰，中华书局1985年版。
《刘子集校》，刘勰著，林其锬、陈凤金集校，上海古籍出版社1985年版。

《吕氏春秋》，陈奇猷校释，学林出版社 1984 年版。
《论衡》，王充著，上海人民出版社 1974 年版。
《论语译注》，杨伯峻译注，中华书局 1980 年版。
《论语正义》，刘宝楠撰，高流水点校，中华书局 1990 年版。
《孟子译注》，杨伯峻译注，中华书局 1984 年版。
《孟子正义》，焦循撰，沈文倬点校，中华书局 1987 年版。
《墨子间诂》，孙诒让著，孙以楷点校，中华书局 1986 年版。
《墨子校释》，王焕镳著，朱渊、蔡勇习等参释，浙江文艺出版社 1984 年版。
《南华真经注疏》，郭象注，成玄英疏，曹础基、黄兰发点校，中华书局 1998 年版。
《商君书锥指》，蒋礼鸿校释，中华书局 1986 年版。
《尚书译注》，李民、王健撰，上海古籍出版社 2000 年版。
《史记》，司马迁撰，中华书局 1982 年版。
《诗经译注》，程俊英撰，上海古籍出版社 2000 年版。
《史略　子略》，高似孙著，张艳云、杨朝霞校点，辽宁教育出版社 1998 年版。
《十三经注疏》，阮元校刻，中华书局 1980 年版。
《十三经注疏（标点本）》，李学勤主编，北京大学出版社 1999 年版。
《尸子译注》，李守奎、李轶译著，黑龙江人民出版社 2003 年版。
《说文解字注》，许慎撰，段玉裁注，上海古籍出版社 1988 年版。
《说苑校证》，刘向撰，向宗鲁校证，中华书局 1991 年版。
《四书章句集注》，朱熹撰，中华书局 1983 年版。
《王阳明全集》，王阳明著，吴光、钱明等编校，上海古籍出版社 1992 年版。
《王弼集校释》，楼宇烈校释，中华书局 1987 年版。
《文子校释》，文子著，李定生、徐慧君校释，上海古籍出版社 2004 年版。
《新序详注》，刘向撰，赵仲邑注，中华书局 1997 年版。
《荀子集释》，王先谦撰，沈啸寰、王星贤点校，中华书局 1997 年版。

《揅经室集》，阮元撰，邓经元点校，中华书局1993年版。
《逸周书校补注译》，黄怀信著，西北大学出版社1996年版。
《鹖子校理》，钟肇鹏撰，中华书局2010年版。
《战国策》，刘向集录，上海古籍出版社1985年版。
《庄子集释》，郭庆藩集，王孝鱼整理，中华书局1982年版。
《庄子今注今译》，陈鼓应注，中华书局1983年版。
《庄子浅注》，曹础基著，中华书局2000年版。

二、简帛释文

北京大学《儒藏》编纂中心编：《儒藏》（精华编二八一册　出土文献类），北京大学出版社2007年版。

陈鼓应主编：《道家文化研究》（"马王堆帛书专号"），上海古籍出版社1993年版。

国家文物局古文献研究室：《马王堆汉墓帛书》（壹），文物出版社1980年版。

国家文物局古文献研究室、河北省博物馆、河北省文物研究所、定县汉墓竹简整理组：《〈儒家者言〉释文》，《文物》1981年第8期。

河北省文物研究所定州汉简整理小组：《定州西汉中山怀王墓竹简〈文子〉释文》，《文物》1995年第12期。

河北省文物研究所定州汉墓竹简整理小组：《定州汉墓竹简·论语》，文物出版社1997年版。

河北省文物研究所定州汉墓竹简整理小组：《定州西汉中山怀王墓竹简〈六韬〉释文及校注》，《文物》2001年第5期。

荆门市博物馆编：《郭店楚墓竹简》，文物出版社1998年版。

里仁书局编：《睡虎地秦墓竹简》，里仁书局1981年版。

马承源主编：《上海博物馆藏战国楚竹书（一）》，上海古籍出版社2001年版。

马承源主编:《上海博物馆藏战国楚竹书(二)》,上海古籍出版社2002年版。

马承源主编:《上海博物馆藏战国楚竹书(三)》,上海古籍出版社2003年版。

马承源主编:《上海博物馆藏战国楚竹书(四)》,上海古籍出版社2004年版。

马承源主编:《上海博物馆藏战国楚竹书(五)》,上海古籍出版社2005年版。

马承源主编:《上海博物馆藏战国楚竹书(六)》,上海古籍出版社2006年版。

马承源主编:《上海博物馆藏战国楚竹书(七)》,上海古籍出版社2008年版。

马王堆汉墓帛书整理小组编:《导引图》,文物出版社1979年版。

马王堆汉墓帛书整理小组编:《经法》,文物出版社1976年版。

马王堆汉墓帛书整理小组编:《老子》,文物出版社1976年版。

马王堆汉墓帛书整理小组编:《老子甲本及卷前古佚书》,文物出版社1974年版。

马王堆汉墓帛书整理小组编:《老子乙本及卷前古佚书》,文物出版社1974年版。

马王堆汉墓帛书整理小组编:《马王堆汉墓帛书(叁)》,文物出版社1983年版。

马王堆汉墓帛书整理小组编:《马王堆汉墓帛书(肆)》,文物出版社1985年版。

马王堆汉墓帛书整理小组编:《五十二病方》,文物出版社1979年版。

马王堆汉墓帛书整理小组编:《战国纵横家书》,文物出版社1976年版。

睡虎地秦墓竹简整理小组:《睡虎地秦墓竹简》,文物出版社1990

年版。

睡虎地秦墓竹简整理小组:《睡虎地秦墓竹简》,文物出版社 1977 年版。

睡虎地秦墓竹简整理小组:《睡虎地秦墓竹简》,文物出版社 1990 年版。

睡虎地秦墓竹简整理小组:《睡虎地秦墓竹简(敦煌资料)》,文物出版社 2001 年版。

吴九龙:《银雀山汉简释文》,文物出版社 1985 年版。

银雀山汉墓竹简整理小组:《银雀山汉墓竹简(壹)》,文物出版社 1985 年版。

张家山二四七号汉墓竹简整理小组:《张家山汉墓竹简(二四七号墓)》(释文修订本),文物出版社 2006 年版。

三、著作

[美]艾兰、汪涛等主编:《中国古代思维模式与阴阳五行说探源》,江苏古籍出版社 1998 年版。

白奚:《稷下学研究——中国古代的思想自由与百家争鸣》,生活·读书·新知三联书店 1998 年版。

曹峰:《上博楚简思想研究》,万卷楼图书股份有限公司 2006 年版。

曹峰:《楚地出土文献与先秦思想研究》,台湾书房出版有限公司 2010 年版。

陈福滨主编:《本世纪出土思想文献与中国古典哲学研究论文集》(上、下册),辅仁大学出版社 1999 年版。

陈鼓应主编:《道家文化研究》第 17 辑"'郭店楚简'专号",生活·读书·新知三联书店 1999 年版。

陈鼓应:《老庄新论》,五南图书出版股份有限公司 2007 年版。

陈国庆编:《汉书艺文志注释汇编》,中华书局1983年版。

陈静:《自由与秩序的困惑——〈淮南子〉研究》,云南大学出版社2004年版。

陈来:《古代思想文化的世界》,生活·读书·新知三联书店2002年版。

陈来:《竹帛〈五行〉与简帛研究》,生活·读书·新知三联书店2009年版。

陈梦家:《中国文字学》,中华书局2006年版。

陈宁:《中国古代命运观的现代诠释》,辽宁教育出版社1999年版。

陈少明:《〈齐物论〉及其影响》,北京大学出版社2004年版。

崔大华:《庄学研究——中国哲学一个观念渊源的历史考察》,人民出版社1992年版。

崔仁义:《荆门郭店楚简〈老子〉研究》,科学出版社1998年版。

崔永东:《金文简帛中的刑法思想》,清华大学出版社2000年版。

丁四新:《郭店楚墓竹简思想研究》,东方出版社2000年版。

丁四新:《郭店楚竹书〈老子〉校注》,武汉大学出版社2010年版。

丁四新主编:《楚地简帛思想研究》,湖北教育出版社2007年版。

丁原植:《郭店竹简〈老子〉释析与研究汇》,万卷楼图书有限公司1998年版。

丁原植:《郭店楚简:儒家佚籍四种释析》,台湾古籍出版有限公司2004年版。

杜维明:《杜维明文集》,郭齐勇编,武汉出版社2002年版。

冯达文:《中国哲学的本源——本体论》,广东人民出版社2001年版。

冯友兰:《三松堂学术文集》,北京大学出版社1984年版。

干春松:《制度化儒家及其解体》,中国人民大学出版社2003年版。

高道蕴、高鸿钧等编:《美国学者论中国法律传统》,中国政治大学出版社1994年版。

高敏:《云梦秦简初探》,河南人民出版社 1979 年版。

葛兆光:《古代中国社会与文化十讲》,清华大学出版社 2002 年版。

顾颉刚等编:《古史辨》,海南出版社 2005 年版。

郭梨华:《出土文献与先秦儒道哲学》,万卷楼图书股份有限公司 2008 年版。

郭沫若:《中国古代社会研究(外二种)》,河北教育出版社 2000 年版。

郭齐勇主编:《儒家文化研究》第一辑,生活·读书·新知三联书店 2007 年版。

郭沂:《郭店竹简与先秦学术思想》,上海教育出版社 2001 年版。

黄俊杰:《孟子思想史论(卷一)》,东大图书股份有限公司 1991 年版。

《简帛文献语言研究》课题组:《简帛文献语言研究》,社会科学文献出版社 2009 年版。

姜广辉主编:《中国哲学》第 20 辑"郭店楚简研究",辽宁教育出版社 1999 年版。

姜广辉主编:《中国哲学》第 21 辑"郭店简与儒学研究",辽宁教育出版社 2000 年版。

蒋锡昌:《老子校诂》,成都古籍书店 1988 年版。

蒋锡昌:《庄子哲学》,成都古籍书店 1988 年版。

李存山:《气论与仁学》,中州古籍出版社 2009 年版。

李景林:《教化的哲学——儒学思想的一种新诠释》,黑龙江人民出版社 2006 年版。

李零:《郭店楚简三篇校读记》,北京大学出版社 2002 年版。

李零:《上博楚简校读记》,中国人民大学出版社 2007 年版。

李零:《简帛古书与学术源流》,生活·读书·新知三联书店 2008 年版。

李明辉:《孟子重探》,联经出版事业公司 2001 年版。

李若晖:《郭店竹书〈老子〉论考》,齐鲁书社 2004 年版。

李学勤:《古文献论丛》,上海远东出版社 1996 年版。

李学勤:《简帛佚籍与学术史》,江西教育出版社 2001 年版。

李学勤:《东周与秦代文明》,上海人民出版社 2007 年版。

李学勤:《周易经传溯源》,中国社会科学出版社 2007 年版。

梁涛:《郭店竹简与思孟学派》,中国人民大学出版社 2008 年版。

廖名春:《出土简帛丛考》,湖北教育出版社 2004 年版。

林剑鸣编译:《简牍概述》,陕西人民出版社 1984 年版。

林启屏:《从古典到正典:中国古代儒学意识之形成》,台湾大学出版中心 2007 年版。

林素英:《从〈郭店简〉探究其伦常观念》,万卷楼图书股份有限公司 2003 年版。

刘海年:《战国秦代法制管窥》,法律出版社 2006 年版。

刘乐贤:《简帛数术文献探论》,湖北教育出版社 2003 年版。

刘翔:《中国传统价值观诠释学》,上海三联书店 1996 年版。

刘笑敢:《老子古今:五种对勘与析评引论》,中国社会科学出版社 2006 年版。

刘信芳:《郭店楚简〈老子〉解诂》,艺文印书馆 1999 年版。

楼宇烈:《温故知新——中国哲学研究论文集》,商务印书馆 2004 年版。

蒙培元:《情感与理性》,中国社会科学出版社 2002 年版。

蒙文通:《先秦诸子与理学》,广西师范大学出版社 2006 年版。

庞朴:《竹帛〈五行〉篇校注及研究》,万卷楼图书公司 2000 年版。

彭浩:《郭店楚简〈老子〉校读》,湖北人民出版社 2001 年版。

骈宇骞、段书安:《二十世纪出土简帛综述》,文物出版社 2006 年版。

钱穆:《先秦诸子系年(外一种)》,河北教育出版社 2002 年版。

裘锡圭:《文史丛稿——上古思想、民俗与古文字学史》,上海远东出版社 1996 年版。

裘锡圭:《中国出土古文献十讲》,复旦大学出版社 2004 年版。

瞿同祖:《中国法律与中国社会》,中华书局 1981 年版。

上海大学古代文明研究中心、清华大学思想文化研究所编:《上博馆藏战国楚竹书研究(续编)》,上海书店出版社 2004 年版。

邵鸿:《张家山汉简〈盖庐〉研究》,文物出版社 2007 年版。

沈颂金:《二十世纪简帛学研究》,学苑出版社 2003 年版。

唐兰:《中国文字学》,上海世纪出版集团 2005 年版。

汤一介:《反本开新》,首都师范大学出版社 2008 年版。

王葆玹:《老庄学初探》,上海文化出版社 2002 年版。

王博:《简帛思想文献论集》,台湾古籍出版有限公司 2001 年版。

王博:《庄子哲学》,北京大学出版社 2004 年版。

王国维:《王国维文集》,中国文史出版社 1997 年版。

王蘧常:《秦史》,上海古籍出版社 2000 年版。

王泽强:《简帛文献与先秦两汉文学研究》,中国社会科学出版社 2010 年版。

王志楣:《庄子生命情调的哲学诠释》,里仁书局 2008 年版。

魏启鹏:《楚简〈老子〉柬释》,万卷楼图书有限公司 1999 年版。

魏启鹏:《马王堆汉墓帛书〈黄帝书〉笺证》,中华书局 2004 年版。

吴福助:《睡虎地秦简考论》,台北文津出版社 1994 年版。

吴光:《黄老之学通论》,浙江人民出版社 1985 年版。

武汉大学中国文化研究院编:《郭店楚简国际学术研讨会论文集》,湖北人民出版社 2000 年版。

谢维扬、朱渊清:《新出土文献与古代文明研究》,上海大学出版社 2004 年版。

辛冠洁、衷尔钜等编:《日本学者论中国哲学史》,中华书局 1986 年版。

邢文编译:《郭店老子与太一生水》,学苑出版社2005年版。
邢文:《帛书周易研究》,人民出版社1997年版。
徐富昌:《睡虎地秦简研究》,文史哲出版社1993年版。
徐复观:《中国人性论史(先秦篇)》,上海三联书店2001年版。
许抗生:《帛书老子注译及研究》(增订本),浙江人民出版社1985年版。
许倬云:《中国古代社会史论——春秋战国时期的社会流动》,广西师范大学出版社2006年版。
许倬云:《西周史》(增订本),生活·读书·新知三联书店1994年版。
杨宽:《先秦史十讲》,复旦大学出版社2006年版。
杨庆中:《周易经传研究》,商务印书馆2005年版。
杨儒宾主编:《中国古代思想中的气论及身体观》,巨流图书公司1993年版。
杨泽波:《孟子性善论研究》,中国社会科学出版社1995年版。
姚小鸥主编:《出土文献与中国文学研究》,北京广播学院出版社2000年版。
叶国良编:《文献及语言知识与经典诠释的关系》,台湾大学出版中心2004年版。
叶国良、郑吉雄等编:《出土文献研究方法论文集初集》,台湾大学出版中心2005年版。
余敦康:《宗教·哲学·伦理》,中国社会科学出版社2005年版。
余明光:《黄帝四经与黄老思想》,黑龙江人民出版社1989年版。
余英时:《士与中国文化》,上海人民出版社1987年版。
曾春海:《易经哲学的宇宙与人生》,台北文津出版社1997年版。
曾春海:《中国哲学概论》,五南图书出版股份有限公司2005年版。
张岱年:《中国哲学大纲》,中国社会科学出版社1982年版。
张岱年:《中国古典哲学概念范畴要论》,中国社会科学出版社1989

年版。

张光裕主编、袁国华等合编:《郭店楚墓竹简研究文字编》,台北艺文印书馆1999年版。

张光直:《中国青铜时代》,生活·读书·新知三联书店1999年版。

张立文:《帛书周易注译》,中州古籍出版社1992年版。

张学智:《心学论集》,中国社会科学出版社2006年版。

张政烺:《张政烺文史论集》,中华书局2004年版。

张政烺:《马王堆帛书周易经传校读》,中华书局2008年版。

郑开:《德礼之间:前诸子时期的思想史》,生活·读书·新知三联书店2009年版。

郑世根:《庄子气化论》,学生书局1993年版。

中华书局编辑部:《云梦秦简研究》,中华书局1981年版。

朱伯崑:《朱伯崑论著》,沈阳出版社1998年版。

朱渊清:《再现的文明——中国出土文献与传统学术》,华东师范大学出版社2001年版。

四、译作

〔日〕池田知久:《马王堆汉墓帛书五行研究》,王启发译,中国社会科学出版社2005年版。

〔日〕池田知久:《池田知久简帛研究论集》,曹峰译,中华书局2006年版。

〔日〕池田知久:《道家思想的新研究——以〈庄子〉为中心》,王启发、曹峰译,中州古籍出版社2009年版。

〔比〕戴卡琳:《解读〈鹖冠子〉——从论辩学的角度》,杨民译,辽宁教育出版社2000年。

〔英〕葛瑞汉:《论道者:中国古代哲学论辩》,张海晏译,中国社会科学出版社 2003 年版。

〔美〕江文思、〔美〕安乐哲编:《孟子心性之学》,梁溪译,社会科学文献出版 2005 年版。

〔美〕柯雄文:《伦理论辩——荀子道德认识论之研究》,赖显邦译,黎明文化事业股份有限公司 1990 年版。

〔英〕李约瑟:《中国古代科学思想史》,陈立夫等译,江西人民出版社 1999 年版。

刘俊文主编:《日本学者研究中国史论著选译》第七卷《思想宗教》,许洋主等译,中华书局 1993 年版。

〔美〕史华慈:《古代中国的思想世界》,程钢译,江苏人民出版社 2004 年版。

〔美〕史华慈:《思想的跨度与张力——中国思想史论集》,王中江编,中州古籍出版社 2009 年版。

〔日〕汤浅邦弘:《战国楚简与秦简之思想史研究》,佐藤将之监译,万卷楼图书股份有限公司 2006 年版。

〔日〕伊藤道治:《中国古代王朝的形成——以出土资料为主的殷周史研究》,江蓝生译,中华书局 2002 年版。

附录一
《凡物流形》的生成和自然思想

由曹锦炎整理的《凡物流形》,[①]是上海博物馆所藏楚竹书中哲学性比较强的一篇佚文,另一篇佚文是已闻名于世的《恒先》。《凡物流形》在篇幅上比《恒先》要大一些,它以"奚"("为什么")的方式提出问题和以"闻之曰"("曾听说")的方式阐述问题,[②]同《恒先》的纯粹论述体有所不同。《凡物流形》论及的问题也比《恒先》广泛,特别是上半部分追问了不少自然之物和现象的起源及原因。整体上,《凡物流

[①] 《凡物流形》有两个本子(不同书手所抄),整理者名为甲本和乙本。甲本比较完整,共30支简,计合文、重文,不计缺文,共846字;乙本残缺较多,现存21支简,计合文、重文,共601字。原释文见马承源主编的《上海博物馆藏战国楚竹书(七)》,第219—300页;以下简称"上博七释文"。另有复旦大学出土文献与古文字研究中心研究生读书会的《〈上博(七)·凡物流形〉重编释文》(邬可晶执笔,以下简称"复旦读书会释文")和李锐《〈凡物流形〉释文新编(稿)》。

[②] "闻之曰",先秦子书多有用例。在一般论述体中,"闻之曰"是引用曾听说或看到别人的话使用的,与"吾闻之"(如《论语·雍也》记载:"吾闻之也:君子周急不继富。"还有"某某闻之",如《论语·颜渊》记载:"子夏曰:'商闻之矣:死生有命,富贵在天'")类似,只是没有主语,类似于现在所说的"听说""据说",它同明显有出处的(如"《书》曰")引用不同。上博简《从政》通篇用"闻之曰",《凡物流形》亦多如是,这就不是一般的引用了,而是类似于整个记载了,就像《礼记·孔子闲居》通篇引用孔子的话、《缁衣》通篇引用《诗》《书》的话那样。有关"闻之曰"的讨论,参阅李零《郭店楚简校读记》(第128—129页)。

形》的哲学由两大方面构成，一是它的宇宙观和自然观；一是它的政治哲学（"治道"）。佚文中的重要术语"执道""执一""一心"，说的都是圣人的治道；而"道"和"一"本身首先是宇宙观和自然哲学范畴。只是，《凡物流形》对"道"这一范畴本身几乎没有什么说明，这同《恒先》《太一生水》的情形类似。《凡物流形》注重的是"一"这一范畴，它的宇宙观和自然观主要是通过"一"建立起来的，它对许多自然现象和万物变化的原因所进行的一系列追问最终是通过"一"来加以说明的。据此，我们可以推测其学派归属。此篇佚文公布后，学术界就佚文的重新编连、释文和疑难文字进行了许多考辨，但对其哲学和思想还缺乏系统性的探讨和讨论，有的问题有待进一步商榷。本文在已有释文和文字研究的基础之上，主要围绕此篇的核心哲学范畴"一"，尝试对其宇宙观、自然观进行整体性的探讨，以展现此篇哲学佚文的思想结构和内涵。

一　作为生成根源的"一"

在已知的道家宇宙生成论中，我们已经看到了一些模式，这些模式有传世文献中我们所熟悉的，也有出土简帛文献中我们新看到的（如郭店简《太一生水》、上博简《恒先》等）。新公布的《凡物流形》，使我们又看到了一个宇宙生成模式，这个模式相比于已有的模式具有自身的特色，虽然它同我们已经看到过的模式有一定关系。《凡物流形》的宇宙生成模式，集中体现在文本中的这段话上：

闻之曰：一生两，两生叁，叁生母，母成结。

这段话整理者原释读为："闻之曰：豸（貌）生亚（恶），亚（恶）生参，参生吊城（成）结。"①沈培发现，整理者所释的"貌"字，其实是个"一"字。②但作为"一"字，它的写法确实特别：▨（隶为"鼠"）。郭店竹简《太一生水》的"一"直接写作"一"。尽管对这个字形体结构的隶定，还存在着分歧，③但大家多倾向于读作"一"。原释文的"恶"实际上是"两"，大家没有争议。原释文的"吊"，沈培释为"四"，李锐也同意释为"四"。④按照这种释读，就是"叁生四，四成结"。但"复旦读书会释文"释为"女"，疑为"母"字之讹。⑤秦桦林列举《凡物流形》甲本中"女"字的写法，指出此字不能释为"四"，赞成"复旦读书会释文"的释读，并对"母"和"结"作了哲学上的说明。⑥我也倾向于释读为"母"。

　　我们首先要关注的是"一"。可以肯定的是，在《凡物流形》中，"一生两"的"一"和其他地方的用例，皆是指万物的"根源"。正是由于这种意义，它同道家及黄老学文本中的"一"可以相互比较。"一"作为宇宙生成的根源和起点是从老子开始的。整理者虽然对"闻之曰：一生两，两生叁，叁生母，母成结"这几句话的释文有问题，但他也联想到《凡物流形》中的这几句话同通行本《老子》第四十二章说的"道生一，一生二，二生三，三生万物"这几句话有类似之处，如都是三字一句；另外，主要都是一层生出另一层（X 生 Y）。只是，《凡物流形》的最后一句是用"成"代替了"生"。作为一种生成模式，《凡物流形》可能是受了《老子》这段话的直接影响。在已有的其他生

---

① 参阅上博七释文，第260—261页。
② 参阅沈培《略说〈上博（七）〉新见的"一"字》。
③ 参阅杨泽生《上博简〈凡物流形〉中的"一"字试解》，见陈伟武主编《古文字论坛》(第一辑"曾宪通教授八十庆寿专号"，中山大学出版社2015年版)、苏建洲《〈上博七·凡物流形〉"一"、"逐"二字小考》(复旦大学古文字网，2009年1月2日)。
④ 参阅沈培《〈略说〈上博（七）〉新见的"一"字》和李锐《〈凡物流形〉释文新编（稿）》。
⑤ 参阅复旦读书会释文。
⑥ 参阅秦桦林《〈凡物流形〉第二十一简试解》。

成模式中，还没有一个在形式上同《老子》的这一模式如此类似。但正如我们直观上同样就能看到的那样，在《老子》提出的万物生成模式中，"一"不是万物的"最初"根源，它是由"道"产生出来的，它处于生成过程中的次一级层次上。这种意义上的"一"，在《庄子·天地》篇中我们也能看到：

> 泰初有无，无有无名。一之所起，有一而未形。物得以生谓之德。

在《庄子》的这一生成模式中，生成的根源是"泰初"，它的性质是"无"，既没有"有"，也没有"名"。成玄英的《庄子疏》说：

> 泰，太；初，始也。元气始萌，谓之太初。言其气广大，能为万物之始本，故名太初。太初之时，惟有此无，未有于有。有即未有，名将安寄！故无有无名。①

"泰（太）初"位于生成的最高层次上，"一"则处于"泰初"之后的层次上，它的特性是"未形"。陈鼓应解释说，"一"是"道"（"无"）的创生活动中向下落实一层的未分状态。②"一"在"道"和"泰初"之下的层次上，而不是同"道"和"泰初"异名同谓，这是《老子》和《庄子》中这两个生成模式的"一"，同《凡物流形》生成模式中的"一"的主要不同之处。

通行本《老子》中的"一"就像"有无"的"无"那样，在用法上是有歧义的。通行本《老子》第十章"载营魄抱一"和第二十二章"是以圣人抱一为天下式"这两个"抱一"的"一"，第十四章"视之

---

① 郭庆藩辑：《庄子集释》第二册，中华书局1961年版，第425页。
② 参阅陈鼓应《庄子今注今译》，中华书局1983年版，第310页。

不见,名曰夷;听之不闻,名曰希;搏之不得,名曰微。此三者不可致诘,故混而为一"中"混而为一"的"一",第三十九章的"昔之得一者:天得一以清;地得一以宁;神得一以灵;谷得一以盈;万物得一以生;侯王得一以为天下正"中"得一"的"一",是《老子》中除了"道生一"的"一"之外"一"的其他主要用例。古代和现代的一些注释者,认为"得一"和第二十二章的"抱一"的"一",是指"道";"混而为一"的"一",是指浑沦"一体";第十章的"抱一"的"一",是指魂和魄合而为一。① 许抗生指出,《老子》中的"一"有三种意义:

> 一是指道;二是指道所产生的最原初的统一物。老子说:"道生一,一生二,二生三,三生万物。"其所谓"一"即指这种意义;三是指身。《道篇》:"载营魄抱一,能毋离乎?""一"即指身而言。②

但进一步考察,《老子》中的"一"也许可归纳为两种意义:一是指"道";二是指生成模式中次于"道"的层次。如果"得一"的"一"是指"道",那么没有理由说"抱一""混而为一"的"一",不也是指"道"。通行本第二十二章的"抱一",帛书甲乙本皆作"执一",意思相同。帛书甲乙本和傅奕本"混而为一"之后有"一者"。这样,"其上不谬,其下不昧。绳绳兮不可名,复归于无物。是谓无状之状,无物之象,是谓惚恍。迎之不见其首,随之不见其后",自然就是对"一"的说明。据此,"混而为一"的"一"与"一者"的"一",所指即相同,也是指"道"。第十章"载营魄抱一"的"一"非常有可能也

---

① 参阅陈鼓应《老子今注今译》,第 221、161、127、109 页。
② 许抗生:《帛书老子注译与研究》(增订本),第 9 页。蒋锡昌认为"混而为一"的"一"即指"道"。参阅蒋锡昌《老子校诂》,第 78 页。

指"道"。"营魄"和"一"河上公解释为"魂魄"和"身",但王弼则解释为"人之常居处"和"人之真",认为"载营魄抱一,能无离乎",是"言人能处常居之宅,抱一清神能常无离乎?则万物自宾也"。① 楼宇烈根据王弼《老子道德经》第三十二章注说的"抱朴无为,不以物累其真,不以欲害其神,则物自宾而道自得也",认为"抱一"即"抱朴"。② 在《老子》和道家中,"道"也是"朴"和"真";王弼以"万物自宾"与"道自得"相对。因此,这里的"抱一"也完全可以解释为"抱道",同"抱一为天下式"的"抱一"所指相同,说的都是持守"道"来养生和修身。《庄子·庚桑楚》记载说:

> 老子曰:"卫生之经,能抱一乎?能勿失乎?能无卜筮而知吉凶乎?能止乎?能已乎?能舍诸人而求诸己乎?能翛然乎?能侗然乎?能儿子乎?儿子终日嗥而嗌不嗄,和之至也;终日握而手不掜,共其德也;终日视而目不瞚,偏不在外也。行不知所之,居不知所为,与物委蛇而同其波。是卫生之经已。"

其中部分文字见于《老子》。"抱一"就是坚持"道"的真理来修身养性。这同老子说的"贵食母"的"母"即指"道"类似。

《老子》中"一"的另一个所指就是我们上面所讨论的"道生一"的"一"。但在《太一生水》《黄帝四经》和《文子》等文献中,"一"已经没有这种意义,它同"道"一样被看成是生成万物的最初根源。也就是说,在老子之后,"一"主要在宇宙和万物生成的最高根源的意义上被扩展,并衍化出了"太一""恒一"等范畴。《文子》说的"一者,万物之始也"和《列子·天瑞》说的"一者,形变之始也",其"一"指"万物"和"形变"的最初开端。"万物"和"形变"说

---

① 参阅楼宇烈《王弼集校释》上册,第22页。
② 同上。

的都是"有形"的事物，相对于此的"一"则是"无形的"。在道家中，根源和本根一般都用"无形"来描述，《太一生水》称之为"太一"，实际上仍然是"一"，所加上的修饰词"太"，意在强调它不是一般的"一"。《黄帝四经·道原》说："恒先之初，迥同太虚。虚同为一，恒一而止。"在这里，"恒先""太虚"与"恒一"意同，皆是指万物产生根源的原初"状态"。《淮南子·诠言训》所描述的"太一"与此类似："洞同天地，浑沌为朴，未造而成物，谓之太一。"就此而论，《凡物流形》同《太一生水》《黄帝四经》《文子》中的"一"是一致的。

《凡物流形》的"一"，同我们已知的道家的"一"最大的不同是，它不被看成是"超感知的"，它是直接可以体验和接触的：

是故一，咀之有味，嗅［之有臭］，鼓之有声，近之可见，操之可操，握之则失，败之则槁，贼之则灭。

《凡物流形》对于"一"的这种描述非常独特，道家大传统中对形而上者一般没有这样的描述。帛书本（乙本）《老子·道经》说："视之而弗见，［名］之曰微；听之而弗闻，名之曰希；㨷之而弗得，名之曰夷。三者不可致诘，故混而为一。一者，其上不谬，其下不物。寻寻呵不可名也，复归于无物。是谓无状之状，无物之象，是谓惚恍。随而不见其后，迎而不见其首。"① 道家常常都是说"道""一"无形无

---

① 再举两个例子。《老子》第三十五章说："道之出口，淡乎其无味，视之不足见，听之不足闻，用之不足既。"（楼宇烈：《王弼集校释》上册，第88页）《文子·道原》说："无形者，一之谓也。一者，无心合于天下也。布德不溉，用之不勤，视之不见，听之不闻，无形而有形生焉，无声而五音鸣焉，无味而五味形焉，无色而五色成焉。故有生于无，实生于虚。……故一之理，施于四海；一之嘏，察于天地。其全也敦兮其若朴，其散也浑兮其若浊。浊而徐清，冲而徐盈，澹然若大海，泛兮若浮云，若无而有，若亡而存。"（李定生、徐慧君：《文子校释》，第28—29页）

象、无声无味，不可感、不可触，但恰恰又是万物的总根源和总根据。不限于世界的最高本体，就是许多一般的抽象概念，如时空、数、关系、无限、有限、绝对、相对等，也都是不能直接感知的超验者。《庄子·知北游》记载东郭子请教庄子"道"在什么地方的问题，庄子回答说"无所不在"。在庄子看来，"道"存在于"蝼蚁""稊稗"之中，连"瓦甓""屎溺（尿）"中也有道。东郭子想象的"道"是像具体的"物"那样存在，但庄子所说的"道"不是具体的物而是构成"物"的"本质"。"本质"存在于一切物中而又不是任何"一具体的物"："物物者与物无际，而物有际者，所谓物际者也。不际之际，际之不际者也。"如果《凡物流形》所说的"一"的可感性是指"一"通过"万物"来表现，感知具体的物就是对"一"的一种感知，那意味着"一"本身是不能直接感知的。如果不是这样，承认"一"是最高的本质而又说它可感知，那就只好理解为这是一种"形象化"的说明方式。道家一般不采用这种方式，通常它是通过对可感知的一系列"否定"来说明本体。

一般把《老子》生成模式中的"一""二"和"三"分别解释为未经分化的"气"、分化之后的"阴阳二气"和阴阳相结合而形成的"和气"。这种"和气"最后产生了万物。《淮南子·天文训》解释说："道始于一，一而不生，故分而为阴阳，阴阳合和而万物生。故曰：一生二，二生三，三生万物。"按照这个解释，"二"是指"阴阳二气"，"三"是指"和气"。这一解释没有说出"一"的所指。①《列子·天

---

① 《文子·九守》虽然也有解释，但并没有具体的对应关系："天地未形，窈窈冥冥，浑而为一，寂然清澄。重浊为地，精微为天，离而为四时，分而为阴阳。精气为人，粗气为虫。刚柔相成，万物乃生。精神本乎天，骨骸根于地。精神入其门，骨骸反其根，我尚何存。故圣人法天顺地，不拘于俗，不诱于人，以天为父，以地为母，阴阳为纲，四时为纪。天静以清，地定以宁，万物逆之者死，顺之者生。故静漠者神明之宅，虚无者道之所居。夫精神者所受于天也，骨骸者所禀于地也。[故曰]：'道生一，一生二，二生三，三生万物。万物负阴而抱阳，冲气以为和。'"（李定生、徐慧君：《文子校释》，第99页）

瑞》的万物生成模式，在"太易→太初→太始→太素"这四个阶段中，"太易者，未见气也；太初者，气之始也；太始者，形之始也；太素者，质之始也"。而"一"则是"形变之始。清轻者上为天，浊重者下为地，冲和气者为人；故天地含精，万物化生。"在《凡物流形》中，"气"这个术语前后共出现三次，即"五气并至"的"气"，"并（屏）气而言"的"气"及"和朋和气"的"气"。后两个"气"是常识性的用法，意思是"出气"和"和颜悦色的"态度。问题是"五气"指的是什么。《左传·昭公元年》记载有医和的"六气说"。"六气"即"阴、阳、风、雨、晦、明"。①《周礼·天官冢宰下》说的"以五气养之"的"五气"，郑玄注疑"气"是误字，"五气"当为"五谷"。而"以五气、五声、五色眡其死生"的"五气"，则是"五藏所出之气"。《逸周书·官人解》的"民有五气"的"五气"，指的是人"喜怒欲惧忧"这五种情感。《史记·五帝本纪》有"治五气"之说，《集解》引王肃注为"五行之气"。《素问·六节藏象论》的"天食人以五气"的"五气"，是指"风暑湿燥寒"等。《鹖冠子·度万》说的"五气失端，四时不成"的"五气"，是指"五行之气"，同《史记·五帝本纪》的"治五气"一样。《释名》说："五行者，五气也。"曹锦炎认为《凡物流形》的"五气"即"五行之气"。如果真是这样，"五行之气"与一般所说的"阴阳之气"不同。《凡物流形》也有"阴阳"的概念，说："阴阳之序，奚得而固？"不管是"气"，还是"阴阳"，《凡物流形》都没有将它们同万物的生成联系起来，因此，它说的"一""两"和

---

① 《左传·昭公元年》记载说医和的话说："天有六气，降生五味，发为五色，征为五声。淫生六疾。六气曰阴、阳、风、雨、晦、明也。分为四时，序为五节，过则为灾，阴淫寒疾，阳淫热疾，风淫末疾，雨淫腹疾，晦淫惑疾，明淫心疾。"（杨伯峻编著：《春秋左传注》四，第1222页）"六气"之名又见之于《左传·昭公二十五年》，杜预注说六气"谓阴阳、风雨、晦明"。《国语·周语下》的"六气"和"天六"，意思也是如此。

"叁"究竟是不是"气"的不同演化阶段，还是一个问题。从道家生成论的大传统来说，也许仍可以用不同的"气"来加以解释。

从"叁"产生出来的是"母"。"母"是道家宇宙生成论中的一个比喻性用语，它从人类生育之母亲设想宇宙和万物的生育也有其母，即根源。《凡物流形》的"母"处在生成的第二层次上，不是老子所说的"道"为"天地母"的"母"和《太一生水》以"太一""[为]万物母"的"母"，而是产生万物的中间环节。"母"成就的是"结"。"结"的本义是"缔结"。秦桦林引《鹖冠子·泰录》所说的"故神明锢结其纮，类类生成，用一不穷"，认为"结"有凝聚、聚合意思。①在《老子》生成论四个阶段上的最后一个阶段，是"三生万物"。据此来说，《凡物流形》生成论第四个阶段的"母成结"的"结"，当是万物的生成，即所说的"品物流形"。"结"有"成""完成"的意思。《左传·襄公十二年》说："使阴里结之。"在道家生成模式中，"天地"是生成万物过程中的"有形"之大者，两者有时也被认为是"万物之母"。《凡物流形》没有天地是万物之母的说法，但也强调了"天地"的特殊地位。但如果"母"直接成就的就是万物，那么"天地"自然也包括在内。

二 作为"物"的"自然"

道家生成论中的"道""一""太一""恒先"，作为万物生成的根源，它们所产生出东西的是"多"，即自然界的物理客体——"万物"。生成者的"一"与被生成者的"多"，在道家那里，常常被看成是无形与有形、无象与有象、无名与有名、不可感与可感等关系，《列子·天瑞》和《庄子·在宥》还有"生生者"与"生"、"形形者"与

---

① 参阅秦桦林《〈凡物流形〉第二十一简试解》。

"形者"、"物物者"与"物"的说法。有形、有象、有名、可感的东西,作为物或万物,都是以个体和现象而存在的,哪怕是"有形"之最大者的天地。《凡物流形》这篇佚文的上半部分,是对自然界中有形的个体和自然现象的追问,这也是为什么浅野裕一将这一部分命名为"问物"。① 但将这一部分与后一部分看成是各自单篇的设想恐怕不妥。实际上,从浅野裕一命名的后一部分"识一"("识"当为"执"——笔者)来说,"一"与所产生的"多"之"物",这两方面正好相互呼应。②《凡物流形》引人注目的地方之一,是它的前一大半部分主要是提问,看上去就像屈原的《天问》那样。但从整篇佚文来看,它又不同于《天问》。因为《天问》是一问到底,而《凡物流形》的后一小半部分则不再是提问,而变成了以"闻之曰"的形式进行阐述。前后两部分所论及的内容,如果可以概括为能生的"一"与所生的"多"的关系,那么后半部分的阐述也可以说就是对前半部分所提整个问题的回答。有关能生的"一",上面我们已经讨论了,现在我们就来考察《凡物流形》中作为"物"的"自然"都是些什么东西,它又是如何追问这些自然及其现象原因的。

《凡物流形》的自然观是以追问"自然"的原因("为什么")表现出来的。它提出了一连串的问题,有四十多个,但都没有"直接"给予回答。因此我们无法知道作者追问自然原因的"直接"答案,但可以知道作者追问的"是什么"现象及其原因。追问什么样的"自然",这本身说明了《凡物流形》的作者对"自然"的观察、兴趣和

---

① 参见浅野裕一《〈凡物流形〉的结构新解》,简帛研究网,2009年2月2日。按照复旦读书会的编连,前一大半,可划在13B和14简相连的"闻之曰"之前,其余后面的则是另一小半。这部分的编连可依据笔者编连方案(参阅附录四的《〈凡物流形〉重编新知》)。

② 对前后两部分的关系,曹峰有所讨论。参阅曹峰《从〈逸周书·周祝解〉看〈凡物流形〉的思想结构》。

思考。① 正如《凡物流形》篇题本身所显示的那样，它的自然观论及的一般问题是"物"和"流形"。"物"作为自然界中所有东西的统称，《凡物流形》称之为"百物"，古代哲学多称之为"万物"，又称之为"品物""庶物"。"物"一般是以"形"和"体"来存在和变化的。《说文解字》说"形"是指能看得见的"象"；"体"是"总十二属"之称，指人的首、手足等，引申为人身和事物的形体。《易经·系辞上》说："神无方而易无体。"其"体"指"形质"。在起源上，"形"指象，"体"指身体。但演变之后，在指称事物的形体、形状和形象上，两者义近。《礼记·乐记》说的"在天成象，在地成形"，分"象"与"形"为二，合在一起即"形象"。《庄子·天地》说："一之所起，有一而未形。物得以生谓之德；未形者有分，且然无间谓之命；留动而生物，物成生理谓之形；形体保神，各有仪则谓之性。"这里主要是以"形"说"物"，但也用了"形体"一语，就像《庄子》说的"堕尔形体"一样。荀子有"万物同宇而异体"（《荀子·富国》）的说法，"异体"也可以说是"异形"。在《凡物流形》中，"形"与"体"的所指各有侧重，"形"主要指品物初生的样子；"体"则主要指品物长成的样子：

　　凡物流形，奚得而成？流形成体，奚得而不死？

---

① 原整理者认为《庄子·天运》篇中有类似于《凡物流形》对自然的追问的内容："天其运乎？地其处乎？日月其争于所乎？孰主张是？孰维纲是？孰居无事推而行是？意者其有机缄而不得已邪？意者其运转而不能自止邪？云者为雨乎？雨者为云乎？孰隆施是？孰居无事淫乐而劝是？风起北方，一西一东，有上彷徨，孰嘘吸是？孰居无事而披拂是？敢问何故？"（郭庆藩辑：《庄子集释》第二册，第493页）曹峰指出，《逸周书·周祝解》中的一段话同《凡物流形》的上半部分的部分内容类似："故恶姑幽？恶姑明？恶姑阴阳？恶姑短长？恶姑刚柔？故海之大也，鱼何为可得？山之深也，虎豹貔貅何为可服？人智之邃也，奚为可测？跂动哕息（疑脱"也"字——笔者），而奚为可牧？玉石之坚也，奚可刻？阴阳之号也，孰使之？牝牡之合也，孰交之？君子不察福不来。"（黄怀信：《逸周书校补注译》，西北大学出版社1996年版，第422页）

"流"的原意是水行进。《凡物流形》的"流形",是说物的化生和显现出各种各样的形质,同《易·乾·象》说的"品物流形"和《诗经·大雅·行苇》说的"方苞方体"类似。"成体"是说各种形质的成熟。①

在物、形和体之下,《凡物流形》追问的具体自然之物,可分为两方面:一方面是"天地"自然;另一方面是属于天地之中的各种物的"自然"。如同上述,古代哲学中的"天地",是万物中最显著和最具有影响力的存在,有时它们也被看成是"生成者"而有某种根源性的意义。《凡物流形》的"天地"就有这方面的意义:

天地立终立始,天降五度。②

天地所确立的"终和始",应该是指天地间事物的终和始。《凡物流形》又说,"五度"是上天降临下来的,再加上"顺天之道"的说法,可知在《凡物流形》中,"天"比"地"又更有"根本性"。《凡物流形》对"天地"的追问有两个问题,一是天地为什么高远("天孰高,地孰远");二是"天地"是谁造就的("孰为天,孰为地")。按照古代的宇宙观,"天地"的主要特性是崇高和深远,天具有最大的覆盖能力,地具有最大的承载能力。《凡物流形》追问"天孰高,地孰远"的"孰",在句子中没有比较的对象,解释为"谁"和"哪一个"不通,应理解成"为什么"意义上的"何"。所谓"天孰高""地孰远",意思是"天为什么崇高""地为什么深远"。《凡物流形》进一步又追问"是什么(谁)造就了天和地"。由此可知,《凡物流形》在认为天地具有

---

① 廖名春解释为"具""生","流形",即具有形质。参阅廖名春《〈凡物流形〉校读零札(一)》。

② 王连成断"天地立终立始"为"天地立,终立始"以及解释,恐非确切。参阅王连成《〈上博七·戙(同)物流形〉天地人篇释义》,简帛研究网,2009年1月31日。

"某种"根本性的同时,又认为还有比天地更根本、产生天地的"根源者"。

《凡物流形》追问的"天地"之中的"自然",又可分天上的和地上的两类。属于天上的有日月、雷电、风雨等;属于地上的有水火、草木、禽兽、土、民人、百姓、鬼神等。除了鬼神,这些都是人们意识中的常识性的自然。对于这些自然,《凡物流形》有的是单纯地追问,如问草木为什么能生、禽兽为什么能鸣、土为什么能平、水为什么能清、民人为什么有生死、为什么有风雨、雷电等,太阳刚出来时为什么大而不热,到中天时为什么变小了("日之始出,何故大而不炎?其入中,奚故小焉")。这些自然现象是人们熟悉的,往往被看成是不言自明的。但《凡物流形》的作者则不认为它们是自明的,他要追问它们形成的原因。一般来说,我们对很多自然现象往往只知道它们是什么,而不知道它们为什么是那样。

在《凡物流形》对"自然"的追问中,我们还能看到当时人们对自然的观察,如其中说到的"日珥"和"月晕":

[日之又]耳,将何圣?月之有军,将何正?

原整理者将"日耳""月军"分别读为"日珥""月晕",读"圣"为"听",读"正"为"征",指出古代占星术认为日珥与人事、月晕和人间征伐有关。① 廖名春认为,"圣"当读为"声",意思是言、说明;"正"当读为"证",意思是证明、象征,认为这两句话不是问太阳有"日珥"、月亮有"月晕"时人应该如何办,而是问太阳有日珥、月亮有月晕,其说明和象征的是什么。② 宋华强认为"军"当读为"轮";

---

① 参阅上博七释文,第242—243页。
② 参阅廖名春《〈凡物流形〉校读零札(一)》。

"正"读为"征",意思是"行进"。"月之有轮,将何征"说的是月有轮,将要去往何方。① 凡国栋认为原整理者的释读是恰当的,不赞成宋华强将"军"读为轮,因为马王堆帛书《日月风雨云气占》中的"日珥"之"珥"和"月晕"之"晕",都分别写作"耳"和"军",是其明证。只是原整理者的解释有欠缺,按照马王堆帛书《日月风雨云气占》的记载,有日珥,亦有日晕;有月晕,也有月珥。晕和珥泛指日、月旁的光。② 日、月的珥和晕,是日食和月食时,日月周边出现的状况和现象,古代解释为日月边缘上的气。《说文新附》注说:"晕,日月气也。"《广韵》说:"晕,日月旁气。"《释名·释天》说:"珥,气在日两旁之名也。"《吕氏春秋·明理》说:"其日有斗蚀,有倍僪,有晕珥。……其月有薄蚀,有晖珥,"高诱注说:"倍僪、晕珥,皆日旁之危气也……在上内向为冠,两旁内向为珥……气围绕日周匝,有似军营相围守,故曰晕也。"按照冯时的说法,战国时期石申与甘德观察日食已注意到日面边缘有群鸟和白兔一样的东西,这应是日珥的最早记录。③《凡物流形》论及"日珥""月晕",可以说是这两种天文现象又一很早的记录。我们倾向于整理者的看法,"日之有珥,将何听?月之有晕,将何征",不是追问日珥、月晕本身如何和怎么样的问题,而是说出现日珥、月晕现象时,人将如何面对。两句的主语不是日珥和月晕,而是人。"正"当从廖名春读为"证"。"听"指"听从","证"指"谏争"(如《战国策·齐策》说:"士尉以证靖郭君,靖郭君不听。")。

---

① 参阅宋华强《〈上博(七)·凡物流形〉札记四则》,武汉大学简帛网,2009年1月3日。曹方向赞成宋华强的说法。参阅曹方向《关于〈凡物流形〉的"月之有轮"》,武汉大学简帛网,2009年1月4日。

② 参阅凡国栋《也说〈凡物流形〉之"月之有军(晕)"》,武汉大学简帛网,2009年1月4日。

③ 参阅冯时《中国天文考古学》,中国社会科学出版社2007年版,第338—342页;另参阅江晓原《天学真原》,辽宁教育出版社1991年版,第233—234页。

两句的大意是，日食出现日珥，人将（从中）得到什么启示；月食出现月晕，人将（从中）得到什么谏争。这两句话反映了天人感应的意识。

《凡物流形》的鬼神观，也是引人注目的。① 古代鬼神观一般认为，人死后会变成鬼，鬼具有高超的神明和能力。《凡物流形》明确认为"鬼生于人"，而且有"神明"，"鬼"似乎也被看成是自然事物和现象。让作者感到不解的是，"鬼"已经没有了人的身体，人的骨肉已经消散，为什么它还有"神明"，比人更有智慧、更有力量：

> 鬼生于人，奚故神明？骨肉之靡，其智愈彰，② 其慧奚适，③ 孰知其强？

墨子崇拜鬼神，坚信鬼神的超凡性，而上博简的《鬼神之明》则认为鬼神有所明，有所不明，不完全相信鬼神的能力。④《凡物流形》不怀疑鬼神的能力，它想知道的是鬼神为什么会有这种能力。按照古代的鬼神观，鬼神是人看不见也不能直接接触的幽冥性存在，祭祀则是人同鬼神交往和沟通的方式。《凡物流形》追问的是人为什么要事奉鬼神（"事之"），人如何才能同鬼神进行交往和沟通：

> 鬼生于人，吾奚故事之？骨肉之既靡，身体不见，吾奚自食

---

① 王连成将这一内容列出来称为"事鬼篇"（参阅王连成《〈上博七·戙（同）物流形〉"事鬼篇"释义》，简帛研究网，2009年1月31日。

② "彰"原整理者读为"障"（参阅上博七释文，第234页）。复旦读书会读为"彰"（参阅复旦读书会释文），可从。

③ "慧"，原整理者读为"缺"（参阅上博七释文，第234页），复旦读书会读为"慧"（参阅复旦读书会释文）。

④ 有关这方面，请参阅第五章对《鬼神之明》的讨论。

之？其来无度，吾奚时之奥？① 祭馔奚登，② 吾如之何使饱？鬼之神奚食？

祭祀一般都供奉祭品，因为人们想象鬼神仍然能够吃喝。但《凡物流形》追问，鬼神没有身体，我们如何让他吃、让他食、让他饱；鬼神来去没有固定的规则，我们如何知道它在什么地方。鬼神没有身体，看不见，来去无踪影，人如何才能真正接触它、供奉它。仔细想来，这确实是很大的疑问。但"鬼神"既然是不同寻常的神秘性存在，人的经验不能直接感知，因此，与其交往的方式也不是直接性的。按照孔子的看法，人要以虔诚之心、身临其境如同真的就在身边那样去感受鬼神的存在并与之交往（"祭神如神在"）。

自然事物和现象一般都被认为是变化的，但如何看待其变化，不同的哲学有不同的立场。在老子看来，事物和现象的变化是走向"复归""返回"的过程，认为"道"的根本作用就是复归（"反者道之动"）。《凡物流形》对事物和现象变化的看法，是用"生死""始终""新陈""至反""出入"等几对相对的概念来说明的。其中追问事物的生死特别是人的生死说：

民人流形，奚得而生？流形成体，奚失而死？又得而成，未知左右之情。

---

① "奥"字原整理者隶作"窒"，或读为祭名"隋"（见季旭升《上博七刍议三：凡物流形》，复旦大学古文字网，2009年1月3日），或读为"穴"（见孟蓬生《说〈凡物流形〉之"祭员"》，复旦大学古文字网，2009年1月12日），等等。宋华强读为"奥"（见宋华强《〈上博（七）·凡物流形〉散札》，武汉大学简帛网，2009年1月6日），暂且从之。

② "馔"原整理者读为"员"，也有读为"云"的（见刘信芳《〈凡物流形〉禓祭及相关问题》，武汉大学简帛网，2009年1月13日）。孟蓬生读为"馔"（见孟蓬生《说〈凡物流形〉之"祭员"》，复旦大学古文字网，2009年1月12日），今从之。

人为什么有生有死，按照《庄子》的解释是"气"之"聚散"。①《凡物流形》不仅追问人为什么生、为什么死，而且可能还追问人为什么会复活。如果真是这样，它就包含了"循环变化"的思想。因为"又得而成"也许可以同下文引用的"人死复为人"结合起来看。庄子的哲学有浓厚的气化循环思想，《凡物流形》的变化观也有"循环论"的色彩：

> 闻之曰：至情而知，执知而神，执神而通，②执通而佥，③执佥而困，执困而复。是故陈为新，人死复为人，水复于天咸，④物不死如月。出则又入，终则又始，至则又反。

这段话中的"人死复为人""出则又入""终则又始""至则又反"，很清楚说的都是事物的"循环"和"往复"变化。从"至情而知"到"执困而复"这是有关认识和处理事物从好到坏并又开始回到起点的周期性变化。意思是，了解了事物的真实情况就会有"智慧"，持守"智慧"就会有"神明"，持守"神明"就会有"贯通"，持守"贯通"就会有"同一"，持守"同一"就会有"困惑"，持守"困惑"就会有"返回"。⑤

---

① 《庄子·知北游》说："人之生，气之聚也；聚则为生，散则为死。"（郭庆藩辑：《庄子集释》第二册，第733页）

② "通"，原整理者读为"同"。廖名春读为"通"（参阅廖名春《〈凡物流形〉校读零札（二）》，孔子2000网，2008年12月31日）。"通"，贯通的意思。

③ 原理者读"佥"为"险"；廖名春说"佥"的意思是"过甚"。参阅廖名春《〈凡物流形〉校读零札（二）》。

④ "天咸"原整理者读为"天一"，凡国栋又有论证（参阅凡国栋《上博七〈凡物流形〉简25"天弌"试解》，武汉大学简帛网，2009年1月5日）。可备一说。

⑤ 秦桦林根据《庄子·天地》说的"立于本原而知（智）通于神"、《荀子·儒效》说的"此其道出乎一。曷谓一？曰：执神而固。曷谓神？曰：尽善挟治之谓神，万物莫足以倾之谓固"、《国语·越语下》说的"日困而还，月盈而匡"，认为简文以"智—神—同—佥—困—复"的顺序层层递进，可分为三组相互对应的概念——"智—神""同—佥""困—复"。其中"佥"的意思是"同"，"同"的意思是"固"。从"固定"到"同样"，于义亦可通。参阅秦桦林《楚简〈凡物流形〉札记二则》，武汉大学简帛网，2009年1月4日。

这是通过一个实例具体说明"循环",中间经过了不同的阶段。在"往复""始终"等两极性循环("物极必反")中,实际上都有一些中间阶段,如人从生到死,要经过少年、青年、中年和老年等阶段。

事物的变化过程,按照老子的哲学,是通过不断积累促成的。在老子看来,人事上再大的变化,都产生于不断的积累,不管是好的变化还是坏的变化。要获得好的变化结果,就要不断积累往好的方向发展的因素;要避免坏的变化结果,则是不让坏的因素积累:

> 图难于其易,为大于其细;天下难事,必作于易;天下大事,必作于细。(第六十三章)
> 其安易持,其未兆易谋,其脆易泮,其微易散。为之于未有,治之于未乱。合抱之木,生于毫末;九层之台,起于累土;千里之行,始于足下。……民之从事,常于几成而败之。慎终如始,则无败事。(第六十四章)

人事的积累是人可以控制和主导的,人首先要懂得"积累"产生巨变的道理,并转化为不懈的意志和行为。《凡物流形》谈到的积累,有高低、远近、大小关系,与老子的思想类似,当是受了老子思想的影响:

> 闻之曰:升高从卑,至远从迩。十围之木,其始生如蘖。足将至千里,必从寸始。

《凡物流形》上半部分主要是追问一些自然事物和现象的原因,这些追问,用我们现在的学术分类,也许是属于物理学的问题。但在古代哲学中,哲学与物理学没有严格的界限。道家哲学对宇宙和自然的解释都是整体性的,它不仅解释了万物的起源,而且解释了万物为什么是那样。《黄帝四经·道原》以"恒先之初"解释万物和自然的原因说：

> 恒先之初，迥同太虚。虚同为一，恒一而止。湿湿梦梦，未有明晦。神微周盈，精静不熙。故未有以，万物莫以。故无有形，太迥无名。天弗能覆，地弗能载。小以成小，大以成大。盈四海之内，又包其外。在阴不腐，在阳不焦。一度不变，能适蚑蛲。鸟得而飞，鱼得而游，兽得而走。万物得之以生，百事得之以成。人皆以之，莫知其名。人皆用之，莫见其形。①

《管子》用"道"和"精气"解释何以有"万物"：

> 凡道，无根无茎，无叶无荣，万物以生，万物以成，命之曰道。(《内业》)
> 凡物之精，比则为生。下生五谷，上为列星。流于天地之间，谓之鬼神；藏于胸中，谓之圣人。(《内业》)
> 道也者，动不见其形，施不见其德，万物皆以得，然莫知其极。(《心术上》)

《淮南子·诠言训》更具体地说明了万物如何同出于"太一"，并表现为鸟、鱼、兽等不同的自然：

> 洞同天地，浑沌为朴，未造而成物，谓之太一。同出于一，所为各异，有鸟、有鱼、有兽，谓之分物。方以类别，物以群分，

---

① 《文子·道原》有类似的说法："夫道者，高不可极，深不可测，苞裹天地，禀受无形……施之无穷，无所朝夕，表之不盈一握，约而能张，幽而能明，柔而能刚，含阴吐阳，而章三光；山以之高，渊以之深，兽以之走，鸟以之飞，麟以之游，凤以之翔，星历以之行。"（李定生、徐慧君：《文子校释》，第1页）

性命不同，皆形于有。隔而不通，分而为万物，莫能及宗，故动而谓之生，死而谓之穷。皆为物矣，非不物而物物者也，物物者亡乎万物之中。

显然，《黄帝四经·道原》和《淮南子·诠言训》对这些自然原因的解释是整体性的。《凡物流形》也有这种整体性的解释，认为"一"产生了万物，这是我们第一部分讨论的主要内容。其中说的"是故有一，天下亡不有；亡一，天下亦亡一有。无[目]而知名，无耳而闻声。草木得之以生，禽兽得之以鸣"，是一个最直接的解释。万物都来源于"一"，"无一"即没有一切。"草木得之以生，禽兽得之以鸣"，正好同上半部分中追问的"草木奚得而生？禽兽奚得而鸣"对应。由此来说，《凡物流形》对自然其他原因的一些追问，也许都可以用"一"解释，如人的生死循环，《凡物流形》追问："流形成体，奚失而死？又得而成，未知左右之情"。"左右之情"的"左右"，原整理者曹锦炎认为，"左右"是指方位，即左面和右面。① 廖名春等解释为"主导""控制"，② 曹峰认为是指"两种情况"。③ 由于问的是成体的东西失去了什么而死，为什么"又得以成"，所以解释为"主导""造就"也许更为恰当。"情"的意思是"实"。《庄子·秋水》说的"是未明天地之理、万物之情者也"、马王堆医书竹简《十问》说的"尔察天地之情"，其中的"情"字皆是这种用法。道家宇宙生成论一般都是从最高的根源解释万物的产生及其何以如此，但《凡物流形》除了这种解释外，它还追问自然事物和现象的"具体"原因是什么，这恐怕是古代物理学也无能为力的。

---

① 参阅上博七释文，第228页。
② 廖名春：《〈凡物流形〉校读零札（一）》。
③ 曹峰：《〈凡物流形〉中的"左右之情"》。

结语　学派归属

我们最后来说一下《凡物流形》的学派归属。原整理者认为它同屈原的《楚辞·天问》最为相似，几乎是《天问》的姊妹篇，将之归入楚辞类作品。① 浅野裕一猜测此篇佚文本来是两篇，后误抄在一起，可称为《问物》的前半部分，类似于《楚辞·天问》，可称为《识一》的后半部分则是道家系统的思想文献。② 李锐认为这是一个取材广泛的思想作品，简文许多话与《老子》《文子》《庄子》《吕氏春秋》《管子》(《内业》《白心》《心术》上下诸篇) 以及马王堆帛书《黄帝四经》《淮南子》等接近，但先秦时期未必有所谓道家，本篇简文不能算作道家的作品，其具体的学派属性，目前尚难以断定。③ 以上的意见归纳起来：一是认为《凡物流形》是类似于屈原《天问》的楚辞类作品（部分或全部）；二是认为它部分是道家的作品；三是认为不确定。

根据正文的讨论，我们认为，《凡物流形》属于战国中早期的黄老学作品，而不是楚辞类作品。李锐已经注意到了《凡物流形》与道家一些作品的密切关系，但他因认为先秦无所谓道家而不归之于道家。说先秦无"道家"之名可以，但说无道家之"实"则不可，黄老学也一样。《庄子》的《天下》篇、《荀子》的《非十二子》，都很明显地总结和概括了子学的不同学派，只是还没有提出概括性的名称。司马迁称之为道家、黄老，《汉书·艺文志》因之。《凡物流形》广义上可以说是道家作品，更具体说是黄老学作品。最主要的根据是它关注宇宙的生成、自然的起源，并围绕"一"这个范畴而建立起来了宇宙生成论、自然哲学和政治原理，而"一"正是黄老学的核心范畴。"执

---

① 参阅上博七释文，第222页。
② 参见浅野裕一《〈凡物流形〉的结构新解》。
③ 参阅李锐《凡物流形》释文新编（稿）》。

一""守一""执道"是黄老学对最高统治者圣人的教导,不同于儒家主要教导圣人以"德",法家主要教导明主以"法"。战国时期的黄老学是一个立足于道家而融合了名、法甚至儒的一个综合性学派,乃至秦汉出现了以道家为主的高度综合性哲学作品《吕氏春秋》和《淮南子》。《凡物流形》还没有将法家的"法"同"道""一"结合起来,但其中已将"心"与"一"、"君"和"圣人"结合了起来,同《管子》四篇的"心术论"有很高的类似性。另外,它是否融入了儒家"礼"的思想,还是一个疑问。第27简说:

> 敬庄而礼,① 屏气而言,不失其所然,② 故曰贤。和居③ 和气,室声好色。④

这段话说的是人的行为举止要符合"礼",这是儒家观念。只是这段话,目前同其他简都编连不到一起,好像是一支孤简。第30支简最后的文字"之力,古之力,乃上下",原整理者认为是衍文,因为"邦"

---

① "敬庄",原整理者读为"扬肫",释"扬"为"仰"、"肫"为"面颊","仰肫"指面部动作如何合礼(参阅上博七释文,第268页)。复旦读书会释文,对第一个字无读,第二个字疑读为"墙",无释(参阅复旦读书会释文)。何有祖氏读为"敬庄",说:"敬庄",即庄敬,指庄严恭敬(参阅何有祖《〈凡物流形〉札记》,武汉大学简帛网,2009年1月1日),今从之。

② "然",原整理者读下句(参阅上博七释文,第268页),复旦读书会释文读上句(参阅复旦读书会释文)。

③ "居"原整理者读为"朋",何有祖氏读为"居","和居"意为和睦相处(参阅何有祖《〈凡物流形〉札记》)。

④ "室声好色",原整理读为"向圣好也",复旦读书会释文疑读为"室声好也",何有祖读为"嗜声好色",季旭升氏赞成何有祖氏隶读"也"为"色",但不赞成读"嗜声",将"室声"释为"窒声",意思是"没有喧闹逗气的话语";"好色"则是"保持和悦的脸色"(参阅季旭升《上博七刍议二:凡物流形》(武汉大学简帛网,2009年3月26日)。"室"之读,今存疑。

字后有篇章号，且乙本篇章号下无此文字，推测是抄者随手所书。① 如果真是一篇完整的佚文，这支简在此篇中就是多余的，或许正如李锐的推测，不属于此篇。据此来说，我们不能说《凡物流形》融合有儒家的思想。或是融合性还不够强，或是一篇小的佚文不可能融合很多东西，在这一点上《凡物流形》有似《恒先》，当然它比《恒先》的篇幅要大，当是老子之后道家哲学向黄老学演变的一个表现。

---

① 参阅上博七释文，第272页。

附录二

郭店竹简《老子》略说

1973年，湖南长沙马王堆第三号汉墓帛书《老子》两种本子出土之后，一直被认为是所见到的最古老的《老子》抄本（或版本）。但是，事隔二十年（1993年），在湖北荆门郭店一号楚墓所发现的竹简《老子》（三组），又使我们看到了比帛书本更早的另一种《老子》传抄本，这实在是一个惊人的奇迹。如果说，帛书《老子》的发现，把道家老学的研究推进了一大步，那么，简本《老子》的发现，肯定亦将把老学推向一个新的高度。下面，我们谈一下初读简本《老子》的一点想法。

一 简本《老子》的年代与《老子》一书的年代

《老子》一书的成书年代，一直是学术界争论的主要问题之一。现代学者的主要看法有三种，一是早出说，认为老子在孔子之前，《老子》一书成书于春秋末年，郭沫若、吕振羽、高亨、张岱年、陈鼓应等人都持这种见解；二是晚出说，认为《老子》成书于秦汉之间或汉文帝之时，顾颉刚、刘节等人持这种见解。三是在早期说和晚期说之间的战国说，即认为《老子》成书于战国时期（当然，也有战国初或战国末之具体不同），王国维、梁启超、冯友兰、侯外庐等人持这种看法。① 帛书《老子》的出土，在解决《老子》一书成书年代问题上所产生的一个直接作用，就是否定了《老子》一书晚出的看法，证实《老子》一书的成书年至少是在战国时期。根据研究，帛书《老子》甲本抄写在刘邦称帝之前，乙本抄写在刘邦称帝之后，主要根据是，甲本不避讳，乙本避"邦"字讳。而且，甲本和乙本是两个不同的传抄本，说明两者所依据的本子不同，据此推定还有更早的不同的《老子》传本流传。但是，所留下的问题是，《老子》一书的成书，究竟是在战国时期呢？还是在春秋末年呢？如果说是在战国时期，那么是在初期、中期呢？还是在晚期呢？简本《老子》的出土，对解决上述问题，无疑提供了新的非常有力的证据。

根据确认，一号楚墓墓主的身份相当于"上士"，是一位知识分子。据说，是东宫之师，也就是王子的老师。陪葬竹简，可能与他的这种身份相关。墓葬时间，在公元前 300 年左右。据此，竹简的抄写时间，应该更早一些。崔仁义认为，竹简《老子》抄定时间，晚于公元前 341 年。② 如果这个估定时间，大致准确的话，也就是战国中期。另外，一个值得注意的现象是，除了简本《丙》中与通行本四十六章相对的部分用"无"字外，简本都用"亡"字。"亡"和"无"，意义相同，但简本基本用"亡"而不用"无"，对我们认识简本的时代也许会有所帮助。根据刘翔先生的考察，"无"字虽然在甲骨文就已经出现，但早期表示"有无"之"无"意义的，主要是"亡"字，而不是"无"字。到了战国末年，"亡""无"分家，"亡"专指"逃亡""死亡"，"无"专指"有无"之"无"。③ 在庞朴先生看来，秦以前尚没有

---

① 有关《老子》一书的讨论，请参阅罗根泽编著的《古史辨》（第四册），海南出版社 2005 年版。

② 参阅崔仁义《荆门楚墓出土的竹简〈老子〉初探》，《荆门社会科学》1997 年第 5 期。

③ 参阅刘翔《中国传统价值观诠释学》，第 224 页。

"无"字，表示"有无"之"无"的，是"亡"和"無"。①"无"字，是否像庞先生所说，出现得那么晚，尚需讨论。但他肯定，起先表示"有无"之"无"的字是"亡"，则可信。据上所说，简本用"亡"，而不用"無"，说明简本时代比较早。可以断定，《老子》成书于战国晚期的说法，也不能成立。通过对简本《老子》同帛书《老子》和通行本《老子》的比较，已经比较清楚地知道，简本《老子》，是不同于帛书本和通行本的另外一种传本。据李学勤先生的猜测，简本《老子》可能属于关尹一派的传承之本。对此，我们可以接着进一步说一下。

在同墓陪葬的竹简中，还有一组竹简（共十四枚），开头是"太一生水"，整理者把这一组题为《太一生水》。其内容显然属于道家作品。如所谓"天道贵弱""功成而神不伤"，都体现了《老子》的思想。"太一藏于水，行于时，……是万物母"，可以说是对通行本《老子》第四十二章"道生一，一生二，二生三，三生万物。万物负阴而抱阳，冲气以为和"的解释或发挥，晚于传世本《老子》。因为《老子》讲"一"，讲"抱一"，没有"太一"的用语。"太一"见之于先秦作品，是在《庄子》一书。《庄子》杂篇里的《列御寇》《天下》都有"太一"用语。②《太一生水》，在《庄子》前，它应该属于关尹一派。《庄子·天下》篇载："以本为精，以物为粗，以有积为不足，澹然独与神明居。古之道术有在于是者，关尹、老聃闻其风而悦之。建之于常无有，主之以太一，以濡弱谦下为表，以空虚不毁万物为实。"这里所说的"太一"，既然不见之于《老子》，就应该是关尹所讲。《史记·老子韩非列传》载："老子修道德，其学以自隐无名为务。居周久之，见周之衰，乃遂去，至关，关令尹喜曰：'子将隐矣，强为我著书'。于是老子乃著书上下篇，言道德之意五千余言而去，莫知其所终。"据此，

---

① 参阅庞朴《一分为三——中国传统思想考释》，海天出版社1995年版。
② 《列御寇》载："太一形虚。"《天下》载："主之以太一。"

《老子》一书，最初应该是为关尹所传。关尹作为老子的嫡传，也有著作。《汉书·艺文志》著录道家篇籍，其中有《关尹子》（九篇），并载："名喜，为关吏。老子过关，喜去吏而从之。"①刘向《列仙传》作《关令子》。《晋书》《隋书》《唐书》，皆不著录，可能久已佚失。陆德明的《经典释文》载："喜，字公度。未详何本。"《四库全书总目》载："然陆德明非杜撰者，当有所传。"李道谦的《终南祖庭仙真内传》载："终南楼观为尹喜故居，则秦人也。"今所传《关尹子》系依托。《庄子·天下》引关尹的话"其动若水"，《吕氏春秋·不二》言"关尹贵清"，与"太一藏于水"，应该有联系。

如果说简本《老子》为关尹一派所传，它是否就是《老子》一书的原本呢？按《史记》的记载，是关尹喜让老子著书，于是老子著书上下篇，言道德之意五千言而去。据此，关尹所看到的《老子》应该是《老子》的原本。但简本《老子》，不分上下，也没有"德篇"和"道篇"之名，可能是关尹的弟子所传的一种本子。简本甲、丙，都有通行本六十四章。虽然基本意思和内容相同，但文字明显有所不同：

> 为之者败之，执之者远之。是以圣人亡为，故亡败；亡执，故亡失。临事之纪，慎终如始，此亡败事矣。圣人欲不欲，不贵难得之货；教不教，复众之所过。是故圣人能辅万物之自然，而弗能为。

> 为之者败之，执之者失之。圣人无为，故无败也；无执，故□□□。慎终若始，则无败事矣。人之败也，恒于其且成也败之。

---

① 郭沫若认为，关尹就是环渊，生于楚，游于齐，是老子的再传或三传弟子。（参见《十批判书》，东方出版社1996年版，第160页）《史记·孟子荀卿列传》载环渊"学黄老道德之术，因发明序其旨意，……著上下篇。"但环渊与关尹，应该仍是两人。《汉书·艺文志》著录《蜎子》十三篇，并载："名渊，楚人，老子弟子。"这里所说的"渊"，疑即为"环渊"。

是以□人欲不欲，不贵难得之货；学不学，复众之所过，是以能辅万物之自然，而弗敢为。

通过对照，可以看出：甲用"亡"字，丙用"无"字；甲乙用虚字有异；特别是，甲有"临事之纪"，而丙则无；丙有"人之败也，恒于其且成也败之"，而甲则无。甲作"弗能为"，丙则作"弗敢为"。这种不同，很有可能说明，丙组重复出现的六十四章，当别有来源，与其他所传部分，是两个不同传本。实际上，老子的弟子，除了关尹之外，还有其他一些人（可能还不少）。史籍记载的有文子、环渊、庚桑楚，他们都有著作。① 作为老子的弟子，他们可能都会传抄《老子》一书，并遗之后世。

如果说简本《老子》为关尹弟子所传，何以只有帛书本和通行本《老子》的三分之一左右呢？这可以作出几种解释：一是竹简被盗。但据称遗失很少。实际上如何，不得而知。二是《老子》一书，开始就不多，后被附益。但这种可能性不大。因为帛书本和通行本，与简本对照，基本相似。三是，陪葬时，只是象征性地放进去一部分。这种可能性很大。根据以上所说，简本《老子》仍只是《老子》的一种传本，而老子所著的《老子》原本，在时间上，不仅早于《孟子》《庄子》，而且肯定比战国初期还靠前，至少就像一种说法所认为的那样，是在春秋后期，它应该比《论语》和《墨子》还要早。《老子》出现不同的传本，肯定需要一定的时间，在一次次传抄中，慢慢发生变化，后来成为不同的传抄本。

总之，简本《老子》的发现，进一步证明了《老子》为老子所著，特别是更证实了《老子》一书的早出。

---

① 《汉书·艺文志》著录《文子》九篇，言："老子弟子，与孔子同时。"《宋史·艺文》著录《亢仓子》三卷，并云"一名庚桑子，战国时人，老子弟子。"《庄子》中有《庚桑楚》篇，亦言庚桑楚，为老子弟子。

二　简本《老子》与帛书《老子》和王弼本《老子》粗略比较

简本《老子》从文字数量上，只相当于帛书甲、乙本《老子》（简称帛书甲、乙本）和王弼本《老子》（简称王本）的三分之一左右，把这三分之一左右的部分，同帛本和王本相应部分作一个大致的比较，虽然内容基本上是相同的，但也确实存在着一些差别。我们可以看一看这些差别，并更具体地证明一下，简本乃另一种传抄本的说法，并得出其他一些猜测性的结论。

《老子》竹简共有三组，整理者分为甲、乙、丙。从整体结构看，简本《老子》不分章，帛书甲、乙本也不分章。从这一点说，简本与帛本相同，而不同于王本。但是，简本也没有"德篇"和"道篇"之分，这是简本不同于帛本和王本之处。另外，简本甲、乙、丙三部分，其内容顺序，同帛本和王本也不一样。简本《老子》的这种顺序，是否就是《老子》一书的原来顺序，这是很难回答的。如果说是，那么，帛本《老子》的顺序，就得说是传抄者排定的。现在我们还没有根据这样说，存疑待证。

帛书本发现之后，人们从语言风格上把它同傅奕本和河上公本比较，发现帛书中用"也""矣"等虚词较多，傅奕本用虚词也较多，文词蔓衍。而河上公本，所用虚词最少，文辞简朴。据此，认为河上公本是古本。帛本的发现，证明用虚词较多的是古本，用虚词少的则是经过了后来的删消。从用虚词的情况来看，简本也多用虚词"也"，并多用"者"，与帛本接近，而王本则简朴。如王本四十章"反者，道之动；弱者，道之用"，简本作"返也者，道（疑下脱"之"字）动也；弱也者，道之用也"。帛本均作"反也者，道之动也；弱也者，道之用也"。这也说明简本是古本。另外，从上面说到的简本用"亡"而不用"无"，也证明简本是古本。

从简本中的一些文句的顺序和出入来看,它与帛本和王本,也有一些不同。下面可以举一些例子看看。

简本"绝巧弃利,盗贼无有"(通行本十九章),在"民利百倍"下,与帛本和通行本在"民复孝慈"下的顺序不一样。

简本"罪莫厚乎甚欲,咎莫险乎欲得,祸莫大乎不知足"(通行本四十六章),与帛本意同,然帛本后两句,次序颠倒。王本少"罪莫厚乎甚欲",文句次序同帛本。据简本、帛本、傅本,可知王本脱落"罪莫大于可欲"句。

简本"江海所以能为百浴(谷)王,以其能为百浴(谷)下"(通行本六十六章),其"以其能为百浴(谷)下"句,帛本及王本、傅本,均作"以其善下之",意同。简本"圣人之才(在)民前也,以身后之;其才(在)民上也,以言下之。其才(在)民上也,民弗厚也;其才(在)民前也,民弗害也。天下乐进而弗厌。"此段与帛本、王本、傅本,比较起来,文字上出入较多,但意义基本相同。

简本"以道佐人主者,不欲以兵强于天下"(通行本三十章)句下,王本、傅本有"其事好还。师之所处,荆棘生焉",帛本据以校出。可知,简本脱漏此句。简本有"其事好",在"是谓果而不强"下。《老子释文校释》认为,"好"字当脱一"还"字。此句帛本、王本、傅本,皆无。简本"果而弗伐,果而弗骄,果而弗矜",语序同王本、帛本均有不同,然意同。

简本"长古之善为士者,必微妙玄达,深不可志(识),是以为之容"(通行本十五章),王本、傅本、帛本,均无"长"和"必"字。意同,语气加重。"深不可志"下,王本、傅本、帛本,均有"夫唯不可志(或识)",简本无。简本"是以为之容",王本、傅本、帛本,均作"故强为之容",语意稍有差别。联系上句,"强为之容",于义为长。简本"豫乎若冬涉川"以下,意与帛本、王本同,文字略有差别。简本"孰能浊以静者,将徐清;孰能庀以迬之,将徐生",王本、傅本有"孰能",帛本无。简本"庀"和"迬",王本作"安"和"动",帛本作"女(安)"和"重"。《老子释文注释》认为,"庀"疑为"安"字误写。"主"与"重"上古音声母相近,韵部阴阳对转。简本"保此道者不欲尚盈",其"不欲尚盈",它本均为"不欲盈"。

简本"不贵难得之货"(通行本六十四章),下为"教不教,复众之所过",它本均为"学不学"。儒家的"教"和"学",都是老子所反对的。老子也有"行不言之教"的说法。由此而论,"教不教"与老子的思想并不矛盾。但它本均为"学不学",益证简本为《老子》另一传本。

简本"道恒亡为也,侯王能守之"(通行本三十七章),帛本作"道恒无名,侯王若(或'若能')守之"。王本及傅本均作"道常无为而无不为,侯王若能守之"。高明先生认为,"无为而无不为"本不出于《老子》,是汉初黄老之派的产物。但是,简本乙确有"亡为而亡不为"的说法,否定了高明先生所说。简本用"亡为",简本用"无名",联系上下文,用"亡为"于义为长。帛本"味亡味"(通行本六十三章)下,与帛本、王本及其他本差别较大。

简本"独立而不改,可以为天下母"(通行本二十五章)与帛本同。王本及傅本"独立而不改"下有"周行而不殆"。疑通行本此句为后人附益。

简本"其几也,易散也"(通行本六十四章),帛书甲本(乙本此节全毁)作"其微也,易散也",王本作"其微易散"。简本用"几",它本用"微",虽然意近,然文字不同。

从内容上说,简本甲、乙、丙三部分,同帛书本及王本也存在一些差别,有的也还很重要。现在也举例看看。

《老子》它本均有"绝圣弃智"的说法。据此,张岱年认为,《老子》一书有后世道家所附益的部分,因为在老子那里,圣人是理想的人格,推崇圣人,又要"绝圣",这是有矛盾的。但是,简本《老子》,

却没有"绝圣"的说法,"绝圣弃智",简本作"绝智弃卞(辩)"。此处之"辩",宜解为"慧",《广雅·释诂》释"辩"为"慧"。《老子》第十八章言"慧智出,有大伪"亦可证也。原本《老子》不"绝圣",而关尹派所传《老子》,可能承继了原本。《老子》"绝智弃辩",但又主张"大智"和"大辩"。对"圣"和"圣人"排击最厉害的是《庄子》。简本"绝伪弃虑,民复孝慈",帛本、王本、傅本、河上本,均作"绝仁弃义,民复孝慈"。从简本这句话看,它似乎是不排斥"仁义"的。简本丙有"故大道废,安有仁义;六亲不和,安有孝慈;邦家昏〔乱〕,安有贞臣"(通行本十八章)。有人主张,"安"应作疑问代词用,并据此认为,简本《老子》对"仁义""孝慈",并不拒斥。的确,如果这样解释"安",意思就发生了实质性的变化,即"大道"与"仁义","六亲"与"孝慈",也就没有根本对立了,似乎是相容的了。① 但是,这种解释,比较牵强,不符合老子的本义。此句,帛书甲本作"故大道废,案有仁义;……六亲不和,案有孝慈;邦家昏乱,案有贞臣"。帛书乙本作"故大道废,安有仁义;……六亲不和,安有孝慈;国家昏乱。安有贞臣"。句形完全一样,甲本用"案",通"安",乙本径直用"安"。"安"通作连词"乃""则"用的"焉",很通顺,意思与王弼本(没有"安"字)也一致。傅奕本,"安"作"焉",相通。"安",当作"乃"解。《管子·地员》载:"群木安逐。""安"者,"乃"也。另,这里的"安",作"则"解亦通。《管子·地员》又载:"其阴则生之楂梨,其阳安树之五麻。"王引之云:"安与则相对为文,安亦则也。"许抗生根据傅奕本有用"焉"字,把帛本的"案"和"安",改为"焉",② 然简本亦作"安",帛本作"安"或"案",是也,可不改。"安有仁义""安有孝慈",是"大道废"和"六亲不和"之后

---

① 参阅郭沂《楚简〈老子〉与老子公案——兼及先秦哲学若干问题》,见姜广辉主编《中国哲学》第二十辑"郭店楚简研究",辽宁教育出版社1999年版。

② 参见许抗生《帛书老子注译及研究》,第101页。

所产生的结果，在老子看来是非理想化的产物。这样，对"仁义""孝慈"的立场，简本就与帛本和通行本一样，不仅没有实质性的差别，实际上完全一样。《汉书·艺文志》言："及放者为之，则欲绝去礼学，兼弃仁义，曰独任清虚可以为治。"照这里所说，道家"绝去礼学，兼弃仁义"，是"放者为之"，不是老子道家的本意，似乎是庄子一派道家的产物。但至少就简本《老子》来看，"仁义"仍是老子所反对的。

简本有"三言以为辩不足"（通行本十九章）。"三言"与帛本同，王弼本、傅奕本作"三者"。高明说："虽说'三言'、'三者'谊同，但从文义分析，当从帛书《甲》《乙》本作三言更为准确。"①但他没有明确说什么"文义"。也许是因为，后面是一个"文"字，前面作"言"，"文、言"相对。简本亦作"言"，更证应作"言"。另，下文，简本是"以为辩"，帛本、王本、傅本，均作"以为文"。"辩"者，意为"巧辩的话"，《老子》亦有"辩者不善"，与"文"作为"文饰"意近。然据帛本、王本及傅本均作"文"，简本前已出"弃辩"，"以为辩"宜作"以为文"。

简本"以其不静（争）也，古（故）天下莫能与之静（争）"（通行本六十六章），此句与王本同。但帛书甲本作"非以其无静（争）与，故〔天下莫能与〕静（争）"，乙本作"不〔以〕其无争与，故天下莫能与争"。"以其不争也"同"非以其不争与"（或"不以其无争与"），意义是否相同，看法不一。许抗生先生把"不以其无争与"这一疑问句与上一句联系起来。由此，其意义，与王本同。②但是，高明先生指出，傅本作"不以其不争"，敦煌本作"非以其不争"，与帛本经义同。均与王本意义对立。他认为，在老子那里，"圣人非无争"，帛本正是保存了《老子》的原义。王本"以其不争"或其他本"不以

---

① 高明：《帛书老子校注》，第313页。
② 参见许抗生《帛书老子注译及研究》，第51、101页。

其争","皆由后人所改,旧注皆不可信"。① 但是,今简本亦作"以其不争也",足证王本或其他本,并非皆由后人所改,完全可信。而且,高明先生所说的对立,其实并不存在。一是,正如许抗生所理解的那样,"非以其无争与"(或"不以其无争与"),是一个疑问句。我们知道,"与"是一个典型的疑问词。如《论语·宪问》载:"管仲非仁者与?"另外,老子很明显是主张"柔弱无争""谦让自下",非高明先生所说老子也是"争"的。只是,老子主张"不争",其旨趣是认为通过"不争"能达到"争"所达不到的目的,这正是老子的高明之处。

简本"此恒足也"(通行本四十六章),帛本均用"恒"字,王本、傅本用"常"字,"恒"与"常"意同。通行本《系辞》,有"易有太极",然帛书《系辞》作"易有大恒"。张岱年先生认为,用"恒"大概不是误字,而是异文。"恒"就是"常",大恒就是大常。② 此言甚是。

简本"至虚极也,守中笃也"(通行本十六章),帛本、王本、河上公本均作"守静笃"。在《老子》中,"静"是一个重要的概念。"中""中庸"是儒家所强调的。"中",照《说文》的解释,就是"和"。据此,与《老子》思想相类。《老子》通行本五十五章有"终日号而不嗄,和之至也。"这就是说,老子主张"大和"。但"中"如果解释成"中道"之中,与老子思想不类,则疑为抄者所改。我们倾向于前者,即解"中"为"和"(虽然儒家也主张"和")。

简本"夫天多忌讳,而民弥叛"(通行本五十七章),它本均作"而民弥贫"。通行本七十五章有"民之饥,以其上食税之多。""民贫",应与"上食税之多"直接对应,与"多忌讳"不太对应。"忌讳多",则"叛愈多"。简本"多忌讳"对应于"民弥叛",于义为长。

---

① 高明:《帛书老子校注》,第149页。
② 张岱年:《初观帛书〈系辞〉》,载《道家文化研究》第三辑,上海古籍出版社1993年版。

简本"天下之物生于有,生于无"(通行本四十章),帛本作"天下之物生于有,有生于无",王本作"天下万物生于有,有生于无"。"有无"是老子哲学的核心观念。老子对"有无"关系的说明,是学术界争论的主要问题之一。焦点在于,"有无"是对等的关系,还是"无"比"有"更根本。从它本"天下之物(或'万物')生于有,有生于无"来看,显然"无"比"有"更根本。但是从简本"天下之物生于有,生于无"的说法来看,"有""无"完全是对等的关系,"无"并不比"有"根本。这也同老子所说的"有无之相生也"(简本与各本同)相一致,并与通行本一章的"有无"不矛盾。

简本"学者日益,为道者日损"(通行本四十八章),帛书甲本残毁,乙本作"为学者日益,闻道者日损",王本作"为学日益,为道日损"。据此可知,简本"学"字上脱漏"为"字。简本、王本作"为道",帛书乙本作"闻道"。高明认为,"为道""闻道"似有不同,必有一误,老子多谓"闻道",不言"为道",帛书乙本"闻道"当是。①但简本也作"为道",可证"为道"并不误,可以解释为不同传本之异。

简本"大音希声,天象无形"(通行本四十一章),帛书甲本残毁,乙本与简本同。王本作"大音希声,大象无形"。许抗生、高明先生,均依通行本,把"天象"改为"大象"。许先生并解释为"大的形象"。从通行本这一段话前面每句首字都是"大"字以及四十五章的"大巧""大成""大直"来看,"象"前面作"大"字,顺理成章。另,在《老子》中,"象"字不乏。如,三十五章的"执大象",十四章有"无物之象",二十一章的"其中有象"。这也可佐证帛本"天象"应作"大象"。但简本也作"天象",与帛书乙本同。另简本、帛本也均有"执大象"。"大象"与"天象"应是两个不同的用语。先秦讲"象"

---

① 高明:《帛书老子校注》,第54页。

比较多的典籍，除《老子》就是《系辞》。过去人们多认为，它是孔子所作，现在大家多不接受这一点。近人认为，《系辞》属战国作品，在《老子》之后。在《系辞》中，"象"字的一个意义，就是指"天象"。如所说的"在天成象""天垂象""仰则观象于天"等。其"象"之意，注为"况日月星辰"。老子的"象"，一般解释为"形象"，"大象"一般解释为"道"或"大道"。据此，"天象"与"大象"，所指不同。今简本亦作"天象"，虽与上文句型不类，但"天象无形"，意思也通顺。

以上就若干例子，比较了简本同帛本和王本，在文字和内容上的一些差别。从文字上来说，简本与帛本，更接近些。从内容上说，简本同帛本和王本各有出入之处，有些出入还比较大。这都比较能够清楚地证明，简本作为古本，仍是一种传抄本。

简本作为古本，它的发现，无疑能推动我们对《老子》的研究，帮助我们解决一些遗留下来的问题，并能进一步确证一些结论，修正一些结论。但是，通过比较，也能清楚地看出，从时间久远来说，它是一个善本。但从传抄的质量来说，它也有一些错讹、衍文、脱字等不足之处。如以上所指出的，简本"夫天多忌讳"（通行本五十七章），帛本作"夫天下多忌讳"，王本作"天下多忌讳"。简本"天"之后，明显脱漏"下"字。简本"不不若已"（通行本九章），"不"明显为衍文。由此来说，它与帛书一样，也不是一个最好的善本。

附录三

《从政》重编校注

重编校注按：在试编的基础上，本重编进一步试图完善《从政》的编连。由于残简和缺简的关系，此编连仍待求证，个别简亦难以编连，惟望读者留意。根据重编，这里对《从政》亦进行了初步性的校注。注释参考了已有的初步研究成果，并注出。校读字以"{ }"号标出。由于个别字一时仍难考究其义，暂作阙疑。

[第一简，42.5，35字] 闻之曰：① 昔三（代）之明王之（有）天下者，② 莫之余{予}也。③ 而口取之，④ 民皆以为义。⑤ 夫是则守之

---

① 先秦载籍多有"闻之曰"，所用大致有两种方式，一是记载一个人听了别人的话或一件事之后说话时使用；二是引用曾经听说过或记得的话时使用。两者皆多有主词。《从政》所用"闻之曰"，皆属于后一种方式，且无主词。作者用"闻之曰"是引证以申己说。然所引用的话，不可尽考。

② "昔三代明王"为儒家历史叙事常用"格式"。"有天下"，在儒家文献中，多为"得到天下"之义，儒家强调以"义"和"德"得天下。

③ 整理者据以释"余"的原字型，郭店简《老子》皆作"余"。释《从政》此字者，多以为作"予"或"舍"，可备一说。然释"余"于义亦通，且与下此篇另一"余"字同类。"余"即富有、多有，作使动用法。

④ "取"前之字模糊。"取之"用于当政者从庶民中征收赋税。

⑤ 儒家强调明王为政要取之有度和取之有道。如《孟子》强调以"义"而取。《万章下》载"夫谓非其有而取之者，盗也。充类至义之尽也。"《滕文公上》载："贤君必恭俭礼下，取于民有制。"《尽心上》载："非其有而取之，非义也。"下文"民以（转下页）

以信，教［第二简，27.9，23 字，下端残］之以义，行之以（礼）也。其（乱），①王□余{予}人邦家土地，而民或弗义。②{是故}□□□□□……。③{闻之}［第十简，22.5，下端残，21 字］曰：④从正（政）所务三，⑤敬，谨，⑥信。（信）则得众，{谨}则远戾，⑦所以{□□□}，{敬}则{□□□□□……}。⑧［第十五简，42.5，36 字］毋{暴}，⑨毋{虐}，⑩毋（贼），毋（贪）。不（修）不{戒}，⑪

（接上页）为义"即此旨。《文子·上义》所载"义者，非能尽利于天下之民也，利一人而天下从之"，《礼记·坊记》所载"君子不尽利以遗民"，《孔子家语·王言》载："惨怛以补不足，礼节以损有余，多信而寡貌，其礼可守，其言可覆，其迹可履，如饥而食，如渴而饮，民之信之，如寒暑之必验"，《荀子·礼论》所载"礼者，断长续短，损有余，补不足"等，皆可参考。

① "乱"与"王"，刘乐贤、周凤五、陈伟等，皆主连读为"乱王"，以与"明王"相应，可备一说。然"明王"为儒家立论之常用词，"乱王"在先秦儒家典籍中却未使用，虽然《墨子》中有"暴王"之语。参阅刘乐贤的《读上博简〈民之父母〉等三篇札记》（见简帛研究网，2003 年 1 月 10 日）、周凤五的《读上博楚竹书〈从政〉甲篇札记》（见上海大学古代文明研究中心、清华大学思想文化研究所编《上博馆藏战国楚竹书研究》（续编），上海书店出版社 2004 年版）、陈伟《上海博物馆藏楚竹书〈从政〉校读》（见简帛研究网，2003 年 1 月 10 日）。

② 此句意为，如果天下乱，即使王使人有更多的邦国和土地，民亦不以其举为"义"。

③ 根据上文论述方式及文义，下似可补{"是故……"}并与第十简相连。

④ 据文中其他多例，此"曰"之前宜补"闻之"。

⑤ "从政"文中用例凡三，整理者以此"名篇"。原题为何，已难考究。

⑥ 整理者所释"诎"，恐不当。根据字形和意义宜释为"谨"，意为"谨慎"。"谨慎"为儒爱所强调重要德目。据意或亦可读为"矜"。《论语·阳货》载："子曰：'古者民有三疾，今也或是之亡也。古之狂也肆，今之狂也荡；古之矜也廉，今之矜也忿戾；古之愚也直，今之愚也诈而已矣。'"

⑦ 意为为人处事谨慎就不会乖张凶暴。

⑧ "所以"后断残，据上文宜补"敬则"。

⑨ "暴"字根据原字形和意义而释，意为"粗暴"。原字整理者未释出。

⑩ 整理者释为"号"，非。据字形和文意应释为"虐"，意为"残暴"和"残害"。

⑪ 整理所释"武"非也，宜释为"戒"。陈剑持此说，可从。参阅陈剑《上博简〈子羔〉、〈从政〉篇的竹简拼合与编连问题小议》，见陈剑《战国竹书合集》。"不修不戒"，意为不事先整治和告诫。

（谓）之必（成）则{暴}；① 不教而杀则{虐}；命（无）时，事必（有）{期}则（贼）；② 利（枉）[第五简，42.6，40字] 事则（贪）。③ 闻之曰：从政，敦五德，固三折{制}，④（除）十怨。五德：一曰（宽），二曰共（恭），三曰惠，四曰仁，五曰敬。君子不（宽）亡（无）[第六简，22.9，下端残，20字] 以（容）百姓；不共（恭）则亡（无）以（除）辱；不惠则亡（无）以聚民；不仁 [第七简，据断口形状及内容与第六简本为一简，19.9，19字。两简长42.8，字数共39字] 则亡（无）以行正（政），不敬则事亡（无）（成）。三折{制}：持行，⑤ 见{视}上、⑥ 卒{衣}(食)。⑦ {十怨：一曰……}⑧ [乙第一简，42.6，37字] {九}曰（犯）人之（务），⑨ 十曰口惠而不系。⑩

---

① 此句意为"要求一定功成事遂"。

② 整理者所释"基"非，应释为"期"。此句意为不及时发布号令，却突然限定期限。亦即《孔子家语·辩政》所载"缓令急诛，是谓之暴"。此整段可参照《论语·尧曰》所说："不教而杀谓之虐；不戒视成谓之暴；慢令致期谓之贼，犹之与人也，出纳之吝，谓之有司。"

③ "枉事"即曲就事情，做事没有原则。有释为"往"，恐非当。

④ 整理者释"折"为"誓"，非当，当释为"制"。郭店简《成之闻之》"折"释为"制"。陈剑持此说。

⑤ "持行"与下文"视上"和"卒食"，意思颇难理解。如果推测一下的话，"三制"可能是三种重要的"礼仪"，但更有可能是三种重要的事项。作为"礼仪"，"持行"疑为走路应保持的姿势；作为事项，"持行"应为"笃行"。陈伟亦持此两可之说。

⑥ 整理者所释"见"，应释为"视"。作为礼仪，"视上"可能是察看君上的姿态，《管子·小问》有"执席食以视上者"，或许与此相类；作为事项，可能是强调臣民要敬上。

⑦ "卒食"之"卒"，刘乐贤等以为应释为"衣"。作为礼仪，"卒食"可能更当，也许是饮食的程序。《礼记》中有"卒食"用语。作为事项，"衣食"关天，是为政者重点要考虑的问题。

⑧ 据上文应补"十怨：一曰"。

⑨ 据上文当补"九"。

⑩ "口惠"，即口头许愿；"系"，《说文》解为"絜束"，段注为"围而束之也。"《尔雅·释诂》释为"继也"。"不系"意为不兑现其诺。《礼记·表记》载："子曰：君子不以口誉人，则民作忠。故君子问人之寒，则衣之；问人之饥，则食之；称人（转下页）

兴邦（家），（治）正｛政｝（教）。① 从命，② 则正（政）不（劳）；③（雍）戒先（匿），④ 则自｛己｝司（始）；⑤（显）（嘉）（劝）信，则（伪）［乙第二简，23，下端残，20字］不章｛彰｝；⑥ 毋占（佔）民（敛），⑦ 则同；⑧ 不肤（拂）（法）（盈）（恶），⑨ 则民不｛悁｝（怨）。⑩ 闻之曰：｛□□□……｝⑪［第八简，42.6，37字］而不智则奉（逢）（灾）害。闻之曰：从政又有七几（机），⑫ 狱则兴，⑬（威）则民不道，｛轻｝则失

（接上页）之美，则爵之。《国风》曰：'心之忧矣，于我归说。'子曰：'口惠而实不至，怨灾及其身。'是故君子与其有诺责也，宁有已怨。《国风》曰：'言笑晏晏，信誓旦旦。不思其反，反是不思，亦已焉哉！'"《韩诗外传》载："传曰：骄溢之君寡忠，口惠之人鲜信。"郭店简《忠信之道》说："口惠而实弗从，君子弗言尔。"

① "正"应读为"政"。
② "从命"，即下服从政令。《荀子·臣道》载："《书》曰：'从命而不拂，微谏而不倦，为上则明，为下则逊。'"《礼记·坊记》载："子云：'从命不忿，微谏不倦，劳而不怨，可谓孝矣。'《诗》云：'孝子不匮。'"《韩诗外传》卷五载："故圣王之教其民也，必因其情，而节之以礼，必从其欲，而制之以义，义简而备，礼易而法，去情不远，故民之从命也速。"亦可参考。
③ "政不劳"，即为政不劳烦、省简。"从命，则政不劳"，意为臣民服从君王之政令，君王为政即不劳烦。
④ 此句释文颇为费解，待考。
⑤ 郭店简《语丛（一）》载"知己而后知人"，其"己"与法与此近，应隶为"忌"，读为"己"。马王堆帛书《五行》载："忌（己）有弗为而美者也。"
⑥ 即"彰"。郭店《老子》甲所载"法勿（物）慈（滋）章（彰）"，即其例也。
⑦ 此句意思似是强调"不横征暴敛民财"。《国语·楚语上》载："若敛民利以成其私欲，使民蒿焉忘其安乐，而有远心，其为恶也甚矣，安用目观？"
⑧ "同"于文字过于省简，颇难理解。意似为统治者不搜刮民利民财，则民与统治者同心同德。
⑨ "肤"整理者读为"敷"，费解。似可读为"拂"。"拂"即逆违。
⑩ 整理者所释"怨"之原字型，应为"悁"，读为"怨"。
⑪ "闻之曰"后残，应补若干字，或可与第八简相连。
⑫ "机"，《说文》解为"主发谓之机。""机"意为"事物发生的关键或头绪"。《大学》说"一家仁，一国兴仁；一家让，一国兴让；一人贪戾，一国作乱；其机如此。此谓一言偾事，一人定国。"注谓"机，发动所由也"。《逸周书·五权解》有"三机说"，"三机：一、疑家，二、疑德，三、质士。疑家无授众，疑德无举士，质士无远齐。呼，敬之哉！天命无常，敬在三机。"其"机"，意当相似。
⑬ 整理者所释"兴"，有学者释为"与"，周凤五读为"营"，仍感不当。据上下文，疑"兴"字后有脱漏，意或为"兴怨"。

众,①{猛}则亡(亲),②罚则民逃,好{勇}[第九简,23.7,上下端残,23字]则民作乱。③(凡)此七者,④正(政)之所(治)也。闻之曰:志(气)不旨{至},⑤其事不{□□□……}⑥[乙第六简,12.5,下端残,11字]{文}{而}不武则志不{□},⑦(仁)而不智(知)则{愚}。⑧

[第三简,30.8,下端残,30字]礼则寡而为仁,⑨教之以型{行}则述(遂)。⑩闻之曰:(善人,善人)也。是以得贤士一人,一人(誉)□□□□□[第四简,22.8,下端残,21字]四邻。(失)贤士一人,方(谤)亦坂(随)是。⑪(是)故君子(慎)言而不慎事。□□□□□……[第十七简,38.5,下端残,35字]{君子先}人则启道之,⑫后人则奉相之,是以曰(君子)难得而(易)使

---

① "则"字前一字模糊不清,周凤五训为"斑",可备一说。据《左传·襄公十八年》所载"且社稷之主不可以轻,轻则失众。君必待之",暂释为"轻"。

② 整理者所释为"恸",颇为费解。陈剑和刘乐贤释为"猛",可从。

③ "好"字后或可补"勇"。儒家虽也主张"勇",但反对孤立地重"勇",反对"好勇斗狠"。《论语·阳货》所载的"好'勇'不好学,其蔽也'乱'",《左传·成公十七年》所载"人所以立,信、知、勇也。信不叛君,知不害民,勇不作乱",或可作此注脚。

④ 以上所谓统治者要注意的为政"七机",所列只有"六",疑为抄者脱漏。

⑤ "旨"或可读为"至"。《礼记·孔子闲居》载:"子夏曰:'民之父母,既得而闻之矣,敢问何谓五至?'孔子曰:'志之所至,诗亦至焉。诗之所至,礼亦至焉。礼之所至,乐亦至焉。乐之所至,哀亦至焉。'"

⑥ 第九简"不"字后残。疑与乙第六简相连。

⑦ "而"字前或可补"文"。整理者所释"匿",颇为费解。据文意应为远大,释为何字待考。

⑧ "则"后或可补"愚"。

⑨ 儒家重礼,并要求礼之实,反对虚礼。实至即礼寡亦所注重。《礼记·乐记》载:"大乐必易,大礼必简。"

⑩ "型",疑或可读为"行"。联系上下文之意,此处不是强调法度或惩罚性的"刑",应是提倡"以身履行"和"践履"之意。儒家之教化,主要是教以德性和德行,不是教以惩罚之刑。"遂",意为"功遂事成"。

⑪ 整理者所释"防"和"反",颇为费解。刘乐贤释为"谤"和"随",可备一说。

⑫ 据文意"人"字前当补"君子先"三字。陈剑持此说,可从。

也，亓{其}（使）人，①器之；小人先（人）则{绊}敢{禁}之。②[第十八简，42.6，36字]{后人}则{□}毁之同，③是以曰（小）人（易）（得）而难（使）也，亓{其}（使）人必求备（焉）。④闻之曰：行在（己）而名在人，名难（争）也。[第十二简22.4，下端残，18字]（敦）行不（倦），持善不（厌），{虽}（世）不{识}，⑤必或智（知）之。□□□……[乙第五简，20，上端残，18字]□□□……是故（君子）（强）行，以待名之至也。（君子）（闻）善言以（改）亓{其}[第十一简，42.6，35字]言，见善行，内（纳）亓（其）（仁）安（焉），可（谓）（学）矣。闻之曰：可言而不可行，君子不言；可行而不可言，君子不行。{君子}[第十四简，22.4，下端残，17字]（有）所（有）（余）而不敢（尽）之，（有）所不足而不敢弗{勉}之。⑥

[乙第四简，26.2，下端残，22字]也。闻之曰：遣{愆}{悔}而（恭）（逊），⑦教之（劝）也；（温）良而忠敬，（仁）之宗（也）。

---

① "亓"应读为"其"。
② "敢"字，陈剑、周凤五训为"禁"，可从。"敢"前一字，周凤五氏以为与"绊"字通假，可备一说。
③ 本简上端亦残，据上下文可补"后人"。"毁"字之前一字，周凤五氏释为"暴"，然与第十五简"暴"字有异。仍待考。
④ 此段所论君子与小人之别，正如整理者所引，源于《论语·子路》所载："子曰：'君子易事而难说也：说之不以道，不说也；及其使人也，器之。小人难事而易说也；说之虽不以道，说也；及其使人也，求备焉。'"
⑤ 整理者所释"唯"，当为"虽"；所未释字，刘乐贤等释为"识"，可从。《孟子·告子下》载："君子之所为，众人固不识也。"
⑥ 第十一简末或可补"君子"并与第十四简相连。正如陈伟所引，此句源于《礼记·中庸》所载："庸德之行，庸言之谨，有所不足不敢不勉，有余不敢尽，言顾行，行顾言。"此段重点论述尚贤、言行及名实一致关系、君子与小人之别，这都是儒家一贯所主张的。《孔子家语·颜回》载："君子以行言，小人以舌言。"《论语·子路》亦载："故君子名之必可言也，言之必可行也。君子于其言，无所苟而已矣！"
⑦ 整理者所释"诲"字，与义不合，当释为"悔"。前一字整理者不识，陈伟释为"遣"，读为"愆"，可备一说。

［第十三简 21.2，下端残，20 字］（然）（后）能立道。闻之曰：君子之相（就）也，不必（在）近（昵）（乐），□□□□□……［第十六简，25.1，下端残，22 字］以（犯）赓{犯}见，①不训（顺）行以出之。闻之曰：君子乐则（治）正{政}，②（忧）则□，{怒则□，惧则{立}，③耻则［乙第三简，36.5，下端残，32 字］（复）。④（小）人（乐）则（疑），（忧）则（昏），（怒）则胜，（惧）则背，耻则（犯）。闻之曰：从政不（治）则（乱），（治）（也）至则□。

□□□［第十九简，42.8，29 字］之人可也。闻之曰：行（险）至（致）命，{饥}沧而毋{□}，⑤从事而毋{凶}，⑥君子不以流言（伤）人。

---

① 此句颇难理解，待考。
② "正"应隶为"政"。
③ 或可补"立"，即自强自、自立。《左传·闵公二年》所载"子惧不孝，无惧弗得立。修己而不责人，则免于难"，可作参照。
④ "怒则□，惧则□，耻则"，据上下文关系而补。"复"意当为反省自己。《荀子·臣道》所说的："故因其惧也而改其过，因其忧也而辨其故，因其喜也而入其道，因其怒也而除其怨，曲得所谓焉"，或可帮助理解此句文义。
⑤ 周凤五释"沧"为"寒"，释"沧"前一字为"饥"，可从；释"毋"后一字为"价"，可备一说。
⑥ 周凤五读为"凶"，可备一说。

附录四

《凡物流形》重编新知

在上博简中,《凡物流形》是继《恒先》之后,又一篇哲学和思想性很强的佚文。① 在曹锦炎编连和释文的基础上,李锐和复旦大学出土文献与古文字研究中心研究生读书会(以下简称"复旦研究生读书会")对甲本都进行了精心的比对和研究,提出了重新编连的方案,② 使此篇佚文的编连更趋合理和恰当,但仍留下了疑点、难点和需要调整的地方。③ 为了能够为后续的哲学和思想研究提供一个更好的基础,我从他们的释文和编连工作出发,通过对简文的进一步认识和比对,发现通过对几支重要简的重新编连,可使这篇佚文的编连臻于完善,现提出来求正于大家。

复旦研究生读书会编连的整体方案是这样的:

---

① 见马承源主编《上海博物馆藏战国楚竹书(七)》。
② 参阅复旦大学出土文献与古文字研究中心研究生读书会的《〈上博(七)·凡物流形〉重编释文》,李锐的《〈凡物流形〉释文新编(稿)》。
③ 笔者在研究思想的过程中,由于反复查看几支简前后文意的关系,无意中发现以上的编连仍有不足,于是搁下思想研究,立即重新编连并写出了《〈凡物流形〉重编新知》(见"简帛研究网",2009 年 3 月 4 日),后得知顾史考已有略早发表的《上博七〈凡物流形〉简序及韵读小补》("武汉大学简帛网",2009 年 2 月 23 日),与我的编连相似。这并不奇怪,对于同一问题不同的独自研究分别得出一致或相近的结论,这是学术研究中不时会有的现象。

1+2+3+4+5+6+7+8+9+10+11+12A+13B+14+13A+12B+22+23+17，27，16+26+18+28+15+24+25+21，19+20+29+30

我重新编连的部分主要涉及复旦研究生读书会编连的第14简之后部分。这一部分的编连是：

14+13A+12B+22+23+17，27，16+26+18+28+15+24+25+21，19+20+29+30

其中的第27简，复旦研究生读书会倾向于前同17简连接，但李锐认为此简情况特别，怀疑不属于此篇。至于是否如此，姑且不论。撇开这一简，复旦研究生读书会对这一部分的编连实际上是分成了三块或三组：

14+13A+12B+22+23+17（可称第一组；这一组前与1至13B简相连，后有27简）

16+26+18+28+15+24+25+21（可称第二组）

19+20+29+30（可称第三组）

复旦研究生读书会的这三组编连，就每一组或每一板块而言，我认为已经相当恰当和准确了。存在的主要问题，一是"14简"的连接有问题；二是这三个板块之间彼此衔接不起来。按照整理者所说，此篇没有缺简。据此来看，即使缺也不影响大局，如果编连都恰当的话，整体上应该比较圆满地连接起来，复旦研究生读书会也比较注意这一情况。

有关第一组，复旦研究生读书会的一个重要工作是将原整理者编定的12简分为12A和12B、13简分为13A和13B。但复旦研究生读书会将14简同13A和12B编连在一起不够恰当，将27简编在第17简之后也不通顺。

对于第二组，复旦研究生读书会说："我们倾向于认为简16+26和简18+28+15+24+25+21可连读，构成一个大的编连组。由于简27末端已残，本编连组能否与之连读，简16开头的'箸（书）不与事'究竟应如何解释，有待于进一步研究。"这一组复旦研究生读书会的编连很顺畅，内部没有漏洞，留下的问题是16简如何同其他简编连，而如何解释简16开头说的"箸（书）不与事"则与此有密切关系，待后谈。

第三组复旦研究生读书会的编连是恰当的。但尝试将第三组19简同第二组21简编连（连读25、21、19、20简）则很难成立，因为不能轻易假定"亡"系衍文、"正"系"是"字。复旦研究生读书会也意识到了这一点："我们对于'亡'系衍文、'正'系'是'字未写全等意见并无太大把握，以上说法仅可作为一种猜测，为谨慎起见，在释文中仍把第三个编连组和第四个编连组分开书写。"这说明这两组简如何编连是需要进一步探讨的问题。

李锐第一次提出的整体编连方案是：

1—11、12A+13B、14—15、24—25、21、13A+12B、26、18、28、16、22—23、17、19—20、29—30

后李氏对第一次的编连方案进行了调整，调整后的方案是：

1—11、12A+13B、14—15、24—25、21、13A+12B、22—23、17，26、18、28，16、19—20、29—30

调整过的14简后这一部分的编连是：

14—15、24—25、21、13A+12B、22—23、17，26、18、28，16、19—20、29—30

李氏倾向于认为从14简到30简都是可以连读的，但其中17简同26简、28简同16简、16简同19简之间，连读起来还有疑问。李氏的编连方案同复旦研究生读书会的相比，除了"19+20+29+30"这四支简编连相同外，其他相同的是"13A+12B+22+23+17""26+18+28""24+25+21"。李氏编连方案比复旦研究生读书会编连方案恰当的地方是将21简同13A简连接。复旦研究生读书会试图将21简同19简连接，这是困难的。李氏编连方案中不能令人满意的地方，一是他虽然认为复旦研究生读书会的28＋15编连非常巧妙，但他却没有采用。二是他对此篇佚文的缺简推测有点过度，以至于过多地在整体编连中加进了这种设想。如说："据乙本简 11A、19，甲本的简 16 与 26 不可衔接，笔者已经指出。但笔者进而发现，简 11A'箸不与事，先知四海，至听千里，达见百里。是故圣人尻于其所，邦'似乎无法与任何简相连，则甲本简 16 也就不能和任何简相连，笔者以之连接简 22，是不可信的。试补足 11A 其下的余字，当有约 7 厘米的书写空间（原 11B 为 8.1 厘米，此简当与简 4 拼合，扣除地脚留白 1 厘米），最多可补 7 个字，扣除掉据甲本简 16 所可知的'家之'二字，还可补 5 个字。经考虑诸种方案，同时要兼顾甲本的编连，似乎都不可行。则甲本简 16 及乙本简 11A 其下当有缺简，因此，笔者以为甲本不缺简的预设也就不可靠了。"但通过对 16 简重新进行编连，这种预想就用不上了。

从以上的讨论出发，在复旦研究生读书会和李锐编连的基础上，我提出的 14 简之后的整体编连方案是：

14 → 16 → 26 → 18 → 28 → 15 → 24 → 25 → 21 → 13A → 12B → 22 → 23 → 17 → 19 → 20 → 29 → 30

按照这一编连，之前存在的疑问和难题基本上都涣然冰释了。

现具体讨论如下：

第一点是 16 简前后如何编连

16 简如何编连是一个关键性的地方。原整理者的"15 加 16"连接，正如复旦研究生读书会所说，"极不通顺"。复旦研究生读书会提出 16 开头的"箸（书）不与事"究竟如何解释，这确实是一个问题。实际上，如何理解这句话还有它后面的话，直接关系到这支简的编连。按照复旦研究生读书会的释文，这支简的内容是：

　　箸（书）不与事，之〈先〉智（知）四海（海），至圣（听）千里，达见百里。是古（故）圣人处于亓（其）所，邦家之【16】

这段话的中心意思是，圣人"箸（书）不与事"，就有知、听和见的超常能力，因此，"圣人处其所"，就能够达到"邦家之……"如何。这同《老子》说的"不出户，知天下；不窥牖，见天道"类似。黄老学也常常这样描述圣人。其中的"箸"，如读为"书"，令人费解。这个字应当有类似于"清静""宁静""安闲"等词语的意思，也许可释读为"舒"。《礼记·玉藻》谈到君子行止的容貌说："君子之容舒迟。""舒迟"即闲雅从容的状态。《礼记·缁衣》记载："子曰：'民以君为心，君以民为体。心庄则体舒，心肃则容敬。'""体舒"意思是"舒泰"；《淮南子·原道》说："柔弱以静，舒安以定。""舒安"即放松和安闲。《荀子·王霸》说："之主者，守至约而详，事至佚而功，垂衣裳，不下簟席之上，而海内之人莫不愿得以为帝王。"16简的文意同14简所说的意思有直接关系。14简说：

夫雨之至，孰雩□之？夫凡（风）之至，孰飘而迸之？闻之曰：执道，坐不下席。端冕，【14】

其中"闻之曰：执道，坐不下席。端冕【14】"，恰恰是说"执道"的圣人"坐不下席""端冕"，然后如何如何。复旦研究生读书会释读的"耑（揣）曼（文）"，李锐释为"端冕"，甚当。这同第16简所说完全相互呼应。这两枚简连读后即：

夫雨之至，孰雩□之？夫凡（风）之至，孰飙飘而迸之？睧（闻）之曰：执道，坐不下席。耑（端）曼（冕）【14】，箸（舒）不与事，之〈先〉智（知）四海，至圣（听）千里，达见百里。是古（故）圣人处于亓（其）所，邦家之【16】

复旦研究生读书会将14简同13A相连，说："甲本的相应简序当为 12A+13B+14。简 14 后当跟简 13A，'耑（揣）曼（文）而智（知）名'与'亡（无）耳而聏（闻）圣（声）'对举。"这样编连，在文意上虽然也说得通，但 16 简的"处其家"，同 14 简的"坐不下席。端冕"的呼应更明显，更通顺；而且 13A 简同 12B 简连读也很顺畅。但复旦研究生读书会将 26 简连接到 16 简之后，这是很恰当的，结果就是：

箸（舒）不与事，之〈先〉智（知）四海，至圣（听）千里，达见百里。是古（故）圣人处于亓（其）所，邦家之【16】危安廌（存）忘（亡），恻（贼）盗之作，可之〈先〉智（知）。聏（闻）之曰：心不胜心，大乱乃作；心女（如）能胜心，【26】

对 14 简和 16 简重新编连，并将之连接在一起，对这一大部分整体编连的完善起到了重要的作用。

第二点是 13A 简的前后编连

在复旦研究生读书会的编连中，13A 是同 14 简相连的。正如上面所说，这种编连不理想。李锐将 21 简与 13A 简连读，是一个很好的意见，为此他补上的"目"字也非常准确。13A 简后是 12B、22 简，四简连读后即：

聏（闻）之曰：一生两，两生厽（参），厽（参）生女（母?），女（母?）城（成）结。是古（故）又（有）一，天下亡（无）不又（有）；亡（无）一，天下亦亡（无）一又（有）。亡（无）【21】[目]而智（知）名，亡（无）耳而聏（闻）圣（声）。卉（草）木得之以生，含（禽）兽得之以鸣，远之弋（施）【13A】天，忻（近）之箭（荐）人，是古（故）【12B】执道，所以攸（修）身而治邦家。聏（闻）之曰：能执一，则百

勿（物）不失；女（如）不能执一，则【22】

从外观到内涵，恐怕没有比这个方案更好的方案。

第三点是 19 简的编连

19 简后接 20 简，这没有问题，问题是它前面同哪支简编连才算得当。复旦研究生读书会设想衍文、文字误写的推测不可取。李锐主张上连接 16 简，即：

> 箸不与事，之〈先〉知四海，至听千里，达见百里。是故圣人处于其所，邦家之【16】……是故一，咀之有味，嚊（嗅）[之有臭]，鼓之有声，忻（近）之可见，操之可操，握之则失，败之则【19】

李锐这一编连，建立在缺简的设想之上。其实没有必要，因为 17 简同 19 简是能够连接起来的，而且非常恰当：

> 图之，女（如）并天下而歔（助）之；得一而思之，若并天下而治之。[此]一以为天地稽。【17】是古（故）一，咀之又（有）未（味），嗅[之又（有）臭]，鼓之又（有）圣（声），忻（近）之可见，操之可操，握之则失，败之则【19】

17 简说"一"，最后一句是"此一以为天地稽"；19 简也说"一"，第一句为"是故一"，两者非常连贯，读起来通顺自然。"是故一"之后进一步描述"一"的特性，也同上文相呼应。这也说明欲在 17 简之后编连 26 简，已经没有必要。

以上是我对《凡物流形》编连疑点和难点较多的 14 简之后部分进行重新编连的讨论。为了将重新编连后的这一部分整体方案显示出来，现附录于下：

　　睧（聞）之曰：執道，坐不下席。耑（端）䙐（冕）【14】，箸（舒）不與事，之〈先〉智（知）四海，至聖（聽）千里，達見百里。是古（故）聖人處於亓（其）所，邦家之【16】危安麀（存）忘（亡），惻（賊）盜之作，可之〈先〉智（知）。睧（聞）之曰：心不勝心，大亂乃作；心女（如）能勝心，【26】是胃（謂）少徹。奚胃（謂）少徹？人白為執。奚以智（知）其白？終身自若。能寡言乎，能一【18】乎，夫此之胃（謂）少城（成）。曰：百眚（姓）之所貴，唯君；君之所貴，唯心；心之所貴，唯一。〔一〕得而解之，上【28】賓於天，下番（播）于（淵）。坐而思之，每（謀？）於千里；起而用之，陳於四海。睧（聞）之曰：至情而智（知），【15】執智（知）而神，執神而同，執同而僉，執僉而困，執困而復。氐（是）古（故）陳為新，人死復為人，水復【24】於天鹹，百勿（物）不死，女（如）月。出惻（則）或（又）內（入），終則或（又）始，至則或（又）反。執此言起於一耑（端）。【25】睧（聞）之曰：一生兩，兩生众（參），众（參）生女（母？），女（母？）城（成）結。是古（故）又（有）一，天下亡（無）不又（有）；亡（無）一，天下亦亡（無）一又（有）。亡（無）【21】〔目〕而智（知）名，亡（無）耳而睧（聞）聖（聲）。井草木（得）之以生，含（禽）獸得之以鳴，遠之弋（施）【13A】天，忻（近）之箭（薦）人，是古（故）【12B】執道，所以攸（修）身而治邦家。睧（聞）之曰：能執一，則百勿（物）不失；女（如）不能執一，則【22】百勿（物）具失。女（如）欲執一，卬（仰）而視之，俯而察之。母（毋）遠悚（求），宅（度）於身旨（稽）之。得一〔而〕【23】圖之，女（如）並天下而獻（助）之；得一而思之，若並天下而治之。[此]一以為天地稽。【17】是古（故）一，咀之又（有）未（味），嗅[之又（有）臭]，鼓之又（有）聖（聲），忻（近）之可見，操之可操，握之則失，敗之則【19】高（犒），測（賊）之則滅。執此言起於一耑（端）。睧（聞）之曰：一言而禾（終）不窮，一言而又（有）衆，【20】〈衆〉一言而萬民之利，一言而為天地稽。握之不盈握，専（敷）之亡（無）所容，大【29】之目（以）智（知）天下，少（小）之目（以）治邦。之力，古之力，乃下上【30】。

初版后记

请让我简单回顾一下。三十年来，中国哲学和思想的研究前后经历了一些明显的变化，它先是从意识形态的框架中走出来，继之是文化走向世界而引起的批判性反思，进而是在文化认同之下的同情和内在理路的追寻，再就是出土文献激起的新活力和新视界。一个经历了这些变化的学人，自然会留下不同的印记。对此，我有同感。

在最近七八年中，我的工作主要是放在简帛文献与古代哲学和思想新的认知方面。面对不断出土的大量简帛文献，我的一个强烈感觉是，中国古代哲学和思想世界，比我们已知的世界要广、要大，比我们已知的东西要丰富、要复杂。

我展开的研究，主要是在以下五个方面进行的：

一是根据马王堆帛书《黄帝四经·道原》、郭店楚简《太一生水》、上博简《恒先》和《凡物流形》等文献，重新认识和把握周秦宇宙生成模式的丰富性以及所构想的宇宙生成各层次的内涵。

二是依据上博简《鲁邦大旱》《鬼神之明》和《三德》等文献，揭示随着周秦时代人文意识、人事作用的扩大，此前的宗教信仰和祭祀礼仪如何在被弱化的同时又以不同面貌表现出来。

三是从帛书《黄帝四经》、睡虎地秦简《为吏之道》和《语书》、郭店楚简《唐虞之道》、上博简《从政》等文本出发，探讨在周秦时代和社会历史条件下人们是如何建立公共理性和规范的。

四是立足于郭店简《性自命出》《五行》《穷达以时》等文本，考察周秦时代的思想家通过"内外""身心""天人"等关系建立"德性"伦理以及"德福"因果论的过程和方式。

五是根据郭店竹简《五行》《缁衣》《成之闻之》《唐虞之道》等篇籍,来证明儒家经典诠释学不是产生于汉代而是诞生于中国古代哲学和思想的"轴心时代"。后来一般称为"六经"的《诗》《书》《礼》《乐》《易》《春秋》这六种文本,经过孔子的整理和编纂,在早期儒家那里已被赋予了"经典"的性质并被权威化;早期儒家对这些经典的引用、诠释已经广泛和普遍,并产生了"述""传""解""说"和"序"等经典诠释术语。

在大体这五个方面的研究中,我努力把新出土文献同传世文献结合起来,以究明这些新文献在周秦哲学和思想世界中的新颖性和为古代中国思想世界带来的认知上的变化。

这部著作就是以上这些问题研究的反映,其中的一部分曾以不同方式在一些不同的地方发表,收入本书时,有适当的变化和调整是需要的。除了导论,在第一编"简帛文本与古代宇宙生成论"这一主题中,第二章的"《恒先》的宇宙观及人间观的构造",题为"《恒先》宇宙观及人间观的构造",刊于《文史哲》2008年第2期。

在第二编"从'三代宗教'到东周时代的信仰"这一主题中,第四章的"'灾害'与'政事'和'祭祀'——从《鲁邦大旱》看孔子的刑德观和祭祀观",以同题刊于《孔子学刊》第一辑(上海古籍出版社2010年版);第五章的"《鬼神之明》与东周的'多元鬼神观'",以同题刊于《中国哲学史》2008年第4期;第六章的"《三德》的自然理法和神意论——以'天常''天礼'和'天神'为中心的考察",以同题刊于《中国哲学史》2007年第3期。

在第三编的"心性、美德和境遇"这一主题中,第八章的"'身心合一'之'仁'与儒家德性伦理——郭店竹简'㥁'字及儒家仁爱思想的构成",以同题刊于《中国哲学史》2006年第1期;第九章的

"《穷达以时》与孔门的境遇观和道德自主论",题为"《〈穷达以时〉与孔子的境遇观和道德自主论》,刊于《浙东学术》第一辑(浙江大学出版社 2009 年版);第十一章的"早期儒家的'慎独论'与'为己之学'及'公共关怀'",题为"儒家的'慎独论'与'为己之学'及'公共关怀'",刊于《儒林》第三辑(山东大学出版社 2006 年版)。

在第四编的"经典、诠释和意义"这一主题中,第十二章的"儒家经典诠释学的起源",以同题刊于《学术月刊》2009 年 7 月号;第十四章的"道与事物的自然:老子'道法自然'实义考论",以同题刊于《哲学研究》2010 年第 10 期。

在第五编的"共同体生活与公共理性、规范和政治伦理"这一主题中,第十七章的"《凡物流形》的'贵君''贵心'和'贵一'",以同题刊于《清华大学学报(哲学社会科学版)》2010 年第 1 期;第十八章的"黄老学的法哲学原理、公共性和法律共同体理想——为什么是"道"和"法"的统治",以同题刊于《天津社会科学》2007 年第 4 期;第十九章的"睡虎地秦简《为吏之道》与秦国的儒家式政治伦理",以"睡虎地秦简《为吏之道》与秦国儒家性政治伦理"刊于《中国儒学》第四辑(中国社会科学出版社 2009 年版)。

作为附录一的"《凡物流形》的生成和自然思想",题为"《凡物流形》的宇宙观、自然观和政治哲学——围绕'一'而展开的探讨并兼及学派归属",刊于《哲学研究》2009 年第 6 期;作为附录二的《郭店竹简〈老子〉略说》,以同题刊于《中国哲学》第二辑"郭店竹简研究"(辽宁教育出版社 1999 年版);作为附录三的"《从政》重编校注",以同题刊于《哲学、宗教与人文》(商务印书馆 2004 年版);作为附录四的"《凡物流形》重编新知",发布于简帛研究网(2009 年 3 月 3 日)。

简帛所见的古代哲学和思想广泛而又丰富多彩。这部著作的研究仍然不足以涵盖它的各个方面,我希望有机会进一步扩展这一研究,并继续同知识界这一领域中的同行们彼此分享识见和智慧。

最后，我想说明的是，这项研究先后得到了中国社会科学院和国家社会科学基金的资助。对此，我深表感谢。对于给予我许多帮助和关心的先生、同仁和朋友，我心存感激之情！对我的几位学生在校对等方面所给予的帮助，我表示感谢！对于北京大学出版社刊行此书，并对为此而付出了许多辛劳的张凤珠和吴敏女士，我深致谢意！

王中江
2011年2月谨记于北京集虚室

王中江著作系列

第1卷　　简帛时代与早期中国思想世界（上）
第2卷　　简帛时代与早期中国思想世界（下）
第3卷　　根源、制度和秩序：从老子到黄老学
第4卷　　道家形而上学及其展开
第5卷　　儒家精神之道和社会角色
第6卷　　近代中国思维方式的演变
第7卷　　进化主义在中国的兴起
第8卷　　自然和人：近代中国两个观念的谱系
第9卷　　世界巨变：严复的角色
第10卷　 严复与福泽谕吉启蒙思想比较
第11卷　 理性与浪漫——金岳霖的生活和哲学
第12卷　 从古典到现代：观念和人物